HISTÓRIA DA VIDA PRIVADA 4

HISTÓRIA DA VIDA PRIVADA
Coleção dirigida por
Philippe Ariès e Georges Duby

1. *Do Império Romano ao ano mil*
organizado por Paul Veyne

2. *Da Europa feudal à Renascença*
organizado por Georges Duby

3. *Da Renascença ao Século das Luzes*
organizado por Philippe Ariès (†) e Roger Chartier

4. *Da Revolução Francesa à Primeira Guerra*
organizado por Michelle Perrot

5. *Da Primeira Guerra a nossos dias*
organizado por Antoine Prost e Gérard Vincent

Este livro foi publicado com o apoio do Ministério Francês da Cultura — Centro Nacional do Livro. No âmbito do programa de auxílio à publicação Carlos Drummond de Andrade, contou com o apoio do Ministério Francês das Relações Exteriores e Europeias.

O Ano da França no Brasil (21 de abril-15 de novembro) é organizado, na França, pelo Comissariado Geral Francês, pelo Ministério das Relações Exteriores e Europeias, pelo Ministério da Cultura e da Comunicação e por Culturesfrance; no Brasil, pelo Comissariado Geral Brasileiro, pelo Ministério da Cultura e pelo Ministério das Relações Exteriores.

Ouvrage publié avec le concours du Ministère Français Chargé de la Culture — Centre National du Livre. Publié dans le cadre de du Programme d'Aide à la Publication Carlos Drummond de Andrade, bénéficie du soutien du Ministère Français des Affaires Etrangères et Européennes.

l'Année de la France au Brésil (21 avril-15 novembre) est organisée, en France, par le Commissariat Général Français, le Ministère des Affaires Etrangères et Européennes, le Ministère de la Culture et de la Communication et Culturesfrance; au Brésil, par le Commissariat Général Brésilien, le Ministère de la Culture et le Ministère des Relations Extérieures.

HISTÓRIA DA VIDA PRIVADA 4

Da Revolução Francesa à Primeira Guerra

Organização
Michelle Perrot

Tradução
Denise Bottmann (partes 1 e 2)
Bernardo Joffily (partes 3 e 4)

6ª reimpressão

COMPANHIA DE BOLSO

Grafia atualizada segundo o Acordo Ortográfico da Língua Portuguesa de 1990, que entrou em vigor no Brasil em 2009.

Título original
Histoire de la vie privée — Vol. 4: De la Révolution à la Grande Guerre

Na versão de bolso, foram suprimidas imagens que constam na primeira edição da coleção, que vem sendo publicada pela Companhia das Letras desde 1989.

Capa
Jeff Fisher

Preparação
Isabel Jorge Cury

Revisão
Marcelo D. de Brito Riqueti
Vivian Miwa Matsushita

Índice remissivo
Pedro Carvalho

Dados Internacionais de Catalogação na Publicação (CIP)
(Câmara Brasileira do Livro, SP, Brasil)

História da vida privada, 4 : Da Revolução Francesa à Primeira Guerra / organização Michelle Perrot ; tradução Denise Bottmann, Bernardo Joffily. — 1ª ed. — São Paulo : Companhia de Bolso, 2009.

Título original : Histoire de la vie privée — Vol. 4 : De la Révolution à la Grande Guerre.
Vários autores.
Bibliografia.
ISBN 978-85-359-1436-8

1. Europa — Civilização 2. Europa — História 3. Europa — Usos e costumes I. Perrot, Michelle.

09-02436 CDD-940.1

Índice para catálogo sistemático:
1. Europa : Vida privada : Civilização : História 940.1

2021

EDITORA SCHWARCZ S.A.
Rua Bandeira Paulista, 702, cj. 32
04532-002 — São Paulo — SP
Telefone: (11) 3707-3500
www.companhiadasletras.com.br
www.blogdacompanhia.com.br
facebook.com/companhiadasletras
instagram.com/companhiadasletras
twitter.com/cialetras

SUMÁRIO

INTRODUÇÃO

Michelle Perrot

À soleira do privado, o historiador — qual um burguês vitoriano — hesitou durante muito tempo, por pudor, incompetência e respeito pelo sistema de valores que fazia do homem público o herói e o ator da única história que merece ser contada: a grande história dos Estados, das economias e das sociedades.

Para que ele finalmente entrasse, foi preciso que, por uma inversão da ordem das coisas, o privado deixasse de ser uma zona maldita, proibida e obscura: o local de nossas delícias e servidões, de nossos conflitos e sonhos; o centro, talvez provisório, de nossa vida, enfim reconhecido, visitado e legitimado. O privado: uma experiência de nosso tempo.

Muitos fatores — grandes acontecimentos, grandes livros — contribuíram para sua atual aceitação. Em primeiro lugar, o peso do político. O despotismo dos Estados totalitários, o excessivo intervencionismo das democracias, até na administração dos riscos — "a racionalidade do abominável e a racionalidade do comum", segundo Michel Foucault —, levaram a refletir sobre os mecanismos do poder e a buscar no contrapeso dos pequenos grupos, e até dos indivíduos, resistências eficazes, barreiras necessárias ao controle social. O operário atual vê em seu alojamento, cada vez mais apropriado, um meio de escapar ao olhar do patrão e à disciplina da fábrica. E a ampliação dos patrimônios nas sociedades ocidentais não é apenas fruto de um aburguesamento, mas uma forma de luta contra o frio da morte.

À massificação crescente das ideologias, dos discursos e das práticas — que marcou a primeira metade do século XX, em todos os âmbitos da economia, da política e da moral — seguiu-se, em contraposição, a exaltação dos particularismos e das diferenças. Mais do que pelas classes globalizantes, as sociedades são recortadas por categorias de idade e sexo, por variantes étnicas e regionais. O movimento das mulheres insiste sobre a diferença dos sexos, motor da história. A juventude se vê como um grupo à parte e assume uma singularidade nas roupas e nas músicas. O eu, psicanalisado, autobiografado (o "relato de vida" é a grande via da chamada história "oral"), afirma sua força e eloquência. Os processos de setorialização, dissociação e disseminação parecem presentes em toda parte.

Esses fenômenos complexos suscitam interrogações que giram em torno das relações entre o público e o privado, o coletivo e o individual, o masculino e o feminino, o ostensivo e o íntimo. Geram interpretações diversas e uma prolífica literatura, da qual se destacarão apenas alguns títulos principais. Enquanto Albert Hirschman ressalta ciclos que oscilam entre fases de predomínio dos interesses públicos e fases dominadas pela busca de objetivos privados, articuladas por sucessivas "decepções", outros autores veem na privatização dos costumes e na individualização tendências de longa duração e alcance fundamental.

Para Norbert Elias, a privatização é consubstancial à civilização. Analisando os tratados de civilidade desde a época de Erasmo, ele mostra como esse refinamento das sensibilidades que chamam de "pudor" faz com que certos atos — assoar o nariz, defecar, fazer amor —, antes realizados em público, sem complexos, refluam para a sombra discreta. As maneiras de comer, de se lavar, de amar — e, portanto, de morar — se modificam de acordo com uma autoconsciência que passa pela intimidade dos corpos.

Louis Dumont aponta o desenvolvimento do individualismo como o que diferencia o Ocidente do holismo do mundo oriental (por exemplo, a Índia), que subordina os interesses pessoais aos fins imperiosos das sociedades. A Renascença marca o início desse movimento de fundo que tem na Declaração dos Direitos do Homem e do Cidadão uma espécie de carta magna. Mas leva muito tempo para que o indivíduo jurídico abstrato se torne realidade. É essa toda a nossa história: a do século XIX.

Jürgen Habermas e Richard Sennett situam-se no tempo

curto da modernidade, mais especificamente do Iluminismo, e se dedicam a captar o equilíbrio das esferas pública e privada — atingido, segundo eles, no apogeu do liberalismo burguês — e sua degradação contemporânea. Mas eles não a interpretam da mesma maneira. A difusão crescente dos Estados, criando exclusões e desequilíbrios (segundo Habermas), o encerramento na família nuclear, onipresente ou onívora, além disso dominada pelo poder feminino (para Sennett), seriam os principais fatores de uma decadência das sociabilidades, aliás também deplorada por Philippe Ariès. Para Sennett, uma intimidade que veio a se tornar tirânica prevaleceu sobre o homem público, desenvolvendo-se nas cidades burguesas dos séculos XVIII e XIX e tendo no teatro sua própria expressão.

O século XIX, assim, esboçaria uma idade de ouro do privado, onde as palavras e as coisas se precisam e as noções se refinam. Entre a sociedade civil, o privado, o íntimo e o individual traçam-se círculos idealmente concêntricos e efetivamente entrecruzados.

É à história da construção desse modelo que este livro é consagrado. Ele se inicia com os fragores da Revolução Francesa, cujo sonho de transparência rousseauniana se estilhaça contra o recife das diferenças, experiência básica e contraditória em que se apoia o século. Ele se encerra no começo do século XX, aurora de uma nova modernidade tragicamente interrompida pela guerra, que precipita, bloqueia e inflecte uma evolução que, na verdade, nunca se rompeu de todo.

Para escrever essa história, existem fontes abundantes e lacunares, eloquentes e mudas, fechadas sobre os segredos da intimidade. Por se encontrar, de fato, no cerne do pensamento político e econômico, das preocupações sociais, morais e médicas da época, o privado leva à criação de inúmeros discursos teóricos, normativos ou descritivos centrados na família. Quanto aos arquivos públicos, eles não se prendem muito à vida privada. O Estado ainda intervém pouco no seio da família, encarregada da administração de uma sociedade civil quase invertebrada. O único terreno de intervenção são os conflitos, motores de uma violência que gera desordens. Daí o interesse dos arquivos policiais e judiciários. Mas, ao contrário do século XVIII, o policial perde gradualmente sua função de protetor e confidente. As vítimas já não recorrem tanto à sua intervenção pessoal. Elas se dirigem preferencialmente à justiça, acentuando um movimento que substitui a vingança privada pela força da lei. Infelizmente, os arquivos judiciários, confiados até data recente aos arquivos dos tribunais, sofreram destruições irremediáveis. Apenas os arquivos criminais, catalogados na série U dos arquivos departamentais, podem ser consultados dentro de certos limites de tempo, impostos pela lei para todos os arquivos "pessoais". Os processos de instrução abrem na muralha da intimidade brechas que os historiadores souberam explorar.

As fontes mais ricas e diretas — os arquivos privados — são, porém, socialmente assimétricas e de acesso aleatório. Seu estado de conservação é tão aleatório quanto as possibilidades de consulta. É necessário que haja um abrigo estável, uma devoção filial interessada em preservar a memória, uma notoriedade que transforme os papéis em relíquias, ou a curiosidade de descendentes que gostem de história ou genealogia. A conjuntura atual tende a revalorizar esses restos. As correspondências familiares e a literatura "pessoal" (diários íntimos, autobiografias, memórias), embora sejam testemunhos insubstituíveis, nem por isso constituem os documentos "verdadeiros" do privado. Elas obedecem a regras de boas maneiras e de apresentação de uma imagem pessoal que regem a natureza de sua comunicação e o estatuto de sua ficção. Não há nada menos espontâneo do que uma carta; nada menos transparente do que uma autobiografia, feita para ocultar tanto quanto para revelar. Mas essas sutis manipulações do esconder/mostrar nos levam, pelo menos, à entrada da fortaleza.

Quanto ao romance oitocentista, dedicado às intrigas familiares e aos dramas íntimos, embora possa ser uma ficção mais "verdadeira" do que as emanações do vivido, será utilizado apenas com precaução e em alguns níveis — o dos estilos de vida, por exemplo —, por termos consciência da importância da mediação estética e da especificidade do trabalho textual. Mas seus heróis habitam em nós, sua música penetra em nosso ser.

Em todo caso, a pesquisa da vida privada coloca problemas difíceis. Estes não se resumem apenas à pequena quantidade de estudos, que obrigam a fazer sínteses sem análises e a juntar pedaços de sequências a partir de levantamentos fragmentários. Se formos rapidamente ultrapassados, contestados e infirmados por trabalhos posteriores, eventualmente suscitados por nós, já será um grande resultado!

Mas há mais. Em primeiro lugar, sem dúvida, a disparidade das fontes, que leva a privilegiar as categorias urbanas; o privado rural, fixado no folclore, escapa na maioria das vezes. Na cidade, é a burguesia que concentra os olhares. Apesar dos admiráveis esforços das pesquisadoras da Seuil — que recebam aqui nosso agradecimento —, a iconografia ainda reforça a impressão de que vemos somente a burguesia, a tal ponto ela monopoliza a cena. No entanto, tivemos o cuidado constante não só de cruzar o privado e o social, mas principalmente de captar as soluções originais representadas pelos diversos tipos de vida privada, para além de qualquer imitação/diferenciação, numa combinação sutil de elementos diversos dispostos para finalidades próprias.

Outra dificuldade: a impossibilidade de abarcar a totalidade do Ocidente, sob esse aspecto rompendo com os volumes anteriores. Mas essa ruptura tem um sentido. A abundância dos materiais, o refinamento dos problemas, a falta de trabalhos e, acima de tudo, a construção dos espaços nacionais tornaram praticamente inevitável nossa opção inicial. Evoca-se apenas o caso inglês, por ser ao mesmo tempo o mais elaborado, o mais bem conhecido e o mais influente sobre a sociedade francesa, que ocupa efetivamente o centro deste livro.

A história da vida privada requer abordagens particulares. Os métodos clássicos da história econômica e social são insuficientes. Embora indispensável, a demografia histórica fornece apenas um arsenal grosseiro. A antropologia histórica e a chamada "história das mentalidades", preocupada em articular no tempo as teorias e as práticas, são mais estimulantes. As sugestões vindas do interacionismo (E. Goffman e sua "encenação do cotidiano"), da análise pormenorizada da micro-história foram de grande utilidade, bem como as da sociologia cultural. Devemos muito a todas elas, mas talvez ainda mais à reflexão feminista debruçada, nesses últimos anos, sobre o público e o privado, a constituição das esferas, as relações entre os sexos na família e na sociedade.

Resta, contudo, a dificuldade de conhecer algo além da face externa e pública da vida privada; a impossibilidade de chegar ao outro lado do espelho. Nesse âmbito, o dizível fabrica o indizível, a luz cria a sombra. O não-dito, o desconhecido, o incognoscível — e a consciência trágica que temos disso — avançam no ritmo do saber que cava sob nossos pés mistérios insondáveis. Sem dúvida, haveria necessidade de outros métodos de leitura, inspirados na semiótica ou na psicanálise. Permanece a irredutível opacidade do objeto, desde o momento em que se pretende ir além de uma história social do privado e fazer uma história dos indivíduos, de suas representações e emoções, para além dos grupos e das famílias: história dos modos de agir, viver, sentir e amar, dos impulsos do coração e do corpo, do fantasma e do sonho; não só uma história balzaquiana das intrigas familiares, mas também uma história nervaliana do desejo, uma história proustiana e musical das intimidades.

Mas aqui está nosso trabalho, tal como é, obra de seis autores em busca de mil personagens. A história transcorre na França durante o século XIX. Erguendo-se a cortina, um duo singular: a Revolução Francesa e o *home* inglês. Chegam os atores: a família e os outros. O cenário e as locações: casas e jardins. Por fim, os bastidores secretos e íntimos do indivíduo solitário.

No pano de fundo, ainda vaporosa, a estátua do comandante: a sombra do Estado. Pois, para além dos episódios anedóticos, a história da vida privada é também a história política do cotidiano.

Que comece a festa!

1
ERGUE-SE A CORTINA

Michelle Perrot
Lynn Hunt
Catherine Hall

OUTRORA, EM OUTRO LUGAR

Michelle Perrot

OUTRORA: REVOLUÇÃO FRANCESA E VIDA PRIVADA

O século XVIII havia apurado a distinção entre o público e o privado. O público tinha se desprivatizado até certo ponto, apresentando-se como a "coisa" do Estado. O privado, antes insignificante e negativo, havia se revalorizado até se converter em sinônimo de felicidade. Assumira um sentido familiar e espacial, que no entanto estava longe de esgotar a diversidade de suas formas de sociabilidade.

Nesse processo, a Revolução Francesa opera uma ruptura dramática e contraditória, sendo preciso, aliás, distinguir seus efeitos a curto e a longo prazo. No nível imediato, há a desconfiança de que os "interesses privados", ou particulares, oferecem uma sombra propícia aos complôs e às traições. A vida pública postula a transparência; ela pretende transformar os ânimos e os costumes, criar um homem novo em sua aparência, linguagem e sentimentos, dentro de um tempo e de um espaço remodelados, através de uma pedagogia do signo e do gesto que procede do exterior para o interior.

Num prazo mais longo, a Revolução acentua a definição das esferas pública e privada, valoriza a família, diferencia os papéis sexuais estabelecendo uma oposição entre homens políticos e mulheres domésticas. Embora patriarcal, ela limita os poderes do pai em vários pontos e reconhece o direito do divórcio. Ao mesmo tempo, proclama os direitos do indivíduo, esse direito à segurança no qual começa a se fazer presente um habeas corpus que, ainda hoje [1986] na França, carece de uma garantia mais sólida; ela lhe confere uma primeira base inicial: a inviolabilidade do domicílio, cuja transgressão está sujeita, desde 1791, a penas severas previstas no artigo 184 do Código Penal.

Seria preciso um livro inteiro para descrever essa tumultuada história privada da Revolução em todas as dimensões do direito e dos costumes, dos discursos e das práticas cotidianas. Especialista nesse período, Lynn Hunt evoca aqui os grandes traços de uma experiência que cintila no horizonte do século.

A forma como, sob a influência conjunta dos evangélicos, dos militaristas e de uma evolução econômica que estabeleceu uma distância progressiva entre o domicílio e o local de trabalho, se operou na Inglaterra dos inícios do século XIX a separação entre o público e o privado — este agora consubstancial à família —, a par de uma diferenciação mais estrita dos papéis sexuais: tal é o tema de Catherine Hall, que o aborda por meio de algumas figuras típicas. Desde Carolina, a rainha ultrajada cujo processo de 1820 envolve apaixonadamente a opinião inglesa, a qual, a partir daí, passa a exigir do rei uma conduta exemplar, até o ourives de Birmingham para quem os cuidados com seu *cottage* constituem o sentido e a finalidade de sua existência, o que nos é narrado é toda a história do novo ideal doméstico.

EM OUTRO LUGAR: INFLUÊNCIAS ESTRANGEIRAS E MODELO INGLÊS

Na elaboração desse ideal, é essencial o papel das classes médias, que aí encontraram uma verdadeira identidade. Ele se irradia desse âmbito para as classes operárias, que se pretende moralizar com as virtudes da boa dona de casa. Não há dúvida de que o operariado adota tal ideal, mas à sua própria maneira e para seus próprios fins. Por outro lado, a *gentry* [pequena nobreza] se converte às práticas de uma sociabilidade mais íntima e transforma seus castelos em interiores domésticos.

Sob as asas daquelas que logo serão denominadas "os anjos do lar", entre a *nursery* e o jardim, viceja a doçura do *home*. Estamos nas fontes da *privacy* vitoriana, tema de uma vasta literatura que fascinou a Europa.

Qual a influência exercida por tal modelo sobre a sociedade francesa, em busca de um novo equilíbrio de suas atividades e sua felicidade? Por inúmeros canais diferentes, materiais ou pessoais — viajantes, dândis, exilados, comerciantes, *nurses* ou *misses* das boas famílias — , ele se infiltrou nas classes dominantes que encontravam na anglomania uma forma de distinção. Os costumes de higiene (sabonete, latrina, banheira...), as modas do vestuário, as maneiras de falar (*home*, *baby*, *comfort*...), de jogar, de sentir ou de amar oferecem inúmeros traços desse fenômeno, inclusive entre as classes populares. O sindicalismo de 1900 aspira aos espaços verdes e às cidades ajardinadas, ao esporte e ao lazer dos britânicos. Os cartazes da CGT em defesa da jornada de oito horas e da "semana inglesa" guardam uma grande semelhança com as gravuras de Cruikshank. E isso apesar de uma anglofobia recorrente, que se alimenta de cada conflito econômico e político.

A prioridade concedida à Inglaterra é sem dúvida justificada, principalmente na primeira metade do século XIX. A seguir, a Alemanha, de tanto vigor cultural, e, no começo do século XX, os Estados Unidos passam a exercer uma atração cada vez maior, às vezes numa relação de rivalidade.

Tudo isso faz com que a questão do papel das influências estrangeiras sobre a vida privada francesa, para além das zonas em disputa (Alsácia, Nice e Saboia) ou das regiões de fronteira, se coloque de maneira mais abrangente. A Itália das viagens amorosas ou de iniciação dos adolescentes seria ainda a senhora das sensibilidades estéticas e das emoções, como fora para Rousseau e Stendhal (sob esse aspecto, testemunhas de seu tempo) e continua a ser, por exemplo, para uma Geneviève Breton? Tomando-se a Europa nórdica, a Europa oriental e a Europa meridional, qual delas, e em que momento, predomina na França oitocentista? Pergunta sem resposta e talvez sem sentido. Influência cultural não é sinônimo de prática da vida privada. E elementos isolados, mais ou menos naturalizados, não chegam a formar um estilo de vida. Mas, mesmo assim, é difícil não tomá-los em consideração.

De uma ponta a outra, a França é profundamente contraditória. Suas condições demográficas — diminuição precoce da taxa de natalidade, manutenção de uma elevada taxa de mortalidade e, consequentemente, um baixíssimo crescimento natural —, únicas na Europa, fazem do país um foco de atração de imigrantes. Na segunda metade do século XIX, chegam levas maciças de belgas, italianos e judeus da Europa central, fugidos dos *pogroms* (entre 1880 e 1925 chegam à França cerca de 100 mil, dos quais 80% se concentram em Paris). Somando apenas 380 mil em 1851, eles ultrapassam a casa do milhão em 1901, ou seja, 2,9% da população total e 6,3% da população parisiense. Esses imigrantes são, por definição, pessoas pobres e pouco atraentes. Isso se mostra claramente na desconfiança com que os judeus assimilados de velha cepa recebem os recém-chegados dos guetos da Europa central, e pela xenofobia dirigida contra os italianos nos meios populares, sobretudo em épocas de crise. Suas condições de sobrevivência supõem a preservação de suas estruturas familiares e de seu modo de vida. No entanto, a legislação (por exemplo, a lei de 1889 sobre as naturalizações automáticas) não deixava de favorecer a assimilação. Qual o impacto dessas migrações sobre as práticas e as concepções da vida privada?

Por outro lado, essa França jacobina, onde a escola unificadora constrói um modelo coerente e bastante rígido de cidadania e de civilidade, empertigando os corpos, investindo contra os dialetos regionais, corrigindo as pronúncias, impondo a todos, migrantes internos ou externos, seu modelo de integração de eficácia inquestionável — como ela parece autoconfiante! O livro de Pierre Sansot *La France sensible* [A França sensível], de 1985, apresenta outras provas dessa diluição do privado diante do público.

Num âmbito totalmente diverso, a atitude refratária em relação ao pensamento de Freud, o grande vienense, a recusa em perceber a sexualidade como uma dimensão fundamental da pessoa não vêm a constituir outra manifestação de uma representação bastante fechada da intimidade e da relação do indivíduo consigo mesmo?

Os modelos da vida privada no século XIX dificilmente se separam dos espaços nacionais.

REVOLUÇÃO FRANCESA E VIDA PRIVADA

Lynn Hunt

Durante a Revolução, as fronteiras entre a vida pública e a vida privada mostraram uma grande flutuação. A coisa pública, o espírito público invadiram os domínios habitualmente privados da vida. Não resta dúvida de que o desenvolvimento do espaço público e a politização da vida cotidiana foram definitivamente responsáveis pela redefinição mais clara do espaço privado no início do século XIX. O domínio da vida pública, principalmente entre 1789 e 1794, ampliou-se de maneira constante, preparando o movimento romântico do fechamento do indivíduo sobre si mesmo e da dedicação à família, num espaço doméstico determinado com maior precisão. No entanto, antes de chegar a esse termo, a vida privada iria sofrer a mais violenta agressão já vista na história ocidental.

Os revolucionários se empenharam em traçar a distinção entre o público e o privado. Nada que fosse particular (e todos os interesses eram particulares por definição) deveria prejudicar a vontade geral da nova nação. De Condorcet a Thibaudeau e Napoleão, a palavra de ordem era a mesma: "Não pertenço a nenhum partido". As facções, a política partidária — a política de grupos privados e de particulares — viraram sinônimo de conspiração, e os "interesses" significavam uma "traição à nação".

No período revolucionário, "privado" significa faccioso, e tudo o que se refere à privatização é considerado equivalente a sedicioso e conspiratório. A partir daí, os revolucionários exigem que nada se furte à publicidade. Apenas uma vigilância contínua e o serviço constante à coisa pública (que na época possui um sentido preciso) podem impedir que aflorem interesses particulares (privados) e facções. Era preciso abrir as reuniões políticas "ao público": as reuniões da legislatura extraem sua legitimidade de uma plateia numerosa e de interrupções frequentes. Os salões, os grupos e os círculos podem ser denunciados de imediato. Num país dominado pela política, a expressão dos interesses privados só pode ser tida como contrarrevolucionária. "Existe apenas um partido, o dos intrigantes!", exclama Chabot. "Todo o resto é o partido do povo." Essa preocupação obsessiva em manter os interesses privados a distância da vida pública logo virá, paradoxalmente, a apagar as fronteiras entre o público e o privado.

Os termos "aristocrata" e "*sans-culotte*" assumiram uma acepção política: um *sans-culotte*, caso esmorecesse em seu ardor revolucionário, poderia ser chamado de aristocrata; dessa forma, o caráter privado se revestiu de um sentido político. Em outubro de 1790, Marat denuncia a Assembleia Nacional como "quase totalmente composta de antigos nobres, prelados, togados, cortesãos, oficiais, juristas, homens sem alma, sem costumes, sem honra nem pudor; inimigos da Revolução por princípio e por condição". A maioria dos legisladores "é composta tão somente de velhacos manhosos, de charlatães indignos". São "homens corruptos, astutos e pérfidos", escreve ele em seu jornal *L'Ami du Peuple* [O Amigo do Povo]. Não bastava errar de campo político; era preciso ainda que faltassem as qualidades humanas mais elementares. Se o homem público não defendia a Revolução de maneira satisfatória, o homem privado só podia ser corrupto. Marat abriu o caminho, outros o seguiram. Em 1793, um panfleto bastante medíocre definia o "moderado, *feuillant*,* aristocrata" como "aquele que não melhorou a Sorte da Umanidade miserável e patriota, tendo Notoriamente os meios para isso. Aquele que não usa por ruindade uma Roseta de três polegadas de Circomferença; Aquele que comprou roupas que não são nacionaes, e Principalmente os que não Se orgulham do títolo e do Barrete de Sans-Culotte" (*sic*). As roupas, a linguagem, as atitudes em relação aos pobres, os serviços prestados, o uso dos bens móveis,

* No período revolucionário, chamavam-se *feuillants* os moderados ou constitucionalistas, por terem a sede de sua associação em Paris no antigo convento dos frades bernardos (*feuillants*). (N. T.)

tudo se convertia em critério de patriotismo. Onde estava a linha de demarcação entre o homem público e o homem privado?

A mescla do privado com o político e o público não era apanágio das reuniões das seções e dos jornais mais exacerbados; o exemplo mais conhecido é, certamente, o discurso de Robespierre, em 5 de fevereiro de 1794, "Sobre os princípios de moral política". Partindo do postulado de que "o motor do governo popular em revolução é, ao mesmo tempo, a virtude e o terror", o porta-voz do Comitê de Salvação Pública contrapunha as virtudes da república aos vícios da monarquia:

> Em nosso país, queremos substituir o egoísmo pela moral, a honra pela probidade, os usos pelos princípios, as conveniências pelos deveres, a tirania da moda pelo império da razão, o desprezo à desgraça pelo desprezo ao vício, a insolência pelo orgulho, a vaidade pela grandeza de alma, o amor ao dinheiro pelo amor à glória, a boa companhia pelas boas pessoas, a intriga pelo mérito, o espirituoso pelo gênio, o brilho pela verdade, o tédio da volúpia pelo encanto da felicidade, a mesquinharia dos grandes pela grandeza do homem [...].

Daí se seguia que, "no sistema da Revolução Francesa, o que é imoral é impolítico, o que é corruptor é contrarrevolucionário". Desse modo, os revolucionários, mesmo pensando que os interesses privados (entendendo por eles os interesses de pequenos grupos ou facções) não deviam ter representação na arena política, estavam persuadidos de que a atitude privada e a virtude pública guardavam uma estreita ligação. Assim é que, em novembro de 1793, a "Comissão temporária de vigilância republicana estabelecida em Ville-Affranchie" (Lyon) declarou:

> Para ser realmente republicano, é preciso que cada cidadão experimente e opere em si mesmo uma revolução igual à que transformou a face da França. [...] todo homem que

abre sua alma às frias especulações do interesse, todo homem que calcula o quanto lhe vale uma terra, um lugar, um talento [...] todos os homens de tal feitio e que ousam se declarar republicanos mentiram à natureza [...] que fujam ao solo da liberdade: não tardará que sejam reconhecidos e que o reguem com seu sangue impuro.

Em suma, a visão revolucionária da política é rousseauniana. A qualidade da vida pública depende da transparência dos corações. Entre o Estado e o indivíduo, não há necessidade da mediação dos partidos ou dos grupos de interesses, e os indivíduos devem realizar sua revolução pessoal, reflexo daquela que se realiza no Estado. Segue-se daí uma profunda politização da vida privada. Segundo os revolucionários de Lyon, "a República já não deseja em seu seio senão homens livres".

MUDAR AS APARÊNCIAS

Um dos exemplos mais claros da invasão do público no espaço privado é a preocupação constante com o vestuário. Desde a abertura dos Estados Gerais, em 1789, a roupa possui um significado político. Michelet descreveu a diferença entre a sobriedade dos deputados do Terceiro Estado, à frente da procissão de abertura — "uma massa de homens, vestidos de negro [...] com trajes modestos" —, e "o pequeno grupo refulgente dos deputados da nobreza [...] com seus chapéus de plumas, suas rendas, seus paramentos de ouro". Segundo o inglês John Moore, "uma grande simplicidade, e na verdade a avareza no vestuário era [...] considerada uma prova de patriotismo". Em 1790, os jornais dedicados à moda apresentam um "traje estilo Constituição" para as mulheres que, em 1792, se torna o "chamado traje estilo igualdade com um toucado muito em moda entre as republicanas". Segundo o *Journal de la Mode et du Goût* [Jornal da Moda e do Gosto], a "grande dama" de 1790 veste "cores listradas estilo nação", e a "mulher patriota" usa "tecido de cor azul-rei com chapéu de feltro negro, fita do chapéu e roseta tricolores".

A moda masculina não se definiu de imediato com tanta clareza, mas a indumentária logo se transformou num sistema semiótico intensamente carregado. Ela revelava o significado público do homem privado. Os moderados e os aristocratas eram identificados por sua recusa em usar a roseta. A partir de 1792, o barrete vermelho, o casaco estreito com várias filas de botões e as calças largas passam a definir o *sans-culotte*, isto é, o verdadeiro republicano. A roupa é investida de tal significado político que a Convenção, em outubro de 1793, se vê obrigada a reafirmar "a liberdade do vestuário". O decreto, em si, parece anódino: "Nenhuma pessoa, de qualquer sexo, poderá obrigar qualquer cidadão ou cidadã a se vestir de maneira particular [...] sob pena de ser considerada e tratada como suspeita".

No entanto, essas discussões na Convenção mostram que tal decreto se dirige principalmente às associações femininas cujas participantes usavam toucado vermelho e forçavam as outras mulheres a imitá-las. Aos olhos dos deputados, nesse auge de radicalidade revolucionária — o momento da descristianização —, a politização da indumentária ameaçava subverter a própria definição da ordem dos sexos. O Comitê de Segurança Geral temia que os debates sobre o vestuário fossem resultantes da masculinização das mulheres: "Hoje se exige o barrete vermelho: não vão parar por aí; logo exigirão o cinto com pistolas". Mulheres armadas nas longas filas do pão seriam bem mais perigosas; e o pior era que fundavam associações. Fabre d'Églantine observou que "essas sociedades não são absolutamente compostas de mães de família, de moças de família, de irmãs que cuidam de seus irmãozinhos menores, e sim de uma espécie de aventureiras, de cavaleiras andantes, de jovens emancipadas, de mocetonas de modos livres e soltos". Os aplausos que o interromperam mostram que ele havia tocado na corda sensível dos deputados; todas as associações femininas foram suprimidas, pois iam contra a "ordem natural", na medida em que "emancipavam" as mulheres de sua identidade exclusivamente familiar (privada). Como dizia Chaumette: "Onde já se viu que a mulher abandone os cuidados do lar, o berço dos filhos, para ir à praça pública, discursar na tribuna?". As mulheres eram tidas como a representação do privado, e sua participação ativa como mulheres em praça pública era rejeitada por praticamente todos os homens.

Apesar do aparente apoio da Convenção ao direito de se vestir à vontade, o Estado desempenhou um papel crescente nesse campo. A partir de 5 de julho de 1792, todos os homens passaram a ser obrigados por lei a usar a roseta tricolor; a partir de 3 de abril de 1793, todos os franceses, sem distinção de sexo, ficaram submetidos a esse decreto. Em maio de 1794, a Convenção solicitou ao pintor-deputado David que apresentasse projetos e sugestões para melhorar o traje nacional. Ele fez oito desenhos, entre os quais se incluíam dois para os uniformes civis. Não havia grande diferença entre os trajes civis e os oficiais. Todos consistiam em túnica curta e aberta, presa à cintura por uma faixa, calções justos, sapatos ou botas sem salto, uma espécie de gorro e uma capa três-quartos. Nesse traje, misturavam-se detalhes da Antiguidade, da Renascença e também de figurinos de teatro. A indumentária civil criada por David nunca foi usada, a não ser por alguns jovens admiradores do mestre. No entanto, a simples ideia de um uniforme civil, surgida na Sociedade Popular e Republicana das Artes, mostra que havia quem desejasse o fim da fronteira entre o público e o privado. Todos os cidadãos, soldados ou não, andariam uniformizados. Os artistas da Sociedade Popular diziam que os hábitos da época, no tocante às roupas, eram indignos de homens livres; se era para a Revolução entrar no âmbito privado, então seria preciso remodelar totalmente os trajes. Como chegar à igualdade se a distinção social continuava a se manifestar no vestuário? As roupas femininas não pareciam tão importantes aos artistas e legisladores, o que, aliás, não é de admirar. Segundo Wicar, as mulheres não precisavam de grandes mudanças, "à exceção desses lenços ridiculamente empolados". Como os papéis privados estavam reservados às mulheres, elas não tinham nenhuma necessidade de usar o uniforme nacional dos cidadãos.

Mesmo depois de abandonado o grandioso projeto de reformar e uniformizar a indumentária masculina, as roupas não perderam seu significado político. Os *muscadins* [janotas] da reação termidoriana usavam linho branco e criticavam os pretensos jacobinos que não empoavam os cabelos. O "traje estilo vítima" dos *muscadins* consistia na "bata quadrada e decotada, sapatos bem rasos, cabelos soltos nos ombros", andando armados com pequenas bengalas chumbadas. De modo geral, a Revolução contribuiu para diminuir o número de peças de roupa e deixar a indumentária mais solta. Para as mulheres, isso significava uma tendência a se desnudarem cada vez mais, o que chegou a suscitar o comentário de um jornalista: "Várias deidades apareceram em trajes tão leves, tão transparentes que despojaram o desejo do único prazer que o alimenta: o prazer de adivinhar".

MUDAR A DECORAÇÃO DO COTIDIANO

Os objetos do espaço privado não foram esquecidos. Os mais íntimos objetos trazem a marca do ardor revolucionário. Na residência dos patriotas abastados, encontram-se "camas estilo Revolução" ou "estilo Federação". As porcelanas e faianças são enfeitadas com divisas ou vinhetas republicanas. As tabaqueiras, os estojos de barba, os espelhos, os cofres e até os jarros de lavatório são decorados com cenas das jornadas revolucionárias ou com alegorias. A Liberdade, a Igualdade, a Prosperidade, a Vitória, sob a forma de jovens deusas encantadoras, enfeitam os espaços privados da burguesia republicana. Mesmo os alfaiates ou os sapateiros mais pobres ostentam nas paredes os calendários revolucionários com o novo sistema de datação e as inevitáveis vinhetas republicanas. É inquestionável que os retratos dos heróis antigos e revolucionários e os quadros históricos mostrando os acontecimentos fundadores da República não chegaram a substituir integralmente as gravuras e imagens da Virgem e dos santos, e não se pode afirmar com segurança que as atitudes populares tenham sofrido modificações profundas com essa tentativa de nova educação política. Mas, por outro lado, é certo que a invasão dos novos símbolos públicos nos espaços privados foi determinante para a criação de uma tradição revolucionária. Da mesma forma, todos os retratos de Napoleão e as numerosas representações de suas vitórias ajudaram a criar a lenda napoleônica. A nova decoração do espaço privado teve consequências a longo prazo, graças à vontade dos dirigentes revolucionários e seus amigos de politizar todas as coisas.

MUDAR AS PALAVRAS

O simbolismo revolucionário não era unilateral. Os símbolos revolucionários invadiam o âmbito da vida privada, mas as marcas da vida privada, por seu lado, também invadiam o espaço público. O tratamento familiar por "tu" se generalizou. Em outubro de 1793, um *sans-culotte* zeloso encaminhou à Convenção uma petição "em nome de todos os meus comitentes" para que se votasse um decreto determinando que todos os republicanos "tratem indistintamente por 'tu' todos aqueles ou aquelas com quem falem a sós, sob pena de serem declarados suspeitos". Ele alegava que tal prática levaria a "menos orgulho, menos distinção, menos inimizades, mais familiaridade no tratamento, mais pendor para a fraternidade; consequentemente, mais igualdade". Os deputados recusaram a obrigatoriedade do tuteio, mas o uso do "tu" se generalizou nos círculos de revolucionários ardorosos. O emprego da linguagem "familiar" na arena política exercia um efeito deliberadamente destruidor. O tuteio invertia as regras usuais do discurso público.

Ainda mais chocante era a invasão maciça das "imundícies do linguajar chulo" no discurso político impresso. Jornais de direita como *Les Actes des Apôtres* [Os Atos dos Apóstolos], panfletos anônimos como *La vie privée de Blondinet Lafayette, général des bluets* e *Sabbats jacobites* [Sabás jacobitas] inauguraram essa tendência desde os primeiros anos, parodiando o ritual católico e divulgando as "brejeirices galantes" tão apreciadas no "mundo" do Antigo Regime. Logo se seguiram os jornais de esquerda, sobretudo *Le Père Duchesne* [Pai Duchesne], de Jacques Hébert. Em pouco tempo, as expressões vulgares *bougre* [bicha ou patife], *foutre* [caramba, diabo] e *torche-cul* [limpa-cu] se tornaram termos correntes, que podiam ser lidos ao lado de uma lista interminável de "pragas do mais puro estilo" (desde *tonnerre de Dieu* até *vingt-cinq mille millions de pétards*). No caso de Hébert, como também de muitos outros, o uso de termos coloquiais, vulgares ou grosseiros atingiu o ápice nas descrições de Maria Antonieta: "A tigresa austríaca era vista em todas as cortes como a mais miserável *prostituta* da França. Ela era amplamente acusada de *chafurdar* na *lama* com criados, e seria difícil distinguir quem era o pulha que havia fabricado os *abortos coxos* (*sic*), corcundas, gangrenosos, saídos de seu *ventre triplamente enrugado*" (*Le Père Duchesne*). Maria Antonieta era apresentada como a antítese de tudo o que as mulheres deviam representar: uma besta selvagem ao invés de uma força civilizadora, uma prostituta ao invés de uma mulher séria, um monstro gerando criaturas disformes ao invés de uma mãe. Ela era a expressão última e mais baixa daquilo que — no temor dos revolucionários — ocorreria às mulheres caso ingressassem no universo público: já não seriam mulheres, e sim medonhas perversões do sexo feminino. Essa perversão abominável parecia requerer uma linguagem tão suja quanto a que os homens reservavam para suas histórias obscenas. Em público, utilizavam-na para destruir a aura da soberania, da nobreza e da deferência.

A linguagem reflete as flutuações da fronteira entre o público e o privado sob vários outros aspectos. O Estado revolucionário tentou regulamentar o uso da linguagem exigindo que se empregasse o francês em lugar dos regionalismos e dos dialetos. Barère explicou a decisão do governo da seguinte maneira: "Em um povo livre, a língua deve ser uma única e a mesma para todos". O conflito entre o público e o privado se deslocou para o terreno linguístico; as novas escolas tinham como tarefa propagar o francês, principalmente na Bretanha e na Alsácia, e todos os textos oficiais eram publicados em francês. Em muitas regiões, a língua oficial era o francês, ao mesmo tempo relegando os regionalismos e os dialetos para o âmbito privado.

Para alguns, a perda da vida privada foi compensada com

a criação de uma linguagem privada. Os soldados — que, com o recrutamento, abandonavam toda e qualquer vida pessoal — criaram um "falar dos veteranos" para se diferenciarem dos "paisanos", que não pertenciam às forças militares. Eles dispunham de seus próprios termos para designar o equipamento, o uniforme, as divisões do Exército (os soldados de guarda viraram os "imortais"), os incidentes nos campos de batalha, o soldo (o dinheiro foi batizado de "baixela de bolso") e até as fichas de loto (o 2 era a "franguinha", o 3 era a "orelha do judeu"). O inimigo alemão era conhecido como "cabeça de chucrute" e o inglês, mais simplesmente, era o "*goddam*".*

MARIANNE, MINHA MÃE

Os símbolos da vida familiar e doméstica podiam exercer um efeito político (e portanto público) durante esse período de confusão entre a vida pública e a vida privada. O emblema da República, a deusa romana da Liberdade, muitas vezes ostentava um ar abstrato nos sinetes oficiais, nas estátuas e nas vinhetas. Mas, num grande número de representações, ela assumia o aspecto familiar de uma jovem donzela ou de uma jovem mãe. Logo, primeiro por troça e depois carinhosamente, passou a ser conhecida como Marianne, nome feminino muito corrente. A mulher e a mãe, tão desprovidas de qualquer direito político, foram capazes, apesar disso (ou justamente por isso?), de se converter nos emblemas da nova República. Até Napoleão, em 1799, imaginou que estaria salvando-a de um abismo de discórdia e divisão. Para ter eficácia, o poder devia apelar à afeição e, por isso, de vez em quando precisava ser familiar.

O discurso político e a iconografia da década revolucionária contam uma história de família. No começo, o rei é representado como um pai benevolente que teria reconhecido os proble-

* *Goddam*: derivado da expressão inglesa *God damn*, "Que Deus te condene", "Vá para o inferno". (N. T.)

mas de seu reino, desejando resolvê-los com o auxílio de seus filhos agora adultos (particularmente os deputados do Terceiro Estado). Mas, depois de sua tentativa de fuga em junho de 1791, tornou-se impossível sustentar essa versão: pouco a pouco, os filhos passaram a requerer transformações fundamentais, e chegariam a exigir a substituição do pai. Nesse momento, a necessidade de eliminar o pai tirânico se intensificou duplamente com a raiva contra a mulher que jamais fora possível representar com traços maternos; o adultério tão explorado de Maria Antonieta constituía um insulto à nação, servindo de certa forma para justificar seu fim trágico. Agora, num novo esquema familiar do poder, substitui-se o casal monárquico pela Fraternidade dos revolucionários, protegendo suas irmãs mais frágeis, a Liberdade e a Igualdade. As novas representações da República nunca mostram a figura paterna, e é muito raro que apareçam mães, exceto as muito jovens: é uma família praticamente sem genitores. Restou aos irmãos a tarefa de criar um mundo novo e de velar por suas irmãs órfãs. Vez por outra, principalmente entre 1792 e 1793, as irmãs aparecem nas representações defendendo ardorosamente a República; de modo geral, porém, figuram como personagens em busca de proteção. A República é amada, mas seu destino depende do povo, uma força poderosa e viril.

A RELIGIÃO PRIVADA CONTRA O ESTADO

Os efeitos da Revolução sobre a vida privada não se mantiveram apenas "simbólicos", ou seja, limitados somente às expressões da cultura política representadas pelo vestuário, pela linguagem e pelo ritual político. O novo Estado atacou frontalmente os poderes das comunidades do Antigo Regime em muitos outros campos — a Igreja, as corporações, a nobreza, a comunidade de aldeia e o clã familiar —, definindo simultaneamente um novo espaço para o indivíduo e seus direitos privados. É claro que existiram resistências e ambiguidades. Estas se mostram principalmente na luta contra a Igreja católica, a grande rival na disputa pelo controle da vida privada. O catolicismo, ao mesmo tempo um conjunto de crenças privadas e cerimônias públicas, congregação de fiéis e instituição poderosa, foi campo das mais acesas lutas públicas (e talvez privadas). De início, como bons liberais, os revolucionários esperavam fundar um regime sobre a tolerância religiosa universal; as questões religiosas permaneceriam como assuntos privados. Mas os velhos hábitos e a crescente necessidade financeira ditaram uma solução mais duvidosa: o confisco dos bens eclesiásticos e a Constituição Civil do Clero. A partir daí, os bispos deviam ser nomeados por eleição, tal como ocorria com a grande maioria dos representantes públicos; uma após a outra, as assembleias revolucionárias passaram a exigir que o clero prestasse juramento e proibiram o uso de vestimentas eclesiásticas. O apoio aos padres refratários veio a ser identificado com a contrarrevolução, e o Estado passou a controlar cada vez mais os locais, datas e cerimônias do culto religioso. Pela Concordata de 1801, Napoleão renunciou ao controle tirânico do Estado, mas somente sob a condição de que se reconhecesse o direito permanente do Estado em intervir nas questões religiosas.

Mesmo que muitos deles desejassem uma reforma, os católicos não aceitaram irrestritamente o controle do Estado. Foi a primeira vez que indivíduos privados — em sua maioria, mulheres e crianças — assumiram um papel público para defender sua Igreja e seus ritos. Segundo o abade Grégoire, a Igreja constitucional foi estrangulada pelas "mulheres devassas e sediciosas". Elas escondiam os padres refratários, ajudavam a celebrar missas clandestinas e até missas brancas; depois do Termidor, instigavam os maridos a ir exigir do governo a reabertura das igrejas; recusavam batizar ou casar os filhos com padres jurados; e, quando nada disso dava certo, realizavam manifestações em nome da liberdade religiosa. Em protesto contra a intromissão do Estado, voltou-se a cultuar antigos santos padroeiros e, nas regiões mais hostis à Revolução, criaram-se novos mártires. A reza do rosário nas vigílias se transformou num ato de resistência política. Uma certa "Suzanne-sem-medo" teve ousadia suficiente para expressar sua resistência num libelo encontrado no ano VII do calendário republicano, numa aldeia de Yonne chamada Villethierry: “Não existe em nenhum governo despotismo que se iguale ao nosso. Dizem-nos: vocês são livres e soberanos, enquanto somos arrastados a tal ponto que não nos é permitido cantar, brincar e, quando estamos endomingados, nem sequer nos ajoelhar para render homenagem ao Ser Supremo”.

Sob o ataque do Estado e dos revolucionários mais encarniçados, principalmente nas cidades, a religião veio a se privatizar. Em 1794, após a emigração, a deportação, as execuções, as prisões, as demissões e os casamentos dos padres, pouco restou para que ainda se pudesse celebrar uma religião pública. As pessoas realizavam suas devoções em casa, com a família ou um grupo de amigos de confiança. Mas, com o término de todas as restrições, o mundo privado veio fazer reivindicações públicas em nome de sua fé. As igrejas paroquiais, que haviam se transformado em granjas, estábulos, salitreiras, peixarias ou salas de reuniões de associações, foram restauradas e reconsagradas. Os vasos sagrados e as roupas sacerdotais foram retirados de seus esconderijos, e, quando não havia padre, quem se encarregava do ofício religioso era um mestre-escola ou um antigo escriturário. Em muitos lugares, principalmente no campo, não se dava nenhuma atenção ao *décadi*,* e os aldeões se reuniam aos domingos para alardear sua recusa em trabalhar. Como consequência dessa intensa mescla entre o público e o privado, vê-se surgir uma nova estrutura durável de religiosidade praticante: as mulheres viriam a ser os pilares da Igreja, a qual tinham defendido com tanto ardor, e os homens se tornariam, na melhor das hipóteses, praticantes esporádicos. A partir desse momento, novas formas de vida pública — a taberna e o café — passam a exigir a presença da população masculina.

A FAMÍLIA, FRONTEIRA ENTRE O PÚBLICO E O PRIVADO

O âmbito em que se faz mais evidente a invasão da autoridade pública é o da própria vida familiar. O casamento foi secularizado,

* “Semana” de dez dias instaurada pelo calendário republicano da Revolução. (N. T.)

e a cerimônia, para ser legal, devia se realizar na presença de um funcionário municipal. No Antigo Regime, o casamento consistia na troca do "sim", e o padre desempenhava apenas o papel de testemunha desse mútuo consentimento. Pelo importante decreto de 20 de setembro de 1792, um funcionário ficou encarregado do estado civil, devendo também declarar o casal unido perante a lei. Desse momento em diante, a autoridade pública assumiu uma participação ativa na formação da família. O Estado definiu os impedimentos à união, restabeleceu e regulamentou o processo de adoção, determinou os direitos (depois seriamente restringidos pelo Código Civil) dos filhos naturais, instituiu o divórcio e limitou o poder paterno, em parte com o estabelecimento de tribunais de família (que foram suspensos em 1796, embora o Estado tenha continuado a limitar o poder paterno, principalmente em questões de deserdamento). Ao tentar fundar um novo sistema de educação nacional, a Convenção partia do princípio de que os filhos, como dizia Danton, "pertencem à República antes de pertencer a seus pais". O próprio Napoleão insistiu para que "a lei tomasse a criança ao nascer, atendesse à sua educação, a preparasse para uma profissão, regulamentasse como e sob que condições poderia se casar, viajar, escolher um estado".

A legislação da vida familiar mostra as preocupações heterogêneas dos governos revolucionários; tratava-se de conservar o equilíbrio entre a proteção da liberdade individual, a preservação da unidade familiar e a consolidação do controle do Estado. Principalmente sob a Convenção, mas já antes dela, dava-se prioridade à proteção dos cidadãos contra a eventual tirania das famílias e da Igreja. As ordens régias, em particular, foram consideradas vergonhosas, por terem sido usadas pelas famílias para obter a reclusão dos filhos, por simples motivos de rebelião ou dissipação. No entanto, a instituição dos tribunais de família, em agosto de 1790, foi um estímulo jurídico para que as famílias resolvessem seus conflitos internos, inclusive, caso necessário, através do divórcio (possibilitado pela lei promulgada em 20 de setembro de 1792). O Código Civil iria mostrar uma preocupação bem menor pela felicidade e autonomia dos cidadãos (sobretudo das mulheres), e aumentaria os poderes paternos. Os poderes conferidos aos tribunais de família viriam a ser confiados ao pai, chefe da família, ou aos tribunais do Estado. De modo geral, é visível que o Estado frequentemente limitou o controle da família ou da Igreja sobre o indivíduo a fim de ampliar o seu próprio. Ele garantiu os direitos individuais, encorajou a união familiar e limitou o poder paterno.

DIREITO AO DIVÓRCIO

Pode-se avaliar a tensão entre os direitos individuais, a família e o controle do Estado especialmente no caso do divórcio, instituído pela primeira vez na França pela Revolução. O divórcio foi a consequência lógica das ideias liberais expressas na Constituição de 1791. O artigo 7 tinha secularizado o casamento: "A lei agora considera o casamento apenas como um contrato civil". Se o casamento era um contrato civil fundado sobre o consentimento de ambas as partes, ele poderia ser rompido. O argumento adquiriu peso pela força das circunstâncias. A Constituição Civil do Clero abriu uma divisão dentro da Igreja católica, e muitos casais se recusavam a trocar o juramento de união perante um padre jurado. Ao secularizar o casamento, o Estado assumiu o controle do estado civil e substituiu a Igreja como autoridade máxima nas questões da vida familiar. Nos debates sobre o divórcio (que, a despeito de sua novidade, não foram muito numerosos), apresentaram-se outros argumentos a favor dele: a emancipação dos casais infelizes, a liberação das mulheres do despotismo marital e a liberdade de consciência para os protestantes e os judeus, cuja religião não proibia o divórcio.

A lei de 1792 era notavelmente liberal. Sete motivos justificariam um pedido de divórcio: "a insanidade; a condenação de um dos cônjuges a penas aflitivas ou infamantes; os crimes, sevícias ou injúrias graves de um contra o outro; o notório desregramento de costumes; o abandono por dois anos no mínimo; a ausência sem notícias durante cinco anos no mínimo; a emigração". Nesses casos, o divórcio era concedido imediatamente. Além disso, um casal também podia se divorciar por acordo mútuo num prazo de quatro meses, e o divórcio seria igualmente concedido "por incompatibilidade de gênio e personalidade", depois de um período de seis meses para uma tentativa de reconciliação. Exigia-se um prazo de um ano antes de um novo casamento. As despesas legais eram tão módicas que estavam ao alcance de quase todos; ainda mais surpreendente é que tanto os homens quanto as mulheres podiam pedir o divórcio. Na época, era a lei mais liberal do mundo.

No capítulo VI do Código Civil, os motivos foram reduzidos a três: a condenação, as sevícias, o adultério. Em consonância com a reafirmação napoleônica do poder paterno, os direitos da mulher foram consideravelmente reduzidos. O marido podia pedir o divórcio alegando adultério da mulher, mas ela, por sua vez, só poderia pedi-lo caso seu marido mantivesse "sua concubina na casa em comum" (artigo 230). Ademais, se fosse reconhecida sua culpa de adultério, a mulher estaria sujeita a dois anos de prisão, ao passo que o homem não receberia nenhuma punição. O divórcio por acordo mútuo foi mantido, mas com muitas restrições: o marido devia ter pelo menos 25 anos; a mulher devia ter entre 21 e 45 anos; o casamento devia ter durado entre dois e vinte anos, e era necessária uma autorização dos pais. Registraram-se quase 30 mil divórcios na França entre 1792 e 1803, mas a seguir houve um grande decréscimo, sendo o divórcio abolido em 1816. Em Lyon, para tomar um exemplo bastante estudado, ocorreram 87 divórcios por ano entre 1792 e 1804, e apenas sete entre 1805 e 1816. Em Rouen, 43% dos 1129 divórcios feitos entre 1792 e 1816 foram concedidos entre 1792 e 1795 — depois de 1803, não se concederam mais do que seis divórcios por ano.

A VIVÊNCIA DO DIVÓRCIO

A possibilidade de se divorciar terá exercido uma influência efetiva sobre a vida privada dos novos cidadãos da República? Nas cidades, sem dúvida, mas no campo ela foi bem menor. Em

Toulouse, por exemplo, ocorreram 347 divórcios entre 1792 e 1803, mas nas regiões rurais de Revel e Muret, no mesmo período, registraram-se apenas dois em cada uma. Nas cidades grandes, como Lyon e Rouen, analisando-se os casamentos contraídos durante a Revolução e sua situação no ano de 1802, ou seja, dentro de um prazo de dez anos após a celebração, constatou-se que 3% a 4% deles haviam terminado em divórcio. Por volta de 1900, após a restauração do divórcio em 1884, o índice foi de 6,5% — taxa certamente menos expressiva que a da última década do século XVIII, levando-se em conta que foi apenas na década posterior a 1792 que houve grandes facilidades para se conseguir o divórcio. Os casais divorciados provinham de todas as camadas da sociedade urbana, embora o maior índice de divórcios se concentrasse entre os artesãos, os comerciantes e os profissionais liberais. As mulheres, ao que parece, beneficiaram-se com as novas leis; em Lyon e Rouen, dois terços dos pedidos feitos sem acordo mútuo foram encaminhados por iniciativa das mulheres. Os pedidos por acordo mútuo não são muito numerosos: isso ocorre apenas entre 20% e 25% dos casos.

O motivo de divórcio que aparece com maior frequência é o abandono ou a ausência. O que vem a seguir é a incompatibilidade. Mesmo as estatísticas mais áridas vez por outra revelam histórias tristes: em Lyon, um quarto dos que pedem divórcio por abandono se queixam de não ver o cônjuge há dez anos ou mais! Metade dos cônjuges tinha deixado o lar cinco anos antes, ou mais. A Revolução ofereceu a oportunidade de legalizar uma situação de fato, numa realidade que envolvia problemas eternos. Homens e mulheres citam o abandono e a incompatibilidade em proporções praticamente iguais, mas — será de se admirar? — são as mulheres que, na maioria das vezes, invocam as sevícias. As atas dos tribunais de família e, posteriormente, dos tribunais civis estão repletas de histórias de maridos que batem na mulher, muitas vezes ao voltarem das tabernas, com socos, vassouradas, atirando pratos, ferros de passar e por vezes chegando a facadas.

A legislação sobre o divórcio não foi concebida apenas para libertar o indivíduo das coerções de uma situação doméstica deplorável. O casal infeliz devia proceder por intermédio de um tribunal de família ou de uma assembleia familiar, conforme o motivo do divórcio. Essa instância se compunha de parentes (ou de amigos, caso não houvesse parentes), escolhidos pelos dois cônjuges, para julgar a aceitabilidade do pedido, para tratar dos acertos financeiros e da guarda dos filhos. Ao que parece, aceitava-se o divórcio de bom grado, já que apenas um terço e às vezes a metade dos pedidos não eram consumados (certamente devido a pressões familiares). O número de casos de concessão do divórcio é surpreendente, considerando-se a novidade do procedimento e a resistência da Igreja. Mesmo os bispos juramentados só aceitavam o divórcio sob a condição de que nenhum dos cônjuges tornaria a se casar enquanto o outro estivesse vivo. Todavia, cerca de um quarto dos homens e mulheres divorciados tornou a se casar (depois de 1816, a Igreja passou a reconhecer o segundo casamento, desde que o anterior tivesse sido apenas civil, pois esse tipo de casamento não tinha valor nenhum a seus olhos). Os pedidos de divórcio raramente resultavam em conflitos pela guarda dos filhos, de um lado porque a maioria dos solicitantes já não tinha filhos pequenos (60% dos casais registrados em Lyon e Rouen não tinham filhos menores de idade), e de outro porque nem os tribunais nem os pais consideravam os filhos como parte integrante da célula familiar. Ademais, são raras as referências aos filhos nos depoimentos dos casais ou nas discussões dos tribunais; igualmente raros são os questionamentos das decisões relativas à guarda dos filhos; quando os citam, em geral os casais nem sequer mencionam os nomes deles ou, às vezes, nem dizem quantos são.

As formalidades do divórcio nos oferecem uma das raras vias de acesso à sensibilidade privada durante a Revolução. É impossível dizer até que ponto a vida afetiva sofreu transformações. Nougaret conta a história de uma moça que engravidou de um amante casado. Para proteger a honra de sua filha, a mãe da jovem anuncia que é ela mesma que está grávida; assim, as duas podem se retirar para o campo, até o momento do parto.

Essa mãe exemplar de *Paris ou le rideau levé* [Paris ou as cortinas levantadas] (ano VIII) não parece muito atingida pela experiência revolucionária. Os problemas vividos no casamento eram, decerto, os mesmos dos anos anteriores a 1789. A Revolução certamente não inventou as sevícias contra as mulheres. Mas a possibilidade de divórcio, por si só, deve ter exercido influência sobre o casamento. A partir de então, podiam existir mulheres como a lionesa Claudine Ramey, que queria deixar o marido porque "não podia ser feliz com ele". Para muitos, o amor devia ser a base do casamento. E o próprio casamento recrudesceu durante a Revolução: de 239 280 sob Luís XVI, o número anual de matrimônios passou para 327 mil em 1793. Mas nem todos se casavam por amor: a proporção de casamentos em que o marido tinha menos de 25 anos, sendo dez anos mais novo que a mulher, passou de 9% ou 10% para 19% em 1796: o casamento não era a melhor maneira de escapar ao recrutamento militar?

VIDA PRIVADA = VIDA SECRETA

É muito difícil expor a concepção da vida privada dos próprios revolucionários. As memórias das grandes figuras políticas são espantosamente impessoais; são quase inteiramente dedicadas à vida pública, tal como as memórias de seus predecessores do Antigo Regime, e, em sua maioria, os aspectos da vida privada — o amor, as relações conjugais, a saúde — permanecem na sombra, como se não guardassem nenhum vínculo com a grande experiência de criação de uma nova nação. Mesmo as memórias escritas muito posteriormente observam esses mesmos princípios. La Révellière-Lépeaux, que escreveu suas memórias por volta de 1820 e consagrou muitas passagens de grande romantismo a seus primeiros amores, reserva apenas um capítulo de seus três volumes para sua "vida privada antes da Revolução". A vida privada parece findar com a Revolução e recomeçar apenas quando se abandona a vida pública. "Uma das circunstâncias notáveis da [sua] vida privada" foi seu encontro de juventude com o futuro deputado Leclerc (de Maine-et-Loire) no colégio de Angers. A experiência da vida pública sob a Revolução parece ter tingido todas as suas recordações do passado. Os únicos fragmentos de vida privada que La Révellière-Lépeaux comenta em suas *Mémoires* [Memórias] são os grandes acontecimentos de sua vida familiar: a busca de uma esposa e seus sentimentos por ela e pelos filhos. Quando relata em detalhes sua experiência revolucionária, ele elimina tudo o que não seja opinião política. O público e o privado não se misturam.

A própria madame Roland escreve de maneira convencional. Sabendo que iria ser guilhotinada, ela escreveu suas *Notices historiques sur la Révolution* [Notícias históricas sobre a Revolução], que, como as memórias dos homens políticos, constituem uma espécie de diário político. Mas, ao mesmo tempo, ela também recorreu a seus anos de juventude para as *Mémoires*, que concebia como um testemunho sobre sua história privada: "Eu me proponho a empregar o tempo livre de meu cativeiro para recordar o que me é pessoal". Nessas páginas, ela descreve pormenorizadamente sua vida com os pais e dá mais vazão a seus sentimentos privados do que La Révellière-Lépeaux. Sente uma imensa dor com a morte da mãe; fala com um desprendimento muito maior sobre suas primeiras impressões de monsieur Roland: "Sua gravidade, seus costumes, seus hábitos, inteiramente consagrados ao trabalho, levavam-me a considerá-lo, por assim dizer, sem sexo, ou como um filósofo que existia somente pela razão".

Em suas cartas da década de 1780, madame Roland havia conseguido mesclar um intenso interesse pelos acontecimentos políticos e um fascínio constante pelos detalhes da vida cotidiana. Mas o tempo se acelera e, completamente absorvida por sua vida pública nos anos seguintes, ela jamais se tornará a madame de Sévigné da Revolução, com um engajamento nos assuntos do momento que não mais lhe permite manter uma correspondência de lazer. Mas ela soube reconhecer prontamente o impacto da Revolução sobre a vida privada; em 4 de setembro de 1789, escrevia: "Se um homem honesto pode seguir o facho do amor, é apenas depois de tê-lo acendido no fogo sagrado do facho da pátria". O ano de 1789 é a grande linha divisória de sua vida privada, tal como o foi para a política nacional. Suas *Mémoires particuliers* [Memórias particulares], mais pessoais, cobrem apenas o período que vai até a Revolução. Mesmo sabendo que vai morrer, madame Roland dá curso a seus sentimentos pela filha: "Que ela consiga um dia cumprir, na paz e na sombra, o dever comovente de esposa e mãe". A participação na vida pública tinha anulado a vida privada dessa mulher; ela esperava que sua filha tivesse um destino diferente.

VIVER E MORRER SOB A REVOLUÇÃO

O pouco que se sabe sobre os sentimentos íntimos das pessoas entre 1790 e os primeiros anos do século XIX revela uma grande preocupação, em primeiro lugar, pelo desenrolar da Revolução e, a seguir, pela edificação do Império. Cada um é atingido de alguma maneira — os filhos partem para a guerra, os padres são deportados, as igrejas se tornam locais civis antes de serem reconsagradas, as terras são vendidas em leilão, e depois readquiridas pelas famílias emigradas que retornam à França, os casamentos não são mais celebrados da mesma maneira, e o divórcio se torna possível. Mesmo os nomes sofrem essa influência. Principalmente entre 1793 e 1794, os filhos se chamam Brutus, Mucius-Scaevola, Périclès, Marat, Jemmapes e até Navette [Nabiça], Betterave [Beterraba] ou Messidrice [de Messidor, décimo mês do calendário republicano — N. T.]. São principalmente os meninos que recebem nomes revolucionários, e os ilegítimos ou abandonados, numa proporção maior do que os demais. A moda dos nomes revolucionários passou depressa, depois do ano II, mas no começo do século XIX ainda se encontravam aqui e ali alguns Prairial [nono mês do calendário], Épicure-Démocrite ou Marie-Liberté [Maria Liberdade]. Os nomes veiculavam tradições públicas.

Pode-se também ver a preocupação com os acontecimentos revolucionários nos excertos de cartas e fragmentos autobiográficos escritos por pessoas menos ilustres. Ménétra, oficial de vidraceiro parisiense, relatou em seu diário sua experiência pessoal da vida revolucionária. Mesmo sendo uma visão pessoal, não raro ele emprega a linguagem dos termidorianos: "O francês respirava apenas sangue [...]. [A Convenção sob Robespierre não passava] de um antro de delatores, de homens vingativos procurando destruir um partido para colocar outro em seu lugar". Em suas cartas ao irmão, o livreiro parisiense Ruault mostra as oscilações da política parisiense e nacional com todos os detalhes, omitindo praticamente todo o resto. De vez em quando, porém, os dois falam de sua vida familiar (mas nunca com tantos detalhes como as *Mémoires* de madame Roland). Ruault interrompe sua correspondência por ocasião da morte de seu filho único, explicando com desespero: "A febre ou o médico nos arrebatou o que tínhamos de mais caro no mundo. Agora do que nos vale viver?". Ménétra fala do divórcio de sua filha, de seu segundo casamento, esperando que ela esqueça "as dores e as dificuldades que tinha sofrido com o monstro do seu primeiro marido". Durante o ano de 1795, período tão pavoroso para todos, Ménétra tinha muito orgulho em anunciar: "Eu vivia muito bem. [...] Não sentíamos de forma nenhuma a falta de alimentos, [...] mantínhamos mesa farta".

Os mais miseráveis pouco deixaram sobre sua vida privada. A taxa de mortalidade atingiu seu auge em 1794, 1804 e 1814 (mas não superou, por exemplo, a de 1847). O número de suicídios atingiu o ponto máximo nos anos de crise; os números parecem ter subido entre o ano VI e o ano IX e, sob o Império, bateram todos os recordes em 1812. Sob Napoleão, ocorriam quase 150 suicídios por ano em Paris, em sua maioria por afogamento no Sena. O índice de suicídios entre os homens era três vezes superior ao das mulheres; sem dúvida, a proibição da Igreja católica exercia maior influência sobre o sexo feminino. Não eram vagabundos ou homens sem eira nem beira que decidiam terminar com uma vida infeliz lançando-se ao Sena: eram homens e mulheres abatidos, cuja existência já penosa se tornava a cada dia mais difícil, sem esperanças de melhora. Deixavam pouca coisa: as roupas que estavam usando e o testemunho de parentes, amigos e vizinhos que iam identificar os corpos. Tudo o que sabemos sobre seus sentimentos íntimos é que estavam desesperados demais para continuar a viver.

SADE OU A REVOLUÇÃO DO SEXO

Para falar da vida privada sob a Revolução, somos quase sempre obrigados a nos basear em dados quantitativos da história social (o índice de divórcios e de suicídios) e em depoimentos diretos de alguns membros da elite que tinham oportunidade de escrever seus pensamentos "privados". Pouco sabemos do que sentia a maioria das pessoas em seus espaços "interiores". O que pensava o soldado em sua barraca, o prisioneiro em sua cela, a mulher do revolucionário enquanto preparava as refeições, o carregador de água enquanto subia as ruas ou quando não conseguia dormir em sua cama, no final do dia? Não sabemos sequer se esses instantes fugidios de consciência privada possuíam algum sentido para as pessoas que viviam sob a Revolução. Mas há um exemplo que não pode ser ignorado em nenhuma história da vida privada: é o do marquês de Sade. Os textos de Sade exploraram os limites mais extremos da sexualidade, que certamente constitui uma das dimensões mais importantes da vida privada, e ainda hoje essas explorações definem os limites da consciência moderna sob vários aspectos. Será uma coincidência que as principais obras de Sade tenham sido compostas entre 1785 e 1800 (com algumas outras datando dos anos que antecedem sua morte, em 1814)?

Nos primeiros anos de Donatien Alphonse François de Sade, nada nos permite antever o futuro autor de *Justine*, de *A filosofia na alcova* e de *Os 120 dias de Sodoma*. O jovem Sade estudou em Louis-le-Grand, antes de ingressar no Exército real, à semelhança de muitos jovens nobres e futuros herdeiros de títulos de nobreza. Casou-se aos 23 anos e, nos meses seguintes, ficou preso em Vincennes por ordem régia, devido a "devassidão excessiva", início de uma longa carreira de libertinagem pontuada por encarceramentos. Entre 1778 e 1790, ele passou onze anos em Vincennes e na Bastilha, e depois de 1801 não tornaria a sair da prisão (entre 1803 e 1814 permaneceria no hospício de Charenton). Apesar de suas origens nobres, Sade sobreviveu à Revolução em Paris, escrevendo peças e até trabalhando como funcionário (secretário da seção de Piques), antes de permanecer vários meses recluso, em 1794, na mesma prisão em que se encontrava Laclos.

Antes de 1789, Sade era um libertino notório, mas, sob a Revolução, tornou-se ainda mais audacioso em seus textos: *Justine* teve seis edições no decênio que se seguiu à sua publicação, em 1791. O romance original de trezentas páginas se converteu em 1797 em *La nouvelle Justine* [A nova Justine], com 810 páginas; *Juliette*, publicado no mesmo ano, tinha mais de mil páginas. *Aline et Valcour* e *A filosofia na alcova* foram publicados em 1795. Os jornais denunciavam Sade principalmente enquanto autor de *Justine*; *La nouvelle Justine* e *Juliette*, os outros dois títulos do ciclo de *Justine*, acarretariam sua última condenação ao cárcere, onde permaneceria até morrer. A quantidade de edições e a notoriedade duradoura de *Justine* provam claramente que Sade não era de todo desconhecido durante a Revolução. *Lolotte et Fanfan* (1788), o romance mais conhecido de Ducray-Duminil, o extravagante autor sentimental que pode ser comparado à romancista inglesa Ann Radcliffe, teve não menos de dez edições, mas Ducray-Duminil era o autor mais popular desse período. Numa época em que os novos gabinetes de leitura, que começaram a se multiplicar em Paris a partir de 1795, estimulavam uma produção literária constante (de 4 mil a 5 mil títulos entre 1790 e 1814, segundo as estimativas) e um gosto crescente pelo romance a obra de Sade contava com um público significativo.

A DECLARAÇÃO DOS DIREITOS DE EROS

Os *Contes philosophiques* [Contos filosóficos] de Sade minavam o ideal revolucionário, não por rejeitá-lo, mas por levar sua lógica ao extremo, chegando ao resultado mais repulsivo. Segundo Maurice Blanchot, “ele formula uma espécie de Declaração dos Direitos do Erotismo", onde a natureza e a razão servem aos direitos de um egoísmo absoluto. Ao longo de toda a sua obra, Sade inverte o habitual triunfo da virtude sobre o vício. Ele proclama: "Sou em suas mãos apenas uma máquina que ela [a natureza] move a seu bel-prazer". Num mundo novo, de igualdade absoluta, a única coisa que importa é o poder, amiúde brutal e cruel. O nascimento, os privilégios, as distinções de toda e qualquer espécie desapareciam frente a esse regime revolucionário e sem lei (no sentido usual do termo). A obra de Sade glorificava e ao mesmo tempo desencaminhava a liberdade, a igualdade e até mesmo a fraternidade. A liberdade consistia no direito de buscar o prazer sem consideração pela lei, pelas convenções, pelos desejos dos outros (e essa liberdade, ilimitada para alguns, significava em geral a escravidão das mulheres escolhidas). Buscavam-se os prazeres na igualdade, e ninguém tinha direito a eles por nascimento; venciam apenas os mais impiedosos e os mais egoístas (quase sempre homens). Haverá exemplo mais claro de fraternidade do que os quatro amigos de *Os 120 dias* ou da "Sociedade dos Amigos do Crime" em *Juliette*, cujos regulamentos e rituais parodiam a maçonaria e os milhares de Sociedades dos Amigos da Constituição (mais conhecidos como jacobinos) da década revolucionária?

O privado ocupa um lugar muito especial nos romances de Sade. Ele é necessário para os jogos mais extremos e mais cruéis, apresentando-se quase sempre sob a forma de uma prisão. Como observa Roland Barthes, "o segredo sadiano não é senão a forma teatral da solidão". Cavernas, criptas, passagens subterrâneas, grutas figuram entre os locais prediletos do herói sadiano. O lugar supremo dos segredos e da solidão consiste naqueles castelos especialmente escolhidos por estarem apartados do mundo exterior (a sociedade). O castelo de Silling, na Floresta Negra, é a locação principal de *Os 120 dias de Sodoma*; em *Justine*, é o castelo de Sainte-Marie-des-Bois. Há pouquíssimos detalhes sobre o exterior desses castelos. O interior é sempre descrito em termos ligados ao encarceramento: insiste-se sobre a reclusão, mas também sobre a ordem repetitiva. Em Silling, "era preciso mandar emparedar todas as portas que davam entrada ao interior e se encerrar totalmente no local como numa cidadela sitiada [...]. O conselho foi executado, montou-se uma tal barricada que já nem se poderia reconhecer onde haviam estado as portas, e as pessoas se instalaram no interior". Uma vez dentro desse mundo isolado do exterior, nesse mundo exclusivamente privado, a insistência recai sobretudo na rigidez da ordem. A perversão não é sinônimo de anarquia: é a inversão sistemática de todos os tabus, o enfrentamento regrado e repetitivo de todos os limites, até o ponto em que o prazer exige o crime.

AS MULHERES, PRISIONEIRAS DO SEXO

Nesse espaço hiperprivado, os objetos do prazer e da ordem em geral são mulheres: "Tremam, adivinhem, obedeçam, previnam e [...] talvez vocês não sejam inteiramente infelizes" (*Os 120 dias*). Com poucas exceções, as mulheres em Sade não são livres e raramente sentem prazer de plena vontade. "Todo gozo partilhado diminui." O amor usual e heterossexual constitui uma exceção: dá-se preferência a outros orifícios em vez da vagina. As mulheres são objeto de agressões masculinas e não têm nenhuma identidade física. Juliette parece ser exceção à regra, mas, para sobreviver, precisa roubar e matar incessantemente. Por uma espécie de distorção tocquevilliana, a igualdade e a fraternidade entre os homens servem apenas para o despotismo total deles sobre as mulheres. Inúmeras *vítimas* são aristocratas, mas o homem do novo mundo sadiano restaura uma espécie de poder feudal no isolamento do castelo, como uma cela.

Não podemos tomar Sade como o verdadeiro representante das atitudes em relação às mulheres durante a Revolução; sua obra, porém, chama a atenção para o papel desempenhado por elas enquanto figuras privadas. Nos romances de Sade, o privado é o lugar onde as mulheres (às vezes crianças, inclusive garotos) são encarceradas e torturadas para o gozo sexual dos homens. Não se tratará apenas de uma redução ao absurdo, tipicamente sadiana, da concepção dos *sans-culottes* e dos jacobinos sobre o lugar da mulher mantida no espaço privado? Os revolucionários limitaram o papel das mulheres ao de mãe e irmã — dependendo, para sua identidade, do marido e dos irmãos; Sade as converteu em prostitutas profissionais ou em mulheres cujo papel principal é sua disposição em se deixarem acorrentar pelos homens, tendo como única identidade a de objetos sexuais. Nessas duas representações do privado, as mulheres não possuem nenhuma identidade própria — pelo menos é o que desejam os personagens masculinos, pois, na verdade, elas são apresentadas como destruidoras em potencial, como se fosse mais do que evidente que jamais aceitariam voluntariamente os papéis que lhes são designados. Se não fosse esse o caso, por que os jacobinos, quando as mulheres reivindicaram o direito de desempenhar um papel público, responderam que seria o caos, reagindo com tanto mau humor e, ousamos dizer, tanta histeria? E por que, então, Sade teria tal obsessão pelo castelo fechado? "Para impedir os ataques exteriores não muito temidos e as invasões interiores bem mais temidas" (*Os 120 dias*).

A concepção da mulher, talhada especialmente para o privado (e incapaz para o público), é a mesma em quase todos os círculos intelectuais do final do século XVIII. O tratado de Pierre Roussel, *Du système physique et moral de la femme* [Do sistema físico e moral da mulher] (1775; 2ª ed., 1783), tornou-se uma referência no discurso sobre a mulher. Esta é representada como o inverso do homem. É identificada por sua sexualidade e seu corpo, enquanto o homem é identificado por seu espírito e energia. O útero define a mulher e determina seu comportamento emocional e moral. Na época, pensava-se que o sistema reprodutor feminino era particularmente sensível, e que essa sensibilidade era ainda maior devido à debilidade intelectual. As mulheres tinham músculos menos desenvolvidos e eram sedentárias por opção. A combinação de fraqueza muscular e intelectual e sensibilidade emocional fazia delas os seres mais aptos para criar os filhos. Desse modo, o útero definia o lugar das mulheres na sociedade como mães. O discurso dos médicos se unia ao discurso dos políticos.

Sob a Revolução, Roussel escreveu algumas vezes em *La Décade Philosophique* [A Década Filosófica], jornal "ideológico"; ele estava ligado à seção moral da Segunda Turma do Instituto. Seu jovem colega Cabanis comungava de suas ideias sobre as mulheres. Os homens eram biologicamente fortes, audaciosos e empreendedores; as mulheres eram fracas, tímidas e apagadas. Apesar de sua amizade com madame de Staël e madame Condorcet, Cabanis recusava qualquer papel intelectual e político às mulheres; uma carreira pública destruiria a família, fundamento da sociedade e base da ordem natural. Jacques-Louis Moreau, de Sarthe, discípulo de Cabanis, ideólogo como ele e frequente colaborador de *La Décade Philosophique*, concorreu para os progressos da nova ciência da "antropologia moral" com seu estudo em dois volumes sobre a *Histoire naturelle de la femme* [História natural da mulher] (1803). Suas ideias são convencionais: "Se é verdadeiro dizer que o macho é macho apenas em certos momentos, mas que a fêmea é fêmea durante toda a sua vida, isso deve ser atribuído principalmente a essa influência [a influência uterina]; é ela que lembra o sexo à mulher de maneira contínua e confere a todas as suas maneiras de ser uma fisionomia tão acentuada". Em consequência disso, "as mulheres são mais propensas do que os homens a acreditar em espíritos e a ver aparições; elas se entregam com tanta maior facilidade a todas as práticas supersticiosas à medida que seus preconceitos são mais numerosos; foram elas, em grande parte, as responsáveis pela fortuna do hipnotismo". Portanto, não admira que tais criaturas fossem influenciadas pelos padres refratários e sofressem as formas mais terríveis de escravidão sexual.

Já há muito tempo se observou que foi no século XIX que as mulheres ficaram relegadas à esfera privada a um grau até então jamais conhecido. Essa tendência data do final do século XVIII (antes mesmo da Revolução). Mas a Revolução deu um grande impulso a essa evolução decisiva das relações entre os sexos e da concepção da família. As mulheres estavam associadas a seu "interior", ao espaço privado, não só porque a industrialização permitia que as mulheres da burguesia se definissem exclusivamente por ele, mas também porque a Revolução tinha demonstrado os resultados possíveis (e o perigo para os homens) de uma inversão da ordem "natural".

A mulher se tornou o símbolo da fragilidade que devia ser

protegido do mundo exterior (o público); tinha se convertido no símbolo do privado. As mulheres só podiam ficar confinadas em espaços privados, devido à sua fragilidade biológica, e o próprio privado se revelara frágil frente à politização e à transformação pública do processo revolucionário.

Se o Estado podia regulamentar a vida familiar e alterar a medida do tempo diário, mensal ou anual, se a política podia decidir o nome dos filhos e a escolha das roupas, a vida privada também podia desaparecer. E a vida mais íntima se encontrava submetida a pressões devido à secularização do casamento, à restrição religiosa, à mobilização em massa; a ordem até então tida como natural se tornava instável. As mulheres podiam se vestir como os homens e pretender lutar na frente militar. Se fossem "infelizes", podiam pedir o divórcio. A abolição da deferência perante os reis, as rainhas, os nobres e os ricos parecia pôr em questão a deferência da esposa em relação ao marido, dos filhos em relação aos pais.

Os próprios revolucionários sentiram a necessidade de marcar um limite intransponível, de mostrar claramente que as mulheres estavam do lado privado e os homens do lado público. A partir de 1794, em 1803, em 1816 e ao longo de todo o século XIX, essa demarcação entre o público e o privado, o homem e a mulher, a política e a família, acentuou-se de forma constante. Mesmo os revolucionários mais encarniçados não conseguiram suportar a tensão criada pela invasão do público no privado, e se distanciaram progressivamente de sua criação, bem antes do Termidor. Mas as ondas de choque que criaram não deixaram de se fazer sentir até a década de 1970, quando as leis francesas sobre a família finalmente retomaram alguns princípios de 1792: a lei sobre o divórcio de 11 de julho de 1975 tornou o procedimento tão fácil quanto em 1792; a lei de 4 de junho de 1970 livrou o casal dos resquícios da supremacia conjugal do marido, tal como nos primeiros anos da Revolução; a lei de 3 de janeiro de 1972 assegurou aos filhos naturais direitos que já haviam sido concedidos a eles no ano II. Haverá maneira melhor de avaliar a modernidade dos princípios da Revolução e os efeitos a longo prazo (positivos e negativos) da herança revolucionária?

SWEET HOME

Catherine Hall

Na Inglaterra, 1820 foi o ano da rainha Carolina. Carolina de Brunswick, a "rainha ultrajada da Inglaterra", era a esposa de Jorge, o príncipe regente, filho de Jorge III. Foi um casamento "arranjado", sem paixão. Os dois se separaram pouco tempo depois, embora tivessem tido apenas uma filha, a princesa Carlota. Jorge estava livre para aproveitar sua vida sentimental, suas amizades e as intrigas políticas. Não havia conseguido suportar as maneiras germânicas de sua mulher, que lhe pareciam vulgares, com sua falta de discrição e conversas fúteis; queria se ver livre dela. Diante da hostilidade implacável do marido, que ficou com a guarda da filha, Carolina saiu da Inglaterra para levar no continente a vida de uma princesa errante.

CAROLINA, A "RAINHA ULTRAJADA"

Jorge III morreu em 1820, e o regente, que tinha assumido as tarefas do pai durante os períodos de loucura deste, adotou então todas as insígnias da monarquia. Mas Carolina seria reconhecida como rainha? O novo rei estava decidido a impedir o fato e insistiu para que o nome dela fosse excluído da liturgia. Furiosa de se ver privada do que considerava direito seu, Carolina seguiu para a Inglaterra e desembarcou entre uma tempestade de polêmicas, para a grande alegria dos radicais, inimigos do rei, encantados em agarrar essa oportunidade de investir contra ele. Os ministros aconselharam ao rei que tomasse a via da negociação, mas não se conseguiu chegar a um acordo. Resolvido a pedir o divórcio, o rei recorreu a um procedimento especial da Câmara dos Lordes.

O processo público da rainha ocuparia os espíritos ao longo

do ano de 1820. Durante semanas, o melodrama monárquico alimentou as colunas da imprensa nacional e provincial, enquanto os lordes ouviam testemunhas sobre casos palacianos escabrosos, ligações escandalosas entre a senhora e os criados, e um casamento sem amor.

Mas a opinião pública não tomou o partido do rei. Pelo contrário, assumiu a defesa da rainha, que surgia como uma vítima infeliz da corrupção dos casamentos aristocráticos. Pais, maridos e irmãos foram chamados a defender a causa dessa mulher, como cavaleiros combatendo em nome da "virtude doméstica", o mais belo ornamento da civilização inglesa. Realizaram-se as mais variadas manifestações a favor dela, como a dos fundidores de cobre e dos caldeireiros de Londres, que assumiu a forma de um desfile de cavaleiros.

Mas Carolina não estava à altura do papel de heroína imaculada que lhe atribuíam. Seu mito também desmoronou em pouco tempo. Depois que o rei perdeu o processo e renunciou ao divórcio, Carolina, de sua parte, teve de abandonar seu sonho de uma dupla coroação. O rei foi coroado sozinho. Mas pagou seu triunfo público com o recuo doméstico.

Esse caso mostra que a opinião pública tinha ideias novas em relação à domesticidade. Como dizia John Bull, símbolo da honra e da virilidade inglesas, em sua "Ode a Jorge IV e a Carolina, sua esposa":

> Mostra-te um *pai* para a *nação*
> Um esposo para tua *rainha*
> E seguro do amor de teu povo
> Reina tranquilo e sereno.

O "povo" exigia que a realeza assumisse as responsabilidades familiares privadas no mesmo nível da responsabilidade paterna pelos cidadãos. Ser um verdadeiro rei significava ser também um verdadeiro esposo e um verdadeiro pai. Não se poderia assegurar a tranquilidade da nação se não houvesse serenidade no lar. A virtude doméstica se encontrava no centro da civilização inglesa, e o povo só poderia amar seu pai régio se este fosse o exemplo de tais virtudes.

A "rainha ultrajada" imprimiu sua marca na conduta pública da monarquia. Os sucessores de Jorge IV, Guilherme IV e sua esposa, Adelaide, formaram um casal ideal. Vitória, o "botão de rosa da Inglaterra", foi esposa e mãe modelar. Como dizia um conhecido pregador em 1849, "o trono de nossa rainha simples e honrada se eleva dentre os lares felizes e os corações leais de seu povo. Ela tem direito à nossa confiança e ao nosso afeto, principalmente por suas virtudes domésticas. Ela é uma rainha — uma verdadeira rainha —, mas é também uma verdadeira mãe e uma verdadeira esposa"...

Jorge IV não conseguiu obter a obediência de seus súditos sem uma sólida base familiar e o respeito a seu papel de marido e pai. Já Vitória representava a verdadeira feminilidade; granjeou a confiança de seus súditos, sempre lembrando a todos que também era mulher. Cada família devia ser um império de amor cujo pai era o monarca, e a mulher a rainha. Existe uma homologia entre o romance real e o romance da domesticidade comum. Assim, depois de 1820, ficou evidente que, para ser popular, o monarca teria de ser um homem do lar. Já não se admitia a licenciosidade dos costumes. O casamento e a família é que estavam na moda.

A MENSAGEM DOS EVANGÉLICOS: MUDAR A VIDA

A crítica ao modelo aristocrático dúplice, que permitia todas as infidelidades aos homens e penalizava as mulheres, a crítica ao casamento que não se fundasse no afeto e na vida em comum provinham principalmente de certos setores da burguesia. Em 1820, foram os radicais que conduziram a campanha, notadamente sir Francis Burdett, James Mill, amigo de Jeremy Bentham e líder dos utilitaristas, e Henry Brougham, um dos fundadores da *Edinburgh Review*. Mas, para além deles, a causa da rainha encontrou apoio numa maioria moral, onde se uniam anglicanos e unitaristas, *tories*, *whigs* e radicais. Essa nova maioria tinha se originado de uma luta intelectual de várias décadas para redefinir novos valores e relações autênticas entre homens e mulheres.

Nessa luta, o papel do evangelismo foi considerável. A influência desse movimento reformador dentro da Igreja anglicana vinha crescendo desde o final da década de 1770. Nascido de uma reação contra o metodismo, o qual aspirava a ganhar apenas as camadas populares, o evangelismo queria reformar a Igreja por dentro, procurando inicialmente atingir uma certa elite. No princípio, o movimento se apoiava basicamente na *gentry* decadente e, para revitalizar a vida inglesa em profundidade, William Wilberforce e Hannah More, seus teóricos mais conhecidos, tentaram atrair a alta burguesia antes de qualquer outra camada social. A mensagem dos evangélicos se concentrava no pecado, na culpa e na redenção. A conversão, a revelação da Luz, a compreensão de sua natureza pelo pecador constituíam uma experiência essencial. A vida espiritual do indivíduo compunha o núcleo central da visão de mundo, e a decadência espiritual e moral da sociedade setecentista se devia ao desaparecimento da qualidade dessa vida. A sociedade estava podre até a medula, mas era uma podridão que se erigia sobre a ausência de religião. O "cristianismo nominal", como diziam os evangélicos em relação à observância superficial dos praticantes que iam à igreja e liam a Bíblia sem nunca ouvirem a Palavra de Deus em seu coração, era o grande obstáculo a qualquer esperança de salvação. O verdadeiro cristianismo devia se fundar sobre o empenho em recomeçar a vida desde o princípio.

Tal fé exigia muito de seus adeptos. A finalidade era transformar o indivíduo, que se tornaria uma nova pessoa em Cristo. Esse esforço supunha a máxima meticulosidade na vida cotidiana, nas relações com a família e os amigos, os criados e empregados, nas ordens dadas e recebidas durante as refeições e os momentos de lazer, no trabalho e no lar, na igreja e na lavoura. Deus tudo via e ouvia. Era preciso examinar cada aspecto da conduta humana. Um verdadeiro cristão devia viver sua vida espiritual a cada minuto, a cada hora, a cada dia e a cada ano. Não havia nenhum abrandamento possível nessa disciplina interior. Para os evangélicos, a criação de uma nova vida começava por eles mesmos, mas visando a transformar a sociedade inteira. Esse zelo reformista foi largamente reforçado pela onda de pânico que assaltou as classes altas no início da Revolução Francesa. Aterrorizados com o que se passava na França, certos meios da sociedade inglesa consideraram que a primeiríssima prioridade seria pôr ordem na própria casa. Se, para os radicais, essa reorganização começava pela exigência de um governo representativo e pela crítica à Velha Corrupção, para os evangélicos tratava-se de uma questão de pecaminosidade e imoralidade. A única maneira de revitalizar a sociedade seria levar a palavra divina ao maior número de pessoas e lançar as bases de uma nova religião. Os acontecimentos na França eram uma advertência do que iria ocorrer, caso não se procedesse a uma revolução "nos hábitos e na moral" da nação.

Os evangélicos colocavam a fé individual no cerne da experiência religiosa. O padre devia exercer todo o seu peso e toda a sua influência, mas nunca se deveria subestimar a leitura pessoal da Bíblia, o estudo e a oração interior. E mais: essa introspecção privada, para a qual contribuía o fato de se manter um diário ou um caderno de "resoluções", de grande uso entre os puritanos, devia ser reforçada pela oração em família. Reunindo-se diariamente para rezar, cada membro do lar podia desempenhar o papel de guardião e guia dos outros e discutir as condições da perda da graça, além de, juntos, encontrarem conforto no poder divino de tudo compreender e perdoar.

A assembleia religiosa familiar, portanto, era vital: o melhor alicerce da vida cristã. O mundo era um lugar de orgulho e pecado. Desse modo, os cristãos realmente religiosos deviam tentar fugir a ele na tranquilidade e no retiro de uma vida cristã. Uma vida em que os falsos prazeres do teatro e das reuniões mundanas eram substituídos por uma paz interior no conhecimento do Senhor. Essa insistência sobre a recusa do "mundo" apresentava maiores dificuldades para os homens do que para as mulheres, na medida em que as atividades profissionais cada vez mais masculinizadas não ofereciam o melhor caminho para uma vida religiosa, ao passo que as atividades domésticas, cada vez mais reservadas às mulheres da burguesia e das classes superiores, eram consideradas as mais adequadas ao desenvolvimento das práticas cristãs. O lar, para os evangélicos, era tão importante quanto havia sido para os puritanos; oferecia um refúgio seguro diante das pressões do mundo exterior e um local de paz onde os donos da casa podiam esperar exercer seu controle sobre os filhos e servidores. O evangelismo, assim, via a família como o centro da luta para reformar os hábitos e a moral; a família podia ser a "pequena Igreja" com que já haviam sonhado os puritanos, o "pequeno Estado" submetido a seu senhor e capaz de seguir verdadeiramente a prática cristã independentemente do que estivesse se passando no mundo ao redor.

A MORAL FAMILIAR DE HANNAH MORE

Imbuídos da importância do cotidiano, os evangélicos se empenharam em fornecer regras de conduta, e a isso se dedicou Hannah More. Filha de um proprietário rural arruinado, amiga do célebre dramaturgo David Garrick e do famoso dr. Johnson, frequentadora do Bluestockings (Meias Azuis), grupo londrino de mulheres de letras, ela era uma escritora e intelectual bastante conhecida antes de sua conversão, que se deu por volta de 1770; foi uma conversão gradual, como a de seu amigo Wilberforce, que a levou a modificar sua vida e seu sistema de valores. Para ela, assim como para muitos de sua geração, a Revolução Francesa marcou uma guinada decisiva, e Hannah More consagrou seus esforços, com o incentivo do governo, a persuadir todas as classes sociais da importância vital da mensagem cristã.

Sua célebre série de *Cheap Repository Tracts* (brochuras baratas) constituiu uma das principais armas do arsenal intelectual do sistema estabelecido. Esse paternalismo tradicional, aliado à renovação cristã, foi o lado aveludado da luva de ferro com que Pitt conduziu a eficiente repressão de 1790. Em suas brochuras destinadas aos pobres, Hannah More pregava a obediência aos detentores da autoridade e insistia nas alegrias futuras do paraíso. Mas esse conservadorismo político, que ela partilhava com a maioria dos evangélicos, não casava bem com seu ardor e radicalismo religioso. Seu estilo, marcado pela paixão espiritual e pela certeza moral, fez de Hannah More um dos autores mais lidos da época.

Seu livro mais conhecido, e seu único romance, *Coelebs in search of a wife* [Coelebs em busca de uma esposa], publicado em 1807, converteu-se imediatamente em tema de todas as conversas da capital e do interior, também chegando às regiões mais afastadas do império. *Coelebs* foi escrito para a burguesia, para essas classes médias que apareciam decididamente como a ponta-de-lança da regeneração moral e que formavam — comerciantes, manufatureiros, banqueiros, negociantes, fazendeiros, médicos e advogados — o núcleo principal na maioria das paróquias onde se implantara o evangelismo, o qual jamais logrou a adesão dos pobres, entre os quais o metodismo estava solidamente arraigado.

Coelebs é um livro ao mesmo tempo didático e divertido. Cheio de conselhos para o dia-a-dia, ele representa a síntese das ideias de Hannah More sobre as relações entre os sexos. O herói é um jovem cristão que dispõe de grandes rendas fundiárias. Ao perder os pais, ele se põe em busca de uma esposa. Chocado com a vida frívola e superficial da capital, retira-se para o campo, local da virtude para os evangélicos (como para Rousseau), e se instala na casa dos Stanley, família religiosa perfeita. A casa não só estimula a vida espiritual de seus moradores como também ilumina todos os visitantes. Mr. Stanley, o patriarca, cristão modelar, possui todas as virtudes necessárias para uma nova forma de virilidade, segundo os critérios dos evangélicos. Proprietário rural animado por elevados propósitos morais, ele mantém decididamente seus compromissos com seus arrendatários e sabe que lhe cabem responsabilidades não só econômicas mas também morais e religiosas. Além disso, observa com grande seriedade seus deveres familiares, como marido e como pai, dedicando-se de bom grado aos filhos. Dono de seu trabalho e chefe de família, ele detém a autoridade, mas deve exercê-la de maneira cristã. Quanto a mrs. Stanley, ela ajuda o marido, ensina as filhas a serem boas esposas e boas mães, dirige a casa com brandura e rigor e pensa nos pobres. Tais eram os deveres de uma senhora cristã.

AS DUAS ESFERAS: HOMEM PÚBLICO E MULHER PRIVADA

Para os evangélicos, o homem cuidava da vida pública; a mulher, por seu lado, era o centro do lar e da família. Eles acreditavam firmemente que o homem e a mulher nasciam para ocupar esferas diversas. Era uma regra da natureza, confirmada pelo costume e pelas relações sociais. Cada sexo, diferente por natureza, possuía suas características próprias, e qualquer tentativa de sair de sua esfera estaria condenada ao fracasso. Hannah More detestava Mary Wollstonecraft; não só enxergava nela o radicalismo à la Paine da década de 1790 como também, e principalmente, achava que a igualdade dos sexos defendida por Mary era imoral e antinatural. A constituição biológica de cada sexo, segundo ela, era a expressão da diferença de seu destino, e, para uma mulher, a busca do sucesso na mesma esfera do homem equivalia à negação das tarefas e dos deveres específicos que Deus lhe atribuíra. "É por desígnio que o peixe tem nadadeiras", escrevia ela. "O pássaro tem asas para voar, e o homem é dotado de uma força física superior e um espírito mais sólido para assumir a pesada tarefa de agir e de aconselhar."

Os evangélicos acreditavam firmemente no direito universal à salvação, tanto para homens quanto para mulheres, mas essa afirmação de igualdade espiritual não implicava uma igualdade social. As diferentes esferas de ação masculina e feminina, o "pequeno círculo" ocupado pela mulher, tudo isso significava que, em termos sociais, ela estava subordinada ao marido. "Esposas, submetei-vos a vossos maridos como ao Senhor", escrevera são Paulo: quem ousaria contestá-lo? Isso, porém, não significava que as mulheres não exercessem influência. Elas tinham o poder de influenciar os homens, de maneira que eles as escutavam, levavam seus conselhos em consideração, ponderavam seus comentários. No âmbito protegido do lar, longe das preocupações dos negócios e do comércio, as mulheres tinham mais facilidade em observar seus deveres religiosos; eram mais sensíveis do que os homens à influência espiritual, pois o mundo exterior não se impunha tanto sobre elas. Ocupavam um lugar cuja dignidade e estatuto certamente dependiam dos homens, mas onde lhes eram reconhecidos dons especiais e exclusivos.

Tanto para os homens quanto para as mulheres das classes médias, o evangelismo oferecia uma nova identidade, uma nova maneira de conferir sentido à vida e a possibilidade de compreender tal experiência.

No começo do século XIX, os evangélicos anglicanos não eram os únicos a querer salvar a Inglaterra da decadência moral. Enquanto quacres, unitaristas e presbiterianos estagnavam, os novos dissidentes — metodistas, independentes, batistas — rapidamente conquistavam adeptos. Eles partilhavam com os evangélicos a mesma convicção espiritual, e também da mesma representação das esferas pública e privada, dos papéis sexuais e do ideal de vida doméstica celebrado por Hannah More ou pelo poeta evangélico William Cowper. Essas ideias, que de um lado combatiam uma imagem da masculinidade associada à *gentry* e à aristocracia, desprovida de qualquer sensibilidade religiosa, e de outro os perigosos argumentos de Mary Wollstonecraft e seus amigos sobre a igualdade dos sexos, tornaram-se a maneira de pensar dos verdadeiros cristãos e dos burgueses da Inglaterra oitocentista.

Mas como se deu tal transformação? Por que as ideias sobre a insaciável sexualidade das mulheres foram esquecidas? Agora só se fala na modéstia, no recato natural delas. Por que o trabalho das mulheres casadas, que durante tanto tempo teve sua importância própria, se limitou às respeitáveis tarefas domésticas? Por que a burguesia passou a acreditar na existência de esferas separadas e organizou sua vida em função dessa ideia?

Pode-se acompanhar esse processo primeiramente no âmbito religioso. Nas sociedades de assistência que tratavam da distribuição de Bíblias para os pobres, bem como da organização de grupos de leitura e conversa para os jovens, o esquema era sempre o mesmo: organizadas pelo padre ou pelo pastor, com o auxílio de outros homens, essas sociedades dependiam da cooperação das mulheres, mas raramente de suas iniciativas e nunca de sua direção. No século XVIII, nem mesmo os quacres dispunham de pastores profissionais, e o número de pregadoras do sexo feminino alcançava uma proporção significativa. No século XIX, passou a ser cada vez mais difícil que lhes fosse confiada tal tarefa.

Deu-se o mesmo processo nas atividades culturais, nas quais os evangélicos eram bastante empreendedores. Nas instituições literárias e filosóficas ou nas sociedades artísticas criadas em várias cidades, as mulheres associadas, pagando a mesma cota que os homens, não podiam desempenhar nenhum papel na organização; votavam apenas por procuração e eram frequentemente excluídas de determinadas efemérides, como o banquete anual, que para os homens representava uma ocasião de passar uma noite "de convívio" em volta de uma mesa farta. A Birmingham Philosophical Institution, como muitas outras, não autorizava a presença de mulheres na sala de leitura, que era um santuário masculino. Assim, não admira que essas sociedades fossem consideradas masculinas; poucas mulheres se filiavam e, se muitas desfrutavam de certas vantagens, era em função de seu parentesco com algum membro do sexo masculino, pai, marido ou irmão. As regras dessas instituições, porém, não eram de caráter definitivo, e no final do século XIX as mulheres tinham adquirido segurança suficiente para reduzir as restrições que recaíam sobre elas. Mas, no começo do século, quando os homens da burguesia, orgulhosos de seus êxitos no comércio e nos negócios, confiantes em suas aspirações religiosas, procuraram criar um mundo novo à sua imagem, essa imagem estabelecia uma enorme diferença entre a esfera masculina e a esfera feminina.

O LAR DOS CADBURY

A força dessas ideias residia não só no compromisso religioso, mas também numa transformação das condições materiais da vida que apenas acentuava uma divisão de trabalho mais nítida entre os sexos. Tomemos o exemplo dos Cadbury, comerciantes de Birmingham desde o final do século XVIII. Richard Trapper Cadbury, nascido no oeste, entrou como aprendiz num estabelecimento de tecidos. Ele pertencia a uma família quacre, e os quacres possuíam uma vasta rede de relações sociais em todos os meios do país. Seu pai lhe deixara capital suficiente para montar um negócio modesto; em 1794, ele abriu uma loja de seda e algodão em Birmingham, na Bull Street, uma das ruas mais importantes da cidade. Em 1800, com sua esposa, Elisabeth, e a família, que aumentava rapidamente, ele se instalou no andar de cima da loja, seguindo um costume corrente na época. Apenas os burgueses mais ricos podiam dispor de uma residência separada da empresa.

Elisabeth Cadbury não pôde fazer nenhum aprendizado, ao contrário do marido. Poucos ofícios ofereciam tal possibilidade às mulheres: achava-se que elas aprenderiam no próprio local de trabalho. Apenas os ricos podiam se permitir ter esposas que não trabalhassem. A mulher do agricultor ficava encarregada da leiteria; a esposa do negociante cuidava da loja ou da contabilidade; a viúva do manufatureiro podia assumir a empresa à morte do marido. Elisabeth Cadbury ajudava na loja quando se fazia necessário um auxílio suplementar; cuidava dos negócios quando o marido se ausentava, e mantinha a casa para um grande grupo de pessoas, que compreendia os aprendizes e as vendedoras, além da família propriamente dita. Ela teve dez filhos em seus primeiros quinze anos de casada; oito sobreviveram, e sua mãe idosa veio morar com eles.

Numa casa dessas, não havia apenas bocas a alimentar, roupas a lavar, camisas a costurar e cerzir, água a subir e descer. Elisabeth Cadbury, auxiliada por duas criadas que faziam o trabalho doméstico, também chegava a se ocupar ativamente do comércio. Quando ia a Londres para comprar novos tecidos para a loja, Richard lhe escrevia: "Comprei bombazina, mas é difícil encontrar em todas as cores. O que eu vi é muito bonito e amanhã vou procurar em preto". Queria saber se havia notícias da

Irlanda, sobre o linho que estava esperando, e contava-lhe que já tinha comprado "alguns enfeites e faixas vermelhas e coloridas", e que encomendara um toucado para a filha Sarah. Suas cartas vêm repletas de detalhes profissionais e familiares: o homem e a mulher partilhavam inteiramente os negócios e a vida social.

Em 1812, a loja se encontrava em grande prosperidade, e Richard Trapper Cadbury comprou uma segunda casa modesta em Islington Row, no extremo da cidade, quase no campo. Os filhos mais novos foram morar lá com a ama-seca e seus animais domésticos, entre eles pombos, coelhos, um cão e um gato, e a família arrendou um terreno para cultivar frutas e legumes. Mrs. Cadbury agora tinha o encargo de duas casas e, com suas filhas mais velhas, ia de uma a outra. Os rapazes, nessa época, seguiam os passos do pai: cada um deles foi ser aprendiz numa cidade diferente e em diferentes setores do comércio a varejo. O mais velho, Benjamin, entrou num estabelecimento de tecidos, para poder assumir o comércio da família, ao passo que o segundo, John, fez sua aprendizagem no setor de chás e cafés, instalando-se posteriormente ao lado do pai, na Bull Street.

As irmãs não tiveram uma formação tão definida. Eram aprendizes da mãe, que lhes ensinava não só os segredos da cozinha e da direção doméstica mas também a arte de combinar esses talentos com a disponibilidade para auxiliar na loja, sempre que fosse necessário. Elas podiam cuidar do jardim e ajudar a mãe a estender velhos tapetes para aquecer a casa no inverno, ou sair correndo para assistir o pai na loja. Todos participavam do comércio da família.

A MAIOR SEGREGAÇÃO DAS TAREFAS E DOS ESPAÇOS

Mas os costumes do comércio não deixavam de se modificar, de maneira que passaram a dificultar cada vez mais esse tipo de participação. As mulheres casadas nunca tinham tido o direito de firmar contratos, de abrir ou receber processos, de ter parte num negócio. Seu estatuto jurídico tornava os maridos responsáveis por elas perante a lei. Não possuíam existência jurídica independente. Apenas as solteiras ou viúvas podiam ingressar nos negócios em nome próprio, o que ocorria frequentemente por ocasião da morte do marido ou do pai. No século XVIII, numa empresa familiar como a dos Cadbury, os cônjuges faziam o papel de sócios sem contrato; dividiam as preocupações e os riscos do comércio, junto com os outros problemas da vida familiar. O homem, porém, tinha a responsabilidade legal pela empresa, mas, no dia-a-dia, isso não aparecia muito. No entanto, havia uma série de tarefas ligadas aos negócios que apenas um homem podia executar. Era sempre Richard Trapper Cadbury que, por exemplo, viajava para comprar mercadorias, e mesmo que as mulheres casadas tivessem o direito de abrir crédito em nome do marido, Elisabeth Cadbury, pelo visto, deixava que o marido se ocupasse do pagamento das faturas. A sociedade de fato pressupunha, em última instância, uma autoridade masculina.

O desenvolvimento da indústria e do comércio, a transformação da agricultura implicavam novas práticas comerciais que ameaçavam esses costumes informais. Numa época em que a sociedade nos negócios constituía a base do crescimento, mas onde as mulheres casadas não possuíam nenhum direito e não se depositava nenhuma esperança nas filhas, a maioria das sociedades era celebrada entre homens unidos por parentesco ou religião. As mulheres não tinham acesso às formas de ensino destinadas às novas demandas do comércio. Desde o começo do século XIX, foram fundadas muitas escolas, que formaram os rapazes e os iniciaram no futuro papel de "capitães de indústria". As moças, por sua vez, eram sempre educadas em casa. Uma vez ingressando nos negócios, um rapaz teria facilidade em fazer contatos, em se associar a terceiros, o que era necessário para manter seu crédito, conseguir empréstimos e aumentar a clientela. Para as mulheres, era difícil entrar nesse mundo de transações comerciais. Os empréstimos, que antes eram negociados de maneira amigável e informal, agora passavam a ser feitos cada vez mais por intermédio dos bancos. Antes, o trigo era vendido no próprio mercado; agora, era preciso ir à Bolsa dos Cereais, um prédio construído para esse fim, frequentado exclusivamente por homens. Da mesma forma, a Bolsa de Valores, concebida para um mercado financeiro em plena expansão, não era um local para mulheres. Ora, o comércio de tecidos foi o primeiro a adotar os novos métodos de venda moderna.

O negócio dos Cadbury crescia e prosperava. John, o segundo filho, havia instalado sua loja de chás e cafés ao lado da de seu pai. Ele adotara as inovações mais recentes na venda ao varejo, orgulhava-se muito de suas vitrines e decidiu criar, tão logo seu capital lhe permitisse, uma indústria manufatureira de cacau. Esse empreendimento não fazia parte do comércio da família; pelo contrário, ele teve o cuidado de instalá-lo numa fábrica à parte e dirigia simultaneamente suas duas empresas. Com a primeira mulher, Priscilla, que morreu em 1828, depois de dois anos de casamento, ele morava, a exemplo dos pais, em cima de sua loja. Em 1832, ele tornou a se casar, desta vez com Candia, filha de um comerciante, e o casal continuou a morar em Bull Street até o nascimento do primeiro filho. Mas logo ambos decidiram sair do centro da cidade e se mudar para Edgbaston.

Edgbaston era uma região da periferia, distante cerca de 1,5 quilômetro da cidade, que tinha sido loteada por lorde Calthorpe, evangélico e rico proprietário de terras, nos primeiros anos do século. Calthorpe havia concebido o local como uma zona residencial com belas casas e jardins para a burguesia, longe da sujeira, do barulho e dos vizinhos desagradáveis. Todos os contratos estipulavam que não se poderia transformar a casa em loja ou fábrica, nem instalar oficinas no jardim. Abriram-se ruas largas, plantaram-se árvores e construíram-se igrejas. Edgbaston se orgulhava de suas encantadoras *villas* numa região campestre que oferecia as vantagens da cidade no campo. Para morar lá, era absolutamente necessário dividir a vida entre o trabalho e o lar; não seria possível dirigir uma empresa em Edgbaston. O projeto de lorde Calthorpe, um dos primeiros em seu gênero, exprimia o desejo da burguesia de possuir uma casa particular e de separar a vida profissional da vida familiar, "as doces carícias e o afeto de uma mulher e filhos" das "preocupações e azáfama dos negócios".

As transformações econômicas e sociais tinham levado a tal separação. Conforme a empresa Cadbury se desenvolvia, os diversos aspectos do trabalho já não eram compatíveis com as atividades de uma mulher. A manufatura já se encontrava a certa distância da casa, e Candia não podia atendê-la como fazia a sogra, que ajudava na loja e cuidava dos filhos. A abertura de filiais exigia uma divisão ainda maior do trabalho, o emprego de mão-de-obra masculina, a elaboração de um orçamento, trabalhos mais fáceis para homens. John e seu pai haviam participado do projeto e da construção de um novo mercado na cidade, o Market Hall, imponente edifício em estilo dórico, que facilitava a distribuição, símbolo das técnicas comerciais mais avançadas da época, e marginalizava totalmente as mulheres. Os negócios e o comércio se tornavam um campo cada vez mais masculino; as mulheres se ocupariam apenas de pequenas mercearias ou lojinhas de roupas femininas. John e Candia haviam decidido romper as relações entre a empresa e a casa, recusar a intromissão do trabalho e a presença dos aprendizes e das vendedoras na residência. Com essa opção, eles pareciam aceitar o princípio das esferas separadas.

COTTAGE E *NURSERY*

Logo encontraram uma casa que se tornaria a residência da família durante quase quarenta anos. Originalmente era bastante pequena, mas eles a reformaram e foram ampliando a construção à medida que a família crescia e seus rendimentos lhes permitiam. Candia passava seu tempo em casa, cuidava dos filhos, da cozinha, da lavanderia e do jardim. Sua filha Maria, posteriormente, deixou uma descrição da casa: "mais parecia um *cottage* e, se não fosse totalmente reformada, seria pequena demais, mas as pessoas ali se sentiam no campo, e isso fez com que meus pais decidissem comprá-la; acrescentaram outros cômodos e formaram um jardim a seu gosto [...]. Nossa mãe adorava jardinar, mas nosso pai vivia ocupado com seus negócios na cidade e durante a semana restava-lhe pouco tempo para seu jardim". Em pouco tempo a casa dispunha de uma sala de jogos, que mais tarde passou a ser a sala de aula, e uma *nursery* no primeiro andar para as crianças menores.

Uma casa desse tipo obedecia a uma nova concepção. Não se conseguira chegar a uma tal diferenciação do espaço nas ruas em forma de crescente das cidades setecentistas, ou talvez essa necessidade não se tivesse feito sentir. Os quartos separados para os filhos, a demarcação entre o local em que se cozinhava e o local em que se comia, tudo isso era novo, associado à ideia de um espaço diferente onde os homens trabalhavam. A criação dessas casas teve uma grande repercussão sobre o mobiliário, numa época em que se insistia sobre o calor e o conforto do lar. J. C. Loudon, o árbitro do gosto burguês em questões de arquitetura, móveis e conservação dos jardins, dizia em seus livros, que faziam enorme sucesso, em que consistia uma *nursery*, como mobiliar um salão, quais as delícias que um jardim podia oferecer, quais as alegrias a serem partilhadas pelo casal.

Se as casas concebidas exclusivamente para a vida familiar constituíam uma nova ideia, o mesmo era verdade em relação aos jardins que as circundavam. As casas do século XVIII tinham um espaço para os passeios e eram cercadas por grades, e isso parecia o suficiente. Mas, nos meados do século XIX, o jardim se tornou um elemento fundamental da vida burguesa. A natureza domesticada, cercada por árvores e sebes, assegurava a tranquilidade da vida privada e proporcionava um quadro ideal para a vida em família. Os homens podiam cuidar das árvores e das parreiras, pois Loudon lhes dizia que não havia nada de errado em se entregar a tais lides, depois das tarefas cansativas da cidade. As mulheres eram as responsáveis pelas flores, numa associação natural entre a perfumada delicadeza destas e a suavidade feminina. É nessa época que se estreita a relação linguística entre as mulheres e as flores. Uma mãe também podia ensinar seus filhos a cuidar das plantas ou a semear seus pequeninos jardins.

HOME, TRABALHO E VIRTUDE

A casa e o jardim de John e Candia Cadbury ilustram uma certa concepção da vida familiar, dos deveres atribuídos aos homens e às mulheres, e de suas relações com o mundo. As visões de Hannah More, enunciadas num mundo idealizado e civilizado, tinham assumido a forma de residências burguesas. O compromisso religioso de criar um novo modo de vida, que possibilitava um cuidado constante com a vida espiritual e exigia que os membros da casa fossem praticantes, encontrou sua concretização material na progressiva separação e demarcação dos trabalhos masculino e feminino. Enquanto os homens tinham a oportunidade cada vez mais frequente de ampliar e diversificar os setores de suas empresas e se definiam por suas profissões e atividades públicas, as mulheres se distanciavam desse mundo e faziam da maternidade e da administração doméstica uma profissão. Essa divisão entre mundo masculino e mundo feminino apresentava uma conotação religiosa: a esfera do público era tida como perigosa e amoral. Os homens que circulavam nessa atmosfera só poderiam ser salvos com um contato regular com o mundo moral do lar, onde as mulheres eram portadoras desses valores puros capazes de neutralizar as tendências destruidoras do mundo dos negócios. A casa era o local de prazeres amenos, refúgio do homem cansado e preocupado, tido como o responsável pela produção da riqueza material de que dependia o lar. A masculinidade se baseava na capacidade do homem de atender às necessidades dos seus; a feminilidade de uma esposa e de suas filhas se fundava na dependência. A dignidade de um homem estava ligada à sua profissão; se tivesse alguma ocupação, a mulher perderia qualquer distinção. Em meados do século XIX, o ideal burguês de um marido que atendia às necessidades da família e de uma esposa que se consagrava ao lar estava de tal forma difundido que o recenseamento geral teve ocasião não só de mencionar uma nova categoria, as "mulheres do lar", como também de afirmar em sua introdução ao relatório de 1851: "Todo inglês deseja profundamente possuir uma casa individual; é um quadro bem definido em torno de sua família e de seu lar — o santuário de suas dores, alegrias e reflexões".

Muitos ingleses ficariam espantadíssimos ao saber que desejavam uma "casa individual"; essa reivindicação feita em nome de todos, porém, é muito elucidativa e mostra a importância assumida pelo discurso da burguesia: todo mundo o adotou. Isso, em parte, devia-se ao zelo evangelizador dos verdadeiros cristãos e de outras parcelas da burguesia, como os utilitaristas que queriam reconstruir o mundo à sua imagem. Eles desejavam converter a elite e o operariado às suas crenças e trabalhavam com todo o afã para tentar convencê-los. A aristocracia e a *gentry* deviam abandonar sua vida depravada e ociosa; os pobres deviam aprender a ser industriosos. Todos deviam reconhecer a importância de uma vida familiar estável e de um lar bem organizado. Sobre esta última questão, os utilitaristas e os evangélicos de todas as tendências estavam de acordo. Até o grande Jeremy Bentham acreditava firmemente na diferença das esferas e das capacidades intrínsecas aos homens e às mulheres; quanto às verdadeiras relações entre os sexos, estavam na base das teorias dos utilitaristas quase que com a mesma força que se encontravam nas teses dos evangélicos. Para os discípulos de Bentham, as esferas separadas correspondiam antes a uma situação de fato do que a uma questão de princípio moral, e a maneira como iriam considerá-las "naturais" reflete a influência dos teóricos das duas esferas, no início do século XIX.

A MORALIZAÇÃO DOS POBRES

Evangélicos e utilitaristas empreenderam um enorme esforço de moralização dos pobres através da família. Em todo o país, instituições de ensino, escolas dominicais, sociedades filantrópicas difundiam as concepções burguesas da separação entre os sexos. Ao pregarem os valores domésticos aos alunos das escolas dominicais, às jovens dos orfanatos ou às idosas e enfermas, as mulheres de classe média estavam ao mesmo tempo definindo sua própria "esfera relativa" e o lugar das mulheres na classe operária: criadas na casa de seus superiores, ou esposas e mães respeitáveis em sua própria casa — tais eram as alternativas que se apresentavam a elas. Uma associação para as idosas e enfermas estava recolhendo contribuições para as abandonadas? As organizadoras se preocupavam em saber se essas mulheres mereciam tal assistência, com uma vida humilde e respeitável. Os meninos e as meninas recebiam ensinos diferenciados, muitas vezes em turmas separadas e orientadas para finalidades diversas. Os Mechanic Institutes (institutos para operários), que receberam grande influência de Bentham, originalmente se destinavam apenas aos homens; o objetivo era lhes dar uma formação para que fossem mais trabalhadores, mais racionais, com melhores conhecimentos científicos, mas também bons maridos e bons pais. Esperava-se com isso educar suas mulheres e regenerar suas famílias, que, como um todo, dariam o exemplo da felicidade familiar.

Esses projetos ambiciosos não podiam surtir efeitos milagrosos. Mas, como vários historiadores mostraram, o operariado não recusou pura e simplesmente os valores da classe dominante.

Grey, em seu estudo sobre a aristocracia operária em Edimburgo, no final do século XIX, mostra que se estabeleceu uma espécie de negociação entre dominantes e dominados que resultou no surgimento de novos conceitos de dignidade e respeitabilidade, certamente influenciados pela burguesia, mas também regidos pela confiança na ação sindical, por exemplo, e por um grande orgulho de classe. Da mesma forma, Vincent, em seu estudo do "saber útil" nas autobiografias operárias, indica que os conceitos operários se diferenciavam das significações burguesas e possuíam um conteúdo de classe específico.

Pode-se dizer o mesmo em relação às esferas masculina e feminina. A classe operária não adotou inteiramente a representação burguesa do modo de vida ideal, mas integrou certos aspectos do discurso religioso ou laico que pareciam razoáveis e respondiam a certas necessidades.

Tomemos o caso, característico, do alcoolismo. Operários se fizeram apóstolos da respeitabilidade burguesa. Queriam se aprimorar, se instruir, se elevar à altura de seus superiores. O movimento pela sobriedade absoluta nasceu entre os que tinham consciência de classe, próximos principalmente do movimento cartista. Mas a crença no aprimoramento possível de cada indivíduo muitas vezes levou à adoção dos modelos culturais da burguesia. Os argumentos contra a bebida faziam largas referências ao lar e à família: a pior consequência do alcoolismo era a destruição e a depravação da família operária. Numa série de gravuras famosas chamada *A garrafa*, do célebre gravador Cruikshank, vê-se primeiramente uma família operária modesta e respeitável, dando início à refeição num lar simples, mas limpo e confortável. É o modelo da família feliz: as roupas estão cuidadosamente cerzidas, as crianças brincam, um bom fogo crepita na lareira, a porta está trancada, garantia de que a casa continuará como um local de refúgio e segurança. Depois, o homem oferece um copo à sua mulher e, cena após cena, Cruikshank nos mostra a terrível desagregação do lar e da família, que termina com a loucura do homem assassinando a mulher com uma garrafa e a morte do último filho; o outro virou rufião e a filha, prostituta. Os apóstolos da temperança usavam com frequência esse clichê, mostrando o lar infeliz do bêbado e a vida familiar idílica do operário sóbrio.

Tais representações não pressupunham apenas a adoção do ideal burguês da vida familiar; com efeito, os operários possuíam suas próprias ideias sobre a divisão dos papéis, e, mesmo que tenham sido influenciadas por um ideal dominante, elas guardavam sua originalidade. John Smith, militante da temperança em Birmingham, afirmava: “A felicidade doméstica está ligada à temperança, e nós sabemos que o mais belo ornamento desse lar é a mulher. Quase todo o bem-estar da vida depende de nossas parentes ou amigas, da infância à maturidade ou à velhice”.

ELOGIO DA DONA DE CASA: FRANCIS PLACE

Para o operário, as doçuras da vida realmente provinham das mulheres de seu círculo. Mas essas mulheres deviam ter qualidades diferentes das de suas irmãs burguesas. Destas, esperava-se que fossem boas “senhoras do lar”. As esposas e mães da classe operária deviam ser, acima de tudo, boas donas de casa de qualidades práticas.

Dois grandes pensadores e teóricos políticos, Francis Place e William Cobbett, ilustraram essa interpretação da classe operária sobre a vida doméstica.

Francis Place, nascido em 1777, foi aprendiz num estabelecimento de calções de couro; mais tarde, tornou-se um alfaiate bastante próspero. Morou toda a sua vida em Londres e se engajou profundamente no radicalismo do final do século XVIII, principalmente como secretário da London Corresponding Society, e desempenhou importante papel na reforma sindical de 1820. Mais tarde, tornou-se discípulo ardoroso de Jeremy Bentham e, depois de se retirar do comércio com a fortuna feita, pôde dedicar a vida às reformas. Durante a juventude, ele tinha conhecido a verdadeira pobreza, partilhando da vida dos artesãos. Para Place, cabia à mulher o papel que lhe era atribuído na época; seu grande princípio, por exemplo, era que sua mulher pudesse ajudá-lo sempre que necessário. Mas ele também desejava uma profunda transformação dos costumes e da moral do operariado; em sua autobiografia, detém-se expondo detalhadamente as melhorias ocorridas nos hábitos e na vida dos pobres. Assim, gostava de contar o desaparecimento das brincadeiras de rua de sua infância, que exprimiam um franco prazer pela sexualidade; condenava o hábito de beber dos operários, que os levava a desatender a família. O primeiro exemplo disso lhe fora dado por seu próprio pai.

Muito antes que o recenseamento geral fizesse menção ao fato, Place achava que todos deviam querer ter uma "casa individual". "Certamente", pensava ele, "o caminho mais curto para a deterioração das relações entre os cônjuges e da opinião mútua de um sobre o outro em todos os aspectos, mas principalmente sobre a mulher, é ter de comer e beber, cozinhar, lavar, passar e fazer todos os serviços domésticos no cômodo onde o marido trabalha e o casal dorme." Place ficou encantado quando se mudou com a família para um novo alojamento com um pequeno aposento no fundo, onde ele podia trabalhar: "Isso permitiu que minha mulher mantivesse o aposento em ordem, o que só trouxe vantagens para nossa vida. Não era mais obrigada a sempre cuidar de nosso filho na minha presença. Eu já não precisava presenciar o acender do fogo, a lavagem e a limpeza do aposento, a lavagem e passagem das roupas, nem a preparação das refeições".

Quando rapaz, Place fora aprendiz, tendo sido encaminhado pelo pai, enquanto sua mulher trabalhava como criada, sem qualificação própria. Quando conseguiu encontrar serviço, sempre ganhou bem mais do que ela jamais conseguiria receber; mesmo assim, ela o ajudava, fazendo o acabamento das calças, ao mesmo tempo que cuidava da casa e dos filhos. O constante interesse de Place por sua instrução pessoal levava-o a ler, a refletir e a escrever. À medida que aumentavam seus rendimentos, ele foi podendo comprar livros e conhecer intelectuais famosos, mesmo que a distância social nunca fosse inteiramente abolida. Bentham e Mill o incentivaram a escrever sua autobiografia, para mostrar como um operário, mesmo oriundo de um meio extremamente desfavorecido, podia chegar à prosperidade e ao conhecimento.

A evolução de sua mulher foi diferente. Ela aprendeu a ser uma excelente costureira e modista, capaz de "captar uma moda ao primeiro olhar e adaptá-la como quisesse". Segundo seu marido, ela continuou uma mulher simples, feliz de ser reconhecida como boa dona de casa, boa esposa e boa mãe, sem pretender sair de sua condição. Enquanto as transformações tão exaltadas por Place ofereciam novas possibilidades aos homens, permitiam-lhes ter esperanças de se instruírem, de abandonar os costumes dissolutos e se tornarem responsáveis, para as mulheres a única ambição devia ser a de se tornarem boas esposas e boas mães.

WILLIAM COBBETT E A *COTTAGE ECONOMY*

William Cobbett, o escritor e jornalista que, segundo E. P. Thompson, exerceu a maior influência sobre o radicalismo do começo do século XIX, expõe a mesma série de sentimentos sobre a questão das esferas masculina e feminina. Thompson afirma que Cobbett criou a cultura radical da década de 1820, "não por ser o formulador de suas melhores ideias, mas porque havia encontrado o tom, o estilo, os argumentos que poderiam levar o tecelão, o mestre-escola, o carpinteiro dos estaleiros navais a um mesmo discurso. Apesar da diversidade das reivindicações e das influências, ele chegou a um consenso radical". Mas o consenso radical de Cobbett não tinha nenhuma hesitação em colocar a mulher na esfera doméstica. Ele era um adepto incondicional da vida familiar e daquilo que imaginava como modelo de um lar sólido e bem estabelecido. As famílias felizes, dizia Cobbett, eram a base da verdadeira sociedade. Ao escrever *Cottage economy* (um tratado de economia doméstica rural), Cobbett esperava contribuir para o renascimento das atividades domésticas e familiares; ele alimentava a visão de um passado idealizado, exigindo um retorno às ideias antigas, que, segundo ele, continuavam bem vivas; oferecia uma nova versão das antigas estruturas patriarcais, como se as coisas sempre tivessem sido assim. *Cottage economy* dava todos os conselhos para a fabricação doméstica de cerveja, não só por ser mais econômico, mas também porque a preparação dela em casa era um estímulo para que os homens passassem os serões em família, em vez de ir para a taberna. Para Cobbett, uma mulher que não soubesse fazer pão era "indigna de confiança", "um peso para a comunidade". Ele assegurava aos pais que a melhor maneira de ter um bom casamento para as filhas era conseguir que elas se tornassem "destras, hábeis e ativas nas tarefas indispensáveis de uma família". "As covinhas e as faces rosadas" não bastavam; saber fazer pão e cerveja, desnatar o leite e fazer manteiga é que permitia que uma mulher fosse uma "pessoa digna de respeito". Haverá outra imagem mais tocante para o Senhor que a de um "trabalhador que, voltando do trabalho duro, num dia frio de inverno, se senta com sua mulher e filhos em volta de um bom fogo, enquanto o vento assobia na chaminé e a chuva tamborila no telhado"?

Cobbett nutria apenas desprezo pelas novas ideias sobre a feminilidade, que lhe pareciam perniciosas, desenvolvidas por uma determinada classe burguesa. Ele detestava a pretensão dessas mulheres de agricultores que transformavam o aposento da frente num salão, colocavam um piano e ensinavam as filhas a fazer graças e trejeitos. Ele queria que a mulher do agricultor voltasse à leiteria, cuidasse dos trabalhadores rurais e lhes servisse as refeições como devia. Mas Cobbett não pretendia uma simples volta ao passado, pois exigia todos os tipos de novos direitos para os trabalhadores. Devia-lhes ser possível aspirar a um salário justo, que lhes permitisse sustentar a mulher e os filhos não com luxo, mas com decência e honestidade; deviam ter o direito de pensar livremente, a liberdade de ler o que quisessem e de dizer o que pensassem. E, acima de tudo, deviam ter o direito de voto, pois a representação não devia se fundar na propriedade, e sim sobre o trabalho honrado e a competência. Enquanto chefes de família, os homens deviam esperar a obediência das mulheres e filhos e defender seus dependentes em termos políticos e jurídicos. O marido devia responder pela esposa, pois, para Cobbett, "a própria natureza do sexo feminino torna o exercício desse direito incompatível com a harmonia e a felicidade da sociedade". A aceitação da passividade e docilidade femininas, essa convicção de que ser dona de casa era "natural" para ela e que a divisão entre os sexos constituía a única base possível da harmonia social, em suma, essa aceitação fundamental da teoria das esferas separadas, brotando do fundo de uma cultura operária radical, mostra o quanto essas afirmações refletiam as ideias de uma certa classe operária.

SALÁRIO FAMILIAR E MULHER EM CASA

Pode-se ver uma convergência entre as ideias dos evangélicos e as de alguns meios do operariado no desenvolvimento de uma política oficial, no decorrer da década de 1840, relativa ao trabalho das mulheres. Entre 1830 e 1840, os homens foram reconhecidos como cidadãos responsáveis, ao passo que as mulheres eram maciçamente reduzidas ao silêncio. A ideia então defendida, e partilhada por Place e Cobbett, era que o homem devia receber um "salário familiar", uma quantia suficiente que lhe permitisse sustentar toda a sua família. O ideal de um salário exclusivamente masculino e da dependência feminina encontrava-se bem assente entre a burguesia, e iria encontrar ressonâncias no operariado. Assim, as reivindicações salariais em sindicatos de operários qualificados anunciam a ideia do "salário familiar". No entanto, não é o caso de ver aí uma aceitação irrestrita das ideias da burguesia, tratando-se antes de uma adaptação e uma reforma de um ideal específico de classe.

No começo da década de 1840, para tomar apenas um exemplo, o receio da burguesia quanto ao emprego de mulheres em ofícios incompatíveis com sua natureza manifestou-se com relação ao trabalho feminino nas minas. Já estava bem estabelecido que uma burguesa que trabalhasse para ganhar dinheiro não era feminina. No caso do trabalho das mulheres pobres, as normas eram um pouco diferentes. As mulheres podiam ter um ofício, se fosse um prolongamento de seu papel feminino "natural". Não se considerava inconveniente que as empregadas domésticas limpassem, cozinhassem e cuidassem das crianças. O ofício de costureira ou de modista também era compatível, da mesma forma que as profissões ligadas à alimentação. Mas certos ofícios executados por mulheres eram considerados totalmente incompatíveis com a natureza delas, principalmente se fossem exercidos num ambiente misto. Uma mulher trabalhando em subterrâneos era a negação mais categórica da concepção de feminilidade sustentada pelos evangélicos. A comissão nomeada para investigar o trabalho infantil nas minas ficou assombrada e horrorizada ao ver as condições de trabalho das mulheres. Além do mais, elas trabalhavam ao lado de homens, sem estar inteiramente vestidas como deveriam. Era uma afronta à moral pública, que ameaçava de ruína a família operária. Lançou-se uma campanha inspirada pelos evangélicos para proibir que as mulheres trabalhassem nas minas.

Os mineiros aprovaram a proibição, mas não pelas mesmas razões da burguesia. Como mostrou John, eles não concordavam com a opinião de representantes como Tremenheere, o qual considerava essa proibição como "o primeiro passo para elevar o nível dos costumes domésticos e a garantia de um lar respeitável". Recusavam-se a aceitar que a burguesia ditasse normas sobre a maneira como deviam viver e organizar sua vida familiar. Os operários tinham o direito de exercer seu próprio controle sobre a família. O que reivindicavam era uma melhoria na vida de suas esposas e filhas, e observavam que, se as mulheres dos donos das minas podiam ficar em casa, isso também devia valer para as suas. Elas tinham direito a uma vida decente fora da mina, e eles atacavam os que continuavam a empregá-las ilegalmente. Mas os mineiros tinham outro motivo para concordar com a eliminação dos empregos femininos. A Associação dos Mineiros da Grã-Bretanha e Irlanda tinha sido fundada em 1842, três dias antes que as mulheres com menos de dezoito anos fossem obrigadas a deixar as minas. Como dizia o *Miner's Advocate* [Defensor do Mineiro], o sindicato se opunha firmemente ao emprego de mulheres desde a sua fundação. O trabalho feminino era visto como uma ameaça para o setor, pois a presença das mulheres mantinha o baixo nível dos salários. Os mineiros tinham boas razões para preferir, em termos ideais, sustentar as necessidades de suas mulheres em casa. Estas, na impossibilidade de se manifestarem publicamente, saíram vencidas. Elas detestavam suas condições de trabalho, mas precisavam de dinheiro. Não foram ouvidas e, ao final de um dos maiores debates da década de 1840, os homens foram definitivamente reconhecidos como trabalhadores, e as mulheres como esposas e mães, por obra do Estado, da burguesia filantrópica e dos operários.

DO LADO DA ARISTOCRACIA: UMA NOVA *PRIVACY*

Em 1820, Jorge IV aprendeu às próprias custas que a poderosa burguesia inglesa apreciava a fidelidade conjugal e os valores domésticos. Mas e a aristocracia e a *gentry*? A ideia da diferença entre os sexos, predominante na burguesia, também chegara a elas? Stone e Trumbach afirmam que, no século XVIII, ocorreu uma verdadeira transformação nas ideias da aristocracia fundiária no tocante à vida privada, e Stone considera que essas ideias foram inspiradas pela elite da burguesia comerciante e financeira. Revistas como *The Spectator* faziam o elogio de uma nova forma de distinção, que passou a ser cada vez mais associada às novas demarcações entre os papéis reservados a cada sexo. Esses discursos foram retomados, revistos e retocados pelos evangélicos. O poder crescente das classes médias na economia, na política e na vida social dos inícios do século XIX teve outra repercussão: a aristocracia e a *gentry* adotaram comportamentos que, originalmente, eram próprios dos fazendeiros, manufatureiros e comerciantes. Como diz Davidoff, "esses modelos de conduta, essencialmente burgueses, se implantaram no código de honra da aristocracia e da *gentry* e resultaram num conceito mais amplo de 'burguesia'".

Ou, como sugere Mark Girouard, pelos meados do século operou-se um encontro entre as classes superiores e a alta burguesia, reduzindo-se a distância social que as separava: "As classes superiores reviram sua imagem para torná-la mais aceitável para a moral burguesa. Tornaram-se — com sinceridade ou apenas na aparência — mais sérias, mais religiosas, mais preocupadas com sua vida familiar, mais responsáveis".

As críticas burguesas contra a corrupção aristocrática atingiram seu ápice entre 1820 e 1840; depois se aplacaram quando a aristocracia e a *gentry* passaram a se apegar mais aos valores domésticos, fundando o que Girouard chama de "lar moral", concentrado numa família feliz e protegida, onde se partilhavam as orações, as observâncias dominicais e uma vida cotidiana bem regrada. As mulheres, excluídas de qualquer participação nos negócios e na vida pública, reinavam na intimidade pelo sistema da etiqueta, das regras da "sociedade" e da "temporada". Dirigiam a "sociedade" e eram suas guardiãs: decidiam quem podia ser admitido ou excluído. O princípio se baseava numa rede de relações: não se acolheria ninguém que não fosse pessoalmente conhecido. A vida social se tornou mais seletiva, mais privada, tendo como cenário as casas ricas, sendo recebidos apenas os conhecidos. A família e os íntimos desempenhavam papel decisivo nessa esfera de interação social, onde a admissão se fazia apenas pelas relações. Os refúgios privados da burguesia, que abrigavam as mulheres e os filhos, onde os homens vinham descansar para poder enfrentar as exigências do mundo dos negócios, tinham uma função um pouco diferente no universo exclusivo da "sociedade".

A preocupação da aristocracia e da *gentry* com uma maior intimidade e um maior isolamento se manifesta na construção e reforma de suas residências. Nas *villas* burguesas, os empregados domésticos ficavam no último andar; numa casa de campo, eles podiam ficar inteiramente invisíveis, e usavam a escada de serviço. Aumentou o rigor em relação aos andares reservados aos empregados, sendo impensável a mistura dos sexos, e cada quarto só podia abrigar um ou dois ocupantes. Os filhos tinham seus quartos, perto do dos pais. As *nurseries* de Loudon se encontravam por toda parte. Muitas casas dispunham de uma ala reservada à família, com o quarto dos pais, uma *nursery* e um salão. Os quartos para os solteiros geralmente davam para um corredor separado do utilizado pelas damas, às vezes situando-se inclusive em outra ala. Criaram-se *fumoirs* estritamente reservados para os cavalheiros, e pequenos salões destinados principalmente às senhoras. Toda a casa era dividida em territórios reservados para os homens e as mulheres; a entrada principal desempenhava o papel de ponto de encontro dentro da residência, enquanto o jardim oferecia um local ideal onde os dois sexos conviviam em perfeita harmonia. As modestas aspirações dos moradores das *villas* de Edgbaston, em 1830, tinham se transformado em sonhos góticos para os proprietários de terras.

SWEET HOME: A CASA DO OURIVES

Em 1820, ano do processo da rainha Carolina, James Luckcock, um ourives de Birmingham que tinha conseguido juntar um "modesto pecúlio" para se aposentar do comércio aos

59 anos, instalou-se com a mulher, um filho e uma filha numa casinha de Edgbaston, que mandara construir graças a um contrato de aluguel de lorde Calthorpe. Ele encomendou a casa de seus sonhos. Queria que ela fosse "acolhedora e confortável", "modesta no custo e nas dimensões". Ele dividiu o terreno em dois lotes e pôde alugar sua primeira casa, o que lhe proporcionava um certo rendimento. Do outro lado do terreno, que ficou para si, ele tinha "tudo o que [seu] coração podia desejar. Havia concebido pessoalmente a casa e o jardim, o local era pitoresco, abrigado e encantador, num declive que dava para o oeste; o solo era profundo e fértil, e tudo o que [ele] plantava crescia com beleza e perfeição". Plantou castanheiros-da-índia e sorveiras no jardim, pois "sempre achou que algumas árvores grandes e majestosas eram essenciais para uma respeitável casa de campo". E, além de seus legumes, escolheu flores, "a humilde prímula e a simples dedaleira, a modesta campainha-branca, o lírio puro e elegante, a suntuosa peônia". Nisso, ele continuava fiel a seu radicalismo: nessa época, certas flores (como o cravo) eram dos artesãos, outras (como as dálias) eram mais distintas e dispendiosas. Ele colocou urnas no jardim, com inscrições sobre a harmonia doméstica. Na extremidade do jardim, o rego ficava cuidadosamente oculto por uma sebe, podendo parecer um regato. Em Lime Grove, nome que deu à sua residência, James Luckcock atingiu o "auge da felicidade", "contente de estar longe do mundo e de todas as suas ilusões falazes e enganadoras, [...] encantado com a posse de um pequeno paraíso". Ficou morando lá, dedicando-se a jardinar, escrever livros, ver os amigos, organizar a construção de uma nova escola dominical para os unitaristas de Birmingham, assistindo a reuniões devotas e desempenhando seu papel de homem público. Poeta amador cheio de entusiasmo, Luckcock caiu gravemente enfermo e passou a temer a morte. Teve ousadia suficiente para escrever um poema sobre si mesmo, como se fosse a esposa. Adotou a identidade da mulher, fazendo o inventário das virtudes do marido, as quais faltavam a ela, como mostram seus versos:

Quem inspirou em meu seio virginal
De emoções um inteiro manancial
E à vida deu um prazer sem igual?
Meu esposo.

Quem me disse que, de parca posse,
O que tivesse e fosse como fosse,
A mim daria para ter uma vida doce?
Meu esposo.

Quem abandonou o tumulto da cidade
Para comigo jardinar na herdade,
Reconciliando trabalho e felicidade?
Meu esposo.

Quem sempre travou o combate
E rechaçou o braço da adversidade
Para ter um ofício de qualidade?
*Meu esposo.**

Poucos maridos chegaram ao ponto de cantar suas próprias loas em nome da esposa! Mas a vida e os sonhos de Luckcock encontravam eco em inúmeros corações. Nos meados do século XIX, na imaginação inglesa, a casa realmente era o local das doçuras e delícias, mas percebida de formas diferentes pelos homens e pelas mulheres. Os homens podiam mesclar as preocupações, temores e profundas satisfações da vida pública aos encantos recônditos do lar. Para as mulheres, raramente existia essa dualidade; possuíam apenas e exclusivamente o lar, quadro "natural" de sua feminilidade.

* *Who first inspir'd my virgin breast,/ With Tumults not to be express'd,/ And gave to life unwonted zest?/ My husband.// Who told me that his gains were small,/ But that whatever might befal,/ To me he'd gladly yield them all?/ My husband.// Who shunn'd the giddy town's turmoil/ To share with me the garden's toil,/ And joy with labour reconcile?/ My husband.// Whose arduous struggles long maintain'd/ Adversity's cold hand restrain'd/ And competence at length attain'd?/ My husband.*

2

OS ATORES

Michelle Perrot
Anne Martin-Fugier

Principal teatro da vida privada, a família no século XIX fornece-lhe seus personagens e papéis principais, suas práticas e rituais, suas intrigas e conflitos. Mão invisível da sociedade civil, ela é ao mesmo tempo ninho e núcleo.

Triunfante nas doutrinas e nos discursos em que todos, dos conservadores aos liberais e até aos libertários, a louvam como a célula da ordem viva, a família, na verdade, é muito mais caótica e heterogênea. A família nuclear emerge penosamente de sistemas de parentescos mais amplos e persistentes, que apresentam múltiplas formas de acordo com as cidades e as áreas rurais, as regiões e as tradições, os meios sociais e culturais.

Totalitária, ela pretende impor suas finalidades a seus membros. Mas estes frequentemente, e cada vez mais, se rebelam. Daí que, entre gerações, entre os sexos, entre indivíduos dispostos a escolher seus destinos, surjam tensões que alimentam seus segredos, conflitos que levam à sua eclosão. O que se acentua tanto mais na medida em que ela recorre com maior frequência à justiça como árbitro de suas divergências, assim se submetendo insidiosamente ao controle externo.

A família, sobretudo a família pobre, também vê sua autonomia ameaçada pela crescente intervenção do Estado, o qual, não podendo agir constantemente em nome dela, vem a ocupar seu lugar, em especial na gestão da criança, o ser social e o capital mais precioso.

A família certamente não esgota todas as potencialidades da vida privada, que conhece muitas outras formas e outros cenários. Mesmo assim, por razões em parte políticas, ela tende, no século XIX, a absorver todas as funções, entre as quais se inclui a sexualidade — "o cristal" familiar, segundo Michel Foucault —, e a definir as regras e as normas. As instituições e as pessoas solteiras — prisões e internatos, quartéis e conventos, vagabundos e dândis, religiosas e viragos, boêmios e bandidos — são amiúde obrigadas a se definir em função dela ou em relação a suas margens. A família é o centro do qual elas constituem a periferia.

M. P.

A FAMÍLIA TRIUNFANTE

Michelle Perrot

A Revolução Francesa tentou subverter a fronteira entre o público e o privado, construir um homem novo, remodelar o cotidiano através de uma nova organização do espaço, do tempo e da memória. Mas esse projeto grandioso fracassou diante da resistência das pessoas. Os "costumes" se mostraram mais fortes do que a lei.

Essa experiência impressionou muito os pensadores da época. Para Benjamin Constant, George Sand ou Edgar Quinet, é um tema constante de reflexão. Em que aspectos a Revolução alterou — ou não — a vida deles e a de seus concidadãos? George Sand mostra como os camponeses de Berry resistiram ao tuteamento generalizado que os "senhorezinhos da cidade" — essa nova burguesia tão orgulhosa de tratar a avó de George Sand, madame Dupin, por "tu" — queriam impor. Benjamin Constant ressalta a força da circunspecção: "Naquela época ouvi os discursos mais acalorados, vi as manifestações mais enérgicas, fui testemunha dos juramentos mais solenes; não se fazia nada, a nação se prestava a essas coisas como formalidades, para não discutir, e depois cada um voltava para sua casa, sem se julgar nem se sentir mais engajado do que antes".

É por isso que as relações entre o público e o privado estão no centro de toda a teoria política pós-revolucionária. A definição das relações entre o Estado e a sociedade civil, entre o coletivo e o individual, passa a ser o principal problema. Enquanto o *laisser-faire*, o ideal da "mão invisível", predomina num pensamento econômico estagnado, vivendo das glórias adquiridas no século XVIII, o pensamento político mostra uma preocupação em delimitar as fronteiras e organizar os "interesses privados". O mais novo deles é, sem dúvida, a importância conferida à família como célula de base. O doméstico constitui uma instância reguladora fundamental e desempenha o papel do deus oculto.

Essa reflexão é, em larga medida, europeia. Catherine Hall mostrou como o pensamento da domesticidade foi construído paralelamente na Grã-Bretanha, no começo do século XIX, por obra dos evangélicos e dos utilitaristas. O pan-opticismo de Bentham, para a sociedade civil, baseia-se no olhar soberano do pai de família, senhor logo abaixo de Deus ou segundo a razão.

HEGEL: A FAMÍLIA, FUNDAMENTO DA SOCIEDADE CIVIL

Hegel é, talvez, o filósofo que mais aprofundou essa disposição relativa do público e do privado. Nos *Princípios da filosofia do direito* (1821), ele analisa as relações entre as três instâncias fundamentais: o indivíduo, a sociedade civil e o Estado. O indivíduo é o fundamento do direito, o qual só pode ser pessoal. O corpo define o eu que, para se objetivar, precisa da propriedade individual; o suicídio é a marca última da soberania do eu, assim como o erro é a marca última de sua responsabilidade. Mas o indivíduo está subordinado à família, que, com as corporações, é um dos "círculos" essenciais da sociedade civil. Sem ela, o Estado só se relacionaria com "coletividades inorgânicas", com multidões, propícias ao despotismo.

A família é a garantia da moralidade natural. Funda-se sobre o casamento monogâmico, estabelecido por acordo mútuo; as paixões são contingentes, e até perigosas; o melhor casamento é o casamento "arranjado" ao qual se sucede a afeição, e não vice-versa. A família é uma construção racional e voluntária, unida por fortes laços espirituais, por exemplo a memória, e materiais. O patrimônio é, a um só tempo, necessidade econômica e afirmação simbólica. A família, "objeto de devoção para os membros", é um ser moral: "Uma única pessoa cujos membros são acidentes". O chefe é o pai, e apenas sua morte dissolve a família, ao liberar os herdeiros. A família é o todo superior às partes, que devem se submeter a ele; constitui, na sociedade oitocentista, um grupo "holista", como a define Louis Dumont. A divisão sexual dos papéis se baseia em seus "caracteres naturais", segundo uma oposição entre passivo e ativo, interior e exterior, que governa todo o século. "O homem possui sua vida substancial real no Estado, na ciência etc., e também no trabalho e na luta com o mundo e consigo mesmo." "A mulher encontra seu destino substancial na moralidade objetiva da família, cuja piedade familiar exprime as disposições morais." Os filhos são simultaneamente membros da família e indivíduos em si mesmos. Livres, devem ser educados, mas sem excessos nos afagos aos seus sentimentos de autodiferenciação. A maioridade lhes possibilita formar família, "os filhos como chefes, e as filhas como esposas". Mas é realmente a morte do pai que lhes permite aceder a esse novo estatuto. A liberdade de lavrar testamento é limitada pelo direito de família. Hegel critica vivamente a arbitrariedade do direito romano nesse aspecto; ele se opõe ao direito de primogenitura e à exclusão das filhas. O que importa, a seus olhos, não é a linhagem, carregada de feudalidade, e sim a família, pedra angular da sociedade moderna. Círculos de "pessoas concretas independentes", as miríades, "as multidões de famílias" formam a sociedade civil, que não é senão "a reunião de coletividades familiares dispersas".

A CASA DE KANT

Se Hegel pensa a disposição macrossocial do público e do privado, Kant — poeticamente transcrito por Bernard Edelman — prende-se especialmente ao microespaço da casa. O direito doméstico é o triunfo da razão; ele arraiga e disciplina, abolindo qualquer vontade de evasão. É "um direito das coisas terrenas e da conservação, que extinguirá nos corações o apelo do distante e das florestas bárbaras". A casa é o fundamento da moral e da ordem social. É o cerne do privado, mas um privado submetido ao pai, o único capaz de refrear os instintos, de domar a mulher. Pois a guerra doméstica constitui uma ameaça constante. "A mulher pode se tornar uma vândala, o filho, contaminado pela mãe, um ser fraco ou vingativo, e o criado pode retomar sua liberdade." Ambígua, a mulher é o centro da casa, mas também a sua ameaça. "Basta que ela escape para logo se tornar uma rebelde e uma revolucionária." Daí a contradição, claramente sentida por Kant, de seu estatuto jurídico; como indivíduo, a mulher pertence ao direito pessoal; como membro da família, está submetida ao direito conjugal, de essência monárquica. A mulher "sequiosa" se opõe sempre à mulher "domesticada".

A FAMÍLIA LIBERAL

O pensamento francês sobre a família se apresenta particularmente rico no século XIX, devido aos agudos problemas ligados à reconstrução política, jurídica e social pós-revolucionária. Os grandes polos de reflexão são três: as fronteiras entre o público e o privado e a ideia de "esferas"; o conteúdo da sociedade civil; os papéis masculino e feminino.

Os liberais, de Germaine de Staël a Alexis de Tocqueville, estão fundamentalmente interessados na defesa de uma fronteira que garanta a liberdade dos "interesses privados", que compõem a força da nação. "É somente o respeito à existência particular da fortuna privada que pode levar ao amor pela República", escreve madame de Staël, que lhe pede essencialmente duas coisas: "não exigir, não pesar". "A liberdade nos será tanto mais preciosa quanto mais o exercício de nossos direitos políticos nos deixar tempo para dedicar a nossos interesses privados", diz Benjamin Constant. Ambos opõem os Antigos, que viviam para a Agora ou para a guerra, ao mundo moderno, universo do comércio e da atividade laboriosa dos indivíduos, que devem ser tratados principalmente pelo *laisser-faire*. Essa concentração sobre o privado supõe que se confie em representantes para os assuntos públicos. A distinção entre duas esferas complementares implica o regime representativo e, em certa medida, a especificidade da política, dos políticos práticos e, ao cabo, sua profissionalização.

Isso foi claramente visto por Guizot, objeto de um estudo de Pierre Rosanvallon. Numa reflexão que não deixa de lembrar a de Hegel, ele analisa o funcionamento do poder, que lhe parece múltiplo. A ordem e a liberdade dependem da articulação do "poder social", responsável pela sociedade civil e pelo poder político, encarregado das orientações globais e reservado aos "capacitados", à elite dos organizadores: um assunto de homens, e não de salões, mistos e frívolos. O poder social, em larga medida doméstico, nem por isso é feminino. A posição forte, não arbitrária, é ocupada pelo pai de família, pois ele é "a expressão de uma razão superior, mais apta do que os outros a julgar o justo e o injusto". Lugar de uma transação permanente, a família, segundo Guizot, é um modelo político da democracia. "Em parte alguma o direito de voto é mais real e mais abrangente. É na família que ele mais se aproxima da universalidade."

Royer-Collard e Tocqueville mostram a mesma preocupação pelo conteúdo da sociedade civil. "A Revolução só não derrubou os indivíduos. [...] Da sociedade pulverizada saiu a centralização", escreve o primeiro, para quem o antídoto do jacobinismo reside nas "associações naturais", a comuna e a família. Tocqueville, aliás tão sensível aos atrativos do privado e da intimidade, vislumbrou claramente os riscos de um individualismo excessivo, nos moldes do "cada um por si", tão caro ao barão Dupin. "O despotismo, que é temeroso por natureza, vê no isolamento dos homens a garantia mais segura de sua própria duração, e geralmente dedica todos os seus esforços a isolá-los [...]. Considera bons cidadãos os que se fecham estreitamente em si mesmos" (*A democracia na América*, livro II, cap. VIII). Toda a obra de Tocqueville gira em torno desse problema: como conciliar felicidade privada e ação pública. Ele preconiza as associações e exalta as virtudes da família americana, capazes de criar um elo social. "A democracia afrouxa os laços sociais, mas estreita os laços naturais. Ela aproxima os parentes, ao mesmo tempo que separa os cidadãos."

Assim, para os liberais, a família — comunidade de certo modo "natural" — é a chave da felicidade individual e do bem público.

A família constitui igualmente a grande preocupação dos tradicionalistas, cujos principais representantes são Louis de Bonald durante a Restauração e, mais tarde, de uma maneira totalmente diversa, Frédéric Le Play. Ambos se concentram obsessivamente na crítica ao afrouxamento dos costumes, à distorção dos papéis sexuais, ao efeminamento. Aliás, as famílias desfeitas e as mulheres esquecidas de seus deveres são os bodes expiatórios usuais das derrotas militares e das turbulências sociais. Desse ponto de vista, a Restauração (cf. os trabalhos de R. Deniel) e a Ordem moral (cf. Mona Ozouf) são exemplares. E o regime de Vichy o será ainda mais (cf. Robert Paxton).

A ofensiva familiarista sob a Restauração é tripla. Em primeiro lugar, religiosa: o tema favorito das missões é o respeito à família. "Onde se pode estar melhor do que no seio da família?", entoa um cântico de 1825. Política: ela combate o divórcio, autorizado desde 1792, e consegue sua supressão em 1816. Ideológica: seu apóstolo é Bonald. Muito lido nos meios da nobreza provincial (Renée de Lestrade, a heroína maternal das *Memórias de duas jovens esposas*, de Balzac, cita-o com frequência), Bonald é o agente de uma moralização da aristocracia que, por intermédio dele, reconstitui sua virgindade. O sonho da "vida castelã" e do luxo de ostentação de uma aristocracia devassa — tão persistente na psicologia popular que ainda hoje se encontra nos comentários dos turistas nos castelos — na verdade se alimenta de um tempo ultrapassado: o da "doçura da vida".

O pensamento de Bonald sobre a família se encontra, por exemplo, em seu discurso à Câmara dos Deputados "pela abolição do divórcio" (26 de dezembro de 1815). O divórcio é intrinsecamente perverso, não só devido às suas injustas consequências para as mulheres e os filhos, que são os que mais sofrem com ele, mas também por razões morais. Sendo um reconhecimento implícito do direito à paixão, ele abre um lugar indevido para o amor dentro do casamento. Geralmente solicitado pelas mulheres, o divórcio enfraquece a autoridade paterna: "Verdadeira democracia doméstica, ele permite que a esposa, a parte fraca, se erga contra a autoridade marital". Ora, a grandeza da esposa reside na submissão ao pai e, quando viúva, ao primogênito, depositário da residência ancestral. A família, fundamento do Estado monárquico, é em si mesma uma monarquia paterna, uma sociedade de linhagem que garante a estabilidade, a duração, a continuidade. O pai é seu chefe natural, como o rei-pai é o chefe natural da França, a qual também é uma "casa". Restaurar a monarquia equivale a restaurar a autoridade paterna. "Para retirar o Estado das mãos do povo, é necessário retirar a família das mãos das mulheres e dos filhos." O casamento não se reduz a um contrato civil, mas é indissoluvelmente um ato religioso e político. "A família requer costumes, e o Estado requer leis. Reforçai o poder doméstico, elemento natural do poder público, e consagrai a total dependência das mulheres e dos filhos, garantia da obediência constante dos povos."

LE PLAY, OU "A FAMÍLIA, PRINCÍPIO DO ESTADO"

Nem contrarrevolucionário nem liberal (cf. F. Arnoult), o pensamento de Frédéric Le Play é original na medida em que também elaborou uma estratégia de observação sociológica que pretendia ser um prelúdio a uma intervenção pró-familiar. Hostil à ampliação do Estado, Le Play queria revitalizar a sociedade civil por meio da felicidade das famílias, que ele define como "a lei moral mais o pão". "A vida privada imprime sua marca na vida pública; a família é o princípio do Estado", escreveu em *Ouvriers européens* [Operários europeus], de 1877. No entanto, Le Play é o contrário do liberal. O egoísmo dos "interesses privados" na selva do *laisser-faire*, a urbanização e a industrialização desenfreadas, o esquecimento dos Dez Mandamentos e da moral são as causas dessa verdadeira desgraça que é a proletarização. Solução: restaurar a "família-tronco", com um único herdeiro, indicado pelos pais (a *melouga* dos Pireneus, muito próxima do *oustal* de Gévaudan), que Le Play opõe à família instável, em que o poder se concentra nas mãos de um chefe de família hereditário. A hierarquia em Le Play, portanto, não é puramente "natural", fundando-se sobre o mérito e a capacidade.

O respeito às hierarquias é uma condição para o equilíbrio. Mas os chefes devem respeitar e proteger seus subordinados. A "questão social" e a crescente intervenção do Estado se implantam sobre o esquecimento patronal dos deveres. O paternalismo e o patronato fornecem o melhor tipo de relação social. Do mesmo modo, a família está submetida ao pai. Le Play, porém, atribui grande importância às virtudes da dona de casa, no que, mais tarde, será seguido por Émile Cheysson, e suas monografias de família oferecem uma documentação excepcional sobre os serviços domésticos e os papéis, tarefas e poderes da mãe nas famílias populares.

O pensamento de Le Play e da revista *La Réforme Sociale* [A Reforma Social] é, sem dúvida, o mais elaborado entre todos os que, no século XIX, abordam a família como eixo de reflexão e ação. Foi negligenciado por razões políticas e ideológicas que contribuíram para a vitória da escola durkheimiana, sustentáculo da República. A família foi vítima inocente desse desfecho, na medida em que, por muito tempo, deixou de ser um elemento de base nas pesquisas em ciências sociais.

OS SOCIALISTAS E A FAMÍLIA

Antes que o privado fosse remetido pelo marxismo a suas origens burguesas e até pequeno-burguesas, os socialistas concederam extrema importância à família, como mostra Louis Devance numa tese infelizmente inédita.

Unânimes em criticar a família de sua época, raros, porém, são os socialistas que pensam em sua total eliminação. Igualmente raros são os que pretendem uma subversão dos papéis sexuais, tão profunda é a crença numa desigualdade natural entre homens e mulheres. Mas existe um grande leque de correntes e soluções. Do lado dos partidários de uma liberdade irrestrita encontram-se Charles Fourier, Prosper Enfantin, a feminista Claire Démar, os comunistas da década de 1840 como Théodore Dézamy, cujo *Code de la communauté* [Código da comunidade] se opõe ao familiarismo puritano de *Voyage en Icarie* [Viagem a Icária], de Étienne Cabet. "Não à divisão do trabalho de casa! Não à educação doméstica! Não ao familismo! Não à dominação marital! Liberdade das uniões! Igualdade plena entre os sexos! Liberdade de divórcio!", brada o primeiro, enquanto o segundo vocifera contra o celibato voluntário e vê no "concubinato e no adultério [...] crimes injustificáveis". *Icarie* é de um moralismo a toda prova e de um machismo ímpar. Em Nauvoo, colônia americana em que tenta concretizar sua utopia, Cabet entra em conflito com as mulheres que, em nome da elegância, não aceitam se restringir a uniformes!

Fourier representa um radicalismo bastante excepcional, o "desvio absoluto" no que se refere tanto aos papéis quanto às relações entre os sexos. Para o autor da denúncia de que as mulheres eram "as proletárias dos proletários", a chave do progresso residia na emancipação feminina. "A ampliação dos privilégios das mulheres é o princípio geral de todos os progressos sociais." Fourier defende uma igualdade completa no falanstério, com funções intercambiáveis, total liberdade na escolha dos companheiros carnais, casamento em idade mais adiantada, podendo ser facilmente desfeito. Malthusiano em sua desconfiança quanto ao crescimento populacional, não o é tanto na legitimidade conferida à contracepção e ao aborto. O radicalismo de Fourier em relação à sexualidade assustou seus discípulos, entre os quais Victor Considérant e seguidoras do sexo feminino como Zoé Gatti de Gamond, que, neste ponto, o expurgaram, recusando-se a publicar sua obra mais revolucionária, *Le nouveau monde amoureux* [O novo mundo amoroso], que só foi editada em 1967, por Simone Debout. O familistério, construído por Jean-Baptiste André Godin em Guise (Aisne), tinha rejeitado qualquer moral "axial", encontrando-se, sob esse aspecto, mais próximo de *Icarie* que do falanstério. E a própria companheira de Godin era uma mulher apagada, como todas as outras mulheres de "grandes homens"!

Os saint-simonianos pós-Enfantin, a maioria dos comunistas, os socialistas de inspiração cristã — como Pierre Leroux, Constantin Pecqueur, Louis Blanc e mesmo Flora Tristan — pronunciaram-se a favor de uma modernização da instituição familiar, da igualdade entre os sexos, inclusive na educação, e do direito ao divórcio. Mas o casamento monogâmico, para eles, continua a ser o fundamento de uma família nuclear de afetividade fortalecida, onde o primeiro lugar cabe aos filhos. Após 1840, a maioria das feministas — por exemplo, as de 1848, que viam no Estado "uma grande administração doméstica" — alia-se a essas posições moderadas que condiziam com suas reivindicações de igualdade civil e ofereciam possibilidades de uma ação concreta. Pessoalmente livre e decididamente familiar, George Sand é uma delas.

Por fim, uma corrente tradicionalista, reunindo Philippe Buchez, os socialistas cristãos de *L'Atelier*, os discípulos de Lamennais e Proudhon, defendia a desigualdade irredutível dos sexos, fundada na natureza, a submissão necessária das mulheres, que encontram sua liberdade na obediência, e o casamento indissolúvel e patriarcal, garantia da ordem e da moral. Proudhon, em particular, proclama constantemente a superioridade criativa do princípio viril, da castidade sobre a sensualidade, do trabalho sobre o prazer. Para o teórico da anarquia, a família conjugal é a célula viva de um privado que devia absorver o público e extinguir o Estado.

Assim, de Fourier a Proudhon, a evolução não se encaminha para a liberdade dos costumes. Não há dúvida de que os socialistas enfrentam uma dupla exigência: a do moralismo circundante, das críticas do pensamento burguês à animalidade proletária, levando-os a se obstinar numa postura de respeitabilidade; e a de sua "clientela" operária e popular, para a qual a economia e a moral familiar eram constitutivas da consciência de classe.

Mas há também uma evolução própria no socialismo e em sua visão da transformação social. Os socialistas da primeira metade do século acreditam numa revolução pela base e pela prática. Concebem-na como a expansão por contágio da virtude de algumas comunidades exemplares: comunas e associações profissionais de base familiar, versão altruísta da pequena empresa. Daí a vontade de uma *transparência*, também postulada por Rousseau, e que alimenta uma disputa sobre a "publicidade dos costumes", em que Enfantin é contestado por algumas mulheres saint-simonianas, que reivindicam o direito à intimidade, como uma conquista da dignidade feminina. Claire Démar, em *Ma loi d'avenir* [Minha lei do porvir], insurge-se contra certos rituais de casamento e contra "a publicidade desses escandalosos debates judiciários que, em nossas cortes e tribunais, fazem ressoar diante de nossos juízes as palavras de adultério, impotência, estupro, levando a interrogatórios e prisões revoltantes".

Com o blanquismo, mas principalmente com o marxismo, o problema da tomada do poder se coloca de outra maneira: a revolução política, pelo alto, é um prelúdio indispensável da revolução econômica pelo Estado. Na análise social, o modo de produção vem ocupar o lugar da família, e os costumes ficam relegados ao cimo da superestrutura. Engels, apesar de subscrever as conclusões de Bachofen e especialmente de Morgan sobre a existência de um matriarcado nos tempos primevos da barbárie feliz e igualitária e de considerar que sua abolição foi "a grande derrota histórica do sexo feminino", considera a revolução socialista dos meios de produção a condição necessária — se não suficiente — para o restabelecimento da igualdade. As mulheres são convidadas a subordinar suas reivindicações à luta de classes, e a luta entre os sexos é tida como um derivativo. O feminismo, agora, é condenado a ser burguês, quase por essência: é o início de um longo mal-entendido.

Correlatamente, o marxismo — e o socialismo desde então largamente influenciado por ele — fecha-se à análise antropológica, rotulada de idealista. Jacques Capdevielle mostrou como se deu esse ocultamento: não foi por acaso, mas deriva de uma crítica explícita do Marx de *A ideologia alemã* ao Hegel da *Filosofia do direito* e de sua negação do dualismo Estado-sociedade civil, indivíduo-cidadão. Disso resultou um certo empobrecimento da análise marxista: a recusa das mediações, a subestimação dos bens, do patrimônio e da morte.

No entanto, cabe observar que essa eliminação da família dentro da teoria social não foi obra exclusiva de Marx, mas também de Durkheim, conforme ressaltam Hervé Le Bras e Emmanuel Todd. Avesso à inscrição espacial dos fenômenos, Durkheim se interessa apenas por fatos sociais universais e, com isso, "ele pulveriza a antropologia". Ao mesmo tempo, a história positivista, totalmente voltada para a construção da nação e da política, afastava o privado de seu campo de estudos.

Enquanto a família como categoria explicativa desaparecia das ciências sociais, ela se apresentava com uma força inédita no pensamento político dos organizadores da Terceira República: Grévy, Simon, Ferry e os demais. A reflexão sobre a família se apaga, a política da família se inicia.

Isso porque as funções da família — atribuídas e assumidas — importam mais do que seu valor heurístico.

FUNÇÕES DA FAMÍLIA

Michelle Perrot

A família, átomo da sociedade civil, é a responsável pelo gerenciamento dos "interesses privados", cujo bom andamento é fundamental para o vigor dos Estados e o progresso da humanidade. Cabe-lhe um sem-número de funções. Elemento essencial da produção, ela assegura o funcionamento econômico e a transmissão dos patrimônios. Como célula reprodutora, ela produz as crianças e proporciona-lhes uma primeira forma de socialização. Garantia da espécie, ela zela por sua pureza e saúde. Cadinho da consciência nacional, ela transmite os valores simbólicos e a memória fundadora. É a criadora da cidadania e da civilidade. A "boa família" é o fundamento do Estado e, principalmente para os republicanos, como assinala Jules Simon em *Le devoir* [O dever] (1878), existe uma continuidade entre o amor à família e à pátria, instâncias maternais que se confundem, e o sentimento de humanidade. Daí o interesse crescente do Estado pela família: em primeiro lugar pelas famílias pobres, elo fraco do sistema, e a seguir por todas as outras.

Mas, durante grande parte do século XIX, a família age livremente, com muitas variantes ligadas às tradições religiosas e políticas, ao meio social e sobretudo regional, tal é a diversidade da França nessa época sob o verniz centralizador.

FAMÍLIA E PATRIMÔNIO

A família, como rede de pessoas e conjunto de bens, é um nome, um sangue, um patrimônio material e simbólico, herdado e transmitido. A família é um fluxo de propriedades que depende primeiramente da lei.

O Código Civil, em princípio, aboliu os antigos costumes,

proibiu o direito de testamentar, eliminou o direito de primogenitura, estabeleceu a igualdade dos herdeiros de ambos os sexos. Sob muitos aspectos, é uma revolução, e sentida como tal. Se Pierre Rivière, o "parricida de olhos ruços" do Bocage normando, mata a mãe (e, para completar, a irmã e o irmão), não será em parte porque essa mulher que dispõe livremente de seus bens representa, frente ao costume normando que não reconhece nenhum direito às mulheres, uma verdadeira subversão? Essa petulante que não para de fazer e desfazer contratos constitui uma provocação inconcebível.

Será essa, porém, "a regra do jogo na paz burguesa", segundo a expressão de André Arnaud? Pelo contrário, é impressionante — o que P. Ourliac ressalta várias vezes — a persistência dos valores patrimoniais, a predominância do pai nesse sistema patrilinear de transmissão dos bens. O marido "administra sozinho os bens da comunidade" (artigo 1421), e seus poderes são limitados apenas pelas cláusulas do contrato matrimonial. Ora, este, típico de regimes com direito escrito, sofre um recuo constante durante todo o século mesmo na região occitana, que em larga medida conservou o regime de dote. Em primeiro lugar na Provença e no Languedoc, a seguir na Occitânia interior. Verifica-se a mesma evolução na Normandia: em Rouen, J. P. Chaline registra 43% de contratos de casamento em 1819-1820, 24% na metade do século e apenas 17% às vésperas de 1914. Os burgueses são os únicos a conservar por mais tempo o regime de dote, que garante os bens da mulher e salvaguarda, em caso de falência, uma parte do patrimônio: precaução de um capitalismo de acentuada textura familiar.

Ao contrário do que se deu na Inglaterra, as partilhas de sucessão, de modo geral, difundiram a pequena propriedade e, refreando o êxodo rural, contribuíram para retardar a industrialização ou, pelo menos, para gerar formas variadas de adaptação a ela. Em muitas regiões, porém, principalmente naquelas onde predominam as famílias de linhagem, a resistência ao Código Civil foi muito forte. É o caso de Gévaudan, descrito por Élisabeth Claverie e Pierre Lamaison, onde a vontade de salvaguardar o *oustal* acarreta toda uma série de práticas para contornar o que dispõe o Código. Os pais — pelo menos o pai, todo-poderoso — procedem em vida a "arranjos" destinados a manter a propriedade indivisa nas mãos do filho mais capaz (e/ou do predileto?); os "caçulas" podem ser ressarcidos (o que é motivo para migrações temporárias, a fim de se obter o dinheiro da indenização); mas, de maneira geral, eles permanecem solteiros e trabalham como lavradores e até como criados. O desenvolvimento do individualismo iria gradualmente minar a concordância necessária a tal sistema.

Na verdade, uma grande parte da população estava excluída de toda e qualquer partilha. Tanto no começo quanto no final do século XIX (cf. A. Daumard, F. Codaccioni), dois terços dos falecidos morrem sem deixar sucessão. A concentração das fortunas tende inclusive a aumentar: em Paris, 1% dos parisienses em 1820-1825 detêm 30% dos bens, reduzindo-se a 0,4% em 1911. A situação é semelhante em Bordeaux e em Toulouse. É pior em Lille, cidade proletária: em 1850, 8% dos habitantes detêm 90% da fortuna urbana, passando a deter 92% em 1911. O crescimento das classes médias, embora real, ainda não marca muito a distribuição da fortuna e tende a corroborar a ideia de uma sociedade bloqueada, onde as oportunidades de mobilidade são pequenas e agudos os riscos de tensão interna que ameaçam as famílias, no que se refere aos haveres.

AS FORMAS DE PROPRIEDADE

Os resultados da acumulação, em termos globais, são pequenos. Mas o desejo de possuir um patrimônio é forte. Ele se concentra, em primeiro lugar, nos bens imóveis, primeiro objeto do desejo, signo indispensável de distinção para os burgueses, necessidade de um lugarzinho próprio para os mais despossuídos. O pai de Henri Beyle [Stendhal] — Henry Brulard — pensa exclusivamente em seu "domínio"; se, para a pequena burguesia de Grenoble no começo do século XIX, o dinheiro —

"necessidade da vida infelizmente tão indispensável quanto a latrina, que, porém, nunca deve ser mencionada" — continua a ser um tabu, em contraposição "a palavra 'imóvel' é pronunciada com respeito".

Na metade do Segundo Império, os imóveis urbanos respondem por 18% das rendas e as propriedades agrícolas por 41%, contra apenas 5,9% provenientes das aplicações de bens móveis. Na segunda metade do século XIX, porém, a atração pelas aplicações aumenta de forma constante, estimulada pelo desenvolvimento das sociedades anônimas, pela mudança das estratégias bancárias e pelas especulações consecutivas que levaram à desagregação de inúmeros patrimônios herdados. Os títulos financeiros passam a substituir a renda fundiária. Ter ações e acompanhar seu desempenho na Bolsa torna-se uma prática bastante corrente, mesmo entre a pequena burguesia provincial. É o caso de uma honrada senhora de uma cidadezinha de Berry, filha de vinhateiros e viúva de um marceneiro, que assina um jornal financeiro e monta uma carteira de ações — do mesmo modo como compra um piano para as filhas.

Jacques Capdevielle mostrou a difusão entre quase todas as camadas sociais desse espírito proprietário, fundamento da Terceira República oportunista e radical, que toma a equação "cidadãos = proprietários" como um dos eixos de sua política, expondo também a adequação entre a difusão dos valores mobiliários, discretos e divisíveis, e a democracia. Ele ressaltou o surpreendente consenso que se opera no final do século em torno da propriedade, incluindo as fileiras socialistas e até anarquistas. O "bom pai de família", figura central da *sans-culotterie* revolucionária e pilar da República, é um pequeno proprietário que lega um patrimônio aos herdeiros. E Léon Gambetta, em seu discurso de Auxerre, em 1874, louva "as pequenas fortunas, os pequenos capitais, todo esse pequeno mundo que é a democracia".

Assim se forma lentamente um espírito capitalista que se infiltra nas conversas e correspondências familiares e que modifica a autoimagem da família.

TRABALHO E ECONOMIA FAMILIAR

Com ou sem patrimônio, a família constitui um sistema econômico de gestão que, ao contrário de ter sido abolido, foi utilizado e reforçado pela Revolução Industrial, marcada por uma grande diversidade de ritmos próprios. A formação de uma antropologia econômica, na esteira de Chayanov e Jacques Gody, é um dos resultados mais interessantes da pesquisa contemporânea. Corresponde a uma das linhas centrais da *Histoire des français* [História dos franceses], publicada sob a direção de Yves Lequin, à qual remetemos para análises mais detalhadas. Sem chegar a falar em "modo de produção familiar", cabe antes se referir a uma rede de acumulação, habilidade e solidariedade.

No meio rural, a casa é a unidade econômica de base. A família e a terra se confundem, e suas necessidades se impõem a seus integrantes. O *oustal* de Gévaudan é um caso extremo, mas, mesmo em formas mais brandas do sistema patrimonial, a família constitui uma empresa, a casa forma um espaço de trabalho, e os respectivos papéis dos pais e filhos, dos jovens e velhos, dos homens e mulheres são rigorosamente estabelecidos numa complementaridade, a qual, aliás, não deve ser considerada totalmente harmoniosa, por vezes sofrendo alterações devido a fluxos migratórios.

A proto-industrialização apostou fortemente na célula familiar, onde se entrelaçam a empresa e o domicílio. Nos tecelãos encontra-se o melhor exemplo de economia industrial doméstica, de divisão sexual do trabalho e de endogamia, formando um sistema muito resistente à fábrica que, apesar de sua extrema pobreza, será objeto de nostalgia para muitas pessoas. Um último testemunho disso é *Mémé Santerre*, de Serge Grafteaux, do começo do século XX. O desenvolvimento da eletricidade voltará a dar corpo a esse sonho de fábrica no domicílio, que Piotr Kropótkin considerava como via libertária da autonomia.

A pequena empresa familiar — loja ou oficina — mantém sua tenacidade na França, ao mesmo tempo frágil perante as falências — desonra familiar — e renascendo constantemente. O sistema de empreita se prende aos ramos das indústrias pesadas. Uma ambição obstinada é a de montar seu próprio negócio, e a unificação entre o domicílio e o local de trabalho constitui um ideal, num país onde os operários demoram muito tempo para aceitar o uso da marmita — é indispensável, ao menos, que as mulheres levem a refeição bem quente ao meio-dia — e erguem barricadas quando se veem impedidos de ir almoçar em casa, devido à redução deliberada do horário de intervalo (caso de Houlme, perto de Rouen, em 1827). Aqui, a economia é uma defesa do modo de vida.

A industrialização foi obrigada a levar isso em consideração. A fábrica de fiação mecânica se instala na aldeia, o mais próximo possível das fontes de mão-de-obra, utilizando e remunerando a equipe familiar como um todo — o pai, auxiliado pela mulher e inspecionando os filhos. Assim, os problemas de disciplina estão prontamente resolvidos.

O próprio patrão dá o exemplo: ele mora perto, às vezes no fundo de sua fábrica; a esposa cuida da contabilidade, e os empregados comparecem às festas de família. O paternalismo foi o primeiro sistema de relações industriais, pelo menos no que diz respeito ao núcleo operário que se pretende estabilizar. Ele supõe no mínimo três elementos: moradia no local, linguagem e práticas de tipo familiar (o patrão é o "pai" dos operários, a empresa constitui uma "grande família", e a falência seria a "morte"), aceitação operária. Se esse consenso se desfaz, o sistema se desmorona; foi o que sucedeu na segunda metade do século XIX, quando os operários, por exemplo, revoltaram-se contra as "cooperativas" patronais, que frequentemente encobriam um *truck-system* [pagamento de salário em gêneros] disfarçado. Eles exigem cada vez mais o assalariamento e recusam o que lhes parece ser um resquício da servidão, com laços de dependência intoleráveis. Aliás, seria possível estabelecer um paralelo entre a crise da família "natural" e a crise da família industrial, ambas submetidas ao ímpeto do individualismo triunfante.

Mas, mesmo fora da fábrica, a condição de vida dos proletários é regida por uma rigorosa economia familiar. O salário do pai corresponde à parcela principal dos rendimentos, complementado, tão logo seja possível, pela contribuição dos filhos, fenômeno que explica um índice de natalidade entre os operários que, por muito tempo, se manteve elevado. Nessa perspectiva, compreende-se a hostilidade a qualquer restrição ao trabalho infantil. Aí se opõem as visões a longo prazo dos planejadores sociais e os interesses imediatos das famílias, cujos projetos são limitados pela pobreza. Seria preciso outro equilíbrio econômico, outra programação das coisas. A restrição dos nascimentos entre o operariado resultará de tudo o que se impõe pelo "interesse da criança" — mais onerosa, portanto mais rara.

O trabalho feminino também é regulado pelas exigências familiares, ou seja, ele é intermitente, seguindo o ritmo dado pelo nascimento dos filhos. De qualquer forma, é um trabalho que resulta apenas em "trocados" — noção bastante antiga, mas revitalizada —, por vezes destinados a despesas pessoais. A dona de casa, apesar disso, tem grande apreço por essa entrada de dinheiro que a valoriza e, além de cuidar dos filhos, exerce ainda a função básica da administração do lar, numa acepção muito ampla do termo. Essa dona de casa, indispensável na vida cotidiana, recebe o elogio constante dos operários, os quais consolam suas necessidades econômicas com justificações ideológicas, transformando em qualidades "naturais" um trabalho de perfil profissional, cúmplices inconscientes do movimento que disfarça as tarefas domésticas, apresentando-as como trabalho improdutivo. Em casos de crise, os trocados das mulheres se tornam essenciais: os operários atingidos pelo forte desemprego de 1884 conseguem enfrentar a situação, dizem eles, porque suas mulheres fazem faxina e lavam roupa para fora. É por isso que, geralmente, as mulheres lembram as épocas de crise como períodos de aumento de trabalho.

De modo mais geral, a autossubsistência familiar, a produção dos pequenos quintais — os "canteiros" de horta que se encontram até nas "fortificações" de Paris —, a troca de bens ou serviços numa economia largamente fundada na prática de presentes recíprocos são anteparos eficazes contra a penúria e a miséria. Eles supõem relações horizontais, cujo desaparecimento nas sociedades contemporâneas explica a maior vulnerabilidade ao desemprego e maior dependência frente ao Estado. A persistência atual desses aspectos em certos países, como a Itália e a Grécia, permite entender a importância da economia informal de outrora, uma economia essencialmente familiar e vicinal.

A família não se reduz à subsistência em comum e ao equilíbrio do orçamento. Ela também regula as estratégias de casamento, no quadro das endogamias técnicas formado pelos ofícios. Ela traça os percursos de uma mobilidade geográfica que recobre uma forma de aprendizagem ou uma estratégia de mutação social, como demonstrou Maurizio Gribaudi no espaço de Turim. As migrações e os deslocamentos operários não são fruto do acaso: eles seguem os traçados do parentesco e do ofício. Essas solidariedades permitem uma integração mais fácil na cidade. Mantendo laços com o campo, elas asseguram a possibilidade de um retorno: dessa forma, Simon Parvery, operário dos fornos de porcelana de Limoges, depois de sofrer um acidente, pôde retomar uma exploração agrícola familiar. Elas organizam as complementaridades, desempenham o papel de banco ou de agência de empregos. Nos grupos étnicos de constituição mais marcada, elas favorecem e programam uma ascensão social: é o caso dos oriundos de Auvergne em Paris (F. Raison-Jourde). Por meio da família, os "selvagens" domesticam a cidade.

É também por meio dela que, antes da existência da escola obrigatória, eles têm acesso à instrução, principalmente à leitura: o método Jacotot é um método de "pais de família" — e também de mães, muito mais alfabetizadas do que se imagina, além de se tornarem depositárias, com Raspail, da sabedoria do corpo e dos saberes clínicos. Assim, a família popular não resulta de uma imposição da ordem burguesa, mas é, nas palavras de

Jacques Rancière, "um lugar natural de apropriação do saber e de emancipação do pobre".

ACUMULAÇÃO PRIMITIVA E CAPITALISMO FAMILIAR

Como forma elementar da vida popular, a família também foi o modo predominante de acumulação originária e de gestão do capitalismo oitocentista. A história das empresas é, em primeiro lugar, uma "história familiar". Ela partilha dos casamentos e lutos, das prosperidades e infortúnios. A família nuclear se mostrou bem adaptada ao arranque industrial. De acordo com Louis Bergeron, "o espírito doméstico, a ideia de vida privada condiziam perfeitamente com essa atividade de formiga trabalhadeira, secreta, sem convívio, imposta pela industrialização primitiva".[1] Os sistemas familiares oferecem ao patronato as bases econômicas e, simultaneamente, os princípios de funcionamento das empresas. Segredo de família: segredo dos negócios. Contratos de casamento: alianças e diversificação das firmas. Herdeiros capazes: empresas bem administradas, e até audaciosas. Herdeiros tolos ou folgazões: malthusianismo de indústrias em retirada ou de "casas" decadentes. Mesmo as práticas financeiras se encaixaram perfeitamente nos moldes familiares. Tal aspecto se expressa nas sociedades de comandita, ideais em épocas em que predomina o autofinanciamento. E, depois de 1867, as famílias se adaptaram com facilidade às sociedades anônimas, que lhes permitiam aumentar o capital conservando a maioria das ações e a direção do grupo, além de preservar seus bens pessoais.

A genealogia das empresas, portanto, segue rigorosamente a genealogia das famílias que as administram. O setor têxtil do Norte da França oferece exemplos particularmente expressivos de crescimento por proliferação familiar: em Roubaix, os Motte e suas diversas alianças (Bossut, Lagache, Brédart, Wattine, Dewawrin etc.); os Pollet, pais da Redoute, em Lille, os Thiriez ou os Wallaert, e mais recentemente os Willot. Escolhas ideológicas ou acasos pessoais marcam o ritmo da vida dos negócios.

Na Normandia, onde é grande o peso das nostalgias aristocráticas, a endogamia é levada a seu limite, obrigada a se voltar sobre si mesma e a optar por investimentos fundiários prejudiciais ao desenvolvimento industrial. Entre os mestres de forjas, os Schneider ou os Wendel não ficam atrás dos empresários têxteis. Mas suas raízes fundiárias deixam-nos ainda mais presos à terra, levando-os a desenvolver um paternalismo senhorial. Creusot, cidade-fábrica, é também um sistema de dominação quase feudal da região, da paisagem e das pessoas.

Os fundadores de grandes magazines levaram o modelo da "boa administração caseira" a seu ponto mais alto. O painel luminoso que, ainda hoje [1986], no último andar da loja de departamentos Samaritaine, relata a história edificante de Cognacq e Louise Jay exalta as virtudes e a união laboriosa desse casal ideal, que fazia sua contabilidade à noite, à luz de uma lâmpada. Enviuvando e sem descendentes capacitados, madame Boucicaut tenta perpetuar uma administração familiar do Bon Marché, e seus sucessores cultivam o tema da fidelidade, fundamento de uma legitimidade reforçada pelos casamentos internos entre gerentes e grandes acionistas. Mesmo as instituições que visam a formar uma equipe de altos funcionários por promoção na carreira pretendem constituir uma "família, se não biológica, moral", realmente legatária através da associação entre o capital e o trabalho. Tudo isso vem acompanhado por um controle rigoroso da vida privada e por uma "impiedosa domesticação".

Não obstante, não se trata apenas de um estágio primitivo. Segundo Bergeron, "a grande indústria privada e, mais recentemente, pública escapa muito menos do que se imagina às estruturas familiares [...]. No grupo dos dirigentes econômicos, as ligações familiares continuam a determinar as carreiras", como também foi mostrado por Pierre Bourdieu e Monique de Saint-Martin. A partir do caso dos Cossé-Brissac, eles analisam o papel do privado na gestão da vida pública contemporânea e o impacto das relações familiares na decisão política: o Estado colonizado pelas famílias, mesmo que o número delas não chegue a duzentos! Assim, os negócios de família às vezes podem ser segredos de Estado, e vice-versa.

Isso também significa que o legado familiar não se reduz aos bens materiais. A herança é igualmente uma agenda de relações, um capital simbólico de reputação, uma posição, um estatuto, "uma hereditariedade das obrigações e das virtudes", nas palavras de Sartre.[2] Em suma, ela é a maior das proteções e a pior das desigualdades. Na época do processo Bovary, Flaubert escreve a seu irmão Achille em 3 de janeiro de 1857: "É preciso que saibam no Ministério do Interior que somos em Rouen aquilo que se chama uma família, isto é, que temos raízes profundas na região e que, ao me atacarem, principalmente por imoralidade, estarão ferindo muita gente".

FAMÍLIA, SEXO E SANGUE

Mas, além dessas funções efetivamente preenchidas, existem outras missões atribuídas à família, com uma pressão crescente à medida que se aproxima o final de um século assombrado pelos fantasmas da redução da natalidade e do medo da degenerescência: a reprodução de uma raça numerosa, fecunda e saudável, uma sexualidade praticada sem fraudes nem esmorecimentos.

A ideia de que o casamento é o meio mais favorável para um bom regime sexual, cujo próprio comedimento constitui uma garantia de saúde, sem dúvida lança suas raízes na Antiguidade. Em *História da sexualidade 3 — O cuidado de si* (1984), Michel Foucault mostrou como se construiu um ideal de conjugalidade moderada em Roma, na época dos Antoninos e em torno dos estoicos. O século XIX não inventou nada de novo, e os republicanos frequentemente invocam essa moral antiga. Influência puritana? Um dos opúsculos da literatura popular mais reeditados, *O caminho da riqueza*, de Benjamin Franklin, tão cuidadoso em evitar desperdícios em qualquer âmbito, prega a moderação. Os médicos, novos sacerdotes, sacralizam o casamento ao mesmo tempo como regulador das energias e forma de evitar as perigosas relações dos bordéis, destruidores da raça.

Isso porque, principalmente na segunda metade do século XIX, aquilo que Jean Borie chama de "mitologias da hereditariedade", desenvolvidas tanto pelos médicos quanto pelos romancistas (ver o Zola de *Fécondité* [Fecundidade] e *Le docteur Pascal* [Doutor Pascal]), o temor aos grandes "flagelos sociais" — a tuberculose, o alcoolismo, a sífilis — e o terror às "taras" transmitidas e ao sangue "estragado" erigem a família num elo cuja fragilidade requer vigilância constante. Recomenda-se a castidade até aos rapazes, embora suas extravagâncias sejam toleradas, desde que se respeite a virgindade das moças.

Templo da sexualidade comum, a família nuclear erige normas e desqualifica as sexualidades periféricas. O leito conjugal é o altar das celebrações legítimas. Já não é circundado por cortinas, mas pela espessura das paredes do quarto "de dormir", pela fechadura de uma porta que apenas excepcionalmente é franqueada aos filhos, ao passo que os pais podem entrar a qualquer momento no local de repouso. A Igreja, antes tão preocupada, agora prescreve aos padres confessores que não importunem mais as pessoas — as mulheres — casadas com perguntas. Paz para a santa noite conjugal! "Cristal da sexualidade" segundo Michel Foucault, a família é também a garantia do bom nascimento, do "bom sangue". Cuidado com os elos frágeis da corrente! Mesmo os anarquistas neomalthusianos, querendo liberar os pobres e as mulheres da servidão de uma reprodução sem controle, deixam-se cair de roldão nas seduções da eugenia, esse sonho de purificação da progênie derivado das ambiguidades do darwinismo social.

Assim, a família se vê submetida a movimentos contraditórios. De um lado, os papéis que lhe são constantemente atribuídos ou descobertos acentuam sua densidade, sua força, seus poderes, e levam-na a se fechar sobre seus temíveis segredos. Sua *privacy* se faz mais ciosa, enquanto sua ansiedade aumenta. Pode-se pensar naquela mãe de família angustiada com a educação do filho, à qual Freud dizia: "De qualquer forma, a senhora sempre terá agido mal".

De outro lado, a consciência crescente do lugar ocupado pela família no tabuleiro demográfico e social leva o poder — filantropos, médicos, Estado — a cercá-la de solicitude, a querer penetrar em seus mistérios e entrar na fortaleza. Essa intervenção visa, em primeiro lugar, às famílias pobres, as mais despossuídas, tidas como incapazes de desempenhar seu papel, principalmente em relação aos filhos. No começo do século XX, multiplicam-se as incursões de juízes, médicos e policiais no âmbito do privado, em nome de um "interesse da criança", dirigindo-se à criança como ser social.

Mas também é frequente que a família seja cúmplice e, presa de suas próprias dúvidas ou confrontada com suas dificuldades e conflitos internos, solicite a polícia. De tal forma que o controle social não consiste apenas no peso de um olhar exterior e na eficácia intensificada do pan-opticismo, mas é também um jogo infinitamente mais complexo de desejos e queixas. Em Gévaudan, no final do século XIX, os pedidos de intervenção da justiça passam a vir cada vez mais das próprias famílias e do indivíduo visado por sua família.

A família, "mão invisível" do funcionamento social, "deus oculto" da economia, às vezes conspiradora no próprio interior da democracia política, situa-se nas fronteiras indefinidas do público e do privado. O limite que os separa faz-se sinuoso na família, variando segundo os tempos, os lugares e os ambientes, da mesma forma como ela serpenteia pela casa. Teríamos de erguer esse cenário para entender a intensidade dos movimentos que lhe dão vida, dos conflitos que a dilaceram, das paixões que a percorrem.

Mas é em seu âmago, em sua própria intimidade, que agora devemos penetrar.

PLURALIDADE DOS TIPOS DE FAMÍLIAS E VIDAS PRIVADAS

"Trata-se da família", dizia Michelet, como bom jacobino. Mesmo com a consciência de que esse substantivo no singular soa falso, não deixaremos de usá-lo. Aqui, a literatura cria a ilusão, polarizada entre a ascensão da burguesia urbana, fascinada por Paris, e a construção de uma identidade nacional.

No entanto, o que se deveria usar constantemente seria o plural, tão profundas são as diversidades introduzidas pela oposição cidade-campo, essa grande fratura da história das intimidades, pelos meios sociais, pelas crenças religiosas e pelas próprias opções políticas. Na verdade, quais são as variantes que se introduzem nas práticas privadas com o fato de se abraçar o catolicismo, o protestantismo, o judaísmo ou o agnosticismo? Existirá uma especificidade do pai calvinista ou da mãe judia? O livre-pensamento terá modificado as relações entre os sexos ou a visão do corpo? Existe uma moral socialista efetiva? Ser anarquista altera as maneiras de amar? Émile Armand, no entreguerras, considerava a união livre como a pedra de toque da liberação individual, e seu periódico *L'En Dehors* transmitia os ecos das experiências de seus companheiros nesse âmbito. A história de Victor Coissac e sua colônia de Harmonie mostra como eram fortes as resistências a tal respeito. Do discurso à prática, há uma grande distância.

Ao evocar a morte de sua mãe, seus sentimentos e modo de expressão, Stendhal faz uma oposição entre os corações do Dauphiné e os "corações de Paris". "O Dauphiné tem sua maneira própria de sentir, viva, resoluta, argumentadora, que não encontrei em nenhuma outra região. Para olhos argutos, a música, as paisagens e os romances, com uma pequena mudança de latitude, devem variar", escreve em *Vie de Henry Brulard* [Vida de Henry Brulard].

O que Stendhal, tão sensível às diferenças regionais, ainda explica pelo clima, Hervé Le Bras e Emmanuel Todd, no livro *L'invention de la France* [A invenção da França], de 1981, atribuem à extrema variedade das estruturas familiares que fazem com que, "do ponto de vista antropológico, a França não devesse existir". Criticando o caráter demasiado universalista de uma história das mentalidades mais interessada na evolução temporal do que nas variedades geográficas, os autores insistem na diversidade dos sistemas regionais de parentesco. Dessa perspectiva, "existem tantas diferenças entre a Normandia e o Limousin quanto entre a Inglaterra e a Rússia". Retomando e refinando as classificações de Le Play, eles distinguem três grandes tipos, cuja cartografia seria a seguinte: 1º) as regiões de estrutura nuclear, onde a idade do casamento e o índice de celibato são menos estáveis do que em outros lugares: Normandia, o interior do Oeste, Champanha, Lorena, Orléanais, Borgonha, Franco-Condado; 2º) as regiões de estrutura complexa, de casamento pouco controlado: parte do Sudoeste, Provença, Norte; 3º) as regiões de estrutura complexa de casamento controlado: Bretanha, País Basco, sul do Maciço Central, Savoia, Alsácia.

Em cada grupo, existem sistemas de autoridade que obedecem a lógicas familiares diferentes e influem tanto sobre a relação entre pais e filhos quanto sobre a idade do casamento e as relações entre os cônjuges. "Cada um desses grandes tipos familiares corresponde a um tipo de sentimento familiar. [...] Cada estrutura familiar produz suas tensões e patologias específicas." A taxa de filhos ilegítimos e de propensão ao suicídio, as formas de violência e até as opiniões políticas são, em larga medida, condicionadas por esse parâmetro fundamental. Sem seguir os autores até os limites de uma demonstração deliberadamente sistemática — e forçosamente simplificadora —, admitimos de bom grado as lacunas de nossa análise regional, maiores ainda do que na análise social.

É verdade que falta matéria-prima, apesar dos estudos da escola etnológica francesa e sobretudo do de Élisabeth Claverie e Pierre Lamaison, que é exemplar para nossas finalidades. Esse trabalho, que se baseia na investigação minuciosa de importantes séries de arquivos judiciais, tem necessariamente uma tendência a privilegiar os conflitos. Mas ele constitui um antídoto judicioso às visões demasiado serenas do equilíbrio dos lares nas sociedades tradicionais. Os estudos culturalistas ou estruturalistas geram um efeito de imobilismo, derivado justamente da busca do mesmo, do invariante. Ora, a sociedade oitocentista não tem nada de imóvel, mesmo nas zonas rurais atrasadas. Ela se move constantemente e, com esse movimento, movem-se também as fronteiras entre o público e o privado, as maneiras de viver, de sentir, de amar e de morrer.

Os fatores de unificação certamente são muito poderosos: o direito, as instituições, a língua e logo a escola, esse rolo compressor das diferenças, os meios de comunicação, os objetos de consumo que veiculam as "modas de Paris", o poder de atração de uma capital temida e adorada, a circulação dos homens e das coisas: tudo exerce um peso no sentido de uniformizar os modos de vida privada.

Mas as resistências também são assombrosamente fortes. Para Eugen Weber, é apenas a Segunda Guerra Mundial que marca "o fim do torrão natal". No que concerne à classe operária, ela só possui unidade no discurso do medo burguês e, depois, no da consciência militante.

Os segredos que constituem as famílias e o mistério dos indivíduos persistem e se modificam. Era isso que tínhamos de captar e conseguimos apenas entrever.

NOTAS

1. *Histoire des français,* 1983-1985, vol. II, p. 155.

2. J.-P. Sartre, *L'idiot de la famille*: *Gustave Flaubert de 1821 à 1857*, Paris, Gallimard, 1971-1972, vol. II, p. 1117.

FIGURAS E PAPÉIS

Michelle Perrot

A FIGURA DO PAI

Figura de proa da família e da sociedade civil, o pai domina com toda a sua estatura a história da vida privada oitocentista. O direito, a filosofia, a política, tudo contribui para assentar e justificar sua autoridade. De Hegel a Proudhon — do teórico do Estado ao pai do anarquismo —, a maioria corrobora seu poderio. É o pai quem dá o sobrenome, isto é, quem realmente dá à luz, pois, segundo Kant, "o nascimento jurídico é o único nascimento verdadeiro". Sem rei, os tradicionalistas querem restaurar o pai. Mas, sob esse aspecto, os revolucionários não ficam atrás, como tampouco os republicanos — conforme mostrou Françoise Mayeur a respeito de Jules Ferry —, que entregam as chaves da cidade apenas ao pai de família. "Um axioma da ciência política é que a autoridade na família seja onipotente, para que se torne menos necessária no Estado. A esse respeito, nossas grandes assembleias republicanas se enganaram, ao diminuir o poder marital e o poder paterno", escreve Jules Simon, lamentando a retração da disciplina paterna. Os republicanos deliberam sob as vistas de Marianne, enquanto uma estatuomania delirante espalha mulheres por todos os lados: aos pés dos grandes homens ou coroando-lhes a fronte. Mas essa sobrecarga do imaginário e essa celebração frenética da "Musa e Madona" não passam de maneiras de consolidar a dualidade entre o espaço público e o privado.

O CÓDIGO DOS DIREITOS DO HOMEM

"A diferença que existe no ser dos cônjuges vem pressuposta em seus respectivos direitos e deveres", escreve Jean Portalis. Em nome da natureza, o Código Civil estabelece a superioridade absoluta do marido no lar e do pai na família, e a incapacidade da mulher e da mãe. A mulher casada deixa de ser um indivíduo responsável: ela o é bem mais quando solteira ou viúva. Essa incapacidade, expressa no artigo 213 ("O marido deve proteção à sua mulher e a mulher, obediência ao marido"), é quase total. A mulher não pode ser tutora nem membro de um conselho de família: ela é preterida em favor de parentes afastados, do sexo masculino. Não pode ser testemunha nos tribunais. Se abandona o domicílio conjugal, pode ser reconduzida ao lar pela força pública e obrigada "a cumprir seus deveres e a gozar de seus direitos em plena liberdade". A adúltera pode ser punida com a pena de morte, pois ameaça atentar contra o que há de mais sagrado na família: a filiação legítima. Em Gévaudan, as aventuras são toleradas, mas mantém-se uma vigilância cerrada sobre a gravidação: não há nenhuma indulgência para com a mulher culpada de um nascimento ilegítimo. O homem adúltero não ameaça coisa alguma e pode contar com uma cumplicidade maliciosa. O Código Civil proíbe a investigação da paternidade, ao passo que a moral consuetudinária exigia que o homem que engravidasse uma moça se casasse com ela.

A mulher não pode dispor de seus bens na comunidade, regime esse que se amplia constantemente. Guardando grande semelhança com o menor, a mulher também não pode dispor de seu salário, o que subsiste até 1907, quando a lei finalmente lhe confere liberdade de ação. Nos lares de vinhateiros de Aude, no final do século XIX, todo o salário do casal era pago ao marido. A única proteção dos bens da mulher reside no regime de dote, que se encontra em franca regressão, ou na separação de bens, que supõe um contrato, prática adotada pelos mais abastados, e aliás em retrocesso. O Código, esporadicamente eficaz entre as famílias ricas, deixa as mulheres pobres numa situação singularmente desarmada. E ainda há quem vá além da lei. Alexandre Dumas Filho acha que um marido enganado tem pleno direito de fazer justiça com as próprias mãos. Proudhon, em *La pornocratie ou les femmes dans les temps modernes* [A pornocracia ou as mulheres nos tempos modernos], de 1875, enumera seis casos — entre eles, o despudor, a embriaguez, o roubo e a dilapidação — em que "o marido pode matar sua mulher segundo os rigores da justiça paterna".

Essa onipotência se estende aos filhos. A sensibilidade à infância não afetou a autoridade da família nem a do poder paterno. A Revolução Francesa havia se limitado a pequenas reformas (anulação do poder paterno sobre os filhos maiores de idade, eliminação do deserdamento, limitação do direito disciplinar...), e o projeto de Robespierre — retirar as crianças de sete ou oito anos de seus pais e criá-las coletivamente, na observância das novas ideias — jamais chegou a ser discutido.

Embora a Revolução, segundo Le Play, tenha matado o pai ao lhe retirar o direito de testamentar, o Código Civil conserva muitas das concepções antigas. O filho, mesmo maior de idade, deve ser "tomado de um respeito sagrado à visão dos autores de seus dias", e, se "a natureza e a lei afrouxam os laços do poder paterno sobre si, a razão vem a reforçar os nós". A autorização dos pais para o casamento antes dos 25 anos de idade continua a ser obrigatória até 1896.

O pai pode mandar prender os filhos e recorrer às prisões do Estado, como se fazia no sistema das ordens régias, a título de "correção paterna", o qual mantém uma polícia de família em que o poder público age por delegação. Todavia, os artigos 375-382 do Código Civil (livro I, título IX) definem as condições para isso. "O pai que [tem] motivos de descontentamento muito graves sobre a conduta de um filho" pode apelar ao tribunal do arrondissement; até os dezesseis anos, a detenção não pode se estender para além de um mês, e dos dezesseis anos até a maioridade pode chegar a seis meses. Os procedimentos — e as fianças — são bastante simples: nenhum pleito por escrito, nenhuma formalidade judicial além do próprio mandado de prisão, no qual não constam os motivos. Se o filho, depois de libertado, "recai em novos desvios", pode-se solicitar nova detenção. Para possibilitar o acesso das famílias pobres a essa prática, o Estado (em 1841 e novamente em 1885) assume, quando elas não têm condições, as despesas de alimentação e manutenção. O detento por correção paterna se soma ao jovem delinquente, que teria agido "sem discernimento" e, quando não é reclamado pela família — pelo pai —, acaba eventualmente ficando num reformatório até atingir a maioridade.

Os loucos, dementes e imbecis, privados de seus direitos de cidadania, podem ser internados a pedido da família, conforme estabelece a lei de 1838. O direito do marido sobre a mulher se confirma sob esse aspecto, como mostra a história de Clémence de Cerilley, irmã de Émilie, cuja família enfrenta as maiores dificuldades para libertá-la de um internamento, para o qual tinha sido enviada pelo marido com grande condescendência. A reclusão das mulheres ditas loucas aumenta de maneira vertiginosa no século XIX: de 9930 em 1845-1849, passam para quase 20 mil em 1871, de acordo com Yanick Ripa. Em 80% dos casos, os solicitantes são homens (um terço são maridos, pais ou patrões). É verdade que as mulheres recorrem ao pedido de reclusão com uma frequência ainda maior do que os homens, num procedimento que opera de modo mais geral como uma polícia familiar — voltaremos a esse tema.

PODERES

O pai tem duplos poderes. Ele domina totalmente o espaço público. Apenas ele goza de direitos políticos. A política no século XIX é definida como domínio exclusivo do homem, a ponto de Guizot recomendar que ela fosse retirada dos salões, femininos e mundanos. Certo dia, Gambetta solicitou à condessa Arconati-Visconti, cujo salão recebia os republicanos do final do século, que excluísse as mulheres para que se impusesse maior seriedade: ela concordou.

Mas os poderes do pai também são domésticos. Exercem-se nessa esfera, e seria um erro pensar que o âmbito privado pertence integralmente às mulheres, ainda que o papel feminino efetivo no lar aumente de maneira constante. Em primeiro lugar, ele é senhor pelo dinheiro. Nos meios burgueses, ele controla as despesas domésticas entregando à mulher determinada soma, muitas vezes bastante apertada. A meiga Caroline Orville não entende por que seu marido, em plena guerra e separação (1871), lhe passe uma repreensão por causa de uma conta da costureira, única despesa que se permite, pois "faz questão de andar arrumada" — é dever seu. Assim, mesmo generoso, o pai exerce controle e poder. É o que se vê claramente no caso de Victor Hugo, que, preocupado com a unidade da "tropa", tenta reter em Guernesey os membros da família, que anseiam por escapar, cobrando-lhes o dinheiro que pedem para suas viagens. Essa vigilância pesa especialmente sobre a esposa e a filha Adèle, totalmente dependentes dele. Hugo se queixa de que não passa de um "caixeiro" da família.[1] Mas como seria de outra forma? A situação nos meios rurais é bastante semelhante. Apenas os meios operários ou populares urbanos escapam parcialmente à sujeição financeira em relação ao pai: a mulher, dona de loja ou simplesmente dona de casa, conquistou esse lugar de "ministra das finanças" da família que lhe é tão caro.

As decisões fundamentais cabem ao pai. No âmbito econômico, parece inclusive que seus poderes aumentam. Assim, as burguesas do Norte da França, estreitamente ligadas à administração dos negócios, trabalhando na primeira metade do século como contabilistas e secretárias, e até como verdadeiras gerentes — como Mélanie Pollet, ancestral da Redoute —, na segunda metade do século se fecham em casa, agora longe da fábrica, já não guardando nenhuma relação com ela (cf. Bonnie Smith).

O mesmo vale para as decisões pedagógicas, principalmente no que se refere aos filhos, e para as alianças matrimoniais. A mãe de Martin Nadaud não via grande utilidade em que ele frequentasse a escola, desejando colocá-lo o mais rápido possível no trabalho agrícola. O pai decidiu de outra maneira, mostrando-se sob esse aspecto um homem esclarecido. Muitos casamentos são combinados pelos pais, e há mães que, sensíveis à voz do coração, tomam o partido de suas filhas debulhadas em lágrimas, como nas comédias de Molière. É o caso de madame Hugo, no doloroso conflito que divide Adèle e Victor.

Em numerosos casos, a decisão do pai se funda nos argumentos da ciência e da razão. Contra as mulheres devotas e obscurantistas, demasiado suscetíveis ao sentimento, tentadas pela paixão, espreitadas pela loucura, o pai — o homem — deve sustentar os direitos da inteligência. É a esse título que Kant, Comte e Proudhon reivindicam o primado do pai no lar: o doméstico é importante demais para ser deixado à natureza fraca das mulheres.

É também a esse título que o marido tem o direito de vigiar as visitas, os passeios, as idas e vindas e a correspondência de sua mulher. No final do século XIX, acendeu-se toda uma controvérsia sobre o assunto, o que mostra a arrancada de um feminismo individualista, compartilhado por alguns homens, e ao mesmo tempo seus limites, já que não se tomou nenhuma providência que protegesse o direito das mulheres ao sigilo de sua correspondência: muito pelo contrário, a maioria dos magistrados se pronunciou contra tal direito. *Le Temps* (março de 1887), tendo pedido a opinião de seus leitores a esse respeito, recebeu um grande número de respostas e publicou algumas delas. Ferrenhamente favorável ao poder do marido, Alexandre Dumas Filho considerava que "um marido que tem dúvidas sobre sua mulher e que, para esclarecê-las, hesita em abrir as cartas que ela recebe, é um imbecil". Um padre invocava o apoio da doutrina eclesiástica: "O marido é o senhor na casa". Pressensé, de seu lado, tinha uma posição bem mais matizada, estabelecendo uma oposição entre o direito e o costume, ao passo que Juliette Adam e madame de Peyrebrune, com algumas diferenças importantes, assumiam uma posição francamente favorável à liberdade. Para Juliette, a realidade cotidiana desmente o Código: a mulher "conquista uma liberdade apesar da lei", corresponde-se "com sua mãe, suas irmãs, suas filhas, suas amigas". Madame de Peyrebrune ressalta a lógica da posição dos juristas, "consequência das leis que restringem a liberdade moral da mulher no casamento". É a lei, portanto, que deve ser modificada. Em 1897, o substituto do procurador-geral do tribunal de apelação de Toulouse, na sessão solene de reabertura, passou em revista os argumentos de ambos os lados, concluindo pela legitimidade dos direitos do marido e pela submissão das mulheres, em sua maioria felizes por serem protegidas contra si mesmas! A questão foi igualmente polêmica na jurisprudência: o que fazer com o direito de sigilo das cartas confidenciais que não devem ser transmitidas a terceiros, de modo que, em caso de morte do destinatário, o remetente pode exigir sua devolução? Mas o marido será um terceiro?[2]

A CASA PATERNA

O pai também domina a casa, mesmo passando muito tempo fora. Ele tem seus aposentos particulares: o *fumoir* e a sala de bilhar, para onde os homens se retiram para conversar após os jantares sociais; a biblioteca, porque os livros (e a bibliofilia) continuam a ser coisa de homens; o escritório, onde os filhos entram apenas tremendo. Segundo os Goncourt, Sainte-Beuve só é verdadeiramente ele mesmo quando se encontra em seu refúgio do primeiro andar, longe da gritaria das mulheres, no térreo. Mesmo uma mulher que trabalhe não dispõe de um escritório próprio, extensão do público para o privado da casa. Pauline Reclus-Kergomard, inspetora das escolas maternais a partir de 1879, organiza seus papéis na mesa da sala de jantar, enquanto seu marido, Jules, devaneia em seu escritório vazio, para grande escândalo de seus filhos — é o que nos conta Hélène Sarrazin em *Élisée Reclus ou la passion du monde* [Élisée Reclus ou a paixão do mundo] (1985).

No salão, os papéis e os lugares são divididos: pelo menos Kant os define rigorosamente. O salão de Victor Hugo, com o grupo de homens de pé no centro e as mulheres sentadas em volta, é um modelo do gênero. A escolha da decoração é muito mais masculina do que se imagina. Por ocasião do casamento, a casa é mobiliada pelo futuro genro e sua sogra, segundo os manuais do conforto doméstico. Mas Jules Ferry "afoga seu irmão de cartas sobre o apartamento desejado" para seu futuro lar com Eugénie Risler, com instruções "sobre a instalação, a cor das cortinas, dos tapetes".[3] Ao mesmo tempo, como um autêntico Pigmalião, ele ensina a mulher a se vestir, a se pentear, a realçar sua beleza. Os homens, que preparam as mulheres no teatro e na moda, também cuidam delas no lar. Se são ricos, não abandonam a casa, mas povoam-na com suas aquisições — eles são grandes colecionadores — e seus fantasmas. O doméstico então se apaga diante da criação.

Victor Hugo sonhou constantemente com uma casa que seria o centro de seu mundo e, portanto, do mundo inteiro. O exílio deu-lhe a oportunidade para tanto. É a Hauteville House, em Guernesey, que ele comprou, reformou e decorou à revelia de sua mulher. "Não gosto que sejamos proprietários", escreve ela à irmã. Adèle enxerga claramente a servidão que lhe traz esse enraizamento, justamente ela, que tanto aprecia as viagens e as cidades, e o isolamento que ele acarreta para os filhos, privados do indispensável convívio social da juventude. "Admito que, com tua celebridade, tua missão e tua personalidade, tenhas escolhido um rochedo em que te enquadras admiravelmente, e entendo que tua família, que só é alguma coisa para ti, se sacrifique não apenas à tua honra, mas também à tua figura", escreve ela a Victor em 1857. "Amo-te, sou tua, submeto-me a ti. Mas não posso ser uma escrava absoluta. Existem circunstâncias em que a pessoa precisa de sua liberdade." O pai, patriarca, reina como um deus no tabernáculo de sua casa.

Hugo — esse "doce tirano", segundo seu filho — é certamente uma das figuras paternas mais grandiosas do século. Ele eleva ao sublime todos os traços físicos e morais, de generosidade e despotismo, de dedicação e poderio, acompanhados de todas as ridicularias e mesquinharias do pai burguês que tem amantes e teme os mexericos; é o egoísmo do pai cruel que prefere internar a filha demente numa obscura "casa de saúde" a enfrentar o opróbrio ao "nosso nome", o que ocorreria caso as pessoas tomassem conhecimento da presença de uma louca na casa. "Sempre pode ocorrer uma desgraça", escreve ele a esse respeito, e Henri Guillemin observa que Hugo até parece desejar que isso aconteça. O poder do pai atingido em sua glória pode chegar ao assassinato. É por isso que, para sobreviver, é necessário matar o pai.

O século XIX conta com muitas figuras de pais triunfantes e dominadores, e se reconhece neles. A maioria dos criadores transformou suas casas em ateliês, e converteu esposa, filhas ou irmãs em secretárias; é o caso de Proudhon, Élisée Reclus, Ernest Renan ou Marx, outro retrato típico de nossa galeria, cuja intimidade é bastante conhecida, principalmente graças à correspondência trocada com e por suas filhas. Pai adorado e vigilante, pai déspota e minucioso nas escolhas profissionais e matrimoniais das filhas. Eleanor, praticamente obrigada a renunciar à carreira de atriz e ao amor de Lissagaray, acaba sendo traída por Aveling, que Marx preferira por ser socialista. Eleanor, presa a um pai doente que não a compreende, soma-se às fileiras das filhas sacrificadas à glória e à vontade paternas. É o pai que, muitas vezes, também lhes abre as portas do mundo. Pois o poder paterno é a forma suprema do poder masculino, exercido sobre todos e ainda mais sobre os fracos, dominados e protegidos.

Essa figura paterna não é apenas católica: é igualmente protestante, judia ou ateia. Não é apenas burguesa: é profundamente popular. Proudhon a erigiu em honra. Há nele um constante desejo de paternidade. Desde muito cedo, Proudhon pensou em gerar um filho, "pagando uma indenização em dinheiro para uma moça que eu seduziria para esse fim". Aos 41 anos, ele se casa com uma jovem operária de 27, "simples, graciosa e ingênua", devotada ao trabalho e a seus deveres, "a mais doce e dócil das criaturas". Ele a viu na rua e lhe fez o pedido por carta, uma peça antológica. Proudhon a escolheu para suceder à sua mãe: "Se ela tivesse sobrevivido, eu não teria me casado". Mas, "na falta de amor, eu alimentava a fantasia do lar e da paternidade [...]. O reconhecimento de minha mulher me valeu três meninas louras e coradas, amamentadas pela própria mãe e cuja existência ocupa toda a minha alma". E continua: "A paternidade preencheu em mim um vazio imenso" — ela é "como um desdobramento da existência, uma espécie de imortalidade".

A paternidade, para os proletários, constitui simultaneamente a forma mais elementar de sobrevivência, patrimônio e honra. A classe operária se apropria da paternidade/virilidade, essa clássica visão da honra masculina oriunda das sociedades rurais tradicionais, e sobre ela edifica parte de sua identidade.

A MORTE DO PAI

É por isso que a morte do pai constitui a cena mais grandiosa, mais carregada de tensões e significados, dentre todas as cenas da vida privada. É objeto de relatos e representações. O leito do moribundo já não é o leito das "últimas vontades": estas são regulamentadas por lei. Mesmo assim, continua a ser o lugar das despedidas, das transferências de poder, das grandes reuniões, dos perdões e reconciliações, dos novos rancores derivados da injustiça do desfecho.

A mãe morre discretamente; viúva, sozinha, mais idosa, já presenciou a partida dos filhos e é raro que detenha a chave dos negócios ou das provisões. Em Gévaudan, muitas vezes ela é apenas uma boca a mais, que o herdeiro aceita em sua casa com impaciência, deixando-a entre os "pequenos". Já o pai, como na fábula, "manda chamar os filhos". Em Lille, Caroline Brame presenciou a morte do velho Louis Brame, o Bon-Papa, fundador da dinastia. Os irmãos inimigos estavam lá. Escreve ela em seu diário: "Bon-Papa beijou todos nós, e depois, chamando meu pai e meu tio Jules, confiou-lhes seus livros, prestou-lhes contas de seus negócios e recomendou-lhes seus empregados. Sua fisionomia tinha não sei quê de altivez". O pai de Proudhon, um tanoeiro pobre, optou por uma morte principesca, ao fim de uma refeição para a qual convidara os parentes e amigos para se despedir: "Eu quis morrer entre vocês. Que tragam o café".

A morte do pai, grande fratura econômica e afetiva da vida privada, é o acontecimento que dissolve a família, que permite a existência das outras famílias e a libertação dos indivíduos. Daí que às vezes seja desejada, e daí também o rigor da lei contra o parricídio. Crime sacrílego, raramente absolvido, é mais provável que leve ao cadafalso, guardando marcas infamantes por longo tempo.

Mas existem muitas outras maneiras de matar o pai, inclusive a própria neurose pessoal. Para Sartre, a doença de Flaubert é o "assassinato do pai".[4] Achille-Cléophas, o temido modelo, é quem dispõe de sua vida e o encaminha para o direito: "Gustave será notário. Será porque já o é, em virtude de uma predestinação que não é senão a vontade de Achille-Cléophas". "A neurose de Flaubert é o próprio pai, esse outro absoluto, esse superego instalado nele, que o constituiu em negatividade impotente." A morte do pai liberta Flaubert do peso insuportável que ele impunha sobre sua vida. Após o enterro, Flaubert se declara curado. "Em mim, isso teve o efeito de uma queimadura que elimina uma verruga [...]. Até que enfim! Até que enfim! Vou trabalhar."

A morte do pai assombra os romances de folhetim, de estrutura familiar extremamente marcada na primeira metade do século XIX. É somente com ela, segundo Lise Quéffelec, que o filho pode aceder à maturidade e à posse da mulher.

No entanto, existem limites ao poder do pai, definidos pelo direito ou impostos pelas resistências crescentes que se erguem contra ele. A história da vida privada oitocentista pode ser lida como uma luta dramática entre o Pai e os Outros.

O fim do direito testamentário, que, de acordo com Le Play, equivale a um assassinato do pai, possibilita e estimula a divisão dos patrimônios e dissolve o poder dos patriarcas. Nas regiões de famílias mais numerosas, essa abolição é acolhida como algo destrutivo, e resiste-se a ela contornando o Código Civil; em outros lugares, é saudada como uma libertação: é o caso das regiões da França central. Em 1907, Émile Guillaumin denuncia os velhos costumes da família numerosa como "uma exploração do pai sobre os filhos", que precisam ser erradicados para sempre. Mesmo nas regiões que preservam a cultura occitana, as tensões vão se agudizando ao longo do século.

A evolução jurídica no século XIX consiste numa lenta — na verdade, lentíssima — corrosão das prerrogativas paternas. De um lado, sob a investida das reivindicações similares das mulheres e dos filhos; de outro lado, em virtude da crescente tutela do Estado, principalmente sobre as famílias pobres, alegando negligência paterna. As leis de 1889 sobre a prescrição do direito paterno e as leis de 1898 contra os maus-tratos infligidos aos filhos levam a um maior controle, em nome do interesse da criança. A lei de 1912, após uma série de tentativas desde 1878, finalmente reconhece o direito de determinação da paternidade, não só nos casos de estupro e violação, mas também nos de "sedução dolosa" (provas escritas). Os guardiães da lei — filantropos, legisladores, eclesiásticos — defendem a mãe solteira e a criança abandonada.

O crescente reconhecimento da capacidade das esposas, o direito de divórcio (1884) (geralmente pedido por elas), as separações físicas: tudo isso constitui um evidente retrocesso do papel paterno. Esse fenômeno pode ser verificado inclusive nos detalhes da jurisprudência: por exemplo, na questão do direito de visita aos avós maternos dos filhos de casais separados, sob a guarda do pai. O pai, até o Segundo Império, não tem nenhuma obrigação a esse respeito; em 1867, uma decisão que formará jurisprudência decide, "no interesse da criança", atender à solicitação dos avós maternos.

Mas o direito apenas ratifica, com atraso e timidez, a reivindicação surda e constante que se exerce dentro da família e que acaba levando à sua transformação. A família democrática e contratual, como Tocqueville observara nos Estados Unidos no começo do século, não resulta de uma evolução espontânea, ligada aos avanços da modernidade, sendo antes decorrência de um compromisso, o qual, por sua vez, cria novos desejos.

CASAMENTO E LAR

O casamento, crisol da família, foi tema de muitos estudos etnológicos e demográficos, que nos dispensam de discorrer prolongadamente sobre o tema. Mais adiante, Anne Martin-Fugier vai descrever seus ritos, e Alain Corbin mostrará a lenta ascensão do sentimento, a exigência afetiva e sexual que transforma o casal moderno, por vezes opondo-se de maneira conflitante às estratégias da família.

Aqui lembraremos apenas alguns traços principais. Em primeiro lugar, a força normativa do casal heterossexual, que resulta na dupla rejeição do homossexual e do celibatário, esses dois excluídos. A característica do século XIX reside na polarização em torno do casamento, que tende a absorver todas as funções: não só a aliança, mas também o sexo. Nas palavras de Michel Foucault, "a família é quem faz as trocas da sexualidade e da aliança: ela transporta a lei e a dimensão jurídica para o dispositivo da sexualidade, e transporta a economia do prazer e a intensidade das sensações para o regime da aliança". Essa transformação se dá em velocidades variáveis. Aqui, a burguesia tem um papel motor: a consciência do corpo é uma forma de autoconsciência. Por outro lado, a aliança e o desejo nem sempre concordam entre si — longe disso. O drama das famílias, a tragédia dos casais frequentemente residem nesses conflitos entre a aliança e o desejo. Quanto mais cerradas as estratégias matrimoniais para assegurar a coesão familiar, tanto mais canalizam ou sufocam o desejo. Quanto mais forte o individualismo, tanto mais ele se insurge contra as escolhas do grupo, os casamentos decididos ou arranjados. Sem dúvida, tal é o mecanismo do drama romântico e do crime passional.

Dois traços demográficos traduzem essas características. De um lado, um alto índice de nupcialidade, relativamente estável (em torno de 16%), exceto por dois períodos de declínio, um sob o Segundo Império, e outro, mais marcante, entre 1875 e 1900. Esta última inflexão despertou a preocupação dos demógrafos, antes atentos à baixa do índice de natalidade: daí as campanhas populacionistas e moralizadoras da época, e as diatribes contra os celibatários. No entanto, o índice de celibato definitivo é baixo: acima de cinquenta anos, não vai muito além de 10% em média para os homens, e de 12% para as mulheres.

Segundo traço considerável: a diminuição da idade por ocasião do casamento. O casamento tardio, associado à prática de se casar quando já se tem uma definição profissional, também constituía o principal método anticoncepcional das sociedades tradicionais. Proudhon comenta que seus antepassados se casavam "o mais tarde possível"; hostil às manipulações carnais, ele próprio é favorável a isso. No século XIX, porém, a difusão de um espírito contraceptivo (quando não de métodos ainda extremamente rudimentares) e da pequena propriedade, que permite um estabelecimento profissional mais rápido, vem a favorecer a redução da idade.

Os meeiros, os operários e até os burgueses procuram montar um lar o mais cedo possível. "No mundo civilizado", diz Taine, as principais necessidades do homem são "um ofício e um lar." É também um meio de escapar ao domínio dos pais e de levar uma vida independente. Soma-se a isso a procura de um companheiro mais jovem e atraente, principalmente por parte das mulheres, que agora relutam em casar com velhotes. George Sand fica espantada com a diferença de quase quarenta anos entre sua avó e seu avô, Dupin de Francueil, o que lhe valeu essa magnífica resposta: "Foi a Revolução que inventou a velhice no mundo". Caroline Brame, tão meiga, se insurge contra essas práticas; ao assistir ao casamento de uma moça com "um amigo do pai dela, que tem o dobro de sua idade", ela comenta no seu diário, em 25 de novembro de 1864: "Isso não me agradaria nada". Sentirá atração por um rapaz de sua idade, dezenove anos, o que, aliás, é censurado pela família.

Na verdade, os índices e tendências médias não significam grande coisa em campos que dependem estreitamente das estruturas familiares. Os mapas estabelecidos por H. Le Bras e E. Todd são eloquentes.

> O grau de precocidade matrimonial é um bom indicador do tipo de controle exercido por um sistema social sobre seus jovens adultos [...]. Uma idade avançada por ocasião do casamento define uma estrutura familiar de tipo autoritário. Produz muitos celibatários, que às vezes permanecem durante toda a vida nas famílias dos irmãos ou irmãs casadas, como velhas crianças e tios eternos.

A idade das mulheres no casamento em 1830 e, em menor grau, em 1901 é particularmente elevada na Bretanha, no Sul do Maciço Central, no País Basco, na Savoia e na Alsácia. A persistência de práticas malthusianas também coincide com as regiões católicas, sendo que a Igreja prefere a "moral restrita" do casamento tardio a todas as outras formas de controle da natalidade.

DESPOSAR O SEMELHANTE

A escolha social do cônjuge também constitui o objeto de estratégias que ocupam o centro de atenção das famílias. A homogamia e até a endogamia são tendências consolidadas em todos os meios regionais e sociais, que também se explicam pelas formas de sociabilidade: a pessoa se casa com alguém semelhante a ela, também pelo fato de conhecer e conviver principalmente com indivíduos parecidos com ela mesma. Aí se opera um processo de reprodução (no sentido de P. Bourdieu) que, mesmo sendo determinista, não deve nos fazer esquecer os jogos dos indivíduos que o aceitam ou rejeitam, numa grande variedade de histórias singulares.

A endogamia, muito forte nas zonas rurais do Antigo Regime, retorna no século XIX devido às migrações. No entanto, as regras familiares se exercem inclusive sobre os migrantes. Os naturais de Auvergne ou Limoges que vão temporariamente para Paris, no movimento pendular sazonal que imprime seu ritmo à primeira metade do século, dispõem de um duplo circuito sexual: o das ligações na cidade e o do casamento na aldeia — é o caso de Martin Nadaud, que, no entanto, ao se casar em sua aldeia, consegue unir a atração pessoal (aqui, a sedução pelo olhar cumpre seu papel) e a escrupulosa obediência à vontade paterna.

As coerções certamente são menores para os homens, os quais dispõem de maior mobilidade. É o que ocorre em Vraiville (Eure), estudado por Martine Segalen.

As cidades, desde o último terço do século XVIII, passam a intensificar a miscigenação. A proporção dos casamentos realizados fora das quatro paredes aumenta de forma constante, como mostram vários estudos demográficos (Caen, Bordeaux, Lyon, Meulan, Paris...). No entanto, os bairros logo conseguem reconstituir o espaço do torrão natal. Em Belleville, no século XIX, "é no interior de um espaço muito restrito que os futuros esposos se encontram e se casam", segundo Gérard Jacquemet. Mas, aqui, o conhecimento ocupa o lugar do convívio: os jogos do olhar, das palavras e do desejo rompem com as regras dos costumes.

A homogamia é altíssima em todo o país. Sendo de praxe nos meios burgueses, onde o casamento é ditado pelos interesses das famílias e das empresas, ela atinge o auge quando se somam diversos fatores de identidade: é o que ocorre entre os industriais protestantes do setor algodoeiro, em Rouen, onde os sobrenomes se cruzam num verdadeiro balé de primos consanguíneos. Em Gévaudan, os casamentos são regidos por princípios muito rigorosos, destinados a manter o equilíbrio dos *oustals*, com ciclos que regulam a circulação dos bens, dos dotes e das mulheres. Os "herdeiros" desposam uma "caçula", e sua irmã com dote se casa com um herdeiro.

Os meios operários não fogem a essa economia de troca. Vidraceiros, artesãos de fitas e galões e metalúrgicos da região lionesa (cf. Yves Lequin, E. Accampo) se casam entre si e perante testemunhas do mesmo ofício. O trabalho e a vida privada se imbricam em "endogamias técnicas", onde se opera a sobreposição do ofício, da família e do território: é o caso de Saint-Chamond (artesãos de fitas), Givors (vidraceiros), Croix-Rousse ou, ainda, do subúrbio de Saint-Antoine (Paris), onde a tradição profissional e até mesmo militante dos marceneiros se transmite de pai para filho.

Nesses meios de pequena mobilidade, as distinções se expressam conferindo-se um sentido extremado às pequenas hierarquias. Vejamos Marie, uma jovem luveira de dezenove anos, em Saint-Junien (Haute-Vienne). Na frente da casa de sua família, mora um primo "afinador",* trabalhador especializado no setor de luvas. "Não se esboçou nenhum romance", escreve o pesquisador da monografia dessa família. "Marie, na hierarquia operária, ocupa um lugar muito inferior ao do primo para que se possa pensar em casamento."

A procura do dote disfarçado persiste no nível individual. As criadas ou as operárias sérias são muito valorizadas; com as economias delas, os jovens operários pagam suas dívidas ou tentam se estabelecer: é o caso de Norbert Truquin, de Lyon. As mulheres são as cadernetas de poupança nos meios populares.

CASAMENTO IMPOSSÍVEL

Em 1828, *Le Journal des Débats* divulga um crime passional. Uma jovem operária de dezenove anos, filha de alfaiates, cortejada por um colega de trabalho de vinte anos, que a acompanha até sua casa "segurando-lhe o braço", conta o fato à sua família: pode se casar com ele? Deliberam, julgam que o rapaz não tem seriedade nem talento suficiente; o pai o considera de "má aparência" e acha que "não tem o ar que um alfaiate deve ter". "Ao que parece, eu julgava amá-lo", diz a jovem, "mas, como meus pais não queriam, renunciei." Então vem a recusa e segue-se o assassinato cometido pelo pretendente rejeitado. A força do desejo se quebra contra o granito do grupo. Muitos processos do século XIX nos contam histórias de amores impossíveis.

Nos meios pequeno-burgueses, a aliança, elemento decisivo da ascensão, é objeto de cálculos e proibições. A homogamia não é tão intensa: as pessoas procuram se casar no estrato superior ao delas. Os empregados do setor terciário — dos correios,

* No original, *doleur*: aquele que afina e adelgaça as peles usadas para fazer luvas, usando lâminas cortantes. (N. T.)

por exemplo — não gostam de se casar com suas colegas, pois sonham com mulheres de prendas domésticas. Daí o grande número de solteiras entre as empregadas dos correios, porque elas, por sua vez, não se casam com operários. Ocorre amiúde que as mulheres paguem por sua independência com a solidão. Para os homens em ascensão social, o dinheiro conta menos do que a posição, a distinção, as qualidades de senhora da casa, e até a beleza. É o que ocorre com Charles Bovary, fascinado por Emma, que possui uma sombrinha, tem a pele alva e a "bela educação" de uma "senhorita da cidade". Abastado, ele pode se permitir uma mulher bonita, que não precisa fazer os serviços domésticos, deixando-os a cargo de uma empregada.

O casamento é uma negociação, conduzida pelos parentes (as tias casamenteiras), pelos amigos, pelos próximos (o padre), e todos os seus fatores devem ser avaliados. Um fidalgote sem dinheiro de Lozère escreve à tia, encarregada de arranjar uma esposa para ele: uma moça com herança suficiente para lhe permitir conservar seu castelo e sua casa de Mende; 100 mil francos bastariam para alguém da mesma posição, mas, "para uma condição inferior à minha, é preciso que seus bens compensem a maior ou menor desproporção de seu nível em relação ao meu" (*c*. 1809).[5]

Mas as estratégias matrimoniais se diversificam e se tornam complexas. O dinheiro assume formas variadas: móveis, imóveis, negócios e "esperanças". Outros elementos entram em linha de conta: o nome, a consideração, a "situação" (as profissões liberais gozam de grande estima), a "classe" e a beleza fazem parte dos termos de troca. Um homem idoso e rico — tal como um rei — procura uma moça jovem e bela. As aparências, valorizadas pela individualização do corpo, constituem uma arma de sedução feminina. Com dificuldades financeiras, há quem aceite uma mãe solteira com propriedades, como o personagem-título de *Marthe*.

AMOR E CASAMENTO

Finalmente entra em cena a inclinação, objeto de tanta desconfiança por parte de Hegel, ou até a paixão, objeto de reprovação das famílias. Na segunda metade do século XIX, aumenta cada vez mais o número de pessoas que desejam uma convergência entre a aliança e o amor, o casamento e a felicidade. Sonho de Emma Bovary: "Se lhe tivesse sido possível depositar sua vida em algum grande coração sólido, então, confundindo-se a virtude com a ternura, as volúpias e o dever [...]". São principalmente as mulheres, cujo único horizonte é o casamento, que se inclinam para esse lado. Claire Démar reivindica, em *Ma loi d'avenir* (1833), uma transformação radical na educação das jovens, que "bem que se gostaria que não soubessem sequer qual a forma que tem um homem". Ela critica o casamento, "prostituição por lei", defende a livre escolha do companheiro, a "necessidade de uma experiência inteiramente física da carne pela carne" e o direito à inconstância. Aposta impossível em sua época: Claire se suicida, e suas companheiras saint-simonianas amenizam seu texto, distorcendo-o para o lado da maternidade!

Sem avançar tanto, Aurore Dupin, que ainda não é George Sand e sim madame Dudevant, numa longa carta a Casimir, datada de 15 de novembro de 1825, explica-se sobre o mal-entendido que os separa: a divergência nos gostos e prazeres que desgasta a relação deles. "Eu vi que tu não gostavas de música e deixei de me interessar por ela, pois fugias ao som do piano. Tu lias por condescendência, e depois de algumas linhas o livro caía de tuas mãos, de tédio e sono [...]. Comecei a nutrir um verdadeiro desgosto, ao pensar que jamais poderia existir a menor afinidade entre nossos gostos".

Esse sonho da partilha — fora do casamento — também é alimentado por Charles Baudelaire, suspirando após seu rompimento com Jeanne, depois de catorze anos de convivência: "Surpreendo-me a pensar quando vejo qualquer objeto belo, uma bela paisagem, qualquer coisa agradável: por que ela não está comigo, para admirar isso comigo, para comprar isso comigo?", escreve em carta a madame Aupick, a 11 de setembro de 1856.

É porque os homens também querem outra coisa: não mais a submissão passiva, mas a concordância; se não a atividade, pelo menos o amor da esposa, e alguns chegam a querer a igualdade na relação. Desde Michelet, que aconselha que "se crie sua própria mulher", até Jules Ferry, firme defensor da divisão sexual dos papéis e das esferas, e que, em carta a Jules Simon datada de 7 de setembro de 1875, se gaba de seu casamento com Eugénie Risler: "Ela é republicana e filósofa. Ela sente todas as coisas como eu e eu me orgulho de sentir como ela".

Eugène Boileau, cuja correspondência com a noiva foi estudada por Caroline Chotard-Lioret, expressa à perfeição esse novo ideal do casal republicano, inteiramente imbuído de estoicismo romano e livre-pensamento, que erige sua própria unidade em religião.

> Quando ouço repetir à minha volta: "O casamento [...] é a servidão!", eu exclamo: "Não! O casamento é a tranquilidade, a felicidade; é a liberdade. É por ele, e apenas por ele, que o homem (aqui entendo os dois sexos), o homem em seu pleno desenvolvimento, pode chegar à verdadeira independência. Pois então ele se torna um ser completo, constituindo nessa dualidade a personalidade humana única"

escreve a Marie, em 24 de março de 1873. Aspiração à fusão unificadora de um casal que se basta a si mesmo ("Não misturemos nenhum terceiro à nossa vida íntima, ao nosso pensamento") e que converte o marido em "confidente" da mulher: "Recomendo-te sempre que tomes por confidente apenas teu amigo, que confies teu coração (mas sem reservas) apenas ao de teu marido, coração que deve formar, que logo formará... e ouso dizer que já forma uma só unidade contigo".

A VIDA DO LAR: DESFORRA DAS MULHERES?

Mesmo num espaço inteiramente dominado, as mulheres encontram compensações que favorecem o consentimento: uma relativa proteção, uma menor culpabilidade, o luxo ostensivo das burguesas incumbidas das aparências — o que não deixa de ter seus encantos — e no final das contas uma maior longevidade. Elas também dispõem de possibilidades de ação não desprezíveis, tanto mais que a esfera privada e os papéis femininos conhecem uma constante revalorização no século XIX, aos olhos de uma sociedade interessada no utilitarismo, preocupada com os filhos e atormentada por suas próprias contradições. Já dizia Kant: como resolver a afirmação contraditória do direito pessoal — a mulher é uma pessoa — e do direito conjugal do senhor, de essência monárquica? Como, se não imaginando "um direito pessoal de modalidades reais"? O feminismo, bem como o discurso da "maternidade social" apresentado pela Igreja e pelo Estado, se introduziu nessa fenda do direito e dos princípios.

Mas e o cotidiano?

NA SOCIEDADE RURAL

Martine Segalen, Yvonne Verdier, Agnès Fine, entre outros, contribuíram muito para elucidar os papéis e o lugar das mulheres na sociedade rural francesa. Tomando uma enérgica distância das descrições miserabilistas e pouco compreensivas dos viajantes oitocentistas — Abel Hugo, por exemplo —, Martine Segalen insiste sobre a complementaridade das tarefas num espaço ao qual o trabalho imprime uma continuidade, e até uma indistinção, entre o público e o privado. A impressão geral é a de um equilíbrio relativamente harmonioso entre os dois sexos, a mulher cuidando das despesas e exercendo, com as conversas de quintal, um contrapoder eficaz.

Yvonne Verdier descreve os principais personagens de Minot, na Borgonha, com seus papéis culturais, enraizados em seus "destinos biológicos": "De seu destino biológico, as mulheres passam imediatamente para seu destino social", escreve ela. A ajudante (em geral lavadeira), a costureira, a cozinheira têm conhecimentos e poderes imbricados na vida local. Não estão de forma nenhuma encerradas dentro de casa.

Agnès Fine, através de relatos de vida, analisa como se tecem, na preparação do enxoval, as relações entre mãe e filha e, para além delas, entre o masculino e o feminino, ou, dito em outros termos, como o biológico se inscreve no social por intermédio do simbólico.

No entanto, essas descrições, em sua beleza estrutural, apresentam um caráter intemporal. O ecumenismo da cultura tem a tendência de mascarar as tensões e conflitos, que são precisamente os aspectos ressaltados por Élisabeth Claverie e Pierre Lamaison. No sistema do *oustal*, em que a troca de mulheres obedece com bastante rigor à troca de bens, as esposas, frequentemente espancadas, não dispõem sequer da chave da despensa; às vezes, têm de roubar para sobreviver; as conivências femininas em geral se desfazem com o casamento e o medo aos homens, e a intolerância em relação à gravidez ilegítima é muito intensa. As mulheres sozinhas têm um destino particularmente difícil; as viúvas, tidas como sexualmente perigosas devido à sua suposta luxúria, por vezes ficam relegadas ao exterior da casa, em cabanas, com algumas roupas e subsídios; as jovens, presa sexual dos pastores ou dos proprietários, muitas vezes são violadas com o sentimento de uma virilidade legítima. "A violação era vivida apenas como uma variante das condutas habituais na relação homens-mulheres [...]. A própria ideia de queixa parece inconcebível e informulável. A normalidade sexual engloba o leque de suas consequências: a violência, a frustração, a morte".[6] Deve-se considerar esse aumento da opressão feminina como resultante de um sistema de parentesco particularmente complexo e que, no entanto, oferece às mulheres maiores possibilidades de herança do que em outros lugares? O Sudeste do Maciço Central, aliás, é uma região onde a vingança persiste como maneira de resolver as tensões e se inscreve destacadamente no mapa dos crimes sangrentos. O contraste entre as representações também deriva da natureza das fontes: de um lado, os provérbios e costumes; de outro, dossiês judiciais diretamente inseridos nos conflitos constituem fontes que fornecem visões diferentes.

Os lares urbanos, aparentemente, têm maior simplicidade. Mas, aí também, são inúmeras as variantes conforme os meios sociais, sendo que o modo de habitação, a distância entre o domicílio e o local de trabalho constituem um fator bastante decisivo na autonomia do doméstico. Desse ponto de vista, o exemplo das burguesas do Norte, das quais Bonnie Smith nos deu um retrato agora clássico, é impressionante. Na primeira metade do século XIX, elas participavam na administração dos negócios, faziam a contabilidade da empresa, preferiam que o dinheiro fosse investido na indústria, e não na compra de vestidos de seda. Na segunda metade do século, apenas as viúvas prosseguem com essa tradição. Por volta dos anos 1850-1860, a maioria das mulheres se retira da esfera econômica para se isolar em casa. As modificações do habitat consolidam esse distanciamento, que marca uma guinada no sistema de relações industriais menos paternalistas; os patrões deixam de morar no perímetro ou na proximidade de suas fábricas; enriquecidos, fogem à fumaça, ao cheiro e à visão da miséria; concentram-se nos bairros novos — em Roubaix, bulevar de Paris —, onde se erguem *villas* luxuosas, "castelos" que, em época de greve, são motivo de escárnio dos operários que se reúnem diante deles. As mulheres, agora, administram a casa, o grande número de empregados e a família igualmente numerosa, fruto de suas crenças católicas e, ainda mais, das estratégias matrimoniais do setor têxtil do Norte. Elas constroem uma moral doméstica cujos principais eixos foram apontados por Bonnie Smith: a fé contra a razão, a caridade contra o capitalismo, a reprodução como autojustificação. É através dessa função que as burguesas rodeadas de filhos — a taxa média de filhos por família, entre 1840 e 1900, passa de cinco para sete — conferem sentido a suas menores ações. Do asseio e da decoração do lar à observância quase religiosa de uma moda tirânica — vejam-se as "horas do dia" desenhadas por Devéria —, de cada mínimo trabalho feminino (pois a dama precisa estar constantemente ocupada) à obsessão pelas contas (esse tormento da senhora do lar que com frequência precisa se restringir ao que lhe é dado pelo marido, a quem deve prestar contas): cada detalhe adquire sentido numa moral de fundamento mais simbólico do que econômico. Funcionando como linguagem ou ritual, ela obedece a códigos muito estritos. Movidas por uma alta consciência de si mesmas, essas mulheres do Norte não são passivas nem resignadas; pelo contrário, tentam erigir sua visão de mundo em julgamento das coisas, muitas vezes de maneira categórica. Esse "feminismo cristão" (pode-se falar em feminismo? Não, se for definido como busca da igualdade: o que aqui se reivindica é a diferença) se expressa na voz de romancistas como Mathilde Bourdon, autora do best-seller *La vie réelle* [A vida real], Julia Bécour ou Joséphine de Gaulle, que compõem uma espécie de epopeia doméstica em que se defrontam o bem e o mal: as mulheres e os homens. Por seu gosto destrutivo pelo poder e pelo dinheiro, os homens trazem o caos e a morte. Anjos do lar, as loiras heroínas, com suas virtudes, restauram a harmonia doméstica.

Esse modelo completo de domesticidade, marcado por um angelicalismo que só não é inteiramente vitoriano devido ao culto à Virgem Maria, encontra-se em diferentes graus em todas as camadas da burguesia. Ele varia segundo os níveis das fortunas, medidas pela quantidade de criados e pelo status da residência, e conforme as crenças e sistemas de valores. A nostalgia aristocrática, tão marcada no faubourg Saint-Germain, é em outros lugares temperada por um crescente desejo utilitarista que atravessa a burguesia francesa de maneira muito mais abrangente do que se imagina. Aqui, insiste-se sobre as funções de representação das mulheres "da classe ociosa" cujo luxo, por si só, expressa a concepção do ser-ter dos maridos e perpetua a etiqueta social. Lá, ressalta-se a importância da economia doméstica e da senhora do lar. Enfim, o filho, sua saúde e educação são invocados como fundamento dos deveres e poderes das mulheres. O próprio feminismo se apoia sobre a maternidade para fazer suas reivindicações, e essa insistência sobre a diferença certamente constitui uma especificidade do feminismo francês perante seu correspondente anglo-saxão, que se concentra mais exclusivamente na igualdade dos direitos individuais.

Em face do pai esfalfado, a mãe adquire segurança.

A dona de casa entre as classes populares urbanas é uma personagem maior e majoritária. Majoritária porque consiste na condição da maioria das mulheres que vivem maritalmente, casadas ou não, sendo o casamento o estado civil mais geral e normativo, sobretudo quando elas têm filhos. O modo de vida popular, como se disse, supõe a mulher "em casa", o que não significa "no lar", pois, devido às paupérrimas condições de moradia, o alojamento é mais um local de encontro do que uma residência. Polivalente, a dona de casa é investida de múltiplas funções. Em primeiro lugar, dar à luz e cuidar das crianças, ainda muito numerosas nas famílias operárias, que são das últimas a limitar o nascimento de filhos. A mulher do artesão e a pequena comerciante deixam os filhos com a ama-de-leite, mas as mais pobres amamentam pessoalmente os bebês, desnudando o seio como a passageira do vagão de terceira classe de Daumier. A dona de casa leva os filhos consigo; eles a acompanham tão logo começam a andar, vindo a ser figuras familiares nas ruas, reproduzidas a rodo pela iconografia da época ou captadas pelas primeiras fotografias urbanas. Além disso, desde cedo as crianças circulam sozinhas, "moleques" intrépidos que se juntam aos bandos de meninos no pátio ou na rua. Mas os "perigos da rua" passam a preocupar cada vez mais as mães, no duplo receio pelos acidentes e "más companhias". Progressivamente, o dia e os movimentos da dona de casa vão seguindo o ritmo das atividades dos filhos, em especial do horário da escola.

Segunda função: atender a família com os "serviços de casa", que abrangem as mais variadas coisas: procurar o melhor preço dos alimentos, por compra, troca ou até "coleta", tantas são as oportunidades de aproveitar os restos de alguma compra por atacado nas grandes cidades; preparar as refeições, inclusive a "marmita" do pai quando este trabalha longe; buscar água, acender o fogo, cuidar da casa e principalmente das roupas de uso pessoal e de cama, mesa e banho, lavadas, reformadas, consertadas e remendadas... Tudo isso implica um gasto de tempo considerável, com idas e vindas. Apenas Le Play, em seus orçamentos familiares, tentou contabilizar esse tempo fluido, pelo menos o gasto na lavagem das roupas de cama, mesa e banho, primeira ocupação doméstica que, desde o Segundo Império, foi objeto de um esforço de racionalização com a construção de grandes lavadouros mecanizados, aos moldes ingleses.

Por fim, a dona de casa se esforça em trazer para a família uns "trocados", obtidos sobretudo com tarefas domésticas: faxinas e lavagens de roupa, sistematicamente cumpridas pelas "lavadeiras por peça" dos lavadouros, serviços de recados e entregas (a entregadora de pão é uma figura bastante conhecida), pequenas vendas em bancas ou de porta em porta, aproveitando o menor cantinho da calçada e a mais ínfima diferença de preço.

Gradualmente, sobretudo no último terço do século XIX, o trabalho domiciliar, no âmbito de uma indústria de confecção dividida e racionalizada, canaliza essa imensa força de trabalho das mulheres em casa. As primeiras seduções da máquina de costura — ter sua Singer passa a ser o sonho de muitas donas de casa — levam-nas a se confinar em casa, numa ruptura total com seus hábitos de andar pela cidade. Os abusos do *sweating system* vêm a valorizar a fábrica, que acaba sendo preferível por ser menos solitária, mais bem controlada, mais submetida ao olhar público.

"Ministra das Finanças" da família, a dona de casa dispõe de poderes cujas ambiguidades são ilustradas pela prática do pagamento. É, sem dúvida, uma lenta conquista das mulheres, cansadas de esperar o dinheiro do marido. Ignora-se quais foram as etapas desse processo. Nos meados do século XIX, na França — que, sob esse aspecto, as monografias de Le Play opõem à Inglaterra —, um grande número de operários entrega seus pagamentos à mulher, não sem conflitos periódicos nos subúrbios. Mas, responsáveis pelos pagamentos, as donas de casa também sofrem as consequências disso: se, por um lado, podem orientar o consumo, que já vem sendo disputado pelos grandes magazines e pelo tímido despontar da propaganda, por outro lado têm de administrar sobretudo a miséria, em primeiro lugar sacrificando a si mesmas. Deixando a carne e o vinho, alimentos masculinos, para o chefe de família, o açúcar para as crianças, muito amiúde se contentam com queijo e café com leite; o "bife da costureira" é um pedaço de brie.

Apesar de tudo, essa modesta administração financeira funda um certo "matriarcado orçamentário" que, ainda hoje, é muito prezado tanto pelas donas de casa quanto pelas operárias. Elas dispõem de muitos outros campos de intervenção: os cuidados com o corpo e a alma, como diziam no século XIX. Nessa época em que o recurso ao médico, por ser muito caro, constitui algo relativamente raro entre o operariado, elas empregam os meios de uma farmacopeia multissecular e as sugestões da nova higiene: é o caso da cânfora, aconselhada por Raspail, o "médico dos pobres", que se dirige em especial às mulheres, ciente dos papéis tradicionais delas. A mulher do carpinteiro de Paris citada em monografia de Le Play e Focillon (1856) utiliza-a com frequência.

Grandes apreciadoras de folhetins (a alfabetização feminina aumenta rapidamente nas cidades oitocentistas, onde muitas mães, graças ao método Jacotot, chegam a alfabetizar os próprios filhos), de músicas e danças, elas sustentam todo o vigor de um imaginário que os meios de comunicação (no caso, os jornais de grande tiragem) tentam domesticar. Cortejadas pela Igreja, por vezes se entregam à religião, apreciando suas festas e formas de sociabilidade, não sem conflitos com maridos que se pretendem mais materialistas.

A dona de casa popular não tem muitas papas na língua. Muitas vezes é uma rebelde, tanto na vida privada quanto na vida pública. E não raro paga um alto preço por isso, como alvo principal de violências que podem chegar ao crime "passional". Fundadas na administração da moradia e da alimentação, suas intervenções na cidade vão se tornando rarefeitas à medida que se tornam mais regulares. É duvidoso que seus poderes tenham aumentado com a modernização, visto que a esfera privada sofre investidas de todos os lados e os modelos de identidade da classe operária são, em larga medida, masculinos. Daí os conflitos, as dificuldades de inserção, a reclusão doméstica a que é impelida por todos (vejam-se os cartazes da CGT sobre a semana inglesa). E às vezes a indiferença por esse mundo, político e sindical, que não a compreende.

PAIS E FILHOS

"Quando surge o filho, o círculo familiar..." O filho, no século XIX, ocupa mais do que nunca o centro da família. É objeto de todos os tipos de investimento: afetivo, claro, mas também econômico, educativo, existencial. Como herdeiro, o filho é o futuro da família, sua imagem sonhada e projetada, sua forma de lutar contra o tempo e a morte.

Esse investimento, que se expressa na literatura cada vez mais prolixa sobre a infância, não visa necessariamente à criança em sua singularidade. Stendhal, em *Vie de Henry Brulard*, disse com muita clareza, a respeito de seu pai: "Ele não me amava como indivíduo, mas como filho que devia continuar a família". O grupo prevalece sobre o indivíduo, e a noção de "interesse da criança" só vem a se desenvolver na França tardiamente. Por enquanto, de modo geral, essa noção abrange apenas os interesses mais altos da coletividade: a criança como "ser social".

De fato, o filho não pertence apenas aos pais: ele é o futuro da nação e da raça, produtor, reprodutor, cidadão e soldado do amanhã. Entre ele e a família, principalmente quando esta é pobre e tida como incapaz, insinuam-se terceiros: filantropos, médicos, estadistas que pretendem protegê-lo, educá-lo, discipliná-lo. As primeiras leis sociais (a de 1841 sobre a limitação do tempo de trabalho nas fábricas) foram promulgadas tendo como objeto as crianças. Pouco importa que, a princípio, não tenham sido muito eficazes. O alcance simbólico e jurídico dessas leis nem por isso se faz menos considerável, visto que elas marcam a primeira guinada de um direito liberal rumo a um direito social, de acordo com François Ewald.

Isso significa que a infância é, por excelência, uma daquelas zonas limítrofes onde o público e o privado se tocam e se defrontam, muitas vezes de maneira violenta.

Objeto de disputa de poderes, a infância também é lugar de saberes, que se desenvolvem sobretudo no último terço do século XIX, com o esforço conjunto da medicina, da psicologia e do direito. Esses saberes surtem efeitos contraditórios. Produtores de controle, também geram conhecimentos que transformam nossa infância num mistério insondável.

SEGREDOS DA PROCRIAÇÃO

Na França, país que apresenta uma prematura restrição dos nascimentos e um precoce conhecimento dos "segredos funestos" (Moheau, final do século XVIII), a procriação certamente não é "programada" — os meios não o permitem —, mas já é limitada: o índice de natalidade sofre uma redução constante, passando de 3,29% em 1800 para 1,9% em 1910, e o tormento dos demógrafos vem a transformar o nascimento, ato privado, em natalidade, assunto de Estado. Portanto, a existência de um filho, conforme os meios e as regiões, é em parte relativamente voluntária. Segundo H. Le Bras e E. Todd, a explicação das disparidades reside na vontade dos pais atuando dentro das estruturas familiares. Os fatores ideológicos habitualmente privilegiados se inserem nesses moldes prévios. Em 1861, surgem claramente três centros de baixa natalidade: Normandia, Aquitânia, Champanha, mas com diferenças internas — a Aquitânia apresenta um índice bastante generalizado de um a dois filhos por família; a Normandia, pelo contrário, mostra comportamentos extremos, com índices anormais de casais voluntariamente estéreis (em Orne, por exemplo) e recordistas em fecundidade (nove filhos ou mais em 25 anos de casamento): os autores chegam a falar em "comportamentos neuróticos"!

O súbito crescimento dos filhos ilegítimos, entendido por Edward Shorter como indicador de uma liberação sexual, confundiu um pouco o quadro. Esse aumento, ao que parece, possui significados bastante diversos. Nossos autores opõem o Norte e o Leste, onde há uma importante proporção de perfilhamento através do matrimônio, ao Sul mediterrâneo, onde o homem reconhece a criança sem se casar com a mãe. No primeiro caso, há maior igualdade entre os sexos e maior liberdade das mulheres; no segundo, predomina a força coercitiva da linhagem.

É impossível avançarmos mais nos meandros da demografia histórica, salvo para lembrar sua complexidade, no nível tanto da simples constatação quanto da interpretação. "A história secreta da fecundidade", de H. Le Bras, borbulha de teorias, que oscilam entre todos os tipos de determinismo — social, biológico, ideológico (no qual se incluem habitualmente os "males" do individualismo que se exprimiria no feminismo apenas como um caso particular exacerbado) —, antes de analisar o nascimento como fruto da "decisão" de um casal.

O leito abriga o que há de mais secreto no sexo e no coração. Não admira que ele nos escape, quando ao mistério da mais profunda intimidade se somam a opacidade do tempo e o mutismo dos atores e de seus descendentes. Um oceano de silêncio envolve o essencial da vida: a concepção de seres que quase sempre ignoram o acaso ou o desejo a que devem seu nascimento, sem que se possa traçar uma oposição radical entre ambos.

A gravidez deliberada, que apresenta avanços estatísticos inversamente proporcionais à diminuição da idade por ocasião do casamento, deriva indubitavelmente da tomada de consciência da criança e de tudo o que ela implica, sobretudo no que diz respeito à sua educação. Recebendo maiores cuidados e atenções, objeto de mais amor, a criança se torna mais rara. Os meios dessa gravidação voluntária permanecem obscuros para nós. Alguns conhecem apenas a prática da abstinência; para evitar a fecundação, as mulheres "se abstêm do gozo". O coito interrompido deixa a iniciativa ao marido, encarregado de "prestar atenção". Nos meios abastados, usam-se de preferência os métodos ingleses ou as práticas clandestinamente aprendidas nos bordéis, lavagens que implicam o uso de água e garantirão o sucesso dos bidês — sucesso tardio, segundo J.-P. Goubert, e restrito pelo decoro. Empenhados em ensinar a concepção voluntária aos proletários e às mulheres — "Mulher, aprende a ser mãe apenas quando quiseres" (1906) —, os neomalthusianos libertários do começo do século esforçam-se em divulgar preservativos e esponjas *absorbit*; é frequente, porém, que sua propaganda se depare com a repugnância das mulheres, postas diante de exigências impossíveis e talvez chocadas com tal intromissão em seus assuntos. Em caso de "desgraça", muitas preferem, no final das contas, recorrer ao aborto. Praticado por um número crescente de mulheres casadas e multíparas, sobretudo nas cidades, o aborto parece ter sido empregado, na virada do século, como forma de contracepção. Será o caso de ver aí, como faz Angus MacLaren, a expressão de um feminismo popular? No mínimo, é a expressão da vontade de mulheres que recusam não só um filho indesejado como também os horrores do infanticídio. Este, depois de apresentar grande frequência na primeira metade do século XIX e sofrer forte repressão sob o Segundo Império (com até mil processos judiciais por ano), começa a diminuir, conservando-se como apanágio das moças sem ninguém no mundo, criadas rurais ou empregadinhas de lares parisienses acuadas pela vergonha de um nascimento ilegítimo.

Isso significa que, a despeito dos avanços da gravidez deliberada no século XIX, a escassez dos meios anticoncepcionais abre um enorme espaço ao "acidente". "Cair prenhe" e "estar encrencada" são expressões populares de uma gravidez que não vem necessariamente acompanhada de grande coro de alegria. Significa ainda a sorte aleatória dos filhos indesejados, eliminados, abandonados ou simplesmente aceitos como fatalidade no seio das famílias.

No entanto, o desejo de ter filhos também se exprime com grande intensidade, não somente por razões de linhagem ou de papel, mas ainda por vontade pessoal: por parte das mulheres, que se encontram justificadas na maternidade, e por parte dos homens. "Uma mulher sem filhos é uma monstruosidade", são as palavras que Balzac põe na boca de Louise, protagonista das *Memórias de duas jovens esposas*; "somos feitas apenas para ser mães." Dez meses depois de se casar, Caroline Brame-Orville se mostra desolada em seu diário íntimo: "Meu grande pesar é não ter um *baby*, que eu tanto amaria e que me faria aceitar a vida séria que levo", escreve em 1º de janeiro de 1868. Ela fará de tudo para engravidar: tratamentos médicos, temporada de cura em Spa, visita ao papa, e é à bênção papal que ela finalmente atribui, catorze anos depois, o nascimento de uma menina, que, por isso, receberá o nome de Marie-Pie. Gustave de Beaumont, em 10 de junho de 1838, comenta com Tocqueville a gravidez de sua mulher, que o ocupa tanto a ponto de retardar a redação de seu livro, hesitando entre a piedade pelos sofrimentos da esposa e o desejo de ser pai: "Há muitos momentos em que, por consideração pela pobre mãe, eu, se pudesse, mandaria a criança a todos os diabos [...]. Nem por isso deixo de considerar uma felicidade o acontecimento que aguardo, e nosso desejo ardente de que partilheis dessa mesma sorte é o tema constante de nossas conversas e nossas esperanças". Ao lado, ou junto, de um sentimento materno em expansão, exprime-se um sentimento de paternidade, inclusive por esse *baby* tão próximo de um simples feto, que demora a assumir forma humana.

Mas o desejo de ter filhos não chega ao ponto de incluir a adoção, tão enraizada se mantém a ideia de filiação pelo sangue. Apesar das primeiras instituições esboçadas no Segundo Império, as transformações nesse âmbito são muito lentas, principalmente no que se refere à transmissão do sobrenome.

NASCIMENTO EM CASA

O nascimento é um ato rigorosamente privado e feminino, inclusive enquanto objeto de relato e de memória, tema incansável das conversas entre mulheres. O aposento comum, ou no máximo o quarto do casal, é o teatro em que ele se desenrola, do qual estão excluídos os homens, à ressalva do médico, que, com a medicalização do parto, passa a ser uma presença cada vez mais assídua à cabeceira da clientela abastada. Porém, por uma questão de diferença nos preços, e também pela tradição e pelo pudor, as parteiras continuam ocupando uma posição dominante, embora em declínio. Dar à luz no hospital é sinal de pobreza e, principalmente, de vergonha e solidão; para lá vão as mães solteiras, que se dirigem à cidade para dar à luz, antes de sofrer um eventual abandono. No Oeste, Sudoeste e Centro, "a rejeição do filho natural leva a mãe ao hospital", como mostram os mapas estabelecidos por H. Le Bras e E. Todd (p. 168). Só se efetivará uma mudança no entreguerras, e mesmo assim tímida, a princípio em Paris e nos meios mais evoluídos, preocupados em evitar um índice de natimortos dos mais altos da Europa. Para a mãe e o filho, o nascimento continua a ser uma provação muitas vezes dramática.

BABY, BEBÊ

O registro no cartório, essa atribuição do sobrenome que, para Kant, constitui o verdadeiro nascimento, cabe, por sua vez, ao pai. Ingressando na vida, a criança a seguir ingressa na família e na sociedade.

Dessa terra de ninguém, desse terreno baldio um tanto assexuado e invertebrado da infância, destacam-se gradualmente três figuras — três momentos — tidas como estratégicas: o adolescente, o menino de oito anos e o bebê. O primeiro, na idade crítica da puberdade e da identidade sexual, desperta uma maior preocupação e vigilância: voltaremos a isso. O segundo, tido no limiar da idade da razão, atrai a atenção dos legisladores, médicos e moralistas, como mostra Jules Simons em *L'ouvrier de huit ans* [O operário de oito anos]. O bebê, que até os anos 1860-1880 era chamado, à inglesa, de *baby*, emerge muito mais lentamente dos cueiros do Menino Jesus, mesmo tendo as classes dominantes descoberto o seio materno no século XVIII. Sob esse aspecto, aliás, o século XIX é paradoxal: o uso de amas-de-leite atinge o ápice e o abandono dos filhos quebra recordes. No entanto, no final do século surge uma nova ciência: a puericultura.

Apesar de lenta, nem por isso a tomada de consciência do bebê é menos constante. Renée de L'Estoril, em *Memórias de duas jovens esposas*, mãe prestimosa que se recusa a enfaixar seu *baby* (*sic*) e recorre aos cuidados de uma *nurse* inglesa, desempenha o papel de pioneira. No final do século XIX, toda boa mãe se ocupa efetivamente de seu bebê, que agora é um autêntico personagem, cumulado de apelidos carinhosos. Jenny e Laura Marx, mães fecundas e, apesar de todos os seus cuidados, enlutadas, relatam a Karl todos os prodígios de seus filhotes. E a maioria das correspondências burguesas apresenta certo tom de *nursery rhymes*. Caroline Brame-Orville mantém um registro diário do despontar de sua pequena Marie, tanto e tão longamente desejada. Berthe Morisot oferece a tradução pictórica dessa contemplação do berço. Este, porém, conserva uma conotação de vida orgânica, reservado à intimidade. Flaubert ri às gargalhadas ao ver um berço num palco de teatro. Mesmo os pais mais atentos não dedicam mais que um olhar distraído a seus bebês. Gustave de Beaumont passa a se interessar realmente pelo filho quando este começa a andar; iniciação viril: "Agora ele vai à caça comigo, com uma espingarda de madeira".

O UNIVERSO ASSEXUADO DA PRIMEIRA INFÂNCIA

Em todos os meios sociais, a primeira infância é um assunto feminino e feminilizado: os meninos e as meninas usam camisolões e cabelos compridos até os três ou quatro anos de idade, e muitas vezes até por mais tempo, brincando nas saias da mãe ou de uma empregada. O quarto das crianças na França é uma invenção tardia; Viollet-le-Duc projeta um deles para sua casa de 1873, "pois é preciso prever tudo". Os brinquedos das crianças se encontram um pouco por toda parte — até nos quadros dos pintores —, com um gosto especial pela cozinha. Na cidade, o brinquedo se torna um objeto de consumo corrente, um produto industrial com seções próprias nos grandes magazines; no campo, é ignorado; nos meios populares, são os próprios pais que o fazem, com seus riscos e perigos: o pequeno Vingtras-Vallès iria se lembrar por muito tempo do carrinho que seu pai entalhou para ele num pedaço de pinho e com o qual se machucou: o que valeu ao menino uma surra da mãe, castigo ao filho "mimado" e ao pai complacente demais. As bonecas, relativamente assexuadas no começo do século, ocupam um lugar importante no universo infantil, servindo mais como simulacros sujeitos a destruição do que como objetos de carinho. George Sand dedicou páginas brilhantes à lembrança de suas bonecas.

Pouquíssimo institucionalizada, a educação em seus primeiros passos cabe às mães, inclusive a alfabetização pelo método Jacotot. Elas se dedicam a essa tarefa com um empenho proporcional à valorização do lugar da criança, daí derivando para elas mesmas uma grande vontade de se instruírem. Aurore Dudevant chega ao feminismo através do amor materno, como mostra sua carta a Zoé Leroy, de 21 de dezembro de 1825:

> Por muito tempo eu disse a mim mesma que os conhecimentos profundos eram inúteis para nosso sexo, que devíamos buscar a virtude, e não o saber nas letras, que preenchíamos nossa finalidade quando o estudo do bem nos tornava boas e sensíveis, e que, pelo contrário, quando da ciência não retirávamos o bem, tornávamo-nos pedantes, ridículas, tendo perdido todas as qualidades que nos fazem amadas. Continuo a acreditar que meu princípio era bom. Mas receio tê-lo seguido de maneira demasiado literal. Hoje penso que tenho um filho que deverá ser preparado com meus cuidados para a educação mais ampla que receberá ao sair da infância. Essa primeira educação, devo estar em condições de oferecê-la e quero me preparar para isso.

Ela passa a procurar fervorosamente um bom método de leitura.

Com a idade, fazem-se sentir as diferenciações sociais e sexuais das educações. Os pais entram em cena, pelo menos para os filhos, às vezes desempenhando o papel de preceptores nos meios burgueses, de mestres de aprendizagem ou chefes de equipe nas famílias operárias. A atenção que consagram às filhas é menor, exceto em alguns meios intelectuais, sobretudo protestantes. Na família Reclus, tanto os meninos quanto as meninas vão concluir seus estudos na Alemanha, empregando-se igualmente como preceptores ou professoras no seio de famílias inglesas ou alemãs; aqui não se apresenta nenhum obstáculo à circulação das jovens. Guizot vela pela educação de sua filha, escreve-lhe afetuosamente, comentando seus erros de grafia. É, talvez, com as filhas que o sentimento paterno pode desabrochar de fato, sem a rivalidade com outro macho destruidor. Existem também casos de terna amizade, mais moderna, principalmente entre pais liberados e filhas inteligentes, sobretudo quando a mãe é mais conformista. Geneviève Bréton entra em choque com a sua — a "Rainha Mãe" —, a qual detesta os artistas "que não são da Sociedade", enquanto se sente unida ao pai por uma cumplicidade risonha. "Nós nos amamos muito, compreendemo-nos sempre, mesmo quando não dizemos nada, pois ambos somos quietos".[7] Um pai, aliás, tal como deve ser, que "não pode admitir que uma jovem esteja perfumada" e obriga Geneviève a jogar fora todos os seus frascos: ele tolera apenas pó de lírio, "um perfume honesto, discreto, um perfume para moças bem-educadas".[8] Certas jovens, ansiosas por se emancipar, escolhem o modelo masculino, contra a mãe e tudo o que ela representa. Germaine de Staël diz a respeito do pai: "Quando o vejo, pergunto-me se eu teria nascido de sua união com minha mãe; respondo pela negativa e que, para vir ao mundo, bastaria meu pai", coisa que Freud poderia ler de muitas maneiras...

Entre as mães e os filhos, também existe uma gama infinita de relações: a terna amizade que faz de Aurore de Saxe e Maurice Dupin, e depois de George Sand e seu filho Maurice, casais exemplares, quase sem ruptura, nem mesmo na adolescência; o ressentimento de Vingtras-Vallès em relação à mãe, obstinada em convertê-lo num "cavalheiro"; o ódio de Rimbaud pela sua genitora, capaz de chegar ao assassinato no caso de Pierre Rivière, frustrado pelo novo poder das mulheres; a compaixão de Gustave Flaubert por sua mãe viúva e da qual ele não consegue se libertar... A influência das mães sobre os filhos é, em princípio, limitada pela posição secundária que lhes é conferida por lei (não podem, por exemplo, ser tutoras), exceto, precisamente, quando são viúvas, com seus direitos até certo ponto garantidos, mesmo em regime de comunhão de bens. Daí o fato de não serem muito toleradas. O fortalecimento da imagem da mãe e de seus poderes domésticos é um dos temas do antifeminismo do início do século. Georges Darien, François Mauriac (em *Génitrix*) e, mais tarde, André Breton se apresentam como intérpretes do terror ancestral dos homens diante do poderio materno. "As Mães!", escreve Breton, "redescobre-se o pavor de Fausto, é-se tomado, como ele, de uma comoção elétrica ao simples som dessas sílabas, nas quais se ocultam as poderosas deusas que escapam ao tempo e ao espaço."

As mães têm uma responsabilidade muito maior em relação às filhas, que lhes são abandonadas pelo Estado (demora na escolarização feminina) e confiadas à Igreja, assim se instaurando uma sutil divisão entre o corpo e a alma, pelo menos a partir da adolescência: M.-F. Lévy mostrou-o claramente em *De mères en filles* [De mães para filhas]. A mãe faz a iniciação no mundo, e o confessor na moral e em Deus. Não há nenhuma dúvida de que, aqui, a intenção é forjar uma linha de continuidade fundada sobre o papel conservador e evocador das mulheres. Cabe às mães uma árdua missão: casar as filhas. *As mulheres dos outros*, de Zola, apresenta o espetáculo neurótico — e que, a julgar pelas correspondências da época, dificilmente contém algum exagero — da atividade angustiada a que elas se entregam para se desincumbir de tal tarefa: bailes e recepções, lições de piano e bordado, com essa exclusiva finalidade.

Nas regiões rurais, o enxoval materializa e simboliza os laços que se tecem em torno do casamento: a pesquisa de Agnès Fine no Sudoeste ressalta o conteúdo cultural e afetivo "dessa longa história entre mãe e filha".

Ao mesmo tempo mais dependentes e mais próximas da mãe, as filhas — e principalmente as mais velhas, chamadas a substituí-la — sofrem com sua ausência e morte. Alguns diários íntimos (o de Caroline Brame, por exemplo) fazem as vezes da mãe desaparecida, o que acentua ainda mais seu lado matricial.

CARINHO E FAMILIARIDADE

As relações cotidianas entre pais e filhos variam imensamente na cidade e no campo, onde as manifestações de ternura não são muito apreciadas, conforme os meios sociais, as tradições religiosas e mesmo as políticas... A concepção que se tem da autoridade e da apresentação de sua própria pessoa influi sobre as palavras e os gestos do dia-a-dia. A família, desse ponto de vista, é o lugar onde se processa uma evolução contraditória. De um lado, o controle do corpo e da expressão emocional se aprofunda; isso se vê, por exemplo, na história das lágrimas, a partir de então reservadas às mulheres, às classes populares, à dor e à solidão, ou ainda na intensificação da disciplina sobre a linguagem e as atitudes físicas das crianças, intimadas a ficar eretas, a comer direito, e assim por diante. De outro lado, a troca de carinhos entre pais e filhos é tolerada, e até desejada, pelo menos na família burguesa. Os mimos e afagos fazem parte do clima favorável ao desenvolvimento de um corpo jovem. Caroline Brame, tão pudica, suspira ao se ver privada deles após a morte de sua mãe. Edmond About, viajando pela Grécia em 1860, ressalta a frieza das relações íntimas em Atenas, em comparação com o calor francês.

Outro sinal de proximidade: o tratamento por tu se generaliza, nos dois sentidos. "Antigamente, os empregados eram tuteados e os filhos, não. Hoje, os filhos são tuteados e os empregados deixaram de sê-lo", comenta com aprovação Ernest Legouvé em *Les pères et les enfants au XIXe siècle* [Os pais e os filhos no século XIX]. "Deve-se habitualmente chamar os filhos de tu, para poder de vez em quando chamá-los de vós: como sinal de descontentamento." É por isso que George Sand fica tão apreensiva em ser tratada de "vós" pela avó.

O COSTUME DE BATER

George Sand e Legouvé, educadores liberais, declaram-se categoricamente contrários aos castigos físicos. "Abomino o *método antigo* [*sic*] e creio que choraria mais alto do que elas [as crianças] depois de ter-lhes batido", escreve ela. Mas o que se passa na realidade? É aqui talvez que as diferenças sociais se fazem mais marcantes. Deve-se ver também o que significam os castigos físicos numa sociedade que aboliu a feudalidade: a marca suprema da infâmia.

Nos meios burgueses, mais do que nos aristocráticos, as crianças já não apanham muito em casa. Aqui e ali, subsistem algumas varas e açoites de corda, mas cada vez mais reprovados. Perduram na escola e em certos liceus que pretendem impor uma disciplina militar. George Sand treme ao lembrar o diretor do liceu Henri-IV, que, "defensor feroz da autoridade absoluta, [...] autorizou que um pai inteligente mandasse seu negro espancar seu filho, diante de toda a classe, convocada militarmente para assistir ao espetáculo dessa execução ao gosto colonial ou moscovita, e ameaçada de severa punição ao menor sinal de desaprovação".[9] Mas progressivamente os adolescentes se insurgem — como Baudelaire e seus camaradas em Lyon, em 1832 — e as famílias protestam. Os internatos, em sua publicidade, chegam a especificar nos prospectos que excluem tais métodos. O próprio Estado intervém, e várias circulares acentuam que "não se deve bater nunca nas crianças": é o que ocorre em 1838 nas instituições de caridade para crianças pobres, e em 1834 e 1851 nas escolas primárias. A escola Ferry é ainda mais categórica: o regulamento de 6 de janeiro de 1881 reitera taxativamente que: "É absolutamente proibido infligir qualquer castigo físico". Michel Bouillé, que estudou a evolução das "pedagogias do corpo", mostra como se instauram outras formas de disciplina, visando à interiorização. Trata-se agora de "tocar mais a alma do que o corpo", como queria Beccaria para o sistema penal. Aumenta a distância entre os estabelecimentos públicos e os religiosos, estes mais arcaicos em suas concepções pedagógicas, quer se trate da higiene, quer da punição. Quanto à palmatória, os frades e os religiosos serão os últimos a abrir mão dela, pelo menos em relação às crianças das classes populares, como mostram inúmeras autobiografias.

Nosso objetivo, aqui, não é apresentar a história dos métodos escolares. Interessa-nos ver como uma exigência familiar influi sobre um sistema educacional, ao menos refreando o bonapartismo pedagógico. No caso, o privado rege o público, e os costumes impõem sua lei ao Estado: primeira intervenção dos pais de alunos no recinto sagrado da escola.

No campo e entre as classes populares urbanas e pequeno-burguesas, chovem pancadas. "Sovas" (*tannées*, expressão do Gévaudan que se encontra no texto de Albert Simonin, recordando sua infância em Chapelle, no começo do século) e vergastadas são plenamente admitidas, desde que não ultrapassem certos limites; o uso do bastão ou do açoite de corda, geralmente empregado de mãos nuas, fica reservado aos mestres de aprendizagem ou de instituições, como marca de exterioridade física. Apanhar faz parte das lembranças da infância operária no século XIX, como mostram Perdiguier e Gilland, Dumay e Toinou, e principalmente Turquin. Nas oficinas, mais do que nas fábricas, é comum que o aprendiz rebelde ou desajeitado receba uma "tareia" dos operários adultos encarregados de lhe ensinar o ofício.

No fundo de tudo isso encontra-se uma série de representações: a de uma força rebelde a ser domada, a dureza da vida que deve ser aprendida. "Serás um homem, meu filho." A ideia de virilidade é carregada de violência física. Alguns, dispostos a reproduzir o modelo, gabam-se disso como uma iniciação necessária, talvez exagerando ainda mais a realidade. Mas aumenta o número de crianças e principalmente adolescentes que se revoltam. Os militantes operários, sobretudo os anarquistas, dizem que seu ódio à autoridade tem raízes nessa experiência acerba. O processo de autoconsciência é, em primeiro lugar, a tomada de consciência do próprio corpo.

A CRIANÇA COMO OBJETO DE INVESTIMENTO

Um duplo movimento percorre as relações entre pais e filhos no século XIX. De um lado, um investimento crescente no filho, futuro da família, muitas vezes extremamente coercitivo. A família de Henri Beyle persegue, através dele, seu sonho de distinção aristocrática e quer obrigá-lo a uma vida enclausurada. Os Vingtras-Vallès fazem do pequeno Jacques o burro de carga de seus desejos de ascensão social. O pai é auxiliar de ensino no colégio, e a mãe quer que Jacques seja professor. Para isso, mesclando uma rudeza campônia e uma sede de respeitabilidade, ela instaura uma disciplina férrea, que passa por um rigoroso controle das aparências. Estar limpo, ficar empertigado, usar roupas decorosas — "frequentemente estou de preto" — e, por meio desses bons hábitos, interiorizar os valores de ordem: tal é seu objetivo. Nada de carinhos nem de palavras ternas. "Minha mãe diz que não se deve mimar os filhos, e ela me açoita todas as manhãs; quando não tem tempo de manhã, é ao meio-dia, raramente depois das quatro horas." "Minha mãe me faz receber educação, ela não quer que eu seja um camponês como ela! Minha mãe quer que seu Jacques seja um *cavalheiro*."

E que drama quando o filho não consegue ou não aceita sê-lo! As ambições da família desmoronam. O filho se sente culpado. O adulto nunca acaba de pagar sua dívida e de remoer sua traição. Lembre-se de Baudelaire, que nunca deixou de sentir remorso em relação à mãe, madame Aupick. Ou Van Gogh, que, em sua correspondência com o irmão Theo, manifesta a revolta desesperada do "mau filho". Fonte de angústia existencial, o totalitarismo familiar oitocentista é, sob muitos aspectos, profundamente neurótico. Decididamente, ser herdeiro não é tão simples.

Ao mesmo tempo, o filho é objeto de amor. A partir de 1850, quando a criança morre, toma-se o luto como se faria para um adulto. E ela é, acima de tudo, pranteada na intimidade, contemplando-se o medalhão que contém mechas de seus cabelos. Sentimentalismo burguês? Na região metalúrgica de Lorena, as mulheres de operários, "as mães", "viviam inteiramente na dor dos filhos mortos. Ao se encontrarem, [elas] sempre deixavam correr algumas lágrimas que enxugavam com um grande lenço quadriculado", recorda Georges Navel em *Travaux* [Trabalhos]

(1945). Na educação, Legouvé proclama "a superioridade do princípio da afeição" e prega o respeito pela autonomia: deve-se educar os filhos para eles mesmos, e não para nós, admitir que seus "interesses" podem não coincidir com os do grupo, que terão de assumir sozinhos seus destinos e, por conseguinte, desenvolver sua capacidade de iniciativa, e até cultivar uma certa indeterminação que preserve sua capacidade de liberdade, via preconizada pelas pedagogias libertárias.

Por meio das várias observações a que está sujeita, inclusive pelo detalhismo dos boletins escolares, a criança vai assumindo rosto e voz. Sua linguagem, seus afetos, sua sexualidade, suas brincadeiras são objeto de anotações que dissipam os estereótipos, em favor dos casos concretos e desconcertantes. A infância, a partir de então, é vista como um momento privilegiado da vida. Toda autobiografia começa e se demora nela, enquanto o chamado romance "de formação" descreve a infância e a juventude do herói.

Para tudo e contra tudo, a infância se torna a idade fundadora da vida, e a criança vira uma pessoa.

A ADOLESCÊNCIA, "IDADE CRÍTICA"

Outra figura se delineia com precisão: a do adolescente, antigamente ignorado pelas sociedades tradicionais. Entre a primeira comunhão e a formatura no colégio ou o alistamento militar para os rapazes, e o casamento para as moças, desenha-se um período cujas promessas e riscos foram ressaltados por Buffon e principalmente por Rousseau. Este consagra todo o livro IV de *Emílio* a "esse momento crítico" que corresponde à identidade sexual. "Nascemos, por assim dizer, duas vezes: uma para a espécie e a outra para o sexo [...]. Como o rugido do mar precede em muito a tormenta, essa tempestuosa evolução se anuncia pelo murmúrio das paixões nascentes: uma fermentação surda adverte da aproximação do perigo."

Essa noção de "momento crítico" é retomada ao longo do século XIX, notadamente pelos médicos que, entre 1780 e 1840, escrevem dezenas de teses sobe a puberdade dos meninos e meninas, e os remédios a serem ministrados. A adolescência, além de ser um perigo para o indivíduo, é também um perigo para a sociedade. Em busca de si mesmo, o adolescente é narcisista: ele procura sua imagem moral e física. Sente-se fascinado pelo espelho. É *O único* de que fala Max Stirner, tendendo, portanto, a desintegrar a sociedade, o que também é enfatizado por Durkheim. Se os jovens se suicidam com mais facilidade, é porque estão mal integrados nas solidariedades sociais. Além disso, o desejo sexual do adolescente o conduz à violência, à brutalidade e até ao sadismo (por exemplo, com os animais). Ele aprecia a violação e o sangue.

Desliza-se imperceptivelmente para o tema do adolescente criminoso, que Duprat analisa em *La criminalité dans l'adolescence* [A criminalidade na adolescência], uma obra típica das preocupações da época.[10] O adolescente, diz ele, é um "vagabundo nato". Apaixonado por viagens e mudanças, profundamente instável, ele procede a "fugas análogas às dos histéricos e epilépticos incapazes de resistir ao impulso das viagens". O adolescente tem sua patologia própria: por exemplo, a hebefrenia, definida como "uma necessidade de agir que acarreta um desprezo por todos os obstáculos e todos os perigos", levando ao assassinato.

O mais inquietante no adolescente é sua transformação sexual e a tomada de consciência do fato. Michel Foucault mostrou claramente como "o sexo do colegial" se tornou, no século XIX, objeto privilegiado dessa *Volonté de savoir* [Vontade de saber] (1976), o sexo que, a seu ver, caracteriza a sociedade moderna. Masturbação, homossexualidade latente nos internatos, possível perversidade das amizades particulares são fantasmas atiçados pelos médicos, os principais observadores dos corpos. É verdade que a homossexualidade masculina, e mesmo a feminina, deixa de constituir um delito desde que não ofenda o pudor público, mas torna-se uma anomalia escrutada como uma doença. No centro dessa angústia está o adolescente com seus "maus hábitos". O conhecimento e a administração do sexo dos adolescentes se encontram no cerne das tarefas educativas e da ansiedade social. Elas demandam pedagogias específicas: a família será suficiente?

O sonho da educação em casa, sob o olhar do pai e da mãe, com preceptores e professoras, de preferência inglesas — as *misses* —, continua a ser alimentado por muitas famílias apaixonadas pela aristocracia ou pelo rousseaunismo e que temem os contatos vulgares e pervertidos. "O filho único" Henri Brulard-Beyle guarda uma lembrança sufocante do enclausuramento que lhe é imposto pelos pais, a fim de evitar qualquer relação "com os filhos do vulgo". "Jamais me permitiram falar com um menino de minha idade [...]. Eu tinha de aturar homilias constantes sobre o amor paterno e os deveres dos filhos." Ele escapa pela mentira e só pensa em fugir. A Escola Central do Diretório será uma libertação para ele.

Chega uma época em que se impõem os pensionatos e internatos. Entre os quinze e os dezoito anos, as moças seguem para lá, a fim de concluir sua educação moral e mundana, de adquirir essas "artes recreativas" destinadas a torná-las atraentes nos salões matrimoniais. Os garotos, aquartelados em colégios ou liceus, preparam-se para o bacharelado, "barreira e nível" da burguesia. Ora, os internatos dos colégios e liceus não gozam de boa reputação. Baudelaire sente um tédio mortal: "Fico tão entediado que choro sem saber por quê", escreve à mãe em 3 de agosto de 1838. George Sand se sente desolada por ter de colocar Maurice num estabelecimento desses. Comparando "esse estado angelical da alma que caracteriza o verdadeiro adolescente", esse delicado andrógino parecido com seu próprio pai, criado por uma mãe prestimosa, ao "colegial mal penteado, muito malcriado, embeiçado por algum vício grosseiro que já destruiu em seu ser a sensibilidade ao primeiro ideal", ela deplora o fim da educação em casa. "Nas famílias honestas e tranquilas, seria um dever manter os filhos, e não mandá-los aprender a vida num colégio onde a igualdade reina apenas à base de socos."[11] Os internatos são apontados como responsáveis pela masturbação e práticas homossexuais. Roger Martin du Gard, em *Le lieutenant-colonel de Maumort* [O tenente-coronel de Maumort], romance póstumo em larga medida autobiográfico, evoca a vida sexual do colégio por volta de 1880: "O onanismo solitário era a regra. O prazer partilhado, a exceção". Apesar de tudo, a opinião, majoritariamente conservadora, atribui aos internatos a "efeminação" da juventude, a derrota de 1870 e, de modo mais geral, o despovoamento da França! Enquanto as famílias populares ou camponesas, se querem dar continuidade aos estudos de seus filhos, se veem obrigadas a colocá-los em regime de internato, as famílias burguesas, na medida do possível, recorrem ao externato, tido tanto por Ernest Legouvé quanto por George Sand como a melhor solução. Essa família, mais do que nunca, pretende ser o horizonte, o casulo e a tutora de sua progênie e faz da educação, em face do Estado laico, um assunto privado. É a isso que o ensino "livre" deve em parte seu êxito.

No entanto, a ternura que envolve a criança se tinge de desconfiança e distanciamento em relação ao adolescente, sempre suspeito de sedição. Mas essa própria vigilância estimula o sigilo. Os adolescentes imaginam mil formas de conquistar sua privacidade. A leitura de romances, no tempo furtado aos estudos ou à hora de dormir, a poesia, o diário íntimo, o devaneio, enfim, constituem formas de apropriação do espaço interior. As amizades desempenham um papel considerável: as amizades do internato muitas vezes se desfazem com o casamento das moças; as camaradagens dos rapazes, consolidadas por todos os tipos de ritos de iniciação, são projetadas em figuras simbólicas como o "Garoto" que Flaubert e seus colegas de Rouen escolheram como herói de aventuras imaginárias, e preservadas ao longo da vida em "turmas" solidárias nos negócios e no poder. Revoltas individuais e coletivas pontilham a vida dos grandes internatos oitocentistas, pelo menos até a década de 1880, como se, com a instalação da República, já não houvesse espaço senão para a "baderna". É verdade que, a exemplo das monarquias oitocentistas, a República não concede à juventude o estatuto festivo e de regulação sexual que lhe é reconhecido pelas sociedades tradicionais. Os jovens não são mais considerados grupo, e sim indivíduos que só têm a obedecer e calar. É por isso que a rebelião dos jovens, de caráter apenas excepcionalmente político, é em geral individual, pondo-os em choque com a família.

O mesmo se passa nos meios populares. Da primeira comunhão — ou do diploma — ao alistamento militar, o jovem operário mora com a família e lhe entrega seu salário; aliás, o registro de pagamentos, abolido para o operário adulto, persiste para o jovem. Nos meios de sólida estrutura familiar, como as regiões mineiras, casar-se "antes do serviço militar" é quase traição. No entanto, segundo vários levantamentos, como o de 1872, sobre "as condições de trabalho na França", os jovens dão mostras de impaciência: nas fábricas de La Voulte (Ardèche), "muitos, desde que passam a receber, saem de casa e ficam em pensão, como fariam solteiros estrangeiros"; no setor têxtil da Picardia, é frequente que rapazes e mesmo moças de dezesseis e dezessete anos se instalem "em hospedarias" e não deem dinheiro para a família. Daí a transação permitida em alguns lares: depois dos dezoito anos, os filhos entregam apenas uma parcela de seus ganhos ou pagam um preço "combinado" de hospedagem para seu sustento.

Zona de turbulência e contestação, a adolescência constitui uma linha de fraturas e erupções vulcânicas no seio das famílias.

IRMÃOS E IRMÃS

Às relações verticais que caracterizam os relacionamentos pais-filhos, a irmandade deveria opor relações horizontais: de fato, existem magníficos exemplos (como os Reclus, em torno de Élisée, como narra Hélène Sarrazin). Mas, na realidade, o sexo, a posição, a idade, às vezes também os talentos ou a predileção dos pais introduzem desigualdades e até uma verdadeira rivalidade. Esta é levada a seus extremos nas regiões onde o primogênito recebe nomeações: tal é o caso em Gévaudan, onde a agudização da tensão familiar entre primogênitos e caçulas, ao longo do século XIX, pode chegar ao assassínio, aplacando-se apenas com o recurso ao processo legal ou ao abandono da família. Ser caçula é encontrar-se numa situação subalterna próxima à de um criado, muitas vezes obrigado a se manter solteiro.

Naturalmente, é preciso distinguir também os estágios da infância e da juventude, ver como as brigas de traquinagem da infância se transformam em rivalidades no momento das escolhas da adolescência, e até em ódio no momento das heranças. Os principais conflitos intrafamiliares envolvem irmãos e irmãs que contestam os termos de uma partilha ou disputam um bem desejado que, uma vez fora de alcance, sempre é superestimado, por razões tanto simbólicas quanto materiais: é duro não ser o preferido, ser meramente o outro.

Antes desses momentos decisivos, as relações fraternas apresentam muitas outras qualidades: o prazer de bagunçar juntos, de ser coniventes contra o poder dos pais, segundo formas que os mais velhos ensinam aos mais novos. O papel de um irmão mais velho na escolha de um ofício ou na orientação ideológica pode ser decisivo. As irmãs mais velhas muitas vezes são as instrutoras dos caçulas — Victor Hugo se emociona ao lembrar Léopoldine ensinando Adèle a soletrar as palavras de uma grande Bíblia sobre os joelhos —, iniciando as mais novas nos cuidados do lar, nos segredos do corpo e da sedução. A filha mais velha carrega uma missão especialmente pesada: substituta da mãe falecida, ela tem de assumir as tarefas domésticas e maternas junto ao pai e aos irmãos mais novos. A irmã mais velha corre o risco de ser a sacrificada no caso de morte prematura da mãe; nas famílias populares, principalmente na zona rural, a filha mais velha muitas vezes é incumbida de ajudar os pais a criar os outros filhos; quando não é esse o caso, geralmente é a caçula, a última filha, que se encarrega de cuidar dos pais idosos. Os lares formados por duas mulheres, a esposa idosa e uma de suas filhas, comparecem com bastante frequência nos recenseamentos quinquenais da população, que especificam a composição das famílias. Assim, a ordem do nascimento interfere nas eventualidades da vida familiar para modelar as dependências e os deveres.

O sentimento fraterno certamente não possui as cores delicadas da literatura moral, mas seguramente pode existir, e Alain Corbin vê nele uma forma fundamental de relacionamento afetivo. A diferença de sexos entre os irmãos e as irmãs cria uma relação complexa, em certa medida iniciática: a primeira forma de relação com o outro sexo. Profundamente recalcadas pelas interdições religiosas e sociais, essas relações raramente são sexuais, mas provavelmente são amorosas. Bakunin confessa ter sentido um amor incestuoso pela irmã, o que vem a suscitar uma campanha contra ele. Na verdade, a censura a esse respeito é tão intensa que apenas os casos excepcionais erguem uma ponta do véu: Pierre Moignon, operário, ex-detento, apaixonado pela irmã, escreve-lhe declarando seu amor e mantém um diário íntimo sobre sua paixão desesperada, ao qual temos acesso a partir do dossiê do tribunal.

IRMÃS MENORES

A combinação da idade e do sexo traça figuras cruzadas — irmão mais velho/irmã mais nova, irmã mais velha/irmão mais novo —, em que a idade geralmente duplica as características da relação segundo o sexo: paternal ou maternal. A "Irmãzinha" de Zola, em *Travail* [Trabalho] (1901), dedica a seu irmão uma adulação irrestrita; sacrificada sem consulta às iniciativas de Martial Jordan, ela chora de alegria, aparentando se deliciar com os papéis secundários, sendo a própria expressão da aceitação. Essa figura da "irmãzinha" é um tema recorrente na literatura antifeminista do começo do século. Substituto do pai e do marido, o irmão mais velho é o guia e o iniciador, modelo tranquilizante para a identidade masculina em crise.

Protetora, a irmã mais velha se dedica de corpo e alma à educação e aos progressos de seu caçula. Ernest Renan deve muito a Henriette, da qual deixou um retrato ideal típico, *Ma soeur Henriette* [Minha irmã Henriette]. Nascida em 1811 em Tréguier, Henriette era doze anos mais velha do que ele, tiranizada desde a infância. Ela se torna professora na Bretanha, depois em Paris e até na Polônia, recusando vários pedidos de casamento para se dedicar à família. É graças a suas economias que Ernest pode prosseguir em seus estudos e pesquisas. Em 1850, o irmão e a irmã se instalam juntos em Paris: "Seu respeito por meu trabalho era extremo. Eu a via, à noite, durante horas a meu lado, mal respirando para não me interromper; mas ela queria me ver, e a porta que separava nossos dois quartos ficava sempre aberta". Henriette influencia o irmão, principalmente no terreno religioso, precedendo-o no caminho do ateísmo. Acima de tudo, "ela era para mim uma secretária incomparável; copiava todos os meus trabalhos e entendia-os tão profundamente que eu podia me basear nela como um *index* vivo de meu próprio pensamento". É um drama quando Ernest se apaixona, embora ela própria lhe sugerisse o casamento. "Atravessamos tudo o que o amor pode apresentar de tempestuoso [...]. Quando ela me anunciava que o momento de minha união com outra pessoa seria o momento de sua partida, a morte penetrava em meu coração."

Depois do casamento de Ernest com mademoiselle Scheffer, Henriette volta sua necessidade afetiva para Ary, seu pequeno sobrinho. "O instinto materno que transbordava nela encontrou aqui seu desaguadouro natural", escreve Renan, descrevendo com a inconsciência dos grandes homens a "obra-prima" das relações entre as cunhadas: "Cada qual teve junto de mim seu lugar próprio, e isso sem divisão nem exclusão". Henriette, porém, só vem a reencontrar a perfeita felicidade da comunhão solitária com o irmão quando o acompanha fervorosamente em sua missão à Síria, onde encontra a morte. "Na verdade, este foi seu único ano sem lágrimas e quase que a única recompensa de sua vida", escreve Ernest. Os casos extremos por vezes exprimem a verdade das coisas.

PARENTES

Em torno do núcleo central pais-filhos desenham-se os círculos de uma parentela mais ou menos ampla, conforme os tipos de família, as formas de habitação, as migrações, os meios sociais, mas que nem por isso se faz menos marcada no século XIX, inclusive nas camadas populares. De acordo com alguns recentes estudos de sociologia urbana (Henri Coing), é no mundo operário que os almoços de domingo são majoritariamente dedicados aos parentes, e apenas aos parentes.

AVÓS

A presença dos avós em casa, clássica no mundo rural — onde, aliás, coloca problemas quando o velho já não pode trabalhar —, é muito mais rara nos meios urbanos, a não ser em caráter temporário, sendo que os filhos fazem rodízio para receber e hospedar os pais idosos, devido à falta de espaço na casa. Os operários das monografias de Frédéric Le Play (*Ouvriers des deux mondes* [Operários dos dois mundos]) geralmente mantêm relações com seus ascendentes, sobretudo do lado materno. Confiam-lhes os filhos pequenos e sustentam-nos na velhice. Todavia, essa solidariedade entre as gerações tende a se dissolver, e o internamento em algum asilo é um fantasma que persegue os velhos desamparados. É por isso que a questão dos "velhos tempos" se coloca com uma agudeza crescente, e em todos os meios. Em Gévaudan, os avós, insatisfeitos com as pensões alimentares pagas sem regularidade, preferem adotar o sistema de usufruto. Entre os assalariados, a reivindicação do direito de aposentadoria assume consistência cada vez maior, principalmente no setor público, onde as pessoas recorrem mais ao Estado. Os guardas dos manicômios encaminham em 1907 uma carta ao ministro do Interior: "Não teremos direito à vida, como todos os cidadãos, e aos privilégios, como todas as outras categorias de funcionários protegidos pelo Estado, aos quais ele assegura o futuro com o fundo de aposentadoria?". A recusa da CGT em homologar a lei das aposentadorias de 1910 deriva das insuficiências do dispositivo legal, e não de uma oposição a um princípio cuja materialização, muito pelo contrário, é desejada pela opinião operária, como mostra a correspondência que Ferdinand Dreyfus recebeu no jornal *L'Humanité*, quando se ocupava dessa questão. O fato de que a velhice se transforme num "risco" que deve ser coberto por um seguro, como a doença e os acidentes, mostra a distorção das solidariedades familiares e, ao mesmo tempo, uma alteração nas percepções do tempo de vida. Essa consciência da velhice, que, segundo a avó de George Sand, foi criada pela Revolução, corresponde a uma mutação de grande porte, a ser estudada.

Os avós intervêm de maneira mais ou menos pontual, conforme as distâncias. Como geralmente não lhes cabe nenhuma função educativa, eles podem se dar ao luxo da ternura para com as crianças, como "Bon-Papa" e "Bonne-Maman". Podem ocupar o lugar dos pais, mortos, ausentes ou incapacitados. Órfão de mãe, Henri Beyle é criado pelo avô Gagnon; filho natural, Xavier-Édouard Lejeune é adotado pelos avós maternos; Aurore Dupin é educada pela avó paterna, que também recebe o filho natural de Maurice, Hippolyte Chatiron. Élisée Reclus fica até os oito anos com os avós maternos, que exerceram sobre ele uma influência decisiva.

Tais evocações aparecem em abundância nas autobiografias, que quase sempre se iniciam com o retrato dos avós, limite de onde parte a memória familiar. Figuras quase míticas, equivalentes a um costado de nobreza, esboço de uma genealogia e ainda, para os netos, primeira experiência do desaparecimento e da morte. Lembre-se a morte da avó do narrador de *Em busca do tempo perdido*, de Proust. Ademais, não se deve subestimar o papel efetivo dos avós na transmissão dos saberes e tradições. Nesse século de turbulências, o relato dos acontecimentos históricos, da maneira como foram vividos pelos avós, constitui como que uma forma de privatização da memória, amiúde feminina, em virtude da maior longevidade das avós, que além disso se casavam mais jovens.

PRIMAS E TIAS

Tios e tias, primos e primas ampliam a graus mais ou menos distantes (que tendem a se restringir ao segundo ou terceiro grau) a nebulosa familiar, horizonte de correspondências, relações e solidariedades. Em meios populares, eles servem de pano de fundo para as migrações profissionais. Em meios burgueses, eles formam o grupo mais habitual das recepções e a companhia privilegiada das férias, época de viagens e iniciações, inclusive sexuais. Segundo Fourier, "todas as tias tomam as primícias dos sobrinhos", e os tios precisam possuir uma grande virtude para resistir ao "pequeno incesto com suas sobrinhas". Emoções adolescentes pela bela prima que, no intervalo de um verão, se transformou numa mulher, o coração que bate pelo primo sedutor que assume ares de estudante liberado: "mapa de Ternura", educação sentimental, a família provê e atende a tudo,[12] pronta a intervir, às vezes dolorosamente, quando as coisas vão longe demais ou passam por cima das normas de sangue ou de herança.

Os tios e tias ocasionalmente servem de tutores. Dada a incapacidade que pesa sobre a mãe viúva, o papel avuncular num conselho de família pode ser considerável, sobretudo no caso de segundas núpcias, subordinado ao seu parecer, para a administração dos bens dos órfãos ou os pedidos de internamento formulados em nome da lei de 1838.

Ligadas à casa, muitas vezes numa proporção excessiva, as tias solteiras se fazem presentes no universo infantil, dominando as recordações dos sobrinhos. Henri Beyle tem de sofrer a palmatória da severa tia Séraphie — "essa diaba [...], meu gênio mau durante toda a minha infância" —, atenuada pela ternura de tia Élisabeth. Jacques Vingtras evoca o quarteto de suas tias maternas, Rosalie e Mariou, e paternas, Mélie e Agnès, duas senhoras que vivem com avareza, fazendo parte de uma pequena comunidade de beatas, perto de Puy-en-Velay. O papel maternal das tias é obrigatoriamente mais acentuado no caso das jovens órfãs. Caroline Brame é protegida pela tia Céline Ternaux, certamente responsável pelo casamento da sobrinha, como de muitos outros da família. Marie Capelle — a futura madame Lafarge — é iniciada no segredo matrimonial pelas tias: "Depois de um almoço bastante longo e animado, minhas tias se fecharam comigo no pequeno salão e começaram a me iniciar nos terríveis mistérios de meus novos deveres".[13]

O tio, por sua vez, traz os ares de fora. Possui o prestígio do pai, sem seus defeitos. Ele oferece aos sobrinhos um modelo de identificação cúmplice. Xavier-Édouard Lejeune fica encantado com as escapadas para a casa de seu tio alfaiate, que veste o redingote para levá-lo à place du Trône. Albert Simonin admirava seus dois tios: Pierre, o inventor que bem antes de 1914 já tinha um automóvel, e Frédéric, o relojoeiro e acendedor de lampiões que construiu pessoalmente sua casinha na periferia. Paul Reclus alimenta verdadeiro culto por seu tio Élisée, o geógrafo, e edita suas obras póstumas. O tio, substituto do pai, também pode ter poderes temíveis. Mas a família gosta mesmo é de criar histórias fabulosas sobre seus êxitos. O tio da América é um dos mitos do universo familiar.

VIZINHOS E CRIADOS

Para além da parentela, há um terceiro círculo: a criadagem nos meios abastados, a vizinhança sobretudo nos meios populares, ambas ilustrando claramente a diferenciação espacial do cenário privado. Há, porém, um traço em comum: nos dois casos, tem-se a consciência de um limite, e até de um perigo. Os criados e os vizinhos servem e ajudam a família, mas sua presença e observação constrangem e ameaçam a intimidade. Convém utilizar seus serviços, mas ao mesmo tempo desconfiar deles.

A vizinhança é simultaneamente cúmplice e hostil. Nas vilas, não é fácil escapar ao peso da vigilância. Em Gévaudan, "todo o povoado está inteiramente a par, e o jogo que consiste em conhecer a vida secreta das casas vizinhas, ao mesmo tempo protegendo sua própria vida, encontra-se por todas as partes". Esboça-se toda uma semiologia dos comportamentos e das aparências. Certos lugares são mais propícios à espionagem: por exemplo, a igreja, "lugar pan-óptico do povoado". Observa-se o público presente na missa, a frequência da comunhao (em caso de abstenção, indaga-se sobre a absolvição), o tempo de confissão das moças. O principal alvo de espreita são as mulheres, veículos da vergonha, principalmente nesse ponto sensível: o ventre. Atenção ao rosto que fica mais espesso, à cintura que engrossa e de repente desincha... As viúvas recebem uma atenção especial. "A província vigia as viúvas", escreve Mauriac em *La province* [A província] (1926). "Ela controla o tempo que as viúvas usam o véu. Mede a dor sentida pelo comprimento dele. Pobre daquela que, num dia tórrido, ergue o véu para respirar! Veem-na, e dizem: 'Eis aí uma que se consolou depressa'.". Jogos de olhares pelas persianas semicerradas. Jogos de palavras e meias palavras sussurradas na fonte, no lavadouro, locais privilegiados de contatos e censuras, que se transformam em rumores insistentes. Na medida em que a aldeia é uma comunidade que pretende se autogerir e recusa intervenções externas, as coerções da censura interna são particularmente densas. A vizinhança é o tribunal da reputação.

VIZINHANÇAS

A cidade popular terá maior liberdade? Sim, na medida em que as comunidades, nesse caso, são provisórias, os laços de interesse menos fortes, as circulações mais intensas, com uma relativa solidariedade contra os "eles" do exterior, principalmente a polícia. Não, devido à finura das paredes — o ranger da cama revela as intimidades —, às janelas abertas nas noites de verão que transformam os pátios em caixas de ressonância das brigas do casal ou das discussões entre vizinhos, aos encontros inevitáveis nos vãos da escada, nos pontos de água coletivos, nas "latrinas" que empesteiam, tema constante de rixas entre as famílias usuárias. Personagem essencial: a zeladora (nos imóveis populares, quase sempre é mulher, devido a um lento deslocamento que levou ao sumiço dos zeladores e até dos porteiros), temida por sua posição intermediária entre o público e o privado, entre o inquilino e o proprietário, às vezes em combinação com a polícia, que nos incidentes sempre se dirige a ela e tenta convertê-la em informante. Seu poder oculto também é considerável: ela seleciona os inquilinos, bem como as visitas ou os músicos ambulantes que só entram no pátio com a sua autorização. Ocupar um apartamento que dá para a rua é um avanço na defesa da intimidade.

"A maioria dos habitantes gosta de ficar num território modesto, até minúsculo", observa Pierre Sansot em *La France sensible* (1985). Mais que o bairro, é a rua que constitui o espaço de conhecimentos por onde passa a fronteira do secreto. Seu epicentro são as lojinhas, com seus códigos de cortesia, seus presentes e retribuições. Alguns personagens são essenciais, vigias, confidentes e testemunhas: a padeira, e principalmente o merceeiro, que amiúde "se converte no ouvido ou no confessionário do bairro ou da rua", segundo Michel de Certeau em *L'invention du quotidien* [A invenção do cotidiano]. O bairro, mais complexo, é a introdução à cidade, onde se abrem outras práticas de privatização.

Aqui, importa-nos menos o espaço e mais "as pessoas", os vizinhos, que raramente são escolhidos e constituem o olhar do Outro, do qual é preciso se defender e, ao mesmo tempo, conquistar a estima. Os vizinhos estabelecem um código de decência da casa e da rua, norma que o indivíduo deve acatar para ser aceito e que tende a reproduzir o mesmo e excluir o diferente: o estrangeiro, seja por nacionalidade, raça, província e até cantão. Como mostrou Louis Chevalier, Paris, na primeira metade do século XIX, consiste numa justaposição de povoados: certos pátios da rue de Lappe, bairro povoado de pessoas provenientes de Auvergne, concentram todos os oriundos da mesma aldeia. Da mesma forma, no final do século, o Pletzl (no Marais) reúne os judeus vindos da Europa oriental, e traçam-se distinções entre a rue des Francs-Bourgeois, a parte elegante do bairro judeu, e a rue des Rosiers, suja e apinhada (Nancy Green).

O olhar da vizinhança pesa sobre a vida privada de cada um e o que dela aflora: "O que dirão?". A desaprovação, a tolerância, a indulgência dos vizinhos têm a força dos Dez Mandamentos. Também existem limites à sua intervenção: as paredes da casa, o outro lado da porta constituem uma fronteira, exceto em casos de barulhos intempestivos, escoamentos suspeitos ou cheiros nauseabundos. Os pais podem bater nos filhos, o marido na mulher: é assunto deles, e não se chamará a polícia por causa disso. É preciso que ocorra um drama para que as línguas se desatem e se solicite uma intervenção. O recurso dos particulares à polícia e à justiça, ou seja, o registro de queixas das pessoas privadas constitui, aliás, um indicador interessante dos limites de tolerância e das formas de intervenção que mereceria ser estudado. Em todo caso, no direito, os problemas de vizinhança continuam a ser uma questão civil, existindo certo consenso quanto à inviolabilidade de um âmbito privado formado pela família e seu domicílio.

A tolerância é menor em relação aos comportamentos políticos, como mostra o volume de denúncias em períodos conturbados, por exemplo a época da Comuna. São muitos os que devem a prisão à espionagem de um zelador ou de um vizinho. Jean Allemane teve a triste experiência disso.

Equilíbrio delicado de tensões contidas, ocasionalmente solidária, em geral censora, a vizinhança envolve a vida privada como a casca espinhosa de uma castanha.

Em volta do núcleo familiar burguês, o círculo de dependentes domésticos cria auréolas proporcionais à posição ou à tradição. Esse círculo doméstico apresenta duas esferas importantes, ainda que desiguais: a criadagem e os animais.

ANIMAIS DOMÉSTICOS

Falaremos pouco deles. Com efeito, eles pertencem à intimidade pessoal que será analisada mais adiante por Alain Corbin. O sentimento dedicado aos animais de casa — cães, aves e mais tarde gatos — aumenta no decorrer do século, assim como a sensibilidade ecológica em relação a eles na esfera pública. Os animais pertencem à família, são tratados nas conversas como velhos companheiros, constituem notícia (a correspondência de George Sand oferece trechos antológicos a esse respeito) e dão testemunho de alguém distante. Caroline Brame e Geneviève Bréton ganham cadelinhas de seus amados; a primeira a apelida "Guerreira", dizendo-lhe o nome de seu dono; a segunda a afaga como prefiguração de um futuro bebê. Recebem uma identidade: a cadela de madame Dupin usa uma coleira que traz a inscrição: "Meu nome é Nérina, pertenço a madame Dupin, de Nohant, perto de Châtre"; ela finda seus dias nos joelhos da dona, e "foi enterrada em nosso jardim, sob uma roseira; *encavada*, como dizia o velho jardineiro, que, como bom purista de Berry, nunca empregou o verbo *enterrar* a nenhuma criatura que não fosse um cristão batizado". Não sem dificuldades, o animal doméstico inicia sua ascensão como pessoa, chegando hoje a um tal ponto que cria embaraços para o direito: o dono pode legar sua fortuna a seu cão? Tal foi o enigma legal — resolvido pela negativa — que os juristas tiveram de enfrentar recentemente (1983). No último terço do século XIX, a noção de "direitos dos animais" se projeta com uma força quase equivalente à dos "direitos da criança". Note-se que as feministas foram muito sensíveis a isso, militando, em sua maioria, na Sociedade Protetora dos Animais.

CRIADOS

A quantidade e a qualidade da criadagem dependem da posição social e do nível de vida, sendo ao mesmo tempo seu símbolo mais visível; "ter uma criada" marca a ascensão a uma casta superior: a das pessoas *servidas*, que podem consagrar o tempo livre de suas mulheres à representação e à ostentação do luxo. Aí persiste duplamente o modelo aristocrático, negador da independência salarial e defensor dos laços pessoais. De fato, o servidor dedica o corpo, o tempo e o próprio ser a seus senhores. Daí o crescente mal-estar que esse estatuto arcaico introduz na sociedade democrática e o início de definhamento que se esboça na virada do século, perceptível na dificuldade "de ser servida" de que se queixam as burguesas, inclusive as feministas.

Nosso objetivo aqui nao é tratar da história social da criadagem, amplamente apresentada em outro lugar, e sim abordar sua história "privada", ao mesmo tempo externa — lugar dos criados na casa — e interna — os criados têm vida privada?

A criadagem, aliás, compõe um mundo hierarquizado. No topo encontram-se os preceptores e as professoras — que apenas as famílias ricas podem se permitir, quando desejam manter os filhos em casa —, assumindo a figura de semi-intelectuais, o que, aliás, muitas vezes são. O desenvolvimento da escolaridade obrigatória reduz o número dos preceptores, e não tanto das professoras, descritas por Flaubert no seu *Dicionário das ideias feitas*: "São sempre de uma excelente família que sofreu desgraças. Perigosas nas casas, corrompem o marido". Em 1847, é por causa de uma jovem governanta que o duque de Choiseul-Praslin assassina a esposa e depois se suicida. Esse grande episódio abalou a monarquia, ao rebaixar a aristocracia ao nível do crime passional vulgar. As *nurses*, que na primeira metade do século são francesas, e na segunda metade geralmente são inglesas, alemãs ou suíças — a *miss* ou a *Fräulein* —, são alvo constante do desejo dos senhores. Paira em torno de "mademoiselle" uma atmosfera de sedução, da qual ela tem de se defender com uma postura austera, usando lunetas e um coque severo.

A situação dos criados subalternos é ainda mais difícil, na medida em que são socialmente despossuídos, portadores da libré do serviçal. A extrema ambiguidade de sua posição deriva do fato de estarem simultaneamente dentro e fora, integrados e excluídos da família, no centro da intimidade da casa, do casal, do corpo secreto dos senhores, e intimados a não ver e, acima de tudo, não dizer nada: Bécassine, personagem da revista infantil *La Semaine de Suzette* criada em 1906, não tem língua. Acresce-se o fato de se tratar, em geral, de uma relação entre mulheres. A redução das grandes casas aristocráticas, ao estilo dos Guermantes, abre espaço para o crescimento da "empregada para todo serviço", por meio da qual a pequena burguesia urbana afirma suas pretensões. A profissão se proletariza e se feminiliza, numa conjunção clássica que indica sua relativa degradação na escala da estima social.

Os criados e criadas de quarto — espécie em extinção — são os que se encontram na posição mais precária. Enquanto são negados como pessoas, não há problemas: o que importa o contato, se não têm sexo? Assim, a marquesa de Châtelet, no século XVIII, podia ser banhada com a maior indiferença por seu criado de quarto Longchamp, de cuja virilidade, porém, tinha consciência suficiente para fazê-lo sentir-se embaraçado, como confessa em suas *Mémoires*. Cento e cinquenta anos depois, a sala de banho, transformada em santuário, fecha-se sobre a nudez dos senhores, que já não toleram ser vistos por seus criados. "Madame se veste sozinha e se penteia pessoalmente. Ela se tranca em sua toalete, e é muito difícil que eu tenha direito de entrar", lamenta a Célestine de Mirbeau de *Journal d'une femme de chambre* [Diário de uma criada de quarto], como se estivesse perdendo uma parte de seu poder. Georges Vigarello mostra como essa expulsão foi precedida por uma "relação mais exigente do indivíduo consigo mesmo".[14]

Essa exigência de maior intimidade não se manifesta apenas no banheiro, mas também no dormitório — uma mulher decente arruma a própria cama — e em toda a casa. Os criados devem estar próximos, mas não presentes. Poderão ser vistos, ou pelo menos chamados, de um ponto em que não vejam os senhores. Samuel Bentham, irmão de Jeremy, o célebre autor do *Panopticum*, ao lado de seus estudos para uma planta carcerária condizente com esse princípio, preparou um sistema de chamada a distância para a casa de um particular inglês. Sob o Diretório, na França, multiplicam-se os sininhos, fato lamentado pela "cidadã Ziguette", porta-voz do conde Roederer, como uma perda de familiaridade. Viollet-le-Duc, em sua *Histoire d'une maison* [História de uma casa] (1873), que se pretende modelar, concede a máxima atenção aos vestíbulos, corredores e escadas, que devem ser meios de circulação e comunicação, bem como formas de se esquivar e evitar o contato. Michelet dá voz a essa intolerância: "Os ricos [...] vivem diante de seus criados [leia-se: seus inimigos]. Comem, dormem, amam sob olhos hostis e trocistas. Não dispõem de intimidade, não têm nada de secreto, não possuem lar". E no entanto "viver a dois, não a três, é o axioma essencial para manter a paz do lar". Essa recusa do criado, que se transformou num intruso, certamente indica uma nova sensibilidade, mas também assinala a personalização do serviçal, o que acaba levando ao fim da criadagem.

A outra saída, majoritariamente adotada no século XIX, é a negação do(a) criado(a), o apagamento de seu corpo, esse "corpo negado" descrito por Anne Martin-Fugier, a anulação de seu sobrenome e até do primeiro nome: "Minha jovem, sereis chamada de Marie". E a impossibilidade de ter uma vida privada, familiar ou sexual, já que ela não dispõe de nenhum tempo ou espaço próprio, nem do direito de tê-los. Dormir no sexto andar, mesmo em meio à penúria material e à promiscuidade, estabelece uma distância, um afastamento onde pode surgir "um prazer roubado". Daí o temor das patroas em relação ao sexto andar, lugar de fantasmas sociais e sexuais.

Geralmente solteira, a criada, em princípio, não tem amante, nem marido, nem filhos. Se acontece alguma desgraça, ela "se vira". Registram-se muitas criadas entre as mulheres processadas por infanticídio; elas povoam as maternidades das casas de misericórdia, refúgio das mães solteiras, e muitas vezes se veem obrigadas a abandonar os filhos. Quando o século se mostra mais indulgente com as mães solteiras, devido a um índice de natalidade baixo demais, muitas domésticas passam a criar seus filhos, mas, por terem de criá-los sozinhas, ficam ainda mais presas ao emprego.

Se o pai da criança é o próprio patrão, a criada tem de sumir ou envolver o erro num silêncio absoluto. Helen Demuth ocultou durante toda a vida a existência do filho que teve com Marx. Muito mais tarde, depois que ambos morreram, Eleanor descobriu a verdade e ficou doente: não por causa da ligação amorosa, mas da mentira que a encobrira. A situação de Helen Demuth, integrada à família Marx a ponto de partilhar todos os seus interesses e negar a si mesma, é o exemplo paradoxal da abnegação a que se viam reduzidas as criadas de coração generoso, as quais se veem, tímidas e anônimas, no canto das fotos de família. Essa devoção servil é tal que algumas criadas, de fato, já nem possuem nenhum outro teto, nenhuma outra família além dos patrões, pelos quais velam como eternas amas-de-leite. Berthe Sarrazin cuida de Toulouse-Lautrec e informa seus parentes sobre a saúde dele. O espírito "serviçal" é um meio inconsciente de não sofrer, de vir a ter uma justificativa, de encontrar uma forma de enobrecimento na familiaridade partilhada com os deuses. Assim, Céleste Albaret — a Françoise de Proust — e Berthe, a criada de quarto de Nathalie Clifford-Barney, foram as testemunhas atentas e amorosas da grandeza de seus senhores.

Essa sobrevivência dos tempos feudais é incompatível com o desenvolvimento da autoconsciência. Se os senhores já não toleram ser vistos, os criados já não suportam essa negação do corpo e do próprio ser. São poucas as revoltas frontais: trata-se mais de um esquivar-se individual. Os criados se tornam móveis, indóceis, não aceitam os conselhos e perseguem seus próprios fins. As jovens criadas economizam para se casar e têm a fama de ser bons partidos. Além disso, diminuem as migrações de seus locais de origem: no final do século, teme-se o "mal de Paris", a sífilis. A "crise da criadagem", que se traduz na inflação da oferta de empregos nos jornais, num ligeiro aumento da remuneração, num início de sindicalização e legislação protetora, na verdade lança suas raízes no cerne da vida privada e das relações interpessoais. Ela é o sinal de sua democratização.

NOTAS

1. Henri Guillemin, *L'engloutie*, Paris, Seuil, 1985, p. 105.

2. Lafont de Sentenac, *Des droits du mari sur la correspondance de sa femme*, tribunal de apelação de Toulouse, sessão solene de reabertura, 16 de outubro de 1897, Toulouse, 1897, 51 p.

3. Fresnette Pisani-Ferry, "Jules Ferry, l'homme intime", *Colloque Ferry*.

4. J.-P. Sartre, *L'idiot de la famille: Gustave Flaubert de 1821 à 1857*, Paris, Gallimard, 1971-1972, vol. II, pp. 1882 ss.

5. Claverie e Lamaison, p. 139.

6. Op. cit., p. 218.

7. *Journal*, p. 28.

8. *Journal*, p. 43.

9. *Histoire de ma vie*, II, p. 179.

10. G. L. Duprat, *La criminalité dans l'adolescence. Causes et remèdes d'un mal social actuel*, Paris, Alcan, 1909.

11. *Histoire de ma vie*, I, p. 76.

12. Pense-se no romance de Michel Braudeau, *Naissance d'une passion*, Paris, Seuil, 1985.

13. *Mémoires*, 1842, vol. II, p. 103.

14. *Le propre et le sale*, 1985.

A VIDA EM FAMÍLIA

Michelle Perrot

A família é um "ser moral" que se diz, se pensa e se representa como um todo. Percorrem-na fluxos que conservam sua unidade: o sangue, o dinheiro, os sentimentos, os segredos, a memória.

CORRESPONDÊNCIAS

Dispersa, a família mantém contato, restabelece ligações através da correspondência. Esta é facilitada pelos avanços do correio, já sensíveis desde a primeira metade do século, acelerando-se mais tarde com o desenvolvimento das estradas de ferro e a variedade de materiais que surgem nessa época de grande fabricação de papel. Receber notícias frequentes, regulares e principalmente "frescas" passa a ser uma necessidade. Missivista incansável, George Sand pede que lhe enviem de Paris "esse papel de carta azul e amarelo que é tão feio e está tão em moda" (3 de abril de 1830); ela compara o carimbo do correio e a data de entrega dos envelopes. O carteiro, que frequentemente diz as horas — a hora certa: a da estação — enquanto entrega a correspondência, é um mensageiro esperado e recebido com alegria.

Os filhos, quando estão no internato, devem escrever pelo menos uma carta por semana. Um casal unido, provisoriamente separado, troca cartas a cada dois ou três dias. Para além do núcleo mais restrito da família, os parentes mais distantes entram nesse círculo com uma frequência que indica maior ou menor proximidade. O cartão de ano-novo é, por vezes, a única oportunidade de fornecer um boletim da saúde da família, um resumo anual das mortes, nascimentos, casamentos, doenças ou sucesso nos exames. Pois é isso que forma o teor normal das correspondências, como mostra Caroline Chotard-Lioret com base em cerca de 11 mil cartas de uma família burguesa de Saumur entre 1860 e 1920: exemplo interessante, pois dá a medida da intensidade e do conteúdo das trocas epistolares intrafamiliares, das fronteiras do dizível e do indizível. O indizível: o dinheiro, a morte, o sexo. O dizível: a doença, o detalhe cotidiano, os filhos, como sempre. Outras correspondências se detêm sobre outros temas — os Goblot são obcecados pelo sucesso na escola — ou são prolixas. A correspondência da família de Cerilley, publicada sob os nomes de *Émilie e Marthe* — mãe e filha —, estende-se bem mais sobre o capítulo do dinheiro e do corpo; as cólicas e indisposições são narradas com detalhes que parecem chegar ao despudor, mostrando o quanto se deslocaram os limites da sensibilidade nesse âmbito.

Esses intercâmbios são regidos por códigos que nada têm de espontâneo, sendo "figuras de compromisso" (M. Bossis) entre o público e o privado, o individual e o social. Uma correspondência familiar é escrita para o grupo ou subgrupo: ela circula, delimita seu território, modula suas confidências, exclui o íntimo.

Essas práticas epistolares são, é claro, próprias de pessoas alfabetizadas, com facilidade de redigir e até uma vocação de escritor que aí encontra um meio autorizado de expressão: muitas mulheres, animadas por essa "fúria de escrever" que George Sand e suas amigas sentiram no convento Des Anglaises, estando-lhes vedado ou sendo-lhes difícil o acesso ao escrever público, dedicam-se à correspondência com o prazer de uma vingança. Algumas dedicam várias horas por dia a essa ocupação. Os homens, todavia, mantêm um certo hábito epistolar, ao qual renunciarão no século XX, por escolha da técnica ou da profissão.

A divisão entre os sexos é menos marcada do que a que se traça entre a cidade e o campo. Na cidade, o popular, quando necessário, recorre aos escrivãos públicos, que imprimem seus convencionalismos nos assuntos íntimos. No campo, as notícias são mais raras: chegam por via oral. A volta dos pedreiros migrantes, em Creuse, constitui uma festa, e nas noites de inverno eles relatam suas aventuras urbanas. Todos, porém, encontrarão no cartão-postal, largamente usado após 1900, um uso constante. Em Melun, por exemplo, uma família de cinco pessoas — a mãe dona de casa, o pai jardineiro e as filhas empregadas — troca, entre 1904 e 1914, mais de mil cartões-postais. Esse adensamento das relações familiais vem acompanhado de uma concisão que se encaminha para a mensagem moderna, mais nitidamente informativa.

MATÉRIA E MEMÓRIA

Para todos, as reuniões periódicas mais ou menos frequentes, solenes ou numerosas da família constituem uma forma básica de comunicação e de manifestação unitária. Anne Martin-Fugier mostra as ocasiões e os cerimoniais dessas reuniões. As minorias, religiosas ou étnicas, para as quais esses encontros significam uma espécie de autopreservação, e até uma forma de resistência, dedicam-lhes atenção toda especial. Até recentemente, os Monod se reuniam para um "chá" anual com cerca de duzentas pessoas, onde cada uma delas marcava sua identidade no lado avesso da roupa! Os Reclus — outros protestantes — comemoravam juntos o aniversário do pai; Hélène Sarrazin pôde acompanhar a evolução da família comparando as fotos tiradas nessas ocasiões.

Pois o retrato de família, que constitui um autêntico gênero, é uma maneira de materializar esses encontros e conservar uma lembrança deles, piedosamente guardada em "álbuns" do final do século. Nos meios modestos, o retrato se restringe quase que exclusivamente ao momento do matrimônio. Ele se populariza na guerra de 1914. À hora da partida, por exemplo em Mazamet, os casais e filhos vão posar no fotógrafo; essas fotos serão encontradas nos cadáveres das trincheiras. Antes da fotografia, as famílias abastadas encomendavam retratos aos pintores; G. Naeff consagrou cinco volumes aos retratos de família pintados apenas por Ingres.

Quadros ou fotos, essas galerias de antepassados são uma

forma de visualizar a linhagem. Além de representações, são meios de preservar uma memória que vai adquirindo importância crescente num século evolucionista cuja duração se inscreve no encadeamento das gerações. No final do século, no Norte ou em Rouen, as famílias burguesas encomendam suas genealogias, com a esperança secreta, talvez, de descobrir uma origem elevada, e mais provavelmente, quando tiveram êxito, para dar provas de sua ascensão social. Por outro lado, no cemitério, a grandiosidade dos monumentos fúnebres reúne os corpos e afirma aos olhos de todos a perenidade do clã.

Quanto às autobiografias, principalmente das "pessoas comuns" identificadas por Philippe Lejeune, no século XIX são mais familiares do que realmente pessoais. Dirigidas aos descendentes, elas se estendem, acima de tudo, sobre a infância e as raízes do narrador, como que para medir melhor o caminho percorrido, glorificar-se ou, em caso de fracasso, justificar-se. Condorcet defendia uma história da "massa das famílias". George Sand, cuja *Histoire de ma vie* [História de minha vida] é essencialmente uma história de seus parentes, exorta as classes populares a seguir seu exemplo: "Artesãos, que começais a compreender todas as coisas; camponeses, que começais a saber escrever; não mais esqueçais, portanto, vossos mortos. Transmiti a vida de vossos pais a vossos filhos, criai títulos e brasões, se quiserdes, mas preocupai-vos com isso". Pois "o povo tem seus ancestrais, da mesma forma que os reis".

A memória supõe rememoração, tradição oral, e nisso as mulheres, devido à sua longevidade, certamente desempenham um papel especial, aliás verificado por Philippe Joutard entre os *camisards*.* É uma memória truncada, reconstruída, em que, mais que os acontecimentos, importa a representação deles. Os migrantes italianos da Lorena entremeiam o discurso com uma

* Designação dada aos calvinistas de Cévennes, perseguidos após a revogação do edito de Nantes, que, para se distinguirem, usavam uma camisa branca sobre as vestes. (N. T.)

memória mítica de suas origens. A narrativa da primeira viagem assume uma dimensão extraordinária que engrandece o fundador e sua odisseia.

RITOS E ESTILOS DE VIDA

Essa vida em família, pública e privada, é objeto de uma execução com regras mais ou menos precisas. Numa burguesia assediada pelas lembranças da corte, essas regras são levadas ao extremo. Anne Martin-Fugier descreve esse ritual burguês, ao mesmo tempo sonho e realidade, em sua tripla temporalidade — um dia, um ano, uma vida —, com base em manuais de comportamento (avatares dos manuais de "civilidade" em que, como assinala Norbert Elias, vêm se refinando, desde Erasmo, as fronteiras da intimidade), em fontes literárias que, nesse caso, são de uso válido, pois apresentam com maior precisão o tipo ideal percebido por narradores sagazes e fascinados, e também em arquivos privados atestando práticas concretas. O valor normativo desse modelo, tão detalhado quanto um código de etiqueta, tão coercitivo quanto um cerimonial aristocrático, justifica o lugar que lhe é concedido. Através dele, esboça-se a vontade de um estilo de vida.

Este triunfa, com matizes variados, em todas as capitais e grandes cidades europeias. Impõe-se na própria corte. Luís Filipe, tão orgulhoso do grande leito conjugal, pretende ser acima de tudo um bom pai de família, "ordeiro na conduta, simples nos hábitos, moderado nos gostos" (Tocqueville). Em Versalhes, "a única peça notável no salão da rainha é uma grande mesa de trabalho cercada de gavetas, com as chaves a cargo das princesas e nas quais elas guardam seus lavores. É aí que se reúne a família real", segundo *Émilie.* Mais tarde, a imperatriz Eugênia, amante da puericultura, "ocupa-se pessoalmente de seu filhinho como uma mãe da plebe, vestindo-o, embalando-o, cantando-lhe melodias espanholas" (Octave Aubry). A corte tem "a mania da família", tal como a cidade, que dá o tom: curiosa inversão dos papéis que, à sua maneira, ilustra o triunfo da burguesia. A domesticidade é um modo e um modelo de governo.

Esses ritos, sem dúvida, são modulados por muitas variantes, fruto de tradições e necessidades internas. Assim, a integração dos protestantes e dos judeus à nação, embora avançando de modo decisivo no século XIX, apresenta fragilidades que requerem atenção. Entre os luteranos da Alsácia, o costume reza que a criança batizada tenha dois padrinhos e duas madrinhas — católicos e luteranos —, capazes de protegê-la em caso de conflito. Entre a comunidade judaica, a chegada dos imigrantes da Europa central e oriental, em 1880, provoca atritos. No Pletzl (no Marais) de Paris, na Belle Époque, a multiplicação de pequenos oratórios em casa e nas oficinas dos alfaiates ou dos fazedores de barretes opõe-se às cerimônias mais oficiais das grandes sinagogas. Em Paris, a força de integração dos oriundos de Auvergne deriva justamente do fato de conservarem seus costumes familiais e regionais: a culinária, os bailes, as festas (Saint-Michel e Saint-Ferréol) e até o retorno periódico à terra natal, coletivamente organizado pelos "trens Bonnet". Os imigrantes italianos se aferram igualmente a seus hábitos, e até a seus padres, o que não deixa de criar choques com os operários franceses.

Embora a família substitua Deus, os ritos têm dificuldade de se emancipar de suas origens religiosas. O livre-pensamento, de modo geral, não conseguiu encontrar sucedâneos seus, exceto para os enterros civis, que representam 38,7% em Paris (em 1884-1903), 21,5% em Carmaux (1902-1903, apenas masculinos), mas chegam a 50% em Saint-Denis, periferia operária, por volta de 1911. É no meio operário que a laicização se mostra mais intensa. Os casamentos civis atingem 40% em Hénin-Liétard. "Associações de solidariedade" imaginam novos ritos e fórmulas de testamento. Em Roubaix, o Livre-Pensamento garante cerca de cinquenta exéquias por ano; homens e mulheres carregam pessoalmente o caixão, e oradores invocam no cemitério os méritos do defunto enquanto soa o dobre dos sinos.

Pois existem limites à libertação. Em certos casos, os operários querem enterros religiosos que lhes são negados pelo sacerdote, o que, no Norte, dá origem a distúrbios. Entre todas as práticas religiosas, a que mais resiste, em todos os meios, é a primeira comunhão, como se não se tivesse encontrado nenhum outro rito de passagem para a adolescência. Nas regiões descristianizadas, esse tema cria frequentes divisões nos lares operários.

Os ritos nos revelam as crenças e, mais ainda, os modos de vida. Eles são fortemente marcados pelas diferenças sociais. A etnologia rural fez o inventário dos campos. A etnologia operária está num estágio visivelmente menos avançado, pois suas atenções têm se concentrado mais sobre o coletivo do que sobre o familiar e o cotidiano. No século XIX, os ritos operários privados guardam pouca semelhança com os ritos burgueses. Diferem em suas relações com o tempo e o espaço. A rua, o café, o exterior constituem o palco principal. Daí o lugar conferido no orçamento ao vestuário, despesa em expansão. Os italianos mais pobres da bacia lorena têm o cuidado de "ficar bonitos" aos domingos. O trabalho preenche a existência. A falta de tempo livre (desemprego não é folga) e de férias constitui uma fronteira decisiva. A Segunda Santa dos oficiais* não guarda grande semelhança com o domingo burguês. Todavia, as refeições e as "saídas" da família são uma prática festiva nos meios operários. O caráter misto do bairro popular é mais marcado. Na reivindicação sindical da semana inglesa, na virada do século, o argumento familiar ocupa um papel prioritário, sem que seja o caso de invocar uma imitação pequeno-burguesa.

Combinações sutis de elementos diversos, compromissos entre o público e o privado, entre o campo e a cidade, na qual os imigrantes levam muito tempo para se insinuar, os rituais são o modo como os grupos se apropriam de seus espaços cotidianos e tentam conferir um estilo a suas vidas.

* Referência ao costume dos artesãos com grau de oficial de não trabalhar às segundas-feiras. (N. T.)

OS RITOS DA VIDA PRIVADA BURGUESA

Anne Martin-Fugier

O PRAZER DA LEMBRANÇA

"Tudo estava no ar no castelo de Fleurville." Camille, Madeleine, Marguerite e Sophie esperam os primos num estado de efervescência. Elas "iam e vinham, subiam e desciam a escada, corriam pelos corredores, pulavam, riam, gritavam, se empurravam". Tudo está pronto para a chegada dos garotos: seus quartos no castelo e o coração impaciente das meninas. Uma vez arrumados e instalados os ramalhetes de flores, os preparativos ocupam o intervalo. O romance da condessa de Ségur, *As férias* (1859), pode começar.

São as férias de verão, a família em sentido amplo se reúne, as meninas esperam os garotos. Como boas donas de casa, elas atenderam à organização material da acolhida (vejam-se os ramalhetes) e, manifestando a importância do acontecimento por meio das emoções, ocupam seu papel feminino. Pois, em geral, é às mulheres que cabe o ordenamento da vida privada, bem como a expressão efusiva dos sentimentos.

A felicidade das férias não tem apenas um local. É igualmente criada por uma estrutura temporal. Reunidas as crianças, começam lembrando o passado, os verões anteriores:

> Faremos muitas estrepolias, como no ano retrasado.
> — Lembra das borboletas que pegávamos?
> — E de todas as que não pegávamos?
> — E aquele pobre sapo [...].
> — E aquele pobre passarinho [...].
> — Como vamos nos divertir! — exclamaram juntos, abraçando-se pela vigésima vez.

A lembrança no imperfeito programa imediatamente o futuro. É uma promessa e uma garantia.

O imperfeito pode vir acompanhado de um lamento pelo passado, traduzir a dor por quem não existe mais. É o imperfeito romântico:

Éfface ce séjour, ô Dieu! de ma paupière,
Ou rends-le-moi semblable à celui d'autrefois,
Quand la maison vibrait comme um grand coeur de pierre
De tous ces coeurs joyeux qui battaient sous les toits!
[...]
On eût dit que ces murs respiraient comme un être
Des pampres réjouis la jeune exhalaison
La vie apparaissait rose, à chaque fenêtre,
Sous les beaux traits d'enfants nichés dans la maison.
[...]
Puis la maison glissa sur la pente rapide
Où le temps entasse les jours;
Puis la porte à jamais se ferma sur le vide,
Et l'ortie envahit les cours! [...]*

Para Lamartine, em *La vigne et la maison* [A vinha e a casa] (1857), o tempo mata a felicidade que chegava a fazer palpitar as pedras.

Mas a felicidade pode se conservar viva na memória, e então o imperfeito serve para capitalizar belas lembranças que se irradiam até o presente. Não só não é impossível viver o presente

* Apaga, ó Deus!, essa morada de meus olhos,/ ou torna-ma semelhante à de outrora,/ quando a casa vibrava como um grande coração de pedra/ com todos esses corações alegres que batiam sob seu teto!/ [...]/ Dir-se-ia que essas paredes respiravam como um ser/ a fresca exalação das gaias parreiras;/ em cada janela a vida surgia rósea,/ sob os belos traços de crianças aninhadas na casa./ [...]/ Depois a casa deslizou pelo rápido declive/ onde o tempo acumula os dias;/ depois a porta se fechou para sempre no vazio,/ e a urtiga invadiu os pátios! [...] (N. T.)

como também, alimentado pela memória, ele pode ser explorado ao máximo, de modo a inscrever no fio do tempo seus momentos felizes e transformá-los em algo fecundo e duradouro.

Nessa perspectiva, os filhos têm dupla importância. É preciso velar pela felicidade deles para transformá-los em cabedal de lembranças felizes. Ao mesmo tempo, a própria pessoa se enriquece com lembranças insubstituíveis da época em que os filhos eram pequenos.

O cotidiano, por essência banal, assume um valor positivo se as ninharias que o compõem são convertidas em ritos dotados de uma significação sentimental. É assim que a dona de casa, reunindo a família em volta da mesa em horários determinados, é apontada como a melhor agente da felicidade: ela rege o ritmo do tempo privado, imprime-lhe uma regularidade e preside a sua execução.

No espaço burguês, a repetição não é rotina. Ela ritualiza, e o ritual dilata o momento: antes, ele é aguardado e fazem-se os preparativos; depois, ele é objeto de comentários e reflexões. O prazer está na espera dos momentos que pontuam o dia. A ritualização confere seu valor de felicidade ao acontecimento destinado a se transformar em lembrança.

OS REGISTROS DO TEMPO QUE PASSA

As lembranças capitalizadas são como que registradas em cadernetas de poupança. Madame Alphonse Daudet fala em "cronologia feminina", referindo-se às coleções de relíquias juntadas pelas mulheres, as luvas de uma, as amostras de todos os vestidos de outra. Relíquias são também as inscrições — algumas linhas em verso ou prosa, desenhos — que adornavam o "álbum" das senhoras e senhoritas.

A invenção da fotografia em 1836 (a abreviatura para "foto" é de 1876) e seu desenvolvimento após 1850 vão permitir o surgimento de novos álbuns. O retrato a óleo instala seu objeto na eternidade da arte, fora do tempo. As fotos preservam instantes. De um lado, são relíquias propícias à rememoração. De outro lado, sucedem-se no álbum em séries que permitem perceber o decurso do tempo, a evolução da criança que cresce, a família que se perpetua por meio dos casamentos, nascimentos e batismos.

Caroline Chotard-Lioret, que trabalhou com os arquivos de sua família, os Boileau, encontrou três álbuns que reúnem cerca de quarenta clichês tirados entre 1860 e 1890. Esses clichês foram enviados aos Boileau por seus diversos correspondentes. Várias cartas de primos anunciam a Marie B. o próximo envio de fotos suas e de seus parentes mais chegados. Assim, vê-se a mesma pessoa na hora do batismo, aos sete anos de idade, na adolescência, no casamento, na idade adulta com seus filhos, e enfim sozinha antes de ingressar na velhice. Essa prática social fornece "um testemunho concreto da dimensão da rede de relações familiares". De sua parte, Marie B., em 1901, por ocasião do casamento das filhas, envia seus retratos para toda a família. A partir de 1910, a foto se banaliza: entre 1912 e 1914, Eugène, marido de Marie, tira fotos que ocupam... dezesseis álbuns.

Os diários íntimos também são escritos como repositórios de lembranças. Gabrielle Laguin, jovem burguesa de Grenoble, começa a escrever seu diário em julho de 1890, aos dezesseis anos e meio de idade: "Dentro de muitos anos, relerei talvez com felicidade esses rabiscos iniciados nos dias de juventude e de alegria" (12 de julho). Em 30 de outubro, ela volta a essa ideia: "Mais tarde, quando eu for bem velha, vou me divertir em relê-lo, em rever-me, nesse espelho do passado, como eu era então".

Em pouco tempo seu diário se torna uma referência. Ao escrevê-lo, ela cria uma história para si. Ao inscrever o presente entre o passado e o futuro, ela estrutura sua vida. O presente é o que menos aparece, transformando-se imediatamente em passado e objeto de referência.

O futuro é o casamento de seus sonhos com o primo Louis Berruel, que tem 28 anos de idade. Eles se casam em 3 de outubro de 1891. Mas ela continua a se situar em relação ao passado, de um lado ("Oh! sou feliz! O sonho de toda a minha vida finalmente se transformou em realidade há um mês e três dias"), e de outro em relação ao futuro ("É verdade, porém, que eu desejo uma certa coisa, e essa certa coisa é um belo bebezinho; terei em 1892 a felicidade de ser mãe?"). Seu diário para por aí. Ele testemunha um momento crucial em sua mocidade. Mas, se é o local de confidências sentimentais que Gabrielle faz a si mesma, ele lhe serve também e principalmente para marcar o fio do tempo, para fazer a história de sua vida inscrevendo seu presente numa continuidade.

Vinte anos depois, Renée Berruel, a filha mais velha de Gabrielle, também começa a escrever seu diário nos cadernos de escola. O primeiro que chegou a nós é de 1905, quando ela estava com treze anos. Mas Renée havia começado antes, a crer no que ela diz em 9 de março de 1910, na página 500 de seu diário: "Quinhentos!! Começa a engrossar! Verdade que faz quase oito anos que eu comecei a escrevê-lo". O ponto de partida foi um livro: "Era perto de Finados, estávamos todos reunidos na sala de jantar perto do fogo em Buissière [...]. Eu não sabia o que fazer e rebuscava na biblioteca: encontrei *Le manuscrit de ma mère* [O manuscrito de minha mãe], de Lamartine. Então tive a ideia de também escrever um diário [...]".

Certamente os diários íntimos podem fornecer detalhes preciosos sobre a vida de seus autores. Mas, sem dúvida, são pelo menos igualmente interessantes no que revelam da vontade de ritmar o tempo. O mesmo se passa com as correspondências familiares regulares. Caroline Chotard-Lioret recenseou 11 mil cartas dirigidas a Marie e Eugène Boileau entre 1873 e 1920, a maioria delas dos filhos e membros de suas respectivas famílias. Essas cartas transmitem informações que podem ser lidas por toda a família, sobre os filhos, os negócios, as visitas e contatos interfamiliares, e principalmente sobre a saúde. Quase não contêm expressões de sentimentos íntimos. A correspondência possui uma função ritual: ela marca concretamente laços afetivos, e vale menos pelo que diz do que pela regularidade de seu funcionamento.

O desejo de ritmar o escoamento do tempo aparece em estado puro na edição dos "livros de aniversários", aos moldes dos *birthday books* ingleses. Em 1892, o editor Paul Ollendorff publica um *Recueil Victor Hugo* [Coletânea Victor Hugo], incluindo uma nota no prefácio. As coletâneas inglesas, diz ele, oferecem uma seleção de versos de Byron ou de pensamentos de Shakespeare. Ele adotou essa moda para render justiça a nosso poeta nacional. As páginas da direita estão em branco, indicando os dias e os meses. Para cada dia, a página da esquerda oferece uma citação de Victor Hugo.

A obra pode ser usada de três maneiras: marca-se uma data de aniversário vendo-se o pensamento referente a ela, escolhem-se versos que então são comentados (ou pede-se a uma pessoa amiga que os comente), ou usa-se o livro como um diário, destinado principalmente às mulheres.

O que tenho nas mãos pertenceu a Claire P. de Châteaufort. Claire fez vários usos dele, segundo as épocas de sua vida: anotou os aniversários e datas importantes, relatou minuciosamente certos dias, como num diário — e isso em momentos em que sua vida era particularmente densa, seu noivado, sua viagem à Rússia... A partir desse livrinho encalhado num sebo, cheio de notas escritas numa letra tão miúda que às vezes se torna ilegível, pode-se iniciar a busca do tempo que essa mulher quis preservar do esquecimento.

Claire nasceu num 1º de setembro por volta de 1870. Fez sua primeira comunhão em 1880. Reside ora em Paris, na avenue de Wagram, ora em Montreux, às margens do lago de Genebra. A família possui um castelo nessa região, que é vendido em 30 de maio de 1896; depois disso, ela passa a alugar uma *villa*. A existência da jovem é balizada por saraus e passeios. Mas o que mais lhe importa na juventude é o canto.

As principais datas de sua vida correspondem à viagem até a Rússia, em 1899, a doença de seu pai e a morte dele, em 17 de agosto de 1900, o noivado e o casamento com Edmond, em fevereiro e abril de 1902, o nascimento do filho Albert, em 11 de janeiro de 1903.

O *Recueil Victor Hugo* contém algumas anotações sobre as relações de Claire e seu marido, sempre muito afetuosas. Em 6 de abril, logo após o casamento: "Belo. Passeio de charrete, Edmond e eu, pelos moinhos e volta por Dampierre e os cais do Loire. É belíssimo!... Estou me divertindo muito! Pilriteiros em flor". Em 15 de maio: "O médico me anuncia que posso estar esperando um bebê. De fato, estou com todos os sintomas! Minha alegria é grande, a de Edmond também! Ele me diz que me ama ainda mais! E eu sinto seu afeto aumentar a cada dia!". Em 6 de agosto: "Esse querido bebê que estou esperando nos une cada vez mais". Ela vai para Le Pouliguen com sua cunhada, e Edmond também segue para lá, ficando com elas entre 10 e 17 de agosto. Em 20 de novembro, é o aniversário de Edmond: "Eu o cumprimento na noite anterior com plantas verdes e samambaias".

Albert nasce num domingo, 11 de janeiro de 1903. Recebe o batismo em 15 de fevereiro. A partir de então, as anotações se fazem mais esporádicas. Em 23 de setembro: "Saio de Luvigny com Bébert e Nounou para Paris e Saumur — para aí encontrar Edmond". Em 26 de novembro, nasce o primeiro dente de Albert, e em 11 de dezembro o segundo. Em 22 de fevereiro de 1904, tiram uma foto do bebê em Saumur, com treze meses e meio. Em 19 de junho: "Bébert está andando cada vez melhor. No lago de Bellay com ele, Edmond. Dia delicioso". Em 1905, 6 de maio: "Voltamos a Saumur, Bébert, Lucie e eu. Edmond *excelente*, feliz em me rever depois de oito dias de separação. A vovó e os irmãos e irmãs gostaram muito de ver Bébert tão bem, falando muito bem para seus dois anos e três meses. Encantador! Seu paizinho está louco por ele!". Depois há um pulo para o ano de 1910. Claire leva o filho a Montreux em 8 de dezembro. No dia 25: "Árvore de Natal muito bonita". No dia 31: "Vamos todos andar de trenó. Dia ideal. Tiramos fotos. Albert desce de trenó com Ferdi".

As últimas datas registradas se situam perto da guerra. Em 27 de dezembro, ela anota: "Nice Cimiez, *villa* Rosa. Acima dos

Areais. Com mamãe, Marie, Albert, passamos o inverno". Em 29 de agosto: "1919. Paris. 38, rue de Bellechasse. Passamos o verão em Paris".

Esse "livro de aniversários" é um documento exemplar para o estudo do tempo da vida privada. Livro de cabeceira de uma existência inteira, ele marca claramente as etapas da vida de uma pessoa da boa sociedade: primeira comunhão, adolescência preenchida por bailes, passeios e artes recreativas, noivado, casamento, nascimento e batismo do bebê. Depois, o tempo segue o ritmo do crescimento e educação do filho. A obra destaca igualmente os diversos períodos do ano, sublinhados pelas festas religiosas, Natal e Páscoa.

MANHÃ, TARDE E NOITE

O desenrolar do dia pode ser lido nos manuais de comportamento, muito numerosos ao longo de todo o século XIX, constantemente reeditados, com variantes e adaptações. Assim, o *Manuel de la maîtresse de maison* [Manual da senhora do lar], escrito por madame Pariset em 1821, reelaborado por madame Celnart, ainda é publicado em 1913 com o título de *Nouveau manuel complet de la maîtresse de maison* [Novo manual completo da senhora do lar]. Sucedem-se igualmente as múltiplas tiragens de *Manuel complet de la maîtresse de maison ou la parfaite ménagère* [Manual completo da senhora do lar, ou a perfeita dona de casa], de madame Gacon-Dufour, publicado pela primeira vez em 1826.

A evolução desses guias acompanha o movimento de urbanização. Na primeira parte do século, Alida de Savignac propõe duas diferentes artes de viver, uma para Paris (*La jeune maîtresse de maison* [A jovem senhora do lar], em 1836), e outra para o campo (*La jeune propriétaire* [A jovem fazendeira], em 1838). Aos poucos, os manuais passam a se dirigir apenas às mulheres da cidade, conservando um apêndice para as que moram no campo. O apêndice encolhe cada vez mais, até desaparecer por completo. Resta apenas o modelo de vida urbana, sendo o campo evocado apenas como local de férias.

Os manuais de conduta são os herdeiros dos de "economia doméstica" dos séculos precedentes. Insistem sobre a racionalidade econômica do papel da mulher num espaço privado sob sua administração. Mas a multiplicação e o sucesso desses livros são sintomas da preocupação de inventar um novo modo de vida e um novo tipo de felicidade. O modo de vida é exclusivamente privado, o quadro ideal da felicidade é o círculo familiar, e o meio para conquistar essa felicidade é a boa administração do tempo e do dinheiro. Essas obras explicam como organizar os momentos da existência, e como ter sucesso neles. Descrevem os ritos que balizam o tempo e os papéis a serem assumidos pelos membros da família.

O papel principal cabe à senhora do lar, encarregada de fazer funcionar a vida privada tanto na intimidade familiar — cerimônias cotidianas das refeições e serões junto à lareira — quanto nas relações da família com o mundo exterior — organização da sociabilidade, visitas, recepções. Ela deve regrar o curso das tarefas domésticas de maneira que todos, o marido em primeiro lugar, encontrem em casa o máximo de bem-estar.

O tempo dos homens é o da vida pública, e sua utilização é ditada pelo ritmo dos negócios. Raros são os homens do mundo com tempo ocioso, que podem dispor de seus dias como bem lhes apraz. Se, em 1828, um manual preconiza o emprego do tempo ocioso para o *fashionable*, à medida que avança o século, as publicações masculinas se transformam em guias profissionais. É cada vez menor o número de pessoas que vivem de suas rendas.

A vida privada é o refúgio onde os homens descansam do cansaço do trabalho e do mundo exterior. Deve-se fazer de tudo para dar harmonia a esse refúgio. A casa é o ninho, o local em que o tempo se suspende. A idealização do ninho leva à idealização da personagem da senhora do lar. É preciso que, como uma fada, ela faça surgir a perfeição ocultando os esforços empregados para obtê-la. Que se veja somente o resultado, e não o trabalho de execução: "Como o maquinista da Ópera, ela preside a tudo sem que a vejam em ação".

EMPREGO DO TEMPO

Uma organizadora dispõe de um instrumento essencial: o emprego do tempo, que ela obriga os executantes — os criados — a respeitar, e que ela mesma respeita escrupulosamente.

Lei fundamental da boa administração do tempo: a regularidade. E em primeiro lugar no despertar. A senhora do lar é, em princípio, a primeira a se levantar e a última a se deitar. Aconselha-se que esteja de pé às seis e meia ou sete horas no verão, às sete e meia ou oito horas no inverno. Ela exerce sua vigilância desde manhã. Mesmo que uma empregada lave as crianças, vista-as e lhes prepare o café matinal, é necessária a atenção da mãe antes que saiam para a escola.

Os criados requerem uma vigilância discreta, mas constante. A burguesia média geralmente conta com três: um cocheiro, uma cozinheira e uma camareira. A senhora do lar acerta as contas do dia anterior com eles, e a seguir dá as ordens para o dia (o cardápio e as tarefas a serem cumpridas). Ela sabe em que ponto estão as provisões de alimento, lenha ou carvão; ela verifica a roupa suja levada pela lavadeira e a roupa limpa trazida na semana seguinte. Se dispõe apenas de uma empregada para todo o serviço, terá de pôr a mão na massa e ajudá-la em todos os trabalhos de casa.

Quando tem criados em número suficiente, ela pode dedicar o fim da manhã a atividades pessoais: correspondência, piano, trabalhos finos. De fato, uma mulher respeitável não sai de manhã. Se é vista na rua, a educação manda que não a cumprimentem. Supõe-se que esteja procedendo a atividades filantrópicas ou religiosas, sobre as quais ela prefere guardar silêncio.

A senhora do lar tem como missão privilegiar os momentos em que a família se reúne ao redor da mesa, para a refeição.

REFEIÇÕES

No verbete "Jantar", o *Larousse du XIX*[e] *siècle* apresenta uma longa descrição que parece uma imagem de Épinal da refeição em família:

Todos estão ali, o avô, as crianças, o bebê, o caçulinha, que fica em seu cadeirão. O vinho repousa nas garrafas claras sobre a toalha alvíssima, a criada amarra guardanapos ao pescoço dos pequenos, depois traz a sopa de azedas, a perna de carneiro com a ponta do osso envolta em papel recortado. Mamãe repreende René, que está comendo com os dedos, ou Ernest, que está implicando com a irmãzinha. O bebê se agita feito um cabrito; o pai lhe corta a carne no prato em pedacinhos miúdos ou lhe dá um bago de uva fazendo antes saltá-la diante de seu nariz [...].

A cena se passa ao meio-dia no interior. Em Paris, a essa hora, estariam "almoçando".

O nome das refeições difere no interior e na capital. No interior, "janta-se" ao meio-dia e "ceia-se" ao entardecer. Em Paris, a ceia é uma refeição fria que se faz após os bailes e os grandes saraus, à uma ou duas horas da manhã. A terminologia se uniformizou a partir da capital, mas ainda hoje, no interior, há quem chame o almoço de "jantar" e o jantar de "ceia".

Os horários das refeições se alteraram no decorrer do século XIX. O "pequeno almoço" ou "café da manhã" se toma ao levantar. Consiste numa xícara de leite, café, chá ou chocolate, acompanhado de um pãozinho ou uma torrada.

O "segundo almoço", chamado de "almoço de garfo" ou "ajantarado", é servido entre dez e meio-dia. Inclui entradas, embutidos, carnes frias e sobremesas. Servem-se carnes assadas e saladas apenas se a refeição for servida um pouco mais tarde. O herói de Taine, Frédéric-Thomas Graindorge, almoça em Paris, na década de 1860, às onze horas da manhã, comendo um frango ou uma perdiz fria e uma garrafa de bordeaux.

O jantar é a refeição de horário mais variado, avançando sempre mais ao longo do século. O *Journal* [Diário] de Stendhal nos conta que, em 1805, convidavam-no para jantar às cinco da tarde. Ele mesmo de vez em quando jantava mais cedo. Assim, em 3 de maio de 1808: "Aos quinze para as quatro, jantei carneiro grelhado, batatas fritas e salada". Madame Pariset escreve em

1821 que, no final do século XVIII, jantava-se em Paris às quatro horas no máximo, ao passo que agora se janta no mínimo às cinco, e muitas vezes às seis da tarde. Segundo ela, esse horário mais tardio das refeições se deve às atividades masculinas no mundo dos negócios.

No final do século, os convites para jantar preveem a refeição por volta das sete e meia. A etiqueta da época, totalmente ao contrário do que se pratica hoje em dia, manda que se chegue cinco ou até uns quinze minutinhos *antes*. Dá-se uma tolerância de quinze minutos de atraso para os convidados, e depois disso passa-se à mesa.

Existem pessoas que não se acostumam aos novos horários das refeições. Os velhos Ragon, em *César Birotteau* (1837), de Balzac, pedem aos convidados que cheguem às cinco horas para o jantar, "pois esses estômagos de setenta anos não se curvavam de forma alguma às novas horas adotadas pelo bom-tom".

Como a hora do jantar sofreu nítidos retardamentos, começou-se a servir, seguindo o modelo inglês do *five o'clock tea*, uma xícara de chá às cinco da tarde, eventualmente acompanhada de bolos.

Fazer uma refeição não é apenas comer, é se encontrar em família. Os manuais de conduta insistem muito sobre o papel da senhora do lar, que sabe criar a felicidade em volta da mesa familiar. Madame Celnart declara em seu *Manuel des dames* [Manual das damas], de 1833:

> Não é apenas quando há estranhos que se devem fazer as honras da mesa; devem-se fazê-las para o esposo, para civilizar o interior. Emprego essa palavra deliberadamente, pois o que distingue a civilização é imprimir à satisfação de todas as nossas necessidades um caráter de prazer e dignidade. Deve-se fazê-lo porque as ocupações da vida social, principalmente para os homens, deixam à família quase que apenas o tempo das refeições, porque a experiência e a *arte de prolongar a vida* aconselham consagrar esse tempo à alegria para facilitar a digestão, fazendo com que passe des-

percebida. Quantos motivos para embelezar vossa refeição com a suave conversação [...].

O almoço, em particular, é uma refeição familiar à qual raramente se admitem estranhos. É por isso que é servida sem toalha. Mas essa tradição de reunir a família para o almoço vai se perdendo aos poucos: os homens, ocupados demais em seus negócios, ou trabalhando em escritórios muito distantes do domicílio, não vão mais poder voltar para casa ao meio-dia. Movimento inelutável rumo à jornada contínua com a refeição, se não no próprio local de trabalho, pelo menos fora da família. Em 1908, os *Usages du monde* [Costumes do mundo] recomendavam evitar os almoços, que interrompem a jornada.

O almoço ou o jantar de domingo é amiúde um rito familiar. Ocasião de se reunir regularmente, que marca os meses e os anos como os dias de festa do calendário. George Sand fala com emoção, quarenta anos depois, dos jantares dominicais de sua infância, por volta de 1810, na casa de seu tio-avô de Beaumont. "Era um velho hábito de família muito agradável esse jantar semanal que reunia invariavelmente os mesmos convivas [...]. Às cinco horas em ponto, nós chegávamos, minha mãe e eu, e já encontrávamos minha avó ao pé da lareira, numa imensa poltrona em frente à imensa poltrona de meu tio-avô [...]". Maurice Genevoix se lembra, também muito tempo depois, do rito dominical por volta de 1895: "Jantávamos juntos, reunidos em volta da mesa na sala de jantar dos avós. Éramos dez [...]. Por que, quando revejo esses jantares de domingo, eles me reconduzem sempre ao inverno? Talvez justamente por causa do profundo sentimento de reunião e intimidade que eles me inspiravam, quando eu era criança". Lá fora, a noite e o frio; dentro, o calor em todos os sentidos do termo. De Rousseau a Michelet, o ideal da felicidade.

DIA

A tarde é consagrada aos "deveres de sociedade", atendidos em casa ou fora. A partir de 1830 até 1914, as damas da boa sociedade têm um "dia" de recepção. No começo da temporada mundana, enviam seu cartão com as seguintes palavras impressas: "Será em sua casa em tal dia da semana, de tal a tal hora". Na segunda metade do século, postergada a hora do jantar, em princípio recebe-se das duas às seis horas no interior, e das três às sete em Paris.

Tradicionalmente, a senhora do lar ficava sentada à direita da lareira. Por volta de 1880, uma nova moda manda que ela ocupe um assento móvel no centro do salão. Ela se levanta para receber as mulheres, os senhores de idade e os padres, mas permanece sentada à chegada de um homem. Pois, mesmo que as damas sejam em maior número, os homens comparecem à recepção. *Rentiers*, homens de letras (um salão se sente honrado com a presença de Paul Bourget ou Marcel Prévost), mas também homens menos disponíveis, ocupados com os negócios ou com a vida política e que, mesmo assim, arranjam um jeito de passar alguns momentos com a esposa ou com suas amigas que recebem. Como se torna cada vez mais difícil, no final do século, separar um pouco de tempo à tarde, muitas mulheres passam a preferir não receber durante o dia, e sim à noite, a partir das oito e meia, para que os homens possam comparecer.

Há uma mesa arrumada com bolos, *petits-fours*, sanduíches, e então traz-se o chá. O serviço é feito pelas moças da casa. As visitantes ficam muito pouco tempo nesses "dias", pois em geral têm vários convites para a mesma tarde. O conveniente é ficar entre quinze minutos e meia hora.

Ao chegar a um salão, e ainda mais ao sair, a pessoa se inclina em silêncio, para não interromper a conversa. Eventualmente se troca um aperto de mão. Para ir embora, é melhor aguardar uma pequena pausa na conversa geral e se levantar sem precipitação. Quando o número de presentes é muito grande, pode-se sair "à inglesa", sem se despedir. Em certos salões, sucede-se um desfile ininterrupto nos dias de recepção. G. Vanier conta que sua mãe, em seu hotel em Rouen, chegava a receber duzentas pessoas às sextas-feiras.

Na primeira metade do século, julga-se conveniente que a mulher que recebe esteja com as mãos ocupadas. A jovem senhora de Alida de Savignac ouve o conselho da mãe: "No salão, tu ficarás bordando ou fazendo tapeçaria enquanto conversas". Segundo madame Celnart, em 1833, os pequenos trabalhos de agulha asseguram uma postura graciosa e proporcionam uma ocasião de mostrar gosto e elegância.

Cinquenta anos mais tarde, o bom-tom evoluiu. É vulgar que uma mulher trabalhe no dia em que fica em casa para receber os amigos. Portanto, deve dar sumiço a qualquer vestígio de trabalho, seja tapeçaria, bordado ou escrita. Já não se pensa em mesclar intimidade e mundanidade.

Na Belle Époque, o rito do "dia" começa a cansar. Certas damas, não querendo mais ficar presas em casa durante uma tarde por semana, guardam um "dia", mas apenas das cinco às seis horas da tarde, ou somente as terças-feiras de semanas alternadas. O "dia" caiu em desuso com a guerra.

VISITAS

Nas tardes em que não recebe, uma mulher deve aparecer nos "dias" das outras e fazer visitas. Tem o encargo de manter as relações de família, que podem ser numerosíssimas. A mãe de G. Vanier tinha 148 nomes em sua lista de visitas.

As ocasiões de visita são múltiplas: visitas "digestivas", nos oito dias que se seguem a um jantar ou um baile para o qual se foi convidado, quer a pessoa tenha ido ou não; visitas "de cortesia", três ou quatro vezes por ano, às pessoas com que se pretende manter algumas relações, sem ir além disso; visitas de felicitações (por um casamento, um cargo importante, uma condecoração), de condolências, de cerimônia (aos superiores, uma vez por ano; considera-se que a esposa deve acompanhar o marido), visitas de despedida e de retorno, antes e depois de uma viagem, para evitar incômodos a pessoas que poderiam aparecer durante tal ausência...

Se a pessoa que é visitada não se encontra em casa, entrega-se ao criado ou ao porteiro um cartão com a ponta dobrada, ou ele inteiro dobrado no sentido do comprimento, conforme a moda do momento. O cartão dobrado, na ponta ou por inteiro, significa que seu possuidor foi até o local. Não se dobra o cartão quando é entregue por um criado ou um encarregado. Assim, o *High-Life*, antepassado do anuário *Bottin Mondain*, pode elogiar os serviços de um "entregador de cartões". Essas "visitas por cartão", que em 1830 são tidas como extremamente vulgares, depois vieram a se generalizar em alto grau.

As visitas fazem parte obrigatória da administração do tempo de uma mulher da boa sociedade. Não se pode dispensar esse ritual sem passar por excêntrico. André Germain, neto do fundador do banco Crédit Lyonnais, que em 1906 se casa com Edmée Daudet, filha do escritor, quer que ela faça visitas à tarde. Ela se recusa; passeia de carro sozinha no Bois de Boulogne e depois toma chá num restaurante, ouvindo música cigana. Tal recusa de qualquer sociabilidade mundana é forçosamente suspeita.

Efetuar os contatos sociais e garantir sua continuidade constituem dimensões essenciais da vida privada burguesa. Cabe à senhora do lar encarregar-se deles e assegurar a circulação entre os locais privados. As mulheres da pequena burguesia sabem muito bem disso, ao legitimar seu vínculo à burguesia escolhendo um "dia", recebendo e fazendo visitas, conformando-se ao ritual sobre o qual repousa o tecido social.

SERÕES

O espaço do salão encontra um prolongamento que parece paradoxal, já que consiste num local público e é tratado como um espaço privado: o camarote do teatro ou da ópera.

Segundo os códigos oitocentistas, uma dama pode assistir sozinha a um espetáculo, sob a condição de que ocupe um lugar num camarote. Se ocupar uma poltrona do balcão ou da plateia, deverá estar acompanhada por um homem, marido, irmão ou parente. São espaços abertos, expostos, onde ela precisa de um guardião, sob pena de recair sobre si a suspeita de ser uma mulher "pública", tal como onde se encontra.

O camarote, por seu lado, é um mundo fechado e protegido, o lar reconstituído no teatro. O costume da boa sociedade consiste em fazer subscrições anuais pelos camarotes. Em 1850, no Théâtre des Arts de Rouen, um lugar anual num camarote custava 250 francos para os homens e 187 francos para as mulheres. A solução mais cômoda é alugar um camarote que disponha de um salão. No Segundo Império, ele chegava a 1800 francos, com seis lugares.

Uma dama se comporta num camarote como se estivesse em seu salão: ela não sai para passear pelos corredores, recebe ali seus amigos com a mesma etiqueta com que recebe em casa, aceita que lhe apresentem pessoas de suas relações.

Os ritos dos serões em casa variam muito, conforme se esteja apenas em família ou se encontrem convidados que não pertencem ao círculo familiar. Variam também entre o campo e a cidade. Variam ainda conforme o grau de conforto de que se dispõe.

Deve-se imaginar os serões na penumbra, até o surgimento da eletricidade. Apenas os que viveram a passagem para a eletricidade podem testemunhar a transformação. Bernard Cazeaux, nascido em Paris em 1909, passa sua infância num apartamento iluminado a gás. Ainda hoje [1986], ele lembra o assombro maravilhado que sentiu no dia em que entrou na casa de um colega, com luz elétrica. Era o fim dos cantos escuros, a vitória sobre as últimas trevas.

Essa pequena revolução se inicia nos lares parisienses apenas em 1890. No começo do século XIX, as pessoas abastadas usavam velas — caras, em comparação à candeia de sebo — ou lamparinas a óleo. Elas adotam a lâmpada inventada por Carcel em 1800, que permite que o óleo suba, mantendo-se regularmente ao nível da chama. A iluminação a gás passa a ser usada nas casas particulares em 1825. Em 1828, Paris conta com 1500 assinantes, em 1872 com quase 95 mil, e no final do século com 220 mil. Em 1855, graças à fusão de várias empresas numa única companhia parisiense de iluminação e aquecimento a gás, o preço do metro cúbico do combustível se torna mais acessível: passa de 49 para trinta centavos de franco.

Entre os católicos, o serão em família pode se iniciar com a oração em comum, "hábito muito tocante e útil", escreve madame de Lamartine em 5 de setembro de 1802. Útil para os serviçais, que assim partilham um momento de comunhão diária com seus senhores, útil para os senhores, a quem a oração em comum relembra a igualdade cristã. A burguesia retomou algumas vezes essa tradição aristocrática da prece em comum.

Os serões em família são frequentemente ocupados por jogos de cartas ou dados. Em Milly, em setembro de 1806, madame de Lamartine joga xadrez com o marido, enquanto os filhos brincam e aprendem fábulas de La Fontaine. A leitura em voz alta é um prazer que se partilha com as crianças.

Mas os serões em família são, acima de tudo, o tempo da "conversa íntima" e do "junto à lareira". Em 1828, Horace Raisson conclui seu *Code civil* [Regras de civilidade], um guia de conduta, com uma "Apologia à reunião junto à lareira": "Julgaríamos", escreve ele, "não ter cumprido inteiramente nossa tarefa se, em vista das regras severas da etiqueta e dos prazeres cerimoniosos do salão, não mostrássemos a felicidade da vida do lar e as pequenas alegrias de estar junto à lareira". E, para ilustrar essas "pequenas alegrias", tão típicas do século XIX, ele cita nossos antepassados que, nos castelos góticos, davam grande importância à reunião ao pé do fogo, prova de que eram entendidos na arte de bem viver!

Deve-se relacionar essa valorização do "junto à lareira" à ideia de "ninho", que se constrói ao longo de todo o século XIX e se torna obsessiva em seus últimos anos. Ela se desenvolve à medida que o pé da lareira, em sentido estrito, começa a desaparecer: os belos imóveis da segunda metade do século são dotados de aquecedores a vapor, que irão suplantar o fogo de lenha ou de carvão nas lareiras. Ela desemboca na imagem da família pequeno-burguesa reunida sob a lâmpada, ao lado do aquecedor, veiculada pelos trechos escolhidos da escola laica.

Se o círculo familiar se abre ao mundo exterior, os serões se transformam conforme o número de convidados e o grau de intimidade com eles. Uma nostalgia constante percorre o século XIX: a sociabilidade setecentista. Burgueses como os irmãos Goncourt situam os serões ideais na época anterior, quando se conjugaria o aparato mais refinado à conversa íntima mais fecunda.

As damas da nobreza que frequentaram a corte dos Bourbon e de Napoleão I contribuem para criar e manter o mito da sociabilidade ideal ao estilo do Antigo Regime. Em 1836, a duquesa de Abrantès descreve, em *La Gazette des Salons*, o que eram os serões do passado: o núcleo de mundanos contava com oitenta pessoas que se viam constantemente e duzentas que, no decorrer da semana, iam e vinham de um salão a outro; os homens jogavam bilhar, as mulheres bordavam ou desenhavam; às duas da manhã, servia-se a ceia e esse era o momento mais palpitante, o da conversa íntima e "até um pouco maliciosa".

A queda de Napoleão I marcou o fim dos pequenos comitês mundanos e o início dos *raouts* ingleses — reuniões misturadas, onde se comprime uma multidão de gente não selecionada. Madame Trollope, inglesa em visita a Paris em 1835, lamenta que esses *raouts* tenham ocupado o lugar das ceias, onde se reuniam as pessoas de espírito que, a seus olhos, faziam o encanto dos costumes franceses.

Os serões são um momento privilegiado para a música e o teatro amadores. Entre amigos, não raro formam-se grupos de instrumentistas ou cantores que se encontram com regularidade, na casa de um ou de outro, principalmente no interior, onde as diversões culturais são mais restritas e se é obrigado a buscar em si mesmo as fontes de entretenimento.

George Sand conta que, por volta de 1810, um grupo de comediantes ambulantes chegou a seu torrão de Berry, La Châtre. Os músicos amadores do local formaram uma orquestra para acompanhar o espetáculo:

No interior, as pessoas naquele tempo ainda eram artistas. Não existia localidade que fosse tão pobre e pequena a pon-

> to de não haver meio de organizar um bom quarteto, e todas as semanas as pessoas se reuniam, ora na casa de um amador, ora na de outro, para fazer o que os italianos chamam de *musica di camera*, honesto e nobre entretenimento que desapareceu com os velhos virtuoses, últimos guardiões do fogo sagrado em nossas províncias.

George Sand parece dizer que em 1850, ano em que escreve suas memórias, o hábito de tocar música já havia se perdido. No entanto, ele prossegue ao longo do século.

Madame Bl., nascida em 1894, passou sua infância em Caen. Boa pianista, formou uma orquestra com seus irmãos e amigos. Eles ensaiavam durante a semana e tocavam aos domingos para os parentes e amigos. Domingo sim, domingo não, realizava-se uma reunião musical na casa dela, e os domingos alternados eram dedicados ao bridge (jogo que conheceu grande sucesso na Belle Époque). Em Rouen, dois burgueses ficaram célebres pela voz que possuíam: Félix Bourgeois sob a Monarquia de Julho e Georges Vanier na Terceira República. Eram o ornamento vocal dos saraus mundanos.

O teatro amador também faz parte do modo de vida privado. As charadas em ação foram o divertimento preferido do século XIX. Em 1859, o *Dictionnaire universel de la vie pratique à la ville et à la campagne* [Dicionário universal da vida prática na cidade e no campo] explica como funciona esse "agradável passatempo, em que se é sucessivamente autor e espectador". A metade do grupo faz a mímica da charada, enquanto a outra metade assiste e tenta adivinhar a palavra. Se consegue descobrir, é então a sua vez de propor outra charada.

Outros divertimentos tentaram concorrer com as charadas, mas em vão. Por volta de 1830, foi a moda dos "quadros": "Leva-se ao salão um quadro bem grande, coberto por um pano atrás do qual se agrupam com exatidão pessoas vestidas como os heróis que devem representar". Georgette Ducrest evoca num romance um serão na casa de madame de Duras, durante o qual o barão Gérard se encarregou de "reproduzir sua admirável composição de *Corinne*". Os quadros têm um inconveniente: para que as cenas sejam exatas, exigem longos preparativos, que interrompem o ritmo dos saraus e esfriam a atmosfera.

Ao lado das charadas, outro entretenimento é encenar comédias de sociedade. Elas são das mais variadas durações, desde a breve bufonaria que se representa em família ou com alguns amigos até a longa comédia assistida no Français ou no Gymnase, e que os mundanos ociosos aprendem para encenar num salão perante... quatrocentas pessoas. Scribe, em particular, fez sucesso por muito tempo.

O teatro amador também se encontra entre as crianças, cuja sociabilidade frequentemente reproduz a dos adultos, mas se concentra no horário da merenda. Assim, no começo de cada ano, Renée Berruel e sua irmã convidam suas amigas. Tomam a merenda e encenam pequenas peças teatrais: *Le désespoir de Louison*, *Colombine héritière*, *Ma tante Flora* [O desespero de Louison, Colombina herdeira, Minha tia Flora].

O amadorismo se faz presente ainda nos saraus dançantes, onde as convidadas se revezam ao piano para que os presentes dancem. Tocam contradanças e polcas, diz *Le Journal des Jeunes Filles* [Jornal das Moças] em fevereiro de 1849. A contradança fica em moda entre o Primeiro e o Segundo Império, sendo depois rebatizada de quadrilha. A polca veio de Praga em 1844. Quanto à valsa, não goza de boa reputação. Introduzida na França no final do século XVIII, ainda era proibida na corte em 1820. E em 1857 Flaubert é processado por ter descrito uma valsa sem ocultar seus componentes sexuais. O tango, no final do século XIX, é objeto do mesmo tipo de censura.

Mas o amadorismo tem seus limites. Um verdadeiro "grande sarau" comporta a contratação de uma orquestra para a dança dos convidados. Outro divertimento em voga consiste em contratar os serviços de uma cantora, que dá recitais domiciliares.

Quando o serão familiar se abre ao mundo exterior e acolhe estranhos, surgem duas tendências contraditórias. Se as moças da casa tocam piano para que os amigos da família se ponham a dançar, elas preservam o caráter íntimo da sociabilidade. Quando são trazidos profissionais da moda para a casa, a intimidade perde sua força para a suntuosidade. Mas o local da festa, mesmo assim, continua a ser o espaço privado.

AS FESTAS ANUAIS

O ano é marcado, de um lado, pela vilegiatura de verão e, de outro lado, pelas festas da Igreja. A temporada campestre da aristocracia se generaliza em férias de verão para a burguesia. Assiste-se ao nascimento da ideologia do descanso e do lazer, e a vida escolar terá de se adaptar a ela, prolongando o período de férias.

Seja-se fiel ou não, seja-se praticante ou não, as pessoas dependem do calendário cristão. O ano se desenrola segundo as festas litúrgicas, do Natal ao dia de Todos os Santos, do nascimento de Cristo ao dia de Finados.*

Essas festas litúrgicas, que são passagens obrigatórias do ano, tornam-se, em maior ou menor medida, ocasião de festas familiares. A forma se mantém a mesma, mas assume outro sentido. O Natal, por exemplo, virá a se dissociar do nascimento de Jesus em Belém para se transformar cada vez mais na festa das crianças. Assim, a família toma as festas cristãs para se autocelebrar.

O PINHEIRO DE NATAL

O pinheiro de Natal provém dos países escandinavos. Os suecos o levaram para a Alemanha durante a Guerra dos Trinta Anos (primeira metade do século XVII), onde ele só veio a se popularizar no começo do século XIX. Ainda em 1765, Goethe, que se encontra em Leipzig na residência de um amigo, surpreende-se ao ver na casa uma árvore de Natal (no entanto, o costume

* Note-se que, na prática, o dia de Todos os Santos (1º de novembro) e o dia de Finados (2 de novembro) se confundem. (N. T.)

de armar um pinheiro de Natal nas residências de Estrasburgo consta dos hábitos da cidade já em 1605...).

Em 1840, o costume alemão é introduzido simultaneamente na França e na Inglaterra. Na Inglaterra, pelo príncipe Alberto, marido da rainha Vitória. Em Paris, pela princesa Hélène de Mecklembourg, duquesa de Orléans, e por famílias protestantes da Alsácia e da Alemanha. No Segundo Império, favorecida pela imperatriz Eugênia, instala-se a tradição do pinheiro de Natal. Os lorenos e alsacianos que emigram após a derrota de 1870 contribuem para sua difusão. Segundo Littré e Larousse, a "árvore de Natal" é apenas um "grande ramo" de pinheiro ou de azevinho, enfeitado e guarnecido de bombons e brinquedos para as crianças.

No final do século, o costume parece ter se "nacionalizado": todos os anos, os missionários da Groenlândia e os colonos da África recebem árvores de Natal enfeitadas! Nas famílias, são quase iguais às que conhecemos atualmente.

O PRESÉPIO

Littré, em 1863, não fala em presépio, nem nas igrejas nem nas casas. Larousse, alguns anos depois, menciona os presépios apenas nas igrejas, como montagens vivas e falantes, para criticar longamente os presépios provençais. Eles são, a seu ver, irreverentes, pois misturam o sagrado e o profano e provocam risos nos fiéis. Mas nota-se um progresso: o anjo tenta falar francês em vez de dialeto. É hora de acabar com as velhas tradições...

No entanto, a crer no monsenhor Chabot, em 1906 os presépios montados nas casas católicas deviam ser em grande número. Com efeito, são vendidos mais de 30 mil por ano, a preços que variam entre vinte e 3 mil francos. O presépio conta com sete ou oito personagens principais.

Os presépios de Marselha, com suas figuras de argila de origem italiana, têm direito a um desenvolvimento próprio. Pois, além das figuras sacras tradicionais, colocam-se figuras profanas como o amolador de facas, o tamborileiro, o espectador maravilhado, o moleiro, o ajudante de padeiro etc. A modernidade se insinua sob a forma de casas de quatro ou cinco andares que à noite são iluminadas por uma vela, e locomotivas a vapor...

O EXEMPLO ALEMÃO

Antes da chegada do pinheiro de Natal à França, estava surgindo um discurso sobre esse costume alemão. Curiosamente, é um discurso em tom nostálgico, como se o pinheiro de Natal fosse uma tradição francesa caída em desuso. *La Gazette des Ménages* [Gazeta da Administração da Casa], em 23 de dezembro de 1830, deplora o fato de que na França, e principalmente em Paris, "a geração atual conserva pouco apego pelos velhos costumes", ao contrário da Alemanha, modelo das tradições domésticas.

Le Journal des Jeunes Filles, em dezembro de 1849, evoca os costumes alemães com a mesma emoção, lamentando que os franceses não saibam explorar a atmosfera mágica: na Alemanha, os presentes "descem do céu", trazidos pelo Menino Jesus ou por "Cristo criança". A França devia seguir o exemplo e aproveitar as festas de fim de ano para reunir as gerações em torno da lareira, particularmente na casa dos avós.

Os discursos de 1830 e 1849 são idênticos. A propósito das festas de fim de ano, eles glorificam a vida privada. Após duas revoluções, à instabilidade da coisa pública se opõe a estabilidade da vida familiar: "As alegrias da família", conclui o jornalista em 1849, "são o único lugar e a única felicidade que as revoluções jamais poderão nos tirar".

DOCES FESTAS EM FAMÍLIA

Em 1866, Gustave Droz consagra um capítulo de *Monsieur, madame et bébé* ao ano-novo em família. São sete horas da manhã quando o bebê arranha a porta dos pais para lhes desejar "feliz ano-novo". O pai o puxa para o leito conjugal, a criada vem acender a lareira e, nessa doce atmosfera, chega o momento dos presentes. E o momento de Gustave Droz reivindicar e glorificar essa felicidade em família como a coisa mais preciosa do mundo. O dia inteiro é marcado por cativantes quadros familiares.

O dia de ano-novo é, assim, uma súmula de todos os prazeres familiares, em que a família se retempera antes de enfrentar os meses pela frente. Em 1866, já não é preciso invocar o exemplo alemão. Droz apresenta sua descrição como um dado de fato. Cabe pensar que, à medida que se avança no século XIX, mais arraigada nos espíritos é a certeza de que o lar proporciona uma felicidade preciosa e insubstituível. As crianças se tornam os protagonistas da festa.

RÉVEILLON E PRESENTES

O réveillon é "uma refeição extraordinária que se faz no meio da noite. Particularmente, a que se faz na noite de Natal" (Littré, 1869). Não existe o verbo "réveillonner". A noite de são Silvestre passa em silêncio. Não encontrei nenhuma referência a festas ou refeições familiares na noite de 31 de dezembro. Flaubert, em sua *Correspondance*, lembra que uma vez esperou a meia-noite fumando e, outra vez, pensando na China.

As famílias católicas vão à missa da meia-noite e, voltando, tomam a ceia. Como é hábito dar folga aos criados na noite de Natal, a refeição é mais reduzida. Conta com dois pratos tradicionais, o creme de baunilha com filhós e morcela grelhada, e pratos frios como peru recheado de trufas ou, de sobremesa, fondants ou pastéis doces.

Para o Natal, faziam-se os mais variados bolos, conforme as regiões — biscoitos, folhados, tortas —, mas não há sinais da acha de Natal que atualmente conhecemos. A acha de Natal, no século XIX, não passa de uma grande tora que se põe ao fogo na noite de 24 de dezembro, para que alimente o lume a noite inteira, resquício de uma velha tradição rural, em que as pessoas velavam a noite de Natal para assistir à missa da aurora.

De origem católica, o réveillon se generaliza como festa profana na segunda metade do século, a tal ponto que em 1908 os *Usages du siècle* [Costumes do século] podem afirmar: "Todo mundo faz a ceia do réveillon". Os fiéis ceiam depois da missa da meia-noite, e os profanos costumam ir ao teatro, fazendo a ceia do réveillon depois da sessão. Já não é preciso nenhum pretexto religioso para comemorar o Natal. A reunião da família ou dos amigos se torna a única razão de ser da festa. O cardápio do réveillon ainda conserva o peru e a morcela grelhada, mas o creme é substituído por um consomê quente. Adota-se uma moda inglesa: o *pudding*, símbolo do *Christmas*. A receita aparece nas revistas, por exemplo *Fémina*, de 1º de janeiro de 1903 (outro costume inglês que tenta se introduzir nos hábitos franceses: o de se trocar abraços debaixo do visco, ilustrado por uma foto em *Fémina*, de 15 de dezembro de 1903).

Os presentes, em princípio, são dados no primeiro dia do ano, segundo uma antiga tradição. Tomam a forma de gratificações obrigatórias aos criados, ao zelador, ao carteiro..., que transformam o dia 1º de janeiro numa sangria desatada de gastos. Os jornais se divertem. *La Mode* publica em janeiro de 1830 um provérbio (peça em um ato que desenvolve uma máxima) intitulado: "O primeiro dia do ano, ou: os pequenos presentes mantêm a amizade". Ele apresenta um homem assediado por todos os que esperam seus presentes, do criado de quarto à esposa.

Mas esses presentes de fim de ano designam, de maneira mais ampla, as dádivas feitas em todo o período das festas natalinas. Há quem tente estabelecer uma divisão, como madame de Grandmaison em 1892: no Natal, presentes para as crianças, e no ano-novo para os adultos. Na verdade, é difícil fazer uma distinção, pois às vezes os adultos também recebem presentes no Natal, e as crianças no ano-novo. Todos acabam sendo chamados indistintamente de "presentes de fim de ano" (*étrennes*).

O SAPATINHO DE PAPAI NOEL E OS PRESENTES

As crianças, na noite de Natal, colocam seus sapatos na frente da lareira, esperando encontrá-los cheios na manhã seguinte. Por obra do Menino Jesus? De Papai Noel? Ao que parece, os dois personagens coexistiram, sendo que Papai Noel foi ocupando gradativamente o lugar do Menino Jesus.

O dicionário *Robert* de nomes próprios diz que o Papai Noel aparece na Europa na segunda metade do século XIX. Ele teria vindo dos Estados Unidos, sendo uma criação de origem comercial. Não há dúvida de que o comércio contribuiu para o sucesso do personagem, mas não foi ele que o inventou. Cabe antes pensar em são Nicolau (santa Claus), festejado em 6 de dezembro e que, nos países nórdicos, traz presentes para as crianças boazinhas — ao passo que seu colega, o pai Fouettard,* traz varas para as desobedientes. É provável que o Papai Noel tenha sido levado por imigrantes escandinavos e alemães para os Estados Unidos, onde foi "comercializado".

Dito isso, o Papai Noel tal como o conhecemos (mesmo que, no início do século, não tivesse a estatura que adquiriu posteriormente) já estava bem implantado em Paris. George Sand, em *Histoire de ma vie*, relembra os Natais de sua infância (ela tinha seis anos em 1810):

> O que não esqueço é que eu acreditava piamente no Papai Noel, bom velhinho de barbas brancas, que à meia-noite descia pela chaminé da lareira para colocar em meu sapatinho um presente que eu encontraria ao acordar. Meia-noite! Essa hora fantástica que as crianças não conhecem, apontada como o termo impossível de sua vigília! Que esforços incríveis eu fazia para não dormir antes do aparecimento do velhinho! Eu sentia uma grande vontade e, ao mesmo tempo, um grande medo de vê-lo: mas eu nunca conseguia ficar acordada até aquela hora, e no dia seguinte a primeira coisa que eu ia olhar era meu sapato, na beirada da lareira. Que emoção me despertava o embrulho de papel branco, pois Papai Noel era de um extremo asseio e nunca deixava de embrulhar cuidadosamente seu presente. Eu

* De *fouet*, chicote, chibata e, por exemplo, castigo físico. (N. T.)

corria descalça para me apossar de meu tesouro. Nunca era nada de grandioso, pois não éramos ricos. Era um bolinho, uma laranja ou simplesmente uma bela maçã vermelha. Mas me parecia tão precioso que eu mal ousava comê-lo [...].

Papai Noel não tem nenhuma relação com o nascimento de Jesus, e a Igreja católica se opôs por longo tempo a esse personagem. Para os fiéis, era o Menino Jesus que trazia os presentes para as crianças na noite de Natal. Segundo Francisque Sarcey (*Annales* de 22 de dezembro de 1889), as crianças "veem-no cruzando os ares, apertando junto ao peito mãos cheias de bolos e brinquedos; sentem-no acima delas, profundamente justo e bom; dizem a si mesmas que, com ele, têm de se comportar direito, senão... os sapatinhos ficarão vazios". Mas essa imagem não vingou realmente, e a Igreja, que não podia deter o avanço do Papai Noel de roupas vermelhas, barbas brancas e um enorme cesto, recuperou-o convertendo-o no fiel mensageiro do Menino Jesus e no fundador de uma simples moral de retribuição.

Tradicionalmente, os jornais em dezembro abrem uma coluna para os presentes de final de ano. Dão aos leitores sugestões de presentes, muitos deles especificamente femininos: canapés, *ouvragères* (pequenos móveis com o necessário para os trabalhos de agulha), "essas pequenas ninharias de *boudoir*", papéis de carta coloridos, perfumados e acetinados, cartões de visita com enfeites de fantasia. Comenta-se que tal ou qual objeto é um "belo presente para oferecer a uma mulher", nunca dizendo o mesmo a respeito de um objeto destinado aos homens. A categoria dos presentes tipicamente masculinos não existe no século XIX. No máximo, aqui e ali, mencionam-se estojos "para Homens e Senhoras". Isso não significa que os homens não recebiam presentes, mas apenas que não se falava deles.

Para as crianças, o presente mais refinado, em 1836, é um teatrinho de marionetes: "Um espetáculo asiático que representa uma dança de cordéis encenada por pequenos personagens de papel movidos de maneira invisível". Sugerem-se outros brinquedos que procuram reproduzir a realidade: o moinho com água de verdade, os pássaros que cantam, as bonecas "casadouras" com enxovais completos. As bonecas são, por muito tempo, um valor certo e seguro. Os ursos de pelúcia aparecem no começo do século XX. Teddy, o ursinho americano, data de 1903; Martin, o ursinho francês, é de 1906.

Segundo o *Larousse du XIXe siècle*, se os presentes para as crianças seguem os caprichos da moda, a tendência mais recente é cultural: "Os livros bons e bonitos tendem aos poucos a substituir as dispendiosas inutilidades nessa solenidade de 1º de janeiro". É preciso dar os descontos pelo entusiasmo do *Larousse* pela pedagogia e pelo progresso, mas é verdade que os jornais, ao longo de todo o século, aconselham que se deem livros e fornecem sugestões bibliográficas: veja-se, por exemplo, *La Mère de Famille*, em dezembro de 1834, e *La Femme et la Famille et Le Journal des Jeunes Personnes*, em dezembro de 1880.

As meninas que têm diários registam os presentes que elas ou seus familiares ganharam. Os presentes dos pais aos filhos nas festas de fim de ano não constituem apenas uma fonte de prazer imediato, sendo também um investimento para o futuro: as crianças se lembrarão, terão capitalizado os prazeres e os conservarão na memória. Assim se constrói a nostalgia dos adultos, que por sua vez a transmitem a seus filhos.

VISITAS E VOTOS DE ANO-NOVO

Em troca dos presentes recebidos, os filhos apresentam votos de feliz ano-novo aos pais. Élisabeth Arrighi escreve em 29 de dezembro de 1877: "Nós também damos presentes para o papai, aprendemos juntos, Pierre, Amélie e eu, *Le petit savoyard*, e o escrevemos numa linda folha; e depois eu aprendi um trecho a duas mãos, outro a quatro mãos que vou tocar com mamãe; Amélie aprendeu um trecho a quatro mãos que ela vai tocar comigo".

No ano-novo, deve-se apresentar os votos aos parentes próximos: o pai e a mãe, tios e tias, irmãos e irmãs. Reserva-se a véspera para os avós e os superiores. A semana seguinte é destinada aos primos e outras ligações de parentesco, a quinzena fica para os íntimos, e o mês inteiro para os simples conhecidos. O que representa um número considerável de visitas e cartões de felizes votos.

É por isso que, para evitar excessivos deslocamentos, muitos se contentam em mandar entregar — através de um criado ou de uma empresa paga para isso — um cartão na casa das pessoas a quem se apresentam os votos. *Le Figaro* de 24 de dezembro de 1854 aponta o paradoxo desse costume parisiense. As pessoas que recebem esses cartões afetam desprezar "essa atenção de três francos o cento", mas, se se abrisse mão desse costume, as mesmas pessoas diriam: "Fulano não tem cortesia: nem sequer me enviou um cartão de ano-novo!".

Quanto aos cartões de visita enviados pelo correio, são numerosíssimos: no final do século, mais de 1 milhão deles, apenas no dia 1º de janeiro, passam pelos correios de Paris. A condessa de Pange conta que escrevia e recebia cerca de 1500 cartões de votos pela passagem do ano...

PÁSCOA E FINADOS: MUDANÇA DE ESTAÇÃO

A Páscoa é uma festa importante, sob vários ângulos. Em primeiro lugar, religioso, visto que todo cristão deve "fazer sua Páscoa", isto é, confessar e comungar num dos dias da quinzena pascal. O mínimo exigido pela Igreja é uma comunhão por ano, por ocasião da Páscoa. A quinzena pascal começa no Domingo de Ramos. Germaine de Maulny recorda que as crianças levadas à missa nesse dia carregavam um *rampaum* ou *rampant*, pequeno ramo de sarças cheio de bombons, fitas, guirlandas e minúsculos presentes, para receber a bênção. Na Quinta-Feira Santa à tarde, a mãe levava Germaine para percorrer as igrejas de Limoges. Na Sexta-Feira Santa, ela mandava que suas duas filhas colocassem panos roxos em todas as estátuas de santos que havia na casa. Seguiam em família o caminho da cruz até a catedral.

A Páscoa é também a festa dos ovos: doces em formato de ovos que são escondidos nas casas ou nos jardins para fazer uma surpresa às crianças, ovos cozidos pintados com diversas cores e às vezes ilustrados com desenhos e adivinhas, servidos no almoço, e principalmente ovos contendo presentes. Pois o costume de dar presentes na Páscoa se mantém corrente até a Primeira Guerra. O comércio se apropriou do formato do ovo para fazer caixinhas para os mais variados objetos, desde soldadinhos de chumbo até joias. Em abril de 1911, a revista *Mon Chez-Moi* apresenta a última moda: o ovo todo em flor, seja um simples ramo perfumado ou um escrínio florido para um bibelô valioso. Como sai caro encomendá-lo a um florista, a revista ensina como fazer em casa.

O dia de Páscoa marca a ressurreição de Cristo e também a entrada da primavera. A família vai à missa e, faça o tempo que fizer, estreia-se roupas leves. Se o inverno continua, desconsidera-se o frio, já que se trata de simbolizar o início da bela estação. As meninas usam vestidos claros e chapéus de verão, feitos de palha da Itália, enfeitados com margaridas e miosótis, como conta Germaine de Maulny. Todos os praticantes mantiveram esse rito até meados do século XX.

A mudança de estação se encerra nas casas com uma semana de "faxinas de primavera", na época da Páscoa. Limpam-se e untam-se as pinças e pás, antes de guardá-las até o outono. Tiram-se as cortinas e armações, que são batidas, juntamente com os tapetes, para desempoeirá-los. Lavam-se as pinturas e penteia-se a lã dos colchões.

No século XIX, o Natal não cai nas férias escolares, e apenas os dias 25 de dezembro e 1º de janeiro são feriados. Por outro lado, vemos surgir as férias da Páscoa. Na primeira metade do século, as turmas não têm aulas, por motivos religiosos, na quinta-feira, sexta-feira e sábado santos. Em novembro de 1859, esses feriados se laicizam: os alunos dos liceus ganham uma semana inteira de férias, logo após o domingo da Páscoa, por motivos escolares e familiares.

A Terceira República outorga aos alunos do primário os mesmos feriados da Páscoa dos alunos do secundário. Em 9 de março de 1886, por iniciativa do governo, depois de discussões no Parlamento, a segunda-feira da Páscoa e a de Pentecostes se convertem em feriados oficiais. Em 1º de agosto de 1892, os feriados passam a incluir a semana anterior à Páscoa, a partir de quarta-feira à tarde. Vão se formando as duas semanas de férias atualmente vigentes, que serão estabelecidas pelo decreto de 18 de fevereiro de 1925.

Os feriados pascais se transformam, no decorrer do século XIX, em férias de fim do trimestre. Os feriados de Natal logo seguem o mesmo modelo. O decreto de agosto de 1892 prevê oito dias de férias extraordinárias, a serem distribuídos pelo diretor no começo do ano, seguindo o parecer do conselho acadêmico. Se esses oito dias de férias móveis são incluídos entre o feriado de 25 de dezembro e o de 1º de janeiro, tem-se um verdadeiro período de férias curtas. É o que é homologado pelo decreto de fevereiro de 1925: os oitos feriados móveis são repartidos em dois, estabelecendo-se as férias do Natal, de 23 de dezembro depois das aulas até a manhã de 3 de janeiro. Portanto, data de 1925 a repartição do ano letivo em três trimestres.

À Páscoa corresponde o dia de Finados; ao começo da primavera, o começo do inverno. Na segunda metade do século XIX, adota-se o hábito de ir em família ao cemitério, para visitar os mortos.

Philippe Ariès mostrou como o culto aos mortos se instaura nessa época, em total oposição ao que acontecia no século anterior. No final do século XVIII, fechavam-se os cemitérios parisienses, e em 1785 o cemitério Des Innocents foi destruído em meio à indiferença geral. Por volta de 1850, a situação se inverte. Três influências se conjugam para alimentar o interesse pelos mortos e manter os cemitérios dentro das cidades, principalmente em Paris.

Os positivistas, de um lado, louvam o culto aos mortos como um elemento de civismo: "O túmulo desenvolve o sentimento de continuidade na família, e o cemitério, o sentimento de continuidade na cidade e na humanidade", escreve Pierre Laffitte em 1874. Os católicos, por outro lado, adotam o culto aos mortos, defendendo-o como se o praticassem desde sempre. Atitude paradoxal, pois, um século antes, a Igreja foi parcialmente responsável pelo desapreço em relação aos cemitérios. Na época, ela afirmava que pouco contavam os restos mortais, importando apenas a vida eterna. A ciência é a terceira a dar seu aval: os cientistas provam que os vivos não correm risco de morar perto de um cemitério, e que as influências mefíticas denunciadas um século antes não passam de superstições.

O cemitério, a partir de 1850, converte-se em "um ponto de visitação, um local de meditação". Em Rouen, no período 1860-1880, multiplicam-se os jazigos de família encimados por construções fúnebres luxuosas. A derrota de 1870 contribui para implantar a veneração pelos mortos e o culto da lembrança. Em 1902, registram-se 350 mil visitas aos cemitérios de Paris no dia de Finados, ou seja, mais de 10% da população.

Se as damas e suas filhas usavam roupas claras na Páscoa, no dia de Finados elas voltavam a pôr seus vestidos de cor escura, seus chapéus de feltro sem abas, seus regalos e botinas. "Arrumavam-se" para o inverno.

VERÃO: DA VILEGIATURA ÀS FÉRIAS

A VILEGIATURA

Em sua célebre trilogia *La Villegiatura*, encenada em Veneza em 1761, Goldoni disseca esse "inocente divertimento do campo, transformado em nossos dias em uma paixão, uma mania, uma desordem". Na França, no começo do século XIX, ele é praticado apenas por uma elite relativamente restrita. Ainda na década de 1870, a palavra é considerada um neologismo. O *Larousse du XIXe siècle* define o termo como "permanência no campo para fins recreativos". A aristocracia e, de modo geral, os *rentiers* ricos que não precisam ficar em Paris e nas cidades grandes em função dos negócios passam a temporada de verão em seus castelos e terras no campo e voltam à cidade apenas em outubro, ou mesmo em novembro, depois de aproveitar a temporada de caça. O ano, assim, divide-se em dois: a estação mundana (o inverno e a primavera) e a vilegiatura (o verão e uma parte do outono).

Aos poucos, a burguesia começa a imitar o modelo aristocrático. Auguste Villemot, em sua crônica no *Figaro* de 15 de maio de 1856, ironiza o fato. Pois, diz ele, se para uma mulher é agradável brincar de "simplicidade rústica" indo se instalar, a partir do mês de maio, na região rural próxima de Paris, para um homem com negócios na capital essa caricatura de vida castelã é simplesmente um inferno. O jornalista está fazendo graça, mas é verdade que as famílias burguesas frequentemente trocavam a cidade por seus arredores campestres durante a primavera. "Um burguês de Grenoble só é considerado se tiver uma propriedade rural", escreve Stendhal. Seu pai possui uma residência em Chaix, a duas léguas da cidade. A família ali passa as "férias", isto é, os meses de agosto e setembro. A maioria dos burgueses de Rouen possuía uma residência campestre não muito distante da cidade, onde passavam vários meses do ano, convidando parentes e amigos. Ademais, aproveitavam a oportunidade para vistoriar suas fazendas nas cercanias. Madame G., nascida em 1888, filha de um rico comerciante de Bordeaux, lembra que, em sua infância, ia viver com os pais, irmãos, irmãs e uma meia dúzia de empregados numa bela casa de família em Pontac, a oito quilômetros de Bordeaux, nos meses entre a Páscoa e Finados. Por sua vez, a família de Antoine Arrighi — advogado na corte de Napoleão III — trocava, durante a primavera, sua residência na rue de Rennes em Paris por Auteuil, onde madame Arrighi e sua irmã, madame Villetard de Prunières, alugavam uma casa com jardins. Em 1878, por exemplo, eles saem de Paris em 11 de maio e voltam em 26 de outubro. Não se deve confundir essa vilegiatura nos arredores de Paris com as estadas da família Arrighi, nos meados do verão, na Mancha (Langrune em 1876 e 1877, Saint-Aubin de 1878 a 1884, Mers em 1885, Beuzeval em 1888) ou em estações de águas (Challes em 1882, La Bourboule em 1886, Genebra em 1887).

Os exemplos que acabamos de citar mostram a diferença entre a burguesia do interior e a da capital. A primeira passa temporadas campestres em propriedades suas. A segunda não possui muitos domínios, pois não teria condições de supervisionar a exploração da terra. Portanto, durante as férias, aluga casas campestres ou se instala num hotel. A locação permitia passar férias em locais diferentes. Madame D., nascida em 1876, conta que seu pai, diretor da École Normale superior, gostava de mudar de ares e nunca passava dois verões com a família no mesmo lugar. Ele alugava grandes propriedades por quinhentos francos a temporada. Num verão da década de 1880, por exemplo, eles ocuparam um castelo de dezessete aposentos em Morbihan.

Os habitantes da cidade, se não têm tempo para morar seis meses do ano no campo, pelo menos adquirem o hábito de passear por regiões campestres aos domingos. *La Gazette des Ménages*, em 10 de fevereiro de 1831, escreve a propósito de *La maison de campagne* [A casa de campo], livro de sucesso de Aglaé Adanson: "Sair no sábado à noite, passear no domingo (se não estiver chovendo) e voltar à cidade na segunda de manhã: é isso que muitos parisienses chamam de ir ao campo. Com um cocheiro, um jardineiro e uma cozinheira, esses citadinos têm tudo o que é necessário para suas breves excursões".

A MIGRAÇÃO ESTIVAL

Auguste Villemot, no *Figaro* de 6 de agosto de 1854, evoca o calor intenso e a capital vazia: "Toda a vida parece ter se refugiado nas estações de trem", aonde os maridos acompanham as esposas que estão indo para o campo ou a praia. Em Paris, ficam apenas "porteiros e intelectuais". É uma gozação, mas a realidade é mais impressionante: o jornalista calcula em 30 mil o número de parisienses que deixam a cidade no verão. Os citadinos que têm condições viram "turistas". A palavra, sinônimo de viajante, data de 1816, mas é Stendhal que realmente consagra seu uso em 1838, com *Les mémoires d'un touriste* [As memórias de um turista]. *O Larousse du XIX*e *siècle* diz que o turista "viaja por curiosidade e ociosidade". Os turistas não são necessariamente andarilhos ou itinerantes. Podem optar por ficar numa *villa* junto ao mar e não arredar mais dali (o termo *estivant* [veranista] aparece apenas em 1920). Assim, *La Gazette des Touristes et des Étrangers*, criada em 1877, oferece principalmente notícias de balneários. Lendo-se os números de verão das revistas de moda, vê-se a importância da migração: cada uma delas tem sua crônica da vida mundana nas "estações de águas". Essa expressão por vezes designa tanto os balneários quanto as estações termais: "As águas são para o verão o que os salões são para o inverno", escreve *Le Journal des Dames* (5 de junho de 1846).

Data do Primeiro Império o início da exploração das águas de fonte — em 1809, havia 1200 pessoas em tratamento em Aix-les-Bains —, e da Restauração a descoberta dos banhos de mar. Em 1822, o conde de Brancas, subprefeito de Dieppe, funda o primeiro estabelecimento de banhos de mar, e consegue levar a duquesa de Berry ao local. Até 1830, em julho de cada ano, a corte se desloca para Dieppe. Depois de 1830, os aristocratas do faubourg Saint-Germain conservam o hábito. Dieppe, na época, é o único balneário realmente organizado — mesmo que, em 1835, já se comece a falar da pequena praia de Biarritz, que, no Segundo Império, se tornará a estação predileta da imperatriz Eugênia. No final da Monarquia de Julho, a praia de Trouville, na costa normanda, entra na moda, embora mais burguesa e menos chique do que Dieppe.

O trem reduziu em dois terços o tempo de viagem entre a capital e as praias. Em 1840, levava-se doze horas de coche para ir de Paris a Dieppe; no Segundo Império, por estrada de ferro, não se leva mais do que quatro horas. Em agosto de 1848, o primeiro "trem de recreio" vem a ligar Paris a Dieppe. Esses trens, que permitem chegar às cidades do litoral normando nos fins de semana, viriam a conhecer na segunda metade do século um sucesso crescente, tanto mais que a Companhia, a partir de 1850, passou a oferecer passagens a preço mais baixo (cinco francos na terceira classe e oito francos na segunda). A clientela abastada usa o "trem amarelo" ou "trem dos maridos". Em 1871, ele sai de Paris no final da tarde de sábado e traz os passageiros de volta na segunda-feira antes do meio-dia — o tempo exato, para os homens ocupados com seus negócios, de passar o domingo com a mulher e os filhos na praia. Os mais ricos também podem usar trens de luxo diários, como o que liga Paris a Trouville entre 15 de julho e 30 de setembro de 1904: formado por vagões-salão, oferece lugar apenas para a primeira classe com uma tarifa suplementar. A viagem de ida e volta sai por mais de cinquenta francos, ou seja, vinte dias de trabalho de um operário.

Sem dúvida, os parisienses viajavam com mais assiduidade do que os habitantes do interior, graças às linhas ferroviárias diretas. Frequentavam mais a costa normanda, por exemplo, do que os burgueses de Rouen, que antes de 1914 raramente iam até lá, apesar da proximidade do litoral. Esses mesmos burgueses, em contraposição, iam amiúde a Paris de trem (a linha Paris-Rouen existe desde 1843).

Ao lado do veraneio na montanha e nas estações de águas, cria-se um *turismo* de inverno, principalmente no Mediterrâneo (o nome "Côte d'Azur" data de 1877). Depois da anexação do condado de Nice à França, em 1860, a cidade passa a ficar cada vez mais famosa como estância de inverno. Recebe 1850 famílias em 1861-1862, 5 mil em 1874-1875, e em 1887 passam por lá 22 mil pessoas estranhas à cidade. Certamente atraídas pela amenidade do clima, mas talvez também por recomendação médica. A mudança de ares, por volta de 1890, era um remédio muito recomendado para combater os males da tuberculose: receitavam-se temporadas na montanha e invernos sob céus clementes. A "cidade de inverno" de Arcachon, no litoral atlântico, é um exemplo extremo dessa aliança entre o turismo e os cuidados terapêuticos. Inteiramente construída no Segundo Império como estação de cura para os tuberculosos, não obstante oferecia um cassino.

A NECESSIDADE DE LAZER

No decorrer da segunda metade do século, instaurou-se a noção de "férias" como uma mudança necessária das atividades e do gênero de vida. O descanso e os benefícios da natureza parecem oferecer uma contrapartida ao modo de vida urbano e industrial. Esse gosto pela natureza não é novo, tendo-se desenvolvido no século XVIII, como mostrou Robert Mauzi. Mas o que é novo — como Henri Boiraud assinala com muita justeza em seu estudo sobre as férias — "é a inserção dessas preocupações na organização temporal das atividades humanas".

Surge, em alternância com o tempo do trabalho, o tempo das férias, isto é, da natureza, das viagens, das diversões. Numa sociedade rural ou artesanal, o tempo livre tinha seu lugar dentro do quadro das atividades normais. Na sociedade urbana e industrial, ele chega em data marcada para todos, concentrando-se no verão. Longe de ser uma recusa das obrigações temporais, como em Rousseau, o gosto pela natureza, à medida que se difunde em novas camadas sociais, passa a estruturar o tempo de maneira inédita. O apelo das férias, que se manifesta de forma crescente, acarreta outra divisão do ano. Um artigo de *La Revue Hebdomadaire* [A Revista Semanal] de 6 de julho de 1912, intitulado "A questão das férias", declara: "Há cinquenta anos, era quase extraordinário tirar férias; hoje, é quase extraordinário não tirá-las". As férias são vistas como uma necessidade e reivindicadas como um direito. Data do final do século XIX a organização das atividades de lazer, com o Touring Club de France (1890), o *Guide Michelin* (1900) e os órgãos de turismo.

A evolução geral da sociedade, que leva da vilegiatura aristocrática à ideia de direito ao lazer — e, indo mais longe, às férias remuneradas de 1936 —, é visível na história das férias e feriados escolares.

Até o século XIX, as escolas suspendiam as aulas em dois tipos de ocasiões: nas festas religiosas que pontilhavam o ano e na época dos trabalhos agrícolas, quando eram tantas as faltas que as classes do primário fechavam por algum tempo. Ao longo do século XIX, os feriados e as férias vão se dissociar da Igreja e das obrigações rurais, passando a existir exclusivamente a fim de proporcionar um tempo livre aos alunos e professores, e prolongando-se bastante, principalmente sob a Terceira República.

As férias de verão, ao longo de todo o século, duram no máximo seis semanas, começando por volta da Assunção de Nossa Senhora e terminando no final de setembro. Em 1894, um decreto de 4 de janeiro determina que se pode acrescentar mais duas semanas de férias nas escolas "em que existem cursos de férias organizados". Esse prolongamento, a princípio, é concedido como recompensa, a título excepcional, ao pessoal "que tiver contribuído para o funcionamento de cursos regulares de adultos e adolescentes", e a seguir aos professores que tiverem assegurado o sucesso de obras pós-escolares. Até 1900, essas disposições são anualmente renovadas por decreto. Assim, cria-se um costume: a duração normal das férias passou para oito semanas, de 1º de agosto a 1º de outubro. Em 1912, o decreto de 20 de julho amplia as férias de verão no ensino secundário para dez semanas, de 14 de julho a 1º de outubro. Somente em 1935 essa medida será estendida ao ensino primário.

Já não é mais o tempo em que os alunos internos passavam as seis semanas de férias no liceu ou na instituição privada. Sob a Restauração, não eram raros os alunos que ficavam anos inteiros nos internatos, sem nunca sair. Isso ainda ocorre no Segundo Império. Em agosto de 1866, Victor Duruy, ministro da Educação, comove-se com a situação desses meninos e emite o parecer de que sejam recebidos nos liceus litorâneos. Ponto de vista muito moderno que merece ser ressaltado, ao lado de seu sonho de organização de viagens e intercâmbios escolares.

Torna-se cada vez mais constante a crítica à atividade escolar, por sua falta de abertura à vida, descobrindo-se simultaneamente o aspecto pedagógico e higiênico das férias e do lazer. Assim, rapidamente se desenvolvem colônias de férias, assim como o escotismo se implanta na França a partir de 1911.

AS FÉRIAS E A FAMÍLIA

"Mas vocês terão seus prêmios na volta às aulas!", exclamava a mãe de madame R. quando, em 1º de julho, foi buscar seus três filhos para as férias. Eles estavam no liceu e queriam esperar a entrega dos prêmios. Madame R., parisiense nascida em 1897, passou todas as férias da infância em Langrune, na costa normanda. Seus pais enviavam uma carta na Páscoa, para reservar a *villa*, alugada por quatrocentos francos. Alugavam também um piano e uma cabine de banho (cinquenta francos cada um) e contratavam uma moça para os serviços domésticos, que "trabalhava na temporada" por quinze francos mensais. O pai, engenheiro do Ministério de Obras Públicas, passava com eles alguns dias em meados de julho e de setembro, e o mês inteiro de agosto. Passeavam juntos de bicicleta.

Na adolescência, madame R. e seus amigos frequentavam os cassinos das "praias de família". Todo mundo se conhecia, e os pais deixavam com toda a tranquilidade que eles se reunissem para aprender a dançar. Os círculos familiares se recortavam para formar uma rede de relações, nas quais os jovens podiam sem problemas circular mais livremente do que em Paris.

Sempre se mantendo como locais de diversão, esses cassinos eram templos laicos do convívio dos jovens burgueses que se encontravam nas "praias de família". Sem que seus jovens frequentadores soubessem, eles eram análogos ao que os Boileau tinham construído para uso pessoal. Caroline Chotard-Lioret conta que, em 1894, esses livres-pensadores tinham destruído a capela em sua propriedade de Vigné, substituindo-a por uma "sala de família".

É uma peça com 25 metros de comprimento, atapetada com veludo vermelho e lambris de madeira nas paredes. Conta com duas grandes lareiras de pedra esculpida com as iniciais de Eugène e Isabelle, os financiadores do projeto, formando um medalhão. Foi inaugurada em 1901, por ocasião do casamento de duas filhas, Jeanne e Madeleine Boileau. A seguir, foi usada como sala de jantar onde Eugène e Marie, no verão, presidiam a mesas de trinta a cinquenta convidados. A casa de Vigné foi para todos os descendentes dos Boileau um poderoso "laço de confederação", mantendo a coesão entre eles. Até a década de 1950, era lá que todos os primos se encontravam durante as férias.

AS GRANDES DATAS DE UMA VIDA

O curso dos anos de uma vida é dividido em duas etapas por um acontecimento central, o casamento. Ele funda a continuidade social e familiar. O tempo privado, portanto, compreende um "antes" e um "depois", e os acontecimentos que o pontuam são desigualmente repartidos entre os dois períodos.

NO LIMIAR DO CASAMENTO

Antes de chegar ao casamento, existem etapas bem definidas na vida de um indivíduo: o ingresso na adolescência, marcado, na maioria das famílias, pela primeira comunhão, o fim dos estudos secundários confirmado pelo bacharelado no caso dos rapazes (como geralmente não cursam um ensino clássico com latim, as moças não podem se apresentar para o exame de bacharelado e se limitam, caso queiram se formar, ao diploma do curso elementar), a entrada no mundo, a busca de um cônjuge, o noivado. No fim do caminho está o casamento, seguido pelo nascimento dos filhos. Depois disso, o tempo privado transcorre de maneira bastante uniforme até a morte, ocupado pela educação e pelo estabelecimento dos filhos e balizado pelas festas familiares.

O jovem burguês presta o exame de bacharelado depois de sete anos de estudos secundários, seja nos liceus instituídos por Napoleão I (que depois se tornaram colégios reais, antes de retomar, em 1848, o nome de liceus), seja nos estabelecimentos privados. Até 1930, os estudos secundários são pagos e reservados às classes privilegiadas, mesmo que o Estado distribua bolsas de estudo. Em 1842, nos colégios reais, como Louis-le-Grand, o externato custa cem francos por ano, e o internato, setecentos. Em 1873, um aluno de retórica em regime de externato num liceu parisiense paga trezentos francos, preço que no final do século chega a 450. Num bom estabelecimento privado, ele pagará 720 francos. Quanto ao internato dos jesuítas, em Paris, chega a 1400 francos... ou seja, quase a metade do salário de um engenheiro politécnico dos correios. Fazendo-se uma comparação, em 1880 uma empregada doméstica para todo o serviço ganha quinhentos francos anuais. Em 1854, de 107 mil alunos do secundário, 4600 passam no exame de bacharelado. A partir de 1873, de 6 mil a 7 mil por ano.

O jovem burguês, em princípio, está sujeito ao serviço militar obrigatório, pela lei de 1872. O sorteio divide o contingente em duas partes: uma presta cinco anos, a outra um ano (na realidade, apenas seis meses). Mas, por um lado, o bacharel que se apresenta antes da convocação presta apenas um ano de serviço, com a condição de pagar 1500 francos pelo equipamento. Por outro lado, os alunos das grandes escolas e os funcionários não têm dificuldade em conseguir dispensa.

Depois do bacharelado, o rapaz pode iniciar estudos superiores na faculdade de direito ou de medicina (o valor da matrícula na universidade é bastante alto: a inscrição e o direito de prestar exames chegam a mil francos para a graduação em direito, e a 3 mil francos em medicina), ou ainda nas grandes escolas — Polytechnique, les Ponts, les Mines, Centrale. Pode também ingressar imediatamente no negócio da família. Seja como for, ele não chega muito jovem ao mercado matrimonial.

Para a jovem burguesa, se está destinada ao casamento — isto é, se dispõe de um dote suficiente para encontrar um marido —, a questão dos estudos superiores nem se coloca. O ensino secundário feminino, ministrado em colégio interno ou, depois de 1880, num dos liceus criados por Camille Sée, nunca teve como objetivo a preparação das alunas para o exame de bacharelado, única via de acesso possível à universidade. Terminados os estudos secundários, a jovem pode obter o diploma elementar ou o certificado de conclusão de estudos secundários. Mas ela nem sequer precisa ter diploma. "Deixai essa preocupação para aquelas que precisam ganhar a vida!", dizia o professor de letras a Louise Weiss, no liceu Molière, por volta de 1910. Para as que têm necessidade, os cursos particulares começam a preparar para o bacharelado desde 1905. Os liceus só farão o mesmo, em termos oficiais, depois da guerra.

Estudar, para uma adolescente da burguesia, significa se preparar para desempenhar seu papel de mulher do lar: cuidar de uma casa, dirigir empregados, ser a interlocutora do marido e a educadora dos filhos. Para isso, não há necessidade de saber latim nem dominar conhecimentos científicos especializados, bastando um verniz de cultura geral, de artes recreativas — música e desenho — e uma formação teórica e prática em economia doméstica — cozinha, higiene, puericultura.

Até o casamento, enquanto se inicia nos refinamentos e boas maneiras da vida mundana, orientada pela mãe, a jovem burguesa vai concluindo sua educação: faz cursos em "escolas de economia doméstica", como a École des Mères ou o Foyer, e assiste a conferências para moças da sociedade, por exemplo na universidade dos Annales.

ENCONTRAR UM CÔNJUGE

A rede de relações de família e amizade desempenha seu papel com toda a naturalidade: os irmãos e irmãs dos(as) melhores amigos(as) facilmente se convertem em partidos, tal como os primos distantes que se encontram em festas familiares, casamentos, batismos ou comunhões.

A sociabilidade burguesa cria oportunidades de encontro entre os jovens: feiras de caridade, atividades esportivas (tênis ou patinação), saraus dançantes. Os "bailes brancos" são organizados exclusivamente para as moças e os rapazes casadouros — "brancos" porque as moças, que estão debutando nesse momento, se vestem inteiramente de branco, símbolo de inocência e virgindade. As mães estão presentes para garantir o bom funcionamento geral, avaliar os dotes e comparar os partidos presentes.

O hábito francês manda que a jovem se case no ano em que é apresentada à sociedade. Se é nova demais, pode aparecer dois invernos seguidos. Se chega ao terceiro sem ter encontrado um pretendente, considera-se que foi deixada de lado. Suspeita-se que sua virtude não é inatacável e, principalmente, que seu dote não é suficiente.

Uma estratégia matrimonial vigente no meio burguês é o casamento por apresentação. As "casamenteiras" se especializaram nisso. Em geral, eram velhas solteironas, primas ou amigas de famílias da boa sociedade, cujos costumes irrepreensíveis inspiravam confiança. Arranjavam encontros entre jovens que, em sua opinião, decerto combinariam. Os pais de Simone de Beauvoir, os de Jacques Chastenet, o tio e a tia de Edmée Renaudin se conheceram por apresentação.

Esses casamentos por conveniência não significavam uma negação dos sentimentos. De um lado, a pessoa podia se dar muito bem com um cônjuge sugerido pela família ou amigos. De outro lado, se um rapaz e uma moça se apaixonassem, os pais não afastavam a priori a possibilidade de uma união. Tiravam informações sobre a pessoa, indagavam sobre sua respeitabilidade, suas rendas, suas opiniões. Pois a linha política ou religiosa também era levada em consideração. Assim, Eugène e Marie Boileau, com cinco filhas para casar, nem sequer pensam numa aliança com uma família católica, pelo fato de serem livres-pensadores.

Em 1901, uma das filhas, Madeleine, nota a presença de um belo rapaz no bulevar, em Tours, o qual lhe agrada. Tomam-se informações: ele é filho de industrial e protestante. Portanto, é possível iniciar alguma coisa. A irmã mais velha, já casada, organiza a primeira entrevista e depois conduz o caso a toque de caixa. Passados dois meses, Madeleine está oficialmente noiva e se casa no mês seguinte, tendo recebido o batismo na véspera das bodas.

O NOIVADO

O rapaz que quer casar deve transmitir sua proposta aos pais da moça por intermédio de uma pessoa amiga. Se a proposta é aceita, seus pais vão apresentar um pedido formal aos pais da senhorita. A partir daí, o pretendente se torna o noivo oficial e é recebido como tal na casa de sua futura esposa. Em sua primeira visita, marca-se a data do jantar de noivado.

O jantar se realiza na casa da moça, com as duas famílias presentes. O noivo oferece a aliança nessa noite. A noiva pode dar um presente em troca: a aliança do homem é um medalhão com o retrato ou uma mecha de cabelos da jovem. Ela o entrega ao rapaz oito dias depois, antes do jantar oferecido pelos pais do noivo.

O rapaz precede sua primeira visita com um ramalhete branco. Se for rico, todos os dias enviará flores à moça, desde a apresentação até o casamento. Às vezes, manda flores para a futura sogra. No final do século, as flores destinadas à noiva já não se restringem à cor branca tradicional. Segundo um costume oriental, vão avermelhando aos poucos, até que, na véspera do casamento, chegam ao púrpura, símbolo de um amor ardente. Os manuais de etiqueta declaram que essa nova moda é do mais extremo mau gosto.

O jovem vai diariamente à casa de sua noiva, para "fazer a corte". A mãe da moça ou alguém da família assiste à conversa. Uma jovem deve se mostrar reservada com o noivo. Não lhe escreve nem recebe cartas sem passar pela mãe. Não lhe manifesta sua ternura com excessiva vivacidade, receando que possa lhe despertar dúvidas sobre seu pudor e estragar o futuro. Os jovens, em princípio, devem aproveitar o período do noivado para conversar e se conhecer melhor. Mas é importante que a noiva se mantenha um pouco etérea, para responder à necessidade de idealização de seu companheiro: "Que o esposo, mais tarde, em meio às várias contingências, e talvez até mesmo entre as desilusões, tenha sempre a lembrança de uma forma fina e branca, de um olhar puro, revelador de uma alma verdadeiramente inocente".

O noivado dura de três semanas a alguns meses. O prazo de dois meses parece conveniente, sendo frequentemente adotado. O jornal *La Corbeille* de 1º de dezembro de 1844 mostra que, muitas vezes, o encontro se transforma em casamento num piscar de olhos: "Antes da verdadeira temporada dos bailes encontra-se uma temporada de casamentos, chamados *casamentos de verão*, porque resultam das relações e dos encontros de verão, nos balneários, nos castelos, em viagem". Os outros são os *casamentos de inverno*, "porque se seguem, em geral, a uma contradança ou algumas palavras polidas trocadas num concerto [...]".

Durante o noivado, as duas famílias combinam as condições e os dotes e marcam a data da assinatura do contrato. Chegado o dia, os noivos vão ao notário com seus parentes próximos, ou é o notário que vai à casa da noiva. Nos dois casos, o cerimonial é o mesmo. O notário procede à leitura da ata. Os noivos devem assumir um ar distraído: seria indecente que parecessem pensar em dinheiro, em vez de estarem inteiramente entregues a seu amor. Terminada a leitura, o noivo se levanta e assina, e depois passa a pluma para a futura esposa. A seguir, assinam as mães, os pais, os parentes e amigos eventualmente convidados. Se a família conta entre suas relações com uma personalidade importante, à qual quer prestar homenagem, ela lhe pede que venha assinar o contrato.

Em Paris e nas grandes cidades, estabeleceu-se gradualmente o hábito de organizar um baile na noite do contrato, e não na do casamento, de tal modo que, por volta de 1900, já nem se dança muito no dia das núpcias. A noiva abre o baile com o noivo, concede a segunda dança ao notário e as seguintes aos pajens de honra.

O contrato de casamento é uma característica burguesa, como mostram Adeline Daumard e Jean-Pierre Chaline. Apenas os despossuídos se casam sem contrato, sob o regime de comunhão legal, administrado apenas pelo marido. Os burgueses estabelecem contratualmente pelo menos um regime de comunhão convencional (equivalente à comunhão legal, mas limitada às aquisições posteriores ao casamento e com a separação das dívidas), quando não a separação de bens ou o regime de dote (a mulher administra a metade de seus bens, ao passo que a outra metade é constituída em dote e confiada ao marido).

Em Paris, de modo geral, celebram-se uniões entre fortunas iguais. A partir dessa norma, porém, destacam-se duas tendências: os lojistas e os negociantes por vezes entram com bens superiores aos das esposas; por outro lado, os funcionários e profissionais liberais desposam moças mais ricas do que eles.

É verdade que os funcionários eram muito mal remunerados: um auditor no Conselho de Estado começava sua carreira com 2 mil francos anuais, e um juiz terminava a carreira com 6 mil francos. A mesma constatação vale para Rouen: um engenheiro com 75 mil francos sob a forma de patentes se casa com a filha de um negociante que lhe traz 741 mil francos. O dote da noiva, portanto, permitia que o casal levasse um padrão de vida segundo sua posição, e não segundo seus rendimentos, sendo contrabalançado por funções de certo prestígio, que garantiam sua estabilidade.

Se um jovem sem fortuna, mas com diplomas e um futuro profissional pela frente, podia se casar burguesamente, o inverso não era verdadeiro: uma jovem burguesa sem dote corria o risco de permanecer solteira. Para ela, não havia nenhuma hipótese de compensar a falta de dote com estudos superiores e o exercício de uma profissão (em 1914, existiam na França doze advogadas, algumas centenas de médicas e um número um pouco maior de professoras do ensino secundário). Pois, ganhando a vida, ela se desclassificava.

O ENXOVAL

Durante o noivado, a moça termina de fazer seu enxoval, que inclui suas roupas pessoais e a roupa de cama, mesa e banho da casa. O rapaz traz apenas suas roupas pessoais. A noiva manda bordar a roupa de casa com as duas iniciais: antes a inicial do nome de família do marido, e depois a da sua. O enxoval, em princípio, representa 5% do dote. Segundo madame d'Alq, em 1881, o valor do enxoval varia entre 2 mil francos, se for modesto — três dúzias de cada artigo: lençóis, fronhas, toalhas, guardanapos, aventais etc. —, e 25 mil francos, se for muito rico — aí, são doze dúzias de cada artigo.

Mas a grande diferença entre um enxoval rico e um modesto consiste nas rendas, peles, roupas de casa e na delicadeza das peças íntimas. A condessa de Pange, que se casa em 1910, conta em seu enxoval com dúzias de anáguas, calças, corpetes, meias de fio de algodão e de seda, luvas longas para a noite e curtas para o dia. Destacam-se três vestidos de Worth, vestidos de jantar e de casa, três tailleurs de passeio, um casaco de lontra, uma raposa prateada, uma estola de zibelina e, por fim, quatro grandes chapéus com plumas ou flores. Ter tal quantidade de roupa correspondia a uma necessidade absoluta numa civilização rural, onde as pessoas tomavam banho apenas duas ou três vezes por ano, jogando grandes canecas de água no corpo, dentro de uma bacia. A necessidade é menor na cidade, onde há lavatórios e sistemas de limpeza regular, com as lavadeiras. A história das roupas — e G. Vigarello mostrou suas ligações com a história do asseio e, além disso, com a da percepção do corpo — apresenta dimensões não só materiais mas também simbólicas. Ter roupas brancas é sinal de riqueza. Ainda no Segundo Império, o enxoval é exposto junto com a corbelha e os presentes oferecidos à noiva até a véspera do casamento. Mais tarde, esse costume cai em desuso, sob o pretexto de que é impudico mostrar peças íntimas.

A CORBELHA

No dia da assinatura do contrato, o noivo envia à futura mulher "a corbelha", isto é, certa quantidade de presentes rituais que, antigamente, eram colocados dentro de um cesto de palha trançada com cetim branco. Depois disso, passaram a ser enviados dentro de uma pequena cômoda. Em 1900, bastam as caixinhas de joias e as embalagens dos próprios fornecedores.

A corbelha, tal como o enxoval, representa 5% do dote ou, ainda, um ano de rendas. Ela traz rendas brancas e pretas, transmitidas de geração em geração, tratadas com cuidado, consertadas e limpas, contendo ainda joias, modernas ou de família, bibelôs valiosos, leques, frascos de perfume, bombonnières, peles e tecidos. Entre os tecidos, em primeiro lugar estão os xales de cachemira, em grande voga durante a Monarquia de Julho e o Segundo Império. Por fim, um missal para a missa de casamento e uma bolsa repleta de moedas novas de ouro, recém-saídas da Casa da Moeda, com a inscrição: "Para vossos pobres".

Enquanto o enxoval fica exposto no quarto da moça, a corbelha é exposta no pequeno salão. Num casamento de grande vulto, os presentes assumem proporções grandiosas. Em 1904, o conde e a condessa Greffulhe dão a mão da filha única ao duque de Guiche. Depois da cerimônia, os convidados vão à casa da avó da recém-casada, onde estão expostos em volta da corbelha os 1250 presentes recebidos...

Os periódicos de moda, como *La Gazette des Salons* em 1835-1836, sugerem modelos de corbelhas saídas de tal ou qual ateliê parisiense e descrevem todo o seu conteúdo, desde luvas a penhoares, passando pelos xales. Em 1874, Mallarmé, em *La Dernière Mode* [A Última Moda], sob o pseudônimo de Marguerite de Ponty, descreve minuciosamente as diversas joias que podem ser colocadas numa corbelha.

A CERIMÔNIA DE CASAMENTO

O casamento civil e o religioso podem ser celebrados no mesmo dia. Mas geralmente, sobretudo em Paris, onde há o risco de atrasos, o casamento civil é realizado um ou dois dias antes do religioso. Ao civil, comparecem apenas as quatro testemunhas e os parentes mais próximos do casal. O noivo envia um carro para suas duas testemunhas e outro para as duas testemunhas da noiva, indo a seguir com os pais até a casa da jovem, para levá-la à administração municipal ou distrital. O prefeito ou seu assistente lê as atas e o capítulo VI do Código Civil, referente aos deveres e direitos do casal. Pergunta a cada um se aceita o outro como cônjuge. A recém-casada é a primeira a assinar a ata no registro e estende a pluma ao marido, que lhe diz: "Obrigado, senhora".

O casamento civil é gratuito, mas é hábito oferecer ao prefeito uma contribuição para os pobres do arrondissement ou da comuna. Janta-se e passa-se o serão na casa dos pais da noiva. No final do século, uma nova moda consiste em fazer do casamento civil uma cerimônia muito elegante, inclusive com flores, folhagens, uma orquestra e cantores famosos. Essa moda foi introduzida pelos casamentos exclusivamente civis, em particular nos casos de segundas núpcias após o divórcio ou de casamentos mistos entre católicos e judeus, para os quais é impossível, devido à diferença de religião, organizar uma cerimônia faustosa na igreja.

Existem diversas categorias de ofícios religiosos, variando de dez a 2 mil francos entre os católicos, de quinze a 2 mil francos entre os judeus, e casamentos "excepcionais" a 4 mil francos. No templo, a cerimônia é gratuita para todos. Segundo a categoria do ofício encomendado, o casal tem direito ao altar-mor ou às capelas, a um toldo na porta da igreja, a flores e luzes em maior ou menor grau de luxo, a música mais ou menos grandiosa. Pode-se pagar a vinda de artistas e instrumentistas da Ópera e do Conservatório. Os grandes casamentos mundanos eram, aliás, espetáculos tão concorridos que os convites iam acompanhados por bilhetes de entrada para a igreja, por receio de que o público fosse numeroso demais. Em princípio, todas as despesas do casamento na igreja correm por conta do marido, ao passo que o almoço, jantar ou lanche e o baile são pagos pelos pais da moça. Na prática, como mostram os arquivos privados de Stackler, grande fabricante de algodão da Índia, o custo total da cerimônia às vezes era repartido entre as duas famílias. Esse custo podia ser enorme: um casamento na família Stackler, em 1899, chegou a 5641 francos. É verdade que foram mandados 3200 convites.

Os editais são publicados pelo padre por três domingos seguidos. Para reduzir o número de publicações dos editais, é preciso uma dispensa, tal como para os casamentos durante o Advento, a Quaresma e outras festas especiais (normalmente, não se celebram casamentos às sextas-feiras). Concede-se tal dispensa em troca de dinheiro para os pobres da paróquia.

A cerimônia de casamento é, sem dúvida, o rito privado mais público. Tudo nela é codificado: a composição e a ordem do cortejo, o número e a escolha das damas de honra, a indumentária dos noivos, com o predomínio do branco e do preto, os gestos do "sim". O pai acompanha a filha até o altar, para entregá-la ao esposo. Mas, antes de proferir o sim sacramental, a jovem volta a cabeça para sua mãe, como que pedindo seu assentimento. Até o final do século XIX, apenas a esposa usa aliança. A aliança masculina, moda estrangeira, passa a fazer parte dos costumes na virada do século, mas sem nenhuma obrigatoriedade.

No interior, a tradição é festejar prolongadamente o matrimônio. George Sand escreve em 29 de agosto de 1832 a Émile Regnault, depois de assistir à bênção nupcial de Duvernet, amigo comum de ambos: "Escapuli ao sair da igreja, para fugir à festa que durou três dias e três noites sem parar". E conserva-se também um hábito já abandonado em Paris: os "pajens" tentam roubar as ligas da noiva.

Uma poetisa que se casa com um orientalista pode optar por um casamento excêntrico em estilo informal. Em 5 de junho de 1900, Lucie Delarue-Mardrus se casa na igreja Saint-Roch com o tradutor das *Mil e uma noites*, dez dias depois de conhecê-lo. Ela veste uma roupa de ciclista, um traje quadriculado, com chapéu de abas lisas e estreitas. O casal requisitou para a família e as testemunhas os quatro únicos fiacres existentes em Paris. As pessoas se aglomeram na rua! Os recém-casados almoçam num grande restaurante do bairro e não saem em viagem de núpcias.

Tal atitude é rara. Para Jules e Gustave Simon (*La femme au XXe siècle* [A mulher no século XX]), nada substitui a sublimidade de um casamento na igreja. Indignam-se que as mulheres tenham sido privadas deles entre 1879 e 1885, período em que, por anticlericalismo, multiplicaram-se as uniões civis:

> Nós, homens, não compreendemos o que é a igreja para uma mulher. Entrar vestida de branco, pelo braço de seu bem-amado, ao som do órgão, numa nuvem de incenso, em meio a todos os amigos emocionados e sorridentes, tal era o sonho de sua infância e tal será a lembrança de toda a sua vida. Ela não esquece nada, nem as flores, nem os

círios, nem o suave canto dos meninos do coro, nem a voz débil do velho padre, nem o anel colocado em seu dedo trêmulo, nem a estola posta em sua cabeça, nem a bênção sagrada, nem, atrás da porta da sacristia, o caloroso abraço de sua mãe. A grande felicidade das meninas que acabam de deixar a boneca é trabalhar no enxoval da irmã mais velha, enquanto esperam sua vez. Não se pode tirar isso da vida de uma mulher.

Sonho de mulher ou fantasma de homem?

VIAGEM DE NÚPCIAS

A moda da viagem de núpcias se difunde por volta de 1830. Em 1829, o *Code conjugal* [Código conjugal] apresenta o jovem casal instalado em casa, desde o dia seguinte à cerimônia. A mãe da recém-casada é a primeira a ir visitar o casal, a ela seguindo-se os parentes próximos e os amigos íntimos. Os recém-casados almoçam com seus pais e mães. Assim, não saem em viagem, mas, acrescenta o livro: "É excelente o costume dos ingleses, que vão passar esse mês de felicidades num campo afastado. Essa moda se introduziu na França há alguns anos, e não é um dos serviços menos felizes que a boa companhia tem prestado a nossos vizinhos".

A lua-de-mel no campo garante a intimidade de ficarem a sós, o que seria fatalmente perturbado pelas obrigações familiares e mundanas se o casal não saísse em viagem de núpcias. Tal é sua finalidade, indicada em 1886 pelo *Livre du mariage* [Livro do casamento]. Este se declara tanto mais favorável à viagem na medida em que os recém-casados, graças às malas que contêm todo o necessário, "por onde vão, podem criar em poucos instantes um interior cativante". Uma hora depois de chegarem ao hotel, já desembalaram suas coisas, instalaram seu ninho, em suma: ficam "como em sua própria casa".

Sair em viagem de núpcias, mas em que momento? Duas escolas se opõem: ou o jovem casal segue tão logo termina a cerimônia, nisso imitando os ingleses, que partem sob uma chuva de arroz e sapatos de cetim branco, ou espera algum tempo. No final do Segundo Império, a condessa de Bassanville comenta que a saída imediata não está muito em moda. Em junho de 1894, *La Grande Dame* escreve: "Já não se sai imediatamente após a cerimônia; isso se tornou burguês. Atualmente, o marido leva sua mulher para suas terras ou ao ninho que lhe preparou estudando seus gostos, quando não são os pais que, durante alguns dias, saem de sua própria residência para deixar os jovens esposos a sós". Seis ou oito semanas depois, o casal parte em viagem.

No começo do século XX, o mais chique é renunciar inclusive a essa viagem e se instalar incógnito num grande hotel parisiense. Em todo caso, a viagem à Itália se tornou algo tão tradicional que as pessoas que querem se distinguir do comum dos mortais procuram outros horizontes, por exemplo a Suécia e a Noruega, pátrias do idealismo nórdico. Ibsen e suas heroínas torturadas, nessa época, fazem sucesso...

Na prática, mesmo que alguns achem vulgar, a viagem à Itália é um rito bastante arraigado. As agências de viagem oferecem o percurso por Estrasburgo e Suíça, ou por Lyon e a costa mediterrânea. A Itália ou o litoral do Mediterrâneo se apresentam como o destino ideal para os recém-casados. O espaço italiano é o espaço do amor. A amenidade do clima, a beleza da paisagem, o peso do passado artístico, a presença da Igreja contribuem para criar uma atmosfera difusa de sensualidade: a estética e o sagrado permitem a exaltação do coração e do corpo. A lembrança de Romeu e Julieta ainda ronda Verona.

As terras "onde floresce a laranjeira" sugerem a busca e o encontro da sensualidade. Pense-se na brutal descoberta de Jeanne, a heroína de *Une vie* [Uma vida], durante um passeio pela mata corsa em sua viagem de núpcias. O calor e a beleza violenta da paisagem transtornam a carne e a alma, permitindo a irrupção do prazer. Talvez haja uma contradição entre os transportes de sensualidade da viagem e a sexualidade conjugal posterior.

Camille Marbo, que se casou em outubro de 1901 em Saint-

-Germain, parte para a Itália com o marido. A viagem dura seis semanas. Costume "bárbaro", diz ela: "Uma mistura de surpresas físicas, de cansaço e perturbação, provocada por excursões, visitas a monumentos e museus". Seu marido quer visitar tudo, ela tem dificuldade em acompanhar, logo engravida e se recolhe esgotada. Sofre um aborto e fica estéril. É por isso que os médicos, nessa época, afirmam que é melhor não misturar tudo ao mesmo tempo. O casal devia passar os primeiros tempos da vida em comum no campo, para se descobrir com calma. Apenas então é que partiriam para uma viagem, que poderiam aproveitar bem mais.

Esse raciocínio, no plano lógico, é irrefutável. Mas não leva em consideração o papel simbólico desempenhado pela viagem de núpcias. Marcel Prévost, nas *Lettres à Françoise* [Cartas a Françoise] (1902), defende a viagem de núpcias tradicional, que tem o mérito de "aumentar essa dose de esperança e entusiasmo tão necessária a dois seres que vão avançar juntos na vida". Quer a noite de núpcias tenha sido boa, quer tenha sido decepcionante, o importante é que a viagem deixe marcas na memória, para testemunhar um momento essencial da vida. Tal como para a noiva de branco ou a casada com seus véus, trata-se de criar lembranças fixando imagens. As cerimônias parecem se organizar mais em torno da jovem esposa do que do marido ou do casal. Esse casamento deve ser, acima de tudo, o mais belo dia da vida *dela*. A importância da cerimônia ressalta o papel que a mulher, excluída da vida pública, ocupa na esfera privada.

DO CONJUGAL AO FAMILIAR

Após o casamento, praticamente não se questiona a estrutura conjugal. O divórcio permanece marginal. Segundo o recenseamento de 1901, registram-se 53 divorciados entre 10 mil franceses casados de dezoito a cinquenta anos, e setenta divorciadas entre 10 mil francesas de quinze a 45 anos.

Valoriza-se a intimidade do casal. É cada vez mais usual que dividam o mesmo quarto e a mesma cama. Desaparece o discurso sobre as vantagens de quartos separados. Enquanto madame Pariset aconselhava vivamente essa prática em 1821, já não se encontra nenhum vestígio disso na edição revista de sua obra, em 1913. O exemplo vem de cima: Luís Filipe, mostrando seus aposentos, apresentava com orgulho o leito que dividia com a rainha Maria Amélia, sua esposa. No convívio íntimo, o casal burguês emprega o tuteamento e frequentemente usa apelidos carinhosos, ao mesmo tempo ternos e engraçados. César Birotteau chama sua mulher de "Mimi", "minha linda corcinha branca", "minha gatinha amada".

Depois do casamento, o tempo da vida privada se volta inteiramente para os filhos. Logo vem a gravidez, o bebê é esperado, batizado, criado, cuida-se de sua educação, de sua instrução e de seus passatempos. O ritmo de vida da célula familiar obedece ao modelo de sua evolução. O número de filhos é pequeno (Paul Vincent mostrou que mais da metade das mulheres nascidas em 1881, depois de casadas, têm no máximo dois filhos), mas eles se convertem num cabedal afetivo e social.

O mesmo movimento que leva a uma maior intimidade conjugal conduz também a uma maior intimidade familiar. A paternidade e a maternidade são valores em alta. Os Goncourt constatam o fenômeno em seu *Journal* de 26 de março de 1860: "O filho já não é mais relegado com a mulher ao gineceu dos outros séculos. Ele é mostrado ainda bem pequenino. Exibe-se a ama-de-leite com orgulho. É como uma exposição e ostentação de títulos. Em suma, é-se pai de família como, há quase um século, era-se cidadão — com grande alarde".

Se um pai sente orgulho em exibir sua prole, tal como na caricatura de Daumier, ele se sente igualmente feliz de se abandonar a carinhos e brincadeiras na intimidade. Todas as manhãs, Eugène e Marie Boileau acolhem no leito conjugal os filhos que vêm, de pijama e camisola, dizer-lhes bom-dia. As cartas de Marie, quando Eugène viaja, dão uma ideia dessas reuniões matinais:

> Se visses toda a ninhada a cada manhã em minha cama! Os queridinhos me transformam numa preguiçosa. Ganha quem estiver com a melhor cara. Jane agarra meu pescoço com seus belos bracinhos [ela tem dois anos e meio] e ai de quem quiser me abraçar. Ela bate e arranha dizendo: "Só eu quero a mamãezinha", com sua voz meiga, e depois me abraça bem forte. Se estivesses aqui, meu querido Fanfan, como eu ficaria feliz, ou melhor, como nós ficaríamos felizes (1883).

A maternidade é incessantemente exaltada e apresentada como a única função realmente gratificante para uma mulher.

Os filhos nascem e crescem. No decorrer do século XIX, o batismo e a comunhão, que marcam seu ingresso na comunidade cristã, transformam-se em reuniões de família, ocasiões de comprovar sua vitalidade e reforçar seus laços.

Desde a Revolução, que confiou os registros do estado civil ao Estado, o pai, quando nasce o filho, deve ir dentro de três dias até a administração do arrondissement onde ocorreu o nascimento, acompanhado de duas testemunhas com domicílio no local, para registrar a criança. O médico obstetra constata a existência e o sexo da criança no prazo de 24 horas após o registro.

BATISMO

O batismo, em princípio, também deve ser ministrado nos primeiros três dias de vida da criança. Em 1859, o *Dictionnaire universel de la vie pratique à la ville et à la campagne* afirma que o batismo não pode ser adiado sem alguma razão grave. Mas a obrigação religiosa evolui sob a pressão familiar. Para que a jovem mãe possa assistir à cerimônia, espera-se de seis a oito semanas, e até por três meses, antes de organizar o batismo. Se a vida do bebê inspira cuidados, faz-se um batizado às pressas, sem o cerimonial da igreja, logo após o nascimento. Assim, Claire P. de Châteaufort, que dá à luz em 11 de janeiro de 1903, observa que seu filho Albert recebeu em 17 de janeiro o batismo de urgência das mãos do padre Demange. O batismo de cerimônia se realiza em 15 de fevereiro, dia comemorado com um grande almoço.

O costume manda que a criança receba três nomes: um dos pais, um do padrinho, um da madrinha. Durante a cerimônia na igreja, o padrinho se coloca à direita e a madrinha à esquerda da mulher que carrega o bebê. Estendem uma mão sobre ele, e com a outra seguram as pregas de sua roupinha, num sinal simbólico. Respondem às perguntas do padre: "Que pedis vós? — Pedimos o batismo" etc. Por fim, assinam a ata e depois, com os outros convidados, vão para a refeição oferecida pelo pai do afilhado.

Os padrinhos e as madrinhas se limitam a dar presentes tradicionais, mas os que cabem ao padrinho são bem mais significativos. Tanto o padrinho quanto a madrinha têm a função oficial de assegurar a educação cristã do afilhado, no caso de perda dos pais. Mas, acima de tudo, são os encarregados de presentes ritualizados. Como as boas fadas, devem se debruçar sobre o berço da criança, trazer oferendas de boas-vindas e marcar com presentes a infância e a adolescência do afilhado.

Eles figuram em primeiro plano nas festas de família, da qual participam duplamente. Com efeito, a tradição é escolher o avô paterno como padrinho e a avó materna como madrinha do primeiro filho. O avô materno e a avó paterna serão os padrinhos do segundo filho. Se os avós já morreram, escolhe-se o parente mais próximo, de preferência um ascendente, nas duas linhagens. A duplicação da função avós-padrinhos é um bom exemplo da autarquia familiar.

A PRIMEIRA COMUNHÃO

A primeira comunhão disputa com o casamento o título de "o mais belo dia da vida". Aliás, é essa a definição dada por Flaubert no *Dicionário das ideias feitas*. Sob muitos aspectos, ela prefigura o casamento, já que o compromisso exigido pelo sacramento é feito perante toda a comunidade. O espetáculo é orquestrado de forma a suscitar a emoção simultânea dos atores, dos comungantes e dos espectadores: "Seus pais, principalmente a mãe, assistem enternecidos a esse primeiro ato de sua vida religiosa e sentem redespertar os impulsos de seu inesgotável amor", afirma o *Dictionnaire de conversation à l'usage des dames et des jeunes personnes* [Dicionário de conversação para as senhoras e os jovens] (1841).

A emoção nasce, de um lado, da espera e longa preparação para o grande dia, e de outro da solenidade da festa. Élisabeth Arrighi faz sua primeira comunhão aos doze anos de idade, numa quinta-feira, 15 de maio de 1879, na Igreja Saint-Germain-des-Prés. Já alguns dias antes do começo de 1879, ela escreve: "Ano de minha primeira comunhão". Ela comenta regularmente o catecismo, no qual obtém excelentes resultados: conquista o direito ao "grande sinete" e aos cumprimentos dos sacerdotes. Em 8 de maio, uma quinta-feira, ela recebe alguns presentes: um missal branco, uma caixinha de marfim, um crucifixo, livros de orações. No sábado, dia 10, Elisabeth confia a seu diário o desejo de que seu pai comungue com ela no dia de sua primeira comunhão. Passa os dias 11, 12 e 13 em retiro. O pregador fala da morte, do céu e do inferno. Em 14 de maio, faz-se uma confissão geral. Elisabeth se sente cheia de escrúpulos: censura-se por ter implicado com sua irmã mais nova e pede perdão a Deus. No domingo, 18 de maio, ela relata detalhadamente a cerimônia da quinta-feira. Cânticos, órgãos, a multidão, a procissão das jovens de branco se somam à intensidade da oração e criam uma exaltação: "Oh! Vou me lembrar por toda a minha vida da emoção que senti naquele momento". Ela se dirige "tremendo" para a mesa santa, cai de joelhos, adora a Deus, recebe a hóstia e volta a seu lugar, para mergulhar em orações e ações de graças. Sente-se arrebatada: "Eu ouvia o bom Deus, que falava à minha alma e dizia a todo instante: 'Sou teu, tu me possuis'". Linguagem amorosa da perturbação interior que, também nisso, aproxima a primeira comunhão do casamento.

No século XIX, a primeira comunhão é feita tradicionalmente por volta dos doze anos de idade. No século XIII, o Concílio de Latrão tinha decidido que a criança comungaria pela primeira vez na idade da razão ou "discernimento", isto é, quando pudesse distinguir entre o bem e o mal, entre o pão da eucaristia e o pão comum. O Concílio de Trento, no século XVI, retomou a noção de idade do "discernimento", e os doutores estabeleceram para essa idade um período que se estendia dos nove aos treze ou catorze anos. Aos poucos, afirmou-se a tendência para o limite superior dessa faixa etária.

Durante o século XIX, a Igreja discute os fundamentos de tal escolha. Em 1853, os concílios provinciais de Albi, Toulouse e Auch advertem: é preciso que as crianças comunguem cedo, "nessa idade em que, sabendo discernir o corpo do Senhor, guardam sua inocência primeva ainda isenta das máculas do vício". O papa Pio IX condena a primeira comunhão feita em idade tardia e uniformizada, como especifica o cardeal Antonelli numa carta dirigida a todos os bispos da França, em 12 de março de 1866.

COMUNHÃO SOLENE OU PRIVADA?

Esses debates resultam no decreto papal de 8 de agosto de 1910, *Quam singulari Christus amore*. Pio X ordena que as crianças comunguem desde que comecem a ter rudimentos da religião, ou seja, aos sete anos em média. O decreto visa a duas finalidades, uma espiritual e outra material.

Trata-se, em primeiro lugar, de eliminar o que havia de jansenista na primeira comunhão tardia. Os jansenistas, com efeito, apresentam a eucaristia como uma recompensa, ao passo que ela deve ser considerada como "um remédio para a fraqueza humana". Assim, se uma criança, depois de dois anos de catecismo, parece suficientemente instruída sobre as coisas da religião, é bom que comungue pela primeira vez e, a seguir, seja levada a confessar e comungar com assiduidade: é o melhor meio de fortalecer sua alma. O sacramento deve servir como barreira contra a tentação e o pecado. Em termos ideais, a comunhão precoce levaria à comunhão diária e à pureza do coração.

Por outro lado, o decreto pretendia reduzir o luxo que cerca a primeira comunhão. Aliás, seus adversários veem nele "o risco de eliminar a solenidade que, entre nós, faz da comunhão o mais belo dia da vida". A comunhão coletiva e solene foi introduzida na França em meados do século XVIII, inicialmente em algumas instituições religiosas, em particular as jesuíticas, e depois, logo a seguir, nas paróquias. Ainda não era muito difundida em 1789, e foi adotada de maneira geral apenas depois da Concordata.

A solenidade levou à mundanidade. O aparato do cerimonial na igreja é feito para deixar, como no caso do matrimônio, "uma lembrança indelével". E se os meninos se vestem sobriamente, com um traje negro e uma faixa de seda ou chamalote branco no braço direito, as meninas, em contraposição, parecem pequenas noivas, inteiramente trajadas de branco, com vestido de musselina e véu. "Toda a existência da moça decorre entre dois véus, o da comungante e o da esposa", escreve a condessa de Gencé em 1910. Elas recebem presentes dignos de figurar numa corbelha de casamento. Pois apenas os conhecidos sem intimidade com a família é que oferecem objetos religiosos, como missais ou rosários. Os íntimos escolhem presentes profanos: joias, relógios ou bibelôs elegantes. O costume no final do século XIX é expor os presentes com o cartão do ofertante, exatamente como se fossem presentes de casamento. Para completar o paralelo, o almoço familiar que se segue à missa cantada se encerra com um bolo ou torta decorada, de formato arquitetônico.

Antecipar em vários anos a idade da primeira comunhão significa necessariamente distanciá-la de seu papel de prefiguração matrimonial. Seria ridículo presentear uma menina de sete anos com os mesmos objetos oferecidos a uma adolescente de doze. Assim, a menina pensaria menos nos presentes e nas roupas. Mas isso não levava em consideração todo o comércio que se criou em torno do ritual:

> A família, nesse dia, só deve usar coisas novas; o pai e a mãe vestem roupas novas, e principalmente a mãe, nessa ocasião propícia para conseguir do marido um vestido novo, numa aliança entre o profano e o sagrado. O fabricante previu um

conjunto completo para todos os orçamentos: para as meninas pobres, ele oferece por 3,75 francos o vestido, o corpete e o véu com um toucado de 85 centavos de franco; para as mais abastadas, o toucado de quinze francos e a roupa de 130 francos, composta de duas saias de musselina, forradas com uma peça de seda. A faixa da cintura começa por volta de 1,45 franco e chega a quarenta francos.

O papa certamente esperava que a celebração da primeira comunhão não desse tanto espaço ao luxo profano. Mas, quanto à solenidade religiosa, não se tratava de diminuí-la, muito pelo contrário. O desenrolar grandioso da cerimônia tem como objetivo criar na paróquia um clima de emoção e simpatia pelos comungantes no espírito dos pais, amigos e todos os fiéis, para que, pelo menos uma vez por ano, cada cristão retorne ao sacramento da eucaristia.

É por isso que a primeira comunhão foi, durante muito tempo, celebrada na Páscoa: ela dava "um impulso admirável para o cumprimento geral do dever pascal". O *Bulletin Paroissial de Saint-Sulpice* indica claramente o papel dos comungantes como mediadores entre Deus e os fiéis: "Em grande número, os pais e os amigos se sucederam junto ao altar para receber seu Deus. Os outros, menos felizes, talvez menos corajosos, invejaram sua felicidade, e entre eles certamente houve mais de um que, voltando à intimidade do espaço doméstico, abraçou demoradamente o filho para nele reencontrar Jesus, que não havia recebido em si" (25 de maio de 1909). Assim, por meio do filho, o sacramento passa da Igreja para a família.

A partir de 1910, surge um sistema que, sem desatender ao decreto *Quam singulari*, iria preservar o luxo do antigo cerimonial. A primeira comunhão de outrora se divide em duas: a primeira, chamada "pequena" ou "privada", é feita na idade do discernimento, pelos sete anos; a segunda, pelos doze ou treze anos, tem o nome de "solene", mas corresponde exatamente à antiga "primeira comunhão".

Não era possível simplesmente eliminar a primeira comunhão tradicional, passando-a dos doze ou treze anos para os sete, porque não se restringia a uma simples festa religiosa, consistindo também num rito de passagem de uma idade para outra. Chateaubriand ressaltou esse aspecto nas *Mémoires d'outre-tombe* [Memórias do além-túmulo]: assim como os jovens romanos adotavam a toga viril, os jovens cristãos fazem sua comunhão. Ele mesmo fez sua primeira comunhão aos treze anos, em abril de 1791. Era, diz ele, o "momento em que se decidia na família sobre a futura condição do filho".

O ingresso na adolescência, marcado por uma cerimônia religiosa, tornou-se uma ocasião de comemorações familiares às quais seria impensável renunciar. Essa passagem ritual deixa marcas na memória, mas também no plano concreto. De um lado, os comungantes distribuem santinhos aos parentes mais próximos, com o nome e a data comemorativa impressos no verso; de outro, vão ao fotógrafo, que tira seus retratos, tradicionalmente ajoelhados num genuflexório.

FESTAS E ANIVERSÁRIOS

Ao lado das grandes datas e das festas anuais, comuns a todos, cada família institui seu ritual particular.

Renée Berruel escreve em 23 de março de 1908 em seu diário: "Esta noite, comemoramos o aniversário de mamãe. Eu tinha feito umas economias, cantamos 'Simple bouquet'. Cada uma de nós deu um vasinho e papai deu um móvel com quatro gavetas e espelho". Clarisse Juranville, em seu *Savoir-vivre*, de 1879, exalta as virtudes desses dias de alegrias familiares, "momentos em que o coração parece engrandecer". Ela evoca a emoção do aniversariante com as atenções de seus parentes próximos no dia do aniversário. A da moça, por exemplo: "Vosso pai mandou colocar em vosso quarto um objeto que desejáveis há muito tempo, vossa irmã bordou-vos uma gola, vossa mãe fez aparecer no jantar um magnífico bolo em vossa honra, vosso irmãozinho vos ofereceu um ramalhete e recitou um pequeno discurso".

Essas festas são particularmente importantes, diz ela, para os avós. Que seus filhos e netos pensem neles na véspera do aniversário e lhes deem parabéns. Eles, de sua parte, aproveitam a data para convidar à mesa o círculo da família. As festas e aniversários são ótimos pretextos para recriar a unidade da família e expor periodicamente os laços tecidos entre todos os seus membros.

Os aniversários de casamento merecem atenção especial. Dão o ritmo à estrada matrimonial, desde as bodas de algodão (um ano de casamento) até as de diamante (sessenta anos), passando pelas bodas de estanho (dez anos), de porcelana (vinte anos), de prata (25 anos) e de ouro (cinquenta anos). Quando são comemoradas pelos filhos, netos e bisnetos do casal, é como se estivesse se comemorando a própria fundação da família.

VELHICE, MORTE E LUTO

A expectativa média de vida aumentou muito ao longo do século XIX. Em 1801, era de trinta anos. Em 1850, é de 38 anos para os homens e de 41 para as mulheres; em 1913, de 48 anos para os homens e de 52 para as mulheres. Mas os ricos têm probabilidade bem maior de viver mais que os pobres. Na França de 1870 a 1914, "para os homens de quarenta anos, a morte atingia noventa patrões, 130 empregados e 160 operários entre 10 mil franceses de cada categoria". Em Bordeaux, em 1823, a idade média no momento da morte é de 49 anos entre os burgueses contra 33 entre o povo. Em Paris, entre 1911 e 1913, o índice de mortalidade nos arrondissements burgueses é de 1,1% contra 1,65% nos populares. A diferença dobra na mortandade por tuberculose.

Assim, os burgueses tinham possibilidade de gozar de um período de aposentadoria no final da vida. Os profissionais liberais se aposentavam por conta própria, visto que no século XIX os únicos beneficiados com direito a pensão eram os funcionários. Com efeito, a lei de 9 de junho de 1853 dispôs que os militares, os empregados da administração e os universitários podiam receber uma pensão aos sessenta anos, desde que tivessem trinta anos de serviço. Ela estabelecia um limite máximo da pensão: para os magistrados, por exemplo, não pode em hipótese nenhuma ultrapassar 6 mil francos e dois terços do vencimento médio dos últimos seis anos.

Os operários apenas excepcionalmente desfrutam de aposentadoria: nas manufaturas do Estado, nas companhias ferroviárias ou em alguns grandes estabelecimentos industriais. Muitos se filiavam a uma associação previdenciária. Quanto aos camponeses, eles desconheciam toda e qualquer previdência social, contando apenas com a solidariedade familiar. A lei de 1910 "sobre as aposentadorias rurais e operárias", apesar de tímida e contestada, marca uma tomada de consciência do problema (cf. H. Hatzfeld).

No século XIX, um médico ou um engenheiro, depois de cessar sua atividade profissional, vivia do que tinha poupado durante sua vida de trabalho. A estabilidade da moeda lhe permitia se aposentar na casa dos cinquenta anos, sem afetar seu nível de vida. Nessa época, muitos dos que vivem de rendas na França são pequenos *rentiers* saídos da classe média. A aposentadoria corresponde ao ideal do *otium*, do lazer: já não é preciso ganhar a vida, e a pessoa dispõe inteiramente de seu tempo, gozando a cada dia as doçuras da vida privada.

Os burgueses morriam em casa. O hospital, a seus olhos, era um "lugar de horrores", onde morriam os que não tinham dinheiro nem família. Mesmo as clínicas, reservadas a um público menos popular, eram consideradas locais de exílio. A morte estava integrada à própria concepção da moradia. O abade Chaumont, em 1875, escreve que o quarto conjugal é um "santuário" que, algum dia, abrigará a agonia. É por isso que se deve colocar no aposento uma "imagem terna, mas instrutiva, da morte de são José".

Os membros da família se alternam junto à cabeceira do moribundo. Germaine de Maulny conta que ela e sua irmã, ambas adolescentes em 1910, durante dois anos velaram a mãe em Limoges, a qual morreu de câncer aos 43 anos. Isabelle, irmã de Marie Boileau, que morreu em Vigné em 1900, ficou presa ao leito durante seis anos, cercada pelos cuidados de suas sobrinhas.

Mas certamente era muito mais complicado manter um moribundo em casa em Paris e nas grandes cidades, onde o tamanho dos apartamentos vinha diminuindo desde Haussmann. A exiguidade do espaço torna penosa a proximidade da morte, tanto mais que, depois das descobertas de Pasteur, veio a prevalecer a obsessão pela higiene. A morte, que até então estava de alguma maneira integrada à vida, agora aparece como um apodrecimento. Essa rejeição da morte leva ao que Philippe Ariès chama de "morte oculta" no hospital, que se introduziu nos costumes em 1930-1940.

Quando alguém acaba de morrer, os assistentes fecham suas pálpebras, estendem seus membros e cobrem o corpo com um lençol branco. Deixa-se o rosto descoberto e iluminado, para que, caso ainda se manifeste o mais leve sinal de vida, se possa percebê-lo imediatamente. Pela mesma razão, vela-se o defunto dia e noite, sem nunca deixá-lo sozinho. Quando o falecido é católico, coloca-se um crucifixo e um ramo de buxo bento sobre seu peito. As persianas da câmara mortuária ficam semicerradas.

Registra-se na municipalidade uma declaração de óbito, e depois fica-se à espera do médico-legista, que dá a autorização para o enterro. Com essa permissão, a administração municipal ou distrital lavra o atestado de óbito. Para a organização do funeral, recorre-se à administração dos serviços funerários e ao padre encarregado dos serviços religiosos. Em Paris, pode-se também recorrer a casas especializadas que dirigem toda a cerimônia "com tato e decoro".

A exemplo dos casamentos, existem categorias de funerais. Somando-se o preço da cerimônia religiosa ao dos serviços da agência funerária, um enterro de primeira categoria, em 1859, sai por 4125 francos, e um enterro da nona e última categoria fica em quinze francos. As categorias se diferenciam pelo material utilizado e pela solenidade do canto fúnebre.

Se a família tem posses, monta-se uma capela-ardente na casa do morto. No salão, recebem-se as pessoas que vêm se inclinar diante do caixão e espargir um pouco de água benta sobre ele. Se a família é mais modesta, ela se contenta em colocar o caixão sob a porta da entrada, envolta em panos negros como uma capela mortuária. Enquanto há um cadáver na casa, as pessoas não se reúnem à mesa para as refeições, e cada qual come em seu quarto.

Chegada a hora do cortejo fúnebre, os homens vão à igreja de carro ou a pé, com a cabeça descoberta. Os parentes mais próximos seguem na frente do cortejo. As mulheres, em geral, vão à igreja sem passar pela casa onde se realiza o velório. Depois da cerimônia religiosa, apenas os parentes e amigos íntimos seguem em comitiva para o cemitério. Um antigo costume que, no começo do século XIX, ainda persistia na aristocracia desaparece no decorrer do século: as mulheres da família do defunto não deviam acompanhar o cortejo nem assistir ao enterro. Aos poucos, introduz-se nos costumes burgueses o luto da viúva, ela que, antes, nem constava das participações do falecimento.

A correspondência da família Boileau, que dedica grande espaço à doença, quase não se refere à morte. Em 1900, morre a tia Isabelle. Seu nome nunca mais aparece nas cartas. A mesma coisa em 1909 e 1914, anos em que morrem dois dos genros. As cartas mencionam a atitude, corajosa ou abatida, das esposas, mas jamais invocam os falecidos. Não se escreve sobre o sofrimento, a dor, o pesar. Pudor absoluto dos sentimentos íntimos.

Os únicos vestígios escritos da morte se encontram nos ritos: cartões de participação, correspondência com tarja preta, registro de despesas nas agendas com as roupas de luto e as taxas de conservação do cemitério. Em novembro de 1900, depois do falecimento de sua irmã, Marie Boileau escreve em seu livro de bordo: "Pago o luto para os domésticos e as diaristas: 274 francos; chapéus e véus de luto no estabelecimento de madame Richard: 180 francos; limpeza do cemitério: trinta francos; para o padre de B. pelo ofertório: cinquenta francos".

Ao longo de todo o século XIX, quando se fala do período de luto, é sempre para lamentar a redução do prazo. Madame de Genlis, em 1812-1813, bem como Blanche de Géry, em 1883, invocam nostalgicamente um passado mítico, quando se guardava o luto pelos mortos durante o dobro do tempo. Pois os lutos prolongados indicam bons costumes... Ora, essas invocações saudosas não correspondem à realidade. Foi no começo do século XVIII que um decreto real reduziu pela metade a duração dos lutos na corte: um ano pelo marido, seis meses pela mulher, pais e avós, um mês pelos outros membros da família.

No século XIX, o período de luto é mais longo, e parece ter se mantido estável durante esses cem anos: uma viúva permanece enlutada por um ano e seis semanas em Paris, e por dois anos no interior. Em Paris, escreve madame Celnart em 1833, as damas da sociedade não querem se privar por muito tempo da vida mundana. Em 1908, *Les usages du siècle* ressaltam a diferença entre o ditado pelo código — dois anos — e a realidade — um ano e meio, ou mesmo um ano e seis semanas... Assim, chega-se sempre ao mesmo número.

O luto de um viúvo dura a metade: seis meses na capital, um ano no interior. O *Nouveau manuel complet de la maîtresse de maison*, em 1913, é o único a prescrever um período de luto igual para o viúvo e a viúva: dois anos. É também o único a aconselhar dois anos de luto pelo pai e pela mãe; todos os outros se limitam a um ano, e até seis meses, a crer no *Code civil*, de 1828. Comparando-se esse *Code* com os manuais de boas maneiras que pontilham o século, constata-se que o período de luto aumentou, ao invés de diminuir. O luto pelos avós passa de quatro meses e meio para seis meses, pelos irmãos e irmãs de dois para seis meses, pelos tios e tias de três semanas para três meses. O luto pelos primos em primeiro grau se mantém praticamente o mesmo: quinze dias em 1828, e a partir daí de quinze a trinta dias. No Segundo Império, os pais começam a usar luto pelos filhos que morrem pequenos.

O luto inclui três graus diversos: fechado no começo, a seguir leve, e por fim meio-luto. Tomemos o caso de uma viúva. Nos meses de luto fechado (seis meses no interior, quatro e meio na capital), ela usa roupas de lã preta, um manto com capuz e um longo véu de crepe negro, luvas de algodão preto e dispensa toda e qualquer joia, salvo uma fivela de bronze no cinto de metal. Ela não tem o direito de frisar os cabelos nem de usar perfumes. Nos seis meses seguintes — luto leve —, as roupas são de seda negra, o chapéu de gaze de lã, as luvas de pelica ou seda, as joias de madeira tratada. Então vêm três meses de meio-luto, quando o negro se matiza de branco, cinza e lilás. As joias são de azeviche. A etiqueta do luto era tão complexa que, no século XVIII, havia uma publicação especial, *Annonces des Deuils* [Anúncios dos Lutos], que fornecia detalhes precisos sobre o desenrolar das coisas: por exemplo, em que dia as pedras negras deviam ser trocadas pelos diamantes, ou as fivelas de bronze pelas de prata.

No período de luto fechado, toda a casa se veste de negro, inclusive as crianças e os empregados domésticos, exceção feita ao luto por tios, tias e primos, e os veículos são cobertos de tecido preto. Os enlutados não podem se mostrar em locais públicos consagrados ao prazer (teatro, bailes) ou reuniões. Nas seis primeiras semanas, não se sai de casa e apenas os amigos íntimos são recebidos. As mulheres não podem bordar nem costurar, mesmo na companhia de parentes e amigos.

O luto se imprime nas roupas e também nos objetos pessoais: usam-se lenços com as bordas negras e papel de carta com uma tarja preta de um centímetro no alto e 0,25 centímetro embaixo. Terminado o luto, volta-se ao papel branco, exceto as viúvas, que, a menos que tomem segundas núpcias, conservam o papel tarjado de negro durante toda a vida.

O apego oitocentista ao código do luto é interessante. Pois, mesmo que na prática ele fosse realmente respeitado apenas entre a aristocracia e as grandes famílias, o enlutamento veiculava uma imagem do ritual perfeito instaurado, tal como a sociabilidade mundana, numa sociedade monárquica setecentista. É como se o século XIX temesse se desritualizar, e assim se apegava a um modelo ritual antigo, inspirado no rei.

CONCLUSÃO

Em 22 de fevereiro de 1871, Victor Hugo escreveu: "Levo a passeio o pequeno Georges e a pequena Jeanne em todos os meus momentos livres. Poderiam me qualificar de 'Victor Hugo, representante do povo e babá de crianças'". Magnífico paralelo entre a vida pública e a vida privada. Longe de privilegiar a primeira, Hugo coloca seu papel de homem político e seu papel de avô no mesmo plano.

Em 1877, oito anos antes de morrer, ele publica *A arte de ser avô*. Ao longo de toda a coletânea, ele se mostra "Victor, *sed victus*",* retomando o título de um poema: ele, que jamais se dobrou a tirano algum, foi "vencido por uma pequena criança". Não só pelos netos, mas por todas as outras crianças que encontra e fica observando nas Tulherias ou no Jardim Botânico. Vencido pela inocência e pelo que nela vê de divino. As crianças são a melhor defesa contra a maldade do mundo. Os jornais podem muito bem insultá-lo e investir contra ele, pois, se Jeanne adormece segurando-lhe o dedo, a doçura da garotinha o envolve e o protege. Deus fala através das crianças, e é por isso que, ao contemplá-las, sente-se "uma profunda paz feita de estrelas".

Mas são as crianças que, acima de tudo, garantem a continuidade do tempo. E se "os filhos de nossos filhos nos encantam", é porque através deles se tece o fio do tempo, retoma-se interminavelmente o ciclo da vida: "Ver a Jeanne de minha Jeanne! Oh! Seria meu sonho!". E Hugo imagina o dia em que Jeanne irá se casar e, por sua vez, ter filhos: "Então Jeanne terá à frente sua aventura,/ O ser em que nosso destino cessa ou segue avante;/ Ela será a mãe de jovem e grave semblante [...]". Victor Hugo confere expressão poética a uma religiosidade familiar que a

* Em latim, "vencedor, mas vencido". (N. T.)

burguesia comum exprime em suas pequenas ou grandes cerimônias. Essas comemorações podem estar intimamente associadas ou totalmente desvinculadas da prática religiosa. Elas liberam o sentimentalismo, o enternecimento e o prazer. A família se emociona em conjunto e desfruta de si mesma. Ao mesmo tempo, ela funda uma temporalidade privada — à parte das vicissitudes da história e da concorrência pública — que alia duas qualidades contraditórias. Os ritos familiares, por meio da repetição, outorgam ao tempo passageiro uma continuidade regular. Mas esse tempo regular e cíclico, sem choques nem fraturas, que não esmaga as pessoas e atravessa os corpos que se reproduzem, introduzindo-os num *continuum* biológico, gostaria de ter um valor de eternidade.

Em última análise, é essa qualidade do tempo que é ratificada pelas cerimônias familiares. Por essa razão, o casamento é a principal delas; por essa razão também, os filhos e suas férias assumem uma importância crescente. Em suas festas, a família se extasia com sua encarnação eterna.

DRAMAS E CONFLITOS FAMILIARES

Michelle Perrot

A família, no século XIX, se encontra numa situação contraditória. Fortalecida em sua dignidade e poder por toda a sociedade, que nela vê um mecanismo regulador fundamental, ela tenta impor a seus membros seus próprios fins, considerando o interesse do grupo superior ao de seus integrantes. Mas, por outro lado, a proclamação do igualitarismo, os progressos insensíveis, mas constantes, do individualismo exercem pressões centrífugas, geradoras de conflitos, que por vezes chegam à ruptura. A família é uma microssociedade ameaçada em sua integridade e até em seus segredos. A regra elementar do espírito de família e a defesa de sua honra, porém, passam pela salvaguarda desses segredos partilhados que lhe dão unidade e a contrapõem ao exterior, qual uma fortaleza, mas também introduzindo frequentes fissuras e clivagens em seu interior. Gritos e sussurros, portas que rangem, gavetas trancadas, cartas roubadas, gestos flagrados, confidências e segredinhos, olhares desviados ou interceptados, o dito e o não-dito tecem um universo de comunicações internas tanto mais sutil quanto mais contrastantes são os interesses, o amor, o ódio, a vergonha. Mina inesgotável de intrigas é esse romance familiar, alimento para a literatura, que deixa entrever alguns vislumbres na crônica policial, essa epopeia da vida privada. “Se nem toda família é um caso trágico, toda tragédia é um caso de família”, escreve François Tricaud em *L’accusation* [A acusação].

No decorrer do século, aumenta a revolta contra a família — contra o pai, mas também contra a mãe ou os irmãos invejados —, obrigando-a a evoluir para sobreviver. Os indivíduos já não suportam tão bem sua pressão. A família burguesa em particular é alvo das críticas de artistas e intelectuais — dândis solteiros sublevados contra as leis do casamento, boêmia que zomba dos costumes hipócritas —, dos ataques dos adolescentes rompendo o casulo, da impaciência das mulheres ansiosas por ter vida própria. Às vésperas da guerra, o navio oscila, mas resiste. Para muitos, a partida pode ter sido um alívio, uma libertação, a esperança de uma aventura pessoal, e não tanto a perspectiva do horror.

PONTOS DE CONFLITO

O DINHEIRO

Em primeiro lugar o dinheiro, na acepção ampla do termo, na exata medida em que a família é o vetor de um patrimônio, tido por Hegel como indispensável para a sua existência, enquanto Marx o denuncia como germe da deterioração. O dinheiro está no centro de muitos casamentos "arranjados", que constituem a estratégia mais usual nos meios abastados. Daí as recriminações quando as promessas não são cumpridas. Para receberem os atrasados de um dote, há genros que se fazem de contadores dos sogros. Quando o marido se vê tolhido na administração dos bens, em virtude do regime dotal — aconselhado por muitos juristas da Occitânia como forma de preservar os direitos da esposa —, por vezes ele tenta contorná-lo. É o caso de Clémence de Cerilley, que, sem maiores precauções, se casou com um ex-oficial, que a obriga a redigir sucessivos testamentos, cada vez mais vantajosos para ele, até o dia em que, respaldado por sua própria família, consegue declará-la louca e interná-la, ficando assim com as mãos livres para gerir os bens. Dada a legalidade do poder marital, a família de Clémence tem grande dificuldade de retirá-la do internamento. E notadamente a separação de corpos se revela impossível, pois a esposa, nesse caso, não pode "se queixar nem de ferimentos, nem de violências, nem de ameaças, nem de amantes sob o teto conjugal", como exige o artigo 217.

A correspondência dessa família, além disso, oferece uma série de exemplos de conflitos por dinheiro, principalmente heranças. Ora um primo alega ter sido lesado no recebimento de 60 mil francos herdados de um avô materno e aproveita para questionar os "arranjos" de família; ora irmãos e irmãs, apesar de unidos por afeto, usam de trapaças na execução das disposições testamentárias do pai, perdendo-se em discussões sobre cortes de madeira e acabando por recorrer à justiça para desempatar a questão, com a mediação dos homens da lei.

As heranças ocasionam os mais graves conflitos, como as precauções tomadas pelos pais para fazer doações e "arranjos" em vida. Isso porque a avaliação de um bem não tem nada de aritmético; aí entram também o desejo, os fantasmas, o sentimento de um direito particular. Mesmo sendo ricos, os irmãos Brame se encarniçam pelo castelo de Fontaine, perto de Lille, multiplicando as intrigas e chegando às vias de fato; esse caso provoca uma dissensão tão profunda que Jules, o primogênito, julga necessário deixar um relato do episódio para os descendentes, assim legando à memória de sua posteridade a lembrança de uma luta fratricida.

Entre os mais modestos, tem-se a contagem das peças de roupa branca, as disputas dos lenços e lençóis, aliás sugerindo o valor que possuem essas peças na economia familiar e na "civilização dos costumes"; a conta sórdida das colherinhas, o desmantelamento das bibliotecas em que coleções e obras em série, ao arrepio de qualquer bom senso, são desmanchadas para atender a suscetibilidades igualitárias. A morte do pai ou do ancestral, desse modo, é a ocasião para acertos de contas em que cada qual calcula as vantagens do outro, faz valer os direitos de sua eventual dedicação, sentindo-se inevitavelmente lesado. Dessas grandes lavagens de roupa suja das famílias, mesmo as relações fraternas mais calorosas, as amizades mais firmes entre primos raramente saem incólumes. Ocorrem muitas desavenças e até rompimentos definitivos. O tema ocupa as conversas e correspondências familiares, a menos que haja uma autocensura sobre questões de dinheiro.

Normalmente, essas questões permanecem confidenciais, tendo como testemunha apenas o notário, árbitro ocasional das contestações mais sérias. Vez por outra, a pressão cresce, sobretudo nas sociedades rurais, onde a propriedade é questão de sobrevivência. Em Gévaudan, os filhos que se sentem em desvantagem com a escolha do primogênito passam a se revoltar cada vez mais contra o arbítrio paterno. No final do século XIX, o recurso à justiça como substituto da vingança privada assinala um recuo do senso familiar, que expõe os segredos em praça pública.

Na burguesia industrial ou de negócios, as decisões econômicas e as falências que enfraquecem o nome e o patrimônio são vividas como dramas familiares. A legislação, porém, permite uma distinção entre os dois âmbitos, e a sociedade em comandita recua em favor da sociedade anônima, que preserva os bens dos diversos ramos. No entanto, certas famílias, um tanto defasadas de seu tempo, conservam modelos de administração arcaicos; no entreguerras, a incompetência dos filhos em poucos anos afunda fortunas consideráveis que tinham constituído em sociedades em nome coletivo.

Um estudo sistemático dos processos civis, por exemplo das contestações de herança, certamente permitiria conhecer melhor as relações conflituais que se tecem nas famílias em torno do dinheiro, as quais, no fundo, recebem pouquíssima atenção dos historiadores da burguesia.

Mas a questão do dinheiro também envenena bastante o cotidiano. Opõe marido e mulher na administração do orçamento. Intendente (meios burgueses) ou "ministra das Finanças" (meios populares), a esposa ocupa sempre uma posição de dependência que a leva à artimanha (trapaça nas contas) ou à fúria. Henri Leyret lembra os dias de pagamento:

> Nesse dia, o subúrbio assume uma fisionomia muito particular, uma mescla de alegria e ansiedade, de movimento e expectativa, como se chegasse uma nova vida após o sombrio desalento da semana. As donas de casa se põem à

janela, descem à soleira da porta, e às vezes, impacientes, com o coração angustiado, vão ao encontro dos maridos, no caminho da oficina [...]. E na rua retumbam vozes; nas casas, voam injúrias, pesadas e coléricas, erguem-se mãos, irrompem lágrimas, crianças gemem, enquanto na taverna tudo é alegria, embriaguez, a embriaguez mais do canto do que do vinho.[1]

O mesmo autor descreve os vexames que, por vezes, recaem sobre alguns filhos suspeitos de não entregar às mães tudo o que ganham: principalmente os primogênitos e as moças, sempre sob a suspeita, quando vaidosas, de "rodarem a bolsinha". Entre os pais operários e os adolescentes que querem se emancipar, o dinheiro é um ponto de atrito.

A HONRA

A família não é apenas um patrimônio. E também um capital simbólico de honra. Tudo o que arranha sua reputação, que mancha seu nome, é uma ameaça. Cerra fileiras contra o estranho que lhe faz uma ofensa. O erro comprometedor de um membro seu mergulha-a num constrangimento cruel. Solidariedade na reparação, punição do tribunal familiar, exclusão, cumplicidade do silêncio: todas as reações são possíveis. Ai daquele, porém, que traz a desgraça!

O escândalo: noção básica, e no entanto absolutamente relativa. "É banal na história e na literatura a figura do nobre sensível ao menor risco de humilhação, e no entanto coberto de dívidas que mal o incomodam", comenta Tricaud.[2] Múltiplos códigos de honra dividem a França oitocentista, e seria interessantíssimo inventariar os motivos de escândalo. De modo geral, a honra é mais moral e biológica do que econômica. O erro sexual, o nascimento ilegítimo são objetos de uma censura muito maior do que a falência, a qual, porém, é mais reprovada do que hoje em dia: veja-se *César Birotteau.* Em suma, a desonra chega através das mulheres, sempre situadas do lado da vergonha.

O nascimento bastardo é objeto de uma reprovação especialmente intensa, o que explica o recurso das mães solteiras (ou adúlteras) ao aborto e ao infanticídio, ou ao parto clandestino nas maternidades de cidades anônimas e ao abandono da criança. Para diminuir a catástrofe dos recém-nascidos ilegítimos, em 1811 o Império instituiu a roda dos enjeitados, tema de calorosas controvérsias. Em 1838, Lamartine defende a roda na Câmara, apresentando-a como a melhor maneira de preservar a honra das famílias, e contra os parlamentares malthusianos, temerosos da proliferação dos pobres, preconiza a "paternidade social": "O filho ilegítimo é um hóspede a ser recebido, e a família humana deve envolvê-lo em seu amor". A "família humana": não a família legítima, que não tem o que fazer com esse rebento vergonhoso. Consideradas como responsáveis pela alta dos abandonos (67 mil em 1809, 121 mil em 1835), as rodas serão gradualmente fechadas; em 1860, apenas 25 asilos ainda dispõem delas, e no mesmo ano serão inteiramente suprimidas por uma circular ministerial.

A partir daí, o abandono dos filhos será feito abertamente, com uma declaração. A mãe solteira que quiser criar o filho recebe uma ajuda equivalente ao preço de uma ama-de-leite no asilo. Os enjeitados são assumidos pela Assistência Pública — pelo menos em Paris, principal cidade receptadora —, que geralmente os encaminha para o campo. A criação de orfanatos (como o do Prince-Impérial) e escolas de aprendizes (como os Apprentis d'Auteuil) data apenas da segunda metade do século.

O bastardo é um escândalo; atinge a honra das moças que perderam a virgindade, das mulheres de flagrante infidelidade, das famílias ameaçadas em sua ordem. Ocultar a falta, dar sumiço em seu fruto podre: tal é o tormento das mulheres, a preocupação de seu círculo. Os casos de infanticídios revelam com grande frequência a solidariedade entre as mães e as filhas. Mas não raro aparece um vizinho, e mesmo alguém da casa, para denunciar a história. Às vezes basta um rumor um pouco insistente para que venha a polícia ou o pessoal da prefeitura.

Algumas mulheres — por convicção ou ternura — decidem manter a criança. É frequente que a entreguem aos avós, a fim de dar tempo para que a aventura caia no esquecimento ou encontrem um marido que assuma a paternidade. Relativamente corrente nos meios populares, menos suscetíveis à questão dos filhos naturais, o nascimento bastardo nos meios abastados gera as mais variadas formas de negociação. A mãe solteira não encontra casamento com facilidade, e é preciso oferecer uma compensação, sobretudo financeira. Tal é a história de Marthe, jovem aristocrata engravidada por seu cocheiro: sua família toda se empenha em lhe encontrar um marido, pois, como a própria Marthe diz, ela tem necessidade sexual de um homem. O marido é um bruto: ele a explora, bate nela, decerto se aproveitando de sua "culpa". Marthe acaba pedindo o divórcio, incorrendo novamente na reprovação de seus familiares, de fé católica. O filho, aos cuidados de uma ama-de-leite, morre aos quatro ou cinco anos de idade, sem que ninguém chegue de fato a pranteá-lo. Na verdade, a morte é o destino usual do bastardo, filho indesejado, mal atendido e mal amado. Calcula-se, na média, que 50% dos filhos naturais morrem. E é apenas com a crise de natalidade que se faz sentir no Segundo Império que o Estado vem a tomar consciência desse potencial dilapidado, e começa a modificar sua política. O auxílio às mães solteiras marca, assim, o início de uma política familiar, sem que, no entanto, elas sejam reabilitadas. São desprezadas pelas instituições de caridade, e muitas vezes proscritas pela família.

O "nascimento ilegítimo" é a vergonha sem remissão e, para o bastardo, uma tara indelével. Sem legitimidade, ei-lo entregue a todas as explorações, a todas as humilhações. Nas vilas do Gévaudan, cumulam-no de apelidos ridículos. A sociedade vê os enjeitados como delinquentes em potencial, e trata-os como tal. Os filhos ilegítimos seguem do orfanato para o reformatório como um caminho natural. De lá vão para o Exército, vivendo na caserna nas mãos da Comuna e da Grande Guerra, igualmente madrastas.

O segredo das origens bastardas é tão pesado que certas

autobiografias parecem escritas deliberadamente para ocultá-lo. Assim, Xavier-Édouard Lejeune — *Calicot* [Caixeirinho] — constrói um romance rocambolesco para dissimular algo que seus descendentes descobriram no registro do estado civil, documento implacável. Quantos filhos tardiamente legitimados só vieram a conhecer o segredo de seu nascimento muito tempo depois, em meio à perturbação e ao mal-estar resultantes do silêncio propício a todas as especulações!

No começo do século XIX, Aurore de Saxe — madame Dupin — criou sem problemas o filho natural de seu filho Maurice; Hippolyte Chatiron foi a vida toda considerado meio-irmão de George Sand (exceto na herança). Nesse ponto, a moral oitocentista se endureceu. Em parte, sua vigilância certamente explica o declínio dos nascimentos ilegítimos, em favor do engravidamento pré-nupcial e do aumento das perfilhações.

AS TARAS E O SANGUE

O fortalecimento das representações da família como capital genético também aumenta a ansiedade que cerca as uniões e os nascimentos. Ter um filho anormal se torna uma preocupação sobre a qual paira a sombra de um erro. O monstro ocupa as páginas das revistas de divulgação científica. *La Nature*, por exemplo, descreve inúmeros nascimentos de seres estranhos com deformações preocupantes, tanto mais que são de origens desconhecidas: não revelarão alguma tara oculta? As barracas de feira, os museus de anatomia — como o do dr. Spitzner — atraem multidões ávidas e curiosas. O defeito físico provoca um distanciamento e, no limite, uma reprovação, como se insinuasse algum pecado. Daí o constrangimento ou a aversão às vezes despertados por filhos disformes. Mademoiselle de Chantepie, correspondente de Flaubert, conta-lhe a história de Agathe, maltratada pelos pais por ser deformada. "Seu rosto era normal, mas a cabeça enorme sobre um corpo de criança de formas medonhas." Ela é espancada, humilhada, privada de qualquer calçado e finalmente declarada louca (carta de 17 de julho de 1858).

A sífilis e, portanto, o sexo são tidos como os principais responsáveis por problemas. Daí os questionários sobre a saúde do futuro casal e a vergonha, até raiva, quando se descobre um vício escondido. Tais desventuras são comentadas aos cochichos nas famílias, postas em segundo plano, como um mistério sempre mais distante que intriga os descendentes. Assim, na correspondência apresentada por Caroline Chotard-Lioret, a mãe do protagonista Eugène, uma certa Aimée Braud, maldotada e malcasada, revolta-se contra o marido; censurando-lhe alguma "doença vergonhosa", ela não aceita dividir o leito com ele, tira as roupas de cama entre duas viagens do marido, estendendo os lençóis na frente da casa: gesto altamente simbólico da intimidade desvendada. Até o dia em que Aimée, desesperada, abandona o lar, abrindo processos e mais processos para conseguir a guarda dos três filhos, que o marido lhe tira mandando-os para a Bélgica. Então ela se encerra em sua casa de Rochefort, onde teria morrido semilouca. Seus descendentes usam palavras cautelosas para falar dessa avó cujo drama explica a sede do filho Eugène por uma família estável e um lar harmonioso.

A desgraça biológica, cuja epopeia foi descrita por Zola em *Les Rougon-Macquart*, é uma nova forma de desonra e fonte de conflitos.

LOUCURA

Outro pavor: a doença mental, que adquire consistência nesse século que presencia o surgimento da clínica. Uma jovem "perturbada" corre o risco de perder os pretendentes para suas irmãs. Envergonha seus familiares, introduzindo uma dúvida quanto ao equilíbrio deles. O mais estranho, no caso de Adèle Hugo, é precisamente a força do consenso familiar (com a exceção da mãe) para neutralizar essa jovem extravagante, capaz de empanar a glória do grande homem, e para opor aos curiosos a unanimidade de uma versão honrosa. A família cerra fileiras para expulsar a anomalia.

A delinquência nem sempre — pelo menos não em todas as

suas formas — é motivo de escândalo. As fronteiras da respeitabilidade se deslocam ao longo do tempo e variam segundo os meios sociais. Os camponeses portugueses contemporâneos, indulgentes em relação ao crime passional, censuram com rigor o roubo e ainda mais a mendicância (cf. Fatela). Os códigos de honra das comunidades não coincidem obrigatoriamente com a lei. A delinquência florestal, por exemplo, é uma prática generalizada com tal unanimidade que a legalidade oitocentista sempre se vê na retranca. O menino que surrupia víveres, a mulher que cata feixes de gravetos e até o caçador clandestino gozam da conivência geral. Da mesma forma, na cidade, as mães das famílias pobres, na primeira metade do século XIX, muitas vezes induzem os filhos a mendigar, e até a fazer pequenos furtos. A moral popular, orientada para a sobrevivência do grupo, é bastante lassa. Até o dia em que a ascensão à pequena burguesia passa a exigir o respeito às leis e às boas maneiras. O devasso, o alcoólatra, o pobretão, o endividado, o jogador, o vigarista se tornam indesejáveis, severamente criticados. Quem vive de pedir dinheiro emprestado é um sem-vergonha: um pai de família deve "honrar" seus negócios. O herdeiro indisciplinado atrai sérias sanções familiares. Considerado um incapaz, Baudelaire fica sob tutela por determinação de um conselho de família; sua correspondência com a mãe, madame Aupick, é uma queixa ininterrupta sobre suas dificuldades financeiras e suas relações conflituosas com o advogado encarregado de lhe fornecer regularmente certo montante de recursos. Além disso, o decoro burguês exige que a pessoa não dê motivos a falatórios, ideal de uma mediocridade discreta. A excentricidade é uma forma de escândalo.

Mais que o próprio delito, o que choca é a punição: a intervenção dos policiais, a detenção, o encarceramento, o processo. Aos poucos, a prisão vai ocupando no imaginário social o lugar das marcas de infâmia abolidas.

A vigarice, a fraude, principalmente se praticadas num Estado bastante exteriorizado, gozam de grande indulgência. A falência, em contraposição, é vista não só como um fracasso individual mas como um erro, uma queda no sentido moral. César Birotteau se oferece como vítima expiatória; o pagamento de suas dívidas é uma "reparação", e sua reabilitação tem um valor religioso. No século XIX, não são raros os suicídios por motivo de falência. E Philippe Lejeune mostrou que a falência dá origem a autobiografias, na medida em que respondem a uma necessidade de autojustificação perante os descendentes. Profundamente anticapitalistas, os burgueses do Norte não hesitariam em fechar suas portas ao falido suspeito de contrabandear ou de levar uma vida desregrada. É apenas com a formação das sociedades anônimas que a família e a empresa se separam, e o capitalismo se liberta da noção de honra.

AS VERGONHAS DO SEXO

Essa sexualidade que é objeto da vontade de saber do século XIX — o qual a erige em ciência — tem seu centro na família, dentro de um quadro de regras e normas administrado por ela, sendo muitas vezes despojada dessa função pelo padre, e ainda mais pelo médico, especialista na identidade sexual, testemunha das dificuldades, ministrador dos novos ditames de higiene. Todavia, o papel do médico no século XIX é limitado pela demanda ainda restrita.

Tal administração familiar do sexo, em geral morno, é cercada de silêncio. E sabemos pouquíssimo a esse respeito. Notadamente o incesto — que, segundo Fourier em *Le nouveau monde amoureux*, era uma prática corrente — é o que mais se furta a nós. A tolerância sexual varia segundo os meios, os atos, as idades e o gênero. Sem dúvida, é aqui que a desigualdade entre os homens e as mulheres é mais marcada. A virilidade é moldada por proezas fálicas, praticadas com bastante liberdade sobre as mulheres e sobretudo as moças — que em Gévaudan podem ser violadas quase impunemente —, podendo-se atentar contra o pudor delas, desde que o fato não se faça público. Na segunda metade do século XIX, a maior repressão judiciária parece indicar uma maior sensibilidade sob esse aspecto. Da mesma forma, no final do século, alguns procuradores-gerais começam a colocar o problema da complacência penal diante do estupro.

Duas sexualidades recebem mais atenção: a do adolescente, cuja puberdade é tida como uma crise de identidade potencialmente perigosa para ele e para a sociedade, a ponto de se enxergar no adolescente um criminoso em potencial; e a das mulheres, que sempre trazem a desgraça. Causa permanente de angústia, a sexualidade feminina é controlada pela Igreja, que aqui desempenha papel fundamental. Toda uma sociabilidade mariana — os rosários em que as mais velhas enquadram as mais novas, as congregações de Filhas de Maria — encerra as jovens numa rede de práticas e proibições destinada a proteger-lhes a virgindade. A devoção religiosa combate o mundo e o baile. "E sobretudo nada de valsas", diz o confessor a Caroline Brame. Os próprios meios populares fazem da virgindade das filhas um capital: os pais (ou irmãos) acompanham as moças ao baile, lugar em que frequentemente se dá um encontro brutal dos sexos.

Mas o mais grave é a infidelidade conjugal da mulher. Quanto ao adultério do homem, a tolerância é praticamente absoluta, exceto nos casos de notório concubinato, censurado com rigor e, quando ocorre no domicílio familiar, legalmente punido. Contudo, se as burguesas, ignorando as ligações dos maridos, não dispõem de muitos recursos, as mulheres do povo urbano, mais notificadas pelos rumores ou encontros nas ruas, podem desatar o verbo e são capazes de se revoltar, sobretudo quando se julgam financeiramente lesadas como donas de casa, responsáveis pelo bem-estar dos filhos. *La Gazette* des *Tribunaux* ressoa com a explosão das injúrias que lançam contra os maridos infiéis ou às "putas" que eles cortejam. Na virada do século, recorrerão por vezes à temível arma do vitríolo.

O adultério feminino é o mal absoluto contra o qual o marido possui todos os direitos, pelo menos em princípio e no começo do século XIX. Pois, como mostra Alain Corbin, em seguida se desenvolve uma tendência mais igualitária, que encontra expressão no veredicto mais brando dos tribunais.

AS FORMAS DE CONFLITO

A maioria dos conflitos familiares se resolve no foro doméstico. As conveniências, o amor-próprio, o medo dos comentários, a obsessão pela respeitabilidade fazem com que eles sejam enterrados e constituam, sob certos aspectos, o substrato das famílias. Não expor nada, evitar a intervenção de terceiros, "lavar a roupa suja em casa": preceitos de moral campônia e igualmente burguesa que consolidam a fronteira entre o "nós" e o "eles", esse exterior sempre ameaçador. Nos meios operários, a discrição é mais difícil. Faltam florestas e paredes: "De minha cama, eu ouvia tudo o que se passava na casa de X", diz a testemunha de um processo penal. Os operários são os mais expostos de todos: daí deriva, talvez, a discrição em relação a si mesmos quando narram sua vida.

Em caso de conflito, algumas famílias se erigem numa espécie de tribunal, exigindo reparação ou expulsando a causa do problema. Formam-se também partes contrárias, clãs que se opõem ou não se falam nem se visitam mais. O contencioso é administrado por toda uma diplomacia familiar, com o planejamento dos lugares à mesa, a troca dos pares nas cerimônias, as negociações, os tratados, as reconciliações, por exemplo, durante algum enterro: a morte reúne tanto quanto separa. Certas figuras — tios ou tias que não se casaram — passam o tempo a recompor os fios dessas tramas, que se complicam ainda mais com a persistência de certas lendas. Às vezes persistem desavenças que ninguém mais sabe como começaram. Almas piedosas dedicam seus esforços à reconstituição da harmonia rompida. Pois sonha-se que os familiares apresentem uma imagem de entendimento mútuo, todos reunidos para uma foto de família, atestado perante os outros e as gerações futuras da força e serenidade do clã.

VIOLÊNCIAS

O enfrentamento físico é bastante raro no seio da família burguesa, que desaprova os engalfinhamentos rústicos e prefere vias mais sutis, não menos destruidoras: perversas estratégias da aranha ou da toupeira, minando por dentro, na sombra e no silêncio, os edifícios e as reputações aparentemente mais sólidas. O veneno é a forma extrema dessa violência secreta, que encontra algumas facilidades no desenvolvimento de produtos tóxicos — o arsênico e depois o fósforo. "É um crime que se oculta na sombra, que se arrasta pelo lar das famílias, que horroriza a sociedade, que parece desafiar os aparelhos e análises da ciência com os artifícios empregados e a sutileza dos efeitos surtidos, que intimida pela dúvida a consciência dos jurados e que se multiplica ano a ano com uma progressão assustadora: esse crime é o envenenamento", escreve o dr. Cornevin em 1840. Uma antiga tradição atribui esse crime às mulheres, dissimuladas por força e natureza e enfurnadas nos serviços domésticos. Marie Lafarge, condenada em 1838 por ter envenenado um marido muito distante de seus sonhos — crime que ela nunca negou —, é o protótipo dessas belas envenenadoras que, para as sogras desconfiadas, vivem augurando a morte do filho bem-amado. Entre 1825 e 1885, as estatísticas judiciais enumeram, para 2169 casos de envenenamento com 831 vítimas, 1969 acusados, entre eles 916 homens e 1053 mulheres, ou seja, 53% do total (o que, de fato, supera em muito a participação média das mulheres na criminalidade geral: cerca de 20%). Esses crimes atingem o ponto culminante entre 1840 e 1860, então apresentando um nítido declínio. Mesmo no momento de pico, nada a ver com o delírio fantasmagórico da época.

No meio rural e operário, os socos e as brigas entre irmãos ou primos continuam a ser um meio prático e rápido de acertar as contas. Bater na mulher faz parte das prerrogativas masculinas. Os espancamentos e maus-tratos correspondem ao motivo apresentado por 80% das mulheres que pedem a separação de corpos. As mulheres que mais apanham não são as infiéis, mas as gastadeiras ou as donas de casa relapsas, espancadas com violência pelos maridos, amiúde bêbados, quando voltam do trabalho. "A comida não estava pronta, o fogo estava apagado", justifica-se um acusado que matou a mulher de pancadas.

A cena doméstica, clássica entre o povo, pode chegar a esse ponto. O "crime passional", estudado por Joëlle Guillais-Maury em uma centena de processos em Paris, no final do século XIX, é quase sempre praticado por um homem, em geral jovem, contra uma mulher, para "vingar sua honra" ferida. "Mato minha mulher" significa: "Tu és minha mulher e me pertences". No caso, trata-se de mulheres, casadas ou não, que de fato resistem, se recusam a fazer amor com um homem que lhes desagrada, tomam um amante, vão embora. Essas mulheres estão reivindicando, com vitalidade e franqueza surpreendentes, seu direito à liberdade de escolha e movimento; também exprimem seu desejo, queixam-se dos homens infiéis, brutais, fracos ou, pelo contrário, sexualmente tirânicos: "Era um inferno", diz uma delas. Elas afirmam a autonomia do próprio corpo. Mas pagam caro, muitas vezes com a própria vida.

A mulher é a principal vítima dessas violências familiares das mais variadas espécies. Veja-se a amante de Flaubert, Louise Pradier, perseguida pelo marido. "Tiraram-lhe os filhos, tiraram-lhe tudo. Ela vive com 6 mil francos de renda, num quarto alugado, sem criada, na miséria" (carta de Flaubert, 2 de maio de 1845). O mesmo Flaubert fala de uma operária que tinha uma ligação com um notável de Rouen e por isso é morta pelo marido, que a amarra dentro de um saco e a atira dentro d'água: crime que ele paga com não mais de quatro anos de prisão. A mulher retalhada, grande gênero da crônica policial, ilustra ao paroxismo uma realidade própria do século XIX: a fúria contra uma mulher por não se admitir que ela se emancipe.

VINGANÇA PRIVADA

A violência como forma de vingança privada, intra e extrafamiliar, continua a ser uma prática popular largamente difundida. Anne-Marie Sohn, em seu grande levantamento sobre os papéis femininos a partir de meio século de arquivos judiciais, deparou quase exclusivamente com as classes populares. E Louis Chevalier descreveu a intensidade das brigas operárias em Paris na primeira metade do século XIX. Os arredores da taberna, as saídas do baile onde os homens se atracam por uma moça (os italianos, famosos por seus encantos de sedução, são vítimas frequentes), os terrenos baldios, os muros da capital onde os jovens malfeitores se estripam, são zonas de acertos de contas, enfrentando-se a polícia quando ela surge para intervir. Signo de uma relação com o corpo que não precisa de mediações para se expressar.

No mundo rural, a *vendetta* em estado puro existe praticamente apenas na Córsega. No entanto, as estatísticas de homicídios e os relatórios administrativos permitem vislumbrar uma "região de vingança" que recobre quase todo o sul do Maciço Central: Velay, Vivarais, Gévaudan, identificadas por alguns demógrafos com as regiões de estrutura patriarcal. E. Claverie e P. Lamaison examinaram longas séries de processos penais e apresentaram a diversidade dos mecanismos de vingança, o aumento das tensões vinculado às dificuldades dos filhos mais novos, proletarizados pelo marasmo econômico. Um vivo sentimento de frustração leva à inesperada queda de uma pedra, ao ateamento de um incêndio epidêmico, a rixas cruentas ou estranhos bruxedos.

Mas os autores também constatam que as populações recorrem cada vez mais à polícia, integrando e até adotando a justiça legal em lugar da violência privada. O incêndio ou o motim passam a ser gradualmente substituídos pela queixa judicial. Diante do processo, porém, as pessoas hesitam, percebendo obscuramente que estão dando impulso a uma outra lógica, onde todos, queixosos e acusados, correm o risco de um desvendamento, de um desnudamento. Então seguem-se as tentativas de "acordo", com seu séquito de reparações amigáveis. Se elas fracassam, então vai-se até o fim do processo. A passagem pelo Código Penal, o comparecimento perante o tribunal, correcional ou criminal, o encarceramento, antes vividos com indiferença e mesmo com orgulho e fanfarronice, tornam-se desonras que até podem ser suficientes para a vingança. Testemunhas de uma individualização das concepções, tais recursos contribuem para reforçá-la e para incutir o aparato judiciário, outrora mais exterior, no cerne das práticas populares.

O direito à vingança privada, relativamente admitido pelos jurados da época, pelo menos em crimes passionais (principalmente em casos de adultério feminino), passa a ser cada vez menos tolerado pelos criminologistas do começo do século XX, que veem nele um sinal de primitivismo e até de loucura, "negação da lei, retorno à barbárie, regressão para a animalidade", segundo Ferdinand Brunetière (*La Revue des Deux Mondes*, 1910), porta-voz da opinião esclarecida.

VINGANÇA LEGAL

Apresentar queixa certamente não é um fato novo. Yves e Nicole Castan estudaram os comportamentos judiciários da população do Languedoc na época moderna. Michel Foucault e Arlette Farge mostraram o recurso das famílias aos comissários de polícia e aos mandados régios de prisão, como forma de restabelecer o equilíbrio ameaçado. No século XIX, esse tipo de recurso se dá de duas formas: a correção paterna e o internamento em asilos por motivos psiquiátricos, a partir da lei de 1838.

Quantitativamente marginal — um máximo de 1527 mandados expedidos em 1869 —, a correção paterna, mesmo assim, atinge 74 090 filhos entre 1846 e 1913. Ela funciona principalmente no Sena (75% dos mandados expedidos entre 1840 e 1868, 62% entre 1896 e 1913), e em especial em Paris. No início um instrumento das classes abastadas, a correção paterna se torna cada vez mais popular, e o decreto de 1885 isenta as famílias pobres dos encargos relativos à manutenção e ao sustento dos filhos nos reformatórios; em 1894-1895, 78% das solicitações provêm das profissões manuais. Uma característica marcante: a relativa intensidade da correção de moças — 40,8% dos casos entre 1846 e 1913, o que representa uma porcentagem muito superior ao índice de delinquência feminina (de 16% a 20% entre 1840 e 1862, de 10% a 14% entre 1863 e 1910). Os pais temem que elas engravidem e vigiam sua "má conduta", principal motivo invocado para enviá-las às casas de correção: a virgindade continua a ser o capital mais valioso.

A correção paterna foi objeto de acesos debates, envolvendo os defensores incondicionais da autoridade paterna e os partidários dos "interesses da criança", que responsabilizavam principalmente o meio familiar: é o caso do jurista católico Bonjean, incentivador da Sociedade Geral das Prisões e de *La Revue Pénitentiaire*, autor de *Enfants révoltés et parents coupables* [Filhos revoltados e pais culpados] (1895). No final do século, as principais críticas se dirigem não ao mau caráter do indivíduo, e sim aos maus-tratos infligidos pelos pais desnaturados, defendendo-se a prescrição dos poderes paternos. Apesar das leis de 1889 (sobre a perda de autoridade do pai) e de 1898 (sobre os maus-tratos), nem por isso a correção paterna deixa de funcionar, cada vez pior, até 1935. Nesse ano, um decreto-lei elimina o encarceramento, mas mantém o internamento, similar àquele em virtude da situação calamitosa das instituições correcionais. Bernard Schnapper ressalta a extrema lentidão dessa evolução, que se explica pela força do consenso — em que juristas e opinião pública se confundem — em relação ao princípio de autoridade. No entanto, essas mudanças indicam um recuo da *privacy* popular diante do Estado e, em nome do interesse da criança como ser social, uma política exercida sobre a família, para o bem e para o mal.

INTERNAMENTO ASILAR

A lei de 1838 autoriza as famílias a internar não os perigosos, os indesejáveis ou os indisciplinados, mas sim os loucos. Nesse sentido, não há uma continuidade entre o asilo e a Bastilha; muito pelo contrário, há uma diferença radical: a medicalização do internamento, onde a autoridade administrativa ocupa um papel secundário. Nenhum prefeito ou autoridade distrital pode assinar uma ordem de internamento sem um atestado médico. Robert Castel insiste sobre essa inovação. Que ocorra uma distorção da ação médica ou que condutas desviantes sejam indevidamente catalogadas como "loucura" é outra coisa.

Exemplos de distorção: o caso de Clémence de Cerilley, já mencionado, internada pelo marido com a colaboração de seus familiares e o apoio de um médico, sob diversos pretextos (principalmente o de um misticismo exacerbado) e com finalidades de caráter financeiro; o de Hersilie Rouy, de quem o meio-irmão, a fim de receber uma herança, obtém um "internamento voluntário" em 1854, a pretexto de que o estilo de vida excêntrico dessa artista solteira — independente, ela procura a solidão — deriva de uma "monomania aguda", segundo o atestado do dr. Pelletan, o que lhe valerá catorze anos de asilo; ou ainda o de uma certa madame Dubourg, internada pelo marido por se recusar a ele (ele termina por matá-la). Hoje se redescobrem as figuras de Adèle Hugo e Camille Claudel, cujo internamento parece ser fruto de uma decisão familiar .rária, destinada a salvaguardar a reputação de um grande homem.

De um interesse mais sutil é a noção de normalidade que opera nessas taxonomias das doenças mentais femininas, estudadas por Yanick Ripa em *La ronde des folles* [A ciranda das loucas] (1986). A desmedida nas coisas, o excesso e notadamente a paixão amorosa, sobretudo quando toma vias proibidas (o amor pelo pai, o amor lésbico ou até o amor por um homem mais novo, a pura e simples tomada de uma decisão pela mulher, ou ainda o clitorismo), constituem outros tantos desvios. "Toda mulher é feita para sentir, e sentir é quase histeria", escreve Ulysse Trélat. Para o autor de *La folie lucide* [A loucura lúcida], os desequilíbrios sexuais e familiares são a principal fonte da insanidade. E, inversamente, a harmonia familiar é uma garantia da razão.

A loucura é também uma saída para uma infelicidade familiar real. Entre as loucas contam-se muitas amantes abandonadas, malcasadas, esposas enganadas, mães enlutadas pelos filhos. A demência masculina parece estar mais ligada aos percalços da vida pública ou profissional. A falência, a dilapidação, o jogo: tais são as formas de insanidade dos homens, denunciadas pelas mulheres — e é de lembrar que os homens formam maioria nos asilos.

Em todo caso, mesmo que a polícia, por meio do internamento normal, continue a usar o asilo como depósito para os perturbadores da ordem pública, tal instituição passa a se alimentar cada vez mais do drama privado e do conflito familiar, que têm no médico seu juiz e árbitro.

SEPARAÇÃO DE CORPOS E DIVÓRCIO

Existem meios menos dramáticos de dissolver um casal desunido. Na ausência do divórcio, extinto em 1816 e restaurado apenas em 1884, há a separação dos corpos, cuja evolução e características foram estudadas por Schnapper, entre 1837 (ano em que o *Compte général de l'administration de la justice criminelle* [Relatório geral da administração da justiça criminal] passa a fornecer dados estatísticos) e 1914. Várias constatações: em primeiro lugar, é uma prática marginal — 4 mil por ano em seu auge, por volta de 1880, ou seja, treze em cada mil casamentos, mas em crescimento constante desde 1851, devido a uma lei do mesmo ano concedendo aos solicitantes carentes o benefício de uma assistência jurídica. O processo que, até então, era usado basicamente pela burguesia conhece uma nítida popularização: entre 1837 e 1847, 24% dos demandantes são "operários, empregados domésticos, donas de casa", porcentagem que, entre 1869 e 1883, atinge 48,8%. Ademais, é uma instituição feminina: em todos os períodos, as mulheres representam mais de 86% — chegando a 93% — dos solicitantes. Mulheres relativamente idosas, mães de família casadas há muitos anos; mulheres "acabadas", menos pela infidelidade dos maridos do que pelos maus-tratos que sofrem: "É a mulher espancada, não a mulher enganada, que pede a separação". Outra observação: a separação de corpos é uma prática do Norte da França e das regiões urbanizadas e instruídas. É, em suma, um sinal de modernidade, como igualmente o divórcio, cuja incidência, por exemplo em 1896, apresenta praticamente a mesma distribuição geográfica.

Notemos, por fim, a ampliação dos motivos reconhecidos para a separação, registrados no *Dalloz*: a jurisprudência é um bom fio condutor da evolução dos costumes.

O divórcio apresenta características bastante semelhantes: mesma distribuição, mesma preponderância feminina (80% dos solicitantes), mesmos motivos apresentados (sevícias, injúrias graves: 77% em 1900), com uma coloração mais burguesa (profissões liberais, empregados do setor terciário). Conquista revolucionária de 1792, o divórcio conhecera grande sucesso entre as mulheres urbanas. Bonald e os ultras tinham imposto sua supressão desde 1816. Os radicais (como Alfred Naquet) fazem dele ponto essencial de seu programa e, aliados aos oportunistas, votam sua restauração em 1884. Certamente a desigualdade dos cônjuges continua muito acentuada: os maridos podem utilizar as cartas comprometedoras recebidas por suas mulheres, mas não vice-versa: o que levanta toda a questão do sigilo da correspondência. Chamar um marido de "canalha" e "bruto" são injúrias suficientes, ao passo que "megera" e "bisca", dirigidas à esposa, não o são! Não obstante, as leis de 1904 (um divorciado pode se casar com sua companheira adulterina) e de 1908 (depois de três anos de separação física, o divórcio pode ser concedido a pedido de um dos cônjuges) tornam o divórcio mais liberal, para o grande escândalo de uma opinião conservadora que se levanta violentamente, com Paul Bourget à frente. Apesar das reticências católicas (veja-se *Marthe*) e da reprovação dos convencionalistas, o divórcio, embora ainda marginal (15 mil por ano em 1913), passa a fazer parte dos costumes. Na medida em que o divórcio afirma, contra a indissolubilidade do matrimônio, o direito dos cônjuges ao amor ou simplesmente à felicidade e ao entendimento, o casamento se converte progressivamente num contrato livre.

Para chegar a isso, foi preciso que houvesse uma singular evolução dos espíritos e o surgimento de uma República orientada para a laicidade. Mas, acima de tudo, foi necessária uma longa luta das feministas e seus aliados. De Claire Démar e George Sand, cujos primeiros romances (*Indiana*, *Lélia*) defendem o divórcio, a Maria Deraisme e Hubertine Auclert, a reivindicação é constante, com maior ímpeto quando as instituições se veem abaladas, como no início da Terceira República. A partir de 1873, Léon Richer publica *Le divorce* e empreende, em plena Ordem moral, uma vigorosa campanha pela revisão do Código Civil. Em 1880, Olympe Audouard e Maria Martin fundam a Sociedade dos Amigos do Divórcio, cujo órgão é *Le Libérateur*. Entre 1880 e 1884, tem-se uma campanha intensa.

Na virada do século, porém, as feministas parecem temer que a desigualdade dos sexos transforme o divórcio numa arma nas mãos dos maridos volúveis. "O homem se cansa das relações amorosas mais depressa do que a mulher", escreve Marguerite Durand em seu jornal *La Fronde* [A Fronda], alertando contra o divórcio por vontade de apenas um dos cônjuges e o risco de que seja um procedimento legal de abandono da mulher madura largada pelo marido. A fragilidade social das mulheres exige garantias contra a solidão, e é o Código Civil em sua totalidade que deve ser revisto. Desde 1880, Hubertine Auclert intervinha nas cerimônias de casamento apostrofando os recém-casados: "Cidadão e cidadã, vós acabais de jurar perante um homem que representa a Lei, mas o que jurastes vai contra o bom senso. A mulher, sendo igual ao homem, não lhe deve obediência" (6 de abril de 1880, Administração do XV arrondissement).

Seria necessário mais um século para que ela fosse ouvida.

NOTAS

1. *En plein faubourg*, Charpentier, 1895, p. 51.
2. *L'accusation*, 1977, p. 136

À MARGEM: SOLTEIROS E SOLITÁRIOS

Michelle Perrot

O modelo familiar no século XIX tem tal força normativa que se impõe tanto às instituições quanto aos indivíduos e cria vastas zonas de exclusão, mais ou menos suspeitas, onde as regras da vida privada, e até o direito a ela, parecem mais incertas. Nem por isso deixam de existir. A proporção de solteiros e solitários, temporários ou permanentes, por escolha ou necessidade, é de fato considerável. Ora se inspiram numa família inexistente: as bailarinas têm uma "mãe de ópera" que lhes procura um "pai" protetor no "lar" da dança; na penitenciária de Mettray (perto de Tours), cada grupo é uma "família" composta de "irmãos" e de dois "mais velhos". Ora elaboram modos de vida originais, alternativas contestatárias a essa salmoura adocicada. "Maldição à família que amolece o coração dos bravos, que leva a todas as covardias, a todas as concessões, e que vos dissolve num oceano de leites e lágrimas", escreve Flaubert, esse parente próximo dos dândis (a Louis Bouilhet, 5 de outubro de 1855), num prelúdio ao "Famílias, eu vos odeio...", de André Gide.

Quando falta o elo intermediário da família em seu teatro domiciliar, a vida privada concentra seus dois polos no indivíduo e na "sociedade": um indivíduo fortalecido pelas singularidades do egotismo (Stendhal); sociabilidades múltiplas e emaranhadas no espaço público, com nostalgias medievais ou aristocráticas de um mundo pré-familiar desaparecido; ou, pelo contrário, comportamentos de vanguarda.

INSTITUIÇÕES DE CELIBATÁRIOS

As instituições destinadas a enquadrar os solteiros e solitários — educativas, repressivas, assistenciais etc. — consolidam no século XIX seus princípios de segregação sexual. Quer recorram ou não ao oferecimento voluntário (conventos, seminários, em certa medida os quartéis), essas instituições se baseiam em disciplinas de moldes longamente burilados pelo Exército e pela Igreja. O enclausuramento e a separação do mundo exterior, a vigilância "pan-óptica" destinada a impedir qualquer comunicação horizontal geradora de distorções e problemas anti-hierárquicos, repousam numa profunda desconfiança da palavra, do corpo e do sexo dos submetidos, principalmente durante a noite, o cerne palpitante da intimidade. O ideal seria a cela — *box*, dizem à inglesa nos internatos — para todos. Mas as condições materiais não o permitem. É o que mostra o paroxismo das prisões: os defensores da reclusão celular prevalecem a partir da década de 1840, e ela se torna obrigatória pela lei de 1875; mas de fato permanece como letra morta. Por toda parte, o olhar inquisitorial do vigia (traição do judas) tenta conter as promiscuidades. Notemos que o isolamento no século XIX é uma terapia generalizada, desde o asilo psiquiátrico (cf. Gauchet e Swain) ao sanatório (cf. P. Guillaume). "O gênio da suspeita veio ao mundo", diz Stendhal.

Evitemos, naturalmente, os amálgamas duvidosos. A semelhança entre todos esses estabelecimentos é formal. Há uma grande diferença, conforme se trate de uma imposição ou de uma escolha, ou mesmo de uma vocação. Nesse caso, a disciplina passa em princípio pelo consentimento, pela aceitação, e até pela interiorização da regra. Os conventos oitocentistas descritos por Odile Arnold estão impregnados de uma espiritualidade bastante dualista, que separa com rigor a alma e o corpo, princípio do mal, que deve ser emudecido, esquecido e punido por uma ascese física e moral particularmente intensa nas ordens contemplativas, até a liquidação desse "Outro" que se opõe à união com Deus. Morrer jovem é o sonho de muitas adolescentes devotas, às vezes estimuladas pelas mães oprimidas: graça que Thérèse de Lisieux elevou ao sublime. A devoção, porém, não exclui a tentação, as paixões do coração e da carne, protegidas por densos segredos, subterrâneos obscuros dos castelos da alma. Por trás da reclusão, instauram-se outras fronteiras do público e do íntimo. Cada detalhe, som ou palavra assume aí um relevo alucinante. "No seminário, existe uma maneira de comer um ovo quente que mostra os progressos feitos na vida devota", diz Stendhal criticamente. Tendo Julien Sorel decidido criar para si um personagem totalmente novo, "os movimentos de seus olhos lhe darão muito trabalho".

Quando a reclusão é imposta, a defesa da *privacy* individual é uma luta constante. Passa ora pela exigência de um tempo e um espaço pessoais que escapem ao controle do mestre ou à tirania do grupo: Vallès elogia "o quartinho no fundo do dormitório, onde os mestres podem ir trabalhar ou sonhar em seus momentos de liberdade" (*L'Insurgé* [O insurreto]); ora pelo estabelecimento de relações mútuas que rompem a solidão e criam uma camada protetora contra as intrusões autoritárias. Elabora-se todo um conjunto de táticas destinadas a contornar os regulamentos, com uma refinadíssima administração dos momentos livres, dos "movimentos" cujos fluxos introduzem confusões favoráveis ao contato e dos territórios ditos "neutros", onde as pessoas podem "se amoitar": cantos escuros e principalmente os banheiros, que em todas as instituições fechadas representam um refúgio de liberdade, aliás sob particular suspeição. Esboça-se todo um universo de gestos — bilhetinhos passados pelas costas do mestre, inscrições, linguagem típica dos internatos e prisões —, de palavras e sinais que, frequentemente transmitidos, acabam por constituir uma "subcultura" interna ou carcerária (P. O'Brien). As conivências, cumplicidades, amizades ("particulares" ou não) e camaradagens adquirem grande intensidade nesses lugares fechados, de homossexualidade latente ou real, onde o outro sexo — o sexo proibido do exterior — é objeto de uma erotização ávida ou de uma sublimação forçada. Esse mundo da extrema coerção também é, sem dúvida, o mundo do desejo extremo. Por serem roubados, os prazeres — leituras, gulodices, carícias... — têm mais sabor. Tanto que os sentidos podem se exaltar a ponto de chegar à exasperação. A menos que, pelo contrário, a ininterrupta autocontenção obrigatória crie, com o tempo, um recalcamento que leva a uma verdadeira anestesia. Simone Buffard, entre tantos outros, evocou a "frieza penitenciária" que se apodera do detento, até matar nele o desejo e a própria possibilidade de satisfazê-lo. Erving Goffman analisou a "perda de autonomia" que caracteriza as instituições asilares e, de modo mais geral, carcerárias, e o fechamento do recluso sobre si mesmo, que às vezes tanto dificulta sua readaptação ao mundo exterior.

Aqui não se trata de desenvolver esses aspectos da vida privada dos reclusos, aliás pouco descritos justamente por serem inacessíveis, deliberadamente ocultos ao observador e, portanto, ao historiador, e que só vêm a se revelar por uma espécie de arrombamento. Além disso, as nuances são inúmeras. Mesmo que os colegiais comparem o internato a uma prisão — Baudelaire, Vallès... —, essa comparação tem uma validade muito relativa. A analogia entre as formas de controle e de vida privada nas diversas instituições "totalitárias" é apenas aparente. Seria preciso captá-las em sua diversidade e historicidade: quais são as mais permeáveis aos modos de vida privada do exterior que, bem ou mal, lhes servem de parâmetro? No caso dos estabelecimentos escolares e dos castigos físicos, por exemplo, a vontade e a aversão das famílias exerceram peso decisivo. E quanto ao sigilo da correspondência, às permissões de sair, ao período de sono ou à higiene íntima dos militares ou dos prisioneiros? A força com que os indivíduos ou grupos resistem à disciplina ou expressam novas vontades tem um poder de transformação sobre as instituições, por mais rígidas e imóveis que estas sejam.

Em 1860, existiam 50 mil prisioneiros, 100 mil religiosas, 163 mil colegiais de todas as espécies, 320 mil "doentes mentais" internados, cerca de 500 mil militares: outras tantas etnias no que concerne à vida privada específica. Não podiam ser esquecidas.

SOLTEIROS: *GARÇONS*

No século XIX, são poucos os solteiros definitivos, mas são muitos os solitários, principalmente entre as mulheres, que cedo enviúvam e permanecem viúvas por muito tempo. A idade por ocasião do casamento diminui para os dois sexos, mas de forma desigual. No recenseamento de 1851, por exemplo, mais de 51% dos homens são solteiros, contra apenas 35% das mulheres; mas, aos 35 anos de idade, os solteiros não ultrapassam 18% e as solteiras superam 20%. O número daqueles diminui de modo constante, para chegar aos 65 anos a seu ponto mais baixo, 7%, ao passo que o número das mulheres solteiras nunca desce abaixo de 10%. No cômputo geral, os homens se casam mais que as mulheres, mesmo que mais tarde, pelo que a vida do lar apresenta de comodidades e confere de respeitabilidade. "Preciso de uma família a qualquer preço", escreve o dândi Baudelaire: "é a única maneira de trabalhar e de gastar menos" (carta à mãe, 4 de dezembro de 1854). Impressionado, como Tocqueville, pelo espetáculo da conjugalidade americana, Gustave de Beaumont pressente nela a figura da normalidade: "Temo que se chegue a uma situação em que os solteiros estarão numa falsa posição e exista um pouco de segurança apenas para os pais de família" (ao irmão Achille, 25 de setembro de 1831). Esses pais de família serão, sessenta anos mais tarde, apresentados por Charles Péguy como os "heróis do mundo moderno".

Os trabalhos de Jean Borie revelam a suspeita que paira sobre o solteiro. À exceção da Igreja ou de Le Play, que aprovam o celibato devido à sua possível abnegação, a sociedade o considera um "fruto seco". No *Dicionário das ideias feitas*, Flaubert expõe os aforismos da época: "Celibatários: todos egoístas e depravados. Deviam ser obrigados a se casar. Preparam para si uma velhice triste". E é de notar que o substantivo sempre é empregado no masculino; no feminino, ele vira adjetivo. O *Larousse du XX*[e] *siècle* cita "a confusão de um inglês que, pouco iniciado nos sinônimos de nossa língua, chamava os *garçons* dos restaurantes de *celibatários*". O celibatário é sempre um homem. Solteira, a mulher é *fille* ou "permanece *fille*", ou seja, nada; ou pior, ela se torna uma "velha *fille*", uma "anormal", uma "desclassificada" (condessa Dash).

Provisório ou permanente, o celibato é vivido de maneira totalmente diferente pelos rapazes e pelas moças. Para estas, é a vigília à espera do casamento: mais adiante, Alain Corbin evoca a personagem da moça e sua reclusão. Para o rapaz, o celibato é um tempo pleno, valorizado, período de liberdade e aprendizagem, e o casamento significa apenas se assentar, e pode até ser o "fim". Época alegre (pelo menos no embelezamento da memória) dos amores passageiros, das viagens, das camaradagens e de uma intensa sociabilidade masculina de perfil bastante livre (veja-se a correspondência de Flaubert); tempo da educação sentimental e carnal, quando tudo é permitido. Os rapazes devem "fazer suas loucuras" e "viver a juventude". Apenas o medo da sífilis, no final do século, levará a uma tendência de maior castidade. Mesmo nas classes populares, existe uma espécie de nomadismo institucionalizado (através do percurso pela França, com as viagens que os artesãos fazem ao atingir o grau de oficial) ou livre, maneira de conhecer o ofício e a vida antes de se estabelecer.

Em Paris, os estudantes, muitas vezes demorando-se nos arcanos do direito ou da medicina, formam uma tribo cuja realidade efetiva é difícil determinar, tão fortes são as lendas que a cercam: a tribo do Quartier Latin, eternamente agitado por paixões políticas e, pelo menos até 1851, sob vigilância constante (cf. J. C. Caron); a tribo da boemia, imortalizada por Henri Murger, da qual J. Seigel tentou recentemente definir as fronteiras, a identidade, as transformações políticas e literárias e seus movimentos na capital, do bulevar St. Michel a Montmartre, de Montmartre a Montparnasse.

A VIDA BOÊMIA

Pois a boêmia possui vários componentes, aliás claramente vistos por Murger: os "amadores", jovens que "desertam do lar da família" para viver "as aventuras da vida errante", mas a título provisório antes de se assentarem, e os artistas. Estes, em sua maioria — "a boêmia ignorada" —, vivem pobres e desconhecidos, estoicos, passivos, sem nunca alcançar a notoriedade. "Eles morrem, em sua maior parte, dizimados por essa doença à qual a ciência não ousa dar seu verdadeiro nome, a miséria", alvo da tuberculose e presa das casas de misericórdia. "Eles escarram, tossem, e isso incomoda os vizinhos: eles vão para a Casa de Caridade" (Vallès). Os outros — uma minoria — logram êxito e reconhecimento: "Seus nomes são famosos". Entre eles, muitos pintores, escultores, literatos, mas também jornalistas ligados à "pequena imprensa" que consome caricaturas, poemas e farsas.

A boêmia constrói um modelo simetricamente inverso à vida privada burguesa. Primeiramente por sua relação invertida com o tempo e o espaço: vida noturna, sem horários — o boêmio não usa relógio —, de intensa sociabilidade tendo como palco a cidade, os salões, bares e avenidas. Os boêmios "não conseguem andar dez passos na avenida sem encontrar um amigo". Conversar é seu prazer, sua principal ocupação. Eles vivem, escrevem nos bares, bibliotecas e gabinetes de leitura, próximos das classes populares pelo uso privativo que fazem do espaço público. Eternamente perseguidos pelos credores e oficiais de justiça, não têm domicílio certo, não possuem móveis, dispondo mal-e-mal de alguns objetos. Um herói de Murger, Schaunard, leva seus bens nos bolsos, "fundos como porões". Dividem em grupo alojamentos efêmeros, sendo habilíssimos em transformá-los para uma noite de festa, com alguns bibelôs ou tecidos finos, como quem arma uma barraca ou um cenário. Desprezando a parcimônia, virtude dos "barrigudos", esses magrelos queimam o dinheiro ganho ou emprestado em uma noite de farra ou jogo, num "bolão" para as despesas da noitada. Pois eles desdenham a propriedade, partilham tudo, inclusive as mulheres, que passam de um para outro, conforme seus gostos. Os amores múltiplos são regra, e a infidelidade é princípio. Schaunard tem sessenta mechas de cabelo: uma verdadeira coleção. Muitas vezes as *grisettes* e as elegantes fáceis arcam com os custos de uma ligação que, a despeito das relações menos hierarquizadas entre os sexos, permanece desigual. O homem também reina na boêmia, mesmo que algumas mulheres, mais avisadas, consigam fazer carreira ou pelo menos ter o prazer de viver sem tédio. Existem *grisettes* conquistadoras, "vivendo numa espécie de liberdade masculina" (Sébastien Mercier), Rastignacs de saias cuja juventude e beleza conquistam a cidade, para as quais a boêmia não passa de uma antessala. "Sou inteiramente sozinha, e isso é de minha conta", diz a Rigolette de Eugène Sue, figura de um improvável caráter subversivo.

Nessa vida comunitária e pública, o amor é o único ato que requer algum segredo. O despontar de uma atração isola o casal do grupo; o ato sexual exige um quarto privado, uma porta fechada, cortinas cerradas. Não se partilha a intimidade amorosa: ela tem, em suma, algo de conjugal.

Existência sonhada tanto quanto — ou mais? — vivida, o retrato dado por Murger não deve enganar. Mas ele exerceu grande atração sobre a juventude, sobretudo do interior. Ir para Paris, virar escritor, poeta ou jornalista, escapar às banalidades da vida burguesa foram ambições largamente partilhadas por aquelas "vítimas dos livros" que, algum tempo depois, receberam uma descrição mais pessimista de Jules Vallès. Fato sintomático, esse subproletariado de "refratários" que gravita em torno das universidades e dos pasquins nunca sente tanto sua solidão quanto no domingo, "sétimo dia de um condenado", dia em que as famílias ocupam todo o espaço público, excluindo-o de todo lugar.

DÂNDIS

O dandismo representa uma forma ainda mais consciente e elaborada de recusa da vida burguesa, cuja originalidade foi ressaltada pelos livros de Roger Kempf e de Marylène Delbourg-Delphis. De origem britânica e essência aristocrática, o dandismo toma a distinção como o próprio princípio de seu funcionamento. Codificado por Brummell, Barbey d'Aurevilly, Baudelaire ou Fromentin (*Dominique*), ele exacerba a diferença numa sociedade que tende à massificação. A boêmia se inclina para a esquerda, o dandismo se inclina para a direita. Anti-igualitário, ele gostaria de recriar uma aristocracia que certamente não seria a do dinheiro ou a da linhagem, mas a de um temperamento — "nasce-se" dândi — e de um estilo.

Homem público, o dândi, ator do teatro urbano, protege sua individualidade por trás da máscara de uma aparência que ele tenta tornar indecifrável. Ele alimenta o gosto da ilusão e do disfarce, tem um agudo senso dos detalhes e dos acessórios (luvas, gravatas, bengalas, echarpes, chapéus...). Os irmãos Goncourt zombam da aparência de Barbey e do "carnaval que ele desfilava o ano todo nas ruas com a sua pessoa". Um dândi é "um homem que usa roupas [...]. Ele vive para se vestir" (Carlyle). A toalete é uma de suas principais ocupações: Baudelaire dizia que nunca passou menos de duas horas por dia se arrumando. Mas, à diferença dos cortesãos de outrora, ele confere extrema importância ao asseio, tanto da pele quanto da roupa, sinal de uma relação diferente com o corpo. Diariamente, Barbey manda que lhe preparem um banho, e quando Maurice de Guérin, doente, tem de voltar ao Cayla, a maior preocupação de sua irmã Eugénie é a falta de água e de um banheiro para a toalete.

Tudo isso supõe uma vida de lazer e rendas suficientes que dispensam o trabalho. Certamente mais abonados do que os boêmios, os dândis, porém, não eram muito abastados. O desprezo do dinheiro como objetivo, o gosto pelo jogo e pela ostentação do luxo, mas também a aceitação do risco e de uma eventual ascese fazem parte da moral dândi, anticapitalista e antiburguesa. Eles odeiam os novos-ricos — e os judeus, na medida em que encarnam a manipulação do dinheiro —, os negócios e a vida em família. Para eles, o casamento é o pior dos cativeiros, e as mulheres são as redes da escravidão. O prazer carnal com elas devia se reduzir a um simples comércio. Mais vale o amor dos rapazes. A homossexualidade (a palavra surge apenas em 1891) dos dândis se acentua com o tempo, acompanhando o aumento da influência familiar e feminina sobre a sociedade. O surgimento da "nova mulher" provocou em toda a Europa uma autêntica crise de identidade masculina que encontra em Otto Weininger um de seus intérpretes (*Geschlecht und*

Charakter [Sexo e caráter], 1903), certamente tendo como uma de suas formas de expressão a recrudescência da pederastia. O *Journal* de Edmond de Goncourt, após 1880, é, à sua maneira, uma prova disso. O "desprezo pela mulher" ou, ao menos, pelo feminino, intensamente expresso em 1909 pelo *Manifesto futurista* de Marinetti, é aliás uma constante do dandismo, que não é misógino, mas "espernógino" (do latim *spernere*, desprezar), nos termos de R. Kempf. "A mulher é o contrário do dândi: ela é natural, ou seja, abominável" (Baudelaire). Além disso, há a recusa dos filhos e da procriação, insuportável para o dândi, pessimista e inimigo de toda e qualquer reprodução.

O dandismo é uma ética, uma concepção da vida que eleva o celibato e a vagabundagem ao nível de uma resistência consciente. "Odeio o rebanho, a régua e o nível. Beduíno, se quiserdes; cidadão, jamais" (Flaubert a Louise Colet, 23 de janeiro de 1854). O *flâneur*, o dândi e, mais tarde, o marginal são os antídotos do sr. Prudhomme, o burguês enfatuado e contente consigo mesmo. A sociedade tolera os dois primeiros, mas reprime o marginal, filho da periferia que ameaça a segurança dos prósperos.

A SOLIDÃO DAS MULHERES

Escolhida, sofrida ou simplesmente assumida, a solidão das mulheres sempre gera uma situação difícil, pois radicalmente impensada. "A mulher morre se não tem lar nem proteção", diz Michelet com piedade; e o coro dos epígonos declara: "Se há uma coisa que a natureza nos ensina com clareza é que a mulher é feita para ser protegida, para viver quando jovem junto à mãe, e esposa sob a guarda e a autoridade do marido [...]. As mulheres são feitas para esconder sua vida" (Jules Simon, *L'ouvrière* [A operária], 1861). Fora do lar e do casamento não há salvação.

Desavergonhada que vive de seus encantos ou solteirona sem eles, a mulher sozinha desperta desconfiança, reprovação e zombaria. O solteirão tem manias: é mais risível do que propriamente lastimável. Mirrada, a solteirona cheira a ranço. É vergonhoso esse "ser improdutivo" (Balzac). Rabugenta, maledicente, intrigante, até histérica, maldosa, ela preocupa, como a prima Bette (1847), operando como uma aranha na cidade, cristal de todos os estereótipos. Será preciso esperar o século XX para que, sob a influência de feministas ou escritores (como Léon Frappié), surja outra figura da mulher sozinha e que finalmente tenha direito ao celibato.

No entanto, há muitas mulheres solitárias. No recenseamento de 1851, elas somam 46% com mais de cinquenta anos, com 12% de solteiras e 34% de viúvas; as proporções são as mesmas em 1896. Esses índices, nos meados do século, são especialmente elevados no Oeste, nos Pireneus, no sudeste do Maciço Central; posteriormente, as diferenças regionais cedem lugar às grandes cidades, reservatórios de mulheres sozinhas (empregadas domésticas).

Na verdade, essa grande proporção de solidão feminina é uma constante demográfica na Europa ocidental desde a Idade Média. Os "mecanismos" que a produzem são múltiplos. Em primeiro lugar, as estratégias matrimoniais, que criam uma ordem de casadas e excluídas; a assistência aos pais idosos, muitas vezes a cargo das filhas mais novas; e sobretudo a viuvez, ligada à longevidade feminina e à raridade das segundas núpcias. No meio burguês, não há dúvida de que o usufruto e o Código Civil protegem as viúvas mais do que antes; nos meios populares, a sorte delas é muito precária. A não-contabilização de seus trabalhos invisíveis — servir, em casa, como ajudante conjugal —, a natureza sincopada de uma ocupação assalariada intermitente demais para chegar a constituir uma "carreira" (as operárias da indústria de tabaco constituem rara exceção) fazem com que a maioria não receba nenhuma aposentadoria. A promulgação das primeiras leis sobre as aposentadorias operárias e rurais (em 1910) mostra a marginalidade delas. As mansardas e pardieiros, asilos e casas de misericórdia estão povoados dessas pobres velhas esquecidas por todos, pretexto para a caridade dos internatos de senhoritas. O estudo da velhice, esse tema histórico que ainda está por ser tratado, deverá ser decididamente sexuado.

A solidão também pode resultar de uma escolha, deliberada

nos casos de "vocação" religiosa ou altruísta (enfermeiras, assistentes sociais, professoras), ou derivada da preferência por uma carreira. As contramestras do Quartier du Soleil em Saint-Étienne (J.-P. Burdy) são solteiras, ao mesmo tempo admiradas e criticadas. Os correios oferecem inúmeros exemplos desse tipo. Em 1880, acima dos cinquenta anos, contam-se 73% de mulheres sozinhas, entre elas 55% solteiras (em 1975-1980, apenas 10%). Os itinerários reconstituídos (C. Dauphin, P. Pézerat) mostram que foi o desejo de autonomia financeira e profissional que levou ao celibato; os colegas masculinos querem uma mulher no lar, e não uma empregada dos correios. No século XIX, as mulheres só podem obter promoção social através do trabalho se sacrificarem sua vida privada. O celibato, em suma, é o "preço a pagar".

A vida cotidiana dessas solitárias é difícil. Sempre considerado "uns trocados" para o suposto orçamento familiar, o salário das mulheres é quase estatutariamente inferior. E os "serviços de mulher" são, por natureza, não qualificados: é o caso dessas profissões da costura a que elas tanto devem, em sua maioria. Os levantamentos do Ministério do Trabalho sobre o trabalho domiciliar, amplamente desenvolvido na virada do século, no quadro de uma indústria de confecção racionalizada ao extremo, revelam um mundo de mulheres sozinhas, às vezes mãe e filhas, dissimulando sua precariedade no fundo de um pátio ou de um sótão, e pedalando sua Singer durante dez ou quinze horas por dia. O "bife da costureira" significa um pedaço de brie que, com uma xícara de café — a droga das operárias parisienses —, compõe sua refeição. Tanto mais que, no final das contas, muitas preferem a vaidade de um xale ou de um corpete.

É também porque a sedução, para as mais jovens, continua a ser uma arma. Uma ligação pode proporcionar um complemento financeiro, e até resolver a questão sexual ou afetiva fora do casamento. Quando uma moça pede um emprego nos grandes magazines, o diretor pergunta se ela tem um "protetor", tão improvável lhe parece que ela consiga viver com o salário. Dando continuidade à função da *grisette* de outrora — à qual os estudantes que viraram senadores erigiram, por volta de 1880, uma estátua em sinal de reconhecimento (praça Montholon) —, muitas "operariazinhas" ou dignas empregadas do setor terciário têm um "amigo", homem "respeitável", em geral de categoria social um pouco superior. Mas, para cada Madeleine Campana que assume alegremente uma ligação durante quinze anos com um médico, com quem, aliás, teria se casado se ele fosse livre (*La demoiselle du téléphone* [A senhorita do telefone], Paris, Delarge, 1976), quantas vivem sonhos irrealizados que se transformam em rancor por terem sido logradas? Raramente subversivos, os romances de folhetim, tão apreciados por elas, dizem-lhes de modo claro, porém, que os príncipes nunca se casam com as pastorinhas!

Para resolver o problema, muitas (quantas?) solitárias se juntam e partilham seus recursos. Os recenseamentos quinquenais da população enumeram "lares" de mulheres sozinhas — mães e filhas, amigas —, descritos de passagem pelos pesquisadores (Villermé, Le Play). "As que não têm família e não vivem em concubinato se reúnem normalmente em duas ou três num aposento ou quartinho que mobiliam dividindo as despesas" (Villermé, 1840). As mulheres administram sua solidão, temporária ou permanente, nem sempre desejada, mas talvez preferida a um casamento pouco atraente.

Existirá um equivalente feminino do dandismo, um celibato escolhido e livremente vivido? O mundo das atrizes, tão mal conhecidas em sua intimidade, certamente ofereceria exemplos disso. Todavia, se para uma mulher é possível se libertar do casamento, emancipar-se dos homens já é bem mais difícil. Algumas cortesãs de alto voo tentam reverter a galanteria em proveito próprio. A literatura nos oferece retratos e desfechos contraditórios de seus destinos. Depois de ter "colocado os homens a seus pés", Nana soçobra na varicela, "Venus decomposta"; Odette, que graças à guerra se torna amante do duque de Guermantes, finalmente reina sobre o faubourg Saint-Germain, não passando de uma "senhora senil". Como saber?

Um dandismo feminino? Talvez se encontre no começo do século XX, entre as mulheres másculas: Nathalie Clifford-

-Barney, Renée Vivien, Gertrude Stein e suas amigas. Criadoras, estetas do art nouveau ou da vanguarda, lésbicas, reconhecidas pela sociedade parisiense graças, em parte, às suas origens estrangeiras, essas mulheres livres reivindicam o direito de viver como homens. Em torno ou além delas, que viviam em grupo fechado, uma plêiade de "novas mulheres", jornalistas, escritoras ou artistas, advogadas, médicas, até catedráticas, que já não se contentam com papéis secundários, querem correr o mundo e amar à sua própria maneira. Admiradas por alguns, vilipendiadas por outros, nada foi fácil para elas. Os romances, simpáticos ou críticos, de Marcelle Tinayre (*La rebelle* [A rebelde]) ou de Colette Yver ressoam com os ecos das dificuldades com que elas depararam. Na verdade, dificuldades imensas. Precisavam de toda a amizade ou amor das mulheres — e de certos homens — para enfrentá-las. A revolução sexual mais difícil do que a revolução social? Talvez.

A MORTE DOS VAGABUNDOS

Entre todos os solitários, os vagabundos são os mais suspeitos para uma sociedade que faz do domicílio a própria condição de cidadania e que fareja no nomadismo uma resistência à sua moral. O mundo rural, defendendo abespinhadamente seus bens, vê nos ciganos e nos andarilhos — exceção feita ao mascate — ladrões em potencial, repelindo-os e condenando-os. Em Gévaudan, alguns aldeões atiram barranco abaixo um funileiro que não pagou um copo de vinho. A república dos pais de família toma medidas enérgicas: a lei de 1885 sobre o desterro dos multirreincidentes, geralmente pequenos ladrões e vagabundos que, declarados "inaptos a qualquer espécie de trabalho", são enviados para a Guiana; a lei discriminando os nômades e instituindo um passaporte com controle sanitário e carteira de identidade. O vagabundo ameaça a família e a saúde; espalha as doenças, os micróbios, a tuberculose (cf. J.-C. Beaune).

Celibatários, solitários, vagabundos são marginais que vivem na periferia de uma sociedade cujo centro é a família. Sua existência material e moral é complicada. Sempre na posição de suspeitos ou acusados, eles vivem na defensiva entre as malhas de uma rede ainda frouxa, mas que vai se apertando.

Sinal de seu arcaísmo numa época em que a longevidade é o critério da modernidade, eles morrem mais cedo do que os outros, por esgotamento ou suicídio. Para Durkheim, o alto índice de suicídios entre os solteiros é a própria prova de sua não-integração social. Os migrantes, transplantados do campo para a cidade mortífera — operárias de seda dos ateliês de Lyon, criadas dos sótãos de Paris, pedreiros de Creuse dos quartos alugados do XI arrondissement... —, oferecem um terreno ideal para a tuberculose, frequentemente denunciada como o flagelo dos celibatários — aliás, ela perpetua esse celibato, tal é o medo do contágio matrimonial.

A solidão é uma relação: consigo mesmo e com os outros. Ainda não é um direito do indivíduo. Ela devolve, como um espelho, a imagem de uma sociedade que valoriza a ordem da casa e o aconchego do lar.

3
CENAS E LOCAIS

Michelle Perrot
Roger-Henri Guerrand

MANEIRAS DE MORAR

Michelle Perrot

"A vida privada deve ser cercada de muros. Não se permite esquadrinhar e revelar o que se passa na residência de um particular", escreveu Émile Littré (*Dictionnaire de la langue française*, 1863-1872). Segundo ele, a expressão "muro da vida privada", inventada por Tayllerand, Royer-Collard ou Stendhal, teria de qualquer forma vindo à luz na década de 1820.

Esse encerramento se opera de muitas maneiras. Por um processo de nidificação, pequenos grupos e microssociedades recortam, no espaço público, lugares destinados a seus folguedos e conciliábulos. Clubes, círculos aristocráticos e burgueses, câmaras e camarotes, gabinetes particulares alugados pelo período de uma noite para uma diversão galante, cafés, cabarés e bistrôs, essas "casas do povo" — cujos fundos abrigam reuniões clandestinas e associações sindicais — quadriculam a cidade. Nesses espaços intermediários, de uma sociabilidade quase que exclusivamente masculina, as mulheres, suspeitas na medida em que são "públicas", têm espaço reduzido. Encontram-se nas oficinas de caridade, ao pé dos altares ou nas lavanderias, que se esforçam por preservar de um redobrado controle masculino. A sociedade civil não é aquele vazio que o suspeitoso legislador desejaria, mas um formigar de alvéolos de convívio onde fervilham segredos.[1]

Em termos mais triviais, as classes dominantes, que têm ojeriza à plebe bronca e suja, acomodam-se nos locais públicos, e especialmente nos transportes coletivos, em nichos protetores: camarotes de teatro que prolongam o salão, cabines de navios ou banhos públicos, compartimentos de primeira classe evitam promiscuidade e preservam distinções. "Desde a invenção do ônibus, a burguesia está morta!", escreve Flaubert, que, por contraste, faz do fiacre parisiense, circulando com todas as cortinas cerradas, o próprio símbolo do adultério.[2]

A ORDEM DA CASA

Mas o domínio privado por excelência é a casa, fundamento material da família e pilar da ordem social. Ouçamos Kant, transcrito por Bernard Edelman, celebrar sua grandiosidade metafísica:

> A casa, o domicílio, é a única barreira contra o horror do caos, da noite e da origem obscura; encerra em suas paredes tudo que a humanidade pacientemente recolheu ao longo dos séculos; opõe-se à evasão, à perda, à ausência, pois organiza sua ordem interna, sua civilidade, sua paixão. Sua liberdade desabrocha no estável, no contido, e não no aberto ou no infinito. Estar em casa é reconhecer a lentidão da vida e o prazer da meditação imóvel [...]. A identidade do homem é portanto domiciliar; e eis por que o revolucionário, aquele que não possui eira nem beira, e portanto nem fé nem lei, condensa em si toda a angústia da vagabundagem [...]. O homem de lugar nenhum é um criminoso em potencial.[3]

A casa é um elemento de fixação. Daí o papel das vilas operárias na estratégia patronal de formação de uma mão-de-obra estável, das ideologias securitárias ou referentes à família. Le Play e seus discípulos vasculham as habitações populares; o rigor de suas descrições, preciosa fonte para o historiador, é uma dissecção de condutas. Antes, a fisiognomonia detalhava o rosto, espelho da alma. De agora em diante, a ordem de um aposento revela uma vida. Nas aldeias da Terceira República, a residência do mestre deve ser uma casa de vidro e seu quarto, um "pequeno santuário da ordem, do trabalho e do bom gosto", em oposição ao "pardieiro negligente do celibatário desordenado, que deserta o quanto pode de seu abrigo e não se apega a nada que seja belo", segundo o inspetor Richard, que esboça em 1881 os contornos do domicílio-modelo. Leito austero, "de academia militar", toucador de alvo tecido e pequenos objetos "que provam ter o locatário respeito por si próprio, sem chegar ao rebuscamento", assoalho encerado, cadeiras de palhinha, "livres de qualquer sujeira", uma "gentil biblioteca", guarnecida sobretudo de clássicos trazidos da escola normal, mostruário para coleções científicas, gaiola "habitada por pássaros canoros", algumas plantas verdejantes, discreta presença de uma natureza domesticada: eis o quadro ideal do perfeito missionário da República. Único luxo, sobre a mesa, uma "magnífica alfombra, talhada conforme um xale antigo, extraído do guarda-roupa materno", rememora as dignas raízes e a boa educação de uma genitora atenta e cuidadosa. Mais tarde, acrescente-se um piano, alguns bibelôs, "belos modelos de esculturas", e reproduções de obras-primas, que "hoje em dia os processos de heliografia colocam ao alcance de todas as bolsas". Eis "uma gentil morada" que todos — as autoridades, os pais, os alunos — poderão visitar sem temer uma intrusão.[4]

A residência é moral e política. Nenhum eleitor sem domicílio, nenhum notável sem sua residência na cidade e castelo na província. Símbolo de disciplinas e reconstruções, a casa conjura o perigo das revoluções. Viollet-le-Duc publica sua *Histoire d'une maison* em 1873, após a Comuna que conflagra o cenário. No ano do centenário da Revolução Francesa, a seção de economia social da Exposição Universal (1889) escolhe como tema "A casa através do tempo". Em breve as artes oficiais incluirão o doméstico.

Mas no século XIX a casa é assunto da família, o lugar de sua existência, seu ponto de encontro. Encarna a ambição do casal e a figura de seu sucesso. Estabelecer um lar é residir em uma casa. Os jovens casais suportam cada vez menos a coabitação. Viollet-le-Duc: "Vi as mais ternas afeições familiares se desgastarem e se extinguirem nesta vida em comum dos filhos casados com seus ascendentes". Ter seu lar, seu *home* — o termo se difunde em torno de 1830 —, ou o mais popular "caminho", é o meio e a marca da autonomia. Em conflito político com seus pais, Gustave de Beaumont e sua jovem esposa buscam "um buraco onde [se] enterrar". "Nós, Clémentine e eu, temos um desejo incontido de termos um pequeno *home*. A menor choupana, quando se é o dono, parece-nos um paraíso terrestre" (1839).[5] "Viver com independência dentro dele, em meio à família, não existe sorte mais invejável", escreve o proletário Norbert Truquin, que percorreu o mundo e atravessou revoluções (1888). O *interior*, que a partir de então designa menos o coração do homem que o da casa, é a condição para a felicidade; e o *conforto*, para o bem-estar. "Meus amigos, colocai esta palavra em vosso dicionário, e oxalá possais possuir tudo que ela exprime", aconselha Jean-Baptiste Say à "classe média" leitora de *La Décade Philosophique* (1794-1807); ele opõe esse "luxo de comodidade" à despesa ostentatória.[6] Ciência do lar, a economia doméstica pressupõe vida equilibrada.

A casa é também propriedade, objeto de investimento e estabelecimento, em um país onde a função do capital imobiliário continua a ser considerável, e sua renda, honrosa. A pedra é a forma superior do patrimônio, razão pela qual Jacques Capdevielle sugere que além de ser uma possessão constitui uma maneira de lutar contra a morte. Cacife vital? Pela posse de uma casa, inventariada, partilhada, os herdeiros se engalfinham, transformando o lar em ninho de víboras.

A casa é ainda o território por meio do qual os proprietários tentam apropriar a natureza pela exuberância dos jardins e das estufas, onde as estações são abolidas, a arte pelo acúmulo de coleções ou pelos concertos privados, o tempo pelas lembranças da família ou de viagens, o espaço pelos livros que descrevem o planeta e pelas revistas ilustradas — de *L'Illustration* [A Ilustração] a *Lectures Pour Tous* [Leituras Para Todos] ou *Je Sais Tout* [Eu Sei Tudo] — que o exibem.[7] A leitura, exploração sedentária, é uma maneira de apropriar o universo ao torná-lo legível e, por meio da foto, visível. A biblioteca abre a casa para o mundo; encerra o mundo dentro de casa.

Manifesta-se, na virada do século, um louco desejo de integração e domínio do mundo pela casa. O desenvolvimento técnico — telefone, eletricidade — permite entrever a extensão a todo mundo do acesso às comunicações e, até mesmo, da possibilidade do trabalho domiciliar. A pequena empresa familiar onde todos operam sob a vigilância paterna é uma aspiração muito partilhada e o tema de utopias perpetuamente ressurgente. Tanto Zola (*Travail*, 1901) como Kropótkin discernem nela potencialidades de libertação futura. Ali o macho, inseguro de sua identidade social, reencontraria sua dignidade de chefe de família.[8]

Também os artistas imaginam uma "casa total", centro de sociabilidade de elite e de criação, remodelada — como casa moderna — até no detalhe de suas formas. E. de Goncourt consagra dois volumes à descrição de *La maison d'un artiste* [A casa de um artista]. "A vida ameaça tornar-se pública", escreve, designando a residência como o refúgio dos refúgios. E feminina: sob pena de ser domesticado, o homem deve reconquistar a casa das mulheres, sacerdotisas do cotidiano. Esse é também o pensamento de Huysmans e de todos que se inquietam, às vésperas do século XX, com a libertação da nova mulher.

"Famílias, eu vos odeio! janelas fechadas, portas trancadas, ciumentas possessões da felicidade!", escreverá mais tarde André Gide. Fortaleza da *privacy*, protegida a um só tempo pelo umbral, por zeladores, guardiães do templo, e pela noite, verdadeiro tempo das coisas íntimas, a casa é objeto de lutas internas, microcosmo percorrido por sinuosidades e fronteiras onde se defrontam o público e o privado, homens e mulheres, pais e filhos, patrões e empregados, família e indivíduos. A distribuição e o uso dos cômodos, escadas e corredores de circulação das pessoas e coisas, locais de descanso, para cuidados e prazeres do corpo e da alma, tudo obedece a estratégias de encontro e evasão que trespassam o desejo e preocupação para consigo. Gritos e cochichos, risos e soluços sufocados, murmúrios, ruídos de passos que se espreitam, ranger de portas, o impiedoso pêndulo tecem as ondas sonoras da casa. O sexo está no coração de seu segredo.

Certamente esse modelo de casa — casa-modelo — é próprio das intimidades burguesas. Ele encadeia suas variantes com incontáveis detalhes, desde a Londres vitoriana até a Viena fim-de-século e até, mais a Leste, o coração de Berlim e São Petersburgo. Pode-se trabalhar com a hipótese de uma relativa unidade do modo de vida burguês no século XIX e das maneiras de morar, reforçada pela circulação europeia dos gêneros arquitetônicos. É uma sutil mistura de racionalidade funcional, um conforto ainda bastante reduzido e nostalgia aristocrática, particularmente viva nos lugares onde subsiste uma vida de corte. Mesmo nos países democráticos, a burguesia só conquistou tardiamente a legitimidade do gosto, e seu cenário ideal ainda é o dos salões e castelos do século XVIII, o da "doce vida". Contudo, quantas nuances, quantas disparidades engendram as culturas nacionais, religiosas ou políticas em suas relações sociais, familiares, papéis sexuais e, consequentemente, nas estruturas e usos da casa que os traduz!

Em *A língua absolvida*,[9] Elias Canetti compara as casas de sua infância. Em Rutshuk, no Baixo Danúbio, em torno de um pátio-jardim onde toda sexta-feira penetram os ciganos, três habitações idênticas abrigam os casais dos pais, avós e tios. Cinco ou seis domésticas búlgaras estão sempre ali, vindas das montanhas, percorrendo a casa descalças; à noite, sobre os divãs turcos do salão, contam histórias de lobos e vampiros. Em Manchester, uma governanta reina sobre a *nursery* do primeiro andar; longos momentos de solidão a decifrar as figuras do papel de parede; sábado à noite, as crianças descem para o salão e recitam poemas para as visitas, que riem; domingo, pela manhã, é a festa: as crianças têm livre acesso ao quarto dos pais e sobem nas camas deles, separadas como tem de ser na Inglaterra protestante. A ordem dos ritos e lugares apropriados compartimenta o espaço e o tempo. Em Viena, um apartamento com terraço, vestíbulo, onde uma criada cheia de estilo seleciona os visitantes; passeios cerimoniais ao Prater. "Tudo girava em torno da família imperial; era ela que dava o tom, e esse tom prevalecia na nobreza e mesmo nas grandes famílias burguesas." Em Zurique, ao contrário, "não havia nem kaiser nem nobreza imperial [...]. De qualquer forma eu estava seguro de que na Suíça cada homem tinha seu lugar, cada um contava". Impossível relegar as criadas à cozinha, como em Viena; elas faziam suas refeições na mesa familiar; a mãe do autor também não se opõe. Daí uma reforçada intimidade: "Minha mãe estava sempre à nossa disposição; não havia ninguém entre nós, nunca a perdíamos de vista", em um apartamento singularmente apertado. A topografia acompanha os costumes.

A CASA DE CAMPO, ESPAÇO DE TRABALHO

Mas há outras clivagens, todas também importantes. Para começar, aquilo que opõe a cidade ao campo, profunda fratura das intimidades, sem esquecer que no pórtico do século XX a maior parte da população europeia permanece rural; na França, em 1872, ela representa 69% e, em 1911, 55,8%. O campo não ignora nem a intimidade nem o segredo. Mas estes não são inerentes a um espaço demasiadamente aberto. O muro é o do silêncio e a brecha, a da confissão.

A identidade aldeã está fortemente enraizada. Mas, tanto na Picardia como em Gévaudan, a casa tem um sentido mais local que espacial. "Ser daqui" é reconhecer os elementos que formam uma paisagem: os sinais do céu e do tempo, os limites das propriedades e as histórias que os moldaram. "A terra, no sentido mais forte, é o espaço de um relacionamento radical, partilhado e reconduzido", as histórias de família repetidas e repisadas: em suma, um espaço de memória. O sentido dos limites é forte ali: guarda-te dos forasteiros e mais ainda dos vagabundos, sobretudo se são desconhecidos!

A "casa" estende-se ao cultivo; a *casa*, o *oustal* incluem as terras. Rudimentar e superpovoada, a casa-edificação é mais um instrumento de trabalho que um "interior"; o olhar do viajante etnólogo ou do professor urbano não vê ali senão promiscuidade animal, sobretudo quando animais e homens dormem sob o mesmo teto. O exterior — a granja, a sebe, os fossos dos prados silvestres, o tufo de árvores dos campos abertos habitados pelos pastores, as sombreadas margens do rio — para além de seu encanto comum são lugares propícios aos jogos do amor ou aos cuidados do corpo. Cada um está à vista do outro. A transgressão é difícil e só existe com o consentimento mais ou menos tácito dos demais. Dissimular uma gravidez, mais ainda um parto, que angústia torturante há de ser para aquelas que não desfrutem da conivência das mulheres do lugar!

"Eles me vigiavam em tudo. Meu pai ficava atrás de mim e julgava haver um excesso de gestos em minhas ações. Jamais quis que eu trocasse a palha de meu colchão", relata um filho de 42 anos, citado por Élisabeth Claverie e Pierre Lamaison.[10] De interrogatórios judiciais aflora o tédio de um controle que o incremento das tensões no seio do *oustal* sem dúvida tornava mais minucioso. Mas, por outro lado, a individualização dos costumes, ligada à emigração e ao alargamento de horizontes provocado pelos novos meios de transporte, das ferrovias às bicicletas — graças a elas os jovens vão dançar alhures —, em toda parte torna insuportáveis as sujeições. Entre as duas guerras, a recusa das mulheres em aceitar a coabitação com a sogra, o anseio por um espaço íntimo e uma "coqueteria" que pressupõe limpeza serão motivos de êxodo feminino e celibato masculino.

MANEIRAS DE MORAR POPULARES

Amontoadas em infectos pardieiros, as classes populares urbanas desenvolvem de forma diferente sua intimidade. As promiscuidades que parecem comprazê-las até em seus divertimentos — mesmo para Zola, o baile popular é um cio — são aos olhos das camadas dominantes o sinal de uma sexualidade primitiva e de uma selvageria que, por seu crescente desejo de dignidade, os próprios militantes aceitam cada vez menos. "As pessoas vivem de cambulhada, como animais. Estamos em plena selvageria", escreve Jean Allemane ao descrever as moradias proletárias, mais ou menos como, cinquenta anos antes, o dr. Villermé investigara os operários têxteis. Patronato industrial, médicos propagadores da higiene pública elaboram políticas de habitação destinadas a salvar, pelo desamontoamento, os operários da tuberculose e do alcoolismo. A noção de "moradia mínima", com normas de cubagem do ar e conforto, projeta-se desde o fim do século XIX. O próprio movimento operário, por muito tempo relativamente insensível a essa "questão da habitação", reivindica no início do século "ar puro" e "salubridade".[11]

Sem contestar os benefícios de uma filantropia do habitat cujos resultados são, de resto, muito limitados até 1914, convém assinalar também a cegueira obsessiva quanto às maneiras de morar das classes populares.[12] Constrangidas a "viver na rua", estas sabem utilizar as virtualidades dos imóveis coletivos e do bairro, espaço intermediário, zona essencial de ingresso e aculturação. No século XIX as prioridades orçamentárias dos operários dirigem-se não para a moradia, fora de seu alcance, mas para as vestimentas, mais acessíveis, elemento de expansão, que permite justamente participar do espaço público sem passar vergonha, ter boa aparência (a *bella figura* dos italianos, que entendem do assunto), o que Maurice Halbwachs já vira com clareza.

Inicialmente é sobre a cidade que eles investem com seu desejo. Desenvolvem uma mobilidade que não é apenas fuga diante do *proprio* — monsieur Vautour e seu maldito Pipelet — mas também um veículo e um sinal de mobilidade social. Assim, os migrantes estudados por Maurizio Gribaudi em Turim[13] vão do centro para a periferia, mais tarde novamente ao centro, em um *turnover* territorial e social com ares de estratégia.

Essa cidade, cenário da ascensão ou da degradação, fronteira móvel da boa sorte e da desgraça, os operários a desejam aberta e tratam de usá-la livremente, tal como outrora seus ancestrais camponeses nas comunidades aldeãs. Preferem os espaços vazios aos terrenos apropriados, cujos limites excluem os pobres, aos jardins públicos, primitivamente concebidos como lugares decentes para passeios burgueses; às áreas verdes preconizadas pelos sanitaristas, preferem o "cinturão negro" de Paris, meta de excursões dominicais assim como guarida de marginais e ponto de encontro de vadios. O equivalente dos calçadões burgueses do centro, que fascinam Walter Benjamin, são, por exemplo, os becos de Levallois-Perret, onde a polícia penetra com repugnância, ou ainda os corredores de Lille, *maquis* de solidariedade aldeã na cidade.[14]

Outra relação com o espaço, do qual é preciso tirar partido para compensar a mediocridade do habitat; outra relação com o corpo: muitos atos então classificados como íntimos são feitos fora; outra relação com as coisas também: o emprego dos restos, a reciclagem do usado, a troca de presentes e contrapresentes em uma economia do cotidiano que escapa em parte do mercado monetário e onde é fundamental o papel das mulheres, nada encerradas em casa, ao contrário das burguesas.[15] Para as classes pobres, a cidade é como uma floresta onde é preciso caçar a existência. Sob esse ângulo, há muitas analogias com práticas rurais, exceto a mobilidade, que é uma diferença considerável.

A originalidade das classes populares urbanas está em sua rede familiar não se inscrever nem na imobilidade da terra nem no fechamento de um interior. Entretanto, o duplo desejo de um lugar e um espaço para si se afirma com força crescente na segunda metade do século XIX.

Ser livre é, para começar, poder escolher seu domicílio. A resistência às vilas operárias, seja patronais, seja simplesmente urbanas — como a famosa Cité Napoléon, que foi um fiasco —, foi constatada pela maioria dos observadores. "O projeto das vilas jamais foi popular" na França, escreve Audiganne (1860),[16] porque implica uma regulamentação que prolonga no domicílio a disciplina da fábrica. "Quando voltássemos para casa, encontraríamos mais um regulamento pendurado na porta, referindo-se a quase todas as nossas ações privadas; não seríamos mais os donos em nossa casa", diziam os operários. Em vez do relativo conforto e controle das vilas, eles preferem se for preciso a liberdade de uso de habitações precárias, tais como as casas "de tijolo e estuque", que outrora Georges-H. Rivière identificara como possível criação de pedreiros da Itália ou de Creuse, edificadas clandestinamente nos terrenos baldios que pontilhavam as grandes cidades do século XIX.

Esse desejo de autonomia vem de longe. Tem raízes no apego rural à terra, poderoso freio à industrialização, substituído pelas exigências da economia familiar protoindustrial, onde o domicílio, como a área de cultivo, é primeiramente instrumento de trabalho. Assim, os tecelões que trabalhavam em casa opuseram uma encarniçada resistência à mudança que, a pretexto de insalubridade, as prefeituras de certas cidades do Norte desejavam impor-lhes, transportando-os de seus porões para águas-furtadas demasiado secas e incômodas, com total desprezo para com as necessidades de seu ofício. "Em vão envidaram-se esforços visando a retirá-los para bairros mais sadios, mais bem arejados, mais bem construídos; eles resistiram a uma transferência", escreve Reybaud (1863).[17] Em Lille, expulsam-nos dos porões pela violência; eles se reagruparam em corredores, na proximidade do centro e ao rés do chão.

Ainda aqui se privilegiam o lugar, a localização, o uso. A noção de interior é apenas perceptível em tais habitações superpovoadas conforme o relatório dos pesquisadores de *La Réforme Sociale*, de Le Play. Poucos móveis, poucos objetos: cobertas, utensílios de cozinha, uma mesa, algumas cadeiras; raramente, uma cômoda familiar onde o olhar enternecido do sociólogo enxerga o sinal deferente de raízes conservadas. Entretanto, esses sumários alojamentos às vezes apresentam tênues marcas da busca de um prazer ou uma intimidade: gaiola de passarinho, o animal de estimação do pobre, cortinas nas janelas, do tipo que as rendas mecânicas de Calais difundiram, até nas miseráveis choupanas da Cité Jeanne-d'Arc fotografadas por Atget no início do século; na parede, algumas imagens coloridas recortadas de um semanário ilustrado, fotos de família cujo uso começa a se difundir entre o povo após 1900. As paredes são aliás as primeiras superfícies apropriadas; instalar-se quer dizer trocar os papéis de parede, que, por serem baratos, tiveram importância semelhante à das chitas para as vestes femininas.

Por volta de 1830, o quarto de Agricol Perdiguier, o artesão de Avignonnais-la-Vertu, em um "medonho pardieiro" do subúrbio Saint-Antoine, é mal aprumado e munido, "como nas casas camponesas, de grosseiras vigas negras no teto"; mas está decorado "com um papel de parede de fundo claro que lhe [dá] um ar alegre"; suas janelas têm "cortinas de musselina através das quais se [vê] a agitação da folhagem das trepadeiras". "Quase tudo que cercava Agricol Perdiguier era repulsivo e odioso, mas, uma vez tendo chegado ao interior, sentia-se como que em outro mundo."[18] Eis o ideal do lar tal como o sonhavam, admirativos, os operários saint-simonianos.

UM CRESCENTE DESEJO DE INTIMIDADE

Com a sedentarização sempre maior da classe operária e o agravamento das condições de moradia, queixas e desejos ficam mais precisos. Por ocasião do inquérito parlamentar de 1884, os operários interrogados — é a primeira vez — transbordam em recriminações contra a sujeira dos cômodos de aluguel, "quartos de percevejos", e das pensões: paredes imundas, latrinas sempre entupidas, odores nauseabundos... Mais positivamente, exprimem aspirações: um pouco mais de espaço, pelo menos dois cômodos e, em havendo filhos, "se o pai de família se dá ao respeito, três ou quatro cômodos não são demais". A decência do pernoite passa adiante da reivindicação das privadas. Assim que podem, os operários separam o dormitório dos pais e o dos filhos. Ter uma cama de madeira ao invés de uma enxerga é estabelecer-se: uma operária, por volta de 1880, tenta matar seu companheiro porque ele gastou o dinheiro poupado para essa compra, que teria significado a consolidação do casal. Inversamente, quando o artesão Maréchal esboça um projeto de construções operárias, não ousa prever *water closets* particulares: "O povo não pede para ter sanitários em casa"; mas deseja casas de dimensões modestas, com uma grande variedade de fachadas, "para que nada faça crer que se trata de uma vila operária". O horror à padronização e o desejo de uma moradia personalizada transparecem nesses textos.[19]

Necessidade de calor, de limpeza, de ar puro, logo de intimidade familiar, arrebatado desejo de independência, gosto pelos espaços de "reforma", onde se possa improvisar desenhando o projeto da casa, que não é apenas uma imposição burguesa. Assim sonham os anarquistas. Ao imaginarem a cidade futura, após a revolução, Pataud e Pouget descrevem-na como uma cidade-jardim. No mesmo momento, pesquisadores britânicos registram na classe operária inglesa um grande desejo de *privacy* do *home*, "tão grande é o temor de uma intromissão incontrolada do vizinho".[20]

"Os operários dão mais valor à residência que à cidade", escreve Michel Verret em seu livro sobre *L'espace ouvrier* [O espaço operário] atual.[21] Antes de 1914, as coisas estão longe de tal situação. Mas encaminham-se para ela.

Um triplo desejo de intimidade familiar, conjugal e pessoal atravessa o conjunto da sociedade e afirma-se com particular insistência no início do século XX. Ele se exprime notadamente por maior aversão a sofrer os constrangimentos da promiscuidade ou da vizinhança, e uma redobrada repugnância pelo pan-opticismo dos espaços coletivos — prisão, hospital, caserna, internato — ou pelos controles exercidos sobre o corpo: um deputado de extrema esquerda, Glais-Bizouin, apresenta em 1848 um projeto de lei contra as revistas nos postos da alfândega.

O que deixou uma pior recordação no evangélico David Gétaz, encarcerado em Chalon durante o Segundo Império, foi o dormitório coletivo, "o hálito de todos aqueles homens cujo ronco ainda me dilacera os ouvidos"; e a dificuldade de manter um encontro conjugal com sua esposa. "Nada de expansões, de afeições íntimas, nada dessas palavras ternas que ouvidos estranhos não devem escutar, nada desses pequenos segredos que sempre se tem a dizer em casos assim." O carcereiro ronda "como se jamais tivesse visto gente que se ama".[22] Mais eloquentes, os gestos amorosos são objeto de uma *privacy* reforçada. A pudica Caroline Brame mal suporta ver as carícias de um casal de recém-casados.[23] As expressões do amor se refinam ao mesmo tempo que se adensa o segredo que as cerca. Nos apartamentos burgueses, se não há mais cortinas no leito, é porque à noite o quarto inteiro é resguardado.

Compreende-se que, nessas condições, o pessoal dos hospitais parisienses se insurja contra o internamento.

> A vida em comum, que era uma das regras fundamentais da existência hospitalar de outrora, tornou-se dificilmente suportável para a maior parte de nossos funcionários [...]. Eles sofrem por comer nos refeitórios, por dormir nos dormitórios. Não se sentem "em casa" no hospital e sonham estar "em casa", com sua intimidade e seu relativo conforto. Desejam, enfim, subtrair sua vida privada de qualquer dependência administrativa fora do horário de serviço,[24]

escreve em 1910 o conselheiro municipal Mesureur, que os defende, ainda que considere que, para as mulheres solteiras, na maioria vindas da pobre Bretanha, o internamento é preferível, mais moral e seguro. O alojamento nos locais de trabalho é a marca de uma condição doméstica que os assalariados recusam.

Mesmo fora das relações amorosas ou familiares, cada um exige seu espaço vital. Norbert Truquin, trabalhador em aterros em Lyon, obrigado a dormir em quartos coletivos, recorda: "O que mais me repugnava era sentir ao meu lado o contato de outro homem. Era a primeira vez que me acontecia de ter um companheiro de leito".[25]

Nos asilos, os velhos tendem a reconstituir um canto que seja seu. "É preciso lutar constantemente com eles para impedi-los de formar atrás do leito, ou em algum ângulo da sala, um depósito de farrapos, velharias, louça quebrada, que não tem outro mérito a seus olhos exceto o de não ser composto pelas vestes e móveis do estabelecimento, de pertencer-lhes, de representar, com sua união, uma espécie de *lar*."[26] É certo que o autor do verbete "Asilo" do *Dictionnaire d'économie politique* [Dicionário de economia política] de Guillaumin é um liberal, favorável ao tratamento domiciliar. Mas a resistência dos pobres à hospitalização é atestada em toda parte. Morrer em casa é também um modo de escapar dos riscos de dissecção, último destino dos proletários.

O desejo de um canto para si expressa um crescente senso de individualidade do corpo e um sentimento do indivíduo levado pelos escritores até os limites do egocentrismo. "É preciso fechar sua porta e suas janelas, curvar-se sobre si próprio, como um ouriço, acender um grande fogo em sua lareira, pois faz frio, evocar em seu coração uma grande ideia",[27] escreve Flaubert. "Como não podemos arrancar o sol, é necessário trancar todas as janelas e acender o lustre em nosso quarto."[28] Sem dúvida o homem interior antecedeu o interior. Mas no século XIX o quarto é o espaço do sonho; ali se refaz o mundo.

Vê-se tudo aquilo que se desenvolve no espaço privado, onde se materializam as imagens do poder, as relações entre pessoas e a procura de si mesmo. Não é de surpreender portanto que a casa ocupe tamanho espaço nas artes e na literatura. Jardins ensolarados de Monet, janelas entreabertas de Matisse, sombras crepusculares da lâmpada em Vuillard: a pintura entra em casa e sugere seus segredos. A cadeira de palha do quarto de Van Gogh conta-nos sua solidão.

Após emudecer longamente sobre ambientes interiores, a literatura passa a descrevê-los com uma minúcia em que se lê a mudança do enfoque dos lugares e das coisas. Que caminhada, desde os secos croquis de Henry Brulard até os meticulosos inventários de *Maumort*, o alter ego de Martin du Gard,[29] e, finalmente, até *A vida, modo de usar*, de Georges Perec!

A CASA, LUGAR DA MEMÓRIA

Esses estranhos conjuntos de pedras e tijolos, com seus apêndices, seus ornamentos e mobiliários tão particulares, com suas formas, específicas e imutáveis, sua atmosfera intensa e pesada nos quais nossa vida se emaranha de maneira tão completa como nossa alma em nosso corpo — que poderes não terão sobre nós, que influências sutis e penetrantes não exercerão sobre toda a substância de nossa existência?

escreve Lytton Strachey, evocando Lancaster Gate, o *home* de sua juventude.[30]

"Eu revira ora um, ora outro quarto que habitara em minha vida, e terminava por relembrá-los todos, nos longos sonhos que se seguiam ao meu despertar" (Proust).

Cenário da vida privada e das aprendizagens mais pessoais, tópico das recordações de infância, a casa é o sítio de uma memória fundamental que nosso imaginário habita para sempre.

NOTAS

1. Maurice Agulhon, *Le cercle dans la France bourgeoise (1810-1848). Étude d'une mutation de sociabilité*, Paris, Armand Colin, 1977. Sobre a noção de espaços intermediários, as observações de Isaac Joseph in *Urbi*, 1980 (3).

2. Gustave Flaubert, *Correspondance*, Paris, Gallimard, col. Bibliothèque de la Pléiade, vol. II, p. 518: carta a Louise Colet, 29 de janeiro de 1854; sobre os fiacres, templos do Pênis, carta à mesma, 29 de novembro de 1853; e o fiacre de Léon e madame Bovary em Rouen.

3. Bernard Edelman, *La maison de Kant*, Paris, Payot, 1984, pp. 25 e 26.

4. M. Richard, "Conseils pratiques aux instituteurs", *Revue Pédagogique* (abr. 1881) (4), citado por Francine Muel, *Enseignement primaire et education spécialisée*, tese de doutorado de terceiro ciclo, 1982, pp. 51 e 52.

5. Gustave de Beaumont, *Correspondance avec Alexis de Tocqueville*, vol.VIII/1 das *Oeuvres complètes* de Tocqueville, Paris, Gallimard, carta nº 106, 31 de julho de 1839.

6. Marc Regaldo, *La Décade Philosophique (1794-1807)*, p. 876.

7. A esse respeito, Denis Bertholet, *Conscience et inconscience bourgeoise. La mentalité des classes moyennes françaises, décrite à travers deux magazines illustrés de la Belle Époque*, 2 vols. Tese de doutorado na Universidade de Genebra, 1985. E, de maneira mais geral, sobre a apropriação do mundo por meio dos livros — *Les français peints par eux-mêmes*, *Phisiologies* —, a reflexão de Walter Benjamin. Cf. Richard Sieburth, "Une idéologie du lisible: le phénomène des physiologies", *Romantisme* (1987), 1, nº 85, pp. 39-61.

8. Anne-Lise Maugue, *La littérature antiféministe en France, de 1871 à 1914*, tese, Paris-III, 1983, destacou o tema.

9. Elias Canetti, *La langue sauvée. Histoire d'une jeunesse (1905-1921)*, Paris, Albin Michel, 1980; Livro de bolso, 1984 (1ª ed. alemã.: Munique, 1977). [*A língua absolvida. História de uma infância*. São Paulo, Companhia das Letras, 1987.]

10. Élisabeth Claverie e Pierre Lamaison, *L'impossible mariage. Violence et parenté en Gévaudan aux XVIIe, XVIIIe et XIXe siècles*, Paris, Hachette, 1982, p. 80; Ronald Hubscher, "L'identité de l'homme et de la terre", *Histoire des français, XIXe-XXe siècle*, ed. Yves Lequin, vol. I, *La société*, 1984, pp. 11-57 (dois estudos fundamentais).

11. Jean-Paul Flamand, ed., *La question du logement et le mouvement ouvrier français*, Paris, Éd. de la Villette, 1981.

12. A esse respeito, Michelle Perrot, "Les ouvriers, l'habitat et la ville au XIXe siècle", ibid., pp. 19-39; Yves Lequin, "Les espaces de la société citadine", *Histoire des français*, op. cit., vol. I, p. 341-83; Yves Lequin, *Ouvriers dans la ville*, número especial de *Mouvement Social*, 1982, 1, nº 118.

13. Maurizio Gribaudi, "Espace ouvrier et parcours sociaux. Turin dans le premier demi-siècle", comunicação resumindo as conclusões de sua tese *Procès de mobilité et d'intégration. Le monde ouvrier turinois dans le premier demi-siècle*, EHESS, 1985; *Mondo operaio e mito operaio: spazi e percorsi sociali a Torino nel primo novecento*, Turim, Einaudi, 1987 .

14. Patrick Gervaise, *Les passages de Levallois-Peret (1860-1930)*, tese de doutorado, Paris-VII, 1985; sobre as maneiras de morar dos corredores de Lille, preciosíssimo testemunho de Lise Vanderwielen, *Lise du Plat-Pays*, Lille, Presses Universitaires, 1983, e o posfácio de Françoise Cribier.

15. Michelle Perrot, "Les ménagères dans l'espace parisien au XIXe siècle", Annales de la Recherche Urbaine, outono de 1980, nº 9.

16. A. Audiganne, *Les populations ouvrières et les industries de la France*, Paris, 1860, 2 vols., vol. II, pp. 315-6.

17. Louis Reybaud, *Le coton, son régime, ses problèmes, son influence en Europe*, Paris, Calmann-Lévy, 1863, destacou esse apego dos tecelães domiciliares à sua casa (por ex., p. 222: "Eles preferirão aceitar o mais drástico aumento de preço a mudar o local de seu trabalho. O que os prende é que eles labutam sob seu teto, perto dos seus e também um pouco conforme lhes apraz".).

18. Textos citados por J. Rancière, *La nuit des prolétaires. Archives du rêve ouvrier*, Paris, Fayard, 1981. [*A noite dos proletários*, São Paulo, Companhia das Letras, 1988.]

19. Michelle Perrot, "Les ouvriers, l'habitat [...]", op. cit., p. 28.

20. François Bédarida, "La vie de quartier en Angleterre. Enquêtes empiriques et approches théoriques", *Le Mouvement Social*, 1982, 1, nº 118, p. 14.

21. Michel Verret, *L'ouvrier français. L'espace ouvrier*, Paris, Armand Colin, 1979, especialmente p. 153.

22. Daniel Robert e A. Encrevé, "Mémoires de l'évangeliste David Gétaz",

Bulletin de la Société d'Histoire du Protestantisme Français, 1984, out.-dez., vol. CXXX, nº 4, p. 480-555.

23. *Le journal intime de Caroline B. Enquête de Michelle Perrot et Georges Ribeill*, Paris, Montalba, 1985, p. 211: "Jamais alguém há de ver-me assim carinhosa em público".

24. Citado por Véronique Leroux-Hugon, *Infirmières des hôpitaux parisiens (1871-1914). Ébauches d'une profession*, tese de 3º ciclo, Paris-VII, 1981, p. 160.

25. Norbert Truquin, *Mémoires et aventures d'un prolétaire à travers les révolutions*, Paris, 1888, pp. 203-4.

26. Verbete "Hospices".

27. Gustave Flaubert, *Correspondance*, op. cit., p. 701, carta a Maurice Schlésinger, princípio de abril de 1857.

28. Ibid., p. 666, carta a Élisa Schlésinger, 14 de janeiro de 1857.

29. Roger Martin du Gard, *Le lieutenant-colonel de Maumort*, Paris, Gallimard, 1983. Nesse romance póstumo, largamente autobiográfico, as descrições de interiores ocupam um lugar especial: escolha voluntária. O autor vinga-se dos irmãos Goncourt e sua longa descrição do salão da princesa Mathilde.

30. Lytton Strachey, "Lancaster Gate", *Urbi*, 1984, IX, p. III-XI.

ESPAÇOS PRIVADOS

Roger-Henri Guerrand

O IMÓVEL BEM HABITADO

LONGE DOS "BÁRBAROS"

O desprezo da classe dominante para com os proletários define uma atitude constante no século XIX. Não se pode sequer descrever esses "bárbaros" — expressão frequentemente empregada na época em relação à gente do povo —, dado seu horrível aspecto. Um médico renunciou a fazê-lo: "A terceira e última classe, aquela do proletário, enfim", escreve o dr. Taxil,

> sob Luís Filipe, de uma imensa dimensão proporcional, possui, com algumas honrosas exceções, toda a profunda ignorância, a superstição, as ignóbeis atitudes, a depravação de costumes dos filhos da floresta. Sua trivialidade, sua rusticidade, sua imprevidência, sua prodigalidade em meio a alegrias burlescas e orgias, tão prejudiciais ao seu bem-estar, não podem ser expressas, digo-o sem prevenção; o quadro seria excessivamente horrendo.[1]

Seria fácil compor uma antologia com textos desse naipe. Para o burguês vencedor, o proletário não passa de um selvagem da mais perigosa espécie, representante de um tipo de raça inferior. "Mais ou menos conscientemente", escreve Adeline Daumard,[2] "os parisienses abastados, quando se interessavam pelas classes subordinadas, erguiam uma barreira entre a burguesia e o povo e, ainda que acreditassem na necessidade da mobilidade social, tinham a consciência tranquila, pois consideravam os representantes dos meios populares inferiores tanto no plano moral como na esfera social."

Nessa nova sociedade onde a posse vai exprimir dali por diante o valor supremo, existe um hiato absoluto entre os proprietários e seus assalariados. Quantitativamente, a tese de F.-P. Condaccioni demonstrou-o quanto a Lille.[3] Em 1891, o patrimônio médio de um industrial dessa cidade eleva-se a 1 396 823 francos, o de um operário a 68 francos, ou seja, uma diferença de um para 20 541. Em 1908-1910, o industrial e o operário cresceram juntos, mas a diferença é ainda de um para 9075. Seria possível supor que essas duas espécies sociais situadas em extremos opostos pudessem viver no mesmo edifício?

Dessa maneira os imóveis mistos, tão frequentes antes da Revolução, vão aos poucos desaparecer de todas as cidades francesas. A prova está em gravuras representando um imóvel aberto em corte anatômico. Os desenhistas do século XIX utilizarão com frequência esse tema,[4] seguindo os passos do demônio Asmodeu, que Lesage inventara para *Le diable boiteux* [O diabo manco]. Nas primeiras gravuras, quanto mais se sobe, mais "a suntuosidade e o conforto" decrescem até chegar ao tugúrio no sótão. Os locatários desses prédios à moda antiga já se ignoram entre si, Balzac, além de outros, também notou o fato.[5] Os do andar nobre — o primeiro — não tardarão a se instalar em bairros organizados unicamente para eles. Em Paris, o movimento se acelera desde a Restauração, com a progressão das ruas a oeste e ao norte da cidade: ele será concluído com Haussmann, que exilará voluntariamente as classes perigosas na periferia: desta vez, o corte de um prédio de aluguel revelará homogeneidade social. Pouco a pouco, em cada cidade de certa importância, será possível distinguir setores inteiros com ruas "bem habitadas" e um gueto proletário onde os membros das classes superiores não poderão jamais pôr os pés.

A partir da Segunda República, completando a longa legislação do Antigo Regime a respeito, o Estado fixa a altura máxima da fachada em função da largura da via pública:[6]

11,70 metros para as vias com menos de 7,80 metros de largura;
14,62 metros para as vias com 7,80 a 9,75 metros;
17,55 metros para as vias com mais de 9,75 metros.

Napoleão III irá acrescentar uma nova categoria, no bojo dos trabalhos de Haussmann: nos bulevares com mais de vinte metros de largura, a altura da cornija pode chegar a vinte metros, contanto que o imóvel não tenha mais que cinco pavimentos, inclusive o sótão. Em todos os edifícios não se poderá exigir um pé-direito superior a 2,60 metros.[7]

Haussmann proscrevera as sacadas sobre a via pública, e os construtores não terão descanso enquanto não reconquistarem essa liberdade, preciosa para seus arroubos decorativos. Um decreto irá regulamentar seus apetites:[8] nas vias de 7,80 a 9,75 metros de largura, os terraços podem ultrapassar a fachada em cinquenta centímetros, a partir de uma altura de 5,75 metros acima da calçada. Nas vias com mais de 9,75 metros, autorizam-se cinquenta centímetros a partir de quatro metros de altura e oitenta centímetros a partir de 5,75 metros. No início do século XX, enquanto as casas jamais devem ultrapassar os vinte metros de altura — para sete andares, inclusive o sótão —, as sacadas serão autorizadas até 1,20 metro nas vias com mais de dez metros,[9] o que permitirá o desenvolvimento de *bow-windows* — aparecidas em torno de 1890 —, estruturas envidraçadas incorporadas às fachadas para iluminar a sala de jantar.

É nesse quadro, bem pouco limitativo, feitas as contas, que os arquitetos esgotarão, na composição de frontispícios, as receitas aprendidas na Escola de Belas-Artes onde o *bric-à-brac* arqueológico teve, durante um século, importância capital.[10] Esse período será marcado pelo combate encarniçado entre os adeptos do neoclássico e os do neogótico. O culto à ordem dará lugar ao emprego de todas as variedades de pilastras e colunas, *adossées* ou *engagées*, com o acompanhamento obrigatório de frontões, de frisos com ramagens e cornijas à italiana. Nessa nobre tarefa, os antigos pensionistas da Villa Médicis, os titulares do Grande Prêmio de Roma, revelarão não ter rivais, pois passaram seu tempo em monumentos antigos, de lápis em punho. Seus inimigos, que encontrarão um temível porta-voz na pessoa de Viollet-le-Duc, trabalharão o gótico assim como Balzac escrevia seus *Contos picarescos* em francês pseudoarcaico. Quando Jérôme Paturot deseja mandar construir uma casa,[11] dirige-se a um jovem mestre cabeludo que lhe propõe, à sua escolha, o romano, o gótico, lancetas, o radiante, o flamejante ou o lombardo.

Para triturar a Renascença, numerosos guerreiros tratarão de distinguir-se: as fachadas de certos imóveis ilustrarão perfeitamente o capítulo de gramática dos estilos reservado ao século XVI. Por volta de 1900, as arborescências do art nouveau trarão uma nota insólita a essa paisagem ao mesmo tempo antiga e medieval, mas as construções desse tipo nunca serão algo mais que exceções em nossas cidades, salvo Nancy.

Ingressemos portanto nesses imóveis de aluguel proibitivo para quem não disponha de uma posição social séria. Sob Haussmann, eles alcançarão uma espécie de classicismo. O tratado de César Daly, *L'architecture privée au XIX*^e^ *siècle* [A arquitetura privada no século XIX] (1872), detalha-os em sua perfeição diferenciada. Segundo o acatadíssimo fundador da *Revue Générale d'Architecture* [Revista Geral de Arquitetura], pode-se distinguir três classes de imóveis de aluguel para a burguesia de seu tempo.

Inicialmente os de primeira classe, destinados às fortunas estabelecidas. O apartamento tem dupla orientação, um lado para o pátio e outro para a rua. Erguendo-se sobre adegas e porão, o imóvel não tem mais do que quatro pavimentos, sendo três de pé-direito elevado. Os apartamentos dos três primeiros andares são servidos por uma escada de pedra, ligada em sua extremidade superior à escada do quarto piso: esta última, construída em madeira, reflete certa degradação de status social. O último andar ainda abriga famílias menos abastadas ou acolhe amigos ou filhos das famílias alojadas nos pavimentos inferiores. Conforme a configuração da propriedade, seu acesso se dá pelo pátio ou por uma entrada oculta, independente do vestíbulo. Sempre de madeira, liga os andares pelas cozinhas e serve ao sótão, onde dorme a criadagem.

Nesse tipo de imóvel, o aquecimento é assegurado por uma caldeira instalada no porão e ramifica-se em um sistema de fontes de calor dispostas no assoalho. Mas não se pode usufruir dele acima do segundo andar. Aquecer-se ainda não representa um "valor" inseparável da intimidade; os médicos exigem quartos frios e bem arejados.

O imóvel de aluguel de segunda classe cabe às fortunas médias. Erguendo-se sobre adegas e porão, como no primeiro caso, comporta um pavimento a mais, ou seja, cinco, sendo que o primeiro e o segundo habitualmente são usados por lojas. A escada principal é toda de madeira. Contam-se dois apartamentos por andar. Também ali, contudo, constata-se a existência de uma escada de serviço. Para as camadas inferiores da classe dominante, o imóvel de aluguel de terceira categoria possui cinco andares, servidos por uma só escada de madeira. Aqui, nada de pátio, nem mesmo pequeno; o que existe às vezes é apenas uma espécie de poço.

A característica visível desses imóveis é a presença do zelador, outrora reservado apenas às mansões: "engalanado desocupado, o zelador vive de rendas no faubourg Saint-Germain; o porteiro, comodamente, na Chaussée-d'Antin, lendo jornais no quarteirão da Bolsa, possui uma posição no faubourg Montmartre. No bairro da prostituição o porteiro é uma antiga prostituta; no Marais, esta tem regras de conduta, é mal-humorada, tem seus caprichos".[12]

Eugène Sue batizará esse novo ator da comédia humana, que a partir de então será "monsieur Pipelet":[13] sua importância social torna-se considerável nas grandes cidades. Todos os jornais satíricos, desde *Le Charivari* — caricaturas de Daumier — até *L'Assiette au Beurre* [A Mina de Ouro] — número especial em 1900 —, farão dele um de seus personagens prediletos. Como o proprietário não mora no edifício, o zelador o representa para recolher os aluguéis, ocupar-se da locação dos apartamentos vagos, cuidar das dependências comuns do imóvel e assegurar certo policiamento interno. Mantém-se na fronteira entre o público e o privado, é um filtro entre a rua e os apartamentos. As más-línguas atribuem-lhe também um papel de delator: os redatores de *L'Assiette au Beurre* julgam-no tão daninho quanto os "paus-mandados" da Igreja e do Exército.[14] Alguns observadores denunciaram, nessa época, o caráter desconfortável das suas acomodações, mas devia haver exceções. O pipelet Droguin, em um romance de Paul de Kock, sob o Segundo Império, refestela-se em um apartamento tão jeitoso como o de um jovem casal de classe média.[15]

Ultrapassado esse cérbero, o vestíbulo da escada de um imóvel burguês, espaçoso, estende-se sob o olhar de uma estátua de napolitana levando sobre a cabeça uma ânfora da qual saem três bicos de gás, guarnecidos de globos opacos. Assim o diz Zola,[16] mas ele também poderia ter escolhido um valete ou uma moura, frequentemente encarregados do mesmo ofício de condutor de luzes, e às vezes empregados ainda hoje [1986]. A parede tem aparência de mármore falso, uma especialidade de certas empresas; o corrimão é de ferro fundido; um tapete vermelho ou ornado com desenhos orientais, afixado por triângulos de cobre, recobre os degraus e amortece os passos. O elevador, inventado em 1867 pelo engenheiro Léon Édoux, que criou a palavra, não terá uso corrente antes de 1900.

UM ESPAÇO RACIONAL

O interior de cada apartamento oferece uma racionalidade que por muito tempo não será igualada. Compreende obrigatoriamente um espaço público de representação, um espaço privado para a intimidade familiar e espaços de rejeição. Desde a entrada, a antecâmara, destinada à distribuição, impõe-se como um filtro que não se pode ultrapassar sem convite. No início do século XX tal espaço, caso seja amplo o suficiente, pode entretanto tornar-se sala de jantar. Balzac o testemunha: "A baronesa alojou sua filha na sala de jantar, que foi prontamente transformada em quarto de dormir [...], e a antecâmara converteu-se, como faziam muitos casais, em sala de jantar".[17]

Essa sala de jantar, quando preenche plenamente sua função, revela-se um lugar da maior importância. Aqui a família oferece espetáculos aos convidados, instala sua prataria e exibe um centro de mesa fabricado por um ourives da moda. Mas a refeição também é um momento privilegiado nas relações sociais: "É à mesa que os negócios são tratados, que as ambições são declaradas, que os casamentos são concluídos. E, ao mesmo tempo, alarga-se o horizonte da gastronomia: sinal de prestígio e superioridade, reveste-se de ares de conquista, instrumento de poder, penhor do sucesso e da felicidade".[18] Numerosos quadros já reproduziram diferentes sequências desses repastos minuciosamente preparados, tanto no plano da mesa como no do cardápio, que certos chefes de família não hesitam em provar uma vez antes de submeter aos convidados.

Espaço de sociabilidade, a sala de jantar é também o lugar de encontro cotidiano dos membros da família. Parece contudo que no decorrer do século XIX perdeu seu caráter íntimo. Pelo menos um autor o advertiu:[19] "Terminado o jantar, tirada a mesa, colocada a lâmpada sobre um apoio, a mulher tomava um bordado, o marido, um livro ou jornal, as crianças, um brinquedo, e conversava-se livremente". A dar crédito a Cardon, a sala de jantar era a peça onde a mãe de família ficava com maior frequência, pois a iluminação era melhor. Cardon pensa sem dúvida nas antigas mansões do faubourg Saint-Germain e do Marais, transformadas em prédios de aluguel. Na maior parte das construções de 1860-1880, sobretudo em Paris, a peça tomada como sala de jantar dá para pátios internos sombrios e estreitos. Daí seu progressivo abandono, fora das refeições, pelo pequeno salão, lugar acolhedor, feito para a leitura e os bordados.

Nem todos os burgueses o possuem, mas estão prontos a muitos sacrifícios para ter um "grande" salão. Nenhum apartamento habitado por membros das classes possuidoras pode ser concebido sem o espaço teatral que vincula a nova sociedade à antiga, em uma comunidade de rito, a recepção em dias fixos: os pintores da vida mundana em fins do século XIX, um Béraud ou um Tissot, a glorificaram para sempre.

Notemos que na casa dos pequenos-burgueses, onde as relações se reduzem quase apenas à família, o salão é um lugar quase morto, com seus móveis recobertos por capas protetoras. Certos especialistas em decoração de interiores terminarão protestando contra a existência dessa peça desabitada, declarando-a inútil. Eles subestimam gravemente sua importância simbólica, a marca de classe: possuir um salão significava mundanidade e sociabilidade, duas características burguesas.

O espesso manto atirado sobre a menor manifestação sexual, a partir do início do século XIX, concretiza-se pela especialização do lugar sagrado, o quarto conjugal, templo da procriação e não da volúpia. A época em que se podia receber visitas em uma peça mobiliada por um leito parece definitivamente distante. Daqui por diante pesa um tabu sobre todo espaço classificado como "quarto", como se o fato de entrar ali sem uma razão precisa expusesse a terríveis perigos.

Registremos também que não se encontra nenhuma referência explícita a um espaço próprio para as crianças nos tratados de arquitetura do século XIX — nem antes —, o que é comprovado pelo exame das casas de bonecas. Desde tenra idade, a prole dos burgueses é colocada com uma ama e, muito frequentemente, desde a sétima série da escola vai para um internato; numerosos autores e lembranças o relatam, até 1914.[20]

ATRAVANCADO E ACOLHEDOR

Quanto mais se avança pelo século, mais o apartamento burguês se assemelha, em seu mobiliário, a uma loja de antiguidades onde a acumulação aparece como o único princípio diretor da composição interior do espaço. As mais diferentes épocas e civilizações são mescladas, com a sala de jantar Renascença acotovelando o dormitório Luís XVI, enquanto uma sala de bilhar mourisca dá para uma varanda com ornatos japoneses, tudo em meio a uma superabundância de tecidos, de tinturas, de sedas, de tapetes recobrindo cada superfície livre. É o reino do tapeceiro, que chegará mesmo a cobrir as "pernas" dos pianos. A passamanaria conhece sua idade de ouro e a glande se afirma: a decoração francesa levará muito tempo para se desembaraçar de tal fruto.

A. Daumard dá a seguinte explicação para essa singular atitude:[21] ao longo de todo o século XIX, os burgueses, sobretudo os parisienses (mas são eles que "dão o tom"), são aterrorizados por rebeliões populares. E procuram em seu domicílio o *sweet home* que os tranquilize: "O espaço reparte-se simbolicamente em interior-família-segurança/exterior-estranho-perigoso". Não deixar nuas as paredes, nem o assoalho, nem os ladrilhos, como nas casas pobres, torna-se uma obsessão. Um redator de *L'Illustration* — a mais importante revista da burguesia — descreve esse novo espaço, em 15 de fevereiro de 1851: "As reuniões são em um pequeno salão bem fechado por bons reposteiros, cilindros de seda e cortinados duplos que vedam hermeticamente as janelas [...]. Um bom tapete fica sob os pés [...]. Uma profusão de tapeçarias guarnece as janelas, cobre a chaminé, encobre as paredes. A seca madeira, o frio mármore são dissimulados pelos veludos ou tapetes".

Em 1885, Maupassant apresenta em *Bel-Ami* o apartamento do jornalista Forestier exatamente nos mesmos termos:

> As paredes estavam recobertas por uma antiga tapeçaria violeta, crivada de pequenas flores, do tamanho de moscas. Reposteiros de pano azul-acinzentado, em *drap de soldat* em que havia alguns cravos bordados em seda vermelha, caídos sobre as portas; e cadeiras de todas as formas, de todos os tamanhos, espalhadas ao acaso pelo apartamento, *chaises longues*, enormes poltronas, tamboretes e pufes, recobertos

de seda Luís XVI ou de um belo veludo de Utrecht, desenho grená sobre fundo creme.

LUGARES MALCHEIROSOS

Receptáculo da vida mundana e da vida familiar, o apartamento burguês deve igualmente desempenhar funções de transformação e excreção. Ali se acomodam alimentos e é preciso livrar-se das águas servidas e dejeções intestinas. Ora, nesses domínios, em que a racionalização deveria ser total, constata-se uma estranha solução de continuidade. Aqui está em questão o vital, a relação direta com o corpo: percebe-se que a sensibilidade da nova classe dirigente rebaixou consideravelmente seu patamar de receptividade no que diz respeito ao "sujo".[22] Não é de admirar portanto que, no século XIX, os arquitetos, ao mesmo tempo representativos e dependentes de sua classe de origem, tivessem banido a cozinha de seu campo de atividade.[23] Rechaçam-na para a extremidade do apartamento: esse lugar repleto de fumaças, odores acres, ocupado por um forno cujo calor afeta a tez, decididamente não é frequentável. Será preciso esperar pelo século XX para ver os higienistas pasteurianos denunciá-lo como um refúgio de moscas e um lugar poeirento onde se oculta o bacilo de Koch.

A mesma indiferença cerca o banheiro, atravancado de vasos e bacias. Em Paris, a água não chegará aos pisos superiores dos imóveis da margem direita do Sena senão em 1865, e aos da margem esquerda só dez anos depois. Pouco importa afastar o banheiro — quando ele existe — dos quartos, pois sua função não é de uso cotidiano. A água só irá adquirir valor depois das descobertas de Pasteur: estas farão da lavagem das mãos uma nova obrigação social.

A questão onde mais se manifesta o desprezo do burguês pelas necessidades corporais é a do sanitário. Alguns modelos de latrinas higiênicas — por ação da água — tinham aparecido no século XVIII; a célebre coleção de Mariette o testemunha.[24] Mas eles absolutamente não se difundiram na primeira metade do século seguinte. A crença no valor do etéreo humano persiste por muito tempo, e os limpa-latrinas parisienses continuam a levar todos os dias sua carga a Montfaucon. As emanações gasosas que daí derivam infectam o ar da capital. Se o tudo-no-esgoto dos ingleses não é ignorado — na Grã-Bretanha há uma legislação completa desde 1855 —, na França ele aparece como uma espantosa confusão: abusivo consumo de água e perda considerável para a agricultura.

Em Paris, a fossa obrigatória vai aos poucos sendo respeitada, após o decreto imperial de 1809, mas na província as práticas medievais são mantidas. Em Lyon, o desaguamento dos esgotos no Ródano não espanta ninguém; em Marselha, de 32 653 casas recenseadas em 1886, 14 mil não têm nenhum dispositivo de evacuação de matéria fecal: em cada andar, os dejetos são recolhidos num jarro em seguida esvaziado na sarjeta; em Bordeaux, 12 mil fossas mal construídas envenenam o lençol freático.

Durante esse tempo, na Grã-Bretanha a captação de água conhecia um prodigioso auge. A idade de ouro das bombas se anuncia, e toda a Europa ingressará na escola inglesa. A obra capital de Stevens Hellyer[25] será traduzida por Poupard, empresário parisiense que enviará seu filho para um estágio com o mestre. A essa altura, os teóricos da arquitetura francesa fazem seu assédio em torno da questão. É o que sublinha a límpida declaração de Émile Trélat — fundador da Escola Especial de Arquitetura — perante a "Sociedade de Medicina Pública" em 1882: "O cidadão deve ser estritamente isolado de suas excreções assim que estas são produzidas; um sistema hermético deve abrir instantânea e momentaneamente um conduto de saída, e elas devem ser arrastadas com violência por uma possante carga de água até fora da habitação".

Essa reversão de hábitos, o abandono do estrume humano, deve-se ao progresso da agronomia: o guano peruano — entre 1850 e 1890 —, os nitratos do Chile e, por fim, toda a panóplia de fertilizantes químicos produzidos a partir dessa época conquistaram as graças do mundo camponês. Além disso, as descobertas de Pasteur semeiam o medo dos micróbios na opinião pública: "Suas experiências conduzem a rejeitar a fossa como um vasto reservatório para guardar, ao abrigo do ar, os mais aterrorizantes vírus que a espécie humana tem a temer". O signatário dessas linhas, engenheiro Wazon,[26] condena inapelavelmente as fossas fixas para fazer o elogio do tudo-no-esgoto possibilitado — ao menos em Paris — pela extraordinária rede de canalizações estabelecida por Belgrand no Segundo Império: 140 quilômetros em 1852, 560 em 1869.

A obrigatoriedade desse novo modo de evacuação não se produzirá sem recriminações: a lei de 1894 sobre o saneamento de Paris e do Sena esbarrará na mais viva hostilidade dos proprietários, mais uma vez unidos diante do *ukase* liberticida e coletivista.[27] Por muito tempo os arquitetos ainda continuarão a instalar sanitários em qualquer lugar, inclusive anexos a cozinhas, pois não é concebível preocupar-se com "essas coisas".

QUEM SOBE ATÉ O SEXTO?

Resta um derradeiro espaço de rejeição no imóvel burguês: é o sexto andar, para onde passaram a ser relegados os domésticos. O Antigo Regime ignora essa segregação, pois até a Revolução o pessoal da casa faz parte da família. Com a sociedade hierarquizada que se instaura desde o início do século XIX, os servidores não podem mais dormir no espaço de seus patrões, para que se evite toda "promiscuidade". Situados na base da pirâmide social, não possuem direitos senão a um mínimo que lhes permita estritamente a reconstituição da força de trabalho necessária às longas jornadas de uma tarefa de Sísifo.

Eles deverão portanto se contentar com pequenos cômodos arrumados no sexto ou sétimo andar dos opulentos imóveis. Desde 1828 existe um, no bulevar Saint-Denis, em Paris, onde o último piso tem um corredor dando acesso aos "quartos de criadas", iluminados por claraboias. Quatro metros quadrados de área, sem aquecimento, refugo de mobília, um pote d'água e latrina à moda turca em um vão de escada, assim é em geral o aspecto dessas celas.

Não faltaram contudo as autoridades mais respeitadas para denunciar esse escândalo. Jules Simon, um dos primeiros, considera em *L'ouvrière* esses novos cárceres de chumbo como tão terríveis como os de Veneza. O professor Brouardel, da Academia de Medicina, evoca o espectro da tuberculose descendo do sexto andar sobre os leitos dos mais aquinhoados. Juillerat — inventor do compartimento sanitário das casas de Paris — publica uma brochura indicando as condições que um quarto de empregada deve possuir para ser salubre. Na Exposição da Tuberculose, em 1906, foram exibidas lado a lado réplicas fiéis de um quarto de empregada do bairro dos Champs-Elysées — VIII arrondissement, o mais elegante e mais rico da capital desde Luís Filipe — e de uma cela da prisão de Fresnes. Esta era habitável e saudável, aquele não.[28] Nada mudará nesse aspecto até depois da Segunda Guerra Mundial: os patrões entregam-se à escalada das mais altas montanhas do mundo, mas nunca cogitam empreender a do último andar de sua residência.

Dando para ruas cada vez mais frequentadas — as multidões não cessarão de crescer em Paris e nas grandes cidades durante todo o século XIX — e bloqueado por pátios estreitos, cloacas empestadas pelas emanações das cozinhas e sanitários, o imóvel burguês, a despeito de seus trezentos metros quadrados por apartamento — superfície que aliás vai se reduzindo —, não passa de uma fachada social falsamente racional, uma miragem mundana. Caberá ao movimento internacional da arquitetura moderna, no período entreguerras — sem esquecer as corajosas tomadas de posição de um Francis Jourdain desde 1910 —, a tarefa de quebrar essa imagem em uma classe que nunca chegou a se exprimir em um projeto construtivo bem-sucedido.

NEM PÁTIO NEM JARDIM

No Antigo Regime, a ascensão social acaba sempre por concretizar-se pela propriedade de uma mansão. Numerosos nobres habitam apartamentos, mas as principais famílias do reino fazem com que os mais renomados arquitetos lhes construam as moradas, e os plebeus enriquecidos se apressam a imitá-las. Constitui-se assim, desde a Idade Média, um patrimônio construído, representando em cada século um estilo que traduz as necessidades e aspirações da classe dominante de então.

Por essa óptica, o século XIX oferecerá uma situação nova: os proprietários, recém-enriquecidos, não dispõem de nenhuma tradição artística. Em compensação, mostram um vivo desejo de ostentar sua fortuna. Sucumbem portanto a todas as extravagâncias e não saberão resistir a seus arquitetos, vítimas das modas que a Escola de Belas-Artes de Paris irá impor a seus alunos, aliás oriundos, em sua grande maioria, da classe no poder.[29]

Ao retornarem do estrangeiro, alguns emigrados recuperam suas mansões, enquanto a burguesia se apressa a encomendar as suas. Assiste-se depois da Restauração ao aparecimento de um novo tipo. O corpo do edifício para moradia situa-se no fundo do pátio, ao passo que outro imóvel, dando para a rua, abriga escritórios e lojas. Uma excelente operação financeira. No bairro de Nouvelle-Athènes, Norte de Paris, o arquiteto Constantin — que trabalha amiúde com Dosne, agente de câmbio e futuro sogro de monsieur Thiers — edificará cubos neoantigos no centro de um pátio-jardim. Félix Duban escolherá para o conde de Pourtalès uma imitação da Renascença italiana com entrada para a rua, atrás da igreja da Madeleine.

LOUCURAS BURGUESAS

As loucuras manifestam-se quando, sob o reinado de Luís XVIII, desmonta-se inteiramente uma casa do tempo de Francisco I, em Moret: ela é reedificada na orla do Cours-la-Reine. Não longe dali, na avenue Montaigne, o príncipe Napoleão, sobrinho do imperador, entusiasma-se pela reconstrução de uma residência de Pompeia, obra de Normand. Esse apaixonado pela Antiguidade deve conciliar as exigências da arqueologia — da qual ele nada ignora — com as necessidades de certo conforto moderno e do clima parisiense.

Os "belos bairros" de Paris conhecerão um florescimento de luxuosas residências onde os novos senhores — aos quais os antigos não se dignam a visitar para lhes dourar os brasões — podem oferecer faustosas recepções. É a mansão construída por Émile Gaillard, banqueiro do conde de Chambord, erguida na place Malesherbes: uma obra-prima do estilo Luís XII, em tijolos e pedra. É a do industrial do chocolate Menier, neobarroca, com fachada para o parque Monceau: os Pereire tinham obtido dez dos dezenove hectares do parque de Orléans, confiscado em 1848, e ali fizeram um loteamento de luxo. É o "Palácio Rosa", de Boni de Castellane, descendente de uma das mais antigas famílias da França, que não hesitará em desposar uma milionária americana. Conforme a vontade do proprietário, o arquiteto adaptou o modelo do Grand Trianon e imitou a escadaria de gala de Versailles.

A província não fica atrás, como prova o exemplo de Lille:[30] as mansões senhoriais são mais amplas que as de Paris. As fachadas podem estender-se por até vinte, 25 metros, para um edifício com quinze metros de altura, às vezes trezentos metros quadrados de fachada, em quatro níveis, subsolo (cozinha, área de serviço), térreo (dois salões, sala de jantar, escritório), pavimento nobre (quartos), sótão. Sem contar as dependências: sala de bilhar, biblioteca, cavalariças, dependências da criadagem. Os donos de manufaturas julgam-se senhores de Flandres e não escondem essa ambição. Logo antes da guerra, em Lille, os irmãos Dévallée, filhos de um industrial de Roubaix, se improvisarão em arquitetos, uma vez que os profissionais recuaram diante de suas exigências. Com colunas de mármore, sua criação afeta um ar renascentista singularizado pelas enormes gárgulas. Cada cômodo tem um estilo diferente, incluindo-se o inevitável mourisco. Como um príncipe inspirado por seu astrólogo, um dos irmãos queria que seu sono fosse regido pelas posições da lua: e fez instalar seu leito sobre um eixo acionado por um mecanismo suíço.

Porém a taça da incongruência exótica — em Roubaix! — fica com o industrial Vaissier, inventor de um "sabão do Congo". Em 1890, ele solicita a Dupire que projete um castelo montado sobre quatro elefantes. O arquiteto recusou, mas ainda assim desenhou um palácio oriental encimado por uma abóbada guarnecida de vitrais: "É o sonho do rajá indiano; é o capricho, a fantasia, a riqueza de colorido, o brilho da decoração realizados em nosso nevoento porto de Flandres".

Seria difícil ir mais longe em matéria de "wagnerismo arquitetônico". Outros industriais da mesma província, ansiando por raízes históricas, preferiram mansões neogóticas no estilo flamengo, dotadas de fachadas diferentes onde se afirmará a famosa glande dentada característica da arquitetura das regiões nortistas. O mesmo fenômeno se produzirá tanto na Bretanha como em Rennes, onde, em edifícios de estilo eclético, aparecerão referências regionais.[31]

No fim do século, surgiu um novo tipo de residência "grão-burguesa". Seria possível chamá-la mansão-vila, devido a seu aspecto deliberadamente pitoresco, tomado da arquitetura das estações balneárias. Longe do centro das cidades, ali onde ainda se pode adquirir vastos terrenos livres, estendem-se, no centro de um jardim à inglesa, construções cuja descrição exata coloca muito mais problemas que uma mansão clássica. É que o exagero ornamental domina, afiançado pelo triunfo do tijolo policrômico e da madeira torneada. O fenômeno é observado em Lille, mas também em Rouen.[32] Tudo são sacadas, desníveis, bochechudas *bow-windows*, cúpulas alambicadas, vigamentos expostos, varandas em madeira. Nessas flores venenosas que escapam aos cânones neoclássicos, certos traços de art nouveau transparecem às vezes no tratamento de uma curva e na mescla de materiais que reserva um espaço para o metal. A assimetria nos volumes, onde os orifícios parecem gratuitos, retornará mais adiante nas residências suburbanas da pequena burguesia que migrará com suas casinhas para a periferia das grandes cidades.

DO BILHAR À ESTUFA

Submetidas à mesma racionalização dos prédios, as mansões particulares do século XIX realizam igualmente a separação entre o público e o privado. Acrescentam-lhe elementos atestando uma vida mundana permanente e o luxo permitido por consideráveis possibilidades financeiras. A primeira dessas novidades é a sala de bilhar — as mesas destinadas ao jogo tinham surgido na Europa em fins da Idade Média —, pois os fanáticos pelas bolas de marfim se multiplicaram no decorrer do século: Daumier dedicou-lhes numerosas litogravuras. Entre outras, uma, intitulada *Um dia de chuva*, com a seguinte legenda: "O convidado fica condenado a seis horas de bilhar forçado". Não há mansão — nem castelo de certa importância — que não esteja munida desse jogo indispensável em que, como em Versailles nos tempos de Luís XIV, brilham nomes célebres.[33]

Mas o apêndice que assinala uma residência de grande classe é a estufa, ou jardim-de-inverno. Zola não esquece de incluí-la na mansão do especulador Saccard:[34] ela está chumbada bem ao flanco do edifício e comunica-se com o salão. Trata-se com efeito de uma disposição clássica. Surgidas na primeira metade do século XIX, essas construções leves irão multiplicar-se durante o Segundo Império.[35] O modelo mais conhecido foi o jardim-de-inverno da princesa Mathilde, neta de Napoleão I, que foi muitas vezes reproduzido por diferentes pintores. Nessa vasta peça, com iluminação zenital e sustentada por colunas de tipo jônico, a hera, as palmeiras, as plantas ornamentais fazem com que a natureza penetre no coração do universo parisiense.

O almoço na estufa, de Louise Abbéma, representa um espaço sem dúvida mais corrente, com sua decoração kitsch, sua mesa Luís XIII com pernas torneadas, suas armas africanas, sua plataforma mourisca e seus pufes, tudo mergulhado em cortinados e vegetais exóticos, um quadro ideal para Sarah Bernhardt, amiga da artista.

O jardim-de-inverno imprime a nota de "distinção" à época dos salões proustianos, limita à classe da gente rica o direito de conversar à sombra de palmeiras, enquanto lá fora cai a neve. Ao contrário das varandas dos cafés e restaurantes dando para a rua, ele volta-se para o espaço privado, o pátio ou jardim. Mesquinhamente imitado pelos salões dos imóveis burgueses, reduzindo-se com frequência a um terracinho com vitrais pintados, ele os prolongará por meio de uma saliência avançando sobre a calçada.

CASTELOS NEOGÓTICOS

Se o grande burguês prefere a residência na cidade, lugar onde se desenvolvem as operações financeiras sérias, os nobres empreenderam a reconquista do campo que eles haviam deixado bem antes da Revolução. Retornam à terra, antes mesmo do advento de Luís Filipe, que os excluirá definitivamente do poder político, e tentarão restabelecer ali os símbolos de um impossível feudalismo. Daí a moda do gótico, nos meios legitimistas, ao passo que os burgueses preferiam a arte da Renascença, época moldada pelas personalidades excepcionais, que se adapta a sua filosofia individualista.

Por muito tempo atribuiu-se à influência de Viollet-le-Duc o novo florescimento gótico que erigiu na França centenas de castelos, sobretudo a partir do Segundo Império. Ora, uma exposição organizada pelo Fundo Nacional dos Monumentos Históricos revelou um mestre provinciano que nada deve ao restaurador de Pierrefonds.[36] Pesquisas em curso certamente exumarão outros mais. René Hodé, arquiteto angevino, construiu em sua região doze castelos, engrandeceu e decorou dez solares fidalgos. Trabalhou bastante para os aficionados do partido legitimista, o conde de Falloux, o conde de Rochefoucauld, o conde de Quatrebarbes, entre outros clientes que não podiam suportar a frívola arte do filosófico século XVIII. Trata-se de proprietários que fazem valer suas terras, frequentemente com ciência, esforçando-se por recuperar para a bandeira branca o povo dos campos, empreendimento que tem certo êxito.[37]

Para eles Hodé imaginará castelos de sonho, com a fachada simétrica apresentando todos os símbolos de identificação de um solar senhorial do tempo dos cavaleiros: torres, ameias, íngremes telhados de ardósia, janelas guarnecidas de colunetas, lucarnas, muros e pináculos. É certo que foi preciso modificar o interior para adaptá-lo ao gosto da época e, também ali, separar funções. No subsolo, as cozinhas. O térreo torna-se pavimento nobre. Em ambos os lados de um vestíbulo, ora mais ora menos ligado à escadaria, repartem-se as salas de recepção, de jantar, o salão, a sala de bilhar. No primeiro andar, um longo corredor dá acesso aos quartos dos senhores. No segundo, os quartos dos visitantes e dos serviçais de nível superior, governantas dos filhos, secretário. Chega-se a eles por uma escada de serviço ou uma escada dissimulada comunicando-se com o patamar do primeiro pavimento. Distintamente do que se vê no Antigo Regime, o castelo do século XIX ergue-se isolado, com as áreas de trabalho e as construções dos rendeiros ocultando-se a respeitosa distância. Dentro do mesmo espírito, Hodé modificará os solares, suprimindo-lhes a quinta adjacente — o que permite acrescentar-lhes pequenas torres — e abatendo-lhes os tabiques para dar maior envergadura ao salão e à sala de jantar.

Um pouco mais tarde, em uma província vizinha, a Vendeia, ainda mais apegada que antes à causa monárquica, seria possível pensar que já estamos sob Henrique V, o conde de Chambord, o que terminou não ocorrendo: duzentos castelos, construídos no século XIX, foram recenseados.[38] O gótico domina, mas a Renascença se manifesta igualmente com a aparição, na última década do século, do gênero "normando", assim qualificado, abusivamente, devido à abundância do uso de vigamentos de madeira, verdadeiros ou falsos. Na mesma região, nunca se tem necessidade de recorrer a arquitetos parisienses. Joseph Libaudière, natural de Nantes e antigo aluno de Pascal — auxiliar de Charles Garnier na construção do Teatro da Ópera —, ocupará durante cerca de cinquenta anos o posto de arquiteto departamental da Vendeia; edificará catorze igrejas neogóticas, de 1880 a 1906, e numerosos castelos no mesmo estilo. No Norte da França, em Bondues, bem perto de Lille, trabalhando para o conde d'Hespel, Louis Cordonnier é tomado pelo espírito de Neuschwanstein: uma dúzia de frontões guarnecidos de baluartes, fantásticas chaminés acopladas aos telhados pendentes, um torreão guarnecido de ameias, paredes em blocos reforçados de pedra branca...

Nos extremos desse gótico sentimental, a concepção de Viollet-le-Duc, resoluto adversário da antigomania, define-se como solução de um problema de estrutura funcional. Sua Idade Média não é a dos senhores, mas a das comunas que inventaram as primeiras instituições democráticas. Além da restauração de Pierrefonds, empreendida em 1858 — e que só será concluída no fim do Segundo Império —, Viollet-le-Duc edificou cinco castelos[39] em diferentes regiões da França. Todos neogóticos, sendo o mais acabado certamente o de Roquetaillade (Gironda), restaurado e adaptado conforme a vontade dos proprietários, que nada regatearam para viver seu sonho medieval.[40] E que tiveram sua cota de baias tri e quadrilobadas, monumentais chaminés e móveis de estilo em uma decoração interior muito colorida.

O HALL DOS ROTHSCHILD

O gosto pelo neogótico suscitou as mais espantosas encenações: viram-se construções do século XVIII flanqueadas por torres, encimadas por telhados com lucarnas. Todavia, certos miliardários não sucumbiram a essa neurose que não dizia respeito a suas tradições culturais. Em 1829, James de Rothschild compra dos herdeiros de Fouché o castelo de Ferrières. Esse pequeno edifício, situado às margens de uma represa, é demolido. O banqueiro solicita projetos a Joseph Paxton, autor do Crystal Palace. A pedra fundamental será colocada em 1855, e os trabalhos terminarão três anos mais tarde. Nessa construção quadrada, flanqueada de quatro torres com a mesma forma, a composição se organiza ao redor de uma imensa peça central encimada por uma vidraça. É o grande hall, um tipo de edificação em que Paxton mostrara seu talento em Londres, quando da exposição de 1851. O hall é cercado, no primeiro nível, pelas dependências de recepção, salões, sala de jantar, sala de bilhar, sala de jogos; no segundo piso encontram-se os quartos.[41]

Se a arquitetura de Ferrières nada fica devendo aos modelos ensinados na Escola de Belas-Artes de Paris, seus arranjos interiores cedem ao ecletismo dominante: o hall parece uma loja de antiguidades; descobre-se ali um conjunto branco de salão estilo Luís XVI e outro de couro, mais renascentista. A preocupação com o conforto deixa sua marca nos quartos de hóspedes, que adotam a estrutura de verdadeiras suítes guarnecidas de uma entrada precedendo o quarto, o banheiro e o sanitário. As cozinhas tinham sido instaladas sob o solo, a uma centena de metros do castelo. Foram ligadas a ele por uma galeria servida por um pequeno trem.

Os Rothschild chegavam a Ferrières no início de outubro para retornar a Paris em janeiro: sua grande ocupação, no campo, era a caça, dentro da melhor tradição das equipagens francesas. Assim faziam também os Harcourt, que, desde julho, deixavam sua mansão na place des Invalides para ocupar o castelo de Sainte-Eusoge, no Gâtinais.[42] No caso deles, trata-se de uma verdadeira expedição, uma mudança que compreende não só a prataria, a porcelana, os cristais, mas também os brinquedos das crianças, seus livros escolares, um piano de cauda etc. Na construção, ampliada aos poucos, destaca-se a mesma estrutura: no térreo, salão, sala de jantar, sala de bilhar, biblioteca; uma dezena de quartos para os senhores e seus convidados no primeiro andar; no segundo, as crianças; os domésticos, sob o teto. Até o Natal o castelo não se esvazia, os participantes de todos os ralis célebres se encontram.

EPIFANIA DO "CHALÉ NORMANDO"

Representantes de velhas famílias ou "novos-ricos" começam a se encontrar, em meados do século, nas estações balneárias que se multiplicam em todo o litoral francês.[43] Algumas, como Arcachon, são lançadas por promotores experimentados, a exemplo dos irmãos Pereire.[44] Estes não serão responsáveis pela arquitetura, a qual não guardará por muito tempo o gosto inicial pelas vilas coloniais com varanda. Os arquitetos deverão personalizar a imagem das casas, o que conduzirá a um mosaico de construções neogóticas, mouriscas ou suíças dissimuladas sob ornamentos de madeira entalhada.

Esse modelo de chalé, saído dos cantões helvéticos após o fim do século XVIII e em moda nas paisagens montanhesas, invadirá primeiro, enquanto ornato, todos os parques em estilo inglês do continente. Depois, torna-se uma verdadeira casa, que seduzirá em particular os arquitetos das estações de veraneio da moda. Ele há de se impor aos apaixonados de Deauville, onde, como em Arcachon, se encontra de tudo e seu contrário.[45] A vila da princesa de Sagan assemelha-se a um palácio persa, a da marquesa de Montebello imita um castelo Luís XIII. Pouco a pouco, na direção do pitoresco fim-de-século, prevalecerá a construção com vigas expostas, o "chalé normando", que o milionário Vanderbilt escolherá para sua "cabana" e cuja descendência ainda não parou de assolar toda a extensão do território francês.

O LADO DAS CHOUPANAS

O CAMPO ESTÁ NA MODA

As questões agrícolas interessaram vivamente a opinião pública esclarecida sob a Restauração e a Monarquia de Julho, como atestam numerosas obras e artigos na imprensa,[46] assim como o êxito dos romances de Balzac e George Sand.[47] Na época suas tramas não podiam senão desviar os espíritos, dado o sistemático *parti pris* que veiculavam. Para Balzac, com efeito, o camponês, esse infatigável "roedor", a dividir e fracionar a terra desde a Revolução, é um ser inferior e amoral, que será o coveiro da burguesia. Sacrificando o mito do selvagem, o autor de *O médico rural* viu os camponeses da França com os olhos de Fenimore Cooper, que olhava de muito longe os peles-vermelhas, e com os de madame Hanska ao receber a hipócrita homenagem de seus mujiques. Quanto a George Sand, ela concebeu seus heróis em uma maravilhosa *pâte de Sèvres*. Seus "finos trabalhadores", suas "jovens pastoras", sempre delicados e bem-arrumados, habitavam "choupanas que resumem toda a poesia da aldeia". O pão, excelente, e a galinha, regada por um capitoso vinho do lugar, jamais faltam à sua mesa.

É inútil portanto procurar nesses dois autores descrições exatas das condições reais do habitat rural, em que o mito e a poesia sofreriam gravemente. Ora, muitos arquitetos, desde a Revolução, teorizaram sobre a moradia dos camponeses em obras que teriam podido contribuir grandemente para sua melhoria. Como o misterioso François Cointeraux, que criou em Paris, em 1790, uma escola de arquitetura rural transferida em seguida para Lyon. Ele desenvolveu em grande número de obras e brochuras suas ideias sobre as construções de adobe e com coberturas incombustíveis.[48] Será seguido por Lasteyrie du Saillant: em 1802, este não hesita em traduzir um livro publicado pelo Departamento de Agricultura de Londres, acompanhado de um atlas de gravuras.[49] Muitos outros volumes tratando do mesmo assunto aparecerão ainda,[50] antes da grande síntese de Louis Bouchard-Huzard, no Segundo Império.[51] Seus autores preocupam-se sobretudo com a grande exploração, que passa a separar as construções para moradia das outras, por razões não de prestígio, mas de comodidade e higiene.

SINISTROS CASEBRES

O que era feito dos pequenos sítios que dominavam então o conjunto do território francês? Com a forma viva que lhe é própria, Victor Considérant, engenheiro e discípulo de Charles Fourier, exprimiu uma visão sinistra de suas viagens através do campo:[52]

> É preciso ver Champanha e Picardia, Bresse e Nivernais, Sologne, Limousin, Bretanha etc., e vê-los de perto. Ali existem cômodos que são a cozinha, a sala de jantar, o dor-

> mitório, para todos, pai, mãe e filhos... São ainda adega e celeiro; algumas vezes estábulo e galinheiro. O dia chega por aberturas baixas e estreitas; o vento passa sob as portas e caixilhos desconjuntados; assovia através dos vidros enegrecidos e quebrados, quando há vidros... pois há províncias inteiras em que o uso do vidro é praticamente desconhecido. É um lampião untuoso e fumarento que ilumina, em algumas ocasiões — em geral, é o fogo. O chão é de terra, desigual e úmida. Aqui e ali há poças. Você pisa nelas. As crianças de pouca idade nelas se arrastam. Eu, que vos falo, vi patos procurando alimento nessas poças!

O grito de indignação de Considérant é confirmado por observações de caráter objetivo. A mais antiga de que temos conhecimento — do início da Monarquia de Julho — está contida no relatório de um conselho departamental de saúde e trata de uma aldeia nos arredores de Troyes.[53] Seu autor declara que, nesse povoado de quatrocentos habitantes, todas as leis da higiene são violadas. Cada casa, construída de terra, coberta de colmo e desprovida de assoalho e aberturas, resume-se a um cômodo para habitação, onde podem morar até dez pessoas: "É ali que se preparam os alimentos, ali se colocam suas roupas, com frequência impregnadas de suor ou umidade, ali se secam e fermentam os queijos, ali se amontoam e penduram as carnes salgadas que servem à alimentação".

Uma tese de medicina da mesma época, dedicada à aldeia de Tarn,[54] descreve suas moradias em termos quase idênticos:

> No mesmo reduto preparam-se os alimentos, guardam-se os resíduos que servem de ração aos animais e os pequenos utensílios agrícolas; em um canto encontra-se a pedra de lavar louça, em outro as carnes salgadas; ali são fermentados o leite e o pão; há até animais domésticos que, partilhando essa restrita morada, vêm ter ali suas refeições e satisfazer suas necessidades físicas; é nessa viciosa habitação, onde a

chaminé, de boca demasiadamente larga e curta, deixa cair uma coluna de ar glacial repelindo a fumaça, que vivem o agricultor e sua família.

Apenas uma vez o dr. Villermé deixou as cidades, seu terreno habitual de observação, para se debruçar sobre os camponeses. Não desmentiu aqueles que o tinham precedido:[55]

> É preciso ter penetrado na moradia de um pobre camponês bretão, em sua choupana arruinada em que o teto baixa até o chão, cujo interior está enegrecido pela fumaça constante das urzes e dos juncos secos, únicos combustíveis de seu fogo. É nesse miserável tugúrio, onde o dia penetra apenas pela porta e se extingue assim que ela se fecha, que ele habita, com sua família seminua, não tendo outro móvel exceto uma mesa torta, um banco, um caldeirão e alguns utensílios domésticos de madeira ou barro; como leito, uma espécie de caixa, onde ele deita sem lençóis, sobre um colchão em que a casca de aveia substituiu a lã, enquanto em outro canto desse triste reduto rumina sobre um pouco de estrume a vaca magra e ruim (e ele ainda é feliz, por ter uma), que alimenta com seu leite as crianças e ele próprio.

Villermé avalia em 400 mil — conforme as informações de prefeitos — o número de casas camponesas, na Bretanha, que não têm mais que uma, duas ou no máximo três aberturas. Já Cambry, autor de uma célebre *Voyage dans le Finistère* [Viagem pelo Finistère],[56] fizera uma descrição semelhante cinquenta anos antes, falando de "choupanas" cheias de fumaça onde o chão nunca era aplainado nem assoalhado, mas cheio de buracos onde tropeçavam as crianças.

Sempre no fim da Monarquia de Julho, um fidalgo camponês do Nivernais, A. de Bourgoing,[57] publica uma pequena obra na qual retoma o tom de Considérant: "A moradia do camponês é pequena, úmida, mal iluminada; na maioria das vezes não tem janelas; o dia e o ar entram por uma única porta, que fecha mal e lhe traz o frio rigoroso do inverno e constantemente as exalações pestilentas do estrume e das imundícies que apodrecem em uma água fétida na frente da casa".

Em uma região vizinha, a Haute-Vienne, onde a situação era idêntica, um observador expõe durante uma sessão do Conselho Geral:[58]

> Em nossas aldeias não existe uma décima parte das habitações que esteja em condições convenientes de higiene, de salubridade e sobretudo de mortalidade [...]. A maior parte das casas de sitiantes compõe-se unicamente de um piso térreo tendo no máximo dois cômodos com uma área de 25 metros quadrados. Ademais, o chão é úmido, no máximo feito de pedras mal unidas. O pé-direto não excede 2,33 metros; uma porta e uma janela de cinquenta centímetros de altura, nada de vidros. Na cozinha, junto com alguns móveis ruins, os utensílios domésticos e de trabalho; no quarto, todos os leitos, sem distinção de idade nem de sexo. No palheiro, é comum encontrar quatro, cinco ou seis leitos.

Existem ainda muitos outros depoimentos do mesmo feitio, sendo inútil reproduzi-los, tão exasperante é sua monotonia.[59] O proletário do campo, confinado com seus animais em uma peça única, vive na insalubridade que não compensa o "ar puro", que ele evita, por ignorar-lhe as virtudes. O conservador Adolphe Blanqui estava de acordo com o utopista Considérant quando escrevia, no *Journal des Économistes* [Jornal dos Economistas], as seguintes linhas:[60]

> Não se poderia acreditar, a menos que se tivesse visto, como vimos, de que mesquinhos elementos se compõem a vestimenta, o mobiliário e a alimentação dos habitantes de nossos campos. Existem cantões inteiros onde certas vestes

ainda passam de pai para filho; onde os utensílios domésticos se reduzem a algumas miseráveis colheres de madeira e os móveis a um banquinho ou uma mesa mal assentada. Contam-se até hoje às centenas de milhares os homens que nunca conheceram lençóis; outros que jamais usaram sapatos; e são milhões os que bebem apenas água, que nunca ou quase nunca comem carne, ou mesmo pão branco.

Se o camponês era miserável, não o devia ao seu individualismo? Em 16 de novembro de 1836, Emilie de Girardin, em *La Presse* [A Imprensa], citava o caso de uma comuna nos arredores de Paris onde 1540 hectares se achavam "fragmentados em 38826 pedaços". Quem poderia se interessar pela sorte de tais selvagens?

FOCOS DE INFECÇÃO

Sob o Segundo Império, o campo ainda está no nível do Antigo Regime. Quando se examina quatro teses de medicina tratando de diferentes regiões,[61] percebe-se que todas mencionam um quadro de coabitação com animais, ausência de arejamento, chaminés sem sucção, amontoamento de toda uma família no mesmo cômodo. A consequência de tal estado de coisas, como notara o dr. Louis Caradec,[62] é a formação de um ambiente ideal para o desenvolvimento de certas enfermidades:

> Essas moradias baixas, úmidas, mal iluminadas, mal orientadas, onde se empilham animais e habitantes, contribuem poderosamente para o desenvolvimento das escrófulas e da tuberculose, e imprimem a todas as infecções uma tendência a terminar em supuração. Engendram [...] abscessos, cáries, doenças das articulações. É aos vícios da construção de moradias, à sujeira, bem mais que ao regime ou à hereditariedade, que se deve a perpetuação do princípio escrofuloso nos campos.

No início da Terceira República, o operário e o camponês começam a compor figuras míticas destinadas a servir como instrumentos de partidos políticos. Em nome da esquerda, o antigo comunardo Arthur Ranc proíbe que os escritores falem do operário, enquanto o homem da enxada pertence aos partidos de direita, que zelam por sua legenda. Desde a aparição de *La terre* [A terra] (1887), Émile Zola também foi acusado de caluniar o camponês francês. Sem tomar partido quanto a esse ponto, é forçoso constatar que uma estada de uma semana na Beauce, a despeito dos recursos da alucinação romanesca, não pode bastar para um citadino descrever corretamente a moradia rural. Não era essa a preocupação de Zola, que se contenta com a mesma frase, repetida duas vezes, para descrever a fazenda, cenário da ação: "O grande pátio quadrado de La Borderie, fechado em três lados pelas construções dos estábulos, currais e granja, estava deserto". E, algumas páginas adiante: "Três grandes construções, em três lados do vasto pátio quadrado, o curral ao fundo; a granja à direita; o estábulo, a cocheira e a casa à esquerda".

Em um nível mais científico, assinalemos ainda a carência de investigações. Afora as anotações contidas no resumo de Baudrillart,[63] existe apenas uma pesquisa geral sobre a habitação rural na França em fins do século XIX, publicada, em 1894, sob a direção de A. de Foville e intitulada *Les maisons types* [As casas típicas]. Ela agrupa 51 monografias sobre casas escolhidas em diferentes regiões da França, mas nada acrescenta aos estudos surgidos sob Napoleão III. Sua orientação geral e as conclusões que os autores extraem de certos fatos, unanimemente deplorados na época, colocam-na à margem do movimento social "progressista". Citemos dois exemplos desse passadismo típico, que poderá ser reencontrado, entre as duas guerras, nos romances de René Bazin. Monografia nº 23, a casa de Valgaudemar: "Por mais lamentável que fosse o amontoamento dos membros da família em um acanhado reduto, a moral não era afetada. Vivi ali e jamais ouvi murmurarem o menor escândalo. Uma vida ativa, hábitos piedosos, um pai e uma mãe austeros, eram coisas que nada permitiam ao relaxamento dos costumes". Monografia nº 46, casa típica da região de Avranches: "A moralidade nada perde com o fato de todos ou quase todos os moradores dormirem no mesmo cômodo; ao contrário, resulta daí uma espécie de vigilância mútua. Prefere-se o dormitório à cela. Apenas a decência sofre, mas essa contrariedade é menor do que supõem as pessoas que sempre tiveram o hábito de ocupar quartos particulares".

Dez anos antes, o dr. Layet, em uma obra considerável,[64] com o auxílio de exemplos tomados de toda a França, condenara a habitação camponesa cujas funestas disposições já eram denunciadas desde o início do século: "Encaramos como um dever", escrevia o médico,

> mostrar quão pouco o camponês se preocupa com a salubridade de sua moradia, no seio da qual ele se diverte, por assim dizer, acumulando todas as causas de alteração da saúde. Umidade, ausência de circulação do ar respirável, atravancamento, exalações maléficas, tais são as deletérias influências que reagirão sobre ele e combaterão, se é que não destruirão, os benéficos efeitos de um dia passado ao sol e no ar puro.

Em semelhante ambiente, a disenteria, a febre tifóide, o tifo, a cólera chegaram ao estado endêmico. Em 1888, a varíola causou 782 mortes nas imediações de Lorient; em 1890 a rubéola levou 232 crianças na mesma região. O dr. Le Chevallier afirma inclusive que casos de lepra — objeto de comunicações à Academia de Medicina — também foram encontrados na Bretanha.[65]

Todos os ensaios de topografia médica, gênero tão praticado no século XIX, repetem-se, sem nenhuma variação, quanto à insalubridade da moradia camponesa. Esta também teve, naturalmente, seus modelos exemplares, sempre reproduzidos em certas obras, mas que nunca formaram mais que uma minoria, a das casas dos senhores. Só depois da Segunda Guerra Mundial o mundo rural, em seu conjunto, decidiu-se a mudar as condições de sua vida cotidiana e a adotar as normas higiênicas dos citadinos. Essa mudança, sublinhamos, será tanto mais rápida ao ser feita pelos próprios interessados, guiados por suas organizações sindicais.

PODRIDÃO URBANA

A IDADE DE OURO DOS PARDIEIROS

Por muito tempo as condições de moradia das classes sofredoras foram deixadas de lado pelos especialistas em história social, que se contentam, a respeito, com qualificativos frequentemente relativos apenas à estética. É espantoso ver Henri Sée — homem de esquerda — recriminar Arthur Young, que visita a França às vésperas da Revolução, por denunciar as ruas tortuosas das velhas cidades em nome da higiene, sem apreciar seu "pitoresco".[66] Muito mais recentemente, a legenda redigida por Louis Girard para acompanhar uma fotografia de Marville, tomada no Segundo Império,[67] "a intimidade pitoresca da velha vila", pode parecer muito singular após os trabalhos que marcaram as duas últimas décadas.[68]

Sabe-se hoje que o escândalo da moradia popular foi assinalado, ao longo de todo o século XIX, pelos reformadores sociais vindos dos mais diferentes horizontes, desde os partidos conservadores até os anarquistas *antiproprios.* Sobre Paris, que foi o território mais examinado, as observações abundam desde o início do século. Todas concluem pela exiguidade e insalubridade generalizadas da habitação operária, o que será confirmado pela pesquisa oficial realizada após a epidemia de cólera de 1832, que fez 18602 vítimas na capital.[69] O relatório com efeito concluiu: "Ali onde uma população miserável se encontra amontoada em alojamentos sujos, exíguos, foi também onde a epidemia multiplicou suas vítimas". Nas ruas mais estreitas e sórdidas, as taxas de mortalidade pela cólera foram de 3,38%; nas demais, de 1,92%.

Sob o Segundo Império, Haussmann ocupa-se apenas dos bairros bons e constrange os proletários a um êxodo para a periferia.[70] À margem de suas brilhantes avenidas, os pardieiros prosperam sem peias. Em fins de 1859, Louis Lazare relata na *Revue Municipale* os seguintes fatos: "Ao percorrer a cidade de Paris até as fortificações, registramos 269 ruelas, cortiços, pátios, passagens ou vilas criados fora de qualquer ação, de qualquer controle municipal. Na sua maioria essas propriedades particulares, arbitrariamente governadas por seus detentores, são horrendas de ver e confrangem o coração". A propósito desse "governo arbitrário", Zola mostra, em *L'argent* [O dinheiro], um proprietário que fiscaliza seu cortiço — "miseráveis construções feitas de barro, velhas tábuas e velhas chapas de zinco, semelhantes a amontoados de refugos de demolições arrumados em torno do pátio interior" — a partir de sua casa, construída com sólida alvenaria e situada de frente para a rua.

No último quartel do século XIX, os procedimentos quantitativos começam a se impor na análise dos fatos sociais. Já então é possível dispor de abundantes fontes estatísticas que reforçam com seu peso os testemunhos qualitativos, cuja contribuição permanece contudo preciosa como sempre. Os documentos oficiais a propósito de pardieiros se multiplicam: a descrição dos cortiços de Jeanne-d'Arc, Doré e Kroumirs torna-se um clássico da pesquisa social praticada por numerosos médicos e "filantropos".[71]

Nos arrondissements populares, o XI, o XIII, o XIX e o XX, esses observadores descobrem a existência de cortiços, corredores, becos dominados pelas máfias dos locatários principais: após arrendarem terrenos por muitos anos, esses empresários cobrem-nos de construções térreas, metade de tábuas e metade de refugos, que dividem em alojamentos alugados por semana. Seria necessário falar também dos novos moradores instalados irregularmente na zona *non aedificandi* do anel de fortificações de Thiers, que demonstrara sua inutilidade durante o cerco de Paris em 1870. Estes somam-se aos antigos proprietários, presentes no momento em que foi erguido o cinturão e que não se embaraçam com papeladas inúteis. Com algumas estacas e um arame de ferro, os audazes pioneiros demarcam, em território dos "bandidos", uma concessão que mais tarde ampliam subrepticiamente para alugarem parcelas aos menos espertos que eles.[72]

Nada surpreendente que, num ambiente tão patogênico, as epidemias possam golpear duramente. Em 1873, a febre tifóide fará 869 vítimas em Paris. Em 1882, esse número subirá para 3352. A epidemia de cólera de 1884 provocará mais 986 mortes. O dr. Bucquoy, autor do relatório a respeito, constata que a enfermidade nunca atacou as casas bem construídas e mantidas em condições de higiene, onde os proprietários colocam água à disposição dos locatários: "Passamos em revista", escreve ele, "todos os lugares onde a epidemia foi grave; não observamos um só onde as regras elementares de higiene fossem respeitadas".[73] A última epidemia de cólera do século, em 1892, ceifará ainda 1797 pessoas no Sena, sendo 906 em Paris. Os arrondissements mais afetados foram o XI (104 mortes), o XVIII (116) e o XIX (106).[74]

UMA PESQUISA SIGNIFICATIVA

Será preciso no entanto esperar pelo estudo decisivo do dr. Jacques Bertillon, irmão do inventor da antropometria e chefe do serviço estatístico da cidade de Paris,[75] para dispor do primeiro trabalho completo sobre a superlotação das moradias da capital. Essa estatística foi empreendida por ocasião do censo de 1891, com ajuda de um questionário especial. Os resultados dos subúrbios não puderam ser usados: pouquíssimas pessoas responderam, muitas o fizeram de maneira inexata, por medo de que a pesquisa fosse destinada à criação de um novo imposto.

Em Paris, ao contrário, houve apenas 2% de recusas em responder: estas provinham sobretudo de indivíduos vivendo sozinhos em moradias de pouca importância. No total, a investigação recenseou 884345 famílias. Após deplorar que a estatística até então não tinha determinado, na França, exatamente em que condições vivia a população, o dr. Bertillon define sua noção de amontoamento: "Admitimos que haja amontoamento ou superlotação quando o número de membros da família ultrapassa o dobro do número de cômodos, por exemplo, quando uma moradia de três cômodos é ocupada por sete pessoas ou uma moradia de quatro cômodos é ocupada por nove pessoas".

Na capital, quanto mais numerosas são as famílias, mais mal alojadas se encontram: 35% das famílias de dois membros dispõem de mais de um cômodo por pessoa; 27% das famílias de três membros dispõem de mais de um cômodo por pessoa; 20% das famílias de quatro membros dispõem de mais de um cômodo por pessoa; 18% das famílias de cinco membros dispõem de mais de um cômodo por pessoa; 13% das famílias de seis membros dispõem de mais de um cômodo por pessoa. Segundo Bertillon, cerca de 331 976 parisienses, ou seja, 14% deles, vivem em estado de excessiva aglomeração conforme seu critério. Por fim, o demógrafo superpunha duas cartas, a da superlotação e a dos falecimentos. Ali onde se contavam menos habitantes por cômodo, no VIII e no IX arrondissements, ocorreram também menos mortes. Onde eles se amontoavam, no XIII, XIX e XX, a curva de falecimentos se elevava.

Ora, o preço das pequenas moradias — inferiores a quinhentos francos anuais — não para de aumentar durante todo o século XIX. Os salários também — 48% entre 1853 e 1891 —, mas a insegurança é sempre a cota das classes sofredoras: rebaixamentos salariais, nos períodos de recessão, reduções de horário, dispensas quando as encomendas diminuem, a situação que os economistas desse período chamam desemprego "normal". Em tais condições, como estabelecer um orçamento? O dr. Du Mesnil o demonstrou várias vezes: um operário que trabalhe regularmente em oficina não consegue fixar suas rendas e despesas a não ser de forma aproximativa, pois deve prever o desemprego e a enfermidade. "Quanto aos diaristas, operários e operárias que vivem ao sabor de cada jornada e jamais estão seguros de ter trabalho, já não diríamos durante um mês ou uma semana, mas apenas no dia seguinte, para esses a previsão de um orçamento é impossível."

A situação no interior nunca foi melhor que em Paris; a célebre pesquisa de Villermé já o provara, sob a Monarquia de Julho.[76] E no entanto o bom doutor estava bem longe de passar por filantropo, não mais que Adolphe Blanqui, que solicitará uma legislação especial referente às moradias "cuja horrível insalubridade é a causa primeira dessa mortalidade sem fim e dessa imoralidade sem nome que dizimam e embrutecem a população de algumas das nossas grandes cidades".[77] As topografias médicas e prestações de contas dos conselhos de salubridade, que trabalham em toda a França, abundam em detalhes do maior significado sobre um habitat que nenhuma voz autorizada ousa declarar conveniente. Esses textos têm difusão limitada, mas há outros, ao alcance de todos. *L'ouvrière*, de Jules Simon — mestre intelectual dos opositores ao Segundo Império —, foi um dos maiores êxitos de livraria da segunda metade do século XIX.[78] Encontram-se ali descrições completas de pardieiros urbanos. "Todas as cidades industriais oferecem o mesmo espetáculo", conclui o autor.

A "CITÉ NAPOLÉON"

Já no começo do século, espíritos clarividentes tinham entendido que a boa moradia era uma das chaves da paz social, o melhor meio de combater as utopias e — após 1848 — o socialismo. No início de 1849, formava-se, em Paris, uma sociedade que se propunha a edificar, em doze arrondissements da capital, vilas compreendendo habitações sadias, arejadas, alugadas por preços abaixo daqueles pagos pelas moradias insalubres e compostas de uma cozinha e um ou dois quartos. O príncipe-presidente subscreveu-a generosamente, assim como alguns amigos da Ordem. Empreendeu-se primeiro a vila da rue de Rochechouart, 58 (IX arrondissement), que existe até os dias de hoje [1986], um verdadeiro berço da moradia social.

Inaugurada em 18 de novembro de 1851, ela ostenta ainda o nome — imperial — de "Cité Napoléon". Completamente habitada em 1853, abrigava seiscentas pessoas repartidas por duzentas habitações, sendo que as mais espaçosas não ofereciam mais que um cômodo com estufa, um vasto e claro quarto e uma pequena cozinha servindo de entrada. Um sanitário e uma pia eram comuns a cada andar. Uma torneira instalada no pátio fornecia a água. Certas comodidades eram muito apreciadas pelos moradores da vila: manutenção das escadas por um zelador, lavatório e cabines de banho, creche para crianças pequenas, um médico que fazia todas as manhãs uma consulta gratuita e também realizava visitas domiciliares.[79]

ARMAND DE MELUN E A LEI DE 1850

Enquanto a Cité Napoléon era construída, desenvolvia-se na Câmara dos Deputados uma série de debates em que a moradia popular tinha peso primordial. A iniciativa era do visconde Armand de Melun, o primeiro militante do catolicismo social a inscrever suas caridosas intenções na legislação.[80]

Fundador, em 1847, da Sociedade de Economia Beneficente, eleito para a Assembleia Legislativa de 1849, ele apresenta sem tardança um projeto de lei relativo ao saneamento e à interdição das moradias insalubres.

O texto, declara ele, não era uma concessão aos socialistas, não acarretava nenhum atentado ao direito de propriedade: "O que ele ataca não é um princípio, é um fato impiedoso, sem entranhas, que desejaria subtrair-se às leis divinas e humanas, ter o direito de usar e abusar de tudo sem outro limite exceto uma assustadora cupidez". Consequentemente, as medidas propostas eram prudentes e cristãs, a um só tempo progressistas e conservadoras. Atribuía-se a cada Conselho Municipal o poder de nomear uma comissão de especialistas aptos a fiscalizar e interditar a locação de moradias insalubres. Essa não-obrigatoriedade, em um momento em que os proprietários e notáveis dominavam as assembleias comunais, imprimia nulidade à lei de 13 de abril de 1850, um texto que praticamente nunca foi aplicado, exceto em Paris, onde Haussmann soube usá-lo para servir a seus desígnios. Mas ainda assim era uma pedra de espera...

Sob o Segundo Império, os proprietários absolutamente não se preocuparam em imitar o exemplo da rue de Rochechouart. J.-P. Babelon encontrou contudo, em Paris, a Cité des Gobelins — hoje avenue des Gobelins, 59-61 —, construída em 1854 pelo senhor Levesque, "grupo de moradias apropriadas às necessidades da classe operária [...] evitando o inconveniente das vilas propriamente ditas". Assim falava o promotor, sem dúvida desejoso de manter distância de toda aparência de fourierismo.

Todos os especialistas da capital em obras beneficentes assinalaram muitas vezes que as rendas mais elevadas dos proprietários provinham dos arrondissements pobres, paradoxo que Adeline Daumard explicou muito bem: "A renda era mais elevada nos bairros populares em relação ao valor venal das casas, não somente a renda bruta, mas mesmo a renda líquida, pois as despesas de manutenção eram reduzidas a um mínimo, ao passo que nos bairros ricos ou comerciais a preocupação de encontrar locatários, às vezes exigentes, levava os proprietários a fazer custosos reparos ou reformas".

Junto com o perigo socialista — renovado depois que os exilados da Comuna retornam da Nova Caledônia, que se funda o partido operário de Guesde e Lafargue e que se agitam os companheiros anarquistas para os quais "homem honesto não é mais aquele que paga seu aluguel" —, a "iniciativa individual" ressurge entre os conservadores.

PRIMEIRAS SOLUÇÕES FILANTRÓPICAS

A Sociedade Filantrópica — presente há mais de um século na vanguarda da beneficência e reunindo grandes "nomes" — foi encarregada, em 1888, da execução de um legado destinado a uma obra inteiramente nova, a Fundação Heine. Em 1889, sua primeira realização, um prédio de 35 moradias, obra do arquiteto Chabrol e situado à rue Jeanne-d'Arc, 45 (XIII arrondissement), está completamente ocupado. O aluguel custa em média 227 francos anuais por um "apartamento" de dois cômodos cuja área total não ultrapassa 25 metros quadrados. Isso não impedirá certos "filantropos" de se admirarem por não ver os nascimentos se multiplicarem. Quase ao mesmo tempo, e também concebido por Chabrol, surge um segundo edifício, no bulevar de Grenelle,

65 (XV arrondissement), com 46 moradias um pouco maiores que as primeiras, por um aluguel médio de 316 francos.[81]

Que mais assinalar? Em 1890, a Companhia Ferroviária Paris-Orléans — em seguida com a ajuda da Companhia Paris--Lyon-Mediterrâneo — fundou a Sociedade de Habitações Econômicas. Esta fez construir quatro edifícios: rue Dunois, 10-12 (XIII arrondissement); rue du Chevaleret, 123 (XIII arrondissement); rue Coriolis, 54 (XII arrondissement): no total, 133 habitações com área de 32 metros quadrados — cifra que as equipara às da rue Jeanne-d'Arc — alugadas por 282 francos. Conforto mínimo assegurado: água, um sanitário para cada apartamento, esgoto. Em Paris, nada mais quanto a realizações "exemplares". Os verdadeiros amigos dos pobres decididamente são pouco numerosos nessa cidade, onde as "obras pias" se contam às centenas.

Também no interior é preciso procurar cuidadosamente as construções devidas à iniciativa individual esclarecida. Em Rouen, onde os cortiços foram descritos muitas vezes, desde o início do século XIX, um certo Édouard Lecoeur, engenheiro-arquiteto, edificou, em 1885-1886, no bairro mais pobre da cidade, um conjunto, o Grupo Alsácia-Lorena, por conta da Sociedade Anônima Imobiliária das Pequenas Residências, uma reunião de notáveis: seis prédios de quatro andares, três moradias por piso — duas de três cômodos e uma de dois —, quinze lojas no térreo. Os locatários dispõem de um conforto inédito para uma habitação operária: gás, latrina com descarga, lixeira, tudo-no-esgoto, lavanderia, uma sala de enfermaria e até um lagar de cidra, raríssimo exemplo de integração do modo de vida rural no ambiente citadino.[82]

Lyon sempre foi um centro de iniciativas filantrópicas. Não é de admirar que, em 1886, o banqueiro e político Édouard Aynard, os construtores ferroviários Félix Mangini e J. Gillet fundem a Sociedade Anônima das Moradias Econômicas, com capital de 300 mil francos. Em 1º de julho de 1887, cinco prédios de quatro andares estavam concluídos e ocupados na rue d'Essling e na rue de la Rèze (III arrondissement). Moradias de três cômodos, cada um com área de onze a dezesseis metros quadrados. Um custo muito baixo foi obtido graças a um "conglomerado de escória de ferro, que com o tempo endurece e faz da casa um verdadeiro monolito".[83] Outros conjuntos se seguirão, na rue Jaboulay e rue d'Anvers.

Em 1902, com a morte de Mangini, a sociedade que ele impulsionara com todas as suas forças tornara-se a maior proprietária de Lyon depois da Santa Casa. Em 130 prédios, agrupando 1500 habitações, ela abrigava perto de 8 mil pessoas. O preconceito da insolvência dos operários já não se sustentava diante das cifras: o montante total das inadimplências, em 1902, elevava-se a 536,80 francos sobre um total de 389818.

Experiências-piloto, portanto: promotores às vezes inteligentes e ativos; resultados irrisórios — Lyon é a exceção — diante da imensidão das necessidades. Fechados em seu sistema, os "liberais" de então não querem ver que seria necessário, para começar, uma elevação significativa do nível de vida, para que se entrevisse uma solução do problema. Mas eles sempre desconfiam do povo.

MAIS UMA LEI "FACULTATIVA"

A lei de 30 de novembro de 1894, primeira lei francesa a abrir fontes de crédito permitindo edificar habitações baratas, não deu os resultados esperados por seus promotores, Jules Siegfried e Georges Picot, que esperavam uma tomada de consciência das classes dirigentes. Nem a Caixa de Depósitos nem as Caixas Previdenciárias tinham querido arriscar-se a aplicar o dinheiro que o povo lhes confiava em operações que, entretanto, objetivavam elevar o bem-estar deste.

"Em resumo", precisava Picot na assembleia-geral da Sociedade Francesa de Habitações Baratas,[84] em fevereiro de 1905, "as leis de 1894 e 1895 não ofereceram às sociedades de construção da França mais que 5,5 milhões, enquanto a Caixa de Previdência e Aposentadoria da Bélgica emprestou mais de 50 milhões para os construtores belgas. Um pequeno país, seis vezes menos povoado que o nosso, realizou uma obra dez vezes mais considerável!"

Ficara-se portanto no campo da obra de caridade. Em 1905, como em 1894, a sorte de muitos milhões de famílias não conhecera nenhuma melhora. "O operário aloja-se como pode, não como quer. Ele não tem escolha entre uma habitação espaçosa e outra exígua; não lhe oferecem mais que um ou dois cômodos, quase nunca três; qualquer que seja o número de filhos, é preciso que ele tome o que se apresenta e pague o que se pede. A exigência do proprietário prevalece sobre a oferta do locatário." O pesquisador que extraiu essa conclusão de um estudo a respeito da habitação operária no arrondissement de Lunéville, em 1896, poderia tê-la estendido a toda a França.

O resultado de semelhante situação será sempre igualmente desastroso para as famílias e a moralidade geral.

> O operário, ao consagrar de 12% a 15% de seu salário à moradia, estando mal alojado, ao amontoar seus filhos em um espaço coberto demasiadamente acanhado, sujo, insalubre, aproveita todas as ocasiões para afastar-se de casa. Descontente consigo mesmo, seus próximos sentem-lhe o mau humor, ele se endivida e, por uma miudeza, abandona seu trabalho. Torna-se então um operário nômade, arrastando sua miséria de cidade em cidade, e seus filhos mal esperam o momento em que terão liberdade para escapar desse ambiente.

Assim se exprimia o autor do trabalho sobre a habitação operária no arrondissement de Marennes em 1898.

A ação social por parte da iniciativa privada no setor da moradia tinha incontestavelmente fracassado. Mais do que nunca, uma enfermidade social se fazia sentir. Poderia ser de outra forma, em um clima geral de oportunismo no poder? Industriais e banqueiros só tinham aceitado a república com a condição de que ela não estabelecesse nenhum entrave para o desenvolvimento dos capitais. Jogar na Bolsa era nitidamente mais lucrativo que construir habitações populares, e as classes dirigentes — com sua clientela de *rentiers* — dedicam-se à Bolsa com fervor.[85] Como reconhecia Léon Say, um dos verdadeiros dirigentes da Terceira República, "a caridade tem limites, mas o bom negócio não".

DO FALANSTÉRIO ÀS VILAS PATRONAIS

O ENGENHEIRO CONSIDÉRANT APRESENTA O FALANSTÉRIO

O conceito de habitat unitário, invenção de Charles Fourier, serviu de referência — oculta ou declarada — para inúmeros sistemas e experiências concretas no domínio da moradia popular, e isso até nossos dias: ainda não terminamos de contabilizar o aporte do profeta da Harmonia. Sagaz observador das realidades de sua época, ele não podia ignorar o que saltava aos olhos:

> Os costumes civilizados amontoam em uma água-furtada três dezenas de operários, homens e mulheres misturados, muito moral e decentemente: nossos moralistas, inimigos da reunião na indústria, a estabelecem nos únicos lugares onde ela é inconveniente, nas moradias dos pobres e doentes, que vemos comprimidos como arenques, nas águas-furtadas de *canuts* [tecelões] e nos hospitais.[86]

Fourier vira e habitara "as cidades sujas e medonhas",[87] assim como as aldeias, "aglomerações de choupanas repugnantes".[88]

Em uma sociedade ideal, em vez de habitar "um caos de casinhas rivalizando em sujeira e deformidade", as famílias serão reagrupadas nos "falanstérios" ou "palácios societários", suscetíveis de abrigar perto de 3500 pessoas. Fourier fornece seu plano esquemático, acompanhado de uma breve descrição. Ela será retomada por Victor Considérant, um dos primeiros a propagar seu pensamento.[89]

O edifício que Considérant imagina não se afasta do protótipo sugerido pelo mestre, apenas é completado, em certos pontos, com a precisão de um técnico e fórmulas muito felizes. Assim, Considérant fixa de maneira magnífica a estrutura da nova habitação: "Na construção societária, tudo está previsto e provido, organizado e combinado, e o homem governa como senhor a água, o ar, o calor e a luz". A água corrente, quente e fria, será levada a cada apartamento, mas haverá também uma verdadeira estação de aquecimento central: "Uma única caldeira central basta para distribuir calor por todas as partes do edifício: galerias, gabinetes, salas e apartamentos. Esse calor unitariamente proporcionado é conduzido às diferentes peças por um sistema de tubos de comunicação dotados de registros por meio dos quais se varia e gradua à vontade a temperatura em cada lugar do palácio societário".

O falanstério será dividido em apartamentos de diferentes tipos, mobiliados ou não, para todos os orçamentos. Graças a um sistema de abastecimento por atacado, o restaurante comunitário servirá refeições a preço de custo. A rua-galeria envidraçada, para a qual se abrem todas as moradias de cada andar, será ventilada no verão, aquecida no inverno, e assegurará a unidade do palácio societário: "Essa galeria que se estende pelos flancos do edifício societário e proporciona-lhe como que uma longa cintura, que liga a totalidade de suas partes ao todo, que estabelece o contato entre o centro e as extremidades, é o canal por onde circula a vida no grande corpo falansteriano, é a artéria que conduz o sangue do coração para todas as veias".[90]

Funcional, o edifício falansteriano não será senão uma "máquina de morar": "Ali será preciso harmonizar a água, o fogo, a luz, o granito e os metais; a arte terá em suas grandes mãos todos os elementos para conjugar; será uma criação!", exclama Considérant ao fim de sua obra: "Se estais alojados, vós outros, nem todo mundo está. Há os que têm frio no inverno e calor no verão, sabeis? Há aqueles cujo colchão de palha se molha quando chove e cujo chão se torna lama! O homem entretanto não foi feito para viver em covis. Não é um animal que se enterra, o homem: e é preciso que ele resida!".

Não há problema absurdo que a humanidade não tenha tentado resolver, e revolta a ideia de determinar as leis de uma arquitetura em harmonia com o organismo humano. Considérant, politécnico e oficial, sabe que a cada ano se despendem bilhões na Europa para construir, reformar ou demolir uma quantidade de fortificações de todo tipo. Pode-se consagrar uma fração dessas somas a investimentos mais produtivos e mesmo mais fáceis que a construção de um navio: "É mais fácil alojar 1800 homens bem no centro do oceano, a 1800 léguas de qualquer costa, que instalar em uma construção comunitária 1800 bons camponeses em plena Champanha ou em terras de Beauce?".

Deputado à Assembleia Constituinte durante a Segunda República, Considérant apresentou, em 14 de abril de 1849, uma proposta de lei visando a fazer com que o Estado financiasse a experiência de uma comunidade societária. Tratava-se de instalar quinhentas pessoas em um terreno situado nas proximidades de Paris. O Estado construiria por sua conta os edifícios de moradia e de trabalho, cuja propriedade lhe seria devolvida ao fim da concessão. A Assembleia nem mesmo debateu o projeto. Mas os epígonos de Fourier não renunciam à peça mestra da ideologia fourierista. Substituem Considérant, retomando seu desígnio sob diversas formas.

Na linha de frente desses militantes encontra-se o romancista Eugène Sue, e sabe-se quão considerável era sua audiência nos meios populares. Foi certamente o escritor que mais contribuiu para a difusão das ideias de Fourier. Em *Le juif errant* [O judeu errante], surgido em 1844, seu herói, o industrial François Hardy, pratica o fourierismo sem o saber. Edifica em favor de seus operários, nos arredores de Paris, uma "casa comum" conforme os cânones do mestre, um cômodo e um banheiro para os solteiros, três cômodos para os casais.

Entretanto, nenhum falanstério tinha surgido ainda na paisagem social quando um arquiteto, Victor Calland,[91] na década de 1850, recupera o projeto de Fourier batizando-o "palácio familiar". Sua inspiração originava-se em linha direta na teoria do mestre:

> O palácio de família é um plano de unidade social, fundado na liberdade individual, aplicado às necessidades da vida doméstica e manifestando-se por uma nova forma de arquitetura, realizável em toda parte. Reunir em um dado lugar pelo menos uma centena de casais; agrupá-los em um vasto monumento harmonicamente disposto, a fim de que cada qual possa gozar de toda a liberdade de sua existência; levá-los a combinar com inteligência suas forças, suas despesas e mesmo seus prazeres sociais e, dessa maneira, quintuplicar necessariamente o total; por fim, fazê-los passar do estado de isolamento e antagonismo ao de aproximação, de solidariedade e associação: eis o objetivo fundamental desta concepção.

A despeito do apoio de Melun (Calland alinhava-se entre os fourieristas católicos) a essa obra de reconciliação social, pois o arquiteto anunciara o projeto de uma vila de 84 apartamentos que iria reunir sessenta famílias operárias e 24 remediadas, os capitalistas não se interessaram. Contudo, o "palácio familiar" iria em breve inscrever-se na história da moradia popular. E isso se deveria ao único discípulo de Fourier que teve uma obra duradoura e fecunda, o industrial Jean-Baptiste André Godin.

Não faltam estudos dedicados ao fundador do familistério e suas diversas experiências de associação do capital e do trabalho.[92] Aqui vamos nos limitar a destacar o Familistério de Guise como verdadeira experiência falansteriana, em sua filiação e em seu espírito.

Segundo Marie Moret, Godin foi seduzido pelo ideal de Fourier após a leitura de um artigo surgido, em 1842, em *Le Guetteur de Saint-Quentin* [O Observador de Saint-Quentin], um jornal local. De fato, no ano seguinte, ele entra em contato com os falansterianos de Paris e rapidamente se comporta como um militante convicto. Documenta-se, subscreve, quando necessário, escreve à redação de *Démocratie Pacifique* [Democracia Pacífica], o órgão da seita, torna-se zeloso propagandista da escola em todas as cidades que visita para colocar seus produtos. Instalada em Guise (Aisne), em 1846, sua fábrica de fornos de cozinha e estufas prospera. Mas a fortuna que acumula não representa para ele senão um instrumento a serviço da humanidade.

É no início do Segundo Império que se assiste na correspondência de Godin à aparição da ideia de uma construção destinada aos operários. Com efeito, ele escreve, em 16 de março de 1853, as seguintes linhas ao falansteriano Cantagrel: "Já me perguntei muitas vezes se minha posição não me permitiria construir, ao lado de meu estabelecimento, uma vila operária em que um verdadeiro conforto seria proporcionado a meus operários, em relação ao estado em que eles vivem".

Em 1857, o número de novembro do *Bulletin du Mouvement Sociétaire en Europe et en Amérique* [Boletim do Movimento Societário na Europa e na América] chama a atenção de Godin para uma brochura intitulada *Suppression des loyers par l'élévation de tous les locataires au droit de propriété* [Supressão dos aluguéis pela elevação de todos os locatários ao direito de propriedade], da qual se forneciam longos trechos. Tratava-se de uma brochura de Calland, e Godin, após tê-la lido, escreve imediatamente ao seu autor. Confia-lhe seu projeto de fazer construir habitações operárias e quanto ele lamentava que ninguém tivesse ainda se interessado pela arquitetura societária: até então, os arquitetos só tinham se ocupado de isolar as famílias. À guisa de conclusão, indagava a Calland em que condições ele aceitaria elaborar um plano de vila operária.

O arquiteto Lenoir, amigo de Calland, vai a Guise e submete um projeto a Godin, mas a cooperação não vai adiante. O industrial compra um terreno de dezoito hectares em 1858 e traça ele mesmo as plantas de seu edifício: as primeiras fundações são lançadas em abril de 1859. Godin apresentou uma descrição completa do familistério — com plantas e gravuras — em *Solutions sociales* [Soluções sociais], sua principal obra.[93]

Pela primeira vez, desde que Fourier lançara a ideia, uma obra habitacional moderna era oferecida às famílias operárias. Convencido da justeza da teoria de Considérant sobre o governo do ar, da água e da luz no falanstério, Godin lançou-se à sua aplicação integral:

1) *O ar:* sistema de condutos de ventilação em cada apartamento; chaminés na parede com orifícios dispostos antecipadamente para receber os tubos vindos dos fogões e das estufas; pátios envidraçados podendo ser fartamente arejados.

2) *A água:* tomadas de água em cada andar; lavanderia em uma construção especial, provida de secadoras; casas de banho e piscina coberta — com cinquenta metros quadrados — dotada de piso removível para uso de crianças.

3) *A luz:* cada moradia tem vista para a fachada e o pátio interno; à noite, todas as partes comuns são iluminadas a gás.

Ademais, uma invenção pessoal de Godin, única em sua época: cada andar era equipado com uma "cabine das varreduras", ou seja, uma lixeira, de largura suficiente para o despejo de cinzas.

Desejoso de substituir por "instituições comunitárias os serviços que o rico extrai de sua criadagem", Godin criara um serviço de limpeza geral do familistério: o trabalho de varrer e limpar pátios, escadas, galerias, torneiras coletivas, sanitários[94] etc. era assegurado por faxineiras assalariadas.

Tal como Hardy, o manufatureiro do *Juif errant*, Godin instituiu um serviço médico baseado nos princípios das associações de auxílio mútuo. Recolhendo uma cotização de um a 2,5 francos por mês, cada habitante do familistério podia receber os cuidados de uma equipe sanitária, composta de dois médicos e uma parteira presentes todos os dias. Os medicamentos eram fornecidos gratuitamente, e uma pensão diária era entregue aos trabalhadores acamados. Os doentes podiam se isolar da família e instalar-se em quartos mobiliados previstos para esse fim.

Essas foram as principais disposições do familistério em favor de seus habitantes. Eram completadas por um "ateliê culinário" que entregava pratos prontos[95] e uma cooperativa de consumo vendendo grande número de víveres e objetos manufaturados a preços mais baixos. Também aí Godin via claro quando escreveu:

> Os comerciantes compram por atacado, conforme as necessidades do público, aquilo que em seguida revendem no varejo, acrescido de lucros que os consumidores pagam. O que diminui a quantidade de víveres e objetos passíveis de consumo por estes, pois é preciso que cada um abandone aos improdutivos parte de seus recursos; mas com a dispersão das populações e a insularidade de seus interesses, o público só enxerga, em meio à multiplicidade dos intermediários, um meio mais fácil de ter os artigos de primeira necessidade em todos os bairros, quando existe ali, ao contrário, o imposto mais oneroso sobre o consumidor.[96]

Também foi Godin quem realizou a utopia da escola societária: "Não podendo fazer um palácio da choupana ou do porão de cada família operária, quisemos colocar a moradia do operário dentro de um palácio; o familistério, com efeito, não é outra coisa: é o palácio social do futuro". Finalmente eram concedidos ao pobre "os equivalentes da riqueza", pelos seguintes meios: "Colocar a família do pobre em uma moradia cômoda; cercá-la de todos os recursos e de todas as vantagens da residência do rico; fazer com que a habitação seja um lugar de tranquilidade, diversão e repouso; substituir, por instituições comunitárias, os serviços que o rico extrai da criadagem".

O palácio social de Godin, como Fourier previra quanto a seu falanstério, tornou-se célebre desde 1865, data da ocupação efetiva do prédio central. Numerosos jornalistas de diferentes países o visitaram; a primeira obra a ser-lhe consagrada, de A. Oyon, apresentou-o com as cores mais favoráveis.

Mas os liberais tradicionais não podiam permanecer indiferentes diante de tal experiência, à qual logo opuseram uma bateria de argumentos clássicos. Jules Moureau, em 1866, indigna-se com a "tutela" sobre o habitante do familistério: é-lhe assegurada uma moradia, mais a aquisição de vestimentas e víveres sem ser obrigado a debater as condições de venda. Quanto à creche, é uma instituição perniciosa, que desvia a mulher do operário de seus puros e preciosos deveres de mãe. "Um passo a mais", exclama Moureau, "e cada um sentirá pesar sobre sua cabeça a calota de chumbo do comunismo." Portanto, uma fundação desse gênero não pode se generalizar. "É uma curiosidade que não oferece nenhuma contribuição à solução do problema em foco."

Cerca de meio século mais tarde, a mesma apreciação aparece em uma tese de doutorado em direito, de Fernand Duval.[97] O familistério é uma caserna, "retira do indivíduo muito da sua liberdade, encerra-o em meio a uma multidão de regulamentos que paralisam sua iniciativa".

ZOLA NÃO GOSTA DA CASA DE VIDRO

Zola, que tinha se entusiasmado com a leitura de certas obras de vulgarização do fourierismo,[98] também visitou o familistério. Ele não esconde seu sentimento nas notas relativas à composição de *Travail* (1901), romance em que uma comuna se metamorfoseia em associação conforme as ideias de Fourier. Ali onde existe desvio, é quanto à moradia. Émile Zola não se inspira no palácio de Godin: "Casa de vidro. Desconfiança do vizinho. Não há solidão. Não há liberdade [...]. Ordem, regulamento, conforto, mas e o desejo de aventura, de riscos, da vida livre e aventurosa? Não é possível cortar todas as vidas pelo mesmo molde".

O que a "vida livre e aventurosa" poderia significar de fato para um operário do século XIX, que tinha a garantia de encontrar os mesmos pardieiros no conjunto do território francês?

Fica a impressão de que o texto se refere à existência dos pioneiros do Velho Oeste. Zola partilhava todas as ilusões das classes dominantes de sua época sobre o poder mágico da iniciativa individual. No organizador de uma nova forma de vida comunitária — que não era desprovida de constrangimentos, pois cada familisteriano devia ter no bolso um pequeno livro de capa vermelha contendo a centena de artigos do regulamento interno do palácio —, os possuidores haviam descoberto o traidor, aquele que falseava o jogo da moral do liberalismo.

REALIZAÇÕES PATRONAIS

Não se poderia dizer o mesmo dos industriais "respeitáveis" que tinham compreendido todas as vantagens a extrair da estabilidade de seus operários com seu enquadramento em um sistema paternalista, eficaz até a primeira metade do século XX. É o caso dos Chagot, fundadores da Sociedade dos Carvoeiros de Blanzy, em Montceau-les-Mines.[99] Aliás, eles nunca dissimularam seu objetivo:

> A moradia confortável e barata faz parte de uma série de instituições que se ocupam da criança desde a mais tenra idade, asseguram-lhe instrução e auxílio de todo tipo, acompanham-na durante toda a sua vida produtiva e garantem-lhe, após trinta anos de serviço, uma pensão de trezentos francos com moradia e aquecimento. Quer dizer que elas a colocam a salvo da necessidade e conservam até o fim de sua existência a dignidade de sua profissão e a justa remuneração de seu trabalho.

As moradias de que falam foram das primeiras casas unifamiliares a surgir.

Em Briare, outro industrial de ponta, F. Bapterosses, inventor autodidata, fez sua vida na cerâmica. Ele baterá os ingleses na fabricação em série de botões de porcelana e de pérolas que nossos exploradores difundirão pela África negra. Em

1865, seu estabelecimento, comprado de um concorrente vinte anos antes, já conta com mil operários, homens, mulheres e crianças. Também ele aplica o amparo total, da creche ao asilo de velhos: "Ele conhece os operários, ama-os, são seus filhos. Ele sabe de suas paixões, seus defeitos, seus perigos, maneja-os com destreza e governa-os com mão firme, é necessário, mas com quanta bondade! Para que tenham moradias salubres mais baratas, constrói vastas vilas operárias e deseja que a religião venha solenemente abençoá-los".[100] Aos pavilhões Bapterosses preferia as fileiras de casas: sua vila contará até seis delas, com 108 metros de comprimento, cada uma abrigando de 36 a cinquenta famílias e simbolicamente localizadas entre os prédios da manufatura e do hospício.

Na mesma época, os Schneider, que abandonaram o modelo coletivo bem antes do Segundo Império, adotam a casinha, mais de acordo com o discurso moralizante dos teóricos do paternalismo social, do qual são dos mais ativos praticantes. Contarão com a adesão da população operária de Creusot,[101] enquanto em Carmaux uma tentativa semelhante, iniciada em 1865, terminará em fracasso. Perto de trinta anos mais tarde, em 1892, a Companhia das Minas não alojará mais que 201 de seus assalariados, ou seja, 6,9% do total.[102]

EM NOISIEL, GRAÇAS AO CHOCOLATE

Certamente o exemplo acabado dessa vila patronal, um dos mais brilhantes faróis da iniciativa individual, continua a ser o povoado fundado por Émile Justin Menier para abrigar seus 1700 operários. Se Godin popularizou as estufas e os fogões, Menier fez chegar às classes populares o consumo de chocolate: a produção francesa, graças a ele — que a organizou na América do Sul —, passou de 350 toneladas, em 1849, para 15 mil toneladas em 1889.

Apaixonado, tal como Godin, por questões econômicas e sociais, Menier publicou numerosas obras e brochuras em que exalta o livre-comércio — em uma época em que todos os industriais franceses são protecionistas — e propõe uma reforma fiscal. Deputado por Meaux em 1876, pende para a esquerda e votará pela anistia aos participantes da Comuna de Paris que haviam sido deportados.

Após ter feito construir uma fábrica que é um dos primeiros edifícios do mundo com estrutura metálica, Menier completa essa assombrosa novidade com a criação, em 1874, do povoado de Noisiel, um conjunto que se estende por vinte hectares. São casas duplas, de tijolo, sobre porões. Ao rés do chão, um cômodo com duas janelas, uma cozinha equipada com fogão e pia. No primeiro andar, um quarto para os pais, outro para as crianças; sótão sob o telhado. Cada cômodo dispõe de chaminé, um armário, persianas. No jardim, varanda coberta, sanitário, com fossa móvel: previamente untado com cacau, o conteúdo desta produz um excelente adubo utilizado por todas as famílias. O abastecimento de água é assegurado por numerosas torneiras coletivas. As casinhas, cujo custo não passa de 10 mil francos — 5 mil por moradia —, são alugadas por 150 francos anuais, ou seja, 12,50 francos por mês. Graças a um sistema de prêmios compensando o aluguel, alguns operários chegam mesmo a ser dispensados dessa modesta contribuição.

À semelhança de Godin, Menier multiplicou as instituições comunitárias: armazém fornecendo a preços muito baixos alimentos, bebidas, tecidos, roupas, sapatos, combustíveis; refeitórios para alimentação do pessoal que habita as aldeias próximas de Noisiel; dois hotéis-restaurantes para solteiros; grupo escolar com ciclo de seis anos, asilo com creche, farmácia gratuita (os operários doentes recebem dois francos por dia; as operárias, um franco).[103]

Assim como o falanstério de Fourier foi enaltecido por Eugène Sue, o novo éden será celebrado por um dos mais populares escritores do fim do século XIX, Hector Malot. Esse amigo de Vallès — foi um dos poucos a ajudá-lo após a Comuna — pendia para o socialismo utópico sem partilhar de todas as suas audácias. Em seu romance intitulado *En famille* [Em família]

(1893), o industrial têxtil Paindavoine, influenciado por sua neta Perrine, faz construir um hospital e uma creche — o "meninato", referência expressa a Fourier — para os operários e suas famílias. Os solteiros, homens e mulheres, poderão alojar-se em dois hotéis cujo térreo abriga um restaurante que por setenta centavos serve um consistente jantar: sopa, ensopado ou assado, pão e sidra. Cada família desfruta de sua casa cercada por um jardim e alugada por apenas cem francos anuais. O novo modelo, confesso, é Noisiel! Perrine enviou alguém para estudar de perto essa realização. As casas de Menier tinham portanto agradado a Malot — ele próprio possuidor de uma — correspondendo a seu individualismo imobiliário.

Junto com o higienismo — em luta para prevenir a tuberculose, que faz estragos sobretudo nos meios populares — as vilas patronais assumirão cada vez mais o aspecto de vilas-jardim onde as construções serão cercadas de verde. Em Dourges, no Pas-de-Calais, a Sociedade das Minas abandona seus antigos conjuntos para criar um "verdadeiro pequeno sanatório", mais de quinhentas pitorescas casinhas, cada uma com seu alpendre na entrada, um vestíbulo e quatro cômodos.[104] O liberalismo parecia ter por fim encontrado, no *cottage*, o tipo de moradia ideal para as classes populares...

O ENCERRAMENTO EM CASINHAS

ESTAR "EM ASCENSÃO" EM MULHOUSE!

É no Segundo Império que as autoridades partidárias da salvação social e mesmo moral por meio da propriedade começarão a atuar com seriedade. Elas iniciarão, repentinamente, na Alsácia. A Sociedade Industrial de Mulhouse, fundada no início do século XIX, foi reconhecida como de utilidade pública em 1832. Em 24 de setembro de 1851, um de seus membros, o manufatureiro Jean Zuber Filho, apresentou a seus colegas uma nota sobre habitações operárias.[105] E colocou sobre a escrivaninha o projeto de uma casa-modelo erguida na Grã-Bretanha, solicitando que se colocasse o problema na ordem do dia.

Seu apelo foi atendido. Durante a sessão de 30 de junho de 1852, o dr. Penot expôs o resultado de uma pesquisa feita no departamento do Haut-Rhin junto a proprietários de prédios para operários. Ele distinguia dois tipos, o alojamento coletivo e a casa individual. O primeiro devia ser rejeitado por razões morais: "A aglomeração em um mesmo prédio de um grande número de casais, estranhos entre si, raramente cria uma aprazível harmonia interna e pode dar lugar a graves desordens".

De todos os projetos de casinhas então apresentados, o dos operários da fábrica de papel Zuber, na ilha Napoléon, parecia o mais recomendável. Compreendia um porão, um andar térreo com dois cômodos e uma cozinha, um primeiro andar sob o teto fornecendo dois quartos e um sótão; bacias sanitárias no jardim. Pela primeira vez uma "autoridade social" reconhecia implicitamente que os operários podiam gozar do mesmo conforto de seus senhores. Concluindo, o dr. Penot exprimia a esperança de que cidadãos generosos se reunissem para erigir casas-modelo no estilo das dos Zuber: alguns "especuladores sérios" poderiam vir a imitá-los.

Logo o manufatureiro Jean Dollfus anunciou que se dispunha a fazer a experiência: a título de ensaio, encomendou quatro casas ao arquiteto Muller. Em 30 de novembro de 1853, o dr. Penot anunciava que a Sociedade Mulhousiana das Vilas Operárias fora oficialmente constituída, em 10 de junho, com um capital de 300 mil francos — mais tarde 600 mil, graças a uma dotação de Napoleão III — divididos em sessenta ações de 5 mil.[106] Jean Dollfus, sozinho, detinha 35. O restante repartia-se entre onze manufatureiros. O primeiro artigo dos estatutos não deixava lugar para nenhum equívoco: "A Sociedade tem por objetivo a construçao em Mulhouse e adjacências de casas para operários. Cada casa será construída para uma só família, sem comunicação". Tendo fins essencialmente filantrópicos, cada ação não podia render dividendos superiores a 4%.

Em 27 de junho, Dollfus submetia um projeto de conjunto aos acionistas; em 20 de julho, abria-se o canteiro de obras. A Sociedade dispunha de um terreno de oito hectares no qual se implantaram casinhas agrupadas de três formas: geminadas duas a duas, em blocos de quatro no centro de um jardim, ou ainda entre o pátio e o jardim.

Eram sobrados, dotados de um porão ou despensa, uma cozinha e uma grande sala no térreo, três quartos e um sótão, um sanitário. Todos deveriam ser vendidos por 1850 a 2800 francos, em condições especiais. Após um depósito à vista de trezentos a quinhentos francos — conforme a categoria escolhida —, era preciso pagar mensalmente de vinte a trinta francos, de maneira que o pagamento dos custos de transferência e da metade do capital, descontados os dividendos a cada final de ano, se efetuasse dentro de um prazo de cinco anos ou mesmo antes, se possível. Quanto à outra metade do preço, o comprador devia pagá-la com dividendos de 5% ao Crédito Imobiliário, dentro de um prazo de quitação de cerca de trinta anos.

Menos de uma década mais tarde, em 1862, contavam-se 560 casas na vila, e 488 tinham sido vendidas até o dia 31 de março.[107] Quase todas as vantagens de um falanstério fourierista estavam reunidas nesse novo bairro da antiga república mercantil: construções com dezessete quartos mobiliados para operários solteiros, creche, consultório e cuidados gratuitos para os doentes, lavanderia — dotada de uma secadora centrífuga —, casa de banhos, uma padaria onde o pão era vendido abaixo do preço, restaurante fornecendo pratos prontos a baixo preço, armazém barateiro para gêneros de primeira necessidade.

A experiência de Mulhouse, que prosseguiu regularmente — em 1867 a vila somava oitocentas casas abrigando 6 mil pessoas[108] —, foi imitada em outras cidades do Haut-Rhin: em Guebwiller, desde 1854, pelo industrial Bourcart, e a partir de 1860 por uma sociedade; em Beaucourt, domínio dos Japy, em 1864; em Colmar, em 1866. Nos três casos, as sociedades constituídas imitam exatamente o exemplo mulhousiano: fundação de uma sociedade por ações cuja administração depende de um comitê restrito a quatro ou cinco membros, dominado por um acionista majoritário. Dollfus em Mulhouse, Japy em Beaucourt.

O espírito que presidira essas iniciativas era cheio de conservadorismo e paternalismo social. "Uma obra de filantropia", escrevia o dr. Penot, "que objetiva habituar os operários à parcimônia, ao oferecer-lhes o estimulante atrativo da propriedade." Em Mulhouse, uma personalidade local gozando da confiança dos manufatureiros dirigia a vila. O uso do restaurante — realização independente pertencente a Jean Dollfus — fora fortemente desaconselhado aos operários casados. "O guisado", enunciava o sentencioso dr. Penot, "é definitivamente uma das pedras angulares da família e seria muito lastimável ver os operários o abandonarem para se consagrarem às vãs distrações de uma mesa coletiva." Os casais deviam viver voltados para si próprios e consagrar-se prioritariamente à manutenção de sua casa, visitada todo ano por um júri que concedia prêmios em dinheiro aos que se distinguiam "pela ordem, limpeza e estado geral".[109]

Em 1895 a vila de Mulhouse estava concluída: compreendia exatamente 1240 casas — habitadas até hoje [1986] —, onde viviam cerca de 10 mil pessoas, ou seja, mais de 10% da população da cidade. Uma pesquisa, efetuada em 1874, provara que ela não assumira o caráter de um gueto operário, pois abrigava representantes de oitenta profissões. Mas o estudo de S. Jonas demonstrou que os salários dos chefes de família não bastavam para garantir o pagamento das mensalidades: era preciso que a mulher e os filhos trabalhassem também. Eles consentiram para ascender à propriedade. Portanto, a armadilha funcionara perfeitamente.

Em um subúrbio próximo de Paris, Clichy, rue des Cailloux, 14, a Cité Jouffroy-Renault copiava a experiência de Mulhouse: quarenta casinhas de cinco modelos diferentes, possuindo de dois a quatro cômodos, mais porão, sótão, jardinzinho. O montante máximo da anuidade chegava a 380 francos. Ao fim de quinze anos de desembolsos, ou seja, 5700 francos — quase o dobro de Mulhouse —, a propriedade estava quitada.

Dentro do mesmo espírito, o arquiteto Dollfus propunha aos "operários pobres, laboriosos e ordeiros" da capital, nos últimos anos do Segundo Império, a locação-compra de casinhas com jardim no faubourg Saint-Antoine.[110] Habitações muito espaçosas — suficientes para dez pessoas, afirmava o anunciante —, com cozinha e área de serviço no subsolo, duas peças no andar térreo, três no primeiro andar, armários embutidos, sanitários. A locação era fixada em um franco por dia; para tornar-se proprietário, era preciso pagar mais 49 centavos diários durante quinze anos. No total, a casa custava mais de 8 mil francos. Não sabemos se o projeto chegou sequer a ser iniciado. Em todo caso, ele parece estar bem acima das possibilidades financeiras dos operários da época.

A ação parlamentar da Terceira República começa com uma pesquisa, pouquíssimo conhecida, sobre a situação das classes operárias na França. Um dos relatores foi Armand de Melun.[111] A moradia sempre estivera entre as primeiras preocupações do inspirador da lei de 1850 e ele declarou que, no conjunto, o texto prestara grande ajuda. Melun apreciava em seguida os esforços realizados sob o Segundo Império em favor da moradia das classes laboriosas. De acordo com ele, os conjuntos não tinham dado bons resultados: contrariavam o caráter francês, que ama a independência. Além do mais, apresentavam graves inconvenientes para as relações morais e até políticas, sendo preciso vigiá-los muito de perto. Melun louva os industriais que tinham facilitado a seus operários a posse de um lar para a família: "A propriedade", diz, "traz consigo uma qualidade preciosa: torna quem a possui mais ordeiro, mais trabalhador, afasta-o das distrações funestas, conserva-o em seu lar, no seio de sua família, e ocupa proveitosamente seus lazeres".

A VERDADEIRA SOLUÇÃO DA ENFERMIDADE SOCIAL

Dessa forma o tema do operário proprietário era relançado a partir de uma tribuna oficial: ele iria dominar o final do século. O ideal que exprimia devia ser uma vocação pessoal; os proletários a realizariam por si próprios e não, como alguns já ousavam afirmar, com a ajuda do Estado, explicava Melun:

> Ao colocar nas mãos do Estado, cujo poderio é admitido com excessiva generalidade, o cuidado por seu destino, eles [os operários] escapam de esforços sempre penosos e reclamam de uma nova organização social e das combinações de uma política dependente de sua vontade soberana as vantagens que não deveriam esperar senão do trabalho perseverante e do cumprimento de todos os seus deveres.

Essa era igualmente a opinião de Frédéric Le Play, fundador, em 1856, da Sociedade de Economia Social.[112] Esse novo analista da desordem e da sociedade liberal irá impor-se como um dos teóricos que mais contribuíram — com sucesso — para difundir a idcia do caráter moralizador da propriedade imobiliária: "A união indissolúvel entre a família e seu lar", escreveu, "é a prática que exerce a mais salutar influência sobre a moralidade e o bem-estar da família operária".[113] Essa afirmação foi desenvolvida ao longo de toda a sua obra principal, *La réforme sociale.*[114]

No primeiro volume,[115] Le Play afirma que uma das mais fecundas tradições da Europa é aquela que assegura a cada família a propriedade de sua residência. Na França de então, só se encontra esse uso entre a população rural. O sistema de locação domina com efeito nas cidades e centros manufatureiros. Sua consequência é a perturbação da vida social: "A rigorosa aplicação do princípio da oferta e da procura desorganiza as relações sociais tanto em matéria de locação como em matéria de salários".

O sistema manufatureiro retirou as populações dos lugares de origem e deslocou-as para localidades desprovidas de instituições que tivessem podido conjurar os efeitos do vício e da imprevidência. Ali está fora de questão para a família habitar essa casa isolada que é "uma das conveniências fundamentais da civilização". Ela deve contentar-se com uma vaga em uma casa de cômodos, situação de funestas consequências:[116]

A habitação alugada e desprovida das mais indispensáveis condições de conforto e salubridade mostra já de início que a família perdeu o sentimento da dignidade humana. O pai está quase sempre distante por necessidades do trabalho ou pela busca de prazeres egoístas e grosseiros. A mãe, rebaixada à condição de operário, deserta igualmente do lar, seja por entregar-se à prostituição, seja por suportar honestamente o peso de um rude trabalho. Os filhos e filhas, submetidos desde a mais tenra idade a um duro labor, assumem aos poucos os hábitos da imprevidência e do vício. Prematuramente debilitados pelas privações e pela intemperança, seus velhos pais morrem bem antes do termo fixado pelo curso regular da vida.

Para tais defeitos, um só remédio, o protecionismo das classes dirigentes. A preocupação central dos chefes de indústria deve ser encorajar seus operários a adquirir, por meio da poupança, a propriedade de seu lar doméstico, e a reter ali, permanentemente, a mãe de família. Para tanto, é preciso que estabeleçam suas fábricas no campo. Foi a cidade que atirou a família em uma promiscuidade nociva à dignidade e aos costumes; é no campo que constituirão e desenvolverão lares estáveis. Desaparecerá por fim esse sistema de locação que para os estrangeiros é "motivo de surpresa e vergonha". Instalados por toda a vida em uma casa bem separada dos vizinhos, não mais semearemos "ao vento das esquinas os farrapos de nossa personalidade".

A CADA UM SUA CASINHA

Essa louca ideia frequentava então o cérebro de todos os reformadores burgueses: as casas de cômodos agrupados, esse modelo "artificial", tinham sido muitas vezes condenadas pelos primeiros congressos internacionais de higiene realizados a partir de 1876. Em Bruxelas,[117] um relator declarara: "O bem-estar material e moral dos trabalhadores, a saúde pública e a segurança social têm interesse em que cada família operária habite uma casa separada, sadia e cômoda, que ela possa adquirir".

Em Paris, dois anos mais tarde, por ocasião do Segundo Congresso Internacional de Higiene,[118] Émile Trélat, autor de um relatório intitulado "Vilas operárias — casas operárias", afirmava: "A melhoria das habitações operárias por meio do adensamento devia fracassar. Para o operário é um verdadeiro título de dignidade humana ter sabido desdenhar as vantagens econômicas que lhe eram oferecidas caso mantivesse seu lugar comum no cortiço". E concluía, audaciosamente: "O que está compreendido de agora em diante é a absoluta inconveniência do conjunto coletivo oferecido aos operários como habitação".

Sem mais esperar, os bons apóstolos da casinhola individual vão desencadear uma operação piloto nunca ensaiada por filantropo algum: nada menos que instalar representantes das classes trabalhadoras em um arrondissement parisiense que a burguesia está em vias de apropriar para seu uso exclusivo. Em 1880, o senador Dietz-Monin (associado de Japy), Paul Leroy-Beaulieu e algumas outras personalidades dos meios conservadores fundam a Sociedade Anônima de Habitações Operárias de Passy-Auteuil,[119] com capital de 200 mil francos (2 mil ações de cem francos). Sobre um terreno cedido por Émile Cacheux — o engenheiro especializado em pequenas moradias — prevê-se a edificação de casas de quatro cômodos com água corrente, gás e esgoto. Pagáveis em vinte anos, seria necessário despender uma entrada de quinhentos francos, com o aluguel anual girando em torno de seiscentos francos. Em 1893, 67 casinhas tinham sido construídas, abrigando mais de trezentas pessoas.

O montante da anuidade reservava as casinhas a uma faixa superior de operários, "laboriosos e ordeiros" — contramestres — e sobretudo empregados dessa nova camada de pequenos burocratas dos quais os industriais têm então a mais urgente necessidade. Que honra, ser admitido no território de seus senhores! Na parte baixa do XVI arrondissement, é verdade, em frente à place Boileau, setor onde o aluguel médio vai se estabilizar, no início do século XX, em torno de seiscentos francos (é o menos caro do arrondissement, então convertido no mais dispendioso de Paris: na rue Chaillot são 2 mil francos; na porte Dauphine, 1900; na La Muette, 1100 francos).

Por mais sérios que fossem os candidatos, sempre era preciso desconfiar da classe da qual provinham, e a Sociedade tomou suas precauções: caso a conduta de um "estagiário" da propriedade passasse a ser notoriamente "imoral" (?), ele sofreria a rescisão do contrato e expulsão. Dentro do mesmo espírito moralizador, toda sublocação era proibida. A Cité de Passy-Auteuil teve sua época de celebridade: foi uma vitrine do liberalismo, que um presidente da República veio inaugurar e que recebeu visitantes estrangeiros.

Os empreendedores do negócio esperavam pelos mais edificantes resultados. Atesta-o a prestação de contas da primeira assembleia geral, redigida pelo engenheiro Émile-Cheysson — um grande nome da ação social entre os conservadores — e publicada em *L'Économiste Français* [O Economista Francês], semanário de Paul Leroy-Beaulieu: "A posse da casa opera sobre ele [o operário] uma completa transformação [...]. Com uma casinha e um jardim, faz-se do operário um chefe de família verdadeiramente digno de tal nome, ou seja, moral e previdente, possuidor de raízes e de autoridade sobre os seus [...]. Em breve, é a casa que o 'possui'; ela o moraliza, o assenta e transforma".[120]

Não se saberia exprimir melhor a essência do pensamento dos mestres pensadores da classe dominante: assim como Le Play, do qual foi discípulo e amigo, Cheysson é engenheiro politécnico. Encerrado em sua casinha, o operário se desviará das lutas coletivas e do sindicalismo. E os arquitetos, conforme recomendação expressa, deverão fazer proezas nos projetos para não facilitar as relações de vizinhança nas vilas que serão levados a construir. Caso seus moradores comecem a se comunicar, iremos diretamente para a "imoralidade sexual" — obsessão maior da burguesia durante todo o século XIX — e a agitação política deflagrada pelos "líderes" irresponsáveis.

Na província, aparecem aqui e ali algumas iniciativas destinadas a favorecer o acesso à pequena propriedade residencial. Eugène Rostand — pai do poeta e avô do naturalista — empenha-se em sua boa cidade de Marselha, onde a Caixa de Poupança adotou decisões extraordinárias: nessa época, tais estabelecimentos, já muito populares, em geral se preocupam em construir quando se trata de usar o dinheiro dos humildes para equipar-se com uma sede social em estilo neoclássico, lembrando uma mansão particular da classe dirigente. Porém a Caixa de Marselha lançou em 1889 um programa de casas individuais, apartamentos de três cômodos e alojamentos para solteiros.[121]

No Havre, a Sociedade Havreana das Vilas Operárias construiu, em 1889, quarenta casas individuais ou geminadas duas a duas;[122] em Beauvais, em 1891, 29 casas foram edificadas pelo industrial Rupp.[123] O arquiteto Roucheton, em Lyon, trabalhou também por "Le Cottage, sociedade lionesa de construção de casas salubres e baratas para facilitar a ascensão à propriedade pelo trabalho e pela poupança". A ideia subjacente figura sempre no programa...

Em 1903, todos os jornais da construção se entusiasmarão com a Exposição Internacional da Habitação, das Indústrias de Construção e das Obras Públicas, realizada no Grand Palais de 30 de julho a 15 de novembro. Concluindo seu artigo, um redator de *La Construction Lyonnaise* [A Construção Lionesa][124] mostrará ingênua alegria: "Não é de se dizer que os filósofos, os idealistas, os artistas, os industriais, os comerciantes, os operários, em uma palavra, todos os laboriosos filhos da grande família francesa encontrarão no Grand Palais, se não por completo, pelo menos em parte a realização de seus sonhos?". Os discípulos de Hennebique, o apóstolo do concreto, aproveitarão o momento para exaltar seu material, "que deveria interessar aos construtores de moradias baratas por suas virtudes de segurança, higiene, durabilidade e por seu custo raramente mais elevado que o dos materiais locais".[125]

Conforme o ponto de vista das autoridades locais, a exposição promove essencialmente a casa individual: diversos modelos são apresentados, equipados com o mobiliário apropriado a cada peça; todos os preços estão expostos. A resenha das construções na França, entre 1894 e 1904, confirma efetivamente a importância da casinha, nas operações imobiliárias de certa amplitude, no conjunto do território. Em Dunkerque, a Cité G. Rosendaël; em Roubaix, as 96 casas da Ruche; em Aleçon, 45, pela Caixa de Poupança; em Bordeaux, 74; em Montpellier, catorze, pelo Lar pela Poupança; em Béziers, dezoito, pela Caixa de Poupança local, que iniciou 24 em Marselha. O subúrbio de Paris irá transformar-se no território predileto da promoção imobiliária, que empresaria programas com pretensões sociais: a Cottage d'Athis e o Teto Familiar, em Argenteuil, logo serão imitados.[126]

COM A APROVAÇÃO DO SENHOR DE MÉDAN

Esse tipo de habitat se beneficia, naquele preciso momento, de uma caução literária de peso: Zola não o elegeu para sua cidade utópica de Beauclair, quadro de uma de suas últimas obras, *Travail*, lançada em 1901? Nada de conjuntos do tipo familistério no imenso jardim em que se transformou a antiga aldeia. Apenas moradias individuais, "naturalmente dispersas [nenhuma obrigação de alinhamento, Zola escreve em seus próprios termos] para haver mais paz e feliz saúde" (*sic*). Na paradisíaca confusão de Beauclair, evocar os problemas da rede de esgoto e da viabilidade — ainda que os habitantes já se desloquem em veículos elétricos de dois lugares — seria cortar as asas do ideal. Zola fala muito da eletricidade que iluminará cada lar: fica-se a indagar se ele esqueceu que são necessários fios para levá-la a cada domicílio.

Mas nosso escritor "naturalista" está longe de mostrar apenas uma contradição: depois de ter imaginado "a onda de casas brancas" submergindo a antiga Beauclair, descreve casas bem distantes de semelhante alvura, pois são em pedra realçada por um *bric-à-brac* de cerâmica muito apreciado pelos arquitetos desde seu triunfo na Exposição de 1889: "Elas são ornamentadas por grés e faianças de cores vivas, telhas esmaltadas, glandes, enquadramentos, painéis, frisos, cornijas". Zola as reencontraria com emoção hoje em dia [1986], pois se mantêm intactas, e mesmo restauradas, em ruas inteiras de certas comunidades dos subúrbios parisienses.

Nessa encenação, Zola expõe as cores de seu ideal de proprietário pequeno-burguês, papel que ele desempenhava em Médan. Enquanto a burguesia francesa, para resistir ao fluxo socialista, procura uma clientela nas camadas superiores dos proletários, alienados pela propriedade de sua casa comprada a crédito, o escritor que ela mais detesta oferece-lhe o concurso de seu talento e dá sua contribuição ao mito da casinha que começa a fascinar toda a classe média francesa.

Com efeito, só ela tem a possibilidade de se tornar proprietária dessas construções de pedra, versões vulgarizadas da mansão burguesa que aos poucos serão implantadas em toda a região parisiense e alhures sob formas cada vez mais pitorescas. Pois uma casa de cinco cômodos com jardim, em um subúrbio de Paris, custa em média 12 mil francos nos anos 1910. Ora, a renda anual média das famílias operárias na capital alcança então 1700 francos; a dos pequenos empregados, 2200. Mais precisamente, o salário diário dos operários da construção civil na região parisiense, em 1911, não ultrapassa 5,50 francos. Na França, a média é de 4,86.

Portanto, os aspirantes a proprietários saídos das classes baixas deverão forçosamente contentar-se com pequenas realizações que certos arquitetos, farejando o mercado, apressam-se a oferecer. Assim, o astucioso Petitpas — diretor de *Ma Petite Maison* [Minha Pequena Casa], jornal fundado em 1905 — chega a rebaixar o preço de uma casinha de dois cômodos, cozinha e latrina interna — sem banheiro — a 1300 e mesmo 1200 francos.[127] Seu confrade Bourniquel[128] será apresentado pelo editor Garnier com algumas linhas explicitando da forma mais clara possível que as lições de Le Play e seus discípulos foram perfeitamente assimiladas: "Pode-se dizer que qualquer um que não possua sua casa vive em estado de constante insegurança [...]. O chefe de família agrupa os seus em torno de um verdadeiro lar, poupa-os de promiscuidades perturbadoras: a dignidade, o valor moral, a própria educação moral de cada membro da família ganham com isso".

O tom está dado, e Bourniquel pode expor uma amostragem completa de suas construções, desde a casinha para operários abastados, passando pela casa de campo do comerciante e pela pequena residência do industrial, até a elegante mansão burguesa. Nesse caso, um íngreme telhado, coroado por cataventos e espigões de cumeeira, combina com uma pequena torre de escada para acrescentar à paisagem uma nota medieval do melhor bom gosto. As mais modestas dessas realizações são quase todas ornadas por uma escada externa que se impõe como um verdadeiro *topos* para esse gênero de construção. A mesquinha França dos "Isso me basta", dos "Isso é tudo que eu preciso", dos "Nada se consegue sem penar" e outros "A gente se arranja", onde cada família se tranca ao abrigo dos "grandes" e dos "estrangeiros", toma forma, à espera da triste epopeia dos loteamentos do entreguerras, que irá destruir o sonho quebrando-o sobre um barraco insalubre. Mas qual o problema, uma vez que a propriedade de todos passou a ser "essencial"? Um jornal que irá durar mais de quinze anos se intitulará simplesmente *Not' Cabane* [Cabana Não], testemunha linguística suplementar da força hipocorística de tudo aquilo que, na França, diz respeito ao "pequeno".

Todavia, por que uma casinha "coquete" traria forçosamente a felicidade? Um escritor, ao menos, enfrentou o mito. Em *Villa Oasis ou les faux bourgeois* [Vila Oásis ou os falsos burgueses], de 1932, Eugène Dabit — um de nossos raríssimos proletários-escritores, hoje inexplicavelmente esquecido — conta a história da aquisição de uma casa de subúrbio parisiense por um casal de antigos hoteleiros. Dois andares, indício de sucesso social, um jardim cercado de muros para evitar relações de vizinhança, um tanque decorativo, uma garagem, pois têm um carro. Tudo para serem felizes dentro do modelo ideal espalhado aos milhões de exemplares. Mas a sorte às vezes é ingrata: o sobrado matará seus proprietários.

A INICIATIVA PRIVADA OCUPA O TERRENO

O grande vento subversivo do socialismo e da arte social[129] soprava também sobre a Escola de Belas-Artes, no fim do século XIX: entre os jovens arquitetos diplomados, alguns pareciam atormentados por preocupações muito diferentes das de seus colegas mais velhos, consagrados sacerdotes da incorruptível Beleza. Não se via a publicação de obras que poderiam ter sido assinadas por engenheiros ou médicos?[130] Um novo mercado está em vias de abrir-se, e os áugures da profissão desde cedo o perceberam: "De simples obra filantrópica que fora outrora, a construção de moradias baratas passará daqui por diante à posição de um investimento de capitais combinado com um ato de socialismo esclarecido. Cabe a nossos colegas estudar a questão do ponto de vista técnico". Assim se exprime, desde 1890, um redator de *La Semaine des Constructeurs* [A Semana dos Construtores].

Em Paris, algumas realizações que geram consequências emergem após a votação da lei de 1894. A Sociedade Filantrópica prossegue seu esforço: 54 moradias em um imóvel situado na rue d'Hautpoul, 19 (XIX arrondissement), em 1897; 38 na rue de Clignancourt, 77 (XVIII arrondissement), em 1898. Nesse primeiro conjunto, para o desespero de Georges Picot, conta-se menos de um filho por família: a propaganda neomalthusiana estaria fazendo estragos por aqui? Mas os locatários, como aliás todos os de outros imóveis da Sociedade, pagam regularmente seus débitos. Na alvorada do século XX, a Sociedade Filantrópica arrancou portanto 190 famílias operárias, somando 622 pessoas, do inferno dos pardieiros de Paris...

Em 1902, Charles Guyon, pela sociedade civil do Grupo das Casas Operárias[131] — na realidade uma fundação dos empresários do açúcar Lebaudy —, ergue, na rue Jeanne-d'Arc, 5 (XIII arrondissement), três prédios divididos em 71 moradias e equipados com serviços comunitários: biblioteca, oficina para bicicletas e carros de bebê, lavanderia, secadora, duchas, parque infantil. Em 1905, Labussière conceberá para a mesma sociedade um grupo de 175 residências, na rue Ernest-Lefèvre, 5-7 (XX arrondissement).

Em um subúrbio próximo, Saint-Denis, a Sociedade Anônima das Habitações Econômicas distinguiu-se particularmente: tem em seu ativo, desde 1902, 342 moradias — todas devidas a Charles Guyon, já citado — divididas em onze imóveis coletivos, aos quais se somam 21 casinhas.

Pensou-se até na mulher sozinha, objeto da solicitude de Georges Picot: em 1900, ele não hesitou em escrever em *La Réforme Sociale* — a revista de Le Play — que "não há lugar em uma casa de cômodos para a operária que deseje levar em Paris uma vida de trabalho". Um alto funcionário da polícia declarou-lhe: "Cheguei à convicção de que, de cada cem moças que caem na prostituição, 95 o fazem devido à moradia".[132] Diferentes obras pias oferecem cerca de mil leitos em lares. Ora, vivem em Paris — recenseamento de 1891 — 339 344 operárias, sendo 165 774 de vinte a 39 anos.

A Sociedade Filantrópica não ignora esse problema de elevado alcance moral. Graças a uma doação — 500 mil francos — da baronesa Hirsch, ela abre, em 1902, um edifício de quartos mobiliados para senhoras e moças, na rue des Grandes-Carrières, 37 (XVIII arrondissement): vinte quartos a um franco por noite, 36 cubículos a sessenta centavos. Eles não possuem lavatório, mas uma sala de banhos (a vinte centavos) e duchas (a dez centavos) os completam. O guarda fecha a porta do edifício às dez horas da noite. Nenhum encontro é autorizado nos quartos; recebe-se apenas na sala de reunião, das cinco às seis e meia da tarde, e as visitas de homens têm lugar exclusivamente no escritório da diretora. Em breve, uma grande administração fará muito mais por seu pessoal feminino. Em 1906, Bliaut implanta na rue de Lille, 41 (VII arrondissement), em pleno bairro burguês e atrás da Caixa de Depósitos, a Casa das Senhoras Empregadas dos Correios, Telégrafos e Telefones. Um magnífico edifício — visível ainda hoje [1986] — vinculando-se ao estilo art nouveau e oferecendo 111 quartos dotados de serviços coletivos.

Não dissimulemos entretanto as resistências e a irritação dos Francos Amigos do Parthénon, solidamente instalados — na frente do Louvre e ao lado do Instituto — no templo exclusivamente devotado às artes greco-romanas, como declarara Ingres no momento em que Napoleão III quisera reformar a Escola, em 1863. A leitura de *L'Architecte* [O Arquiteto] (1906--1935), órgão oficial da Sociedade dos Arquitetos Diplomados pelo Governo — fundada em 1877 —, o comprova. A SADG foi uma potência: ela agrupava a quase-totalidade dos arquitetos diplomados e a maioria dos Grandes Prêmios de Roma. Ora, desde seu primeiro ano até a guerra, em um período no qual um importante esforço legislativo era realizado em favor das moradias baratas (HBM [*habitations à bon marché*]), com textos que complementam o de 1894, *L'Architecte* não lhe reservará mais que oito artigos e mostrará apenas uma única realização, um imóvel coletivo, em 1913.

A HBM JAMAIS SERÁ OBJETO DE UM PRÊMIO DE ROMA

Justamente naquele ano, o problema desponta nas entrelinhas de outra revista importante, *L'Architecture* [A Arquitetura], órgão da Sociedade Central dos Arquitetos. Seus redatores não ignoram a questão das moradias populares, uma vez que lhe dedicam numerosos artigos, mas procuram manter distância. Ao resenhar os envios de projetos aos salões de exposição, H. Saladin escreve com efeito: "Vejo em seguida casas operárias, HBM, moradias de aluguel econômicas e novamente HBM. Eu não gostaria de passar por crítico difícil de satisfazer, mas será que a HBM é tão importante do ponto de vista artístico para que nos enviem tantas? Salvo em casos de mérito excepcional, elas não deveriam figurar no Salão. São excelentes trabalhos de arquitetos, não são obras de arte".[133] A habitação operária, fica entendido, jamais poderá ascender à dignidade suprema de tema para os candidatos ao Prêmio de Roma.

Esses bons jovens preferirão vincular seu nome à residência de um embaixador ou a uma basílica de peregrinação. Felizmente, alguns franco-atiradores, às vezes sem diploma, saberão desembaraçar-se do formalismo e das mediocridades para inventar as soluções do futuro adaptadas às necessidades das famílias operárias. Vamos descrever algumas de suas realizações.

HENRI SAUVAGE AFIRMA-SE NO XVIII

Em junho de 1904, o ministro do Comércio, Georges Trouillot, radical e anticlerical de boa cepa, inaugurava em Paris, na rue de Trétaigne, 7 (XVIII arrondissement), o primeiro edifício construído pela Sociedade de Moradias Higiênicas Baratas, presidida por Frantz Jourdain, um dos pioneiros da arquitetura do ferro e adversário declarado dos neoclássicos.

Henri Sauvage, o jovem autor (exatos trinta anos) desse exemplar edifício de cinco andares, estrutura de concreto, preenchida com tijolos, perfeita legibilidade do plano refletido pela fachada, não era um desconhecido. Antigo aluno do ateliê Pascal, na Escola de Belas-Artes, mas tendo saído sem diploma — como Auguste Perret —, atingira a primeira linha dos arquitetos do estilo art nouveau, bem próximo de Guimard, aliás seu amigo, ao criar em Nancy uma vila para o industrial moveleiro Majorelle, em 1898.[134] Na rue de Trétaigne encontramos todos os dispositivos comunitários exigidos pelos utopistas e higienistas para habitações operárias: sala de banhos com duchas, armazém para uma cooperativa de consumo — "a Proletária" —, um restaurante higiênico, uma universidade popular e até, para completar, um jardim suspenso — hoje desaparecido — para curas pelo sol, consideradas um santo remédio contra a tuberculose. Aqui Sauvage renunciou aos embelezamentos do art nouveau neogótico ou vegetal; percebem-se alguns traços apenas nos detalhes menores. O conjunto se impõe como uma obra-prima do despojamento ao qual Perret renunciara com o adereço da cerâmica recobrindo seu imóvel da rue Franklin. É a distância que vai do XVI arrondissement ao XVIII...

Sauvage construirá outras habitações populares no mesmo espírito, até a catedral das HBM, materializada no imóvel da rue des Amiraux (XVIII arrondissement), em 1922. Quem ousaria falar ainda em arquitetura com desconto? Seguramente, não esses "senhores" tão sensíveis ao Belo em todas as coisas...

Em janeiro de 1905, a Fundação Rothschild[135] lança um "concurso para a construção de um grupo de pequenas casas para locação, salutares e econômicas", situado em um terreno triangular de 5629 metros quadrados, no XII arrondissement, não longe da gare de Lyon (rues de Prague, Charles-Baudelaire, Théophile-Roussel). O programa é propositadamente impreciso: sobrados, serviços comunitários, rentabilidade de 3% a 4%. Deverá desenvolver-se em duas fases e sem garantia de realização do projeto vencedor. Em 31 de março de 1905, 127 concorrentes anônimos — designados por uma divisa — remetem seus trabalhos ao Hôtel de Ville, onde serão expostos no salão de festas. O júri compreende seis arquitetos e seis membros da Fundação, inclusive Cheysson, Picot e Siegfried.

Classificam-se primeiro 25 projetos e em seguida sete. O grande vencedor foi um *outsider*, Adolphe-Augustin Rey, "Tudo pelo povo", prêmio de 10 mil francos. Veio em seguida Henry Provensal, "Utile dulci", prêmio de 9 mil francos. Ambos eram antigos alunos da Escola e com diploma registrado pelo governo; Provensal mantinha estreitos laços de amizade com Sauvage. Anatole de Baudot — o construtor de Saint-Jean de Montmartre — fora eliminado no primeiro turno; Tony Garnier, célebre desde sua Vila Industrial enviada de Roma, chegou até o segundo: seu projeto supria as aspirações dos higienistas com a aparência de um sanatório. Supressão total dos pátios, prédios em ziguezague para obter o máximo de sol, vastos apartamentos, todos providos de um banheiro, suntuosa inovação que ainda não beneficiava muitos apartamentos burgueses.

Os concorrentes da segunda fase sacrificaram por unanimidade o princípio do pátio aberto. Rey distinguia-se pelo caráter total de seu projeto: estudos de ventilação expressos por escadas em forma de ruas verticais; cozinhas de um refinamento inusitado, com lixeira, lugar para roupa de cama, armários embutidos, boxe de chuveiro, armário de cozinha guarnecido de algodão para filtrar o ar; serviços coletivos completos: duchas, lavanderia, secadora, garagem para bicicletas, restaurante higiênico, sala de reunião, quartos para solteiros, terraço para a cura pelo sol. Um pouco mais que Sauvage, na rue de Trétaigne, mas com idêntica filiação, Rey escolhera como material de construção o concreto — completamente desprezado pelos arquitetos "sérios" —, acrescentando-lhe algumas fantasias pitorescas conforme o gosto da época, telhados salientes e marquises.

Nenhum projeto fugia às questões debatidas havia cerca de trinta anos pelos higienistas: moradias finalmente proporcionais à dimensão das famílias, cômodos independentes, racionalização das necessidades. No imóvel coletivo, os concorrentes evidentemente se sentiam menos à vontade: devia-se oferecer aos operários todos os serviços desejáveis, correndo o risco de atentar contra a sacrossanta iniciativa individual? Podia-se acomodar uma sala de conferências ou uma biblioteca suscetíveis de servir à propaganda socialista? A creche não induziria as mães à tentação de abandonar seus filhos? Os reformadores sociais de direita discutiam essas questões desde o início do século XIX.

O concurso Rothschild despertou o interesse unânime da profissão, e toda a imprensa especializada dedicou-lhe artigos favoráveis. Um ponto, todavia, suscitou firme hostilidade: a Fundação anunciara sua intenção de criar uma agência de arquitetos assalariados, e os pontífices dos diferentes agrupamentos viram aí um atentado ao status do exercício de uma profissão liberal. Esses "senhores" não se importaram com gritarias: a agência funcionou efetivamente como uma equipe. Sobre as placas de mármore afixadas na entrada de cada imóvel da Fundação figuram todos os nomes dos assalariados — inclusive o verificador — envolvidos na construção.

O primeiro edifício a surgir, na rue du Marché-Popincourt, 1 (XI arrondissement), compreendia 76 moradias; foi inaugurado em 1907. Seguiram-se, em 1908, o da rue de Belleville, 117 (XIX arrondissement), com 102 moradias; em 1909, o da rue de Prague, 10 (XII arrondissement), com 321; em 1912, o da rue Bargue, 11 (XV arrondissement), com 206; em 1913-1919, o da rue Marcadet, 256 (XVIII arrondissement), com 420.

Nessa impressionante relação de premiados pela iniciativa individual, o conjunto da rue de Prague — o terreno do concurso — alcançou rapidamente a celebridade. Foi apelidado "o Louvre da habitação popular", pois lembrava, com seus dispositivos comunitários, o *nec plus ultra* imaginado — às vezes parcialmente realizado, como no familistério de Guise — pelos utopistas mais avançados: lavanderia com máquinas aperfeiçoadas, inclusive uma secadora a ar quente, duchas, dispensário equipado dentro de um espírito de prevenção, jardim-de-infância para crianças de três a seis anos, guarda das crianças acolhendo-as todo dia à saída da escola e na quinta-feira o dia inteiro, escola de prendas domésticas, cozinha vendendo pratos quentes duas vezes por dia para popularizar uma alimentação saudável e racional.

Dessa vez, a iniciativa de um grupo de personalidades perfeitamente inteiradas do problema e dispondo de vultosos recursos financeiros realmente fez seu papel, e suas repercussões serão numerosas. Os dois vencedores do concurso descobrirão suas próprias revelações, sobretudo o primeiro. Originariamente um arquiteto de prédios religiosos, Augustin Rey converteu-se em missionário da HBM, presente em todos os congressos e publicando livros e brochuras nos quais avançará a ponto de mostrar-se partidário da municipalização do solo. Em 1907, entrará para o Conselho Superior das HBM, substituindo Trelat. Schneider, secretário-geral da Fundação Rothschild, irá unir-se a ele em 1912, assim como Hatton, pela Fundação Lebaudy: esses dois homens representam a elite da iniciativa privada.

O primeiro concurso organizado pela cidade de Paris para a construção de HBM, em agosto de 1912, inspirou-se diretamente no de 1904,[136] conhecendo o mesmo êxito de imprensa e de público. Foram apresentados 111 projetos, 58 para o terreno da avenue Émile Zola (XV arrondissement) e 53 para o da rue Henri-Becque (XIII arrondissement). No primeiro caso, solicitava-se um prédio compreendendo cinco tipos de moradia, desde quatro cômodos mais sala de jantar e cozinha, com área mínima de 55 metros quadrados, até a mais reduzida, para solteiros, um quarto e uma quitinete, ainda assim com não menos de dezoito metros quadrados.

O programa da rue Henri-Becque, em um nível bastante abaixo do precedente, atesta desprezo pelos pobres sem direito a espaço nem conforto, ainda que tenha sido tomada a precaução de especificar aos candidatos que o conjunto de suas construções não poderia evocar "a ideia da casa de cômodos, da vila operária ou da Santa Casa". No mínimo, o apartamento incluiria uma sala comum e uma peça divisível por um tabique baixo, com o total devendo ultrapassar os trinta metros quadrados. Seria bom saber que "autoridade" indicara que não havia nenhuma obrigação de prever um sanitário nem uma torneira distinta para cada apartamento. Esses "senhores" tinham se mostrado muito mais respeitosos para com os proletários parisienses...

Payret-Dortail ganhará o primeiro prêmio, de 15 mil francos, por um conjunto de 143 residências — na avenue Émile Zola — lembrando o imóvel Rothschild da rue de Belleville: dois pátios de serviço acessíveis a veículos nas extremidades e uma praça no centro. Albenque e Gonnot serão premiados pela rue Henri-Becque. Terão sido recompensados por sua preocupação com a economia? Em aberta contradição com todas as reivindicações dos higienistas, eles preveem apenas um sanitário para cada duas ou mesmo três moradias. Para os três arquitetos, é o início de uma carreira voltada para a habitação social: depois da Primeira Guerra Mundial, serão encontrados na equipe de Henri Sellier, presidente do Escritório Público de HBM de Paris e do Sena e promotor da "cinta rosa" dos bulevares dos marechais, onde tinham sido as antigas fortificações de Thiers.

Alguns meses depois desse meritório esforço da cidade de Paris, Henri Chéron, ministro do Trabalho e da Previdência Social, honrava com sua presença a conclusão de uma obra imobiliária do maior interesse para a nova sociedade inspirada pelo radicalismo. Em favor das famílias numerosas — com pelo menos seis filhos —, a Sociedade da Habitação Familiar acabava de edificar, na rue Daviel, 4 (XIII arrondissement), quarenta *cottages* em torno de um jardim central. Cada um dispunha de três quartos de vinte metros quadrados, um conforto espacial até então jamais concedido aos proletários e, desta vez, para alugar.

Com trinta anos de idade, o arquiteto dessas residências vem de uma província longínqua e rigorista, a terra de Montbéliard. Filho de um industrial protestante originário da Alsácia, Jean Walter — mais tarde mundialmente conhecido pelo cognome de Walter de Zellidja — já tem uma reputação bem estabelecida no Leste da França. Conquistou prêmios considerados impossíveis por seus colegas — uma casa de três cômodos e cozinha com porão e sótão por 2400 francos em Montbéliard —, que tampouco compreendem suas ideias sobre a industrialização de certos elementos da construção e a racionalização dos canteiros de obras.

RUMO À "MÁQUINA DE MORAR"

Com efeito é nesse caminho que é preciso se engajar, caso se queira alugar casinhas a pessoas cujo modesto salário proíbe qualquer sonho de acesso à propriedade. Por essa época são numerosos os destemidos pesquisadores em busca de processos técnicos baratos permitindo soluções de massa. Pode-se ler em *L'Immeuble et la Construction dans l'Est* [O Imóvel e a Construção no Leste], em 1913,[137] as seguintes linhas:

> A moradia de famílias numerosas deveria ser objeto de uma indústria que preparasse por novos procedimentos os materiais que deveriam constituir as obras: estrutura de madeira,

de ferro, aglomerados, cimento armado, painéis aparelhados etc.; blocos, vigamento e escadas das mesmas dimensões; miudezas, encanamento, equipamentos diversos da mesma natureza. A uniformidade de materiais e objetos e a facilidade de seu emprego propiciariam notável economia, permitindo contudo certa diversidade no aspecto exterior, diversidade que não seria certamente mais que um brinquedo para nossos arquitetos.

Projetos de teto tão baixo evidentemente não tinham nenhuma chance de chegar aos sumos sacerdotes do Belo e se refletir no ensino ministrado pela Escola da rue Bonaparte, onde os olhos permaneciam sempre fixos na linha dos fóruns imperiais...

Entretanto, o Estado se interessa de perto por esses triviais projetos, pois, no mesmo ano de 1913, anuncia-se que o Ministério do Trabalho distribuirá, em 1915, medalhas às sociedades de HBM e aos arquitetos que encontrarem melhores métodos de fabrico ou emprego de materiais e produtos adaptáveis com economia à habitação para baixa renda.

Se essa edificante cerimônia tivesse se desenvolvido conforme o previsto, estamos persuadidos de que um veterano — nascido em 1853 — teria arrebatado o mais belo prêmio. Georges Christie, vice-presidente da Sociedade Nacional dos Arquitetos da França às vésperas da guerra, redator de obras de divulgação profissional, pode pretender um pequeno lugar na história do conceito de "máquina de morar". Antes de Le Corbusier, que, estranhamente, se serviu da mesma denominação sem jamais mencionar seu inventor, ele expôs um projeto de "vila dominó",[138] casinhas térreas individuais, de quatro cômodos, agrupando-se em séries de quatro conforme um programa preciso. G. Christie escrevia: "A solução do problema das HBM só pode ser encontrada na busca de procedimentos de construção econômica, por meio de materiais catalogados, classificados para adaptação uniforme, permitindo o que chamo de industrialização da casa".

Acrescentaremos doravante essa citação às contidas nas antologias do "Movimento Moderno", anexando algumas fotos do conjunto da rue de la Saïda (XV arrondissement), sessenta moradias de quatro cômodos para o Grupo de Casas Operárias: nelas Labussière experimentou — com êxito — o concreto Hennebique. Com essa construção arrojada que prenuncia o futuro, justamente à véspera da guerra, eis que ecoa o canto do cisne das fundações privadas.

Sim, pois uma lei votada em 1912 vai finalmente dar alguns frutos: em maio de 1914, é criado o Escritório Público de HBM de Paris e do Sena, encarregado de estudar — em um vasto território — os problemas de moradia popular e gerar imóveis construídos por meio de um empréstimo de 200 milhões. O público não desprezará a competência do privado: Schneider — da Fundação Rothschild — e Labussière — da Fundação Lebaudy — entram para o conselho de administração do Escritório, onde preconizam a mesma estrutura de agência dos "senhores". Provensal e Besnard — antigos vencedores do concurso de 1905 — também são chamados, assim como Maistrasse, futuro arquiteto da cidade-jardim de Suresnes.

Porém seria bom não abusar. O despojamento dos concursos públicos de arquitetura[139] poderia induzir a acreditar em certo florescer de realizações sociais, mas os profissionais sabem que a realidade do mercado é outra. A construção, desde o início do século XX, orienta-se preferencialmente para os imóveis de luxo, como sublinham todos os observadores.[140]

Nos anos imediatamente antes da guerra, o custo de vida aumenta, e os aluguéis não escapam à alta, provocando reações populares que alguns tentarão orquestrar. Em 6 de janeiro de 1910, na Bolsa do Trabalho de Clichy — por iniciativa de Constant, conselheiro profissional e operário da indústria automobilística —, funda-se a União Sindical dos Locatários Operários.[141] O momento não é mais de violência anarquista — a ação de Bonnot e seu bando submergiu na delinquência —, e as seções que logo aparecem em todos os arrondissements parisienses e mais de vinte comunas suburbanas publicam um programa que os partidos políticos de esquerda deveriam apoiar: intocabilidade da mobília dos operários, supressão do "oferenda a Deus"[142] e das taxas ao zelador, pagamento a prazo vencido, taxação dos aluguéis e saneamento das moradias insalubres por conta dos proprietários.

GEORGES COCHON E "A POLCA DOS LOCATÁRIOS"

No começo de 1911, a União Sindical confia a responsabilidade de seu secretariado-geral ao operário parisiense Georges Cochon, militante animado, dotado de um senso de humor e de publicidade único no movimento operário de seu tempo. Pode-se contar com ele para os lances espetaculares que se multiplicarão em 1913 — após sua expulsão da União e a fundação de uma Federação Nacional e Internacional dos Locatários — em Paris e no interior.[143]

Parece uma volta aos bons tempos da Liga dos *Antiproprios*, célebre por suas ações de "mudança por baixo dos panos" na década de 1890: uma nova safra de canções populares exalta o Robin Hood parisiense, cujo sobrenome [*cochon* significa porco] é evidentemente um inusitado estímulo aos parodiadores. "A porquinha" e "A polca dos locatários" serão cantaroladas em todos os bairros populares, e as testemunhas das operações de Cochon guardarão nos corações o refrão de Montéhus:

Lá vai Cochon de mudança
Por baixo, por baixo
Lá vai Cochon de mudança
Por baixo dos panos

Ou então:

É o senhor Poincaré
Que é o presidente da República
E o senhor Cochon
O presidente dos sem-grana

Ou ainda:

É Cochon, é Cochon
Que não dá bola para proprietários
É Cochon que muda um companheiro
É Cochon o amigo dos proletários
*É Cochon que não dá bola para a administração**

Em julho de 1913, Cochon realizará uma de suas mais belas proezas, em conivência com o conde Antoine de La Rochefoucauld: este último colocará à disposição do proletário a mansão particular que acaba de deixar, no bulevar Lannes, 17, cujo arrendamento cobre ainda dezoito meses. Imediatamente Cochon instala ali oito famílias, somando 35 crianças. Na parede desse novo forte Chabrol instala-se o símbolo da Federação de Cochon, desenhado por Steinlen.

Eis que se alistam por seu turno para o combate suscitado pelos problemas de moradia protagonistas mais educados e menos exigentes, mas que os poderes públicos não podem ignorar: os defensores da família francesa. Em 1896, o dr. J. Bertillon, citado anteriormente,[144] fundou a Aliança Nacional pelo Incremento da População Francesa, uma associação das mais recomendáveis, da qual participará Cheysson, entre outras personalidades. Aqui não se irá além de modestos reclamos de reforma do imposto imobiliário. As famílias numerosas — das classes médias —, obrigadas a ocupar uma habitação mais ampla, eram mais pesadamente taxadas. Jamais se deverá esperar de Bertillon e seus amigos um ataque frontal à propriedade, mas a Liga Popular dos Pais e Mães de Famílias Numerosas, criada em 1908

* Em francês no original: "*V'là Cochon qui déménage/ À la cloche, à la cloche/ V'lá Cochon qui déménage/ À la cloche de bois* [...]. *C'est M'sieur Poincaré/ Qu'est le président de la République/ C'est M'sieur Cochon/ Le président des Sans-Pognon* [...] *C'est Cochon, c'est Cochon/ Qui s'fout des propriétaires/ C'est Cochon qui déménage un compagnon/ C'est Cochon qu'est l'ami des prolétaires/ C'est Cochon qui s'fout de l'administration.* (N. T.)

por um pai de dez filhos, o capitão Maire, será mais virulenta: veremos seus membros não relutarem em participar de manifestações dos *antiproprios* de esquerda.[145]

A grande imprensa deu ampla cobertura — na maioria das vezes favorável — às proezas de Cochon: o escândalo dos sem-teto acabou por atingir os jornalistas. Em 1912, *Le Matin*, um dos quatro grandes diários franceses (tiragem de 600 mil exemplares), partidário de Briand e especialista em causas nacionais, fundou um comitê para as HBM: dois Grandes Prêmios de Roma, Nénot — arquiteto-conselheiro da Fundação Rothschild — e Bernier — autor da Ópera Cômica —, participarão. Nada, ou quase nada, é construído; a indústria da construção civil não se mobiliza em função do ideal de moradia para as massas. E no entanto estas se mobilizarão assim mesmo,[146] em 2 de agosto de 1914, sob a bandeira da União Sagrada, hasteada bem alto pelos antimilitaristas da véspera, mesmo que não tenham grande coisa a defender...

NOTAS

1. *Topographie physique et médicale de Brest et de sa banlieue*, 1834.

2. *La bourgeoisie parisienne de 1815 à 1848*, Paris, SEVPN, 1963, 662 p.

3. *De l'inégalité sociale dans une grande ville industrielle: le drame de Lille de 1850 à 1914*, Lille, Éditions Universitaires, 1976, 444 p.

4. Artigo de L. Roux in *Le Cabinet de Lecture*, dezembro de 1838; litografia de J. Quartley para *Le Magasin Pittoresque*, dezembro de 1847.

5. *La cousine Bette*, 1848.

6. Portaria de 15 de julho de 1848.

7. 22 de julho de 1882.

8. Decreto de 23 de julho de 1884.

9. Decreto de 13 de agosto de 1902.

10. Sobre a questão no seu conjunto, ver Louis Hautecoeur, *Histoire de l'architecture classique en France*, Paris, Picard, vols. VI e VII, 1955 e 1957.

11. Louis Reybaud, *Jérôme Paturot à la recherche d'une position sociale*, 1864.

12. Balzac, *Ferrague*, 1833.

13. *Les mystères de Paris*, 1844-1845.

14. Jean-Louis Deaucourt, *Le concierge, mythe et réalité*, DEA, Paris-VII, dezembro de 1981.

15. *Un concierge de la rue du Bac*, 1868.

16. *Pot-Bouille*, 1882.

17. *La cousine Bette*, op. cit.

18. Jean-Paul Aron, *Le mangeur du* XIXe *siècle*, Paris, Laffont, 1973, 310 p.

19. Émile Cardon, *L'art au foyer domestique*, 1884.

20. Maxime du Camp, *Souvenirs littéraires*, 1882; Henry Rochefort, *Les aventures de ma vie*, 1896-1898; Henry Bataille, *L'enfance éternelle*, 1922.

21. *La bourgeoisie parisienne de 1815 à 1848*, op. cit.

22. O caso de um célebre higienista que se encontrava mais à vontade nos esgotos parisienses que nos salões e o proclamava sem cessar é justamente a exceção que confirma a regra. Relatado por Alain Corbin em sua apresentação da obra do dr. Alexandre Parent-Dichâtelet, *La prostitution à Paris au XIX*[e] *siècle*, Paris, Seuil, 1981, 216 p.

23. O livro de Cardon é dedicado exclusivamente às dependências nobres; não diz uma palavra sobre a cozinha.

24. *L'architecture française, recueil de plans, élévations, des maisons particulières, châteaux, maisons de campagne, bâtis nouvellement par les plus habiles architectes*, 1727.

25. *La plomberie au point de vue de la salubrité des maisons*, obra publicada sob o patrocínio da Chambre Syndicale des Entrepeneurs de Plomberie de la Ville de Paris, 1886.

26. *Principes techniques d'assainissement des villes et habitations suivis en Angleterre, France, Allemagne, États-Unis et présentés sous forme d'études sur l'assainissement de Paris*, 1884.

27. Roger-Henri Guerrand, "La bataille du tout-à-l'égout", *L'Histoire*, nº 53, fevereiro de 1983, pp. 66-74.

28. Anne Martin-Fugier, *La place des bonnes: la domesticité féminine à Paris en 1900*, Paris, Grasset, 1979, 382 p.

29. Louis Hautecoeur, *Histoire de l'architecture classique en France*, op. cit.; *Le parisien chez lui au XIX*[e] *siècle*, op. cit.

30. *Le siècle de l'éclectisme, Lille, 1830-1930*, Bruxelas, Archives de l'Architecture Moderne, 1979, vol. I, 382 p.

31. Jean-Yves Veillard, *Rennes au XIX*[e] *siècle, architectes, urbanisme et architecture*, Rennes, Thabor, 1978, 518 p.

32. Jean-Pierre Chaline, *Le bourgeois de Rouen, une élite urbaine au XIX*[e] *siècle*, Paris, Presses de la Fondation Nationale des Sciences Politiques, 1982, 509 p.

33. Th. Bourgeois, *La ville moderne*, 1903.

34. *La curée*, 1871.

35. Bernard Marrey e J.-P. Monnet, *La grande histoire des serres et des jardins d'hiver, 1780-1900*, Paris, Graphite, 1984, 192 p.

36. Christian Derouet, *Grandes demeures angevines au XIX*[e] *siècle, l'oeuvre de René Hodé entre 1840 et 1870*, Paris, Caisse Nationale des Monuments Historiques, 1976, 32 p.

37. Paul Bois, *Paysans de l'ouest. Des structures économiques et sociales aux*

options politiques depuis l'époque révolutionnaire dans la Sarthe, 1960, ed. resumida, Paris, Flammarion, 1971, 384 p.

38. Maurice Bedon, *Le château au XIXe siècle en Vendée*, Fontenay-le-Comte, Lussaud, 1971, 91 p.

39. *Viollet-le-Duc*, Paris, Galeries Nationales du Grand Palais, 1980, 415 p.

40. Longe demais do canteiro de obras para dele ocupar-se seriamente, Viollet-le-Duc confiou-o a seu aluno, Edmund Duthoit.

41. Guy de Rothschild, *Contre bonne fortune...*, Paris, Balland, 1983, 372 p.

42. Paul Chabot, *Jean et Yvonne domestiques en 1900*, Paris, Tema-Éditions, 1977, 255 p.

43. Louis Burnet, *Villégiature et tourisme sur les côtes de France*, Paris, Hachette, 1963, 484 p.

44. *La ville d'hiver d'Arcachon*, Paris, Instituto Francês de Arquitetura, 1983, 238 p.

45. Gabriel Désert, *La vie quotidienne sur les plages normandes du Second Empire aux années folles*, Paris, Hachette, 1983, 334 p.

46. Ver Jean-Hervé Donnard, *Les réalités économiques et sociales dans la Comédie Humaine*, Paris, Armand Colin, 1961, 488 p., cap. VII, pp. 173-94.

47. *Le médecin de campagne, Le curé de village, Les paysans; François le Champi, La petite Fadette, La Mare au diable.*

48. *Cahiers de l'Architecture Rurale*, 1790-1791.

49. *Traité des constructions rurales.*

50. Léon Perthuis de Laillevault, *Traité d'architecture rurale*, 1810; Urbain Vitry, *Le propriétaire architecte*, 1827; A. Roux, *Recueil de constructions rurales et commerciales*, 1843.

51. *Traité des constructions rurales et de leur disposition*, 1858-1860, 2 vols.

52. *Destinée sociale*, 1834.

53. *Recueil des principaux travaux des conseils de salubrité du département de l'Aube*, 1835.

54. Henri Bon, *Recherches hygiéniques sur les habitants de la campagne de la commune de Lacaune*, 1837.

55. "Rapport d'un voyage fait dans les cinq départements de la Bretagne pendant les années 1840 et 1841", *Mémoires de l'Institut* (*Académie des Sciences Morales et Politiques*), vol. IV, 1844, pp. 635-794.

56. *Voyage dans le Finistère ou état de ce département en 1794 et 1795*, 3 vols.

57. *Mémoire en faveur des travailleurs et des indigents de la classe agricole des communes rurales de France*, 1844.

58. *Séance du conseil général du 30 août 1850, rapport sur la question des logements insalubres*, Archives Nationales, F8 210.

59. Dr. Bertrand, *Mémoire sur la topographie médicale du département du Puy-de-Dôme*, 1849; J.-S. Édouard Noël, *Quelques considérations générales sur l'hygiène dans les campagnes des Vosges*, 1851.

60. *Tableau des populations rurales de la France en 1850*, janeiro de 1851, pp. 9-27.

61. J. F. Eugène Deflandre, *Essai sur l'hygiène des campagnes de la Picardie*, tese de Paris, 1853; N. P. Abel-Poullain, *Essai sur l'hygiène des habitants dans le canton d'Arc-en-Barrois (Haute-Marne)*, tese de Montpellier, 1855; J. B. M. Henri Demathicu, *Essai sur l'hygiène du paysan du haut Limousin*, tese de Paris, 1863; Paul Castenau, *Quelques considérations sur l'hygiène d'une partie de la population de la Haute-Garonne*, tese de Montpellier, 1864.

62. *Topographie médico-hygiénique du département du Finistère ou Guide sanitaire de l'habitant*, 1860.

63. *Les populations agricoles de la France*, 1885-1893, 3 vols.

64. *Hygiène et maladies des paysans, étude sur la vie matérielle des campagnards en Europe*, 1882, 1ª parte, cap. III, "Les habitations rurales: principales causes de leur insalubrité", pp. 36-76.

65. *Essai sur l'habitation rurale en Bretagne*, 1898.

66. *Voyages en France*, 1931, 3 vols., vol. I, prefácio.

67. *Nouvelle histoire de Paris, la Deuxième République et le Second Empire, 1848-1870*, Paris, Hachette, 1981, 470 p.

68. Louis Chevalier, *Classes laborieuses et classes dangereuses à Paris pendant la première moitié du XIX*^e^ *siècle*, Paris, Plon, 1958, 567 p.; Adeline Daumard, *Maisons de Paris et propriétaires parisiens au XIX*^e^ *siècle, 1809-1880*, Paris, Cujas, 1965, 285 p.; Roger-Henri Guerrand, *Les origines du logement social en France*, Paris, Éditions Ouvrières, 1966, 360 p.

69. *Rapport sur la marche et les effets du choléra-morbus dans Paris et les communes rurales du département de la Seine*, 1854; Ange-Pierre Leca, *Et le choléra s'abattit sur Paris*, Paris, Albin Michel, 1982, 290 p.

70. Jeanne Gaillard, *Paris, la ville, 1852-1870*, Paris, Champion, 1976, 676 p.

71. Dr. Octave du Mesnil, *L'habitation du pauvre*, 1890; conde d'Haussonville, *Misère et remèdes*, 1886.

72. Madeleine Fernandez, *La ceinture noire de Paris*, tese de 3º ciclo, Paris-VII, 1983.

73. *Rapport général sur les épidémies pendant l'année 1882*, 1884.

74. *L'épidémie cholérique de 1892 dans le département de la Seine*, Conseil d'Hygiène et de Salubrité du Département de la Seine, 1893.

75. *Essai de statistique comparée du surpeuplement des habitations à Paris et dans les grandes capitales européenes*, 1894.

76. *Tableau de l'état physique et moral des ouvriers employés dans les manufactures de coton, de laine et de soie*, 1840, 2 vols.

77. *Des classes ouvrières en France pendant l'année 1848*, 1849.

78. 1861, cap. IV, "Logements d'ouvriers", pp. 146-76.

79. Jean-Pierre Babelon, "Les cités ouvrières de Paris", *Monuments Historiques*, nº 3, 1977, pp. 50-4.

80. Jean-Baptiste Duroselle, *Des débuts du catholicisme social en France (1822--1870)*, Paris, PUF, 1951, 787 p.

81. *La Construction Moderne*, 1º de fevereiro de 1890, pp. 200-2, 20 de setembro de 1890, pp. 598-600; *Bulletin de la Société Française des Habitations à Bon Marché*, nº 2, 1890, pp. 119-52.

82. *L'Architecture et la Construction dans l'Ouest*, setembro de 1907, pp. 102-7.

83. Mangini publica, em 1891, uma obra intitulada *Les petits logements dans les grandes villes et plus particulièrement à Lyon*, onde acusa os arquitetos de serem incapazes de construir com economia. Sobre Mangini, ver a brochura de E. Aynard, *La vie et les oeuvres de F. Mangini*, 1903.

84. *Bulletin de la Société Française des Habitations à Bon Marché*, nº 3, 1890, pp. 204-24, e nº 3, 1891, pp. 316-46. Ver igualmente Bernard Marrey, *Rhône--Alpes*, Paris, Éd. de l'Équerre, 1982, 440 p.

85. O número de títulos cotados na Bolsa de Valores de Paris em 1894, segundo o *Annuaire Statistique de la France*, ano de 1894, tabela nº 505, elevava-se a 938. Fora de 402 em 1869.

86. *La fausse industrie*, 1835-1836, 2 vols.

87. Livreto de anúncio do *Nouveau monde industriel et sociétaire*, 1830.

88. Sumário do *Traité de l'association domestique-agricole*, 1822.

89. *Destinée sociale*, 1834, 2 vols.

90. A solução da rua-galeria parece ter interessado grandemente os contemporâneos de Fourier. Desde 1830, Tissot, em sua obra intitulada *Paris et Londres comparés*, concebe um dispositivo quase semelhante, explicitamente extraído do falanstério, do qual toma também o aquecimento coletivo. A esse novo conforto acrescenta o dos elevadores: "Será possível", escreve, "possuir máquinas movidas pelo vapor ou por meios mecânicos para subir e descer".

91. Sobre Calland, ver nossa obra *Les origines du logement social en France*, op. cit., cap. IV, pp. 153-60.

92. A obra essencial é a escrita por sua esposa, Marie Moret: *Documents pour une biographie complète de J.-B. A. Godin*, 3 vols., surgidos de 1902 a 1910. Ver também os estudos mais recentes: Henri Desroche, *La société festive: du fouriérisme écrit aux fouriérismes pratiqués*, Paris, Seuil, 1975, 413 p.; Annick Brauman, *Le familistère de Guise ou les équivalents de la richesse*, Bruxelas, Archives d'Architecture Moderne, 1976, 155 p.; *Le familistère Godin à Guise. Habiter l'utopie*, Paris, Éd. de la Villette, 1982, 205 p.; Guy Delabre e J.-M. Gautier, *Godin et le familistère de Guise*, Laon, Société Archéologique de Vervins e de la Thiérache, 1983, 330 p.

93. 1871, 4ª parte, cap. XX, "Le palais social", pp. 435-625. Esse livro, apresentado e anotado por J.-F. Rey e J.-L. Pinol, foi reeditado em 1979, Quimperlé, La Digitale, 502 p.

94. Segundo o testemunho de Oyon, que foi o primeiro a descrever, em 1865, o familistério, estes eram limpos três vezes por dia.

95. Godin não prosseguiu essa experiência, pois os locatários do palácio preferiam ocupar-se eles próprios de suas refeições.

96. *Solutions sociales*, op. cit., 4ª parte, cap. XX, p. 461.

97. *J.-B. André Godin et le familistère de Guise*, 1905.

98. Alfred Dominic Roberts, *Zola and Fourier*, tese da Universidade da Pensilvânia, 1959.

99. J. Figueroa, "La politique du logement de la Société des Houillères de Blanzy de 1833 à 1900", *Milieux*, nº 2, junho de 1980, pp. 34-9.

100. M. Bougaud, *Communication à la Société d'Encouragement à l'Industrie Nationale, le 26 mars 1886* (F. Bapterosses morrera no ano anterior).

101. Christian Devillers e Bernard Huet, *Le Creusot, naissance et développement d'une ville industrielle, 1782-1914*, Seyssel, Champ-Vallon, 1981, 287 p.

102. Rolande Trempé, *Les mineurs de Carmaux, 1848-1914*, Paris, Éditions Ouvrières, 1971, 2 vols., 1013 p., vol. I, cap. V, "L'évolution du genre de vie, le logement", pp. 258-86.

103. Exposição de 1889, *Menier; type de maisons de Noisiel*; *Bulletin de la Société Française des Habitations à Bon Marché*, nº 4, 1892, pp. 450-5; Bernard Marrey, *Un capitalisme idéal*, Paris, Clancier-Guénaud, 1984, 175 p.

104. Sociedade das Minas de Dourges, *Habitations ouvrières*, 1909.

105. *Bulletin de la Société Industrielle de Mulhouse*, nº 117, agosto de 1852, pp. 127-9.

106. "Rapport du Comité d'Économie Sociale sur la construction d'une cité ouvrière à Mulhouse", ibid., nº 124, abril de 1854, pp. 299-316.

107. "Rapport sur les forces matérielles et morales de l'industrie du Haut-Rhin pendant les dix dernières années (1851-1861)", ibid., outubro de 1862, pp. 469-73.

108. "Les institutions privées du Haut-Rhin, notes remises au comité départemental de l'Exposition Universelle de 1867", ibid., fevereiro de 1867, pp. 81-91.

109. Sobre a história da vila, ver o relatório da pesquisa de Stephan Jonas, *La Cité de Mulhouse (1853-1870): un modèle d'habitat économique et social du XIXᵉ siècle*, 1981, 2 vols., Paris, Secretariado da Pesquisa Arquitetônica, avenue du Parc-de-Passy, 2, 75016, Paris. O atual ponto de vista dos membros da Sociedade Industrial foi exposto por J.-P. Hohly no boletim celebrando o sesquicentenário de sua fundação, nº 3, 1976, pp. 111-5.

110. Émile Muller, *Cité ouvrière à Paris, faubourg Saint-Antoine. Maisons isolées avec jardins*, s. d.

111. *Journal Officiel* de 14 de agosto de 1875, nº 222, anexo nº 3283 (sessão de 27 de julho), pp. 6788-92.

112. Sobre Le Play, ver J.-B. Duroselle, *Les débuts du catholicisme social en France*, op. cit., 3ª parte, "Les tendances paternalistes du catholicisme social sous Napoléon III", cap. IV, 2, "Le Play et son école", pp. 672-84.

113. *L'École de la Paix Sociale, son histoire, sa méthode et sa doctrine*, 1881,

programa de governo, art. 2: "Facilitar à família a posse de um patrimônio e a propriedade de seu lar".

114. 2 vols., 1864.

115. Cap. III, "La famille", pp. 170-81.

116. Vol. II, cap. VI, "Les rapports privés", pp. 14-21.

117. *Congrès international d'hygiène, de sauvetage et d'économie sociale tenu à Bruxelles du 27 septembre au 4 octobre 1876*, 2 vols., vol. II, pp. 487-550.

118. *Congrès international d'hygiène tenu à Paris du 1er au 10 août 1878*, 4ª questão, "Des logements des classes nécessiteuses", 1878, pp. 1-8.

119. O quadro dos estatutos e o caderno de encargos dessa sociedade foram reproduzidos no *Bulletin de la Société Française des Habitations à Bon Marché*, nº 3, 1893, pp. 250-79.

120. Número de 27 de agosto de 1881.

121. Eugène Rostand, *L'action sociale par l'initiative privée, 1892. L'habitation du peuple*, pp. 147-348; Guy Dumont, *La question du logement social à Marseille de 1875 à 1939*, tese de 3º ciclo, Universidade de Aix-Marselha, 1973.

122. *Bulletin de la Société Française des Habitations à Bon Marché*, nº 1, 1890, pp. 35-75.

123. *La Construction Moderne*, 29 de julho de 1898, pp. 210-2.

124. 1º de fevereiro e 1º de março de 1903.

125. *Le Béton Armé*, órgão dos concessionários e agentes do sistema Hennebique, setembro de 1903, pp. 49-51.

126. A maioria das realizações que acabamos de citar foi objeto de artigos — às vezes ilustrados — especialmente em *La Construction Moderne* e *Bulletin de la Société Française des Habitations à Bon Marché*.

127. *Maisons de campagne, villas et cottages*, 1913.

128. *Pour construire sa maison*, 1919, 281 pranchas.

129. Ver nossa obra *L'art nouveau en Europe*, Paris, Plon, 1965, 237 p.

130. Charles Lucas, *Étude sur les habitations à bon marché en France et à l'étranger*, 1899; Henry Provensal, *L'habitation salubre et à bon marché*, 1908; E. Schatzmann, *Conditions hygiéniques nécessaires dans l'habitation des enfants*, 1911; Émile Guillot, *La maison salubre*, 1914.

131. Eugène Hatton, *Fondation "Groupe des Maisons Ouvrières", ses immeubles en 1907, leur exploitation, services généraux*, 1907.

132. *Les Garnis d'ouvriers à Paris*, 1º de junho de 1900, pp. 823-51, e *L'habitation de la jeune fille dans les grandes villes*, 16 de julho de 1901, pp. 145-53.

133. *L'architecture aux salons de 1913*, 14 de junho de 1913.

134. Sobre Sauvage, ver o catálogo da exposição organizada na sede da Sociedade dos Arquitetos Diplomados pelo Governo, em Paris, 1976, Bruxelas, Archives de l'Architecture Moderne, 253 p.

135. Sobre a Fundação Rothschild, um único trabalho até o presente: o

de Marie-Jeanne Dumont, *La Fondation Rothschild et les premières habitations à bon marché de Paris, 1900-1914*, memória de 3º ciclo, Unité Pédagogique d'Architecture nº 1, 1980.

136. Cidade de Paris, *Premier concours pour la construction d'HBM, rapport du jury*, s. d.

137. 12 de outubro de 1913, pp. 461-3.

138. *Moniteur des beaux-arts et de la construction*, agosto-setembro de 1913, pp. 1854-55, e janeiro de 1914, pp. 1909-14.

139. Revista mensal, 1895-1914.

140. A. Gaillardin, in *La Construction Moderne*, 2 de fevereiro de 1913.

141. Uma primeira pesquisa sobre o movimento dos locatários de Paris foi efetuada por Susanna Magri, *Le mouvement des locataires à Paris et dans la banlieue parisienne, 1919-1925*, Paris, Centre de Sociologie Urbaine, 1982, 136 p.

142. Soma entregue ao zelador por um novo locatário ao ocupar o imóvel.

143. O gesto de Cochon foi relatado no jornal *L'Humanité*: "Les mémoires de Cochon ou le raffut de saint Polycarpe", de 17 de novembro de 1935 a 17 de janeiro de 1936. O folhetim era assinado por Casimir Lecomte, na realidade André Wurmser.

144. Sobre o Bertillon "repovoador", ver nossa obra *La libre maternité, 1896-1969*, Paris, Casterman, 1971, 164 p.

145. Sobre o movimento familiar, ver Robert Talmy, *Histoire du mouvement familial en France, 1896-1939*, Paris, Union Nationale des Caisses d'Allocations Familiales, 2 vols., 317 e 382 p.

146. Com exceção de alguns anarquistas e alguns neomalthusianos, como Eugène Humbert, que se passou para a Espanha. Cochon esperaria 1917 para desertar.

4
BASTIDORES

Alain Corbin

A Declaração dos Direitos do Homem marca, segundo Louis Dumont, o triunfo do indivíduo. Mas, no século XIX, este permanece como uma categoria abstrata, ainda mal definida. O cidadão conquista lentamente a plenitude de seus poderes. Estabelecido de uma vez por todas em 1848, o sufrágio universal é exclusivamente masculino. O segredo do voto será garantido apenas em 1913, data em que se prescreve o uso do isolamento e da cédula em envelope.

O indivíduo carece de faculdades legais. Os constituintes teriam desejado ir mais adiante na determinação de suas prerrogativas. Mas foram levados pelas "circunstâncias"; ou, em maior profundidade, por um jacobinismo fundamental, resistente ao advento de um verdadeiro habeas corpus, *o qual, ainda hoje [1986], está por ser adotado pelo direito francês. Entretanto essa preocupação existe. 0 domicílio é declarado inviolável (1792) e as perquirições noturnas, proibidas (1795). A residência e a noite delineiam um espaço-tempo da* privacy *em torno do corpo ao qual se atribuem a dignidade (supressão da maioria das penas infamantes) e a liberdade. 0 homossexualismo, por exemplo, não é mais um delito, exceto caso se faça acompanhar de ultraje público ao pudor.*

Os progressos jurídicos do século XIX titubeiam diante do poder estatal ou familiar. 0 direito ao segredo da correspondência é reconhecido tardiamente. Será preciso esperar pela Terceira República para que as autoridades renunciem a controlar as cartas nos postos de correio. Mas o marido tem, por princípio, a faculdade de supervisionar a correspondência de sua esposa; ao passo que, nos internatos e prisões, as cartas dos internos ou detidos são abertas desavergonhadamente.

O desenvolvimento dos modernos meios de comunicação coloca problemas inéditos. Armand Carrel bate-se em duelo com Émile de Girardin, que o "ameaça com uma biografia" em seu jornal, La Presse; *paga com a vida pelo direito ao segredo pessoal. A imprensa mostra-se ávida por "acontecimentos banais" reveladores dos escândalos da vida privada. Contra tais atentados, é preciso constantemente dissimular, lançar mão de pseudônimos e subterfúgios: o século XIX é um baile de máscaras. "O inconveniente do reinado da opinião, que busca a liberdade", escreve Stendhal, "é que esta se intromete onde não deve: na vida privada."*

A "vontade de saber" operando nesse século curioso de ver e ouvir, sempre pelo "buraco da fechadura", multiplica suas investigações de todo gênero, sobre grupos e indivíduos; torna assim mais urgente a proteção da pessoa. Eis aqui, no início do século, em Charenton, uma significativa controvérsia: ela opõe o diretor do estabelecimento ao médico local, Royer-Collard; este desejaria criar para cada paciente um dossiê completo traçando sua história médica e social; aquele se opõe ao que lhe parece algo como uma inquisição de tipo eclesiástico (cf. Jan Goldstein). É a faceta ambígua de uma modernidade em que o poder da ciência e os cuidados para consigo marcham ao mesmo passo.

Ocorre que por toda parte, em diferentes gradações conforme o meio e o lugar, opera-se um forte aflorar do indivíduo nas ideias e nos costumes. O direito se atrasa em relação aos fatos. Na prática, as pessoas insurgem-se cada vez mais contra as disciplinas das coletividades e as servidões familiares, expondo sua necessidade de um tempo e um espaço para si. Dormir sozinho, ler tranquilamente seu livro ou seu jornal, vestir-se como bem entender, ir e vir à vontade, consumir livremente, frequentar e amar quem se deseja... exprimem a busca de um direito à felicidade que pressupõe a escolha do próprio destino. A democracia a legitima, o mercado a atiça, as migrações a favorecem. A cidade, nova fronteira, rompe os constrangimentos familiares ou locais, estimula as ambições, atenua as convicções. Criadora da liberdade, propiciadora de novos prazeres, a cidade, com tanta frequência uma cruel madrasta, fascina a despeito das diatribes dos moralistas. Paradoxal, engendra por sua vez multidões de indivíduos solitários. É a mãe de rupturas e acontecimentos.

O dândi, o artista, o intelectual, o vagabundo, o original encarnam a revolta contra os conformismos em massa. Mas, para além de tais figuras de proa, necessariamente minoritárias, categorias mais numerosas reivindicam com força seu direito à existência autônoma:

adolescentes, mulheres, proletários. Os primeiros colocam em questão sobretudo o sistema patriarcal; seus brados e murmúrios estão, acreditamos, presentes em cada página deste livro. Os últimos criticam antes de mais nada a ordem burguesa. Porém a força de uma consciência de classe, cuja representação se reveste então de uma particular intensidade, não exclui a explosão dos desejos e a pluralidade dos projetos. "Nós somos de carne e osso, tal como vós", dizem a seus patrões, em 1890, as operárias de Vienne. Um sindicalismo de inspiração libertária torna suas as proposições neomalthusianas de limitação da natalidade. "As famílias numerosas engendram a miséria e a escravidão. Tende poucos filhos." "Mulher, aprende a não ser mãe senão por desejo próprio", dizem os panfletos da CGT. Jamais as correntes anarquistas individualistas foram tão vivazes como na virada do século (M.-J. Dhavernas). Liberdade do corpo, gosto pela natureza e pelo esporte, amor livre fundamentam as tentativas dos "meios emancipados" cujas audácias esbarram nos comportamentos mais convencionais. Não é tão simples assim libertar o desejo.

Juridicamente débil, o indivíduo se aprofunda e se estrutura. Ao homem em geral — uma categoria gramatical —, ao sereno homem das Luzes, o romantismo contrapõe a singularidade das fisionomias, a espessura da noite e dos sonhos, a fluidez das comunicações íntimas, e reabilita a intuição enquanto maneira de conhecer (Georges Gusdorf, L'homme romantique *[O homem romântico]). O espaço interior torna-se não apenas objeto de sua autocontemplação ("Eu sou para mim mesmo o espaço imóvel em torno do qual gravitam meu sol e minhas estrelas", escreve Amiel); mais ainda, converte-se no centro e no intérprete do mundo. "É dentro de si que é preciso olhar o exterior" (Victor Hugo). A consciência torna-se marginal em relação ao inconsciente, que governa os homens e fornece a chave de seus comportamentos. As próprias sociedades sucumbem diante do poder das imagens.*

O "indivíduo puro" (Marcel Gauchet) encontra sua fundamentação científica no fim do século XIX por meio das descobertas da neurobiologia. Neopositivista e materialista, a medicina francesa hesita diante do organicismo germânico e mantém as fronteiras entre o "corpo" e a "alma", a despeito de estarem em vias de extinção. Será o caso de enxergar aí as raízes da resistência latina à psicanálise? Ou de buscá-la na repugnância a fazer da sexualidade familiar o fundamento da histeria, das neuroses e de toda a história pessoal (Élisabeth Roudinesco)? Ou ainda de alegar a maior diversidade das estruturas familiares na França e o enfraquecimento da figura do pai (H. Le Bras)? No Ocidente do indivíduo, eis, de qualquer forma, uma especificidade francesa que incita às comparações.

Em tempos de ampliação dos movimentos de multidões, o indivíduo afirma-se como valor político, científico e sobretudo existencial. É a essa prodigiosa descoberta de si por si próprio, geradora de novos laços com os outros, que nos convida Alain Corbin. É chegada a hora de penetrar nos bastidores do teatro onde transcorre a intriga essencial.

M. P.

O SEGREDO DO INDIVÍDUO

O INDIVÍDUO E SUA MARCA

A ORIGINALIDADE DA DENOMINAÇÃO, OU "UM NOME PARA SI"

O sentimento de identidade individual acentua-se e difunde-se amplamente ao longo de todo o século XIX. A história do sistema de denominação fornece um primeiro indício. O processo de dispersão dos prenomes iniciado no século XVIII prossegue; contradiz o movimento de concentração deliberadamente encorajado pela Igreja da Reforma Católica, desejosa de valorizar o exemplo dos principais santos. Nesse domínio, a Revolução não constitui uma verdadeira ruptura; no máximo ela desempenha o papel de acelerador.

Ao longo de décadas, ciclos mais ou menos curtos, estabelecidos pela moda, dão o ritmo do movimento de dispersão; essa aceleração traduz simultaneamente a acentuada vontade de individualizar, a preocupação em sublinhar o corte das gerações e o desejo de adaptar-se à nova norma, sugerida pelas classes dominantes. Com efeito, a moda de certos prenomes propaga-se verticalmente, da aristocracia para o povo, da cidade para o campo. A precisão e complicação crescentes da hierarquia social favorecem a transmissão de tais modas por capilaridade.

Ao mesmo tempo, as regras de transmissão familiar dos nomes perdem sua autoridade. A escolha do prenome do padrinho ou da madrinha, ou seja, tradicionalmente, de um dos avós, um tio-avô ou uma tia-avó, a passagem do prenome do pai ao filho primogênito ou do avô falecido ao neto recém-nascido constituem, especialmente no campo, imperativos cujo declínio certamente não convém exagerar; nem por isso deixam de ser contrariados pelas novas práticas em ascensão. O enfraquecimento das regras de transmissão familiar traduz o definhar das virtudes hereditárias e ao mesmo tempo vaticinadoras do prenome. A perda da fé na existência de um patrimônio de caráter transmitido pela denominação evidentemente trabalha a favor do individualismo.

Quando perdura a família de estrutura complexa e a pobreza da gama de prenomes agrava os riscos de confusão, o sistema denominativo pode tornar-se sumamente arcaico. Assim acontece em certas regiões rurais do Centro e do Sul, especialmente em Gévaudan. Aqui, o prenome, logo esquecido na linguagem corrente, cede lugar ao apelido. O sobrenome permanece estreitamente ligado ao *oustal*, ou à *maysou* [casa paterna], e aquele que se casa "como genro" perde o seu. Todavia, também no campo a evolução trabalha a favor do emprego, novo, do nome de batismo e da fidelidade ao sobrenome registrado pelo estado civil. O uso do apelido pouco a pouco vincula-se a grupos marginais: o mundo dos artistas e o da boêmia, os circuitos da prostituição e do crime, categorias que, assim como o estágio dos aprendizes de artesãos, se referem deliberadamente a valores e comportamentos arcaicos.

O desejo de individualizar não é, verdade seja dita, o único elemento que explica o processo de diversificação em curso. O risco do homônimo e portanto da confusão, incrementado pela urbanização, estimula a originalidade. Os progressos da alfabetização e da escolarização estabelecem um novo vínculo entre o indivíduo, seu prenome e seu sobrenome. A argola de guardanapo ou o copo, a capa do caderno, o monograma e os bordados no enxoval da púbere jovenzinha, as iniciais costuradas nas roupas do pensionista e muitas outras práticas acentuam a obsessiva presença do nome e sobrenome. O crescimento do efetivo de cônjuges capazes de assinar sua certidão de casamento registra essa nova familiaridade. A partir da Restauração, observa Jean-Claude Polton, estabelece-se em Fontainebleau o hábito de marcar rochas e árvores com fins privados. É uma prática dos humildes; conscientes de que, distintamente dos poderosos, não deixarão marcas, eles contam com a perenidade de suas iniciais gravadas nos troncos ou na pedra.

Durante a segunda metade do século, a circulação do correio — e especialmente, em torno de 1900, a expedição de 8 milhões de cartões-postais — contribui para essa acumulação de símbolos do eu e sinais de possessão individual; proliferação traduzida também, e esses são apenas alguns exemplos, na banalização dos cartões de visita e no uso da agenda pessoal. Os próprios animais domésticos ganham aos poucos seus nomes; já na Monarquia de Julho, Eugénie de Guérin refina os nomes de seus cães de estimação.

O ESPELHO E A IDENTIDADE CORPORAL

A contemplação de sua própria imagem cessa aos poucos de constituir um privilégio. É necessário deplorar neste ponto a inexistência de um grande estudo sobre a difusão e as formas de emprego do espelho. Efetivamente, vários indícios apontam como essencial a história do olhar para si. Nas aldeias do século XIX, apenas o barbeiro possui um verdadeiro espelho, reservado para o uso masculino. Os mascates difundem os pequenos espelhos para que as mulheres e moças possam contemplar seu rosto; mas as aldeias ignoram os espelhos em que se vê o corpo inteiro. Entre os camponeses, a identidade corporal continua a ser lida nos olhos dos outros, a revelar-se por meio da escuta de uma percepção interior. "Como viver em um corpo que não se viu" em seus menores detalhes?, indaga Véronique Nahoum; eis aí uma questão que é preciso colocar para os historiadores da sociedade rural. Então compreendem-se melhor as interdições que pesam, em tal ambiente, sobre o uso do espelho: apresentá-lo a um bebê pode deter seu crescimento; deixar um espelho descoberto depois de uma morte traz azar.

Nas classes abastadas, o código de boas maneiras proibirá por muito tempo que uma moça se admire nua, mesmo que seja através dos reflexos de sua banheira. Há pós especiais com a missão de turvar a água do banho, de forma a prevenir tal vergonha. O estímulo erótico da imagem do corpo, exacerbado por semelhante proibição, frequenta essa sociedade que enche os bordéis de espelhos antes de pendurá-los, tardiamente, na porta do armário nupcial.

No final do século, a difusão citadina desse ambíguo móvel permite a organização de uma nova identidade cultural. No indiscreto espelho a beleza desenha para si uma nova silhueta. O espelho de corpo inteiro autorizará o afloramento da estética do esbelto e guiará o nutricionismo por novos rumos.

A DEMOCRATIZAÇÃO DO RETRATO

Não menos essencial é a difusão social do retrato, "função direta", observa Gisèle Freund, "do esforço da personalidade para afirmar-se e tomar consciência de si mesma". Adquirir e afixar sua própria imagem desarma a angústia; é demonstrar sua existência, registrar sua lembrança. Bem encenado, o retrato atesta o sucesso; manifesta a posição. Para o burguês, familiarizado com o papel de herói e pioneiro, não se trata mais, como fora outrora para o aristocrata, de inscrever-se na continuidade das gerações, mas de criar uma linhagem; ele deve portanto inaugurar seu prestígio por meio de seu êxito pessoal. O século da comemoração é também o da fundação das genealogias comerciais, orgulhosamente ostentadas. Bem entendido, a moda do retrato participa do processo de imitação por capilaridade, precocemente discernido por Gabriel Tarde; ele satisfaz o desejo de igualdade. Não esqueçamos, por fim, o papel inovador da técnica que reproduz o desejo da imagem de si, convertida ao mesmo tempo em mercadoria e em instrumento de poder.

Tendo sido por longo período um apanágio da aristocracia e da mais rica burguesia, o retrato se difunde e torna-se íntimo no final do Antigo Regime; é então que triunfa a miniatura; os pingentes, os medalhões, as coberturas de caixinhas de pó facial ostentam os rostos amados. Barbey d'Aurevilly enfatiza com quanto fervor as elites da Restauração retomam essa moda do retrato-joia. Para uma dama do bulevar Saint-Germain, fazer de seu corpo uma galeria dos ancestrais é uma maneira simbólica de tentar negar o episódio revolucionário.

Entre 1786 e 1830, o *physionotrace* de Gilles-Louis Chrétien contribui, pelo menos na capital, para alimentar a moda do retrato. Em apenas um minuto, o artista reproduz com o aparelho os contornos da sombra desenhada pelo rosto do modelo; basta transportar em seguida o perfil para uma placa de metal e gravá-lo para obter uma série de imagens de rigorosa exatidão e preço moderado. Ele pode, se necessário, fazer retratos sobre madeira ou marfim, ou ainda compor silhuetas à inglesa, acrescentando-lhes o desenho de um penteado e uma roupa. Os perfis obtidos, amiúde de grande semelhança, lamentavelmente não têm vida nem expressão. O daguerreótipo irá vencer essa insuficiência e responder a uma demanda social cada vez mais insistente.

Em 1839, Daguerre registra a patente do procedimento que lhe permite fixar em uma placa de metal, após um quarto de hora de exposição, um retrato único, vendido por cinquenta a cem francos. O artista, guiado mais pelo desejo de exprimir a psicologia do modelo que pela preocupação de registrar um atestado de sucesso social, constrói a imagem em função do rosto e da fisionomia. Nítido, preciso, o daguerreótipo desgraçadamente não permite a vulgarização da imagem obtida.

É portanto a fotografia que permitirá a democratização do retrato. Pela primeira vez a fixação, a posse e o consumo em série de sua própria imagem estão ao alcance do homem do povo. Registrada em 1841, a patente desse novo processo sofre uma série de melhorias técnicas, ao longo dos dez anos subsequentes. O tempo da pose vai se reduzindo aos poucos, até a descoberta, em 1851, do registro instantâneo. Em 1854, Disdéri lança o retrato em forma de cartão de visita (6 x 9 centímetros). A partir de então, a fotografia amplia estupendamente o mercado estabelecido pelo daguerreótipo. Em 1862, Disdéri vende, sozinho, 2400 cartões por dia. Vale dizer que já então alguns segundos bastam para uma imagem; e que o lote de doze retratos não custa mais que vinte francos. Os fotógrafos se estabelecem até nas menores cidades; artistas forasteiros instalam suas barracas na rua e oferecem fotografias a um franco.

Ascender à representação e posse de sua própria imagem é algo que instiga o sentimento de autoestima, que democratiza o desejo do atestado social. Os fotógrafos o percebem muitíssimo bem. No interior do estúdio-teatro, abarrotado de acessórios, de colunas, cortinas, mesinhas, é o corpo inteiro que eles passam a registrar. Exageram a ênfase, estimulam a distensão interior do fotografado; alguns chegam a lançar, a partir de 1861, a moda do retrato equestre. Essa teatralização das atitudes, dos gestos e das expressões faciais, em uma palavra, a pose, cuja importância histórica Jean-Paul Sartre sublinhou, invade pouco a pouco a vida cotidiana. Milhões de retratos fotográficos difundidos e cuidadosamente inseridos em álbuns impõem normas gestuais que renovam a cena privada; ensinam a olhar com novos olhos para o corpo, especialmente para as mãos. O retrato fotográfico contribui para essa propedêutica da postura objetivada pela escola, ao mesmo tempo que difunde um novo código perceptivo. A arte de ser avô, assim como o gesto de reflexão do pensador, obedecem a partir de agora a uma banal encenação.

O desejo de idealizar as aparências, o repúdio ao feio, conforme os cânones da pintura oficial, convergem igualmente para o ordenamento do retrato-foto. As multidões da Exposição de 1855 mostram-se fascinadas pela demonstração do retoque. Essa técnica difunde-se após 1860; os traços do rosto se suavizam; manchas, vermelhidões, rugas, verrugas inconvenientes desaparecem das faces lisas, aureoladas por uma artística delicadeza. Até no campo, uma nova imagem da beleza vem ameaçar as normas impostas pela cultura tradicional.

O álbum de fotografias da família delimita a configuração da parentela e conforta a coesão do grupo, então ameaçado pela evolução econômica. A irrupção do retrato no seio de vastas camadas da sociedade modifica a visão das idades da vida, e portanto o sentimento do tempo. As fotos, comenta Susan Sontag, também constituem *memento mori*. Graças a elas, fica mais fácil imaginar sua própria desaparição; o que incita a lançar mais um olhar sobre os velhos e a reconsiderar a sorte que se reserva a eles.

Esteio da rememoração, a foto renova a nostalgia. Pela primeira vez, a maior parte da população tem a possibilidade de representar antepassados desaparecidos e parentes desconhecidos. A juventude dos ascendentes com quem se convive no dia-a-dia torna-se perceptível. Opera-se no mesmo processo uma mudança das referências da memória familiar. De maneira geral, a possessão simbólica de outra pessoa tende a canalizar os fluxos sentimentais, valoriza a relação visual em detrimento da relação orgânica, modifica as condições psicológicas da ausência. A foto dos defuntos atenua a angústia de sua perda e contribui para desarmar o remorso causado por seu desaparecimento.

O novo processo favorece por fim a vulgarização e a contemplação da imagem da nudez. Tende a modificar o equilíbrio dos modos de simulação erótica, a difundir um novo tempo do desejo; testemunha-o o prestígio do "nu 1900". O legislador percebeu-o bem depressa: desde 1850, uma lei proíbe a venda de fotos obscenas na via pública. Após 1880, a foto de amador suprime o intermediário profissional, alivia o ritual da pose, abre de par em par a vida privada para a objetiva, a partir de então ávida de imagens íntimas.

A PERENIDADE DA RECORDAÇÃO

Dentro do cemitério manifesta-se a mesma vontade de perpetuar-se, de imprimir sua marca. Philippe Ariès relatou o triunfo da tumba individual e a emergência do novo culto aos mortos no alvorecer do século XIX. Aqui nos interessa apenas o epitáfio personalizado, procedimento também inteiramente novo para a grande maioria da população; inédito elo à permanência da lembrança. A história da vulgarização desse discurso funerário começa a esboçar-se com nitidez. Durante a Monarquia de Julho, multiplicam-se os epitáfios enaltecendo os méritos do esposo, do pai ou do cidadão. Inscreve-se sobre a pedra tumular o avanço da *privacy*. Mais adiante, a complicação dos cemitérios construídos e a industrialização dos túmulos tendem a apagar aos poucos todo o discurso original e a substituí-lo por estereótipos que os medalhões-fotografias incrustados na pedra irão individualizar com felicidade.

Diversos trabalhos mostram que essa evolução operou-se segundo ritmos diferentes e não deixou de provocar atritos. No cemitério de Asnières, obscura aldeia do Ain, o primeiro texto fúnebre só surgiu em 1847. Em 1856, a viúva de um dignitário, muito malvisto por seus concidadãos, manda cercar com uma balaustrada o monumento de seu esposo. O gesto provoca um movimento de hostilidade; o próprio padre insurge-se ao constatar que o mármore irá conservar a lembrança daquele simples cristão, quando é impossível saber onde jaz exatamente seu piedoso criador. Nas pequenas paróquias rurais, a pedra tumular, o epitáfio por muito tempo continuarão esbarrando no sentimento de igualdade. Em 1840, Eugénie de Guérin vê-se obrigada a guardar a pomba branca que, no centro do cemitério de Andillac, celebra a memória de seu irmão Maurice.

O surgimento do discurso funerário nessas minúsculas paróquias é acompanhado pela ascensão da dignidade *post-mortem*: o comerciante, aqui, uma vez falecido, faz pose. Inversamente, essa nova permanência do traço favorece a manutenção, e até a ampliação, do boato desabonador.

Um fio condutor vincula com efeito todos os procedimentos que tendem a reforçar o sentimento do eu: a tentação de forjar heróis, a hipertrofia da vaidade tranquilizadora. A época fornece muitos outros sinais nesse sentido, conforme se verifica a ascensão da meritocracia: a importância atribuída ao quadro de honra, ao ritual das distribuições de prêmios, ao diploma que se pendura na parede do salão ou da sala comum; ou ainda o prestígio da decoração, o tom hagiográfico da rubrica necrológica. Para muitos humildes, será a nova emoção de ler seu nome em uma coluna de jornal. Qualquer um pode, agora, ser tentado a adotar a pose de herói; ainda que seja apenas no seio do círculo familiar, onde essa nova pretensão modifica o ambiente. Até o próprio gesto criminoso traduz tal aspiração. Incitado por leituras sobre fundadores, no estilo de Plutarco, o jovem parricida de Aunay-sur-Odon escreve, como se estivesse orgulhoso, na primeira linha de suas assombrosas memórias: "Eu, Pierre Rivière, tendo estrangulado minha mãe, minha irmã e meu irmão...".

OS LIMITES DO PAN-ÓPTICO

O reajustamento do indivíduo impõe-se com maior razão às autoridades, que, no interior do espaço público, passam pouco a pouco do anonimato para relações de interconhecimento. A multidão cada vez mais densa e silenciosa que cobre a rua perde sua teatralidade; dissolve-se em um agregado de pessoas com o pensamento absorvido por seus interesses privados. Compreende-se que a partir daí se purifiquem os processos de identificação e o controle social se torne preciso.

Até o triunfo da República (1876-1879), as técnicas de ajustamento são ainda balbuciantes; sua precariedade fixa os limites dessa visão pan-óptica que se atribui, sem dúvida com algum exagero, aos detentores do poder. O Estado civil, secularizado desde 1792, codificado em 28 Pluvioso do ano III, os recenseamentos da população e as listas nominais estabelecidas a cada cinco anos, as listas eleitorais, censitárias até 1848, estendidas ao conjunto da população masculina em março de 1848, e a seguir em setembro de 1851, constituem as referências essenciais do sistema. Certas categorias são ademais objeto de procedimentos especiais: os operários, teoricamente sujeitos à carteira desde o Consulado, carteira que eles próprios passarão a portar desde a lei de 22 de junho de 1854, para grande prejuízo dos patrões; os militares; os domésticos, dos quais se exige a apresentação de certificados emitidos pelos empregadores precedentes; as mulheres da vida registradas pela chefatura de polícia ou pela administração municipal; as crianças abandonadas às quais se deseje atribuir um estado civil e uma tutela; os viajantes e, mais especialmente, os elementos itinerantes e nômades, que devem providenciar passaportes antes de efetuar suas andanças.

O estudo dos migrantes de Limoges, assim como o dos viajantes que atravessam o departamento de Indre, mostra claramente que a extremada minúcia das exigências é acompanhada, nesse particular como em muitos outros, por um grande laxismo, para não dizer pela mais completa anarquia. O reconhecimento interpessoal e a memória visual continuarão por muito tempo a ordenar as listas de migrantes e de autoridades. Entretanto, junto com os progressos da alfabetização, o recrudescimento de todas essas exigências administrativas contribui para desenvolver a posse, o uso e a decodificação dos "papéis". Nova familiaridade que, avivada pela ascensão da prática do contrato no seio da sociedade rural, torna cada vez mais raro, e dentro em breve inacreditável, o caso de indivíduos que ignoram sua idade; como o camponês que comete um erro de sete anos e provoca o comentário de Eugénie de Guérin: "Feliz sujeito, que ignora sua vida!". Daí por diante, cada um pode calcular, se não prever, o futuro. A construção do tempo pessoal autoriza a elaboração de uma história individual, condição para a identificação e para a comunicação autônoma.

Quando é imperativo escarafunchar melhor a personalidade de outro, o procedimento mais usual ainda é a investigação de moralidade, ou, pelo menos, o recurso ao certificado de boa conduta. A qualquer pretexto, quer esteja em pauta julgar um pretendente à aliança matrimonial, o postulante de um emprego ou simplesmente uma candidata a doméstica, o prefeito e o padre serão solicitados; é preciso que forneçam referências e opiniões sobre seus munícipes ou paroquianos. Curiosamente, essa prática, que institucionaliza de fato o recurso ao boato e incita o desvendamento da vida privada, parece ser muito bem tolerada. Embora tardia, a correspondência mantida pelos parentes de Marthe permite que se reconstitua fielmente os procedimentos do ajuste. Quando é preciso escolher, ou melhor, fornecer um esposo para a jovem faltosa, um esquadrão de indicadores contribui: confessores e padres travestidos em conselheiros matrimoniais, parentes da província que se convertem em agentes de informações, advogados e notários encarregados de interrogar seus confrades, quadros da administração indagados quanto às qualificações de seus subordinados, domésticos incumbidos de registrar boatos. Apenas os médicos parecem ser poupados, como se o segredo profissional inspirasse então maior discrição. Uma sutil dose de informações, de recomendações, de pressões, vale dizer, de chantagem, impregna a trama da vida privada dessa família em maus lençóis, cujos movimentos defensivos nos são revelados com fascinante despudor.

O OLHAR DO POLICIAL

Restam os procedimentos de reconhecimento, vale dizer a história da identificação, ou, caso se prefira, a busca das singularidades individuais. Nesse particular as instituições policiais desempenharam o papel de laboratórios; ali foram elaboradas as técnicas que em seguida seriam chamadas a se expandir por outros campos. Para o policial, tal como para o simples cidadão, um duplo problema pode se colocar: como provar sua própria identidade? E como descobrir a do outro, ainda que este esteja reduzido à condição de um cadáver?

Ainda por volta de 1880, o indivíduo astucioso pode mudar de pele ao seu bel-prazer; para providenciar um novo estado civil, basta-lhe conhecer a data e o local do nascimento do camarada cuja identidade ele decidiu usurpar; o confronto, bastante improvável, com uma testemunha na pior das hipóteses levará apenas a abortar o subterfúgio; mesmo o reconhecimento, baseado apenas na memória visual, poderá ser facilmente contestado. Assim se compreende melhor o terror inspirado pelo monstro ou pelo vingador que se dissimula sob falsa identidade. As metamorfoses de Jacques Colin, o destino de Jean Valjean, a estratégia de Edmond Dantès não deveriam parecer nada inverossímeis para os leitores da época. A identificação da criança perdida não é nada fácil; daí a extrema importância dos sinais de reconhecimento: bracelete, colar, sinal de pele ou tipo de calçado. Pelo mesmo motivo, a reincidência coloca um espinhoso problema para as autoridades judiciárias; e é acima de tudo a difícil identificação das prostitutas que condena ao fracasso o sistema regulamentador elaborado sob o Consulado.

Até o início da Terceira República, a administração continua a utilizar o método da "descrição". O olhar do policial detalha a cor dos cabelos e dos olhos, avalia a altura e, caso necessário, observa as deformidades. A leitura dos documentos estabelecidos pelos conselhos de revisão e pela polícia de costumes, assim como a dos registros de carceragem, põe em evidência a ineficácia de semelhante método, baseado em descrições neutras e imprecisas. Na realidade, para desmascarar o disfarce, a polícia não pode contar senão com a perspicácia do olhar de seus agentes, sobretudo depois que a lei de 31 de agosto de 1832 acarretou a abolição da marca com ferro em brasa. De qualquer forma é em função desse procedimento rudimentar que se constituem aos poucos, nas sedes da chefatura de polícia, os registros previstos pelo código de instrução criminal de 1808 e, mais tarde, a partir de 1850, o arquivo judiciário, mantido pelo cartório dos tribunais.

MEDIDAS ÓSSEAS EM BUSCA DA MARCA

No final do século o duplo problema está resolvido; novas técnicas permitem que se atribua a cada indivíduo uma identidade invariável e facilmente passível de demonstração. O sistema de reconhecimento torna impossível daí por diante a substituição de quem quer que seja, mesmo entre gêmeos; elimina a falsificação do estado civil. Em uma palavra, interdita a metamorfose. A própria bigamia torna-se uma aventura, mais ainda quando o legislador restabeleceu o divórcio. Em contrapartida, acabaram os temores devidos à prova impossível; as dificuldades do coronel Chabert pertencem agora ao passado.

Em 1876 a polícia começa a empregar a fotografia; no final da década, a Chefatura já possui 60 mil fotos. É verdade que estas, tomadas de todos os ângulos e guardadas em desordem, têm pouquíssima valia; de todo modo, não permitem que se descubra a verdadeira identidade de um falsário. Tudo muda a partir de 1882, com o emprego da identificação antropométrica estabelecida por Alphonse Bertillon. No momento em que a aprovação da lei de 27 de maio de 1885 sobre a reincidência tornará mais imperiosa a necessidade da identificação criminal, ele prova que seis ou sete medidas ósseas efetuadas com rigor e conforme um procedimento fixo são o bastante para marcar um indivíduo.

A *bertillonagem*, culminação de uma vastíssima caminhada, balizada pelos trabalhos de Barruel sobre o sangue e o odor individuais, pelas investigações de Ambroise Tardieu, de Quételet e dos membros da Sociedade de Antropologia, reinará sem rivais até o início do século XX. Nesse intervalo, é aperfeiçoada por seu inventor, que decide acrescentar os sinais particulares à identificação definida pelas medidas ósseas, juntando mais tarde a fotografia ao boletim antropométrico.

Na verdade, a *bertillonagem* não é mais que uma etapa. Desde o início do século XX triunfa a identificação pelas marcas corporais e mais precisamente pelas impressões digitais. Essa velha descoberta chinesa, utilizada em Bengala pela administração inglesa, é apropriada por Galton, que saberá convencer Alphonse Bertillon a integrar o novo dado ao boletim antropométrico.

Às vésperas da Primeira Guerra Mundial, os procedimentos destinados aos delinquentes e criminosos ultrapassam o quadro penitenciário. A lei de 16 de julho de 1912 os impõe também aos nômades e itinerantes, inclusive comerciantes e industriais do exterior, a posse de uma "carta de identidade antropométrica". Nela figuram o nome, sobrenome, data e local de nascimento, filiação, descrição, impressões digitais e a foto do indivíduo; reconheceremos nela a antepassada de nossa carteira de identidade.

A nova ameaça que tais procedimentos fazem pesar sobre o segredo da vida privada começa a inquietar. Quando a questão alcança seu apogeu, a antropometria desperta a ira dos dreyfusianos e alimenta um vivo debate. Entretanto, e revela-se aqui a mesma ansiedade, o afluxo de queixas obriga o prefeito Lépine a deixar de exigir das proprietárias de bordéis a fotografia das mulheres que frequentam seus estabelecimentos. Provavelmente seria possível distinguir muitos outros sinais dessa nova suscetíbilidade; Philippe Boutry mostra também, desde 1860, em várias paróquias do Ain, uma intolerância até então desconhecida em relação a qualquer violação de atos pessoais por parte dos pregadores. Os pastores, apegados à batida imagem da "eloquente profundeza dos abusos individuais", são aos poucos obrigados a levar em conta o novo espaço privado da vida moral baseada na autonomia da pessoa.

É fácil observar que, em todas as esferas mencionadas, uma mudança se esboça ali por 1860 para definir-se por volta de 1880. Em resumo, opera-se uma transformação no momento do triunfo da República. O movimento de individualização que anima o século culmina, ao passo que o neokantianismo inspira os dirigentes e Pasteur impõe a existência do micróbio, perturbador do organismo; esse modelo biológico, aplicado ao campo social, estabelece que o controle do indivíduo é essencial à sobrevivência do grupo.

Ao mesmo tempo, o temor da violação do eu e seu segredo engendra o fantástico desejo de decifrar a personalidade que se oculta e de intrometer-se na intimidade dos outros; muda preocupação que embasa o esnobismo do incógnito, atiça a tentação da carta anônima, contribui para o prestígio do voyeurismo fim-de-século, explica a emergência da personagem do detetive em busca de pistas. Mais ainda que Conan Doyle, é Gaston Leroux quem testemunha a nova sensibilidade e faz não da identificação, mas da própria identidade do culpado, e de seu disfarce, a essência da ação policial.

AS AMEAÇAS DO CORPO

A ALMA E O CORPO

É inútil tentar compreender o sentimento de intimidade que orienta a vida privada no século XIX sem uma reflexão preliminar sobre essa permanente dicotomia entre alma e corpo que gera as atitudes de então. As modalidades dessa espantosa partilha variam evidentemente conforme o estrato social, o nível cultural e o grau de fervor religioso. Por outro lado, uma sedimentação de crenças nos substratos profundos de cada indivíduo, assim como uma incessante circulação das modas e comportamentos entre as diferentes camadas da população, semeia confusão mesmo em meio às mais rigorosas análises. Assim, é conveniente não perder de vista o intrincado dos sistemas de representação que nós, por razões didáticas, iremos diferenciar artificialmente.

Muitos etnólogos, entre os quais Françoise Loux, evidenciaram a coerência e o domínio do corpo no seio da sociedade tradicional. Muito curiosamente, esta parece ignorar a dicotomia à qual aludi. Os provérbios coletados por folcloristas em fins do século XIX refletem uma visão laicizada da existência, que privilegia o orgânico. Delineiam uma moral da moderação, constatam que o repúdio à posição mediana, o respeito ao meio-termo exato favorecem a saúde e buscam, aqui, um bem-estar mais refinado que o prazer. Essa ética brota de um campesinato laborioso, que valoriza os frutos do esforço e desconfia dos pobres, fermentadores de violências e desordens. Mentalidade impregnada de pessimismo e resignação, que mantém uma obediente escuta das mensagens do corpo, baseada na convicção de que este se encontra estreitamente ligado à ordem cósmica, vegetal e animal, por toda uma série de correspondências simbólicas. A atenção dedicada às fases da lua, indicador celeste do ciclo feminino, a ansiosa auscultação do discurso do galinheiro quando se apresenta o perigo da morte, a medição do crescimento da árvore plantada no dia do nascimento do filho, as proibições que cercam a gestão dos dejetos do organismo, placenta, fragmentos de unhas ou dente caído, atestam o caráter obsessivo dessas crenças arcaicas. Elas são acompanhadas por uma norma higiênica que admite o bom desempenho das funções naturais, tolera o arroto, o peido, o espirro, o suor e os sinais do desejo, assume sem reclamar os estigmas da decadência. É um sistema de opiniões e atitudes que define uma frente de resistência à difusão da higiene acadêmica e que se insinua, em pérfidos contra-ataques, até no interior burguês, graças à cumplicidade das amas ou criadas. Não há motivo para espanto quando se reencontram, particularmente interiorizadas pela elite, algumas dessas normas que afloram a partir das profundezas sociais, em perfeita harmonia com o higienismo cotidiano de médicos bonachões, partidários, também eles, do meio-termo.

No polo oposto às crenças antigas inscreve-se a permanência e, em certas esferas, a tendência a acentuar a mensagem cristã baseada no antagonismo entre a alma e o corpo. Desdenhando os limites dogmáticos do desprezo pela carne, desenhados pelo mistério da Encarnação, o mistério da Eucaristia e a fé na Ressurreição, uma visão pessimista, refinada pelos Padres da Igreja, notadamente Tertuliano, e retomada tanto por Bossuet como pelos jansenistas, reduz os despojos mortais, futuro pasto dos vermes, a uma provisória prisão. O corpo, que o padre de Ars nunca chama senão de "o cadáver", compromete a alma com os instintos e impede-a de elevar-se rumo à pátria celeste. Assim se justifica a guerra permanente movida contra os anseios, os impulsos orgânicos; se a alma não modera o corpo, este, tal como o dragão, há de levantar-se para avassalá-la. Não existe compromisso possível. Esse desdobramento, quase esquizofrênico, embasa os comportamentos ascéticos.

Alimentadas pelo crescimento dos efetivos congregacionistas, pela multiplicação dos pensionatos religiosos e das ordens terceiras, tais práticas, oriundas de um passado longínquo, não cessam de evoluir ao longo do século XIX. Até a alvorada do Segundo Império sobrevive um rude ascetismo, companheiro do rigorismo que persiste. Essa violência harmoniza-se com a imagem do Cristo no Gólgota, e piedosos gravadores se comprazem então em fazer suas feridas verter sangue em terríveis jatos. A partir de meados do século declinam as mortificações, pouco adequadas à feminização da prática. A Igreja, que investe na mulher para levar a bom termo sua reconquista, deve tomar em consideração o discurso médico que sublinha à saciedade a fragilidade das filhas de Maria. Mil pequenas mortificações, mais adaptadas ao ritmo dos tempos femininos, substituem o sangue e a dor. Interioriza-se assim a renúncia a si mesmo no cotidiano e inaugura-se a contabilidade dos pequenos sacrifícios.

Os discursos acadêmicos revelam-se mais inovadores. Em fins do século XVIII, tem papel decisivo nesse domínio a difusão na França dos escritos de Georg Stahl e sua influência sobre o pensamento médico. Quer se proclamem partidários do vitalismo montpellieriano, do animismo ou do organicismo, os médicos da época, em sua maioria, notadamente aqueles que, tal como Roussel, elaboraram o discurso sobre a especificidade do sexo feminino, alinham-se com o dogma da supremacia da alma sobre o corpo. A alma-guia, detentora do segredo da vocação do corpo, dirige sua efetivação. Não são portanto as formas da anatomia nem os traços específicos da fisiologia da mulher que determinam seu caráter e justificam sua missão maternal; é a alma que modela ao mesmo tempo o corpo e o espírito femininos; a maternidade é primeiramente vocação metafísica daquela que tem o dever de colaborar com a obra da natureza.

AS MENSAGENS DA CENESTESIA

Embora retendo vários elementos de uma concepção cujas bases metafísicas ele esquece deliberadamente, o século XIX erudito irá romper com esse primado da alma. Os ideólogos, em especial Cabanis, abandonam as noções da alma-guia e do princípio vital. Como escreve Jean Starobinski, eles tentam "unificar os campos da medicina e da fisiologia". De um só golpe, passam a dar maior atenção à relação entre o físico e o moral, ao vínculo existente entre a vida orgânica, a vida social e a atividade mental. Assim, a feminilidade não deriva mais aos seus olhos de uma ontologia, mas de uma fisiologia e de uma sociologia. Compreende-se a partir daí a ascensão de uma velha noção herdada de Aristóteles, se não de Aristipo de Cirene, retomada por Descartes e pelo próprio Stahl, denominada sucessivamente "tato", ou "tocar o interior", e mais tarde, em fins do século

XVIII, "cenestesia". Deve-se entendê-la como uma percepção interior do corpo, ou melhor, o conjunto das sensações orgânicas cuja tradução no comportamento, segundo Cabanis, constitui os instintos.

Ao longo de todo o século, os especialistas mostram-se convencidos da extrema influência de um inconsciente, percebido como "o obscuro rumor das funções viscerais, de onde emergem, intermitentemente, os atos da consciência", nas palavras de Jean Starobinski. A personalidade aflora já completamente armada de dentro desse inconsciente. O gênio de Freud não estará absolutamente em descobrir que vastas zonas do sujeito escapam à consciência e contribuem para determinar a atividade mental, mas em arrebatar à vida orgânica o monopólio do inconsciente para instalá-lo no próprio aparelho psíquico.

A importância então atribuída à cenestesia valoriza um certo modo de escuta do corpo, que não é mais o nosso. Inspirado na persistência de um neo-hipocratismo vulgarizado, que enfatiza os efeitos do ar, da água e da temperatura, o indivíduo espreita a influência do tempo e da estação sobre a facilidade e o ritmo da respiração, sobre a intensidade do reumatismo ou a estabilidade do humor; dessa forma desenvolve-se uma espécie de metereologia interna da "alma". Empreende-se igualmente uma atenta escuta do desenvolvimento das funções orgânicas e suas repercussões no plano mental; vigilância permanente que privilegia a análise da fisiologia digestiva e do ciclo menstrual, perturbados pela frequência de disenterias e doenças ginecológicas. Essa vigília baseia-se na doutrina dos temperamentos — bilioso, linfático, sanguíneo, nervoso — cuja persistência e adaptação permanentes Théodore Zeldin demonstra, com razão, a despeito de a teoria dos humores ter caído em descrédito.

Constrói-se assim, no cotidiano, um grosseiro sistema de imagens da saúde física e psíquica, que permite gerar comportamentos individuais, elaborar estratégias com relação aos outros. A leitura de documentos íntimos evidencia que tais preocupações formam a própria textura da vida privada. Para convencer-se basta ler, e são apenas exemplos selecionados em cada quarto de século, o diário de Maine de Biran, o de Eugénie de Guérin, os papéis de Charles-Ferdinand Gambon, recentemente publicados, a correspondência dos Boileau de Vigné ou a da família de Marthe. Tudo indica que a confrontação de experiências cenestésicas, então introduzida na conversação, acompanha as considerações metereológicas. Esse gênero de preocupações determina a atitude para com a água, o sol, do qual se procura fugir, ou ainda da corrente de ar, objeto de verdadeira fobia.

No século XX essa forma de vigilância privilegia os anseios do corpo; daí por diante ela objetiva fornecer a este compensações justificadas pela vida urbana, pelas condições de trabalho, pela poluição; proporcionar-lhe o prazer físico, ditado pela exacerbação do narcisismo. No intervalo, operou-se uma revolução à qual deveremos retornar: a progressiva identificação do sujeito com o corpo; o que implica atenuação do desprezo pelo orgânico, pela animalidade. Pouco a pouco, instala-se a solidão dos apetites, sentidos como sendo os da própria pessoa, e não mais como expressão das exigências de um Outro, a um só tempo ameaçador e fascinante. O anacronismo psicológico espera o historiador desatento a essa mutação do estatuto do desejo.

O LEITO E O QUARTO INDIVIDUAIS

O século XIX assistiu à continuidade do processo de desamontoamento dos corpos, inaugurado nos espaços coletivos por volta do final do Antigo Regime. O leito individual, velha norma dos conventos, tornou-se simples precaução sanitária, especialmente nos hospitais. De fato, como bem demonstrou Olivier Faure, a propósito do exemplo lionês, a privatização do espaço reservado ao enfermo demorará a triunfar nesses estabelecimentos, pois contrariava os ritos da sociabilidade popular que se reconstituía espontaneamente. O essencial no que diz respeito ao nosso objetivo é sobretudo a transferência dessa preocupação para o espaço privado, processo acelerado pela epidemia de cólera de 1832, que enfatizou tardiamente os males do amontoamento e da promiscuidade reinantes no seio da habitação popular.

Estimulados pelas descobertas de Lavoisier e pelo novo entendimento do mecanismo da respiração, persuadidos dos benefícios de uma reserva de oxigênio, os médicos lutam durante todo o século contra o leito coletivo e a promiscuidade. Pouco a pouco serão ouvidos. Seria impossível superestimar as consequências de seu difícil triunfo. A nova solidão do leito individual conforta o sentimento da pessoa, favorece sua autonomia; facilita o desabrochar do monólogo interior; as modalidades da prece, as formas do devaneio, as condições do adormecer e do despertar, o desenvolvimento do sonho, até do pesadelo, tudo é transtornado. Enquanto isso, atenua-se o calor da fraternidade e se desenvolve na criança a exigência da boneca ou da confortadora mão materna. Os médicos o deploram: o prazer solitário fica favorecido.

No seio da pequena burguesia, pelo menos, avança o quarto individual, objeto da solicitude dos higienistas que ditam os volumes, aconselham a eliminação das domésticas e da roupa de cama suja. O quarto de uma moça, transformado em templo de sua vida privada, enche-se de símbolos; confunde-se com a personalidade da ocupante, prova sua autonomia. O pequeno oratório no ângulo, a gaiola do passarinho, o vaso das flores, o papel de parede que imita o tecido de Jouy, a escrivaninha que encerra o álbum e a coleção de cartas íntimas, talvez a biblioteca, contribuem para definir a imagem de Césarine Birotteau ou Henriette Gérard, e mais ainda a de Eugénie de Guérin, cujo diário entoa um interminável hino ao prazer de ter seu "quartinho", igualmente celebrado por Caroline Brame.

A idílica mansarda da costureirinha, cujo bem-comportado ambiente é atestado de virtude, constitui o avatar plebeu do modelo. A obrigatoriedade de "um quarto para cada um" impõe-se mesmo nas casas de tolerância fiscalizadas pela polícia de costumes. No campo, a intimidade de um espaço conjugal explicita-se pouco a pouco com a instalação de cortinas, de biombos, até com a construção de sumários tabiques. Quando o dono da casa decide passá-la a alguém, desenvolve-se o uso de reservar-se um quarto no contrato de doação; ele garante assim a privatização do espaço em que deve passar o resto de sua existência.

Paralelamente, a crescente intimidade dos locais de defecação favorece a busca do monólogo interior. Nos imóveis populares, a posse da chave das latrinas inaugura essa familiaridade do excremento, que constitui um elemento não negligenciável do avanço da *privacy*. Quando, em torno de 1900, difunde-se o sanitário, e mais tarde o banheiro, dotado de um sólido ferrolho, o corpo nu pode começar a experimentar sua mobilidade a salvo de qualquer intromissão. Esse espaço, dessensibilizado ao máximo, transforma-se no templo *clean and decent* do inventário e da contemplação de si próprio.

A HIGIENE ÍNTIMA

Os progressos da higiene íntima efetivamente revolucionam a vida privada e as condições da função. Múltiplos fatores contribuem, desde os primórdios do século, para acentuar as antigas exigências de limpeza, que germinaram no interior do espaço dos conventos. Tanto a descoberta dos mecanismos da transpiração como o grande sucesso da teoria infeccionista levam a se acentuar os perigos da obstrução dos poros pela sujeira, portadora de miasmas. Um pouco mais tarde, o fortalecimento do conceito de "depuração" impõe uma vigilante higiene dos "emunctórios" do organismo. A reconhecida influência do físico sobre o moral valoriza e recomenda o limpo. Novas exigências sensíveis rejuvenescem a civilidade; a acentuada delicadeza das elites, o desejo de manter à distância o dejeto orgânico, que lembra a animalidade, o pecado, a morte, em resumo, os cuidados de purificação aceleram o progresso. Este é estimulado igualmente pela vontade de distinguir-se do imundo zé-povinho. Tudo contribui para estabelecer um novo estatuto do desejo sexual e da repulsão, que por seu turno aviva o impulso das práticas higiênicas.

Porém, em contrapartida, muitas crenças incitam à prudência. A água, cujos efeitos sobre o físico e o moral são superestimados, reclama precauções. Normas extremamente estritas regulam a prática do banho conforme o sexo, a idade, o temperamento e a profissão. A preocupação de evitar a languidez, a complacência, o olhar para si, na verdade a masturbação, limita a extensão de tais práticas. A relação na época firmemente estabelecida entre água e esterilidade dificulta o avanço da higiene íntima da mulher.

Entretanto, o progresso esgueira-se aos poucos, das classes superiores para a pequena burguesia. Os empregados domésticos contribuem inclusive para a iniciação de uma pequena parcela do povo; mas ainda não se trata de nada mais que uma higiene fragmentada. Lavam-se com frequência as mãos; todos os dias o rosto e os dentes, ou pelo menos os dentes da frente; os pés, uma ou duas vezes por mês; a cabeça, jamais. O ritmo menstrual continua a regular o calendário do banho. A esse propósito, a maioria das congregações femininas do século XIX ainda se refere à norma ditada por santo Agostinho. No final do século, o aparecimento do *tub* à moda inglesa, mais tarde a difusão, sem dúvida muito moderada, da ducha tendem a modificar o tempo do banho. A ducha beneficia-se de um preconceito, pois sua ação dinamizante exorciza o enlanguescimento. Tal virtude não dispensa ainda o álibi terapêutico. O regulamento da Escola Normal de Sèvres, elaborado em 1881, reserva as duchas a doentes acompanhadas por uma enfermeira. Assim, compreende-se melhor o atraso da higiene sexual. Guy Thuillier constata que o bidê e as toalhinhas higiênicas não aparecem, entre a boa burguesia de Nevers, antes do raiar do século XX.

Na sua maioria, as populações rurais, habituadas, é verdade, ao banho de rio juvenil em períodos de forte calor, ficam à margem do progresso até a Primeira Guerra Mundial. É certo que as municipalidades procuram abastecê-las com água; um sistema de torneiras, de "tinas" e lavatórios se desenha na Baixa Normandia, sob a Restauração; durante a Monarquia de Julho, no Nivernais, e na Terceira República em Minot, Châtillonais. É certo que o hospital, a prisão, mais tarde a escola e a caserna concorrem para a iniciação higiênica, inaugurada por esses infatigáveis médicos de aldeia que têm no dr. Benassis o seu símbolo. Mas, já o vimos, o código da medicina acadêmica muitas vezes contradiz os conhecimentos populares do corpo: lavar demais a roupa branca pode estragá-la, uma limpeza meticulosa não passa de perda de tempo, sob a sujeira forma-se uma bela tez. A injunção médica atrapalha; frequentemente aparece como uma intolerável intromissão dos senhores da cidade.

Nos meios operários encontra-se uma certa ambivalência: no final do século, a limpeza torna-se uma necessidade; a vontade de mudar de roupa após o trabalho traduz uma exigência de dignidade; constitui inclusive o motivo de muitas greves na região parisiense, às vésperas da Primeira Guerra Mundial. Entretanto, a aplicação da lei sobre a higiene, votada em 1902, mostra-se difícil. A inspeção aparece como um insuportável controle. Em Nivernais, patrões e operários entram em acordo para negligenciar as novas prescrições.

Para dizer a verdade, aquilo que as elites entendem então por higiene, quando se trata do povo, diz respeito sobretudo à aparência. Estar limpo significará, antes de mais nada, não andar manchado (em Lyon, o tintureiro é chamado "tira-manchas"), limpar as vestes, evitar os modos grosseiros, pentear a cabeleira, lavar às vezes as mãos para se "desemporcalhar" e, tardiamente, aspergir água-de-colônia. Para a "Baixinha" de Jules Renard, a higiene consiste em ter a habilidade de tomar limpamente sua sopa; no entanto, na casa da vizinha, Fifille Migneboeuf, ordena-se que a criança enxugue o sangue menstrual espalhado pelas lajes da sala comum. A própria escola republicana, tão exaltada por sua ação higiênica e pelo ritual das visitas de limpeza, não tem ambições; para convencer-se basta reler atentamente *Le tour de la France par deux enfants* [A volta à França por dois meninos]. A batalha decisiva trava-se em torno do uso do pente e do aprendizado da disciplina da defecação. O garoto deve deixar de pentear-se com os dedos; e a menina, aprender a manter limpa sua calcinha.

Por volta do início do século XX, contudo, uma virada se delineia: o progresso, limitado, do equipamento e do mobiliário sanitários, a influência da ducha das sociedades esportivas, os esforços da nova administração da higiene pública, a crescente utilização dos hotéis de turismo e dos bordéis de luxo ajudam a difundir a bacia e o jarro d'água; mas será preciso esperar pelo período entre guerras para que se difunda o ferro esmaltado; e pelos anos 1950, com a banalização da ducha e do banheiro, para que a revolução higiênica se opere em profundidade.

A AMEAÇA DO DESEJO

É no seio do espaço privado que o indivíduo se prepara para afrontar o olhar dos outros; ali se configura sua apresentação, em função das imagens sociais do corpo. Também nesse domínio se verificou uma revolução. O século XIX elabora e em seguida impõe uma estratégia da aparência, um sistema de convenções e ritos precisos que não visam senão à esfera privada. Depois, opera-se o lento enfraquecimento dessa recente especificidade, com base na distinção hipertrofiada entre o dentro e o fora. Assim, ao cabo de décadas, a camisola de dormir deixa aos poucos de ser tolerada fora do quarto. Tornou-se o símbolo de uma intimidade erótica, e a menor alusão a ela, mesmo implícita, seria já então inconveniente; mais ainda porque a camisola conjugal tende a distinguir-se da simplicidade juvenil. Toda uma gama de *déshabillés* compõe o guarda-roupa matinal, no qual uma mulher decorosa não será vista por estranho algum, a menos que seja seu amante; uma exigência de modéstia espicaçada pelo progressivo refinamento dessas vestes e pela visibilidade cada vez maior das roupas íntimas. O *Mas então não passeies toda nua* de Feydeau não deve ser tomado ao pé da letra. Da mesma maneira, em sua casa uma mulher circula com os cabelos soltos; no espaço público, tal penteado designaria a arrumadeira... ou a prostituta. Tais normas entram no sistema global de freios que contribui simultaneamente para limitar o acesso da mulher à cena pública e para dar solenidade ao seu aparecimento. A distinção entre o dentro e o fora também não poupa a população masculina; a vestimenta adotada pelo parisiense em sua casa não lhe permitiria afrontar a rua.

Outro fato histórico renova então as condutas privadas: o inaudito sucesso da lingerie. A extrema sofisticação da vestimenta invisível valoriza a nudez, dando-lhe maior profundidade. Jamais, observa Philippe Perrot, o corpo feminino foi tão escondido como entre 1830 e 1914. Após a combinação, o calção propaga-se irresistivelmente. Usado primeiro pela menina, vence sua causa junto às mulheres adultas com o triunfo da crinolina, ou seja, no início do Segundo Império. Em 1880, seu uso é imperativo, ao menos na burguesia. Entretanto, o corpete resiste às violentas ofensivas empreendidas contra ele pelo corpo médico. A amarração "à preguiçosa" permite seu uso autônomo; deixa que a mulher se arrume sozinha, o que incrementa sua margem de manobra amorosa.

No final do século a riqueza, até então desconhecida, da renda e dos bordados acompanha a hipertrofia da lingerie. Jamais ficarão tão evidentes os efeitos perversos do pudor; enquanto se multiplicam os estágios do despir-se, os impacientes dedos masculinos devem suplantar obstáculos de uma gama cada vez maior de laços, colchetes e botões. Tamanha acumulação erótica, que contribui para renovar a mitologia libidinosa e cuja representação gráfica continua a ser um tabu, exceto na caricatura, difunde-se com extrema rapidez — mais depressa que a higiene — em todas as classes da sociedade. Muito em breve, até o jovem campônio sedutor deverá aprender a haver-se com inesperados obstáculos.

Seria conveniente refletir sobre o que significa a aceitação desses refinados complicadores, em harmonia com a perturbadora hipertrofia do imaginário erótico, que traduzem, no seio da burguesia, a ânsia de cobrir-se, a obsessão da capa, do estojo e do cadarço. O desejo de conservação, o cuidado de proteger-se, o medo da castração, a permanente lembrança da ameaça do desejo realizam aqui um neurótico encontro.

Como então admirar-se com a ascensão desse fetichismo, descrito e codificado por Binet e Krafft-Ebing, no final do século, mas cujos sintomas já tinham sido minuciosamente analisados por Zola, Huysmans e Maupassant? A mística do talhe e das curvas, a fixação do desejo nos sedosos arredondados do colo, o valor erótico do pé e do couro das botinas, o desejo de cortar a cabeleira feminina para respirar à vontade tornaram-se fatos históricos, assim como o fetichismo do avental, símbolo de intimidade que parece autorizar todos os atrevimentos. A lingerie, onde vão inscrever-se os traços da sexualidade, da enfermidade, até do crime, adota um discurso comprometedor; nele se apoia o rumor elaborado pelos criados e logo amplificado pelas lavadeiras. A lavadeira do castelo sabe de muita coisa; desfruta na aldeia do prestígio da mulher que conhece os segredos das belas roupas íntimas.

AS ESTRATÉGIAS DA APARÊNCIA

Dentro do espaço privado desenvolve-se também a toalete que prepara a aparição na cena pública. O ritual desse labor inútil, por muito tempo confinado à elite, difunde-se brutalmente entre 1880 e 1910. Alguns traços principais o caracterizam: para começar é um claríssimo dimorfismo sexual que resulta em salientar a diferenciação dos papéis. A mulher tem o monopólio do perfume, da pintura, da cor, da sedosidade, da renda e sobretudo de uma torturante *body sculpture* que a coloca desde o início acima de qualquer suspeita de trabalho. Tem a função de ser a insígnia do homem condenado à atividade, ou seja, à vestimenta negra ou cinzenta, em forma de tubo, que faz Baudelaire bradar que esse é um sexo de luto. As próprias roupas íntimas masculinas carecem de refinamento. O homem do século XIX não se orgulha de seu corpo, exceto de seus pelos. Enquanto as ondas da cabeleira feminina frequentam o *modern style* e a "ondulação Marcel" faz furor, propagada pelos cabeleireiros para damas que começam a surgir, outros profissionais não propõem menos de quinze a vinte modelos de bigodes, barbas e suíças.

O que se investe nessas modas não é nada insignificante; sua história inaugura a difusão de um novo estilo de vida privada. Evidencia-se novamente aqui a importância da mutação efetuada entre 1860 e 1880. Até então, o campo mostra-se desconfiado em relação ao que chega da cidade; nas próprias ruas citadinas, os trajes camponeses continuam a exibir-se altivamente nos dias de feira e de mercado. Vale dizer que entre 1840 e 1860, favorecida pela prosperidade rural, a vestimenta típica conheceu uma generosa idade de ouro. Em seguida inaugura-se o mimetismo que conduzirá à expropriação simbólica, à progressiva eliminação dos costumes regionais, piedosamente recolhidos pelos folcloristas. Enquanto as toucas e os coletes típicos desaparecem pouco a pouco, as gravuras de modas espalham-se até as regiões rurais menos acessíveis. As vendas por correspondência, a multiplicação das sucursais da loja de departamentos Printemps, a instalação de modistas e sobretudo a extraordinária proliferação das costureiras no final do século aceleram a evolução. Transforma-se a existência das jovens adolescentes, agora sujeitas a um novo aprendizado. Yvonne Verdier bem o mostrou a propósito de Minot, é verdade que sem sublinhar o bastante que se trata de um fenômeno histórico, estreitamente delimitado no tempo.

O ambiente dos operários urbanos não é poupado. Por muito tempo impusera-se a especificação do ofício pelo tipo de roupa; até meados do Segundo Império, era fácil distinguir na rua a blusa do operário, o terno negro do magistrado, o colarinho do empregado. Mas eis que germina, após 1860, a tentação de endomingar-se. O operário pretende vestir-se à burguesa para fazer sua festa mesclado com a multidão urbana. O repouso dominical reveste-se a partir daí de um novo significado. Endomingar-se é mostrar-se sensível à moral da limpeza. Para a jovem operária quer dizer assumir os novos refinamentos da sedução feminina, aceitar o jogo da botina, do lencinho perfumado e do seio bem desenhado, adotar uma postura nova; é também impor-se o obcecante aprendizado das compras; é, por fim, reconhecer os novos tempos da usura. Muitos contos de Maupassant, inúmeras canções de 1900 registram essa mutação simbolizada ainda pelo surgimento do moço de recados, longínquo descendente da costureirinha *grisette.*

O PUDOR E A VERGONHA

No século XIX, o pudor e a vergonha pretendem reger os comportamentos. Por trás desses termos oculta-se um duplo sentimento: de um lado, o medo de ver o Outro — o corpo — exprimir-se, de permitir que o animal ponha as manguinhas de fora; de outro, o temor de que o segredo íntimo seja violado pela indiscrição, o desejo atiçado por todas as precauções destinadas a mascarar tamanho tesouro. O primeiro sentimento dá lugar à contenção, ou seja, a preocupação de evitar qualquer manifestação orgânica suscetível de recordar que o corpo existe. Richard Sennett evoca a propósito a "doença verde", constipação provocada nas mulheres pelo receio de soltar gases em público. Os médicos estabelecem o quadro clínico da "ereutofobia", pudor exacerbado, mórbido pavor de não conseguir impedir que o rubor suba às faces. Do segundo sentimento deriva, por exemplo, a recusa do espéculo, cujo emprego permanece por muito tempo identificado com um "estupro médico"; no final do século, os abolicionistas continuam a empregar o argumento em sua luta contra a prostituição regulamentada. O mesmo tipo de ansiedade acarreta nas mulheres o "mal branco", recusa em sair por medo de ser espiada por desconhecidos.

Essa dupla preocupação instiga a exigência do porte "modesto", que inspira em especial a pedagogia das congregações femininas. Esta visa em primeiro lugar a reduzir a vivacidade das crianças. A quebra do ritmo dos impulsos conjuga-se aqui com a vontade de estancar as fontes de emoção e restringir os assomos da sensualidade. Já que os sentidos são semelhantes a portas abertas para o demônio, é preciso ensinar a prudência, instruir a juventude para que ocupe permanentemente as mãos, receie seu próprio olhar, saiba falar em voz baixa e, melhor ainda, se compenetre das virtudes do silêncio. Odile Arnold distingue a esse respeito, nos conventos de meados do século, um nítido endurecimento pedagógico, que se segue a uma considerável liberdade e até a uma real espontaneidade de atitudes. A tentativa de descorporificação se exaspera com o enaltecimento do modelo angelical; em muitas moças opera-se então uma verdadeira identificação com o anjo. Essa miragem, cuja gênese Jean Delumeau atribui em parte à antiga influência do neoplatonismo, acentua com rapidez seu domínio; nitidamente perceptível nas posturas da prece, acompanha a crescente exaltação da virgindade e a ascensão do lirismo da castidade. É sintomática, a propósito, a rápida difusão do culto a Filomena a partir de 1834. O modelo dessa santa que nunca existiu, mas à qual ainda assim são consagradas abundantes biografias, permite a difusão de preces, imagens e até cordões destinados às jovenzinhas desejosas de se conservarem intatas. Não esqueçamos: nesse século em que se afirma o primado da palavra masculina, é através da retórica do corpo, da elevação do olhar e do fervor do gesto que se opera a prédica feminina.

Resta colocar o problema da difusão das condutas. Suzanne Voilquin, filha do povo, relata o verdadeiro noviciado a que foi submetida, entre 1805 e 1809, pelas mestras da escola do claustro de Saint-Merry, e em seguida pelas tristes senhoritas normandas em cuja casa efetuou seu aprendizado, desde os nove anos de idade. Todavia, a antropologia angelical relativa à época romântica só se estende amplamente quando se deflagra a contra-ofensiva católica, ou seja, após 1850. As técnicas de contenção destiladas nos conventos penetram então nos meios populares. Muito recentemente, Marie-José Garniche-Merritt, que recolheu minuciosamente o testemunho da memória popular, traça um quadro impressionante da minuciosa vigilância exercida, ainda entre 1900 e 1914, pelas religiosas sobre as moças da pequena comuna de Bué-en-Sancerrois. Constitui-se, especialmente nas paróquias rurais, uma rede de congregações juvenis. Incontáveis associações de crianças, de Filhas de Maria, ou ainda dessas donzelas agraciadas com coroas de rosas, as *rosières*, que Martine Segalen avalia serem provavelmente um milhar, aplicam a lição de moral e contenção dispensada pela escola republicana, ela mesma herdeira da civilização lasalliana pouco antes ensinada pelos mestres da Monarquia de Julho. Em Touraine, o prefeito e o padre cooperam na escolha e comemoração da *rosière* da aldeia. Exatamente na manhã de sua celebração, esta deve provar sua virgindade diante do médico. Em Nanterre, a descristianização não impedirá que se mantenha esse modelo de virtudes domésticas e privadas.

No coração da moradia popular, uma nova contenção corporal acompanha o ingresso das preocupações de distinção. Em um romance em parte autobiográfico, Céline relata a tortura infligida ao jovem herói de *Morte a crédito* por seus pais, um pequeno empregado e a lojista de uma das ruazinhas do centro de Paris. Seria demasiado extensa a enumeração de todas essas disciplinas que conduzem à transformação de práticas até então ostensivas em gestos íntimos. Despir-se em comum antes de deitar-se no leito fraternal, realizar diante de outros o ritual da toalete, fazer amor no quarto familiar constituem outras tantas condutas que se tornaram "vergonhosas".

Detenhamo-nos um instante no caso da "moça crescida", púbere, que focaliza então os cuidados dos moralistas. Consagram-se especialmente a ela grossos manuais de fisiologia e higiene. Eles desenham a imagem, fantasmagórica, bem entendido, de uma criança amedrontada ou surpreendida pela radical metamorfose que se opera em si mesma e que o surgimento das regras sanciona. Estranha menina, de gostos incompreensíveis, tanto mais perigosa por ainda não ter apreendido a condição feminina e permanecer excessivamente próxima das forças naturais recém-surgidas em seu corpo. A languidez, os suspiros, as lágrimas involuntárias traduzem essa estranheza e impõem a solicitude dos que a cercam. Enche-se a existência da moça de proibições, embora seja verdade que estas com frequência ficam na teoria. Os médicos aconselham que se evite estimular sua curiosidade pelas coisas do sexo. É assim que, estimulada pela urbanização que priva os jovens do espetáculo da copulação animal, favorecida pelo confinamento da sexualidade ao quarto dos pais, se opera a multiplicação das "ingênuas". É então que se passa a acreditar que os bebês nascem dentro de couves. Fica ainda por determinar a exata medida do fingimento, da distorção que se estabelece entre a atitude e o discurso interior; projeto, ai!, irrealizável. Claudine e suas melhores amigas da escola, que se dedicam a concursos de seios, sugerem-nos com efeito uma imagem bem diferente das moças.

O horror suscitado pelas práticas sexuais solitárias constitui um precioso índice de amplidão da hipocrisia. Os historiadores, de Jean-Louis Flandrin a Jean-Paul Aron, sublinharam a hipertrofia do discurso médico sobre tal flagelo, de há muito denunciado pelo clero. A publicação, em 1760, do célebre *Onania*, do dr. Tissot, incessantemente reeditado até 1905, estabelece uma data decisiva a respeito. Especialistas debateram sobre o crescimento de tais práticas, mas, evidentemente, a história mostra-se aqui incapaz de oferecer certezas. A elevação da idade dos casamentos, a constituição de verdadeiros guetos de solteiros no coração das cidades, o desaparecimento das formas tradicionais de sexualidade "de espera" no meio rural, a proliferação do internato masculino, os progressos do quarto e do leito individuais, o incremento do terror exercido pelo perigo venéreo sugerem uma expansão das práticas solitárias, a menos que se suponha um ascenso paralelo do processo de sublimação. Eu acrescentaria que tudo aquilo tendente a exaltar o indivíduo, a alimentar seu diálogo interior, só pode ter favorecido semelhante forma de prazer. Não esqueçamos, ademais, o fascínio da transgressão, as delícias da desculpa e da falta, assim como, na mulher casada e insatisfeita, o desejo de compensação ou de revanche combinado com o perigo de "aborrecimentos" que a escolha de um amante comportaria. Tudo, enfim, leva a supor que sem a ajuda de tais práticas a campanha dos moralistas não teria se revestido de tamanha intensidade.

Mas retornemos ao aterrorizante discurso dos doutos, cujo efeito dissuasivo não se deve minimizar. A interminável diatribe, que se integra à sexualização da infância detectada por Michel Foucault, funde-se antes de mais nada com o fantasma da perda, com a necessidade de gerir qualquer dispêndio e portanto de elaborar uma saudável economia espermática. Nessa perspectiva, repete-se que o prazer solitário masculino conduz a uma rápida decadência. O definhamento, a senilidade precoce seguida de morte balizam o itinerário percorrido por esses indivíduos emagrecidos, macilentos e quase amnésicos que lotam os consultórios médicos. A dramatização do quadro clínico traduz o temor de que o dispêndio de energia prejudique o dinamismo necessário ao esforço e coloque em causa a capacidade de trabalho; oculta sobretudo a recusa do aprendizado do prazer, a negativa das funções hedonistas.

O gozo da mulher sem a presença masculina parece ser particularmente intolerável. A "manualização" constitui o suprassumo do vício. Para o homem, figura o segredo absoluto, infinitamente mais misterioso que as comoções do coito. Aqui nem se cogita privilegiar os riscos de esgotamento, pois a capacidade copuladora da mulher parece infinita; porém outras sanções, igualmente terríveis, espreitam no horizonte da falta. Não há um quadro clínico, mas a biografia de ninfômana, de histérica ou prostituta que se abre sobre a imagem da pequena viciosa. Reencontra-se aqui a hostilidade que os médicos do século XIX demonstram diante do clitóris, simples instrumento de prazer, inútil na procriação.

O ONANISTA SOB VIGILÂNCIA

A luta contra a corrente provém dos pais, do padre e sobretudo do médico. Os livros incitam a vigilância doméstica. Aos olhos dos educadores clericais, o sono deve ser o equivalente da morte, o leito, imagem do túmulo e o despertar, equivalente da ressurreição. No interior do dormitório do pensionato encontra-se uma freira para zelar pela "modéstia" do despertar e do adormecer. Durante o dia, convém não deixar a criança sozinha por muito tempo. O regulamento das casas dirigidas pelas ursulinas prescreve que as moças devem ficar sempre à vista de numerosas colegas. Os médicos, por seu turno, aconselham que se evite o calor e a maciez da cama; proscrevem a manta e um exagero de cobertas, e fixam a postura do sono. A prática feminina da equitação desperta sua desconfiança, assim como a máquina de costura, denunciada pela Academia de Medicina em 1866.

A estrutura dos equipamentos e, em caso de necessidade, a ortopedia concorrem para a prevenção. Em 1878 os especialistas aconselham a adoção de sanitários tendo na parte superior e na inferior orifícios autorizando o controle de posturas. Certos médicos aconselham que os meninos vistam longas camisolas. Até 1914 os especialistas propõem contra o onanismo rebelde o uso de bandagens sob medida; alguns chegam mesmo a fabricar "cintos de contenção" destinados às moças. Nos hospícios, algemas, correias, aparelhos instalados entre as coxas para impedir o toque são impostos aos alienados ninfômanos. Quando o mal persiste, pode acontecer a cirurgia. A cauterização da uretra parece ser praticada com bastante frequência. Théodore Zeldin cita o martírio do empregado de uma loja, com dezoito anos de idade, vítima por sete vezes de semelhante terapêutica, destinada, em princípio, a curá-lo de perdas seminais involuntárias. Porém são ainda mais eloquentes os pavores de Amiel, minuciosamente relatados pela própria vítima. O infeliz "sucumbe" regularmente às "perdas seminais". "Cada polução é uma punhalada para vossos olhos", declarou um especialista ao rapaz de dezenove anos. Este, aterrorizado, anota cuidadosamente desde então cada uma de suas ejaculações noturnas; consigna seus arrependimentos, escreve suas resoluções; à noite, toma banhos de água fria, come gelo picado, lava as virilhas com vinagre. Nada adianta; em 12 de junho de 1841 ele decide não dormir mais que quatro ou cinco horas por noite, sentado em uma poltrona.

A cauterização do clitóris e do orifício da vulva constituem em contrapartida procedimentos muito raros, e mais ainda a clitorectomia, praticada pelo dr. Robert desde 1837 e mais tarde, no final do século, pelo dr. Demetrius Zambaco. Com efeito é necessário ser prudente e, sem negar a significativa dimensão de tão terrificantes práticas, não superestimar sua frequência.

Compreendemos assim o quanto o corpo se torna uma obsessão no seio da vida privada. O auscultar dos obscuros sinais da cenestesia, a vigilante espreita da tentação, a permanente ameaça que se acredita pesar sobre o pudor, o fascínio exercido pela transgressão sempre possível concorrem para valorizá-lo. Chega-se a fugir do espetáculo do coito animal. A simples alusão a ele é uma grosseria masculina cujo sentido humorístico é difícil conceber atualmente. Grupos de canto e círculos formam-se exclusivamente para rir e falar de sexo. O nu, profundamente oculto, é um fantasma a rondar os homens. Os convidados da condessa Sabine, uma das heroínas de *Nana*, conjecturam longamente sobre a forma de suas coxas. Comparada com isso, nossa tão célebre submissão aos impulsos e desejos do corpo parece bastante descuidada e até um tanto desajeitada.

INTERPRETAÇÃO E CONTROLE DE SI

A BANALIZAÇÃO DO EXAME

Enquanto se processa o esgotamento literário da intimidade, aprofunda-se o desejo de decifrar a si próprio, banaliza-se a prática da introspecção. Processos favorecidos pelo refinamento e difusão social dos exercícios espirituais surgidos do esforço disciplinar pós-tridentino. Paradoxalmente, o procedimento do exame de consciência estende-se no momento em que se reduz o efetivo dos praticantes. Uma nova compreensão dos imperativos da teologia moral permite o acesso da massa de católicos a uma disciplina mental que permanecera por muito tempo restrita à elite. Durante a Restauração, multiplicam-se os retiros e missões; tanto uns como outras deságuam em uma confissão geral; estas proporcionam ocasião para uma longa exploração de si. Claude Langlois mostrou o enraizamento popular da prática do retiro na diocese de Vannes. Em 24 de março de 1821, relata Gérard Cholvy, 6 mil homens participam, de círio em punho, da honrosa cerimônia de caridade que constitui o forte da grande missão de Montpellier. Quase meio século mais tarde, em 1866, por motivo da visita de uns pregadores a Chasseradès — a humilde comuna do inacessível Gévaudan —, opera-se o voltar-se para si e desata-se a língua dos rudes camponeses dos *oustaux*. A manutenção, durante décadas, da dupla confissão e da absolvição diferenciada, a prática da confissão geral por etapas, entremeada por longos períodos de autoanálise, tal como era preconizada pelo padre de Ars, convertido em missionário sedentário durante a Monarquia de Julho, incitam a um minucioso esquadrinhamento da memória à procura da falta.

A proliferação dos "regulamentos de vida", a crescente precisão das "resoluções" acompanham o aprofundamento dos exames. Pregadores e educadores congregacionistas convidam as almas piedosas a exercer essa nova maestria. Assim se acomodam as condutas no interior da vida privada. Aconselhados pelas educadoras, os pais impõem um rígido regulamento às moças que retornam do internato, com o intento de afastá-las das tentações de uma vida que parece devotada ao ócio. O emocionante *Cahier de résolutions* [Caderno de resoluções] da jovem Léopoldine Hugo testemunha o sistema. Algumas boas almas chegam a estimular todas as moças a manter um diário, como simples corolário do sacramento da penitência. Em Marselha, Isabelle Fraissinet, aos doze anos de idade, é obrigada a preencher todos os dias o seu. O papel pode registrar também o progresso da vida espiritual dos adultos, aliviar os escrúpulos nascidos de pequenas faltas cotidianas. Após 1850, o ascenso do diário feminino de conversão, tendo por modelo o de madame Swetchine, editado por Falloux, traduz o mesmo desejo de adaptar a fins edificantes a crescente necessidade de escrever sobre si.

Não menos essencial é a laicização dos procedimentos de interpretação do indivíduo, elaborados à sombra do confessionário. A compatibilização da existência, a aritmética das horas e dos dias, que sobrecarregam o homem do século XIX, não derivam apenas do temor da falta; provêm igualmente desse mesmo fantasma da perda que conduz a manter livros de contabilidade doméstica da mais extremada minúcia, que engendra a angústia do desperdício de esperma ou simplesmente do cotidiano estreitamento da duração da vida. Esse desejo de represar a perda transborda para o diário íntimo.

O extraordinário *Essai sur l'emploi du temps ou Méthode qui a pour objet de bien régler l'emploi du temps, premier moyen d'être heureux* [Ensaio sobre o emprego do tempo ou método tendo por objetivo a boa organização do emprego do tempo, primeiro meio de ser feliz], redigido em 1810 por Jullien, militar da reserva, manifesta claramente sua filiação. O autor, que remete a Locke e a Franklin, e cujo trabalho será coroado por Fourcroy, recomenda que se divida o dia em três fatias de oito horas. Aconselha que se consagre a primeira ao sono, a segunda aos estudos e aos "deveres de seu emprego", a terceira às refeições, ao lazer e aos exercícios corporais. Aconselha, sobretudo, que se mantenham três diários ou "contabilidades", nos quais serão registradas as flutuações da saúde, as vicissitudes da moral e as pulsações da atividade intelectual. Um "memorial analítico" e um quadro tríplice da situação, redigidos a cada trimestre ou semestre, permitirão que se façam sucessivos balanços que será conveniente submeter a um amigo voluntário para julgar sua evolução. O desejo de esclarecimento interior, combinado com o temor do desperdício, suscita aqui uma prática que não subentende nenhum diálogo com o Criador. É em função do olhar sobre si mesmo, e dos olhares dos outros e do mundo, que se estrutura um exame permanente, obcecante. O longo monólogo interior permite também que se controle a aparência pessoal, tornando-a ao mesmo tempo mais indecifrável aos outros; o necessário segredo do indivíduo contribui para impor a introspecção.

Os grandes autores de diários da primeira metade do século esforçaram-se por levar a bom termo essa tarefa de esclarecimento, sem a menor ambição literária. Suas obras, que com frequência registram simultaneamente o trabalho, o dinheiro, o lazer e a ação amorosa, desempenham o papel de contabilidades da decadência. O diário íntimo tenta exorcizar essa angústia da morte, que ele aviva com o próprio ato de escrever. Detectar o desperdício de si próprio é proporcionar-se os meios para uma estratégia de poupança. "Ao conservar a história do que sinto", diz Delacroix em 7 de abril de 1824, "tenho um duplo fim: o passado retornará a mim. O futuro está sempre ali." Assim se constitui uma memória que autoriza a um só tempo a amnésia e a comemoração.

Manter um diário é também disciplina de interiorização; deposita-se sobre o papel a discreta confissão. A escritura permite a análise da culpabilidade íntima, registra tanto os fracassos da sexualidade como o sufocante sentimento da incapacidade de agir; repisa as resoluções secretas.

Múltiplos fatores contribuem ainda para explicar a ascensão dessa fascinante prática. Em Maine de Biran, ela responde à ambição de apoiar a ciência do homem na observação e captar, para tanto, as relações que se estabelecem entre o físico e o moral. A busca de si mesmo é estimulada ainda por todos os fatos históricos que conduzem ao aprofundamento da sensação de identidade. Sobretudo, a aceleração da mobilidade social engendra um sentimento de insegurança. Incita o autor do diário a indagar-se sobre sua posição, a calcular o julgamento dos outros. A muda presença da sociedade frequenta a vida privada e solitária do autor. O novo feitio das relações interpessoais ditado pela urbanização multiplica as feridas narcíseas, gera uma frustração que convida ao recolhimento nesse refúgio interior. Maine de Biran prevê, em 1816, essa busca de uma revanche psicológica; pressente os tempos em que "os homens, cansados de ouvir, estarão mais dispostos a se voltar sobre si próprios, buscando ali o repouso e essa espécie de calma e consolo que só se encontra na intimidade da consciência".

O avanço do sentimento de propriedade não é estranho à nova busca; mais uma vez é Maine de Biran que o pressente; ele se felicita quando o abade Morellet, seu amigo, na monografia que consagra ao assunto, baseia o direito de propriedade no "direito de cada homem sobre si próprio, sobre todas as suas faculdades, [sobre] seu eu".

A PRÁTICA DE ESCREVER SOBRE SI

Resta definir o efetivo consagrado à prática de escrever sobre si mesmo. Caso nos atenhamos aos grandes autores de diários, reconhecidos pela história literária, a tarefa é fácil. São numerosas as mulheres às quais o código das conveniências proíbe a publicação e que suprem graças ao diário sua necessidade, quando não sua fúria, de escrever. A própria Eugénie de Guérin confessa que aplaca um irreprimível desejo e tudo leva a crer que o mesmo ocorre a madame de Lamartine, a mãe do poeta.

Com frequência mal inserida na sociedade onde foi chamada a viver, a autora de um diário sofre por não poder comunicar-se. Ademais, sente dificuldade em decidir-se. Em maio de 1848, aos 27 anos de idade, Amiel expõe em seu diário, sob a forma de uma interminável equação, os elementos de um eventual casamento. "Eu invento fantasmas e obstáculos gratuitos", confessa Maine de Biran, esmagado pelo que denomina a "preocupação" — nós diríamos a ansiedade — que ele atribui à "desconfiança de si próprio".

Em suma, o grande escritor de diários não está longe de parecer um doente; certamente um tímido, até um impotente, cheio de tendências homossexuais que não saberia saciar. A microfamília burguesa do interior constitui o lugar privilegiado da eclosão do diário íntimo. Sua estrutura favorece o apego à mãe e à infância; Béatrice Didier afirma que o autor de um diário sofre de regressão e sua caligrafia traduz a busca de um refúgio maternal. Não se poderia negar que esse castigo cotidiano prolonga os imperativos da pedagogia juvenil: ele lembra simultaneamente o caderno escolar e o dever de casa.

Com efeito o diário é, para começar, e talvez acima de tudo, uma prática. Impõe um fatigante trabalho; lembremos as 17 mil páginas escritas por Amiel! Para os que se comprazem com o monólogo interior, ele pode tornar-se também um refinado prazer. "Quando estou sozinho", declara Maine de Biran, "basta-me a ocupação de seguir o movimento de minhas ideias ou impressões, de apalpar-me, observar minhas disposições e as variantes de minha maneira de ser, de tirar o melhor partido de mim mesmo, de registrar as ideias que me ocorrem por acaso, ou as que minhas leituras sugerem." Nesse sentido, o diário íntimo é o coroamento das alegrias da *privacy*: "Aspiro a tornar-me eu mesmo, retornando à vida privada e familiar", confessa o mesmo escritor, "erguendo-me assim acima de mim mesmo; então não serei ninguém". Entretanto, pode-se adivinhar, o diário é inimigo da vida conjugal! Às mulheres, sobretudo, impõe-se que o escrevam às escondidas. Eugénie de Guérin oculta até de seu adorado pai o caderno que ela preenche à noite, em seu "quartinho", enquanto contempla as estrelas. Manter um diário reveste-se efetivamente do aspecto masturbatório realçado por Béatrice Didier.

Os historiadores ainda não mediram satisfatoriamente a difusão social de uma prática cuja análise permanece como monopólio dos especialistas em literatura. Ademais, a grande fragilidade desses documentos certamente leva à subestimação de sua quantidade. Muitos indícios, porém, induzem a pensar que o diário íntimo é o contraponto de muitas vidas privadas. A pequena burguesia não o ignora, como testemunha o texto de P. H. Azaïs, modesto autodidata parisiense; aqui o diário apresenta-se como herdeiro longínquo do livro de razão e companheiro do livro de contabilidade. Adivinha-se que as mocinhas que encontraram nele uma maneira de desabafar sejam legião. Caroline Brame, cujos papéis foram encontrados no Marché aux Puces [Mercado das Pulgas], e Marie Bashkirtseff certamente não são exemplos isolados; e menos ainda Isabelle Fraissinet.

Convém destacar a propósito a imensa popularidade do álbum. Durante a Monarquia de Julho, escreve Pierre Georgel, toda moça de boa família tem o seu, que apresenta aos amigos da casa. É Lamartine quem abre o de Léopoldine Hugo. Até os treze anos de idade, Didine registra ali seus brinquedos, seus sonhos de infância, suas leituras; em seguida surpreendem-se ali os suspiros e declarações dos primeiros admiradores aos quais a jovem aos poucos vai atentando. Desde então ela se preocupa com as roupas, registra os bailes, os espetáculos a que assiste e tem o cuidado de inscrever suas impressões de viagem. O álbum é um saco de gatos; nele se colam boletins escolares e gravuras pitorescas; ao chegar o casamento, ele irá unir-se aos cadernos no novo museu dos arquivos familiares.

Funcionam entre o povo equivalentes simbólicos do álbum, se não do diário. O enxoval bordado pela jovenzinha não pode ser considerado uma atenta escrituração de si e de seus sonhos para o futuro? Em todo caso, sua função ultrapassa em muito o simples desejo de dispor de uma reserva de panos para depois do casamento. Agnès Fine mostra com quantos cuidados a adolescente dos Pireneus fia, borda, marca com um fio vermelho esse tesouro que, mais tarde, de nada lhe servirá. A moça designada como herdeira também se curva a esse rito cuja necessidade prática ela não tem. Explica-se assim o extremo apego da mulher a semelhante acumulação simbólica. Em *Icarie*, Cabet será acusado de querer confiscar o enxoval. Ao valorizar ao extremo em sua narrativa o baú de panos que Gilliat herda de sua mãe, o autor de *Os trabalhadores do mar* sabe perfeitamente que aponta um elemento maior da sensibilidade popular.

A MODERAÇÃO DAS AMBIÇÕES

A busca retrospectiva do eu, objeto do diário íntimo, estimula arrependimentos, aviva nostalgias, mas, em um mesmo movimento, valoriza a aspiração e desperta o imaginário da construção de si. Convida à história da ambição, mas, ai!, sempre no limbo. Uma evidência, contudo: enorme moderação cerca as representações do futuro; essa prudência vem contradizer a imagem excessivamente fogosa de um século em que se daria vazão aos apetites. De fato, convém não esquecer o atrativo da reprodução e a força dos mecanismos que o corroboram. A amplitude do apadrinhamento, do sistema da "recomendação", em suma, o peso das relações e o intrincado das estratégias familiares contêm por muito tempo a ascensão de uma democracia que, mesmo depois do triunfo da República, continuará mitigada. Tal como sublinha Théodore Zeldin, o temor da estafa, do excesso, subscrito pelo corpo médico, contribui para moderar ambições. Seria preciso acrescentar a influência dessa cultura clássica dos humanistas, cuja importância é minimizada por um condescendente desprezo. Quantos homens maduros, leitores de Horácio, não buscaram acima de tudo o *otium* e praticaram o *carpe diem*, à imagem dos prefeitos-poetas descritos por Vincent Wright ou do presidente de Neuville, o magistrado levado à cena por Duranty em *Le malheur d'Henriette Gérard* [A infelicidade de Henriette Gérard]. A busca da estima pública, testemunhada pela ideia fixa da condecoração, sobrepõe-se com frequência à da riqueza; e a difícil posição do novo-rico mostra bem que a mobilidade social não é em absoluto uma simples questão de fortuna.

Então compreendem-se melhor certos resultados da história quantitativa; e antes de mais nada a permanente atração exercida pelas profissões liberais e pela função pública. Uma pesquisa coordenada por Duruy em 1864 junto aos alunos do curso clássico dos liceus da província mostra que o direito, a medicina e a escola militar de Saint-Cyr concentram as ambições desses jovens. De qualquer forma, a burguesia prefere o serviço do Estado ao mundo dos negócios. Christophe Charle avaliou bem tanto a solidez dos mecanismos de reprodução como o permanente atrativo dos altos cargos públicos. A Politécnica e outras grandes escolas fascinam, embora a prática de trocar o serviço público pela empresa privada ainda não tenha se desenvolvido e, portanto, esse tipo de carreira esteja longe de assegurar a aquisição de uma grande fortuna.

No ambiente operário, o orgulho da competência, o prestígio do profissionalismo limitam o desejo de evasão social; e simultaneamente contribuem para explicar a amplitude da endogamia técnica e as escassas promoções. A multiplicidade das transferências sociais que se operam de uma geração para outra não deve ocultar aqui a estabilidade dominante dos estatutos sociais.

Jacques Rancière evidenciou todavia a profunda influência da experiência vivida, entre 1830 e 1850, por um contingente minoritário de trabalhadores sobre o qual se abateu um novo mal-estar. Sensíveis à dor do tempo roubado pelo trabalho, esses indivíduos que se sentem vocacionados para coisa bem diferente da exploração sofrem de uma superabundância existencial e tentam libertar-se dela entregando-se a verdadeiros "delírios domésticos". As noites desses proletários, povoadas por sonhos para o futuro, são também frequentadas pelo paraíso da identidade. É uma tensão minoritária, sentida pelos trabalhadores que vivem como operários mas tratam de falar e escrever como burgueses; e isso ao preço de um imenso esforço em leituras difíceis, sessões de cópia e lições aprendidas de cor. O número, nitidamente mais elevado, de operários parisienses que durante a Monarquia de Julho se puseram a frequentar cursos noturnos testemunha a propagação dessa ambição proletária. A história das singularidades tempera aqui os dados mudos da quantificação, informando-nos sobre a gênese do desejo.

Também o povo do campo abre-se aos poucos para o sonho do futuro individual; é um engatinhar cujos traços devem ser procurados mais no gesto que no discurso. Assim, o atroz crime de Pierre Rivière pôde ser interpretado como sinal de tomada de consciência pessoal de um mal-estar coletivo. A formulação de ambições individuais desagrega lenta e muito desigualmente as estruturas familiares, conforme o sistema; constrange as estratégias paternas e vem resolver, de modo muito oportuno, o problema colocado pelos filhos mais novos da família-tronco. Segundo Gregor Dallas, que estuda o campesinato de Orléans, o progresso da individualização distende o vínculo que ligava a mãe aos filhos, aumenta o sentimento de insegurança e leva à implosão de uma "economia camponesa" que de outra maneira teria sobrevivido às conturbações econômicas. Aqui, longe de curvar-se perante o menino-rei, a família desloca-se pelo desvanecimento da relação afetiva. Seria fácil detectar vários outros aspectos dessa crescente desenvoltura em relação aos seus, desse definhar do sentimento. Um exemplo entre outros: a partir da Restauração, o imigrante de Creuse começa a recusar ao pai o montante de suas economias; dentro em breve, passará longos anos sem voltar para abraçar sua mãe e suas irmãs.

Três formas de ambição instigam os jovens do campo, moldadas de acordo com sutis hierarquias intrafamiliares, em especial conforme o posto ocupado em relação aos irmãos: 1) a vontade de adquirir o estatuto de proprietário, projeto tradicional, mais fácil de realizar que no passado, testemunhado pela elevação do valor da terra, pelo desmembramento das propriedades e pela retomada de grandes movimentos de arroteamento; 2) o desejo de alçar-se a uma dessas raras profissões-de-transferência, como a de moleiro e sobretudo a de taverneiro, que, como Ronald Hubscher mostrou a propósito das zonas rurais de Pas-de-Calais, constituem os trampolins indispensáveis ao sucesso social; 3) a emigração definitiva para a cidade, experiência de exílio cujos riscos são temperados pelas redes de solidariedade, de acolhida, colocação e aliança, quase sempre com base regional, estruturadas na urbe ao longo de décadas. Ali se elaboram as novas relações, os novos itinerários que permitem à geração seguinte empreender uma verdadeira ascensão. O caso dos imigrantes vindos de Auvergne, examinado por Françoise Raison, é exemplar.

AS FIGURAS DA VOCAÇÃO

Não esqueçamos a vocação, ápice da escala das ambições, cujo caráter irrepreensível frequentemente perturba — ou exalta — a vida privada das famílias do século XIX. O modelo da vocação religiosa incrementa seu domínio, como demonstra, ainda uma vez, o aumento dos efetivos eclesiásticos até o advento da Terceira República. A extensão social do recrutamento varia a tal ponto conforme as dioceses que parece inútil tentar mesmo uma breve síntese. No máximo podemos destacar globalmente a progressiva "ruralização" do clero. Amiúde, o primeiro chamamento faz-se ouvir à véspera da primeira comunhão, por ocasião dessa crise de misticismo tão bem relatada, fora de época, por George Sand e vivida com tanta intensidade pela desgraçada Caroline Brame. Após 1850, a exaltação da figura do anjo, o crescimento do culto a Maria, a promulgação do dogma da Imaculada Conceição, a onda de devoções que conduz ao enaltecimento da personalidade de numerosos santos até então negligenciados e o recuo do antimisticismo anterior concorrem para exacerbar um sentimentalismo juvenil contido em seus impulsos pela negação circundante do corpo. A grande eclosão da *mariofania*, que se desenvolve em La Salette (1846) e Pontmain (1871), atesta a presença celeste e aumenta a frequência dos apelos.

Seria também conveniente refletir sobre o deslocamento contemporâneo de uma figura laicizada de vocação. Certos políticos burgueses, apóstolos populistas, testemunham com sua vida a realidade da transferência. O riquíssimo quarentão Charles-Ferdinand Gambon perde quinze anos de vida no cárcere, resiste às súplicas de sua família e de sua noiva, suporta as sutis sevícias dos carcereiros para não ter de solicitar o perdão imperial; libertado, por fim, devota à causa republicana o resto de sua existência. Numerosos militantes operários, que vivem uma peregrinação quase apostólica, muitas feministas, que decidem permanecer virgens ou pelo menos solteiras, várias educadoras ascéticas modelam, mais ou menos conscientemente, sua conduta conforme o antigo figurino. E já faz bastante tempo que Françoise Mayeur destacou o aspecto conventual da Escola Normal de Sèvres. Certamente seria frutífero reexaminar nessa perspectiva, de consagração do indivíduo privado e dissolução no sonho coletivo, os inúmeros verbetes do *Dictionnaire du mouvement ouvrier* [Dicionário do movimento operário], publicado pelo infatigável Jean Maitron.

Enquanto aguardamos, uma certeza se impõe, encerrando este esboço de uma história da ambição: a frequência e amplitude da decepção. Em 1864, os alunos do curso clássico sonham com carreiras de generais, grandes proprietários ou advogados; imaginam-se reitores, funcionários do registro civil, meirinhos. A decepção do bacharelado mostra-se simétrica à da jovenzinha, burguesa ou camponesa; esta sonha com o príncipe encantado ou o belo companheiro mas não ignora que a estratégia matrimonial, cujos imperativos interiorizou, irá atirá-la nos braços de um celibatário envelhecido ou de um triste palerma.

A NOVA EXPERIÊNCIA DO ESPAÇO

Durante a primeira metade do século, opera-se uma revolução nas maneiras de viajar. Elabora-se uma nova experiência, destinada a ocupar amplo espaço nos devaneios da vida privada. O modelo clássico do itinerário calmo e sereno, pontilhado de escalas citadinas, que estimulava o turista a entreter-se com obras de arte e visitas a monumentos, lentamente cede lugar a uma prática datada de fins do século XVIII e cujos modelos foram definidos pelas excursões alpinas de Saussure, pelas caminhadas de Ramond de Carbonnières nos Pireneus ou pelas de Cambry no Finistère. Fazer fremir o eu, enriquecer-se com uma experiência nova do espaço e dos outros, vivida fora do quadro habitual, constituem então as metas essenciais. O viajante gosta de confrontar-se com a cena grandiosa, as paisagens caóticas. Dominando a falésia, sentado bem perto dos abismos, ele aninha-se nos flancos da montanha, a meio caminho entre os cumes solares e a segurança do vale. Suas leituras convidam-no a defrontar-se com os bons selvagens que habitam esses refúgios. A imagem do *highlander* de *Waverley*, do índio de *La prairie* [A pradaria] ou das margens do Messachebé suscita uma etnologia rude e povoada de fantasmas. Os sábios da Academia Celta e pouco depois os arqueólogos das associações científicas apontam ao viajante os traços de um passado incrustado na terra e sugerem misteriosas correspondências entre o mineral, o vegetal e o humano.

Os turistas que superlotam as estâncias hídricas empreendem a escalada em grupos dos primeiros cumes das montanhas vizinhas. Desde 1816, Maine de Biran arrisca-se pelos Pireneus, com seu Ramond nas mãos. Os guias turísticos publicados sob a Monarquia de Julho indicam os "pontos de vista", mais tarde os "panoramas"; levam, assim como a imprensa pitoresca, a uma nova propedêutica do olhar, logo reforçada pela descoberta do instantâneo fotográfico. Então renovam-se os itinerários: após os Alpes e o Auvergne, a Normandia e, mais tardiamente, a Bretanha começam a ser atraentes, a despeito da precariedade da rede hoteleira. Durante a Monarquia de Julho e o Segundo Império os comportamentos se vulgarizam, através de um escalonamento cronológico bem compreensível. Enquanto os bons burgueses de Rouen empreendem viagens à Suíça, Perrichon arrisca a vida no mar de Gelo.

O simples passeio também se transforma. O desejo de um refúgio no seio do qual se busca a emoção das vibrações íntimas e o consolo do sereno espetáculo da natureza, ou seja, a experiência de Rousseau na ilha de Saint-Pierre conserva seu prestígio porém se renova. A gruta, o descampado agitado pelo vento, a costa batida pelas vagas, o promontório sobre o qual se ergue o farol brevemente serão os cenários privilegiados da contemplação. A leitura de *René* ou de *Dominique* encoraja a adoção de novas condutas. Jean-Pierre Chaline constata que, apesar da proximidade da praia, as longas caminhadas e os solitários devaneios em meio aos bosques constituem os melhores lazeres dos bons burgueses de Rouen.

A partir da Monarquia de Julho, contudo, empreende-se uma nova experiência, conforme testemunha à perfeição o circuito bretão de Flaubert e de Du Camp. Já então não se encontra mais a mesma expectativa das revelações da terra, a mesma busca metafísica e etnológica, a mesma preocupação com correspondências. Em contrapartida, aumenta a disponibilidade para sensações e mensagens da cenestesia; o corpo encontra-se mais engajado no novo circuito. A prática de partir para o campo nas caleças de Courbet e nos barcos de Maupassant, a moda da praia, onde se buscam o ar e o frescor, mas ainda não o sol, as audácias do banho de mar a treze graus centígrados, cujas fortes sensações Didine nos relata em seu álbum, testemunham esse primeiro estágio do desnudar dos corpos.

Deve-se certamente acrescentar a isso o papel de iniciação que assume, para o jovem culto, a grande viagem ao "Oriente", ou seja, à Espanha, Grécia, Egito ou Bósforo; ou ainda a difusão, e em seguida a degradação social, da viagem de núpcias; tempo de uma dupla iniciação, síntese das práticas antigas, que conduz os jovens casais tanto a Veneza e Túnis como à costa da Bretanha ou aos fiordes da Noruega.

A viagem permanece uma peripécia; impõe uma coleção de recordações cuja importância hoje em dia se pode apenas imaginar. O indispensável álbum abarrotado de impressões fragmentárias e croquis inspirados na moda do *Voyage pittoresque* [Viagem pitoresca], as numerosas anotações e contos publicados pelos maiores nomes, de Stendhal a Flaubert, de Gautier a Nerval, atestam a intensidade da experiência. Será necessário entretanto esperar pela instituição dos trens de passeio e sobretudo pela ascensão das grandes peregrinações, ou seja, pela ofensiva que os assuncionistas empreendem entre 1871 e 1879, para que as massas rurais possam experimentar por sua vez as emoções que há quase um século enriqueciam a elite.

Na cidade, o afloramento da figura do *flâneur*, o "perambulador", detectada por Victor Hugo e bem analisada por Baudelaire, traduz simultaneamente a mutação do espaço público e o avanço da *privacy*. Novo transeunte na paisagem pétrea da cidade, o *flâneur* inaugura as estratégias de privatização que se desenvolverão no seio do espaço público; nesse sentido, aparece como um elemento de transição. Em sua exploração citadina, aprecia o espaço que lhe permitirá reconstituir as condições da vida privada; a própria rua tende a constituir para ele a imagem do apartamento. As passagens que o urbanismo da Monarquia de Julho multiplica e os cafés que aninham facilmente a elaboração de novas condutas propõem ao *flâneur* falaciosos interiores. Chegado o tempo da haussmannização, a gare e sobretudo a loja de departamentos, novo labirinto da mercadoria, fornecem derradeiros refúgios a esse personagem. Tornado insólito, ele abandona aos poucos a calçada ao passante. O pedestre apressado, ansioso por garantir sua segurança, com o espírito absorvido por suas preocupações, já não pode dar atenção ao espetáculo da rua; para ele não se trata mais de fazer dela o prolongamento de sua residência.

Sabe-se com quanta audácia os românticos renovaram o imaginário, multiplicaram as pistas do sonho, enriqueceram as modalidades do monólogo interior e convidaram seus leitores à meditação, à contemplação, quando não ao êxtase místico. Pode-se esboçar aqui as etapas de tão prodigiosa renovação. Durante a Restauração triunfa aquele devaneio sensorial no interior da natureza, proposto por Jean-Jacques Rousseau, enriquecido por Lamartine, que permite à consciência abandonar-se aos movimentos da vida interior. O pensamento da morte, o tema da fuga do tempo ante os vestígios do passado, a contemplação do oceano ou da noite estrelada, a escuta do rouxinol comandam as encenações da meditação.

Depois de 1830, alargam-se os caminhos do imaginário; o devaneio sensorial perde prestígio em benefício do devaneio fabuloso e itinerante que dá livre curso à imaginação, ávida de projetar-se rumo a países exóticos ou ao mais remoto passado.

Resta saber em que medida esses temas literários alimentaram atos. A multiplicação das barreiras que guardam o segredo da vida privada, a difusão das novas disciplinas somáticas e a crescente precisão do emprego do tempo evidentemente só fizeram estimular a fuga para as veredas do imaginário. As moças, particularmente visadas por tais limitações, passam a ser tentadas pelos sonhos de amor etéreo; pelo menos o romance epistolar atravessará todo o século repisando essa imagem, desde Balzac até Edmond de Goncourt e Marcel Prévost. A inacessibilidade da virgem, o isolamento do internato, enquanto favorecem as práticas da degradação sexual, incitam o jovem rapaz a sonhar com a diáfana sílfide imaginária. A graciosa silhueta entrevista na igreja, o perfeito oval de um rosto à luz do vitral bastam então para alimentar fantasmas.

Encontram-se numerosos traços dessa tendência nos arquivos da vida privada juvenil. As caminhadas de Eugénie de Guérin pelo cemitério parecem, até nas posturas, inspirar-se na iconografia da jovem mulher e da morte. O "caderno de estilo" redigido por Léopoldine Hugo aos dezesseis ou dezessete anos de idade mostra que ela se esmera nas "dissertações meditativas" e revela na autora uma espantosa maturidade quanto a essa prática. Um de seus textos, intitulado *Le soir* [A noite], é uma longa análise de tal estado de devaneio. George Sand relata como, em sua adolescência, deixava sua imaginação criar um parque de Versailles, que ela nunca vira. Em seguida é a jovem Aurore que adquire o hábito de abandonar-se às ilusões de um instante, de entregar-se às mais loucas ideias; em casa, a divagação itinerante tende a transformar-se em mania. Ela avaliza assim a célebre extravagância virginal, sublinhada pelo discurso médico. Aqui desponta inclusive a tentação flaubertiana da vida sonhada e não vivida, cuja extensão lamentavelmente é impossível medir.

DIVERSIFICAÇÃO DAS IMAGENS ONÍRICAS

O aumento da demanda onírica detectado por Jean Bousquet explica a extrema atenção dispensada pelo século aos processos do sonho, percebido como o mais secreto centro da personalidade, protegido pelos múltiplos invólucros da vida diurna. A fim de evitar qualquer anacronismo, convém recordar algumas evidências que o domínio das teorias freudianas levou a perder de vista. Durante as primeiras décadas do século XIX, os filósofos interrogam-se sobretudo acerca do estado noturno da alma; Maine de Biran julga que ela também adormece; Jouffroy considera, inversamente, que ela vela; Lélut, que repousa; segundo os românticos, o sonho equivale para a alma a uma verdadeira ressurreição. É nada menos que o ser profundo que toma a palavra.

A importância atribuída pelos ideólogos à cenestesia e à influência do físico sobre o moral guia por muito tempo as explicações científicas sobre os mecanismos oníricos. Conduz a privilegiar o papel das mensagens orgânicas, viscerais ou cerebrais e simultaneamente a valorizar a influência das preocupações da véspera e dos resíduos das sensações diurnas. Daí as distinções operadas por Maine de Biran e, mais tarde, por Moreau de Tours, Alfred Maury ou Macario, entre os sonhos sensoriais, afetivos e intelectuais.

Entre 1845 e 1860, contudo, uma plêiade de sábios franceses renova perspectivas; para eles o sonho não passa de um dos múltiplos mecanismos de regressão e dissolução das formas superiores do psiquismo; fica relegado à patologia, ao lado do delírio e da loucura. Os pesquisadores dedicam desde então grande atenção ao sonambulismo, assim como ao processo hipnagógico, ou seja, a essas imprecisas sensações que se impõem nos limiares do sono, quando a coerência do pensamento se desvanece. A obra de Moreau de Tours, *De l'identité de l'état de rêve et de la folie* [Sobre a identidade do estado de sonho e da loucura] (1855), assim como o fascínio exercido pela *Aurélia* de Nerval, traduz essa "psiquiatrização" das análises. Elabora-se então uma ciência do sonho, que, pelo menos na França, reinará inconteste até a introdução da psicanálise.

O problema da historicidade da fenomenologia do sonho e da divisão social das práticas oníricas mostra-se mais delicado. Jean Bousquet abre o debate de maneira peremptória. Segundo ele, "apenas depois de 1780 os homens sonham essas cenas estranhas, esses bizarros jogos sem significado" que constituem a trama do onirismo contemporâneo. A acreditar em sua tese, houve no fim do século XVIII uma reviravolta simultânea na forma, no conteúdo e na função do sonho.

De qualquer maneira, todos os especialistas coincidem ao observar um debilitamento do sonho premonitório. O futuro deixa de polarizar a atividade onírica. Segundo George Steiner, a difusão da cosmologia newtoniana e, em seguida, a do evolucionismo de Darwin já não permitem que se procurem os sinais do amanhã na obscuridade da noite individual. Dito isso, o sucesso que continua a bafejar, durante todo o século, as *Clés des songes* [Chaves dos sonhos], difundidas por mascates entre o público popular, atesta, a propósito, o escalonamento de comportamentos e a manutenção das crenças arcaicas.

Outra evidência: o recuo do sonho para o passado individual. Os românticos o estimulam, pois consideram o sonho um retorno às próprias raízes do ser, que estariam impressas em sua primeira infância. Esse desenvolvimento deve-se à reavaliação da infância que está em vias de se operar no seio da célula familiar.

Menos garantidas são as eventualidades do onirismo erótico, tais como parecem delinear-se. Caso nos atenhamos ao sonho literário, essa clara manifestação do desejo, frequente no século XVIII, regride em seguida até 1840-1850, em benefício das imagens de amor platônico. A atividade onírica acompanha portanto a marcha do devaneio diurno. Opera-se em seguida um nítido retorno ao erotismo, avança o sonho lascivo, prostibular, tal como os retrata, por exemplo, Flaubert. A dar crédito a Chantal Briend, essa onda se estende entre 1850 e 1870; o prestígio da venalidade sexual e a licenciosidade da festa imperial também frequentam o sono. Alfred Maury vê nessa volta do erotismo a manifestação de uma necessidade de "desamontoamento" (*sic*), despertado pela tentativa de descorporificação em curso. De fato existe uma curiosa sincronia entre esse predomínio onírico do sexo e a ascensão do angelicalismo. Os mais tocados pela tentação do erotismo em sonho seriam as mulheres histéricas e os rapazes virgens — e aqui reencontramos o drama das perdas seminais involuntárias —, assim como "as pessoas que se dedicam a trabalhos intelectuais e à meditação" (Macario). Alguns sonhos noturnos narrados por Edmond de Goncourt e, mais ainda, as cenas oníricas de incesto relatadas por Jules Renard em seu diário atestam a aguda consciência da relação que existe entre o sonho e o desejo sexual, em um momento em que germina a psicanálise.

Vale registrar ainda a frequência do tema onírico da viagem, da diligência, do trem e da evocação de uma paisagem; elemento tendente a confirmar que está em gestação uma nova experiência de espaço. O próprio Alfred Maury sonha com majestosos sítios, lugares que contemplou como turista; nada menos que seis cidades frequentam os sonhos que relata; e ele confessa, a propósito de uma forma peculiar de sensação hipnagógica: "É particularmente quando viajo que fico sujeito a essas pitorescas alucinações".

Seria interessante registrar o repertório dos temas políticos do sonho: observo, de minha parte, que o gesto revolucionário retorna aqui enquanto *leitmotiv* nos escritos dos especialistas; testemunha inconsciente da profundidade dos anseios? O sonho da guilhotina, vivido por Maury e retomado por Bergson, conquistou a celebridade, assim como o das pinças, inspirado ao mesmo Maury pelas jornadas de junho [de 1848]; porém talvez não se deva ver mais aqui do que dois desses sonhos sádicos que Chantal Briend afirma terem proliferado em fins do século XIX...

Esse punhado de considerações parece bem desconexo diante da majestosa construção arquitetada por Jacques Bousquet com o reforço da análise de centenas de sonhos literários. Segundo esse autor, desde o fim do Antigo Regime diversificou-se progressivamente o estoque das imagens oníricas, até então estritamente limitado a evocações do paraíso e do inferno. Na descendência do Éden se inscrevem os sonhos de jardim, em seguida as visões de paisagens naturais; ao inferno se reportam as visões de subterrâneo e de cidade, assim como todos os sonhos de angústia que deságuam nos delírios estudados pela psiquiatria; é a esta que se deve atribuir a renovação das formas do pesadelo. Assim teriam se propagado, no seio do sonho, os atos involuntários e episódios de desdobramento da personalidade. Após 1850, as duas séries convergem lentamente e se mesclam, ao passo que se conclui a laicização do sonho. A partir de então pode expandir-se o onirismo contemporâneo do absurdo e do bizarro.

Esse fascinante percurso, assim como certas observações que o precedem, tende a referendar a hipótese, antifreudiana, da historicidade do sonho. Não se pode, com efeito, deixar de levar em conta as numerosas concordâncias que se estabelecem entre a história do imaginário e a evolução dos conteúdos oníricos.

MEDIADORES DO COLÓQUIO SINGULAR

A PRECE SOLITÁRIA E A MEDITAÇÃO

O estudo quantitativo da difusão do livro religioso, realizado por Claude Savart, impõe prudência: em pleno auge do Segundo Império, a reedição de antigas obras continua a sobressair. A continuidade parece sem dúvida maior ainda quando se analisa a literatura de brochuras destinadas ao público popular. O que leva a pensar que o pensamento religioso e as formas da prece individual só evoluíram com muita lentidão. As técnicas do exercício espiritual ainda se inspiram estritamente nos mestres do passado. *A imitação de Jesus Cristo*, que Lamennais apresenta em nova tradução, continua a ser por muito tempo o mais difundido guia do cristão zeloso. O "bom cura" de Ars fornece o modelo de um ascetismo espiritual, atemporal, que opera a fusão dos múltiplos modelos de santificação; e a piedosa Eugénie de Guérin ainda lê com veneração santo Agostinho, são Francisco de Sales, Bossuet e Fénelon. Os missionários da Restauração, infatigáveis evocadores das torturas do inferno, inspiram-se no tom dramático dos pregadores de outrora. O romântico, fascinado pela morte, vibra com as terríveis entonações de Tertuliano ou são Bernardo; com toda a naturalidade, a meditação sobre os fins últimos ingressa nas novas encenações da melancolia.

Feitas essas reservas, não se poderia negar originalidade à piedade do século XIX — tema um tanto negligenciado da sociologia religiosa, inteiramente absorvida pela preocupação de medir a descristianização. A análise das intenções da prece e dos testemunhos de gratidão conduz a sublinhar a especificação que se acentua e a familiarização das preocupações que os recursos suscitam. As preces pela conversão e salvação do esposo ou do irmão, pela prosperidade nos negócios ou o êxito nos exames agregam-se ao já considerável estoque das demandas de cura individual, boa sorte em viagens marítimas ou salvaguarda do soldado; a esse respeito, o testemunho dos companheiros do padre de Ars coincide com os resultados obtidos por Bernard Cousin. Nunca o ex-voto foi tão difundido como no século XIX; na Provença, seu declínio só chega durante o período 1870-1880; esse símbolo material de reconhecimento traz a marca das preocupações da pequena burguesia, para a qual se tornou uma forma de expressão privilegiada. A crescente atenção dedicada à figura do beneficiário combina também com a ascensão do individualismo, que reencontramos a cada passo.

A familiarização do recurso manifesta-se ainda no progresso da prece pelas almas do purgatório; é então que essa devoção se torna realmente popular. Para aliviar os sofrimentos dos mortos de sua família, que segundo ele acredita ouvem seus apelos, o filho piedoso manda celebrar missas, comunga, multiplica as orações, esforça-se por adquirir indulgências. Em 1884, um padre de aldeia, o abade Buguet, que se intitulará "caixeiro-viajante das almas do purgatório", funda em La Chapelle-Montligeon a "Obra Expiatória", fadada a conhecer fulminante sucesso: em 1892 ela já conta com 3 milhões de associados. Esse possante crescimento revela a necessidade da presença dos defuntos no local em que viveram; sentimento traduzido também pela moda do espiritismo, que deslancha nos meios cultos com o advento do Segundo Império. O desejo de evocar os desaparecidos aumenta depois que o culto familiar dos mortos foi codificado. Compreende-se a partir de então que a ênfase deixa de estar nas chamas do purgatório e que o cenário do suplício provisório se transforma pouco a pouco em uma espécie de confortador "parlatório" (Philippe Ariès).

Novos episódios da vida espiritual, novos ritos de passagem da alma se impõem, enquanto cresce o agnosticismo e aumenta o número de livres-pensadores. A experiência da perda da fé concerne a efetivos crescentes. Também nesse domínio aprofunda-se o dimorfismo sexual. O jovem, sobretudo, deve provar o embate com a dúvida entre os dezesseis e os 25 anos, ao ingressar na sociabilidade dos adultos. Traço durável do passado revolucionário, uma imagem trágica mantém-se na retaguarda das consciências: a do padre renegado que converte o sacerdócio em escárnio e que inspira Barbey d'Aurevilly no mais brilhante de seus romances. Diante dela, avulta a figura do convertido. A nova categoria de zelosos cristãos que conduz tentativas de reconquista extrai um redobrado conforto da evocação dessa experiência individual que reorienta toda uma vida. De madame Swetchine (1815) a Ève Lavallière, "a cantárida malva" (1917), de Huysmans a Claudel, de joelhos ao pé da pilastra da Notre-Dame, uma coorte de arrependidos célebres, fulminados pela fé, ajudará a aplacar os temores da dúvida e os sustos do abandono.

A EXALTAÇÃO DA DOR

Para além das generalidades, convém, uma vez mais, dividir o século em dois períodos distintos. O primeiro traz a marca de uma sensibilidade barroca que culmina durante a Restauração e onde domina a exaltação da dor. Assim testemunham a iconografia e a literatura que dão apoio à prece. O realismo com que se descrevem os sofrimentos de Cristo se exacerba até ombrear com o sadismo. A publicação, em 1815, de *L'intérieur de Jésus et Marie* [O interior de Jesus e Maria], de Grou, e a tradução, em 1835, das *Visões de Anne-Catherine Emmerich sobre a vida de Jesus e sua dolorosa Paixão* delimitam o período. A agonia do Jardim das Oliveiras suscita então terríveis páginas. Nessa literatura, que inspira a escola neolamartiniana, o sangue corre, esguicha e recobre o corpo do crucificado. Impõe-se o costume de cingir a imagem do coração com a coroa de espinhos. Difundem-se imagens do Cristo com um dedo apontando para seu tórax aberto. Os românticos fazem do próprio Menino Jesus uma figura sofredora; é então que se elabora a iconografia do Menino com o Sagrado Coração cercado pela coroa sangrenta. A devoção a Maria testemunha igualmente essa fascinação; Nossa Senhora das Sete Dores, a figura do *Stabat mater* focalizam a piedade mariana. Ainda em 1846, a Virgem de La Salette traz as insígnias da Paixão.

A prática revela essa sensibilidade trágica, confortada pela crença na circulação do sangue de Cristo através da história. Numerosas mulheres, e mesmo moças, filiadas ou não às ordens terceiras, usam, a exemplo de eclesiásticas célebres, um cilício ou mesmo terríveis cintos metálicos. O padre de Ars flagela seu "cadáver", enquanto Lacordaire faz com que o pisoteiem e cuspam na cara. A imitação de Cristo já não basta; as novas preces exaltam o tema da penetração rumo ao refúgio ideal. Insistem no desejo de habitar o Coração de Jesus, de chegar a ele pela contemplação de suas feridas. A mesma sensibilidade origina a prática do caminho da cruz; esta, contudo, não se difundirá amplamente antes da segunda metade do século, como demonstram estudos realizados nas dioceses de Arras e Orléans. Yves-Marie Hilaire observa a propósito que jamais se construíram tantos calvários como no final do século XIX.

RUMO A UMA PIEDADE SERÁFICA

A piedade se detém após a fraternal revolução de fevereiro de 1848. Dez anos antes, o médico trapista Pierre Debreyne já criticava a violência ascética, acusada de favorecer tanto a histeria como a tísica. Uma religião mais afetiva coloca em xeque o reino do medo e do antimisticismo. Os temas da iconografia evoluem para uma maior plasticidade. A nova *mariofania* e a evolução do dogma impõem uma piedade seráfica; a radiosa donzela branca de Lourdes afasta-se da *Mater dolorosa* de La Salette; a suave imagem da Imaculada Conceição de Sées alia-se à figura confortadora do anjo da guarda, que, em breve, irá triunfar no "cromo". A própria virgem do Sacré-Coeur d'Issoudun nada mais possui de trágico.

Impõe-se uma nova cena, que simboliza a distensão: a prece infantil e maternal. Os manuais de educação exaltam o "tocante quadro". Cabe à mãe tomar a criança no colo, unir suas mãozinhas e fazê-la balbuciar as primeiras palavras. Assim se enraíza nos pueris corações as imagens da Virgem e do "Pequeno Jesus", associadas às da mãe. O suave aprendizado vem renovar essa religião doméstica ainda tão pouco conhecida dos historiadores. Prepara o decreto *Quam singulari*, que, em 1910, autorizará a comunhão privada.

O culto do "santíssimo sacramento" e os progressos da comunhão frequente concorrem para a distensão. A adoração perpétua que, a título de exemplo, é instituída em 1852 na diocese de Orléans e reabilitada no ano seguinte na de Arras faz aflorar uma nova fonte de emoção individual. Essa guarda igualitária de Deus, esse cara-a-cara solitário e prodigioso impressiona os mais empedernidos fiéis. Nas relações do "bom cura", gosta-se de evocar a figura daquele camponês inculto que vem passar horas a fio na pequena igreja, unicamente para visitar o Bom Deus; a quem o interroga sobre as formas de sua devoção, ele responde: "Eu O vejo e Ele me vê". Esse sublime nível zero da prece convida a não esquecer a importância de recitar o rosário e meditar sobre os seus mistérios. Tais práticas tendem a se amplificar e ao mesmo tempo a se popularizar entre 1850 e 1880, graças ao ressurgimento ou criação de numerosas confrarias.

Após 1850, multiplicam-se as devoções particulares. Essa dispersão do recurso, essa multiplicação dos interlocutores da prece, abundantemente testemunhada pela estatuária de mau gosto, constitui um hábil estratagema para entrar em luta contra o culto popular dos "bons santos" e das "boas fontes", culto cuja persistência muitos historiadores mostraram tanto em Charente como em Limousin, no Loir-et-Cher ou em Morbihan. A mesma estratégia poderia ter ditado o renascimento ou a fundação de numerosas peregrinações diocesanas, e até cantonais, antes que venha a inflar-se, após a derrota da Comuna, a moda das grandes manifestações nacionais orquestradas pelos assuncionistas.

No início da década de 1860, desenha-se a nova imagem de uma religião séria, moralizante e sobretudo calculista, pouco dada à gratuidade e à espontaneidade; o discurso da piedade passa a empregar a linguagem do capitalismo: essa é a conclusão principal da pesquisa de Claude Savart. A nova concepção utilitária da prece, em harmonia com a moda dos ex-votos, conduz a uma renovação do ascetismo. Enquanto os genuflexórios burgueses vão se tornando mais confortáveis, a violência física cede aos poucos à contabilidade dos méritos. A disciplina cotidiana sobre os impulsos, a oferenda da fadiga do trabalho, as abstinências moderadas estimulam um incessante cálculo da alma, que integra intimamente a prece ao dia-a-dia da vida privada.

A BONECA E O MONÓLOGO INTERIOR

O monólogo interior precisa de interlocutores mudos que entretenham a vibração da alma. No século XIX, três deles desempenham um papel não negligenciável; e o primeiro deles é a boneca, cuja complexa mediação não foi analisada até o fim.

Durante a primeira metade do século XIX, observa Robert Capia, "a boneca francesa nunca tem o aspecto de uma menina, mas o de uma mulher em miniatura, cujas roupas, muito cuidadas, seguem de perto a evolução da moda". A cintura fina, os quadris largos correspondem aos cânones da beleza feminina da época. O corpo da boneca é de pano ou pele de cordeiro, com enchimento de serragem. A cabeça e o colo são de papel machê, os dentes de palha ou metal. A boneca acompanha o passeio da criança. A gama dos modelos, a riqueza dos enxovais, as dimensões da casa reproduzem a hierarquia das posições; por isso o brinquedo facilita a tomada de consciência da identidade social. E a boneca ascende com tanto maior facilidade à condição de confidente. A literatura que a anima e lhe empresta uma linguagem, assim como o progresso técnico, estimula essa função psicológica. Desde 1824, fabricam-se brinquedos que falam; em 1826 aparecem as primeiras bonecas que andam.

Ali pelos meados do século (1855), opera-se uma revolução: enquanto a guta-percha se impõe, a boneca tende a tornar-se uma menina, impropriamente chamada de "bebê". Ao longo dos anos, o novo modelo triunfa. Esse rejuvenescimento facilita a identificação; estimula a reflexão sobre a relação mãe/filha que se reproduz em uma voragem e solicita a antecipação imaginária. Entretanto, a coexistência, durante o Segundo Império, de brinquedos em forma de mulher e de "bebê" permite uma relação ambígua, de excepcional riqueza. Bordar o enxoval da boneca, organizar um baile para ela, imaginar seu casamento delineiam o destino que virá; toda essa atividade compreende ademais uma sociabilidade infantil que permite o aprendizado dos papéis femininos e dos usos mundanos.

O constante rejuvenescimento das formas da boneca muda aos poucos os dados do colóquio singular, empobrecendo-lhe o conteúdo psicológico. Quando, em 1879, aparece o "bebê-mamadeira", chamado "bebê mamador", quando o vestuário não passa de cueiros e fraldas, quando a casa de bonecas se reduziu às proporções do berço, não há mais identificação ou confidências possíveis. O novo brinquedo convida apenas ao aprendizado do papel materno; renovação de intenções que traduz uma novidade gestual pueril, prelúdio da escola de prendas domésticas.

Em 1909, a evolução se completa. É então que aparece o "bebê-natureza", que tem a cabeça de um recém-nascido. O sucesso do novo modelo é imediato; prepara o do "banhista", de celuloide, que aparece em 1920. Mas na época já impera o animal de pelúcia, reproduzindo — e estimulando — uma relação que não deixou de se ampliar ao longo do século.

O ANIMAL DE ESTIMAÇÃO

A história do animal de estimação revela, igualmente, a importância do corte que se delineia por volta de meados do Segundo Império. Até então, prolongam-se as condições elitistas estabelecidas sob o Antigo Regime. A corte de Luís XVI já rompera com a tradição cristã da indiferença — se não desconfiança — diante do animal desprovido de alma; rompera também com o animal-máquina dos cartesianos. Fora-se o tempo em que Malebranche dava pontapés no ventre da gata esperando cria, surdo aos gritos que atribuía aos "espíritos animais". A afeição que Rousseau dedicou a seu cão fizera escola nos salões; deixara-se de considerar o animal como um boneco vivo para ver nele um indivíduo, digno de sentimento.

No alvorecer do século XIX, a dar crédito a Valentin Pelosse, a relação afetiva é admitida; e é inclusive designada como prática estabelecida, mas sob duas formas privilegiadas. Antes de mais nada, exalta-se o vínculo que une o cão à mulher. Os doces sorrisos, os olhares afetuosos, as "inocentes carícias", a "brincadeira folgazã" atestam essa tendência para a ternura, essa abertura para a piedade que o discurso médico reconhece na mulher. Tais gestos femininos de compaixão são igualmente mensagens destinadas ao homem. Atribui-se dessa maneira uma nova função ao animal no espaço doméstico: mediar a propedêutica do sentimento.

O vínculo afetivo que se estabelece entre o ancião e o auxiliar de sua decrepitude constitui a segunda figura privilegiada. Alguns textos maiores balizam essa exaltação da fidelidade do cão: o sermão de Lacordaire sobre o último amigo do velhinho; a figura do cão branco do padre de *Jocelyn* e, mais tarde, a silhueta do infatigável lobo Homo, levado à cena por Victor Hugo em *O homem que ri*.

A ternura dos ricos manifesta-se no espaço privado e é reforçada, em contraste, pelas imagens da violência animal e da crueldade populares que se expandem livremente no espaço público. Ali se opera um lastimável aprendizado do sangue, que uma necessária profilaxia social irá proibir. A administração da Monarquia de Julho começa por ocultar o abate, pelo menos em Paris. A Assembleia Legislativa vota a Lei Grammont (1850), proibindo ao proletariado a violência pública contra animal doméstico; medida sem maior alcance, que teve sobretudo o efeito de destacar a solidez das barreiras protetoras da vida privada.

A época romântica fornece numerosos exemplos de atitudes de ternura para com o animal de companhia. Eugénie de Guérin ama seus cãezinhos; acaricia-os, cuida deles, reza por eles; chora a perda de um e decide enterrá-lo condignamente. Esse capítulo de sua vida afetiva ocupa amplo espaço em seu diário. Seu amor dirige-se também ao pássaro, especialmente o rouxinol; sua atenta solicitude estende-se mesmo aos ínfimos mosquitos que atravessam a página de um livro. Já aqui o animal faz-se recurso contra os temores da solidão. Isolado, em 1841, em Citavecchia, triste por não ter ninguém a quem amar, Stendhal afaga seus dois cachorros. Victor Hugo mostra-se muito apegado ao bom cão que o acompanha no exílio. Os cadernos de Gambon são ainda mais reveladores dessa sensibilidade. Quase cinquentão, ele se deixa comover pelo olhar do boi, pela vivacidade do cavalo, pela fragilidade do carneiro. Na prisão, tal como fazia Silvio Pellico, alimenta uma aranha e tem por companhia um caramujo. Em Dollens, Mazas, mais tarde em Belle-Île, ele cria e trata de toutinegras, que se tornam suas melhores amigas. Aprende com um companheiro de infortúnio, um pobre camponês do Limousin, o canto dos pintassilgos; empreende até ditados musicais!

Uma cena dessas constitui bom indício do apego dos homens do povo aos animais. Convém, com efeito, não se deixar levar pelo discurso dominante sobre a brutalidade do carroceiro e as práticas sanguinárias dos organizadores de brigas de galos ou de cães. Em torno de 1820, os camponeses de Aunay-sur-Odon espantam-se com a crueldade de Pierre Rivière para com as rãs e os pássaros; e ficam indignados com as sevícias que ele impinge aos cavalos. A correspondência dos Odoard de Mercurol ensina-nos que os camponeses do Drôme têm o costume de não abater os animais que os serviram bem; e sabe-se da paixão dos operários do Norte pelos pombos. Em 1839, J. B. Rochas Séon apresenta a *Histoire d'un cheval de troupe* [História de um cavalo de tropa]. O conto é edificante: um jovem agricultor não teme alistar-se para seguir seu cavalo, comprado pelo Exército. Ele morre de tísica, e o animal recusa-se a sobreviver sem ele.

O APRENDIZADO DE UMA NEUROSE

Após 1860, as atitudes de ternura se difundem e se aprofundam simultaneamente; opera-se então o aprendizado de uma verdadeira neurose coletiva. Já em 1845, a Sociedade Protetora dos Animais instala-se em Paris. É certo que a fundação dá provas de anglomania; mas reflete também os esforços desenvolvidos por alguns franceses zoófilos, tendo à frente o dr. Pariset. No Segundo Império, o cão de apartamento torna-se um fato na sociedade; o poodle, em especial, está na moda. Desde então amplia-se a mania das exposições caninas; enquanto cresce a obsessão por pedigree e pelo escovado, a fotografia do bicho junta-se à das crianças no álbum de família. Desenvolve-se o costume de enterrar o animal no jardim de casa; a abertura de cemitérios públicos dá origem a um novo culto. O cão chega a colocar um problema para as companhias ferroviárias, que reservam um vagão para eles. Enquanto isso, desde a Monarquia de Julho, a gaiola de passarinho instalada no quartinho da jovem burguesa ou na mansarda da costureirinha revela a sensibilidade da proprietária e constitui um indício de sua virtude. O livro que Michelet consagra ao pássaro em 1856 confirma esse apego.

Durante o último quartel do século, o status do animal tende a modificar-se. A crescente influência dos livres-pensadores favorece o crescimento de uma nova fraternidade entre o homem e o bicho. Garantir seus direitos, assegurar sua felicidade é tentar romper com a nova solidão do gênero humano. O problema absolutamente não se coloca em termos ecológicos; trata-se de enaltecer ao mesmo tempo o sentimento de humanidade e a utilidade social. A escola primária empenha-se em dar atenção crescente aos animais. A vulgarização das doutrinas evolucionistas, a expansão da medicina veterinária, os êxitos da zootecnia trabalham a favor dessa nova fraternidade e avivam a tentação do antropomorfismo. Este alcança então o seu ápice; aparecem obras que não indicam outra coisa senão a avidez de diálogo, especialmente *Zoologie passionnelle* [Zoologia passional] de Alphonse Toussenel.

Entretanto, igualmente nesse domínio as descobertas de Pasteur convidam a uma mudança de comportamento. É certo que não parece que o cuidado com a assepsia, que levava a não se acariciar um animal sem usar luvas, tenha sobrevivido por muito tempo à moda inicial das novas teorias; o medo dos micróbios irá atuar pelo menos em favor do gato de apartamento, menos malcheiroso e reputado como mais limpo que seu concorrente. O felino, até então limitado à alta sociedade e aos meios artísticos, expande-se entre o povo. Os siameses da família imperial, os companheiros de Gautier e de Baudelaire começam a ser apreciados pelos zeladores, independentemente de sua função raticida. Ao raiar do século XX, inaugura-se entre o homem e o animal uma inversão na relação afetiva de dependência; o último já se apresta a tornar-se o soberano e o senhor do espaço doméstico.

O PIANO, HAXIXE DAS MULHERES

Edmond de Goncourt exagera apenas um pouco quando batiza o piano como "haxixe das mulheres"; é bem assim que o instrumento aparece no imaginário da época. Danièle Pistone levantou na literatura romanesca do período 2 mil cenas nas quais ele intervém. Metade delas diz respeito a moças; um quarto, a mulheres casadas. A grande moda do instrumento inicia-se em 1815; o pundonor trabalha a seu favor, depois que a harpa, o violoncelo e o violão começaram a parecer indecentes. Durante a Monarquia de Julho, o piano expande-se pela pequena burguesia; em seguida, democratiza-se. Começa inclusive a tornar-se um pouco vulgar a partir de 1870: começa então seu relativo declínio.

O primado da função social do instrumento impõe-se como o mais evidente resultado do trabalho de Danièle Pistone. Tocar bem piano estabelece uma reputação juvenil, demonstra em público uma esmerada educação. O virtuosismo entra na estratégia matrimonial, ao lado do "dote estético". Em contrapartida, apenas raramente o piano é o lugar da troca, do diálogo amoroso; esse papel é reservado ao canto, em especial à *romanza*. Feitas essas reservas, quatro figuras privilegiadas delineiam, preferencialmente na calma de um entardecer, a imagem de um amigo, de um confidente, de um refúgio que permite um desafogo solitário. Note-se que tais figuras irão se apagando com o correr das décadas, à medida que o piano for deixando aos poucos de ser o amigo da alma para converter-se em um móvel sem personalidade.

Sob os dedos inocentes da jovenzinha ignorante, o teclado traduz as pulsações que a linguagem não saberia exprimir. Por essa razão Balzac aconselha a sua irmã que compre um piano. Este aparece como o exutório privilegiado da timidez; o que permite o surgimento da cena literária em que a moça, acreditando-se só, revela ao indiscreto anseios tanto mais insuspeitados, já que o instrumento tem ainda o privilégio de elevar a alma até o ideal.

Mais raramente, o piano faz-se caixa de ressonância de amores contrariados, mensageiro solitário ao amante ausente. Sabe também traduzir os queixumes de uma alma ferida pelo rompimento. Segundo Edmond About, o envio de um piano à amante abandonada entra na lista dos presentes rituais. Essa prática harmoniza-se com o estereótipo literário da boa mulher, não muito bela, mas compreensiva e sensível, que, com o coração magoado, improvisa árias pungentes; em resumo, a mulher da qual Jules Laforge escreverá que vai "fazendo sua autópsia ao som de Chopin".

A terceira dessas cenas ainda é a mais frequente: o piano desempenha o papel de exutório solitário da força irreprimível das paixões; é ele que acalma o delírio dos sentidos da duquesa de Langeais. Nessas ocasiões, torna-se substituto da cavalgada a galope e do passeio sob a tempestade; vale notar, a propósito, a proximidade dos três campos semânticos. Por esse motivo Edmond de Goncourt, antes dos psicanalistas, associa o instrumento à prática da masturbação.

O dedilhar do piano participa por fim da inutilidade do tempo feminino; permite matar as horas à espera do homem; segundo Hyppolyte Taine, ajuda aquela que o toca a resignar-se com "a nulidade da condição feminina". Resta registrar que todas as cenas que atestam a importância do instrumento na vida íntima se referem, antes de mais nada, ao imaginário masculino da mulher ao piano. A cabeleira desfeita, a visagem incendiada pelas velas iluminando a partitura, os olhos perdidos no vazio, ela parece já a presa sonhadora oferecida aos desejos do homem.

PRAZERES SOLITÁRIOS E TESOUROS SECRETOS

O ACESSO AO LIVRO

Durante a primeira metade do século XIX, o livro custa caro. Durante a Restauração, a compra de um romance novo absorveria um terço do salário mensal de um assalariado agrícola. Explica-se assim a rarefação da rede de livrarias, até o auge do Segundo Império. Por isso mesmo a locação se impõe. Dali por diante conhece-se bem, graças a Françoise Parent-Lardeur, o considerável papel do gabinete de leitura na Paris da Restauração. Essas lojas de ler emprestam por volume ou por assinatura; o leitor que parte para sua aldeia natal pode mesmo levar de vinte a cem livros. Quarenta mil parisienses frequentam esses gabinetes; a maioria, aparentemente, pertence à nova burguesia e em especial à pequena burguesia que se satisfaz com semelhante sistema de locação. Porém, ao lado do *rentier* e do estudante, encontram-se ali muitos indivíduos que vivem em contato com as classes dominantes: camareiras, porteiros, balconistas das lojas de departamentos. Os domésticos do bulevar Saint-Germain leem no escritório obras emprestadas pelos patrões. No bairro do Temple, as costureiras, as *grisettes*, os artesãos constituem o grosso da clientela desses estabelecimentos que os operários quase nunca frequentam. O gabinete de leitura existe também na província; desenvolve-se contudo mais tardiamente. Em muitas sedes de cantões do Limousin, durante a Monarquia de Julho e o Segundo Império, algumas merceeiras, sobretudo viúvas, também alugam romances de coleções baratas.

O habitante das regiões rurais mais afastadas deve recorrer ao envio por correspondência. O livro constitui um produto precioso; pode tomar-se um inesperado presente que provoca muita alegria; prova-o a emoção dos habitantes da pobre Cayla de Albi ao receberem as obras de Walter Scott ou de Victor Hugo.

Em tais regiões operam esses representantes de grandes livrarias, na grande maioria naturais dos Pireneus, cuja atividade culmina sob o Segundo Império. Eles acabam de substituir os humildes vendedores ambulantes que tinham espalhado tantos *Télémaque* [Telêmaco], *Simon de Nantua*, *Geneviève de Brabant* ou *Robinson Crusoé* durante as décadas anteriores.

A partir da década de 1860, um sistema de distribuição mais eficiente entra em cena. É certo que as bibliotecas públicas continuam dormitando; seu fundo de obras clássicas e científicas, em parte herdado de antigos conventos, não interessa senão a uma clientela de especialistas, irritada com os parcimoniosos horários. O silêncio que reina em tais estabelecimentos e a apresentação que se exige dos leitores contrariam os hábitos populares a ponto de impedir que tão severos depósitos possam desempenhar um grande papel. Em compensação, os citadinos contam a partir de então com uma rede bastante considerável de livrarias, que completa as bibliotecas das estações ferroviárias. Entretanto, o progresso da grande imprensa barata relega para o rol dos arcaísmos o *canard*, o pasquim dos primórdios do século XIX, quando não os almanaques, cuja utilidade continua a se impor aos camponeses.

A EVOLUÇÃO DAS MANEIRAS DE LER

Uma tríplice rede de bibliotecas paroquiais, populares e escolares se dissemina; as primeiras, instaladas desde a Monarquia de Julho até nas menores cidades, propagam os "bons livros"; as segundas, estabelecidas sob a Terceira República, difundem obras consideradas fáceis mas de bom-tom; as últimas, criadas a partir de 1865, são frequentadas sobretudo por jovens que adquiriram na escola o gosto pela leitura. A biblioteca escolar desempenha o mesmo papel da coleção de livros caros que ocupa uma das prateleiras do armário camponês. Seus magros recursos mal conseguem suprir, no caso de certos lavradores famintos de leitura, o fosso cavado entre o estiolamento do mascate e a aparição da imprensa regional de grande tiragem.

A evolução comportamental acompanha a mudança da rede de distribuição. A leitura em voz alta, na esfera doméstica, continua mas declina, assim como a prática da leitura ditada. Durante a Monarquia de Julho, os burgueses de Rouen continuam a ler no salão, à noite, ao pé do fogo, mas em seguida o canto, a música, a pintura concorrem vitoriosamente com uma atividade considerada fora de moda, que a partir de então só a enfermidade do ancião impõe. A leitura em voz alta converte-se assim em monopólio da filha devotada ou da dama de companhia. Cai em desuso também a leitura edificante para os domésticos analfabetos, tal como é praticada, várias vezes por dia, por mademoiselle de Ars, a castelã do padre.

Em contrapartida, até a Primeira Guerra Mundial, a leitura em voz alta permanece como tradição durante o serão camponês. Aqui ela deve ser curta; tem por objetivo estimular a conversação, fornecer um tema para os comentários dos membros da reunião; distingue-se nisso da monótona leitura do salão burguês, que traz consigo a tentação do sono. No final do século a leitura na oficina, praticada a título de exemplo pelos artesãos da porcelana de Limoges, constitui uma forma tardia de leitura oral que, tendo surgido nos refeitórios dos conventos, ainda imposta nos colégios das congregações, cede a partir de então à leitura em voz baixa.

É verdade que isso não significa leitura solitária; ela é praticada na biblioteca, no grêmio, no café, no salão do gabinete de leitura. Mas implica um recolhimento, uma forma de abstrair-se do ambiente, em suma, um conjunto de atitudes privadas do qual o povo deverá se sentir por muito tempo excluído. Por outro lado, ler na solidão é às vezes participar de forma consciente de um grupo de leitores, entreter-se com interlocutores imaginários. O eleitor da Monarquia de Julho que lê seu jornal no salão participa da vida pública; é exatamente assim que sua atividade será assimilada. Assinar *Le Quotidienne* [O Cotidiano] em Nancy, no tempo de Lucien Leuwen, é introduzir-se no seleto círculo dos legitimistas. No seio da burguesia de Rouen, para o prazer de Flaubert, lê-se bastante; o comentário das novidades movimenta as conversas mundanas, impondo previamente a leitura em voz baixa. Esta é praticada no salão, no quarto, no banco do jardim ou em plena natureza.

Esse passatempo elitista difunde-se com o progresso da alfabetização. Parent-Duchâtelet descobre, não sem surpresa, que certas prostitutas passam horas lendo romances de amor. Já vimos o atrativo que a leitura noturna apresenta para uma limitada elite operária, após a Revolução de 1830. Já em 1826 e 1827, Agricol Perdiguier, por ocasião de sua viagem através da França, refugia-se em leituras díspares, desordenadas. Sua prática da literatura dos mascates, sua admiração pela canção em coro passam a ser acompanhadas por uma nova paixão, pelos mais insípidos autores do século XVIII, cujas obras completas acabam de ser publicadas.

Os hábitos de leitura diferem profundamente conforme a

idade e o sexo. Mais do que nunca se firma o desejo de confinar as crianças na leitura, desde então popular, dos contos e lendas. Às múltiplas edições de Perrault ou de madame d'Aulnoy, somam-se incontáveis obras cujos autores, desde a condessa de Ségur até Jean Macé, procuram reencontrar a especificidade do imaginário infantil. É mais recente o considerável avanço de uma literatura destinada à infância burguesa e objetivando apoiar a supremacia social em uma primazia moral. Conduzida por madame Necker de Saussure e madame Guizot, uma legião de boas senhoras inspira-se no modelo elaborado por madame de Genlis. Todas concordam com os médicos quando aconselham que se fiscalizem as leituras domésticas da mocinha; todas denunciam os efeitos destruidores do romance, no qual se concentra o jogo do desejo e da proibição.

Maior liberdade é concedida à mulher casada, da qual, na realidade, as boas senhoras não falam mais. Muitas jovens esposas verão assim a viagem de núpcias assinalar a ampliação do horizonte de suas leituras. No tempo de Paul Bourget, uma literatura que se compraz jogando com a revelação parcial dos mistérios do sexo destina-se a mulheres tão recentemente iniciadas que conservam algo da ansiosa curiosidade das virgens. Os homens, por seu turno, reservam-se essa literatura proibida cuja exata difusão jamais poderemos medir. A vivacidade da luta movida contra o livro obsceno, que o senador Béranger e as ligas da moralidade não cessam de alvejar no final do século, permite adivinhar um enorme sucesso, viabilizado pela criação de canais de distribuição "muito reservados".

O modo de consumir o livro evidentemente varia conforme a origem social. Uma observação a respeito: antes da instituição das bibliotecas escolares, o jovem camponês, faminto de saber, está condenado a mixórdias de leituras ao acaso cuja importância supervaloriza e que por vezes exercem sobre ele estupenda influência. Em 1820, a conduta de Pierre Rivière em nada difere da do moleiro friulano do século XVII estudado por Carlo Guinzburg. Os dois infelizes perecerão vítimas da anarquia de suas leituras. Por muito tempo a maneira de ler dos autodidatas apresentará essa voracidade desordenada que desperta o riso do autor de *A náusea*. Meio século depois de Agricol Perdiguier, o mineiro Jules Mousseron, de Valenciennes, atira-se, assim que "sobe" da mina, sobre todos os livros que lhe caem às mãos. Menos audaciosos, os operários da Belle Époque sentem-se culpados por dilapidar um tempo que normalmente seria dedicado ao trabalho. Nem por isso devoram com menor avidez os romances populares cuja apresentação se adapta ao tempo fragmentado de suas leituras e facilita o comentário de todos os dias dentro do ônibus ou da oficina.

O CONTEÚDO DAS LEITURAS

Mas quando se alcança a idade de orientar livremente sua leitura, o que se lê de preferência? A esse respeito convém não se deixar ofuscar pelos prestígios da história literária. Claude Savart mostrou qual seria, em 1861, a amplitude da difusão da literatura religiosa; e a análise dos inventários *post-mortem* revela a importância do livro profissional. As obras de direito enchem a biblioteca dos magistrados de Poitiers e os clínicos da zona rural guarnecem a sua com livros de medicina. Além do mais, os autores clássicos continuam se amontoando. Adeline Daumard realça o desdém dos burgueses de Paris pelo livro contemporâneo; Eugène Boileau, encerrada, a partir de 1872, em um castelo de Vigné, anota Sêneca e Benjamin Franklin, dois autores que inspiram o ordenamento de sua vida. Por outro lado, tudo leva a acentuar a amplitude do consumo poético no século XIX. A prática do recital, a longa escuta de textos litúrgicos, o gosto do público cultivado, na maioria das vezes bilíngue, pelos poetas latinos, o sucesso do poema amador lido ao fim da refeição e copiado no álbum, a superabundância das associações poéticas e, talvez acima de tudo, a moda da canção e a safra de poetas operários asseguram a onipresença social do texto rimado. Dois indícios entre muitos outros: em quase todas as famílias mineiras de Valenciennes, durante a Belle Époque, as moças possuem um caderno de canções e Marie-Dominique

Amaouche-Antoine registra idêntica prática entre os chapeleiros do curso superior de Aude.

Quanto ao resto, os contemporâneos sublinham os constantes progressos do romance à custa dos autores clássicos e dos livros de histórias. A partir da Monarquia de Julho, esse gosto traduz-se, no seio do próprio povo, pelo inusitado sucesso do romance de folhetim. Em seguida a queda dos preços permite a larga difusão dessas coleções romanescas cujo modelo foi bem delineado pelo editor Charpentier. Ao mesmo tempo, a influência do cientificismo e do patriotismo ensinados na escola contribui para o êxito de Jules Verne e Erckmann-Chatrian. Em lugarejos de Creuse, humildes bibliotecas irão constituir-se no fim do século. As obras de Victor e de Paul Margueritte ombreiam com a desses três autores.

A CONSTITUIÇÃO DO MUSEU PARTICULAR

O crescente atrativo dos prazeres solitários do "gabinete" acompanha os progressos da leitura em voz baixa. No século XIX, a coleção mantém-se enquanto prática essencialmente masculina; é o homem que concebe e desenha o projeto da acumulação. A mulher nada sabe criar, afora "mil nadas". Tanto em 1892 como em 1895, as exposições de obras de damas despertam a ironia da crítica, que se recusa a dar valor a esses irrisórios produtos do ócio. No máximo a ternura e a piedade poderiam autorizar a amiga ou a mãe a reunir nas gavetas de seu escritório algumas lembranças de família, particularmente emocionantes.

A coleção tem sua história. Durante a primeira metade do século elabora-se uma nova prática. Dispersados pela tormenta revolucionária, os objetos que guarneciam as dependências aristocráticas ficam reduzidos à condição de refugos. Irão findar em incontáveis ferros-velhos dos quais Victor Hugo pintou um impressionante quadro, em *Quatre-vingt-treize* [Noventa e três]. Ao se constituírem as grandes coleções públicas, o novo questionamento das hierarquias é acompanhado por uma desorganização do sistema de sinais de supremacia social.

Aparece então uma nova raça de colecionadores. Durante duas décadas (1815-1840), a conjuntura favorece os compradores. À semelhança do primo Pons, os fornecedores de ferro-velho, com muita frequência marginais sem grande fortuna, conseguem em pouquíssimo tempo constituir impressionantes coleções. Por volta de 1840-1845 desenvolve-se uma brusca flexão na moda. Os burgueses passam a frequentar as lojas de artigos de segunda mão. A nova conduta se codifica. A visita ao antiquário, a paciente busca apoiada em uma nova técnica de compra constituem-se em ritual. A Monarquia de Julho é a idade de ouro do gabinete de "arqueologia", do museu particular, indiferente aos prestígios da venalidade. O colecionador privilegia o objeto antigo; ambiciona "salvar a história" e ainda não cogita revendê-la. Com sua morte, o inventariante dispersará todos os seus tesouros. A província não desconhece o personagem. Em Toulouse, por exemplo, opera na época uma dezena de colecionadores.

Após 1850 define-se o valor dos objetos, estrutura-se o comércio das antiguidades. O fato de o tesouro de Pons terminar caindo nas mãos do inculto Popinot configura a influência da venalidade que se aproxima. Uma metamorfose comportamental opera-se então. Uma legião de colecionadores riquíssimos dá o tom. O fato merece destaque: todos os grandes homens de negócios experimentaram o desejo de colecionar objetos preciosos. Em alguns, fica claro que tal desejo se sobrepõe a qualquer outra paixão. Os magnatas das finanças, especialmente os irmãos Pereire, em sua mansão do faubourg Saint-Honoré, e os Rothschild, em Ferrières, foram tragados pelo desejo de acumular. Muitos industriais também. Eugène Schneider coleciona pinturas holandesas e desenhos. Encerra seus tesouros, que ninguém pode ver, em um gabinete cuja chave leva sempre consigo. Os diretores das lojas de departamentos — na maioria novos-ricos — também são contagiados pelo novo frenesi: Boucicaut coleciona joias, Ernest Cognacq e Louise Jay, fundadores da Samaritaine, objetos do século XVIII.

Todos são ao mesmo tempo mecenas; e exercem grande influência sobre a moda. O impressionismo, assim como o art nouveau, deve muito a esses ambiciosos burgueses. Depois de 1870, o grande colecionador recusa a dispersão póstuma dos objetos acumulados com grande preocupação de ecletismo. Pretende a partir de então ser celebrado pelas gerações futuras. Para sobreviver na memória nacional, doa seus tesouros a um museu, que dá seu nome a uma sala.

OS PRAZERES SOLITÁRIOS DO "GABINETE"

O apetite do colecionador parece revelar então um duplo ritmo. Para quem ambiciona fundar uma nova linhagem, acumular tantos signos corresponde ao desejo de legitimar uma posição recém-adquirida. A coleção confere um evidente prestígio cultural; ligada ao mecenato, permitirá orientar à vontade os gostos da produção artística. Efetiva-se assim uma esfumação das origens aristocráticas e burguesas, elaborada o bastante para que Arno Mayer se deixe levar e confunda, pelo menos no que diz respeito à França, o Antigo Regime com o ecletismo burguês.

Mas o desejo de colecionar revela sobretudo uma estrutura psicológica secreta; remete às profundezas da história da vida privada. A constituição de um museu particular resulta, conforme o caso, de múltiplos desejos. A coleção pode não passar de simples acúmulo de lembranças individuais. O cofrezinho secreto em que Nerval encerra as mechas e cartas de Jenny Colon, a coleção de objetos sensuais e aromáticos que lembra ao Flaubert de Croisset a embriaguez das noites com Louise Colet permitem um deleite solitário, a um tempo nostálgico e temeroso. A preocupação de controlar, de resguardar sua própria libido pode suscitar semelhante prática, que parece então desenvolver-se preferencialmente depois dos quarenta anos.

Posse em estado puro, sem fins funcionais, a coleção culmina a paixão individual pela propriedade privada; mas pode converter-se também em fuga apaixonada, refúgio em meio a objetos que são também equivalentes narcísicos do eu. Para além dos álibis do esnobismo e do prazer estético, pressente-se que a coleção compensa um fracasso, real ou imaginário. Após ter sua carreira interrompida pela administração imperial, o pequeno magistrado Henri Odoard retira-se para Chantemerle; lá, organiza piedosamente os arquivos familiares e coleciona conchas e medalhas. O recuo para o universo doméstico confirma o fracasso da relação indicado ainda pela obscuridade, os móveis acolchoados e as abundantes tapeçarias do interior burguês de meados de 1880. Seria o caso de ver em tal retraimento o sinal de um medo inconsciente das massas, ou o remorso frente à espoliação atestada pela riqueza dos objetos acumulados? A neurose de Des Esseintes poderia dar o que pensar.

Sem dúvida o jogo da série na intimidade obedece ainda ao mesmo processo de regressão da manutenção do diário. Prazeres solitários e ao mesmo tempo formas de autodestruição, os dois passatempos tomam algo da morte. De qualquer forma, a onipresença da coleção constitui certamente uma das manifestações mais profundas da história das classes dominantes no século XIX. Ignorá-la seria condenar-se a uma total incompreensão dos móveis que guiam os tenores da vida econômica.

DIFUSÃO SOCIAL DE UMA PRÁTICA

Não menos essencial é a difusão dessas práticas reservadas por muito tempo às elites. Enquanto a filatelia se encontra em plena ascensão, incontáveis coleções de cartões-postais, de conchas, de medalhas e mais tarde de bonecas surgem entre 1890 e 1914. A pequena burguesia, especialmente a do interior, logo se deixa levar pelo desejo de constituir arquivos familiares, em seguida coleções de suvenires. Chantal Martinet estuda a descida desse comportamento até os meios populares. Pouco depois de Henri Odoard ter piedosamente agrupado as correspondências da família, é em todos os ambientes que se começa a conservar fotos, monogramas, roupas de casamento, buquês e coroas de noiva. Aos tesouros "feitos à mão" acrescentam-se atos jurídicos e números de alistamento militar, em uma acumulação de piedosas lembranças que a morte tornará inócua. Espírito de imitação? Democratização de um comportamento? Certamente. Mas também difusão social de um sentimento da ameaça que pesa sobre os valores do passado e da recusa em aceitar a ruptura entre as gerações. Não ter sabido assegurar sua transmissão engendra nesses círculos uma nova culpa; é ela que incita a recolher aquilo que poderá pelo menos deixar uma marca. Ademais, encontramos aqui o mesmo desejo que leva a personalizar a inscrição funerária. "Joseph Brunet é um homem, eu o afirmo, crede em mim!", escreve em 1864 um obscuro proprietário na página de rosto de um dos livros de sua coleção.

Há outros fenômenos derivados do processo de imitação. A partir de 1880, à medida que se exacerba a decoração do interior burguês, os compradores populares começam a se mostrar gulosos de imitações; um mercado de falsas antiguidades se desenvolve; aparecem coleções de similares. O quarto "Luís XV", o bufê "Henrique II" introduzem novas relações entre o povo, seu mobiliário e seu interior. É todo o ritual da vida privada que é afetado.

A reclusão do indivíduo em meio a sua coleção, vivida por Pierre Louÿs em sua residência do povoado de Boulainvilliers, assinala o ponto extremo desse voltar-se para si que sela a ascensão do sentimento da pessoa. Semelhante conduta permite medir o quanto o desejo de comunicação podia tornar-se opressivo. O estudo dos prazeres e lazeres solitários impõe a pesquisa sobre a relação íntima, a um só tempo relato de si a um interlocutor e vínculo do corpo, do coração ou do espírito que se apega a outro.

A RELAÇÃO ÍNTIMA OU OS PRAZERES DA TROCA

A CONFISSÃO DA FALTA E OS CAMINHOS DA CONFIDÊNCIA

O sentimento de vulnerabilidade que acompanha os progressos da individualização, o fracasso da relação que, no seio das classes dominantes, convida a um temeroso recuo para os prazeres solitários, a interiorização dos imperativos de uma moral sexual cada vez mais exigente, que infla o sentimento íntimo de culpa, tudo isso incrementa o prestígio do encontro amoroso. Cruzam-se então os caminhos da confidência e refinam-se simultaneamente os prazeres e também os temores da confissão.

O SÉCULO DA CONFISSÃO

Os especialistas consideram o século XIX como a idade de ouro do sacramento da penitência. O tribunal de Deus, escreve Philippe Boutry, situa-se no coração da "religião introspectiva, investigadora e às vezes culpabilizante" que é a marca específica do catolicismo de seu tempo. O exame e a confissão aparecem então como as duas condições primordiais da salvação. Ademais, o sacramento entra na estratégia da salvaguarda da moral familiar: ele afasta os jovens do abismo, previne os adultérios e, mais tarde, evitará os divórcios. Concorre, enfim, para a preservação da ordem social. "Eis a barreira ao socialismo, eis a salvação da França", escreve a respeito, em 1853, o obscuro abade Debeney.

Pode-se fazer com que o padre venha ouvir a confissão no interior da esfera privada. Para dizer a verdade, o procedimento revela-se extremamente raro; é reservado aos enfermos e a uma limitada elite social que dispõe de um oratório, até de uma capela doméstica, e beneficia-se às vezes da presença de um capelão. No mais, o sacramento desenvolve-se na igreja ou na sacristia. O confessionário se generaliza desde o início do século e em seguida vai se complicando. Pode não passar, como no caso daquele utilizado pelo padre de Ars, de uma rústica poltrona enquadrada por duas tábuas; mas será talvez um desses suntuosos armários de carvalho envernizado que despertará a indignação de Michelet.

Estabeleceu-se com excessiva superficialidade um paralelo entre o confessionário e o divã do psicanalista. Certamente é fácil levantar semelhanças: impõe-se ao padre — como ao analista — o recolhimento, a atenção, o discernimento e a discrição; dissimulado atrás da grade, ele não deve mostrar seu olhar nem seu rosto. O segredo da confissão também será muito bem guardado ao longo de todo o século: a honra sacerdotal tinha esse preço. Mas o comportamento do penitente mostra-se bem distinto daquele do paciente; a atitude, o gesto, o comportamento, tudo nele traduz o desejo de humildade. Ajoelhado, mãos postas, sem chapéu, o véu baixado, caso se trate de uma dama, submete-se antecipadamente ao julgamento do padre. É a *mezza voce* que o fiel enumera a lista de suas faltas; ao fazê-lo, aplica-se em dominar a linguagem da confissão íntima, aprendizado difícil para as populações rurais, habituadas a falar em voz muito alta.

Para o católico, a confissão deve vir acompanhada pela contrição. Só então a absolvição pode apagar a falta e garantir a salvação. Daí o imenso alcance da recusa em absolver, corrente desde a segunda metade do século XVIII. Essa medida rigorista exclui publicamente o fiel da comunhão pascal; instala nele a ideia da possível danação. Jean-Marie Vianney não se peja de declarar a dois de seus penitentes: “Meu amigo, estais perdido”, “Meu rapaz, estais condenado”.

Seria errôneo opor estritamente a confissão à direção de consciência. A maior parte dos eclesiásticos, algumas moças, certas mulheres zelosas, na maioria aristocratas ou burguesas, ou ainda velhas solteironas instaladas na proximidade do curato beneficiam-se de uma direção continuada, personalizada. São privilégios restritos a uma minoria. O que não impede que a confissão seja também recurso, e implique sempre submissão ao magistério espiritual; as poucas palavras que precedem o enunciado da penitência infligida ao pecador, apelando às boas resoluções, constituem uma forma, sem dúvida muito rudimentar, de direção de consciência.

Teoricamente, o fiel deve confessar-se ao padre de sua paróquia. Até por volta de 1830, o clero rural mostra-se ciumento dessa prerrogativa; a seguir instala-se certa liberdade de escolha. Nos meios fervorosos, escolher um confessor constitui um verdadeiro ritual de passagem; para a moça que retorna do internato e acha-se às vésperas de seu ingresso no mundo, a decisão é importante. Ao se ler a correspondência da jovem Fanny Odoard, percebe-se o quanto é decisiva a influência de seu diretor, o abade Sibour, futuro arcebispo de Paris. As qualidades de seus respectivos confessores alimentam se necessário a conversação das damas. Nas paróquias urbanas, certos padres especializam-se: uns ouvem de preferência as crianças e os jovens; outros, os domésticos. Alguns desses pastores gozam de grande reputação; quando se apresenta um difícil caso de consciência, eles constituem um recurso extraordinário. O padre de Ars permanece enquanto modelo supremo desses apóstolos da confissão. Durante cerca de trinta anos, ele permanece dezessete horas por dia prisioneiro da fila de fiéis que se apresentam em seu confessionário. O fato de esse "bom cura" ter motivado a mais importante peregrinação do país atesta claramente a importância do sacramento. Mas Jean-Marie Vianney não está só. O padre P. A. Mercier, retirado em Fourvière, setentão, atenderá 20 mil penitentes em menos de quatro anos.

Caso esteja insatisfeito com a rotina das confissões corriqueiras, o fiel pode empreender uma confissão geral de suas faltas. Assim fazem os convertidos: como esse professor fascinado pelo padre de Ars e que não se confessava a um padre havia mais de 44 anos. A confissão geral pode coroar uma aposentadoria, uma missão, uma romaria; impõe-se aos moribundos que conservam a lucidez.

Claude Langlois nota que, na diocese de Vannes, entre 1800 e 1830, a frequência ao sacramento da penitência difere consideravelmente conforme o penitente. A confissão mensal é, desde então, obrigatória nos estabelecimentos secundários. Mas há certas almas piedosas, em geral famílias em bloco, que comungam e se confessam com frequência; a tal ponto que o bispo se declara inquieto com a fadiga suplementar que esses fiéis excessivamente zelosos impõem ao clero. Todavia, seria imprudente superestimar essa nova demanda popular. Durante todo o século, os agricultores da diocese de Belley permanecerão hostis à confissão frequente. Na diocese de Arras, a permanência de certo rigorismo faz com que os pastores desconfiem de tal prática. Na Alta Bretanha, ela não se desenvolverá antes do século XX. Até lá, a massa dos fiéis contenta-se em comparecer ao confessionário três ou quatro vezes por ano.

O sacramento da penitência não escapa ao dimorfismo sexual que caracteriza a prática religiosa do século XIX. As estatísticas estabelecidas na diocese de Orléans a pedido do monsenhor Dupanloup, a análise quantitativa dos penitentes de Ars, as queixas expressas pelos pastores durante as visitas pastorais, em resumo, todas as fontes conduzem a sublinhar a feminização do sacramento. Essa tendência é acentuada pela "confissão na dependência" (Ph. Boutry): o padre recebe ao mesmo tempo a missão de zelar pela pureza da moça, pela fidelidade da esposa e pela honestidade da doméstica.

Durante a primeira metade do século a confissão de crianças não interessa ao clero francês. Na Bretanha, observa Michel Lagrée, ela não é praticada antes da primeira comunhão, ou seja, antes dos doze anos de idade. Em 1855, Roma começa a criticar essa demora. O clero francês curva-se pouco a pouco às novas injunções; em 1861, o sínodo dos bispos bretões solicita que os padres aceitem ouvir os pequenos de maneira não formal. O ritmo da confissão infantil acelera-se com enorme rapidez; em fins do século XIX, ela equipara-se à dos adultos. Em 1910, desde o recebimento do decreto *Quam singulari*, a comunhão privada é instituída nas dioceses. Na de Saint-Brieuc, todavia, e trata-se apenas de um exemplo, os fiéis dão mostra de muita resistência à nova prática.

Os meninos na sua grande maioria deixam de frequentar o confessionário antes da primeira comunhão. O desinteresse dos homens, entretanto, varia conforme as regiões; na planície do Lys, durante o final do século, 60% deles comungam na época da Páscoa; no Artois meridional, alguns quilômetros adiante, eles não passam de 20%. Para alguns jovens operários, em especial, a experiência da confissão mostra-se decepcionante. Norbert Truquin relata com humor como, durante sua única tentativa, abandonou o bom padre que queria saber se ele "frequentava as mulheres". Para atrair os homens a uma prática que a grande maioria abandonara, o clero quando necessário dá sinais de transigência. Em 1877, os estatutos sinodais de Montpellier recomendam aos confessores que não façam os senhores esperar, evitem interrogá-los em excesso sobre o capítulo da luxúria e usem de mais indulgência para com eles.

A EVOLUÇÃO DA TEOLOGIA MORAL

Tais conselhos lembram que a teologia moral e a atitude dos confessores não pararam de evoluir ao longo do século. Logo após a Concordata, e até 1830, triunfa o rigorismo, que parece inscrever-se mais dentro da tradição do galicanismo que do jansenismo. Os pastores encontram-se dominados pela ideia da danação e pelo temor da confissão sacrílega. A atitude rigorista harmoniza-se com o tom da pregação sobre o fim dos tempos. A recusa e o adiamento da absolvição são então práticas frequentes. Atingem preferencialmente os pecadores públicos e contumazes, não aqueles que os teólogos consideram "ocasionais" ou apenas "reincidentes". Como então admirar-se por encontrar nos manicômios um grande número de mulheres atacadas de monomania religiosa, que se torturam em intermináveis autopunições e mergulham na inapetência para que Deus poupe ao restante da humanidade o castigo que elas merecem por seus pecados?

O rigorismo do tribunal das consciências repousa na condenação de tudo que advenha dessa sociedade festiva ou lúdica que escapa ao clero. O baile, as "assembleias", os "perdões" da Bretanha, a taberna, a noitada camponesa, o banquete de casamento, os ritos da amizade juvenil e até a simples coqueteria que revela o orgulho do corpo despertam a cólera desses lúgubres sacerdotes. O velho tema do "decote" indecente é revivido pela evocação da guilhotina, terrível vingadora dos vícios do Antigo Regime. Enquanto Jean-Marie Vianney vitupera contra os jovens e seus pais, o padre de Véretz impede seu rebanho de dançar. Ainda no Segundo Império, o cura de Massac, no Tarn, percorre as galerias de sua igreja antes da missa para inspecionar a vestimenta das mulheres; não vacila em cortar uma mecha de uma delas, considerada exuberante em excesso.

A partir de 1830, contudo, opera-se a distensão. Durante os vinte anos que se seguem, graças aos esforços de pastores resolutos, que têm seu modelo no monsenhor Devie, bispo de Belley, as doutrinas de Alphonse de Liguori, traduzidas por Thomas Gousset, pouco a pouco vão se impondo nos seminários e reuniões clericais. Essa nova teologia moral convida o confessor à prudência e à indulgência; aconselha a evitar que o pecador desespere. A partir de então, tranquilizar as almas parece mais útil à salvação que aterrorizá-las. A influência dos jesuítas, depois a de Lamennais, e de maneira mais geral o progresso da piedade ultramontana trabalham em favor dessa humanização do sacramento da penitência. A massa dos fiéis começa a assimilar as mais simples injunções da teologia moral; assim, a palavra clerical não tem mais motivos para ser tão pesada; e eis que o terrível padre de Ars, já adocicado, não cessará de misturar suas lágrimas às dos penitentes.

Um parcial retorno ao rigorismo acontece sob o Segundo Império; a sexualidade no seio do casamento acarreta novos furores clericais. Enquanto o dr. Bergeret, em seu gabinete, acua as "fraudes conjugais", o clero decide ajustar contas com o "onanismo dos esposos". De 1815 a 1850, observa Jean-Louis Flandrin, a Igreja deu mostras de certa passividade nesse domínio. Opera-se então a "difusão discreta" da contracepção. O controle dos nascimentos difunde-se tanto na paróquia de Ars como na diocese do Mans, conforme reconhece seu bispo, monsenhor Bouvier. Entretanto, os teólogos romanos continuam a considerar que uma esposa pode aceitar relações sexuais mesmo sabendo, por experiência, que o marido pratica o coito interrompido. A Igreja vê no laxismo o meio de evitar que a mulher seja vítima de sevícias e o homem se refugie na fornicação.

A partir de 1851, a atitude de Roma torna-se mais severa; a rivalidade que se estabelece entre o homem e Deus, pelo domínio das fontes da vida, inspira inquietações. A partir de então, os teólogos da Santa Sé condenam com firmeza toda forma de cooperação, mesmo passiva, por parte da mulher cujo marido pratique o onanismo. A Igreja da França acompanha a evolução, aparentemente mais rápido do que pensava Jean-Louis Flandrin. Desde o início do Segundo Império, monsenhor Parisis convida o clero da diocese de Arras a ser mais firme. A partir de 1860, o novo bispo de Belley adota a mesma atitude. A derrota da Comuna acentua o novo rigorismo. Os confessores, até então muito discretos no que diz respeito à carne, levarão mais adiante seu interrogatório; foi-se o tempo em que se impunha, nesse particular, esperar pelo questionamento do penitente.

O INSIDIOSO PODER DO CONFESSOR

O aprofundamento da investigação acontece no momento em que se desencadeia a ofensiva clerical. O livro de Michelet, *Du prêtre, de la femme, de la famille* [Sobre o padre, a mulher, a família], abrira o debate em 1845. Sabe-se de que maneira os romancistas se apoderaram do tema. Zola (*La conquête de Plassans* [A conquista de Plassans]), Edmond de Goncourt (*Madame Gervaisais*), George Sand (*Mademoiselle de la Quintinie*), o *sâr* Pèladan (*Le vice suprême* [O vício supremo]) colocam a confissão como um dos grandes problemas de sua época. A campanha se desenvolve entre os publicistas. Em 1885, Léo Taxil e Karl Milo lançam *Les débauches d'un confesseur* [Os deboches de um confessor]. A literatura militante e a imprensa anticlerical remoem o tema; Jean Faury mostrou-o abundantemente a propósito do Tarn. A hostilidade ao confessor desperta até certas reações populares: já em 1839, os camponeses de Dompierre-en-Dombes tinham feito uma petição contra seu padre, cujas indagações "explicam demais". Até na obscuridade de seu confessionário, o religioso permanece submisso ao boato aldeão. De outro lado, já faz tempo que a espionagem clerical é sentida como um problema cotidiano nos meios operários.

A ofensiva anticlerical organiza-se em torno de quatro temas principais. O insidioso poder à disposição do confessor constrange o livre desenvolvimento do indivíduo; a permanente necessidade de socorro opõe-se à autonomia pessoal, na qual os neokantianos baseiam a vida moral. O indiscreto desejo de saber, traduzido igualmente pela investigação lateral junto a familiares e vizinhos, conduz a um controle absoluto da mais secreta intimidade da pessoa; cria o risco de estabelecer uma verdadeira anulação do ser, aquilo que Michelet qualifica de "transumanização".

O questionamento da sexualidade clerical opera-se de muitas formas, às vezes contraditórias. Seguro de sua grande sapiência sobre o pecado da carne, o confessor, com suas perguntas em excesso, desperta a alma inocente para as primeiras emoções do vício. Atemorizada e desgostosa diante dos propósitos de seu orientador de consciência, Suzanne Voilquin decide, aos catorze anos de idade, deixar de recorrer ao sacramento da penitência.

Em sua obsessão pela mulher, do qual está próximo, como atestam a veste que usa e a sensibilidade que manifesta, frustrado, contudo, por seu voto de castidade, o padre a todo momento arrisca confundir-se, e até perturbar-se, com o impudor da confissão feminina. O tema alimenta a imagem do sacerdote sedutor, que percorre todas as páginas dessa literatura. Sobretudo, o confessor, com seu questionamento, exige que o tornem confidente dos debates conjugais; penetra os mais íntimos segredos e, com suas injunções, pretende guiar o que acontece no leito. Arrisca-se portanto a constranger o desabrochar hedônico do casal. A fiscalização demasiado rigorosa que exerce sobre a jovenzinha às vezes termina por contrariar projetos matrimoniais; a palavra do confessor pode até conduzir ao convento a filha do livre-pensador.

Para o marido cioso de sua autoridade, o padre tornou-se um rival. Não é a liberdade da mulher que mobiliza os anticlericais, também eles ávidos de virtude feminina. É que a ingerência do padre choca seu sentimento de propriedade. Esse ciúme diante do intruso que deseja orientar a vida privada, que abusa à vontade das visitas em domicílio, que fica à espreita do momento em que lhe será entregue a frágil alma da esposa, assume a forma de um verdadeiro "machismo anticlerical" (Jean Faury).

A ameaça que o clero representa para as fortunas constitui o último dos grandes eixos desse combate. O artigo 909 do Código Civil prevê com efeito que o confessor não será herdeiro de seu penitente. Todo legado piedoso passará a ser visto pelos anticlericais como uma espoliação.

A vivacidade de tais querelas deixa entrever a importância do problema. A confissão, aos olhos de seus adversários, ameaça a um só tempo o reforçado segredo da vida privada, os imperativos da nova ética individualista e o florescimento desse casal fraterno com o qual sonha Michelet. Se o pesquisador possuísse todas as fontes desse diálogo entre a transgressão e a culpabilização, chegaria ao mais profundo recanto da história da vida privada.

A descoberta de uma correspondência ajuda a levantar o véu e revela a realidade dos dramas da confissão. Em 1872 e 1873, Eugène Boileau, jovem e rico anticlerical que coleciona recortes de jornais sobre padres escandalosos, explica a sua noiva, em uma série de cartas emocionantes, como ele imagina a futura união dos dois. Indignando-se ao saber que a moça anda aterrorizada por um confessor de atitude ambígua, ele ordena-lhe que rompa com o triste personagem. As crianças que nascerão do casal não serão batizadas.

É preciso avaliar com cuidado o grau de dificuldade de confessar, na época, a tara ou doença sexual. A prova está no medo das palavras. Nas boas famílias, não se chamam as coisas do sexo por seu nome. Quando os romancistas tratam da impotência, contentam-se em sugerir o fracasso. A sífilis impõe um rodeio estilístico: o enfermo "frequenta Sainte Véronique"; a partir de 1902, torna-se um "avariado". A expressão, bastante doce, tomada do teatro de Brieux, permite finalmente que as conversas de salão abordem o torturante assunto. Nas 11 400 cartas da família Boileau, nunca se fala de taras ou faltas sexuais; não há também nenhuma alusão às doenças pulmonares, sobre as quais pesa o mesmo tabu.

A literatura médica confirma essa dificuldade de falar claro. O prof. Alfred Fournier, autor de *La syphilis des innocents* [A sífilis dos inocentes], cita o caso de uma jovem virgem contaminada por um beijo e que, com o corpo coberto de lesões, guardara para si o terrível segredo. Certo oficial quebra a cabeça, ao sair do consultório médico, em busca de um motivo para não escrever a sua casta noiva contando que está com sífilis. Um jovem não saberia revelar a sua mãe que está contaminado; parece-lhe difícil até dizê-lo a seu pai. "Não tema confessar-me", escreve a respeito Marie-Laurent Odoard a seu filho Henri, estudante em Paris.

Nesse particular, o médico é o confidente privilegiado, com frequência o único. Ora, mesmo no segredo do consultório, a confissão é difícil. Os práticos queixam-se de não conseguir obtê-la de um jovem onanista. Bergeret deve dar provas de muita paciência antes que seus pacientes cheguem a confiar-lhe suas "fraudes conjugais". As mulheres, já o vimos, hesitam antes de se submeter ao espéculo. A partir de 1880, a doença genital torna-se mais obcecante. O dogma em ascensão da sífilis herdada alimenta a ideia da cura impossível; impõe-se no espírito do doente a imagem de uma descendência de aleijões condenados à morte precoce. O Ocidente sente a tentação da eugenia. O segredo médico vacila.

Para dizer a verdade, poucos indivíduos se beneficiam plenamente dele. O conselho de revisão constitui a ocasião de um exame público. No hospital, durante a visita, os tísicos são apresentados ao grupo de estudantes; Charcot exibe os histéricos da Salpêtrière à alta sociedade. Os doentes venéreos parisienses, amontoados em Lourcine ou Saint-Lazare, os sifilíticos agrupados em salas especiais dos hospitais ou das prisões do interior não têm sequer a possibilidade de dissimular seu estado. Os proxenetas prevenidos levam os clientes até o pé dos leitos; os conhecidos do bairro sabem com quem lidam. No campo, o boato aponta aquele que tem "sangue podre". É preciso esperar pelo finalzinho do século e pelas consultas de dermatologia do hospital Saint-Louis para que surja o nevoeiro e se ofereça ao povo o novo privilégio de um relativo segredo.

Na burguesia, que forma a clientela privada dos especialistas, as coisas são diferentes. Aqui, a tara genética põe em perigo a estratégia matrimonial. A cura não basta para recuperar todas as chances de uma jovem que se sabe sofrer dos pulmões. O medo de uma recaída ou de uma descendência comprometida continua a fazer com que a considerem uma enferma; daí a importância do segredo. A família de Marthe teme que a suposta histeria da jovem Normande impeça o casamento dos primos da Borgonha. Felizmente, o artigo 378 do Código Penal impõe silêncio ao médico.

Entretanto, de 1862 a 1902, o hereditarismo reinante conduz alguns a colocar em questão esse dogma. A seus olhos, antes de mais nada seria conveniente impedir a procriação de seres degenerados. Os padrinhos Brouardel, Lacassagne e Gilbert-Ballet propõem, por sua vez, que se mantenham os subterfúgios. Sugerem aos parentes da moça que peçam ao noivo que faça um seguro de vida, o que irá obrigá-lo a submeter-se a um severo exame médico. Brouardel aconselha ainda que se arranje uma entrevista entre os dois médicos de família; cada um dará sua opinião a seus clientes, sem trair o segredo. Duclaux propõe que se obrigue o noivo a empenhar sua palavra de honra... Uma pequena minoria de médicos, conduzida por Louis-Adolphe

Bertillon, prega o "arquivo médico", ou "dossiê sanitário" individual, no qual se lançaria a história patológica do indivíduo e seus ascendentes. Certos discípulos de Galton pendem para o exame e o certificado atestando que o solteiro está "em condições de casar". Eles não chegarão a impor a medida antes da Primeira Guerra Mundial. Em 1903, uma pesquisa desenvolvida por *La Chronique Médicale* [A Crônica Médica] mostra que os médicos são hostis à "lei matrimonial". Os piores momentos do terror hereditarista já passaram; os discípulos de Pasteur já não sentem, como veremos, as mesmas angústias daqueles de Benedict Morel ou de Prosper Lucas. Esse fracasso mostra igualmente com quanta vigilância as classes dominantes pensavam proteger então o segredo da vida privada.

A CONFIDÊNCIA JUVENIL

O isolamento imposto aos filhos e filhas da burguesia, cuidadosamente afastados da convivência popular e marginalizados nas relações mundanas, extremamente codificadas, estimula a amizade particular e apaixonada; a dificuldade da confissão aviva o desejo de abrir o coração para um companheiro de sua escolha. A confidência juvenil, respeitando a clivagem sexual, desempenha aqui papel primordial na elaboração da personalidade.

A escolha de uma amiga íntima constitui um episódio importante na vida de uma adolescente. As mães favorecem o desenvolvimento de relações duráveis entre moças sérias e absolutamente francas. Esperam que a solidez de um relacionamento assim, antítese da frivolidade das amizades mundanas, será um desses pontos fixos que permitirão que sua filha se oriente na existência. À medida que se desfazem os ritos da sociabilidade juvenil, logo se assistirá também no campo ao crescimento dessa mesma preocupação com a amizade privilegiada. Nas famílias católicas, é a companheira de comunhão que cristaliza com maior frequência essa necessidade de um apego inalterável. Interrogadas em 1976, as velhas de Bué-en-Sancerrois concordam em enaltecer o papel dessa amizade.

Ser arrancada do calor do ambiente familiar e atirada na atmosfera cruel de um internato é algo que exige com urgência uma amiga íntima. O estímulo vem do regulamento que, desde madame de Maintenon, incita as internas maiores a tomar sob sua proteção uma das moças mais jovens. George Sand relatou minuciosamente a doçura dessas amizades privilegiadas. Em um mundo fechado, a segregação dos sexos alimenta a gestualidade ambígua das inseparáveis. É aqui, entre moças, que se trocam retratos e juramentos. Com frequência as amizades mostram-se duradouras. Ao saírem do internato e se paralisarem à espera do casamento, as "moças crescidas" mantêm abundante correspondência; trocam visitas entre si. Os exemplos da solidez dessas amizades são inúmeros. Eugénie de Guérin fica espantada ao ver que teceu assim uma verdadeira rede de amizade entre moças comportadas, ternas e cedo amadurecidas pelo aprendizado da morte familiar. Naturalmente, as primas desempenham quase sempre o papel de interlocutoras privilegiadas. Na família Boileau, empregam o inglês para escapar à curiosidade dos pais. Entre Nîmes e Mercurol, Fanny e Sabine Odoard trocam mil pequenos segredos. Ainda desta vez impressiona o tom sério da correspondência; o intercâmbio absolutamente não trata de príncipes encantados, mas de escrúpulos de consciência, do regulamento da vida. Ao anunciar-se a cólera, Fanny toma suas precauções, coloca em segurança seus papéis íntimos e prepara-se para passar para o além. Habituada a desempenhar a função de enfermeira na família e de anjo benfeitor junto aos indigentes da vizinhança, a moça desse ambiente também se familiariza com a dor.

Essas correspondências levariam a duvidar do discurso, essencialmente masculino, que mostra as jovenzinhas impacientes pelo relato velado da noite de núpcias de sua melhor amiga. Sabe-se o uso que o tema terá entre a publicação das *Memórias de duas jovens esposas* (1842) e a de *Chérie* [Querida], de Edmond de Goncourt (1889).

Muito diferente, mas igualmente intensa, é a amizade masculina nascida nas pensões, nos colégios ou nos bancos da faculdade. Esses jovens possuem a experiência do amor, amiúde sob uma forma degradante. É impossível dizê-lo em família; eles não têm mais tampouco o recurso ao confessor, e seus parceiros sexuais não saberiam aceitar tais confidências; de qualquer maneira, estes representam o Outro, a presa com a qual evitam confissões. Os jovens burgueses, mesmo sabendo, no fundo, que estão destinados a se tornar advogados ou tabeliões, alimentam o sonho supremo de desmesuradas ambições; abominam a mediocridade; acreditam ouvir a voz da grandeza. Sua cultura os enche de orgulho. Tudo isso contribui para fazer da amizade masculina uma das vertentes da educação sentimental e sexual, a do comentário sobre a experiência vivida. Isso conduz a hipertrofiar a zombaria, exaltar as virtudes do riso e da blague. Assim funciona, em torno do jovem Flaubert, a "franco-maçonaria juvenil" do colégio de Rouen (J.-P. Sartre).

As práticas das amizades privilegiadas não são as do círculo ou do cenáculo de jovens. É durante visitas privadas, reuniões vespertinas ou noturnas ao pé do fogo que se fala delas. Flaubert conservará por muito tempo a nostalgia das noitadas de Croisset que passava fumando com um de seus amigos, Alfred Le Poittevin, Ernest Chevalier ou Maxime Du Camp. Os passeios e as conversas pela vizinhança e, mais ainda, as incursões a dois até o bordel selam amizades profundas. "As moças", observa a respeito Jean-Paul Sartre, "são propriedade coletiva, são partilhadas, conta-se o que aconteceu grosseiramente, com as pernas para o ar"; manifesta-se assim a "vontade de sacrificar o outro sexo à camaradagem viril e, marginalmente, homossexual como o são todas as virilidades ostensivas".

Uma abundante correspondência, desta vez pontilhada de confidências sexuais, mantém essas amizades que apenas a morte desfaz. A ostentação dos desempenhos prostibulares, as grosseiras invectivas contra o burguês, o relato de blagues de outras épocas têm aqui a função de atenuar as feridas provocadas pela descoberta da realidade adulta.

Ao chegar o tempo da conscrição (1872), essa conivência juvenil desenhará o modelo popular do camarada de regimento.

Enquanto esperam, a mobilidade, imposta aos jovens proletários das grandes cidades pelos azares do mercado de trabalho e pela precariedade da moradia, impede o desenvolvimento dessas sólidas amizades que parecem reservadas aos camponeses, soldadas pela vizinhança duradoura, e aos burgueses, que se beneficiam da experiência da *privacy*. Os raros operários que redigiram suas memórias falam da camaradagem do reencontro, da simpatia ocasional que os vincula por alguns meses a um companheiro de alojamento ou de oficina; a fluidez e dispersão da amizade reaparecem até nos quartos dos migrantes temporários. É verdade porém que se trata de um tema obscuro, que mereceria estudo atento.

CONIVÊNCIA ENTRE IRMÃO E IRMÃ

Retornemos à burguesia. Existe aqui uma exceção na barreira que separa os sexos: a relação privilegiada que pode unir irmão e irmã, cuja importância me parece ser menos lembrada do que mereceria. O laço que se estabelece entre a mãe e a filha, que a estrita diferenciação dos papéis sexuais conduz a estreitar, sem dúvida contribui para ocultar as formas juvenis de afeição. O irmão é mesmo o único rapaz com quem uma moça pode então mostrar-se familiar; a irmã representa a única moça comportada que o rapaz conhece na intimidade. A severidade da moral e o rigor do código de frequência conduzem simultaneamente a aumentar a importância da fraternidade e reduzir sua expansão sentimental. Os fantasmas de um e de outra mantêm uma confidência em tom menor, em que vêm se perder o desejo e o medo de entregar-se. Flaubert abandona a liberdade de tom, evita a crueza da narrativa quando se dirige a sua irmã caçula Caroline, à qual confessa estar ligado por um sentimento profundo.

Na maioria das vezes subjugada pela cultura e pela experiência do mundo viril, a irmã consagra ao irmão uma admiração mesclada de afeição atenta e quase maternal. Teme que ele adoeça, perca a fé, fracasse. Os pais contam então com ela para moralizar o filho. O devotamento de Eugénie de Guérin a Maurice constitui um caso extremo; mas percebe-se um sentimento da mesma natureza, embora menos vivo, em Sabine Odoard, que parece mais apegada a seu irmão Henri, estudante em Paris, que ao pálido marido que a família lhe escolheu. Nos dois casos encontra-se a mesma assimetria sentimental, as mesmas incessantes queixas quanto à raridade do correio e da confidência.

A irmã representa a cera branda e maleável que autoriza o pigmalionismo do irmão, a lapidação tranquila do par. Nessa relação, o "rapaz" se adianta: desde cedo tem a ocasião de desenhar o perfil da moça de seus sonhos e preparar-se assim para uma experiência conjugal que os imperativos de sua condição o obrigam a retardar. Não terminaríamos nunca de citar os modelos de duplas que, desde a obscura afeição entre René e Lucile, frequentam a esfera doméstica. Balzac e Laure, Stendhal e Pauline, Marie de Flavigny e Maurice constituem, junto com os Guérin, os exemplos mais evidentes. Parece que essa exaltação do relacionamento, que faz parte do milagre de dois seres feitos um para o outro e do mito do andrógino, foi mais viva enquanto o romantismo se desenvolvia. No final do século a proximidade se atenua; a irmã mais velha, doce e boa, aborrece Jules Renard.

A CIRCULAÇÃO DOS SEGREDOS FAMILIARES

A correspondência familiar, já o vimos, alcança então uma excepcional densidade. Os membros dispersos da parentela não perdem o contato. As redes que nos são reveladas pelo acaso da conservação de arquivos são tão densas entre os Odoard de Mercurol e os Dalzon de Chandolas como entre os Boileau de Vigné.

Esse imperioso ritual prepara as visitas, acompanha as trocas de presentes e os serviços baseados na complementação geográfica ou funcional. Transmitem-se por carta as informações sobre pessoas, as recomendações, indicações sobre a Bolsa, conselhos. Por meio da correspondência desenha-se uma hierarquia familiar, resultante da ordem de nascimento, baseada no êxito pessoal. Aimé Dalzon, engenheiro em Saint-Étienne, realizou uma esplêndida carreira. Irmão admirável, sente imperiosa necessidade da afeição de Arsène, que ficou na terra natal. Ajuda de longe a família; encarrega-se de numerosas formalidades administrativas; descreve a seu irmão um novo material de sericicultura; indica-lhe as oscilações previstas para o mercado da seda; faz com que tire proveito das relações de seu sogro. É ele que escolhe os internatos de seus sobrinhos e sobrinhas.

Essas correspondências da maturidade são avaras em confidências, em confissões pessoais. Não se faz referência à vida sexual. O leitor encontra nelas mais comedimento e menos alusões. Sem dúvida as "loucuras" tornaram-se mais raras nessas existências sossegadas. Por outro lado, afora o caso dos Boileau, são fortemente avessas às confidências, e portanto as cartas são lidas em voz alta diante do círculo dos íntimos, com os segredos familiares circulando sem cessar. O armário em que se encerram as taras domina ao menos os responsáveis pela esfera doméstica. Entre os Odoard, são a enfermidade mental do mais velho, Auguste, e os desmandos do tio eclesiástico que — jamais se saberá por quê — se viu obrigado a buscar refúgio na Trappe. Na correspondência da família de Marthe, o encaminhamento dos segredos reveste-se de um aspecto caricatural. A "falta" da filha, amante de um cocheiro, está claramente exposta, desde o começo, em 1892; mas é apenas aos poucos que o leitor percebe a confissão da varíola do pai falecido. As alusões a meia-voz sobre a "desgraça" da mãe e a histeria da filha engendram a suposição, até que o genro caia na esparrela. Compreende-se a partir de então os temores que o casamento dos primos desperta; descobre-se a triste sorte da irmã, Éléonore, condenada ao celibato e de quem se terá a coragem de dizer, após sua morte, que era ligeiramente hidrocéfala. Diante desse trágico acobertamento, a imagem da tia Dide dos Rougon-Macquart parece quase adocicada.

Diante do erro e da tara, a família forma um bloco. Manifesta absoluta solidariedade no segredo. O repisar da desgraça no seio da parentela conforta e ao mesmo tempo compensa a recusa da fuga; desarma a tentação da confissão pública. Curiosamente, encontram-se no interior dessa mesma burguesia comportamentos detectados pelos etnólogos no coração do campesinato.

Tanto para as famílias dos figurões como para os *oustaux* do Gévaudan, o segredo da vida privada constitui ponto de honra e, portanto, condição para o sucesso das estratégias. Nos dois casos impõe-se da mesma forma descobrir os segredos dos outros. Enquanto os Lozériens enviam seus filhos mais jovens ao café para que escutem o boato capaz de refinar suas táticas, as famílias burguesas, quando se trata de investigar as taras de qualquer candidato ao matrimônio, estendem uma rede de informações cuja complexidade conhecemos.

A EDUCAÇÃO SENTIMENTAL E O CONVÍVIO TRADICIONAL

O AMOR ROMÂNTICO

A configuração de um sentimento amoroso, as condutas que ele inspira, revelam ao mesmo tempo os sonhos eróticos e as tensões que a sociedade atravessa. Também aqui modelos imaginários e práticas sociais sofrem permanente evolução. A história contemporânea tem contudo descurado esse aspecto das mentalidades. Ávida de padrões, preferiu o estudo quantitativo da gravidez pré-nupcial à sondagem da correspondência íntima.

Os padrões de longa duração mostram-se aqui particularmente sólidos; também é conveniente nunca perder de vista os antigos códigos que, de modo subterrâneo, continuam a equacionar os sentimentos. O amor cortesão e seus procedimentos de deliberação, o neoplatonismo da Renascença e sua antropologia angelical, o discurso clássico sobre o torvelinho das paixões, a condenação do "louco amor" pelos clérigos da Contrarreforma católica pesam sobre os comportamentos dos amantes do século XIX, quer eles o saibam, quer não. Naturalmente, os sistemas herdados do Século das Luzes mostram-se ainda mais impositivos. A reflexão dos metafísicos sobre a essência da alma, a dos médicos e psiquiatras sobre a índole da paixão, a existência de duas naturezas sexuais e os perigos dos excessos psicológicos, a dos teólogos sobre a gravidade relativa da falta sexual configuram as condutas amorosas.

Nem por isso a elaboração e em seguida o declínio do amor romântico deixam de constituir o essencial. As teorias multiformes e movediças que definem as modalidades da ligação entre alma e corpo formam o pano de fundo dessa nova organização do sentimento amoroso; não voltaremos a ela. Mais vale nos determos sobre a bipolaridade da natureza feminina, igualmente indispensável à compreensão das mentalidades da época. Marcada pelo sinete da antiga aliança com o demônio, a filha de Eva a cada instante corre o risco de precipitar-se no pecado; sua própria natureza reclama o exorcismo. A mulher, próxima do mundo orgânico, beneficia-se de um íntimo conhecimento dos mecanismos da vida e da morte. Ela, que tende a identificar-se com a natureza, vive sob a permanente ameaça de forças telúricas cuja existência se manifesta nos excessos da ninfomania e da histeria. Quando essas lavas incandescentes conseguem escapar sem controle, o sexo frágil rompe os grilhões, insaciável em seus amores, fanático em suas crenças, assustador como o louco em sua gesticulação. Inspirados nesse sistema de representações reorganizado no final do Antigo Regime, os artistas da segunda metade do século XIX darão ênfase ao enigma da feminilidade. Simultaneamente marmórea e bestial, a mulher-esfinge, cingida pela serpente, os olhos iluminados por um brilho feroz, corresponde ao código hierático do *modern style*, como analisou brilhantemente Claude Quiguer. Os romancistas, especialmente Zola, farão com que esse inquietante modelo de devoradora se insinue até o ambiente popular dos subúrbios. Para os homens da época, atormentados pelo medo da mulher, mais do que nunca é preciso aplacar a sexualidade da companheira e submetê-la à ordem masculina.

Intervém então o código religioso. A descendência de Eva é também filha espiritual de Maria. Desenha-se assim o polo imaculado da feminilidade. O metodismo já havia exaltado a redentora. O século XIX irá buscar nela o anjo bom do homem. Acessível à piedade, nascida para a benemerência, a mulher deve fazer-se mensageira do ideal. O *martinismo* manifesta aqui sua influência. A incontestável existência de seres imateriais — os anjos — implica o reconhecimento de criaturas intermediárias, sem as quais a escala divina perderia a continuidade. A mulher tem a vocação de elevar-se para alcançar esse posto de mediadora, em seguida inclinar-se sobre o homem e revelar-se a ele em celestiais aparições.

Antes mesmo de ser promulgado o dogma da Imaculada Conceição (1854) e de o culto a Maria expandir-se (1846-1871), a literatura religiosa e a pintura mística exprimem essa fuga do peso do corpo, esse impulso angelical e diáfano. Concebida no interior do iluminismo de Lyon, a pintura de Louis Janmot, em especial a bela série *Virginitas*, traduz essa aspiração. A jovem mulher eleva os olhos para o azul, assegura a comunicação entre seu companheiro e o mundo do invisível. Nessa perspectiva, o amor será o segundo céu, a afinidade vivida dentro da aventura espiritual conjunta.

Uma estreita ligação se estabelece entre os procedimentos da confissão e a dialética amorosa, como se, indica Lucienne Frappier-Mazur, o recuo acompanhasse, ao reverter-se, as vias associativas empregadas por ocasião do fluxo. A experiência romântica do amor toma do sacramento a linguagem religiosa da confissão, a função redentora do sofrimento, a espera da recompensa. Aqui é a mulher que detém o magistério espiritual; é ela que justifica as escolhas.

O amor romântico, porém, possui uma complexidade maior; a linguagem religiosa combina-se com o novo ordenamento da paixão. As desordens do coração, o cataclismo do Ser, o desvio, breve, do código elaborado pelo menos desde o século XVII e reafirmado entre 1720 e 1760 são relegados a segundo plano. Especialmente na França, entre 1820 e 1860, acontece uma verdadeira reinvenção do sentimento. A paixão passa a ser unicamente energia; provoca o choque elétrico do ser, que preludia o amor. Este, a um só tempo vínculo entre dois indivíduos e penetração conjunta no seio de uma esfera mágica, assegura a passagem da ordem natural à ordem poética. É um sentimento que implica tal afinidade espiritual que cada um dos dois parceiros adquire a certeza da eternidade do acordo. "O amor em sua plenitude", escreve Paul Hoffmann, "escapa do real e vive nas fronteiras da via onde se confundem a presença e a ausência, o rosto do ser amado e as imagens da recordação e do sonho."

Cabe à mulher provocar no homem esse despertar, essa "turbulência da alma", conservar a inextinguível nostalgia de um mundo ideal. Rousseau propôs ao século romântico essa perfeita plenitude. Ele redesenhou o mito de um andrógino espiritual; e seria excessivo reducionismo não ver em Sophie mais que a imagem machista de uma companheira subjugada. Essa atualização da antiga nostalgia de uma unicidade primitiva, da totalidade original e mítica engendra a indecisão sexual dos parceiros, tão perceptível na pintura de Janmot. É a névoa que permite o impulso fraterno rumo ao ideal.

Então o círculo se fecha e reencontramos, de chofre, o polo negro da feminilidade. A virgem etérea, diáfana, nega a tal ponto a sexualidade de seu companheiro que se torna inquietante, insidiosamente castradora. O homem volta a ser vítima daquela que o elevou ao nível dos anjos a fim de melhor exorcizar sua animalidade.

O CHOQUE DO REENCONTRO

A literatura mais fartamente difundida propõe a partir de então modelos de conduta, traça itinerários espirituais, ilustra o novo sistema do amor. Alguns clichês proliferam: o choque do reencontro, a "aparição" da mulher, a irrupção da silhueta fugidia. Ao mesmo tempo, renova-se a cena amorosa: o bosque cede lugar à aleia do jardim, à trilha seguida no passeio pela natureza. O primeiro olhar que se cruza e se demora, a longínqua música da voz, a doçura do perfume natural que se filtra através dos trajes leves asseguram a salvaguarda do pudor feminino e forjam grilhões indestrutíveis.

O amor romântico modifica o ordenamento da confissão, exacerba as reações devidas à vergonha, estabelece novos procedimentos de deliberação. A palavra, que seria demasiado escandalosa, por muito tempo é substituída pelo olhar, pelo sorriso, no limite pelo toque; a perturbação, o rubor, o silêncio insistente valem por respostas.

Tudo isso entra no processo da educação sentimental, tema dessa literatura. É uma experiência que manifesta as dificuldades do crescimento. A mulher vem compensar a perda de um amor maternal contrariado. O reconforto que ela proporciona, a total confiança que desperta permitem o milagre de um segundo nascimento, o retorno ao paraíso, merecido por meio do sofrimento iniciático que precede o encontro. Madame de Warens, madame de Rênal, madame de Couaën, madame de Mortsauf e muitas outras formam uma coorte de segundas-mães que devem deliberar sobre o desejo da iniciação amorosa. O impossível prazer materno, a temível imagem castradora que se esconde por trás da personagem-chave dessa educação sentimental gravam com um pesado tributo o desabrochar da sexualidade romântica.

Depois de 1850, enquanto os bons dicionários, tais como o de Pierre Larousse, manifestam uma prolongada fidelidade ao primado idealista, o modelo do amor romântico desagrega-se. O campo semântico do sentimento compõe-se ainda dos mesmos elementos, mas desorganiza-se. O fracasso da geração de 1848 desemboca na ironia flaubertiana que, nesse domínio, faz soar o dobre de finados das crenças angélicas. Os caminhos da educação sentimental ficam obstruídos. A perda da fé no amor romântico acompanha sua difusão, poderíamos dizer sua democratização; ele tornou-se um objeto de consumo, quase uma mercadoria. No devaneio de Emma Bovary e Rodolphe, seu amante, quando se consuma a aventura, os elementos constitutivos do sentimento jazem esparsos e parecem deslizar ao sabor da água, tão próxima. Assim será ao longo de todo o meio século que se segue. Enquanto o anjo cede lugar à esfinge, um conjunto impreciso e móvel de sensações, sonhos, lembranças e medos substitui o irresistível impulso para o ideal.

A REALIDADE DAS CONDUTAS

O estudo das experiências vividas impõe-se como a mais urgente tarefa dos historiadores, já bem informados sobre os caminhos do imaginário. Os primeiros trabalhos, demasiadamente raros, bastam para mostrar ao mesmo tempo a influência dos modelos e a defasagem que se aprofunda entre sua elaboração e sua encarnação nas condutas.

Nicole Castan observa que, nos estertores do século XVIII, difunde-se bem no íntimo do povo a linguagem do amor-paixão; já se apela à força dos sentimentos e aos impulsos do coração. Impõe-se uma nova retórica, atribuída aos mais despossuídos. Ao ser ouvido, mesmo o pior analfabeto fala das "mais ternas juras" e de "abundantes prantos"; já se percebe nesse ambiente a repercussão de *A nova Heloísa*.

A análise de um conjunto de correspondências íntimas do início do século XIX revela a Jean-Marie Gautier a violência da linguagem da paixão, logo após a Revolução. O "amor perdido" soluça; os ciúmes assumem as formas da demência; o poderio do sentimento produz a tentação da morte. Em suma, enquanto se opera a privatização das lágrimas, exacerba-se nas atitudes o código clássico do desregramento. Mas, ao mesmo tempo, prolifera a linguagem angélica; a metáfora religiosa invade o discurso: o amante é uma criatura celeste; o culto que se devota a ele, uma adoração.

Meio século mais tarde (1850-1853), reencontra-se a mesma linguagem nos limiares da pequena burguesia. O jovem Jules Odoard descobre estar perdido de amor por uma professorinha do campo, filha de camponeses. A paixão é tempestuosa. A correspondência, muito abundante, traduz suas devastações. O apaixonado dirige a sua amante "longos beijos de fogo". O coração ensanguentado dos dois jovens faz-se à imagem daquele do Jesus Cristo romântico: "Meu Deus... seja feita Vossa vontade", escreve Jules, privado do "bálsamo divino" que o corpo da amante representa para ele.

Não seria o caso de tentar um reexame das atitudes, ainda que a análise sistemática seja possível. Os passeios pelo jardim, os olhares, a confissão, as mãos que se apertam balizam os amores nascentes de Victor Hugo e Adèle; e os gestos da paixão de Stendhal por Métilde não os ultrapassam. O rigoroso Guizot vive na juventude uma educação sentimental calcada no modelo romântico. Hippolyte Pouthas reconstituiu a paixão de um jovem protestante por uma amiga de sua mãe; falta pouquíssimo para que o futuro ministro de Deus se suicide de desgosto.

"FAZER AMOR" NA ALDEIA

Evocar o sentimento do amor na sociedade tradicional é, à primeira vista, penetrar em um mundo completamente distinto. Entre os camponeses do século XIX, não se descrevem emoções. As poucas cartas enviadas à esposa pelos migrantes temporários do Limousin não falam a linguagem do coração; o que está em pauta é apenas a estratégia da exploração.

Dito isso, impõe-se uma grande prudência: os testemunhos lançam sobre esse ambiente um olhar etnológico, obscurecido por preconceitos. Inspirados na antropologia do Iluminismo, enxergam no camponês um selvagem que as necessidades da adaptação ao "clima" retardam na marcha civilizatória. Os observadores, vagos discípulos de Condillac e dos ideólogos, estão igualmente persuadidos de que ocorre uma concorrência entre os órgãos; a força, a violência, até, impostas pelo trabalho manual; as más condições de higiene em que se desenvolve a existência eliminam a delicadeza dos sentidos e portanto dos sentimentos. A fibra menos sensível impede o refinamento da alma. Ao mesmo tempo, essas testemunhas asseveram que o camponês não pode mostrar-se acessível à paixão senão sob sua forma monstruosa. Ele apresenta-se totalmente invulnerável a esse amor romântico que pressupõe a delicadeza das mensagens. Para os vitalistas, a aparência rústica da embalagem corporal basta para provar a pobreza de espírito. No seio do povo, o amor se reduz à rudeza do instinto e à cegueira da abnegação.

Já faz algum tempo que tanto os etnólogos como os historiadores frustraram esse sistema de representações. Souberam então descobrir que o amor era conhecido na sociedade rural; "fala-se dele, e pratica-se", escreve Martine Segalen. Mas aqui o amor funciona conforme outro código, e foi isso que confundiu os depoimentos. Ademais, suas manifestações variam grandemente de acordo com a região.

O sentimento pouco se exprime na linguagem; produz-se pelo gesto. Por ocasião de uma festa, de uma feira ou assembleia aldeã, de uma vigília ou à saída da missa, eles se olham, se gostam. O enamorado mostra-se avaro em palavras; é incapaz de confessar sua inclinação exceto pela antífrase: exprime-se por meio de sorridentes injúrias ou pesados gracejos. Uma série de gestos baliza o itinerário amoroso. Aperta-se a mão até estalar, torcem-se os punhos, esfregam-se as faces ou as coxas; fortes tapas nas costas, para não falar de saraivadas de pedras, manifestam claramente o fraco de um pelo outro. Cada qual conhece o significado de tais atitudes e até a gradação das respostas.

Se os jovens são aceitos pelas famílias, poderão "fazer o amor", ou seja, cortejar-se. A partir de então, a "frequentação", rigorosamente ritualizada, torna-se objeto da vigilância do grupo social. Frequentemente essa corte se desenvolve em silêncio. Se necessário, ela emprega técnicas de sexualidade de espera, também elas codificadas e supervisionadas, desta vez pelo grupo juvenil. A *maraîchinage* [hortelagem], o *fouillage* [apalpamento] e a *mignotage* [bolinação] da Vendeia constituem, como veremos, seus mais célebres modelos. Sem chegar a essa masturbação recíproca, a moça pode deixar-se *bouchonner* [esfregar]; e libera ao rapaz o "alto do saco", ou seja, a carícia dos seios.

AS DIFICULDADES DE INTERPRETAÇÃO

Esse comportamento é bem conhecido desde então; nem por isso deixa de colocar múltiplos problemas. Em primeiro lugar seria conveniente distinguir a participação no grupo sexual, que pode levar a se bolinar sem convicção uma parceira casual, e a frequentação pessoal, que traduz uma inclinação e se desenvolve conforme outro ritmo. É preciso precaver-se igualmente para não confundir a encenação pública da declaração, com frequência muito ritualizada, e a sedução anterior, que pode ser mais discreta do que a descrevem os etnólogos. O pastoreio ou *modage* das vacas, a caminhada até o mercado ou a igreja, todo um tecido de encontros cotidianos permite uma convivência anterior ao teatro social. O essencial do sentimento sem dúvida exprime-se nos interstícios do controle.

Edward Shorter percebeu o problema. Segundo ele, a partir do século XVIII operou-se uma primeira revolução sexual. Pouco a pouco, os jovens desejaram emancipar-se simultaneamente dos rituais, do controle exercido pelos grupos etários e das estratégias familiares. Favorecidos pelo êxodo rural e pela desestruturação dos sistemas aldeãos, o progresso da espontaneidade nas relações de ternura e o da empatia entre os parceiros delinearam um novo modelo popular, mais individualista, de comportamento amoroso. A difusão do *romantic love* harmoniza-se demasiadamente com tudo que acabamos de ver para que seja necessário criticá-la.

Guardemo-nos contudo de pensar que aceitar se submeter ao código imposto pela sociedade tradicional atesta ausência de sentimento individual. As estratégias familiares nem sempre contrariam a emparia. Como observa Pierre Bourdieu a propósito do Béarn, elas permitem que subsista um certo jogo permitindo que a inclinação individual se afirme. É preciso não considerar como injunções as simples recomendações sugeridas pelo êxito ou fracasso de procedimentos experimentados anteriormente. Por outro lado, essas normas familiares foram interiorizadas pelos parceiros desde a mais tenra infância; ao mesmo tempo, elas ordenam a vulnerabilidade sentimental.

E isso é uma felicidade para os jovens rurais do século XIX, pois, sabemo-lo, longe de se diluírem, as estratégias matrimoniais, instigadas pela prosperidade, tornam-se mais imperativas, ao menos no que diz respeito aos herdeiros. Com efeito, aprofunda-se o fosso que separa os irmãos; a liberação dos mais novos compensa o maior rigor das ambições impostas aos mais velhos. Da mesma forma, as filhas dos assalariados têm mais autonomia que as "herdeiras". Nas regiões rurais de Pas-de-Calais, observa Ronald Hubscher, o amor que elas inspiram permite-lhes alcançar uma bela ascensão.

Convém ainda não minimizar o tardio aprofundamento da segregação entre os sexos, resultado da ofensiva clerical que culmina entre 1870 e 1880. A severidade do controle exercido sobre o grupo juvenil, em certas regiões rurais, demonstra bem que o processo de emancipação não foi linear. Sem dúvida a fiscalização da virtude das moças de Bué-en-Sancerrois nunca foi tão rigorosa como às vésperas da Primeira Guerra Mundial.

Inversamente, a conduta amorosa transcorre sempre dentro de um modelo pré-estabelecido; ela deve levar em conta imperativos socioeconômicos. O celebérrimo desejo de ser livre equivale, na maioria dos casos, a adotar um comportamento pré-fabricado. Edward Shorter com toda a certeza tem razão ao considerar que o "amor romanesco" é mais individualista que os amores camponeses tradicionais; ainda assim, não seria o caso de superestimar sua espontaneidade. Evitemos exagerar a liberdade do camponês instalado na cidade. Trata-se de um velho estereótipo, elaborado pelos burgueses ansiosos por enxergar o desenvolvimento das classes perigosas e viciosas. Banalidade avalizada pela ignorância dos historiadores sobre as redes de acolhida e vizinhança que cercam o imigrante. Nos bairros urbanos, no seio das colônias regionais, funcionam igualmente os procedimentos de controle e circulam boatos que restringem a liberdade das condutas.

O essencial seria analisar o processo de descida do amor romântico rumo à base da pirâmide social. A Igreja sugere aos comungantes sonhos angélicos. A influência do romance e dessas novelas populares, que conforme um observador se impõem nas áreas rurais do Limousin desde a Monarquia de Julho, o êxito do melodrama em que Margot vem chorar, os romances tomados de empréstimo e lidos no escritório, mais tarde os folhetins, constituem outros tantos canais por onde circula o novo imaginário sentimental. Marie-Dominique Amaouche-Antoine mostra que desde 1870 o repertório dos "cafés-concertos" contribui para moldar a sensibilidade dos habitantes do alto vale de Aude. Aos enamorados em busca de modelo, o cartão-postal irá propor, após 1890, um sistema de atitudes pré-fabricadas, uma encenação do sentimento e os emblemas de são Valentim. Através dele a declaração de amor se democratizará.

O concubinato assimétrico que, à espera do casamento, liga a costureirinha ao estudante estabelece a sexualidade adulta. Mas essas uniões dissonantes também impõem a difusão das figuras românticas do amor e da volúpia. O jovem burguês, às vezes sem se dar conta, ensina mímicas e posturas que renovam o teatro amoroso das *grisettes*. As mesmas marcas de desenvoltura, a sessão sobre o sofá, a noitada em um aposento particular e o champanhe também são uma aprendizagem do código romântico.

OS AMORES CARNAIS NA ÉPOCA ROMÂNTICA

Mesmo correndo o risco de esquematizar um pouco demais, convém tentar uma diferenciação cronológica nesse difícil domínio, caixa-preta protegida por uma pesada chapa de silêncio e ainda obscurecida pelo tenaz preconceito segundo o qual o sexo escapa à história. Ainda uma vez, uma reviravolta se delineia durante a década de 1860. Comecemos portanto por essa longa primeira parte do século, que se estende desde o Consulado até os mais belos momentos da festa imperial.

AS FIGURAS DA VOLÚPIA

A linguagem da sexualidade delimita os sonhos, ordena as condutas. Não levá-la em conta é seguramente sucumbir ao anacronismo. Segundo Bronislaw Baczko, a palavra "sexualidade" só aparece em 1859 — talvez em 1845. Ela designa então apenas o(s) caráter(es) do que é sexuado. Antes da elaboração de nossa *scientia sexualis*, fala-se de "amor" e "paixões amorosas", de "desejos" e "instinto genesíaco", de "atos carnais" e "atos venéreos"; os médicos, de copulação e de coito. Evocar os gestos do amor físico continua a ser quase um monopólio do homem. Mesmo o discurso masculino deve, para fazê-lo, realizar um desvio. Apenas o médico pode falar abertamente de sexo; o conceito do "instinto genesíaco" o autoriza. Dissociada da paixão, a sexualidade, identificada como uma força necessária à reprodução da espécie, adquire um status inferior que permite a desenvoltura em relação a todas as formas degradantes de relação amorosa. Os médicos procuram codificar os divertimentos conjugais — o que lhes fornece um álibi para se deterem com certa complacência nas figuras do orgasmo. Desde então, sua cólera já começa a abater-se sobre as condutas desviadas, tidas como "aberrações" do instinto genesíaco. Por enquanto, essa vontade de estender o campo da patologia é exercida principalmente à custa do onanista.

O amor físico domina o romance e a poesia. A obscenidade, a um só tempo onipresente e oculta nos volteios do texto, impõe ao leitor uma permanente decodificação que atiça o prazer da transgressão. A elipse, a lítotes, a perífrase ou ainda a metáfora convidam a imaginação a trabalhar. Assim funcionam as evocações do paroxismo do gozo. Nessa literatura, pode-se "tomar uma mulher", que "se entrega"; então, a "felicidade" — às vezes o coito, às vezes o orgasmo — é feita de "indizíveis gozos", de "insólitas delícias", de um "prazer louco, quase convulsivo". O romance aborda, ou ao menos aflora, os aspectos secretos da vida sexual, desvendados pelo discurso libertino; sugere a frigidez, a impotência; deleita-se nos escândalos da inversão.

O riso propõe outro desvio. A "franca", a "sã" alegria serve de pretexto à "licenciosidade", ao "dito libertino". Uma vigorosa poesia cantada, inspirando-se no século galante, espalha-se no seio da pequena burguesia e nas orlas dos meios populares; ela pretende desarmar a melancolia dos espíritos rabugentos. O jogo de palavras permite dissimular o propósito; assim funciona a burlesca inversão de sílabas que, também ela, valoriza a alusão obscena pelo trabalho que impõe à imaginação. O discurso recupera o amor narcisista do sexo masculino. "O cantor", escreve Marie-Véronique Gautier, "sonha com uma mulher perpetuamente gulosa, de olhos fixos no instrumento de seu prazer." Aqui prolifera a metáfora erótico-guerreira. A moça não para de "entregar as armas"; o prazer masculino reduz-se ao "tiro ao alvo".

A bipolaridade feminina modela as figuras da volúpia que povoam o imaginário. Impõe um incessante vaivém da idealização à degradação; é o batimento cardíaco dessa sexualidade que, observa Jean Borie, leva inexoravelmente das postulações seráficas e apaixonadas às explorações prostibulares. O código do amor romântico dita à mulher um angelicalismo do leito que hoje poderia provocar sorrisos. O tabu que pesa sobre a manifestação do desejo feminino obriga a amante a simular a presa que não saberia "entregar-se" sem que o vigor do assalto viesse ao menos justificar a "derrota". Um corpo excessivamente loquaz na volúpia impõe, após o "êxtase", as posturas redentoras da pureza. Louise Colet não é tola; é ela que ataca o jovem Flaubert em um fiacre. Entretanto, ao fim de sua primeira cena de amor, em um hotel suspeito, ela permanece estendida sobre o leito, "os cabelos espalhados pelo travesseiro, os olhos erguidos para o céu, as mãos postas, dirigindo [a ele] loucas palavras". "Em 1846", observa Jean-Paul Sartre, que comenta a cena, "uma mulher da sociedade burguesa, quando acaba de se comportar como uma fera, deve se fazer de anjo."

O sentimento da inferioridade masculina suscita então no homem uma crescente ansiedade. O relato das volúpias de um personagem de Musset afasta-se resolutamente do triunfalismo de um Restif. O texto acentua as atitudes de paroxismo: os médicos, tal como os romancistas, enfatizam o anseio total do ser, o êxtase, ou melhor, o aniquilamento, inclusive — ou sobretudo — na degradação. O gozo devasta Namouna, como indicam "um ligeiro tremor, uma extrema palidez,/ uma convulsão da garganta, uma blasfêmia,/ umas palavras sem nexo balbuciadas baixinho [...]".

Essa figura romântica da volúpia, que deriva longinquamente da rabugice do prazer sadiano de onde saiu, é contudo acompanhada por uma obcecante aritmética do coito, sugerida pelo medo da exaustão e do abatimento. O burguês da época sente necessidade de reconfortantes proezas ou, ao menos, da prova matemática de uma constante regularidade. O fato de Vigny e Hugo contarem seus orgasmos, Flaubert calcular suas incursões, Michelet empreender um balanço anual de sua atividade genital permite supor que essa contabilidade do amor devia ser costumeira em seu ambiente.

Esse teatro da volúpia, no qual se mesclam o êxtase e a degradação, desenvolve-se na periferia. É no interior do bordel, ao sabor dos encontros na rua, em meio aos faustos da vida cortesã, por ocasião dos prazeres do adultério, que se modelam então os gêneros do gozo; é esse itinerário que tentaremos seguir, deixando-nos guiar pelas múltiplas configurações do casal.

A DEMANDA PRÉ-CONJUGAL

Convém recordar previamente alguns fatos históricos que condicionam o encontro amoroso. No século XIX, o intervalo que separa a puberdade do casamento continua a ser desmesurado; e mais ainda na medida em que a idade da primeira menstruação se reduz cerca de dois anos em média. O prolongamento da expectativa de vida impõe uma espera maior pela herança que permite o matrimônio. Daí a amplitude do celibato, e sobretudo a constituição de guetos urbanos que provocam uma intensa demanda sexual pré-conjugal. Os migrantes temporários instalados nos quartos do centro da capital, os militares das guarnições, os estudantes, os empregados e moços de recados das lojas, com renda insuficiente para estabelecer o lar pequeno-burguês com que sonham, exercem uma pressão constante sobre a virtude feminina; sem esquecer os migrantes definitivos que se amontoam nas cidades durante a Monarquia de Julho; em certos bairros, sua presença acarreta um profundo desequilíbrio entre os sexos (Jeanne Gaillard). No campo, quando impera a família-tronco, entre os filhos mais novos, que agora atingem a idade adulta em maior número que no passado, alguns sabem estar condenados a nunca encontrar esposa. O proletariado doméstico que se constitui em certas regiões de grande cultura, como a Champagne de Berry, conhece, igualmente, as aflições de uma verdadeira indigência sexual.

O "instinto genesíaco", cuja violência os médicos reconhecem e cuja frequência definem, estabelece a convicção de que existem duas éticas diferentes conforme o sexo. O realismo moral herdado dos Padres da Igreja, especialmente santo Agostinho, leva a minimizar a gravidade do ato venéreo em sua bestialidade e a tolerar um complexo sistema de satisfação sexual masculina; um verdadeiro inferno, que se procura circunscrever e constitui o correspondente simétrico do paraíso amoroso ao qual aspiram os angelicais amantes de um Louis Janmot. Uma sexualidade degradada funciona a pleno vapor, compensando a idealização dos anseios.

OS PRIMEIROS CÍRCULOS DO PRAZER ILEGÍTIMO

A masturbação constitui o primeiro círculo desse arquipélago do prazer ilegítimo; não retornaremos a ela. Mas há outras formas de sexualidade de espera. Intervém aqui a demografia histórica. De 1750 a 1860, crescem simultaneamente o número de nascimentos ilegítimos e o de concepções pré-nupciais. São fatos de importância; desgraçadamente, a história serial é impotente para interpretá-los. Para alguns, esse obscuro fenômeno prova a ascensão da escolha sexual, o progresso do individualismo amoroso e, ao mesmo tempo, a desagregação dos mecanismos tradicionais da aliança. O aumento dos dois indicadores pode também resultar do desaparecimento dos rituais codificados de frequentação; elaborados no século XVII e no início do XVIII, eles se baseiam no *self-control* dos parceiros. A Igreja, recordemos, não cessou de combater essa sociabilidade juvenil na qual enxergava apenas a precoce manifestação do vício. Ora, a desorganização da vigilância exercida pelo grupo deixa a mocinha desarmada diante do assédio do sedutor.

O aumento do número de concepções pré-nupciais poderia significar, diria alguém, que o rapaz está, mais imperiosamente que no passado, no dever de desposar sua conquista; o aumento paralelo dos nascimentos ilegítimos invalida essa explicação. Em contrapartida, nada impede supor que o avanço da ilegitimidade traduz não o atenuamento, mas a accentuação das estratégias familiares; os amores contrariados, sem esperança de satisfação legal, não teriam outro recurso exceto o feno da granja ou o prado da excursão pelo campo.

No século XIX funcionam, em certas regiões rurais, elaboradas formas de sexualidade de espera que ultrapassam a simples manifestação do sentimento amoroso. Às vezes o código de frequentação permite a coabitação noturna, que nem sempre implica o coito completo. Na Córsega, os jovens praticam o concubinato pré-nupcial; no País Basco, o casamento de experiência. As amas do Morvan devem, antes do casamento, apresentar a prova da fecundidade que é sua fonte de renda. Na diocese de Arras, 40% das noivas casam-se grávidas; também ali, observa Yves-Marie Hilaire, a moça comprometida deve provar que sabe fazer filhos. A opinião pública mostra-se extremamente tolerante. Entre 1838 e 1880, os jovens a partir dos dezessete anos divertem-se aos casais, no domingo, em "gabinetes", "tribunas" ou "lugares secretos". Mais tarde a instituição sucumbe sob a cólera do clero.

Porém há outras formas de união menos ritualizadas: os jovens rapazes dos *oustaux* do Gévaudan dormem na estrebaria, com as domésticas; é a ocasião para observarem e perderem a inocência, no feno, ao sabor das promiscuidades. Ao deixar os braços do doméstico adulto, a esperta servente ensina os rudimentos da arte ao jovenzinho ávido por aprender. Nessa sociedade lozériana, os hábitos são rudes. Tolera-se que os caçulas que perderam qualquer esperança de encontrar uma esposa violentem as pastorinhas das redondezas; quando os excessos de sua brutalidade criam o drama, as línguas se calam na aldeia e a polícia mostra-se impotente para descobrir o culpado. A sexualidade do solteiro impõe aqui a implícita submissão do proletariado feminino. Os *oustaux* zelam com o maior dos cuidados pela virgindade das "herdeiras". Nesse meio fervoroso, os olhares perseguem a moça grávida. Para postergar por algum tempo a boataria, esta aperta-se em suas vestes, evita demorar-se no confessionário, comunga ostensivamente e trata de negar seu estado por meio de um excepcional vigor no trabalho.

OS MÚLTIPLOS MODELOS DO CONCUBINATO

Uma antiga tese, já sugerida por Louis Chevalier, atualizada por Edward Shorter, tende a encarar o concubinato operário, tal como ele se desenvolve nas cidades da primeira parte do século XIX, como um novo modelo de sexualidade ilegítima. Nas relações observadas, os jovens imigrantes que acabam de escapar à tutela da comunidade aldeã, pouco sensíveis a um controle social agora distanciado, tratam de estabelecer uniões selvagens que permitem o desabrochar de relações expressivas. Eles delineariam assim um modelo propriamente popular de união extraconjugal, ao passo que no seio das classes médias reforça-se a estrutura da célula familiar restrita.

Infelizmente, os fatos não se adaptam de todo a essa exaltação da ilegitimidade popular. Michel Frey analisou a estrutura de 8588 casais irregulares na Paris da Monarquia de Julho. Os operários não compõem mais que dois terços dos efetivos masculinos, extremamente abertos, ao passo que as operárias fornecem nove décimos das concubinas. Além do mais, o grupo qualificado aqui como operário é composto de uma maioria de artesãos, pequenos lojistas, bem como por uma arraia-miúda de domésticos, jornaleiros, mascates; os trabalhadores das manufaturas não excedem 10,4% do conjunto. As concubinas, em contraste, pertencem quase todas a um proletariado de serventes e operárias fabris ou industriais. Essa assimetria permite supor a grande complexidade da prática do concubinato. Michel Frey mostra ainda que, na Paris de 1847, não existe correlação entre a densidade operária e a amplitude do concubinato; longe disso, parece que já naquela época as categorias laboriosas davam provas de uma excepcional propensão ao casamento.

As investigações, sendo tão limitadas, incitam à prudência. Na realidade, uma prática multiforme oculta-se por trás do termo concubinato. Não se trata aqui de negar a amplitude da ilegitimidade popular; há numerosas uniões precoces, frequentemente calcadas no modelo conjugal, cuja regularização é retardada pelos custos que o casamento exigiria. Pierre Pierrard observa que em Lille a compra das roupas, a constituição do enxoval, os honorários da missa, a despesa acarretada pela publicação dos anúncios e pelo banquete de núpcias levam ao recuo de um enorme número de candidatos à união legítima. Os papéis exigidos pela administração mostram-se difíceis de reunir; para indivíduos privados de raízes, eles supõem uma inusitada correspondência e custosas providências; até 1850, os indigentes não se beneficiam da gratuidade dos procedimentos; 20% dos operários da seda de Lyon que se casaram em 1844 já viviam em concubinato, e a grande maioria deles (80%) legitimava assim os filhos nascidos durante o período das relações pré-nupciais. "Está claro", comenta Laura Strumingher, "que, conforme o modelo cultural adotado por esses artesãos, a união sexual e o fato de ter uma prole não constituem motivos suficientes para o casamento."

O povo das cidades mostra-se mais tolerante que a comunidade aldeã; na urbe, o controle familiar tem menos força. Admite-se ainda mais facilmente que uma moça "aproveite a juventude" na medida em que concubinato e casamento têm, aqui, quase o mesmo conteúdo e nenhum patrimônio está em jogo. A jovem que dispõe de um salário pode ademais formular suas exigências com autoridade. Os pesquisadores sociais enfatizam, contudo, a dificuldade que as mulheres sem parceiros encontram para sobreviver na cidade grande. Por isso a concubina encontra-se em posição de inferioridade em relação a seu companheiro. Para ela é mais penoso impor a regularização do casal; sem contar que o diz-que-diz desaprovador que pesa então sobre o rapaz não é tão imperioso como no seio da comunidade camponesa.

A natureza do concubinato varia conforme se prolonga a coabitação. Na Paris de 1847, 43% dos "falsos casais" foram formados menos de três anos antes; não é impossível portanto considerar essas uniões como casamentos de experiência. Por outro lado, 34% dos casais coabitam há mais de seis anos; essa longevidade revela entre seus parceiros um inegável desdém pelas normas.

A ilegitimidade que Michel Frey qualifica de operária, e que se revela assimétrica em detrimento da mulher, soma-se a um concubinato na dependência, que une pelo menos um terço dos burgueses, grandes e pequenos, às costureiras, passadeiras ou lojistas. Em certos casos, essas uniões derivam da sexualidade de espera. Assim é a união temporária do estudante com a costureirinha. O romance desenhou o modelo da moça fácil, ingênua, espirituosa, gulosa de tabernas, que traz consigo o dinamismo, o frescor e a sinceridade das ruas; essa sinceridade e essa ligeireza amparadas têm sem dúvida a função de diluir o cinismo da ruptura que chega com o fim dos estudos. Segundo Jean Estèbe, que analisa o comportamento juvenil dos futuros ministros da Terceira República, todos os alunos das escolas apelam para o devotamento irrefletido daquela que chamam "a estudante". Todo politécnico tem sua *grisette*, que o acompanha à reunião da passagem de ano; com o correr dos anos, o rapaz dá aos seus hábitos um tom mais conjugal. Caso possua meios, abandona a mocinha para permitir-se o luxo de uma ligação elegante ou, mais simplesmente, para recorrer aos encantos de uma cortesã, figura mais inquietante, inscrita no ciclo da venalidade, cuja ascensão compensará em breve o declínio da costureirinha.

O regulamento draconiano, as mudanças de guarnição, a obrigatoriedade do dote dificultam o casamento do oficial. Em geral, este aguarda a passagem à reserva para casar-se. Se deseja escapar à frequência assídua dos bordéis, é-lhe permitido viver em concubinato, contanto que a ligação permaneça discreta e sua companheira dê provas de certa distinção. Segundo William Serman, numerosos oficiais do Segundo Império resignam-se com essa solução temporária. Os amores do artista e sua modelo constituem lugar-comum romanesco; nenhum estudo entretanto permite que se avalie sua efetividade.

Algumas dessas uniões revelam-se mais duráveis. Para o solteiro tranquilo, estabelecer-se "a dois" é uma necessidade cujo caráter imperativo convém avaliar. Na época é difícil e extremamente ridículo para um homem sozinho executar as tarefas domésticas, que demandam muito tempo e uma presença contínua. Acender e apagar o fogo, abastecer-se de água fresca, desfazer-se da água servida, cozinhar, consertar roupas representam um conjunto de funções que leva mais de um empregado solteiro a recuar, farto de restaurantes baratos. No campo, a mexericagem faria reservas a essa inversão de papéis. Apresenta-se aí a tentação do concubinato servil ou da união com uma mulher boa, plácida e confortável, cujo devotamento já não se sabe mais se seria o de uma esposa ou de uma doméstica. Nas zonas rurais do Gévaudan, o casal formado pelo patrão e pela criada contorna o problema do dote; constitui a única união possível enquanto se espera por melhor situação financeira.

Não confundamos esses confortáveis casais com os amores servis entre o esposo glutão e a carne jovem. No campo, essa prática subsiste por longo período sob suas formas primitivas. Numerosos casos de infanticídio colocam em cena um "patrão" que, com a anuência da esposa, e até da sogra, não hesita em mandar embora a servente grávida por obra sua. Em Nantes, contudo, já em fins do século XVIII esse tipo de união na dependência, entranhado de venalidade, parece pouco a pouco ceder lugar a uma nova relação, tingida de respeitabilidade, condimentada pelo sentimento. O esposo prefere a partir de então manter a moça longe do domicílio conjugal e instalá-la com casa e mobília. Mas ainda aqui é preciso ser prudente: outros elementos conduzem Marie-Claude Phan a discernir, pelo contrário, um aumento das ligações servis nessa mesma época.

De qualquer maneira, e talvez as injunções do Código Civil não sejam alheias a essa evolução, a moça manteúda torna-se personagem familiar da grande cidade da Monarquia Censitária. Balzac consagra um de seus romances, *Uma dupla família*, a dissecar os prazeres e aflições dessa delicada partilha. O êxito da *privacy* afeta também as condutas venais; o burguês gosta de reencontrar junto a sua amante o conforto de seu interior, um detalhe erótico a mais. O modelo da moça comportadamente mantida, fiel a seu amante, desenha-se frente ao da esposa reconfortante e delicada. Tanto uma como outra vivem presas à impaciente espera do homem.

O ARQUIPÉLAGO DO PRAZER VENAL

Bem diferentes são as prostitutas e as cortesãs. As autoridades do Império e da Monarquia Censitária fundaram o sonho do bordel regulamentarista; delinearam também o *French system*, que iria se impor à Europa como modelo. A casa de tolerância de bairro vive então sua idade de ouro. Ela desempenha uma tripla função: oficiosamente, pois o regulamento o proíbe, opera a iniciação dos menores, sobretudo colegiais; satisfaz o "instinto genesíaco" dos solteiros encerrados nos guetos sexuais, o que lhe confere uma clientela majoritariamente popular; mas apazigua também, com discrição, os esposos frustrados. A reserva das antigas raparigas ingênuas, em geral condenadas a uniões desiguais, à influência refrigerante do confessor, à imagem castradora da mãe, à frequente interrupção das relações por causa da menstruação, da gravidez, do aleitamento, a interrupção das relações sexuais com a menopausa, a amplitude das doenças ginecológicas, os imperativos da contracepção constituem também estímulos a que se tome o caminho do bordel. Sem contar que ali aflora às vezes uma amizade bem-comportada, reina uma condescendência desconhecida do chefe de família engomado em sua pose. O fascínio exercido pela "animalidade" popular e pela linguagem lasciva exacerba o desejo do "salão", onde se instala a nudez oferecida em meio a ofuscantes perfumes.

Após as primeiras decisões do chanceler Pasquier, os regulamentaristas sonham com um exutório sadio e discreto onde os desejos irreprimíveis possam desaguar. Dominados pelo cuidado de excluir o refinamento erótico, preconizam um coito sem complacências, demasiado rápido para permitir efusões sentimentais. A casa de tolerância, antítese da espelunca clandestina, é vista como templo de uma sexualidade utilitária. As moças cadastradas, examinadas pelos médicos de costumes, objeto de um constante treinamento somático, vigiadas com rigor pela dona da casa, devem restituir à família e à sociedade seu parceiro aplacado, mas intato.

De fato, o sistema, cujo apogeu se situa em 1830, quando o prefeito Mangin consegue encerrar por algumas semanas as prostitutas parisienses em casas de tolerância, nunca funcionará com perfeição. Rede de malhas excessivamente largas, não consegue impedir o desenvolvimento de uma prostituição clandestina. O sutil realismo de um Parent-Duchâtelet será impotente: os bordéis fora de controle funcionam; lamentáveis *pierreuses* [pedregosas] entregam-se por alguns tostões nos depósitos ou nos fossos; as raparigas de soldados frequentam as vizinhanças das guarnições, atormentadas pelo temor das autoridades. Uma incessante circulação se opera entre a luz da casa tolerada pela administração e a pesada opacidade do bordel clandestino.

Entretanto, enraíza-se e codifica-se uma série de imagens sexuais da mulher do povo, associada ao mau cheiro do lixo, ao dejeto orgânico, à enfermidade, ao cadáver; imagens das quais a história universitária ainda não se desvencilhou totalmente. Seria conveniente debruçar-se a partir daí sobre as funções dionisíacas dessa rede de prazeres vulgares que as autoridades pretendem qualificar como um inferno.

Humildes moças manteúdas, que se emanciparam e empregaram habilmente seus encantos, realizam, sabemo-lo, impressionantes carreiras. Obscuras vendedoras de toalete, convertidas em proxenetas, sabem administrar e encenar os encontros de seus protegidos. À sombra da Monarquia Censitária, opera-se o triunfo das *cocottes* e das grandes "horizontais" da geração seguinte; porém sabemos pouquíssimo sobre essa pré-história da festa imperial.

A GESTÃO DO LEITO CONJUGAL

Resta a sexualidade conjugal, meta dos sonhos e temores da moça crescida, nesse século da virgindade, ponto final de uma vida de rapaz para aquele que soube realizar o percurso da iniciação que acabamos de acompanhar imaginariamente. Quer se detenham constrangidos nos umbrais desse santuário, quer julguem insosso o que ali acontece, o fato é que os contemporâneos pouco falam do leito conjugal. A demografia histórica calcula os ritmos da fecundidade, o que nada nos esclarece sobre as práticas hedônicas. Restam as diatribes do clero, então muito imprecisas, e o discurso normativo dos médicos, mais loquaz. Uma leitura atenta do conjunto das fontes sugere alguns fatos principais. Para começar, há a importância da iniciação feminina por ocasião da noite de núpcias; e ela vale para todo o século. Essa noite impõe uma encenação coletiva do pudor, do temor e da ignorância que todos os médicos coincidem em descrever. Há a preocupação de afastar do círculo familiar esse episódio demasiadamente constrangedor, o que provocará, em parte, a moda da viagem de núpcias. A iniciação pode ser brutal; ao menos, os testemunhos o repetem; ocorre que os esposos aguardaram essa noite para se revelarem. Em 1905, o dr. Forel ainda observa que, em sua clientela, os bons costumes proíbem aos noivos cuidar de suas necessidades sexuais.

A partir desse momento, o esposo tem a tarefa de provir o prazer de sua companheira. Como toda esposa, e ainda que o ignore, esta pode tornar-se uma terrível estroina; apenas uma sexualidade bem temperada irá salvá-la das angústias da ninfomania ou, mais simplesmente, dos incômodos do "nervosismo". Por felicidade, acredita-se, o desejo feminino precisa ser provocado. Dessa forma o corpo médico designa ao marido uma pesada responsabilidade. Compreende-se melhor então o desconcerto do jovem marido quando descobre uma esposa demasiado sabida. Conhecemos alguns dos dramas da primeira noite. Para a jovem madame Lafarge, casada em 1839, o episódio, incompleto, desenvolve-se pela violência, no interior de um hotel banal de província. Meio século mais tarde, Zélie Guérin, a mãe de santa Teresa, sofre um verdadeiro choque com essa iniciação.

Os médicos repisam os riscos do esgotamento masculino. Preconizam uma severa economia espermática, de acordo com a mentalidade da classe dominante. O coito conjugal pode igualmente conduzir o homem à exaustão. Daí uma série de prudentes conselhos, modulados conforme a idade dos esposos. Essa literatura, que brota abundantemente dos velhos livros de Lignac e Nicolas Venette, dita a frequência das relações, sem que se saiba em qual medida suas imposições são respeitadas. O corpo médico pronuncia-se contra a copulação senil: para a mulher na menopausa — assim como para a estéril — o coito tornou-se inútil. O homem deve desconfiar dessas duas figuras devastadoras, insaciáveis, que já não abrigam esperança alguma de gravidez. Muitos desses médicos consideram os cinquenta anos o último limite da atividade masculina; além daí, empregar seu sexo precipita a morte.

A preocupação com o êxito do ato reprodutivo incita à valorização do vigor do coito. O discurso médico, longe de exaltar a lentidão das carícias, associa a qualidade da relação ao ímpeto e à rapidez do homem; os médicos ignoram portanto o problema colocado pela ejaculação precoce. Entretanto, a frequência das perdas seminais involuntárias, das quais não se cansam de falar, leva a pensar que essa prática, frustrante para o sexo feminino, era então bastante difundida. De qualquer maneira, a brevidade das relações conjugais é uma evidência ao longo de todo o século, levando a pensar que o orgasmo simultâneo seja uma exceção. Em 1905, Forgel ainda sublinha que ele é extremamente raro entre sua clientela burguesa.

Mas convém evitar qualquer anacronismo; o problema não se coloca nesses termos; dedica-se pouca atenção ao prazer do outro. No final da Monarquia de Julho, a descoberta dos mecanismos da ovulação prova com certeza que a mulher não é um simples "vaso", como julgara Aristóteles. Tal como pressentira Galeno, ela participa ativamente da concepção. Mas, ao contrário do que afirmava o médico grego, essa participação não exige o prazer. A automaticidade da ovulação permite desenvoltura com relação ao gozo. A descoberta científica justifica o egoísmo masculino, inaugurando um período desfavorável ao orgasmo da mulher e fundamentando a hostilidade para com o inútil clitóris. Observemos contudo que essa mesma descoberta pode liberar certas mulheres que, até então persuadidas da necessidade do gozo na concepção, tratavam de resistir ao prazer por medo de uma gravidez. Ainda no fim do século, mulheres que jamais experimentaram o orgasmo não acreditarão por esse motivo que estão grávidas. O que bastaria para provar, caso fosse necessário, o fosso que se cria entre as descobertas científicas e as práticas cotidianas.

O culto da virgindade, o angelicalismo romântico e a exaltação do pudor impõem ao burguês ardoroso a necessidade de representar o quarto e o leito conjugal como um santuário e um altar onde se consagra o santo ato da reprodução. O jovem Auguste Vacquerie coloca um genuflexório na alcova de sua Léopoldine; a vizinhança entre a cama, o crucifixo e o recanto das orações frequentemente acentua a religiosidade do lugar. O pudor exige que se faça amor no escuro, longe de qualquer espelho; os médicos recomendam que o casal se atenha à posição chamada do missionário; ainda que — a exemplo dos práticos do século anterior e coincidindo com os teólogos — considerem lícito tudo que facilite a concepção e concordem também com o coito *retro*.

Em qual medida as figuras da volúpia aprendidas pelo marido na marginalidade sexual invadem então o leito conjugal? Até onde a audácia masculina ou a admissão feminina do prazer podem ir sem chocar o pudor e provocar o desprezo ou o desgosto do parceiro? Mesmo cheios de desejo, que volúpias os esposos autorizariam sem ficar obcecados pelos riscos da doença ou da danação? As fontes permanecem mudas sobre todos esses aspectos: os processos de separação não evocam a incompatibilidade sexual, a menos que esta esteja camuflada sob as rubricas "sevícias" e "injúrias". É preciso aguardar o fim do século para que as mulheres ousem dizer em público que se recusam a praticar a felação.

O PERIGO DO ANACRONISMO

A sexualidade, hoje em dia no centro das uniões, então constitui apenas o pano de fundo da vida conjugal. Adeline Daumard mostrou bem como era grande em Paris a solidez dos casais burgueses, impostos na maioria das vezes pelas estratégias patrimoniais. O grande número de doações entre vivos e disposições testamentárias assegurando ao esposo sobrevivente, uma vez estabelecidos os filhos e filhas, a parte essencial da fortuna do casal prova a existência de uma ternura real. Nesse ambiente, quem não tem filhos raramente deserda seu cônjuge em proveito da família de origem. O discurso dos testamentos também coloca em evidência essa afeição, que a extrema raridade das separações tende igualmente a demonstrar.

Sabe-se pouca coisa sobre a sexualidade dos casais camponeses. Guardemo-nos contudo de nos determos com demasiada complacência na falta de intimidade e na promiscuidade familiar dos folguedos. Aqui, quarto e local de fazer amor encontram-se largamente dissociados. A granja, o celeiro, os bosques permitem, a qualquer hora, a discreta satisfação do desejo. Nesse meio, por enquanto, nada de roupas íntimas, nada de complicados laçarotes, nada de higiene corporal; a união não conhece o refinamento dos entraves e desgostos burgueses. Dito isso, convém, como solicita Martine Segalen, evitar também a subestimação da ternura entre os esposos. O duro trabalho em comum, a solidariedade da divisão de tarefas, a educação das crianças parecem tecer vínculos estreitos e duráveis entre os cônjuges. James Lehning observa que entre os camponeses de Marlhes, pequena comuna do Loire, multiplicam-se então os contratos de casamento com comunhão de bens, assim como as doações entre esposos.

O ADVENTO DA SEXUALIDADE

Em torno de 1860 começa a história contemporânea da sexualidade. Surdas comoções abalam a cultura tradicional; o imaginário erótico se transforma. Encerrado na esfera privada, o burguês começa a sofrer com sua moral. A miragem de uma sexualidade popular, bestial e livre, aviva a tentação da fuga social; a prostituição passa a ter novos atrativos. Zola fez-se intérprete desse sofrimento; o pungente monólogo do patrão Hennebeau, ávido espectador dos folguedos dos mineiros, revela a profundidade do doloroso desejo. "De bom grado ele teria passado fome, como eles, se tivesse podido recomeçar a existência com uma mulher que se tivesse entregado a ele, sobre as pedras, com todo o seu quadril e todo o seu coração."

O código romântico do amor se dispersa. Junto com ele apagam-se na mulher as emoções da transgressão; a sedução se banaliza. O mito de Don Juan se degrada; o personagem tinge-se de estranha passividade. Bel-Ami não tem mais necessidade de dissimular seus impulsos. A paixão cede na maioria das vezes por temor de "aborrecimentos". Entretanto, aumenta o medo da mulher. Em seguida à derrota da Comuna, os figurões, dominados pelo sentimento de que as barreiras erguidas contra a sexualidade feminina estão em vias de ruir, tentam edificar uma ordem moral que se revela inoperante. O pavor de ver o povo e sua animalidade penetrarem, contaminarem a burguesia alimenta a ansiedade sexual. O tema da prostituição invade a literatura. Maxime du Camp denuncia a nova circulação social do vício, que Zola procura ilustrar ao escrever *Nana*. Uma nova montagem da sedução feminina é elaborada e termina por inquietar. Abandonando o brilho e a elevação do olhar, as vestes diáfanas, as lágrimas, suspiros e a tímida confidência de apaixonadas emoções, a mulher trata de provocar abertamente o desejo; apodera-se de novo dos pesados odores do almíscar. O "submundo" propõe um fascinante modelo; em breve a sedutora, cercada por trepadeiras e plantas exóticas, tentará metamorfosear-se em hierática princesa de marfim.

Paralelamente, edifica-se a *scientia sexualis* que renova as táticas da contenção. De Moll a Hirschfeld, de Féré a Binet, de Krafft-Ebing a Forel, uma primeira onda de sexólogos fragmenta o campo erótico, codifica as perversões, lança a interdição da patologia sobre condutas que até então apenas a moral condenava. Prepara-se assim o império do sexo. Por seu turno, a esfera doméstica, sob a investida do erotismo, torna-se a um só tempo o epicentro e o objeto do sismo que estrondeia.

OS REFINAMENTOS DO FLERTE JUVENIL

No seio das famílias burguesas do final do século, o flerte entre jovens modifica os procedimentos da sexualidade de espera, preparando futuras reviravoltas. Esse conjunto de condutas, que desenhará durante um século os amores juvenis do Ocidente, ainda não foi objeto de nenhuma pesquisa. Mais que examinar a imagem literária de Maud de Rouvre, a "semivirgem" de Marcel Prévost, deixemos a um especialista, Auguste Forel, a missão de descrever essa nova prática. O flerte acrescenta ao código dos amores românticos o imperativo da *distância* inicial. Nosso sexólogo destaca o grande papel do olhar, que preludia o encontro. A carícia dos olhos abre um itinerário sabiamente balizado. Os "roçares imperceptíveis" das vestes, mais tarde da pele, as pressões de mãos esboçam as preliminares. Joelhos e pernas se aproximam, se apertam, à mesa, no interior do cupê ou do vagão ferroviário. Então começam os "jogos de amor": beijos, carícias, apalpações. Segundo Forel, essa douta gestão do desejo leva com frequência ao "orgasmo sem coito". Muitos desses jovens "evitam trair-se pela palavra"; o flerte desenvolve uma assombrosa "conversação muda do apetite sexual".

O novo jogo amoroso já possui locais privilegiados: as estações de águas e balneários, os cassinos, os hotéis "de grande estilo", certos sanatórios. O flerte concilia a virgindade, o pudor e os imperativos do desejo. Eis que as próprias esposas enlouquecem. A mulher não faz senão deixar adivinhar sua sensualidade; evita assim comprometer-se plenamente. Ademais, o novo erotismo impõe a delicadeza; autoriza todos os refinamentos, todas as complicações sensoriais. Gracioso, charmoso, o flerte permite o emprego de qualidades intelectuais e artísticas. É ele que dita a partir de agora o ritual do noivado. Possui já então seus "fanáticos", homens e mulheres para os quais substitui o amor e a copulação, como observa Forel. O flerte aparece então como uma conduta de transição: a meio caminho entre a moça inocente e a liberada, a flertadora pode satisfazer um desejo, experimentar um prazer que ainda é difícil confessar abertamente.

O status do flerte entre os sistemas de sexualidade de espera ainda será tema de longos debates. Uma tese clássica, expressa por Jean-Louis Flandrin, contestada por Edward Shorter, persuadido de que se trata de um comportamento novo, enxerga no *maraîchinage* da Vendeia, interminável carícia mútua, masturbação recíproca de dois jovens enfiados em um fosso, abrigados por um grande guarda-chuva, nada menos que a réplica antiquada dos velhos rituais de frequentação juvenil. Sem dúvida é verdade. Notemos contudo que o *maraîchinage*, apresentado como tradicional pelo dr. Baudoin por volta de 1900, assim como por um padre vendeano desde 1880, pode ter sofrido influência de comportamentos surgidos das classes superiores. J.-L. Flandrin afirma um pouco apressadamente que nada similar existia então entre a burguesia. Convém não subestimar as influências recíprocas e a circulação dos modelos culturais. Em 1905, Forel também observa que os procedimentos do flerte burguês ganharam impulso como uma torrente nas camadas mais profundas do povo. Segundo ele, trata-se de uma imitação pesada e desajeitada das delicadezas da elite. Nada impede portanto que se pense no *maraîchinage* redivivo e penetrado por uma nova sutileza, inspirada no modelo dominante.

A EROTIZAÇÃO DO MATRIMÔNIO

A técnica do flerte ilumina com nova luz a sexualidade conjugal. Não é preciso dizer que as "semivirgens" não podem abordar o leito nupcial com a mesma disposição das "inocentonas" da Monarquia Censitária. Agora já não pesa o mesmo tabu sobre o prazer feminino. Durante o primeiro quarto do século emerge a reivindicação de um novo casal, mais fraterno e mais unido, que já não esteja separado pelas barreiras do saber, nem embaraçado pelas injunções do confessor. Um novo casal à imagem da sociedade republicana desenhada pelos profetas do novo regime: aqueles mesmos que, com Camille Sée, abrem às moças o acesso ao ensino secundário. Marido e mulher adquirem o hábito de se tratarem por "querido", e a jovem esposa não hesita mais em deleitar-se com o erotismo velado dos romances da moda.

Um novo entendimento pode estabelecer-se entre uma moça mais bem informada e um rapaz mais preocupado com o prazer de sua parceira; um prazer comum pode substituir o assalto egoísta. Em 1903, o aumento do perigo venéreo estimula o dr. Burlureaux a redigir uma brochura de educação sexual endereçada às moças. A Sociedade de Profilaxia Sanitária e Moral retomará a ideia, apoiada por educadoras, boas mães de família. Pressões são exercidas sobre Louis Liard, reitor de Paris; este, todavia, não ousa introduzir oficialmente a educação sexual no ensino público feminino, temendo fornecer armas a seus adversários.

Já em 1878, o dr. Dartigues publicara *De l'amour expérimental ou des causes de l'adultère chez la femme au XIXe siècle* [Sobre o amor experimental, ou sobre as causas do adultério feminino no século XIX]; o livro contém uma pregação em favor do orgasmo feminino. O autor vê nele o melhor obstáculo à propagação do adultério. Entretanto, o dr. Montalban e muitos de seus confrades recomendam aos esposos mais doçura e paciência na carícia; e também dedicam nova atenção ao prazer feminino. É fato que se trata, provavelmente, de condutas minoritárias; mas elas harmonizam-se com os progressos da contracepção. Estes provam a ascensão de uma sexualidade erótica orientada para a volúpia, à custa de uma sexualidade genital inteiramente devotada à procriação.

TÉCNICAS DO PRAZER SEM RISCO

É no final da década de 1850 que os médicos começam a denunciar com vigor o "onanismo conjugal". O dr. Bergeret elabora, em 1857, a lista dos procedimentos empregados por sua clientela de Arbois. O coito interrompido constitui a técnica mais difundida. O *self-control* que ele exige combina com a autonomia moral que em breve será enaltecida pelos neokantianos, inspiradores da escola republicana. Mas Bergeret denuncia também a masturbação recíproca, que qualifica de "ignóbil serviço", a felação, ou "coito oral", e mesmo o "coito anal", mais frequente que o anterior, a dar crédito ao dr. Fiaux. Os mais ricos utilizam o *condom* [preservativo], enquanto os operários continuam a acreditar que fazer amor de pé evita o risco de gravidez.

No final do século desenvolve-se a propaganda neomalthusiana. Por iniciativa de Paul Robin e Eugène Humbert, a Liga da Regeneração Humana (1896) e mais tarde o grupo que publica *Génération consciente* [Geração consciente] (1908) pregam a greve dos ventres. O esforço dos neomalthusianos chega até o interior da classe operária. A propaganda atinge os trabalhadores do Norte; Gérard Jacquemet observa que ela se desenvolve igualmente no XX arrondissement de Paris; muitos prefeitos constatam que os operários passaram a ser bombardeados por informações sobre técnicas anticoncepcionais. Folhetos e brochuras aconselham métodos mecânicos, menos constrangedores e mais seguros que o coito interrompido. Os clientes do dr. Forel os conhecem bem. Alguns lançam mão de injeções de água morna acidulada com vinagre; outros utilizam esponjas embebidas em um desinfetante e colocadas no fundo da vagina. Mais elaborados, os "pessários oclusivos" são feitos com uma membrana de borracha, fechada por um anel de osso. É o procedimento que Marthe decide empregar, a conselho de seu médico. A cobertura inglesa de fina borracha se difunde; é menos custosa que o *condom*, feito com intestino de carneiro, que exige, ademais, um minucioso cuidado. Em resumo, a contracepção se desenvolve simultaneamente à higiene íntima. A "cânula inglesa" torna-se companheira do bidê.

A partir de 1882, a assepsia permite a multiplicação das ovariotomias. No Hospital Saint-Louis, o prof. Péan pratica 777 entre janeiro de 1888 e julho de 1891. As clientes que ele opera pertencem ao povo. Em 1897, o dr. Étienne Cam, escandalizado, avalia que 30 mil a 40 mil mulheres foram assim "castradas", somente na cidade de Paris. Zola denuncia em *Fécondité* o que ele considera "a grande fraude" conjugal. Mas há uma cirurgia mais terrível, cujos estragos não se pode calcular. Algumas mulheres aceitam submeter-se à chamada operação de Baldwin Mari, que consiste em criar uma vagina artificial.

Nesse final de século, praticar resolutamente a contracepção, dedicar-se ao que Guy de Téramond chama, em 1902, de "adoração perpétua", implica todavia contrariar as injunções dos confessores e da maioria dos médicos. Em sua maior parte, o corpo médico continua persuadido de que a "fraude conjugal" provoca uma patologia polimorfa na mulher: "assustadoras hemorragias" (Bergeret), gastralgias, consumpção, "enervamento", desequilíbrio psíquico espreitam a mulher que não é apaziguada pelo líquido seminal e, sobretudo, por numerosas gestações sucessivas.

Tais convicções são partilhadas por vastas parcelas da clientela. A família de Marthe inquieta-se ao ver seu marido estafá-la de prazer; quando toma consciência de que nenhuma gravidez vem satisfazer o temperamento feminino, a mãe teme pelo cerebelo e pela longevidade de sua filha. Os parentes do esposo pensam, por seu lado, que a jovem mulher extenua seu marido.

Um ponto permanece obscuro: as modalidades da difusão das práticas anticoncepcionais. Com efeito, a propaganda neomalthusiana não atinge todos os ambientes, enquanto a "fraude conjugal" se estende maciçamente, como demonstra uma pesquisa empreendida em 1911 pelo dr. Jacques Bertillon. Observemos a propósito que a frequentação das prostitutas, tradicionais consumidoras de injeções, sem dúvida acelerou o aprendizado de condutas estritamente eróticas.

Enquanto o coito interrompido era, havia muito, prática corrente para o pequeno proprietário camponês, o orgulho viril do operário continua associado à fecundidade da esposa. Esse sentimento, ligado à desenvoltura masculina, contém a ascensão da contracepção. A partir da década de 1880, enquanto diminuem os riscos de infecção, desenvolve-se de qualquer forma nesse meio aquilo que Angus MacLaren chama "feminismo doméstico": uma solidariedade feminina que se desenvolve entre mãe e filha, entre cafetina e cliente, permitindo planejar o tamanho das famílias. Menos hábeis que as burguesas no manejo dos meios anticoncepcionais mecânicos, menos aptas a exigir do marido o "coito a seco", as operárias começam a recorrer em massa ao aborto. Quando os exercícios violentos, tisanas e injeções não bastam, solicitam os serviços de uma dessas "fazedoras de anjos" que pululam nas cidades. São numerosas, inclusive, as mulheres que praticam a intervenção em si próprias, antes de se fazerem transportar ao hospital.

Uma nova permissividade vem à luz na opinião pública; ela explica por que o número de abortos cresce fortemente às vésperas da guerra; conforme o método de cálculo, os especialistas estimam que 100 mil a 400 mil gestações sejam interrompidas assim a cada ano. No início do século XIX, a moça que recorrera a tal processo era, na maioria dos casos, uma solteira seduzida ou uma viúva ameaçada pela desonra. Agora, são mulheres casadas que compõem o grosso da clientela das aborteiras. Uma prática do desespero, imposta pela urgência, tende a tornar-se banal, enquanto avança o domínio das mulheres sobre seu próprio corpo.

A TENTAÇÃO SERVIL

O lar burguês, tentado por um tímido hedonismo, parece neste momento passar a sofrer também os renovados assaltos do amor servil. A criada torna-se critério social; toda pequeno-burguesa deve possuir a sua. No interior de apartamentos normalmente exíguos, instaura-se uma nova promiscuidade. A jovem camponesa introduz no espaço privado, até então aprazível, a permanente tentação da carne juvenil e popular. Quando a haussmannização, que se prolonga lentamente, sob a Terceira República, tiver relegado a domesticidade aos pequenos quartos do sexto andar, nada será mais fácil aos homens da casa que uma curta escapadela pela escada de serviço. Consolar o patrão, deixá-lo expandir-se sobre seu seio, talvez seja para a empregada uma prazerosa revanche sobre uma patroa excessivamente autoritária. Os burgueses da nova geração, criados por uma ama "domiciliada", educados por uma babá, têm o hábito de recorrer às mulheres do povo para tudo que diga respeito à cultura somática; chegada a idade da iniciação, mais tarde a da maturidade sexual, compreende-se que sintam a tentação de se dirigir à criadinha. Esta inscreve-se na cadeia dos corpos que abdicam, a serviço da libido burguesa. Os psicanalistas provavelmente teriam muito a dizer sobre o fetichismo do avental. Essa veste acessível simboliza a um só tempo a intimidade da esfera privada e a disponibilidade do corpo feminino. Caso seja necessário, a dona da casa pode fazer-se cúmplice de um *ménage à trois*; doente, frígida ou abandonada, ela confina dessa forma os arroubos do marido, e quem sabe os de seu filho. O amor com a criada evita que se dilapide sua fortuna ou se comprometa sua saúde; contorna os "aborrecimentos".

A literatura romanesca se compraz com tais extravagâncias servis. Zola, Maupassant, Mirbeau celebram-nas fartamente. Resta o fato de ser uma prática não mensurável. A facúndia dos escritores reflete com excessivo desplante o fantasma de homens fascinados pelo corpo do povo, acessível e domesticado, para que não se imponha a prudência.

A esse — provável — retorno da sexualidade à dependência seria o caso de acrescentar a conduta de numerosos patrões e sobretudo contramestres que empregam sua autoridade para seduzir jovens operárias. Os militantes, especialmente os anarcossindicalistas, não cessam de manifestar sua indignação com o novo "direito de pernada". Esse emprego abusivo da carne popular contribui, segundo eles, para sabotar a moralidade dos trabalhadores. Sabemos que não se trata de um simples fantasma. Em 1905, tais condutas desencadeiam verdadeiras caças ao sátiro pelas ruas da cidade de Limoges. Nascem assim as agitações que ensanguentam naquele ano a cidade da porcelana.

OS MAGISTRADOS E A INFIDELIDADE

A erotização da esposa aviva o temor do adultério. Aos olhos da lei, a situação dos dois cônjuges mostra-se fortemente desigual a esse respeito. O adultério do marido não pode ser levado ao tribunal correcional, exceto caso o infiel mantenha uma concubina em domicílio conjugal; sua conduta assemelha-se então à bigamia; coloca em perigo a família. Apenas nesse caso a esposa pode dar queixa, e seu marido arrisca-se então a ter de pagar pesadíssima multa. A mulher pode além disso tentar um processo de separação de corpos, sobretudo caso o adultério seja acompanhado por excessos, sevícias ou injúrias graves. A partir de 1884, será permitido que solicite o divórcio.

Em contraste, seja qual for o lugar em que se realize, o adultério da mulher constitui sempre um delito. A esposa infiel incorre em até dois anos de prisão. Após ter obtido a condenação de sua mulher, o marido permanece livre para deter a execução da pena e permitir que a culpada reintegre o domicílio conjugal. O esposo dispõe assim de um verdadeiro direito de graça. O cúmplice da adúltera arrisca também uma condenação; o que demonstra bem que o legislador não teve apenas a intenção de favorecer sistematicamente o sexo masculino, mas desejava antes de mais nada proteger a família. Seja como for, tais disposições são, como dirá Naquet, um "semiencorajamento ao adultério masculino". Da mesma maneira, em caso de separação de corpos, o dever da fidelidade continua a recair sobre a esposa, ao passo que o marido se acha liberado para todas as travessuras, já que o domicílio conjugal deixa de existir.

Para justificar tamanha assimetria, os juristas utilizam dois argumentos principais: não cabe à mulher, inferior, inspecionar a conduta de um marido que ela deve presumir fiel; ademais, somente o adultério feminino acarreta o risco de fazer com que os bens patrimoniais caiam em mãos dos filhos de estranhos.

Na prática, a jurisprudência tempera com largueza essa assimetria. A mulher adquire sucessivamente a possibilidade de perseguir o marido quando o adultério é agravado por publicidade ou conduta injuriosa (1828), quando se faz acompanhar de abandono da família (1843), de recusa em coabitar (1848) e mesmo de recusa em manter relações sexuais (1869). Anne-Marie Sohn observa que, entre 1890 e 1914, o adultério feminino já não é punido de modo mais severo que a infidelidade masculina; desse ponto de vista, a inferioridade jurídica da mulher tornou-se apenas teórica. Além do que os magistrados já não dão grande importância ao que passam a considerar um delito menor.

Vale mencionar que entre 1816 e 1844, a infidelidade não constitui mais que uma causa secundária nos casos de separação de corpos; esse procedimento permite sobretudo à mulher viver ao abrigo de golpes que, com o correr das décadas, são cada vez menos tolerados. Após 1884, os maus-tratos e a falta de dinheiro sobressaem largamente entre os motivos que justificam as solicitações femininas de divórcio.

Numerosos fatores contribuem para a multiplicação dos adultérios, em especial no seio da pequena burguesia. A atenuação, tardia, da vigilância que pesava sobre a filha crescida, o aumento, moderado, da higiene íntima, a prática do banho, do tênis, mais tarde da bicicleta, o hábito de deixar-se acariciar livremente liberaram pouco a pouco as proibições que pesavam sobre a contemplação, a exibição e o aprendizado erótico do corpo. A nova volúpia conjugal, o auge das práticas anticoncepcionais, e mesmo a reivindicação do direito da mulher ao prazer, tal como a apresenta Madeleine Pelletier, acabam com o modelo da esposa virtuosa. A banalização das condutas masculinas de sedução, a indulgência dos magistrados, o temor inspirado pelo perigo venéreo, a maior discrição da ruptura previsível estimulam a transferência do desejo viril para a mulher casada, mais bem informada e mais acessível que antes.

O DESEJO DA MULHER CASADA

O urbanismo haussmanniano permite à dama respeitável sair e tomar posse do centro da grande cidade; a partir da década de 1880, ele lhe permite exibir-se nos terraços dos cafés, devassados pela luz do gás, mais tarde pela eletricidade. Multiplicam-se os pretextos, os locais para encontros. O grande magazine permite discretos desaparecimentos; a própria filantropia pode prestar úteis serviços. Em 1897, muitos maridos atônitos e extasiados verão ressurgir uma esposa que eles acreditavam estar carbonizada no incêndio do Bazar de Caridade. Quer o fato seja verdadeiro, quer não, é significativo que o boato se espalhe. Os fiacres e toda uma rede de gabinetes privados ou casas de *rendez-vous* permitem fugidios amplexos. Os tempos da ruptura da vida conjugal se dilatam e se diversificam: as viagens ferroviárias, as férias da mulher sozinha, as romarias em massa, as permanências em estâncias hidrominerais, os "banhos de mar", até os comboios de recreio, durante o dia, favorecem as aventuras.

O adultério alimenta as conversas vespertinas. Nos círculos da alta política, observa Jean Estèbe, é normal possuir uma amante; "uma ligação mundana pode até provocar algumas reações de apreço". O romance e o teatro de revista incitam à infidelidade. Alexandre Dumas Filho, Feydeau, Becque e Bataille esmiúçam os amores adúlteros. O *ménage à trois* funciona aqui com uma eficiência burguesa. Permite aplacar os sentidos, gozar confortavelmente uma volúpia apimentada pelo segredo. Evita que se comprometa a saúde e a reputação. Registremos contudo que a cena do teatro de revista não é simples sugestão; tem também a função de dissolver pelo riso a vaga ansiedade que aumenta com a dispersão dos modelos. Rir nas peças de Feydeau, de braço com a esposa, exorciza a ameaça do confortável vício cujo efeito dissoluto ameaça a família.

Pequenos círculos emancipados dedicam-se mesmo a uma crítica bem refletida da instituição matrimonial. Certos militantes começam a pregar a união livre; em 1907, Léon Blum declara-se favorável à experiência pré-nupcial; quinze anos mais tarde, Georges Anquetil consagra grossos livros, muito convincentes, aos amantes legítimos.

Convém contudo precaver-se contra uma superestimação dos comportamentos adúlteros. Vastas parcelas da população permanecem à margem da novidade. A imagem da mulher virtuosa ainda domina globalmente no seio da burguesia. A colocação do dever da maternidade na ordem do dia, estimulada pela ameaça alemã, revela com certeza novas inquietações; e não deixa de contribuir para confortar a moral. Uma paciente pesquisa sobre as mulheres do patronato da França setentrional conduz Bonnie Smith a exaltar a virtude dessas sensatas esposas que se comportam como verdadeiras beatas. Entre 1890 e 1914, as ligas da moralidade, preconizadas pelo senador Béranger e pelos expoentes das Igrejas protestantes, empreendem ferozes campanhas contra a literatura obscena, a licenciosidade nas ruas e a desmoralização do soldado. Sua eficácia parece aumentar logo antes da guerra, quando eclode a onda nacionalista. Certos meios mal admitem a desenvoltura conjugal. Uma esposa leviana constitui um *handicap* para a carreira de um magistrado ou subprefeito. O boato e até a denúncia anônima esperam esses funcionários quando se acredita que dão prova de certa moderação.

A AMANTE DE DUAS FACES

Na Belle Époque a ligação extraconjugal difere profundamente dos amores ilegítimos da mulher livre e emancipada; essa é a conclusão provisória dos trabalhos de Anne-Marie Sohn. A segunda dessas uniões reproduz o antigo modelo do concubinato assimétrico: em mais da metade dos casos, um burguês, frequentemente viúvo ou celibatário, toma por amante uma descendente de antigas *grisettes*. O subprefeito de Forcalquier tem um caso com uma jovem costureira. A mulher adúltera, em contrapartida, engana o marido com um homem do seu meio social. Em geral oferece seus favores a um senhor de sua idade. A análise dos arquivos judiciários dá a entender que a mulher que engana o marido de modo tão comportado e com um único amante não sente nenhum remorso. A ligação parece-lhe pura e simplesmente consequência do mau funcionamento da existência conjugal. Em caso de necessidade, ela a considera uma resposta à infidelidade ou à varíola do marido. Em resumo, parece-lhe que uma crítica implícita à união legítima opera-se dentro dos corações. O debate que se instala sobre os defeitos do regime relativo ao dote traduz também esse novo questionamento do mercantilismo matrimonial. De qualquer maneira, a literatura romanesca sugere que em tais ocasiões o arrependimento espeta a mãe, e não a esposa.

A descoberta do adultério da mulher é recebida distintamente conforme o meio social. Na burguesia, em geral são indiscretas correspondências que permitem a descoberta do caso. Aqui, o homem vive a dolorosa aventura dentro da legalidade e da chicana. Para proteger sua vaidade e justificar a conduta da esposa, apela, se necessário, para a patologia mental. Os homens do povo, em contraste, suportam mal o ridículo. Na maioria das vezes sucumbem à tentação da violência, sobretudo na França meridional. Em geral é ali que os maridos se deixam arrastar para o crime ou a tentação do assassinato. Em Belleville, numerosíssimos casos de delitos têm por origem injúrias ou alusões pondo em dúvida a moralidade feminina. À noite, quando chega a hora da embriaguez, os insultos se espalham. Conversa-se de uma casa para outra, por sobre as ruas estreitas. Cenas de pugilato sancionam os gritos de "puta" ou "vagabunda". Toda a vizinhança é envolvida.

A mulher casada, qualquer que seja sua extração, vive a descoberta da infidelidade de modo sentimental. O mesmo acontece quando o divórcio se impõe. Essa experiência é superada com maior facilidade pelas esposas que pelos maridos. Estes mal toleram que sua mulher possa reencontrar a liberdade sexual; é então que se produzem as brutalidades. Apenas as moças livres e emancipadas reagem às vezes pela violência quando chega a hora da ruptura. A mulher que viveu longamente em concubinato com um viúvo ou solteiro reage mal ao abandono que a deixa só diante de uma opinião pública desaprovadora. A paixão constitui o álibi dessas amantes que não hesitaram em fazer face aos mexericos. O rompimento coloca um problema para o amante, na medida em que a reação da parceira pode ser enérgica. Algumas mulheres abandonadas fazem um escândalo público; outras escrevem cartas vingativas; há as que chegam mesmo a envenenar seu antigo parceiro.

Este pode tentar desembaraçar-se de uma amante incômoda por meio de um presente de ruptura. O severo Jules Ferry envia seu irmão Charles para arranjar as coisas com uma bonita costureirinha loura da rue Saint-Georges. Ou então o senhor contrariado deprecia sua antiga parceira; denuncia-a às autoridades. Pode chegar a acreditar que deve matá-la. Tem ao seu lado a cumplicidade da opinião pública, que vê com maus olhos a insistência feminina. Compreende-se que, uma vez casado, o antigo amante dessas mulheres emancipadas prefira entregar-se a um bem temperado adultério.

A ILUSÃO DO ADULTÉRIO VENAL

A mutação das formas do desejo, que revela, ainda timidamente, a nova sexualidade conjugal, redefine as condutas da venalidade.

A ânsia de refinamento desagrega aos poucos a regulamentação. O esgoto seminal se recupera. Numerosos clientes consideram humilhantes, para não dizer revoltantes, a vulgar exposição da carne nua e a docilidade animal das raparigas. A casa de tolerância está em crise, exceto em certas regiões mais provincianas, onde a evolução é retardada pela rigidez das mentalidades tradicionais. A prostituição regulamentada sofre ademais, frontalmente, a violenta campanha dos abolicionistas apoiados pela esquerda radical. Para sobreviver, o bordel regulamentado deve satisfazer às novas exigências de sua clientela. Em 1872, as veteranas pensionistas de Château-Gontier constatam com indignação que as jovens passaram a aceitar a felação, antes proibida no interior dos meretrícios.

Os grandes bordéis parisienses do final do século traduzem a evolução. As estudadas disposições olfativas, a suntuosa decoração, o brilho dos espelhos, a profusão dos tapetes, o desperdício de eletricidade renovam as táticas da volúpia. No interior de grutas de Calipso ou de conventos sádicos, ninfas ou "religiosas" especializadas refinam suas carícias. Os quadros vivos fazem a felicidade dos *voyeurs*. Estes dispõem já então de discretos recintos, antigos ancestrais das cabines de *life-show*. Certas casas se especializam. O corte operado pela nascente sexologia ordena novas configurações da venalidade. Agora, cada "perversão" conta com suas especialistas e refúgios privilegiados.

Paralelamente, distinguem-se formas de prostituição mais adequadas aos novos desejos. Já sob a Monarquia Censitária, dançarinas da Ópera concediam de forma ritual seus favores a respeitáveis senhores que aceitavam mantê-las. Infinitamente mais provocantes, as grandes *cocottes* da festa imperial haviam imposto o prestígio do galanteio. Em seguida, essas condutas se democratizam. O pequeno-burguês sonha perverter-se como um aristocrata. O "café-concerto", os mais populares *beuglants*, até mesmo os *bouis-bouis* proporcionam-lhe a ilusão. Esses novos estabelecimentos mantêm um proletariado de artistas pobres, obrigadas a se vender ao senhor um tanto alegre, na fofa intimidade dos camarins particulares. As "declamadoras" das cervejarias femininas do Quartier Latin propõem aos estudantes a ilusão amorosa e dissimulam o declínio da costureirinha.

Contudo, é a casa de *rendez-vous*, clandestina ou pelo menos discreta, que melhor responde à metamorfose das formas do desejo; a tal ponto que o prefeito Lépine decide tolerá-la, com o intuito de melhor fiscalizá-la. Mantida por uma dama de aspecto respeitável, ela ocupa o piso nobre de um prédio de bela aparência. Funciona apenas durante o dia. As apresentações são feitas no interior do salão, decorado por móveis tranquilizadores. A mulher chega de chapéu, vestida como uma respeitável burguesa. Aceita, sem nenhuma vulgaridade, entregar-se sem pressa em um quarto de atmosfera conjugal. Bem entendido, o presente será a consequência. Os convenientes senhores que frequentam a casa procuram o adultério venal; cobiçam a esposa do próximo, que sem dúvida seriam incapazes de comover em outras circunstâncias. A casa de *rendez-vous* oferece-lhes a ilusão da sedução mundana. A cafetina afirma, na maioria das vezes sem razão, que as frequentadoras de seu salão são respeitáveis esposas, tigresas pobres ou sensuais e frustradas. Por ocasião de uma viagem à cidade grande, o *rentier* do interior pode ser tentado a divertir-se nesse teatro de sombras. De qualquer forma, a fuga após a falta — essa terrível fuga presente em Huysmans e Maupassant — será menos humilhante que sob as luzes de um bordel.

A necessidade de reservar pelo menos um simulacro de sentimento e providenciar a possibilidade de um entendimento amoroso atravessa de alto a baixo a pirâmide social. A partir de 1880, a liberação da venda de bebidas permite a ascensão de uma venalidade de taberna, menos humilhante para o cliente — e para a garota — que a nudez do bordel. A partir dessa mesma data, a prostituição dita clandestina prolifera. A moça da rua se banaliza, integra-se na multidão dos bulevares; a partir daí ela própria permite-se a aparência enganosa, sobretudo quando impinge espertamente ao tolo a audácia de uma conquista fictícia.

A importância das cinco décadas que se estendem dos mais belos anos do Segundo Império até a Primeira Guerra Mundial é evidente. Opera-se então um lento deslocamento em profundidade, remodelando a fisionomia do casal e preparando a explosão da nova ética sexual. É preciso portanto não se deixar ofuscar pela imagem de uma moral vitoriana, intransigente e monolítica. Esse meio século, que Edward Shorter considera uma simples fase de transição entre duas revoluções sexuais, parece-me, feitas as contas, mais inovador que o longo período compreendido entre o Consulado e o auge do Segundo Império.

As comoções que a partir dessa data começam a abalar ou ao menos a redesenhar a imagem da vida privada devem-se em grande parte a um processo de imitação. A "descida" social de comportamentos elaborados no seio da aristocracia, mais tarde da burguesia, predomina sobre a influência exercida pelas condutas populares. É certo que o sexo do povo fascina; é certo que alguma liberdade erótica se expandiu resguardada pelas classes laboriosas, especialmente sob a Monarquia Censitária, antes que se desenvolva a família operária. Mas não são essas condutas que fazem escola. Na França, as formas atuais de liberalização dos costumes, em resumo, aquilo que Edward Shorter considera a segunda revolução sexual, elabora-se no interior das classes dominantes. Os autores do teatro de revista, os políticos da esquerda radical, certas burguesas feministas, os propagandistas neomalthusianos, os militantes que teorizaram a união livre e, sobretudo, os estudiosos que edificaram a sexologia contribuem para delinear as sensibilidades modernas, mais do que o fizeram as confusas uniões erráticas dos imigrantes da Paris de Luís Filipe. Como aponta Bronislaw Baczko, o concubinato popular da Monarquia Censitária situava-se aquém do casamento; o concubinato contemporâneo pretende na maioria das vezes colocar-se deliberadamente para além da instituição.

GRITOS E COCHICHOS

SINTOMAS DO SOFRIMENTO INDIVIDUAL

NOVAS FONTES DE ANSIEDADE

Os progressos da individualização engendram novos sofrimentos íntimos. Impõem a elaboração de imagens de si mesmo, fontes de insatisfação. Na medida em que o nascimento deixa, aos poucos, de constituir um critério social claro e decisivo, cada um deve definir e expressar sua posição. Ora, a crescente mobilidade social, ainda que certamente não convenha superestimar seu ritmo, o caráter inacabado, a indecisão, a precariedade das hierarquias, assim como a complexidade dos sinais que as indicam, só fazem confundir as ambições; provocam irresolução, desordem, inquietação. O esforço de cada um para construir sua própria personalidade e a influência do olhar do outro estimulam o descontentamento, até a difamação de si; e deságuam no sentimento de insuficiência. Já vimos como os jornaleiros sofrem essa torturante depreciação íntima. A miscelânea social, mais anárquica que no Antigo Regime, espicaça o medo da derrota. O caráter competitivo da existência conduz ao esgotamento, aumenta a preocupação profissional. Para o indivíduo formado desde a infância na intimidade com os testes, cresce o temor do fracasso; a necessidade de uma perpétua adaptação, a angústia do abandono podem gerar certo medo de viver. Esses sentimentos determinam a paralisia da vontade e, de maneira mais geral, o mal do século descrito por Musset.

Soma-se ao desaparecimento das certezas a nova consciência de um dever de ser feliz que modifica a relação entre desejo e sofrimento. O vazio da alma e do coração, ao manifestar-se, passa a ser sentido como uma infelicidade. A contrariedade que pesa sobre os espíritos mais refinados da época e o *spleen* baudelairiano traduzem esse novo sentimento de culpa em relação a si mesmo.

Essas fontes convergentes de mal-estar, abundantemente reveladas pela leitura de documentos íntimos, são ainda hipertrofiadas pela ascensão da clínica psiquiátrica. Nesse domínio, a nosologia em germe e a prolixidade das exposições de casos médicos estimulam a ansiedade. A "mania racional", a "loucura lúcida" permitem a certos analistas a busca da alienação até na calma e na reserva de uma aprazível vida privada. De maneira mais geral, o triunfo da medicina clínica tende a provocar mudanças no olhar com que cada um fita seu próprio corpo; quantos jovens alistados que se consideram normais descobrem assustados seu estado patológico ao passar pelo exame médico?

A EVOLUÇÃO DAS FIGURAS DO MONSTRO

Porém há angústias maiores ainda: duas imagens do selvagem erguem-se no interior das classes dominantes, provocando pânico. Durante a primeira metade do século, Louis Chevalier foi o primeiro a percebê-lo, crescem a repulsa, o temor — e o fascínio — despertados pelas classes trabalhadoras que proliferam no coração das grandes cidades. O romance repisa a ameaça; a pesquisa social, que esse projeto estimula, pretende analisá-la; a filantropia tenta exorcizá-la. O otimismo inicial da Restauração a esse respeito transforma-se em pessimismo sob a Monarquia de Julho. Ao mesmo tempo, as elites partem para a descoberta da França profunda e ali encontram selvagens. Pastores imbecis das montanhas, rudes pescadores do litoral de Léon, moradores dos pântanos de Poitiers, sombrios habitantes dos paludes do Dombe e do Brenne parecem possuir misteriosos vínculos com a rudeza e o passado da terra, a consistência dos minerais e a natureza da vegetação; todos dão a impressão de conter ainda muito do animal.

A vaga ansiedade nascida da proximidade dessas múltiplas

tribos se exacerba com a constatação de verdadeiros monstros no seio da sociedade. Horripilantes casos de crimes, o parricida Pierre Rivière; a ogra de Sélestat que, em 1817, devora a coxa de seu filho após cozinhá-lo com couves brancas, tendo o cuidado de guardar um pedaço para seu marido; o vinhateiro Antoine Léger, que, em 1823, suga o coração da garotinha que acaba de desventrar atestam a proximidade entre o homem e a besta. Os pasquins se regalam com essas histórias cruéis que lançam uma luz sombria sobre as angústias da vida privada. Desde a consumação do regicídio, em 21 de janeiro de 1793, o monstro ronda à solta; os ogros, escreve Jean-Pierre Peter, escapam "do aprazível conservatório dos contos"; em 1831, a figura de Quasímodo vem selar essa proximidade teratológica entre o povo e o animal.

Após o traumatismo da Comuna, à medida que se dissolve pouco a pouco o medo da violência proletária, avoluma-se a presença do selvagem: o verdadeiro perigo brota agora das profundezas da pessoa. O monstro agacha-se no coração do organismo; pode irromper até no delírio da imaginação. É o retorno do ancestral, sempre compreendido como mórbido, que passa a constituir a mais angustiante ameaça.

A FAMÍLIA PATOLÓGICA

A noção da família patológica marca a tal ponto essa época que merece uma reflexão. É ela que tece o fio ligando o sábio, o ideólogo e o artista. A antiga noção de hereditariedade dispunha, certamente, de grande crédito no século XVIII; os médicos da época repetiam que os rebentos dos velhos tornam-se enfermiços, que os filhos do amor possuem grande beleza e que o alcoólatra se arrisca a engendrar monstros. Um neo-hipocratismo racional, recorda Jacques Léonard, faz então a pregação do cruzamento de temperamentos, da neutralização de idiossincrasias extremadas. Em seguida, o estudo da patologia industrial e urbana, o temor despertado pelas "histerias insurrecionais", o espetáculo da neuropatia dos artistas estimulam o pessimismo; sugerem que existe um vínculo entre civilização e degeneração.

O velho mito teratológico, vindo do Gênesis, propunha a imagem de um tipo perfeito de humanidade submetido, pelo pecado original, a uma progressiva degradação. Em 1857, Benedict Morei, inspirado por Buchez, reativa essa crença. O homem afasta-se de sua natureza primitiva; degenera. Esse desvio tende a afastá-lo do primado da lei moral e torná-lo servo dos desejos físicos; em suma, a rebaixá-lo ao nível da besta. Durante três décadas (1857-1890), a teoria da hereditariedade mórbida impõe-se entre os espíritos cultos sob uma forma laicizada. Ignoram-se então as leis de Mendel e acredita-se na transmissão do caráter adquirido; nada impede portanto que se imagine um progressivo abastardamento da espécie. A etiologia científica das monstruosidades desemboca rapidamente na elaboração de uma teratologia social, na constituição de um fabuloso museu de tarados, atrofiados e degenerados. A hereditariedade reduz-se com efeito a um processo mórbido. O "sinal", o "selo" impresso na fácies ou na morfologia eclipsam o indivíduo, ao vinculá-lo a uma família teratológica. A noção de "predisposição hereditária negativa" (Moreau de Tours), somada à crença ascendente em todas as formas possíveis de latência, torna vã a esperança de redenção. "Cada família", escreve Jean Borie, "vive entrincheirada em um torreão feudal tendo no fundo das masmorras todo um povo horrendo, agachado, à espera."

As teorias darwinianas, que se difundem no meio médico a partir da década de 1870, impõem, como escreve Jacques Léonard, uma "nova leitura evolucionista do dossiê da hereditariedade". Os sábios se debruçam sobre as taras que estão na base do processo mórbido; logo a culpabilidade popular impõe-se a eles. A miséria, as condições de vida insalubres, a falta de higiene, a imoralidade, a intoxicação deflagram, revelam e aceleram o processo hereditário. Na rua, na fábrica, na água-furtada espreita, conforme os médicos, a ameaça genética às elites. O medo de ser contaminado pelo amontoamento de povo transformou-se em temor de uma degeneração que, caso se leve em conta o primado da neurologia, se molda de acordo com as formas da patologia nervosa.

A naturalização da falta, até da simples negligência, confere a cada um novas responsabilidades. O mito da sífilis hereditária transforma o desejo em "máquina infernal" (Jean Borie). O símbolo da varíola torna-se obsessão no romance, invade a iconografia. Os sonhos dos heróis de Huysmans, as figuras hediondas de Félicien Rops exprimem uma angústia coletiva reforçada pela tragédia dos grandes sifilíticos. O desregramento comporta riscos agravados; a impossibilidade de redenção biológica vem substituir ou acentuar o temor do pecado e do inferno; a crença na hereditariedade mórbida convida à salvação fora da animalidade.

Convém entretanto não exagerar o medo do novo. Resistências apaziguadoras não deixaram de se manifestar. Os sábios fiéis à tradição católica, os ideólogos republicanos levados pelo otimismo, velhos médicos inspirados por uma mescla de neo-hipocratismo e vitalismo, e sobretudo contagicionistas pasteurianos, rebeldes ao darwinismo, consideram que a hereditariedade mórbida nada tem de inevitável. Enquanto Weismann solapa a crença na hereditariedade dos caracteres adquiridos, "a assunção dos etiólogos microbianos", escreve ainda Jacques Léonard, "abre uma brecha nas explicações hereditárias". Muitos estudiosos confiam nas reformas sanitárias ou sociais e nos benefícios do solidarismo para transformar o meio; alguns deles preconizam uma geração consciente, inspirada na ciência. Tais visões alimentam a crítica do dote e do casamento por dinheiro; incentivam a educação sexual e a exaltação do *self-control*; encorajam a ascensão desse novo casal, mais bem informado, mais unido e mais equilibrado, cuja emergência já apontamos.

IMPOTÊNCIA E NEURASTENIA

A rápida evocação das causas do sofrimento ajuda a perceber a importância histórica então adquirida por qualquer sintoma de mal-estar individual. Adotar uma atitude compreensiva impõe que se assuma o dolorismo da época, aguardando as manifestações mórbidas, dominado pela imprecisão da fronteira entre o normal e o patológico. Ora, é no seio da atmosfera doméstica, no coração da vida privada que se desenvolve o sintoma, que brota a desgraça nascida da ansiedade biológica ou social, da decepção, do fracasso. Nesse domínio, as figuras do sofrimento diferenciam-se conforme o sexo. A dicotomia da distribuição de papéis e atitudes, na época em sentido estrito, a assimetria das modalidades da usura no trabalho sugerem que se modele parcialmente a evocação da desgraça conforme essa clivagem simples.

Impõe-se começar pelo sexo masculino, uma vez que evidentemente é ele que conduz o jogo doloroso, que provoca e em seguida define o mal-estar das mulheres. Entretanto, nesse século de comedimento, a manifestação do sofrimento do homem permanece discreta, ao menos em relação à cena pública. Segundo Moreau de Tours, a lesão hereditária é sempre uma gesticulação e, para o espectador, um teatro. Esse aforismo convida à prudência. O homem abandona à mulher a encenação de uma dor cujos sinais ele próprio se esforça por ocultar.

Entre os múltiplos sintomas de mal-estar masculino, não escolheremos mais que alguns exemplos; e antes de mais nada essa relação defeituosa com o desejo que denuncia o medo da mulher. A imagem da tentadora Eva, o permanente temor do polo negro da feminilidade, do transbordamento da sexualidade devoradora, mais tarde, no final do século, a figura enigmática da esfinge são entraves, como já vimos, ao desabafo hedônico do casal. Os anátemas médicos enfatizando os riscos da masturbação e da libertinagem estimulam o sentimento de culpa e com isto favorecem as manifestações de impotência.

Ao longo de todo o século, o medo do fiasco permanece oculto nos bastidores das imagens masculinas da sexualidade. São célebres os fracassos temporários de Stendhal junto à prostituta Alexandrine, de Flaubert com Louise Colet. Edmond de Goncourt faz do medo de não enrijecer a tempo o membro viril uma nova preocupação do sedutor mundano. O dr. Roubaud consagra uma volumosa obra ao flagelo e detecta a existência de uma impotência idiopática nascida da vergonha. No capítulo dedicado ao fiasco, Stendhal relata uma conversa com cinco belíssimos jovens de 25 a trinta anos. "Constatou-se que", escreve ele, "com exceção de um, que provavelmente faltou com a verdade, todos havíamos provado o fracasso na primeira vez junto a nossas mais célebres amantes." A impotência desperta tanto maior ansiedade à medida que se compreende mal o mecanismo da ereção. Uma terapêutica multiforme permite o enriquecimento de charlatães. Na grande imprensa do final do século, sobretudo ao aproximar--se a primavera, explode a publicidade das flagelações mecânicas, duchas, massagens, tratamentos elétricos, da urticação do pênis, da acupuntura ou dos passes magnéticos.

Seria demasiado extensa a descrição do crescimento de todas as conturbações da individualidade que acompanham a crescente dificuldade de ser, contemporânea do prolongamento da duração média da vida. Essas multiformes perturbações demandam o olho clínico do alienista e estimulam o refinamento de uma psiquiatria fiel, até por volta de 1860, ao primado da etiologia moral da loucura. Durante as primeiras décadas do século propaga-se a hipocondria: esta atinge principalmente os homens, especialmente os profissionais liberais. No final do século difundem-se a neurastenia e a psicastenia. As dores de cabeça provocadas pela acentuação do caráter competitivo da existência, pela proliferação da "azáfama" começam a fazer estragos em massa.

É então que a literatura francesa propõe os primeiros delírios masculinos vividos e descritos a partir do interior. Em 1887, quarenta anos após os sonhos de ópio de Théophile Gautier e a elaboração de *Aurélia*, *O Horla*, de Maupassant, apresenta ao leitor a apavorante imagem da fratura interna, do desdobramento da individualidade. Nasce então a vertigem de uma nova angústia, que domina o século XX. O monstro não faz senão revelar-se pela bestialidade do desejo; deixou de ser o Outro; confunde com sua presença o próprio sentimento de identidade.

A CLOROSE DAS MOCINHAS

Os sintomas específicos do sofrimento feminino aparecem no século XIX sob formas bem diferentes. A fascinante psicologia da mulher, sua fragilidade, a convicção de que seu sexo rege os males que a afetam, explicam a amplitude das perturbações que na época se agrupam comodamente sob o termo "doenças femininas". Essa morbidade polimorfa provoca o corre-corre cotidiano das famílias; devora o tempo dos médicos da burguesia. A mais precoce de tais enfermidades, a clorose, dilata seu império. Legiões de mocinhas de uma palidez esverdeada invadem a iconografia, povoam os romances e as coletâneas de casos médicos. A tentação do angelicalismo, a exaltação da virgindade, o temor do sol, enquanto aguardam o culto simbolista da alvura da neve, conservam, nas elites, a imagem da mocinha-lírio, cuja própria tez parece testemunhar a um só tempo a delicadeza e a languidez.

A prolixidade do discurso médico e a multiplicidade das teorias científicas testemunham quanta inquietude pesa sobre esse estranho mal. Até por volta de 1860, as explicações na prática se imbricam. Para alguns, fiéis às antigas convicções hipocráticas, a clorose resulta de uma disfunção do ciclo menstrual e da manifestação involuntária do desejo amoroso que desperta. Impõe-se assim, ao seu ver, uma terapêutica preservativa, baseada na interdição de tudo que favoreça a paixão; isso enquanto se espera pelo verdadeiro remédio, ou seja, o casamento. Outros clínicos, mais pudicos, atribuem a clorose ao mau funcionamento do estômago, equivalente simbólico do útero. Para outros ainda, ela traduz uma insuficiência vital; aos seus olhos não se trata propriamente da pletora ou da retenção, mas de um "fracasso do processo de tornar-se mulher" (Jean Starobinski), na maioria das vezes ligado à hereditariedade. Essa teoria tende a valorizar a puberdade feminina, e sabemos o quanto ela fascina então a médicos e romancistas. A dificuldade experimentada pelas heroínas de Zola para suplantar essa difícil passagem é claramente testemunhada. Ligada ao período menstrual, a clorose, que ataca os nervos, parece aqui aproximar-se da histeria; é parente da "loucura pubescente".

Durante o último terço do século, entretanto, uma nova verdade se impõe; a partir de então considera-se que o mal resulta de uma carência. O melhor conhecimento da anemia e a prática da contagem dos glóbulos justificam a antiga medicação pelo ferro.

Todas essas peripécias do saber incitam os adultos a controlar com atenção infatigável o despertar do desejo feminino e a empregar uma higiene moral capaz de retardá-lo; estimulam também o casamento precoce das filhas, cuja menstruação, com o correr das décadas, torna-se cada vez mais precoce. Os fantasmas inspirados pelo sangue das mulheres contribuem para delinear sua condição.

O ÚTERO E O CÉREBRO DA HISTÉRICA

Uma figura contudo impõe-se com destaque maior ainda: a da mulher histérica; ela domina o imaginário doméstico, rege as relações sexuais, ordena surdamente os contatos cotidianos. A nova onipresença da histeria pesa sobre a vida privada desde que se dissolveu a imagem pública da feiticeira com seus trejeitos. Com efeito, durante quase todo o século o mal é visto como especificamente feminino. Os médicos que pretendem o contrário não são ouvidos. É preciso esperar pelas últimas décadas para que a imagem da histeria masculina ganhe terreno. Na iconografia da Salpêtrière, a primeira foto de um homem atacado por esse curioso mal data de 1888. A histeria se desenvolve sem deixar vestígios orgânicos; é precisamente isso que gera desconcerto entre os médicos, desde Hipócrates. Os antigos atribuem o mal a manifestações independentes de um útero que agiria como um animal, oculto no interior do organismo. Assevera-se assim a independência do desejo, cujo poderio sufoca a vontade e a exterioridade do corpo em relação à pessoa. Durante a crise, a mulher é trespassada por forças obscuras que a subjugam e simultaneamente a inocentam.

No final do século XVIII, a histeria passa a ser objeto de novas interrogações. Os estudiosos se encerram então em um discurso circular, tautológico, que explica o mal pela natureza feminina. Em sua prática cotidiana, os médicos do século XIX mantêm por longo período fidelidade a essas concepções, que valorizam o papel do útero e das manifestações do desejo venéreo. Orientam a histeria para os serviços de ginecologia. Obedecendo a esses mesmos esquemas mentais, muito antes que Michelet admita seu fascínio pelo mecanismo da ovulação, numerosos maridos perdoam à esposa as perturbações que assinalam o período menstrual. Alguns zelam solicitamente pelo bom funcionamento do ciclo.

Todavia, os médicos discutem há tempos sobre a participação relativa do sistema genital e do sistema nervoso na etiologia do mal. Em meados do século XIX opera-se um deslocamento que tende a destacar a ação do cérebro. Em 1859, Briquet faz da histeria uma neurose do encéfalo. A reviravolta tem importância. Dessa vez, a doença encontra-se vinculada às próprias qualidades que caracterizam a mulher; esta sucumbe à histeria por ser dotada de uma fina sensibilidade, acessível às emoções e aos sentimentos nobres. A mulher tende para essa enfermidade específica devido ao conjunto do seu ser; paga um pesado tributo à doença pelos mesmos motivos que fazem dela uma boa esposa e mãe. O mal, escreve Gérard Wajeman, a partir de então parece desligar-se da patologia. Observe-se que o livro de Briquet aparece cinco anos depois da promulgação do dogma da Imaculada Conceição, logo após as aparições de Lourdes, no momento em que a antropologia angelical reforça seu domínio nos pensionatos para moças.

Entre 1863 e 1893, Charcot permanece fiel ao primado da neurose. Atribui-a à hereditariedade mórbida, despertada pelo "choque nervoso", agente provocador que desencadeia as manifestações do delírio. Se o mal não deixa vestígios orgânicos, é porque afeta apenas o envoltório cerebral.

Conturbação do útero ou do cérebro, a histeria continua a ser concebida enquanto manifestação de um corpo estranho ao sujeito. A enfermidade, observa Gladys Swain, é sempre "sentida pelo que é dela acometido como sendo algo estranho a si". Traduz uma força anônima à qual a mulher precisa às vezes submeter-se, assim como é necessário tolerar a violência sexual do homem. A mesma esposa que se sabe ser casta, quem sabe até indiferente e frígida, arrisca-se, tal como a possessa de outrora, a ser tomada por forças naturais que poderão transformá-la em uma ninfômana.

Todas as convicções levam a preconizar a satisfação racional do desejo e da carência de ternura que conformam a sensibilidade feminina. O tratamento desse mal irresistível compreende uma higiene sexual cheia de moderação que entoa hinos a uma vida conjugal tranquila. Esta permite à mulher desenvolver, sem riscos, suas qualidades de esposa devotada e mãe enternecida. Cabe ao marido permitir-lhe que exerça sua sensibilidade, sem enveredar por uma sensualidade excessiva, caminho que leva à sempre ameaçadora histeria.

Porém há décadas está em curso outro debate, que vem complicar os elementos do problema. Os animistas do século XVIII viam a histeria não como resultado de uma tensão, uma distorção entre o sujeito e seu corpo, mas como consequência de uma desordem da alma. Para Stahl, a doença assinala o desencadeamento da paixão; é o sinal de um conflito vivido pela alma dividida. Esta, escreve Paul Hoffmann, "priva-se de colocar abertamente em atividade as condutas de satisfação, sendo incapaz, entretanto, de deixar de pelo menos exprimir seu desejo".

Vê-se como tal tese preludia essa subjetivização do corpo cuja lenta assimilação teórica Gladys Swain detecta entre 1880 e 1914 e que desemboca na análise psicológica de Janet, seguida pela psicanálise. A partir de então a histeria traduz a divisão da consciência, a dissociação do eu; é a fratura interna do sujeito. Pela primeira vez na história, irá diluir-se a atitude convulsionária que traduzia o antigo sentimento de exterioridade em relação ao corpo; o destino da mulher terá simultaneamente deixado de encontrar seu símbolo no teatro da histeria.

Para quem estuda a vida privada, o essencial é a onipresença dessa enfermidade na cena doméstica. A mulher da época, quando não é encurralada até o delírio e o grito para se fazer ouvir, emprega toda sorte de mal-estares e perturbações visando a atrair a atenção dos que a cercam para seu sofrimento íntimo.

Os historiadores começam a atentar para esse desvio da ação de tomar a palavra. Algumas dessas manifestações histéricas revestem-se de uma forma espetacular; frequentemente coletivas, desenvolvem-se ao mesmo tempo no espaço privado e na esfera pública; outras se situam enquanto prolongamento dos ritos convulsivos. Entre 1783 e 1792, dois eclesiásticos, os irmãos Bonjour, instalados na pequena comuna de Fareins, a três quilômetros de Ars, conseguem exercer total domínio sobre um grupo de jovens parisienses. Estas deixam de obedecer à autoridade paterna, abandonam-se às flagelações infligidas por seu sacerdote, entregam-se a todo tipo de excessos; uma delas deixa-se crucificar na pequena igreja do lugar; a mais exaltada, convertida em amante de François Bonjour, dá à luz um novo Messias. Enraíza-se assim uma estranha heresia aldeã, ainda viva na Terceira República. As "ladradoras" de Josselin, em 1855, tal como as "possessas" de Plédran, em 1881, testemunham a persistência de tais delírios coletivos que subvertem a vida privada.

O caso das histéricas de Morzine é mais conhecido. Nessa pequena aldeia isolada no coração da montanha alpina, as mulheres solteiras são em grande número; uma sociabilidade especificamente feminina se elabora. O clero, que exerce forte influência, bloqueia o desenvolvimento de qualquer atividade festiva ou lúdica. Essa contenção, somada à desordem nascida da irrupção de uma modernidade vista como ameaça, estimula as mulheres da aldeia a se entregarem a manifestações histéricas durante dezesseis anos (1857-1873). Elas apresentam assim uma série de sintomas esclarecedores sobre o mal-estar feminino do século XIX.

Na primavera de 1857, duas moças que preparam sua comunhão dão início às perturbações. Logo imitadas pelo grupo de adolescentes, elas gritam, se contorcem, blasfemam, injuriam os adultos que tentam acalmá-las. As mulheres adultas, guardiãs dos valores de uma comunidade que não consegue assimilar a contribuição externa e deseja continuar vivendo fechada dentro de si mesma, também se descontrolam.

A histeria traduz também — e talvez principalmente — o mal-estar individual de moças à procura de sua identidade, que não podem dançar, temem o celibato e por fim encontram prazer imitando-se umas às outras na cena de delírio coletivo. As jovens proclamam sua indiferença em relação aos pais; as mães em relação aos filhos. Moças injuriam seus genitores e recusam-se a obedecer a eles. Esposas põem-se a bater nos maridos; a prática religiosa converte-se em escárnio para essas mulheres que brincam de inverter os ritos. Em 30 de abril de 1864, as histéricas descontroladas tentam invocar uma maldição contra o bispo que proíbe que as exorcizem. Mais reveladora ainda é a recusa ao trabalho por parte das mulheres, que se põem a jogar cartas, bebem aguardentes reservadas aos homens, desprezam as batatas e exigem apenas pão branco de trigo.

Reservadamente, apesar das recomendações dos superiores, o padre tenta sem êxito recorrer ao exorcismo. As autoridades francesas, informadas desde 1860, empreendem uma verdadeira cruzada civilizadora na esperança de acalmar as mulheres. Abrem estradas, instalam uma guarnição na aldeia, organizam bailes. Sobretudo o alienista Constans, dotado de grande poder, esforça-se por confinar o delírio à esfera privada; aposta na separação, no isolamento, na individualização dos casos. Terminará triunfando, no alvorecer da Terceira República.

Vale mencionar que existem outros vestígios, negligenciados, desses sofrimentos e dessa revolta das mulheres. Eis, desordenadamente, alguns exemplos. Em 1848, uma epidemia do mesmo tipo eclode em plena Paris, em uma oficina onde trabalham quatrocentas operárias. Em 1860, são as moças da Escola Normal de Estrasburgo que se descontrolam; em 1861, as comungantes da paróquia de Montmartre; em 1880, as internas de uma escola de Bordeaux. Manifestações histéricas explodem, em 1883, em uma dessas fábricas-internatos de Ardèche, onde as moças, encerradas, dedicam-se a trabalhar a seda.

O domínio da histeria sobre os espíritos desemboca na fascinante teatralização do mal que ocorre na Salpêtrière entre 1863 e 1893. Um teatro inusitado, aterrador, em que a mulher histérica lança seu grito de pura angústia, em que se percebe acima de tudo o sofrimento íntimo do século.

O TEATRO DA SALPÊTRIÈRE

O teatro foi proposto, ditado por Charcot, que descreveu o quadro e codificou as fases do grande ataque histérico. Eram colocadas em cena mulheres obedientes, desejosas de atenção do professor e seu círculo. Ainda que conservem um distanciamento entre seu próprio desejo e a injunção do mestre, elas parecem sentir prazer com a encenação de sua dor narcísea. Charcot exibe suas pacientes perante um público de artistas, escritores, publicistas, homens públicos; em algumas dessas aulas de terça-feira pode-se encontrar Lavigerie, Maupassant ou Lépine. A encenação da histeria, fixada na película dos fotógrafos Régnard e Londe, acentua o símbolo, sublinha as fácies, estimula a imitação, revela o erotismo das posturas. Assim se difunde na opinião pública a atração pelas doenças nervosas. Impõe-se uma gesticulação que é reencontrada nos palcos dos teatros parisienses. Sarah Bernhardt imita as enfermas, convertidas em atrizes, do grande patrão. Desde os atrozes remorsos da Kundry wagneriana (1882) até o interminável brado de vingança da *Elektra* de Richard Strauss (1905), as heroínas da ópera parecem rivalizar com as estrelas da Salpêtrière, já conhecidas em todo o Ocidente.

Sutis relações se estabelecem entre a literatura e a psiquiatria; em uma trilogia fartamente documentada, Edmond de Goncourt esboça o retrato da histeria misândrica (*La fille Élisa* [A menina Élisa]), da histeria religiosa (*Madame Gervaisais*) e da neurose juvenil (*Chérie*). As perturbações de Marthe Mouret descritas por Zola em *La Conquête de Plassans* (1874), as de Hyacinthe Chantelouve em *Là-bas* [Acolá], de Huysmans, vinculam a imagem do delírio codificado à Salpêtrière. Enquanto isso, os próprios escritores, fascinados por Charcot e levados pela moda, declaram-se ou assumem atitudes de histéricos.

Monta-se um teatro cotidiano no qual a mulher, simuladora, acredita representar. A "piscadela" e o sorriso equívoco da histeria propõem uma imagem patológica da sedução feminina. Para os homens, será grande a partir daí a tentação de confundir as manifestações da enfermidade com os delírios do orgasmo ou as provocações da prostituta. Toda mulher que corteje um homem, sabendo-o ou não, evoca Augustine, a jovem e bela estrela da Salpêtrière. Charcot e seus discípulos não se cansam dessas olhadelas e "atitudes passionais", desses "êxtases"; fazem com que ela represente infatigavelmente a violação, repita sua desgraça, até que um dia ela decida se restabelecer.

Por que o teatro? Por que esse insaciável deleite dos médicos, que parecem se comprazer com as sujas transferências das quais se beneficiam? Por que esse inusitado magistério do grande mestre que é visto — e às vezes parece ver-se — ora como Bonaparte, ora como Jesus? O objetivo terapêutico, incontestável, a necessidade de aguçar o olho clínico não bastam para explicar essa complacência diante da manifestação de um erotismo feminino mesclado de sofrimento, para justificar esse jogo esquivo que consiste em saciar-se com um prazer representado. O teatro da histeria é talvez a simples tática de um sutil gerenciamento do desejo masculino; e é sobretudo o sintoma, e talvez a inconsciente terapêutica, do mal-estar do homem. No palco da Salpêtrière, nesse complexo jogo de exibicionismo e voyeurismo, há, de parte a parte, uma relação defeituosa com o desejo que se tenta representar.

A clientela privada de Charcot é imensa e parcialmente constituída de estrangeiros. A cada ano o professor recebe 5 mil pessoas em seu consultório externo. Como espantar-se por encontrar tantas histéricas nas casas, ou por constatar que a simples moça cheia de desejo que é Marthe seja considerada uma doente incurável pelos membros de sua família?

Toda essa atividade fervilhante desemboca em crucis — e inúteis — terapêuticas. Aqui não se trata do teatro propriamente dito, que permite às atrizes alcançar um status privilegiado dentro do inferno da Salpêtrière, mas da multiplicação — apesar de Charcot — das histerectomias, das cauterizações do colo do útero — pelo próprio Charcot —, da histeria experimental provocada por hipnose; e, para concluir, da tentação da droga para essas mulheres torturadas que terminam tornando-se alcoólatras, eteromaníacas, morfinômanas.

A PERMANÊNCIA RENOVADA DO DESEJO ALCOÓLICO

Embriagar-se pode ser um prazer; mais frequentemente revela uma dificuldade de viver. É significativo que o século XIX tenha assistido ao nascimento do alcoolismo e à imposição da figura do bebedor solitário. Uma dupla peroração responde ao novo fluxo. Um abundante discurso, pronunciado pelos membros das classes dominantes e reforçado pela medicina, vincula a tendência para a bebida à imoralidade operária. Para debelar essa nova peste que desorganiza a família, contraria o imperativo da contenção, favorece o despovoamento, acelera a degeneração da raça, atiça a desordem social, atenta contra a grandeza da pátria, é conveniente antes de mais nada moralizar o proletário. Uma campanha antialcoólica se inicia; a partir de 1873, criam-se ligas que se apoiam na escola, na caserna, na vila-jardim para enquadrar os lazeres operários e, mais ainda, contam com a ação moralizadora da mulher. Na maioria das vezes a campanha visa ao alcoolismo mundano. O absinto, em especial, inquieta. Nocivo às células cerebrais, causador de epilepsia, ameaça, tal como sua aliada, a sífilis, devastar o patrimônio genético das classes dominantes. O homem de respeito que se embriaga à luz de um café oferece ademais um espetáculo obsceno que deve conservar seu caráter insólito.

O movimento operário substituirá, a partir de 1890, a campanha orquestrada pelos figurões; mas ele opera uma análise completamente distinta do mal, que atribui à miséria do proletário. O ardor antialcoólico não é menor. Nesses meios, a droga conquistadora é acusada de frear a organização dos trabalhadores; vê-se nela um novo ópio do povo. No momento em que se esfuma o domínio da religião, o álcool vem turvar as consciências, embotar o desenvolvimento da luta de classes. Também aqui se designa à mulher o papel moralizador. Cabe à operária converter o marido à temperança, assim como a burguesa redentora tem por missão trazer o esposo incréu ao caminho da ortodoxia.

Por diferentes que sejam os móveis dessa dupla diatribe, ameaçando a priori confundir o historiador, todos os testemunhos coincidem em destacar a mudança da imagem do bebedor. "O bêbado corado, bonachão, loquaz, expansivo e alegre", observa Chantal Plonevez, "cede lugar ao alcoólatra macilento, taciturno, às vezes violento, agressivo e até criminoso." Essa substituição corresponde a um desenvolvimento das maneiras de beber, que o exemplo do Oeste normando e bretão permitirá captar com nitidez. Durante a primeira metade do século, ainda impera aqui a "embriaguez selvagem", a "bebedeira ruidosa e desordenada", nas palavras de Thierry Fillaut. Quando se produz um rompimento no ritmo da vida cotidiana, o camponês se embriaga. As romarias e festas do padroeiro, a feira, as cerimônias familiares constituem a ocasião dos transbordamentos, que se operam em uma atmosfera festiva e conduzem a uma embriaguez ostentatória, mal compreendida pelos observadores burgueses. Os parisienses que visitam a Bretanha, pasmos por encontrar nesses dias tantos indivíduos caindo de bêbados, apressam-se a superestimar os sinais de uma devassidão que conforta sua visão da animalidade camponesa.

A partir da década de 1870, o consumo alcoólico racional mas crônico faz com que recuem as manifestações de embriaguez provocadora. Definido e denunciado em 1849 pelo sueco Magnus Huss, o alcoolismo ocupa desde então um posto privilegiado na etiologia das degenerescências. De 1850 a 1870, aproximadamente, produz-se uma fase intermediária em que, observa ainda Thierry Fillaut, "embriaguez e consumo cotidiano formam uma boa dupla". Opera-se então o deslocamento da cena pública para a vida privada. A partilha é reconhecida pelo poder; a lei de 1873 persegue o bêbado público; ignora o alcoolismo oculto. Mal aplicada, sem maior alcance, ela não atingirá senão os marginais, frequentemente sem domicílio, incapazes de privatizar sua prática etílica.

Tudo leva a crer que o processo ocorrido no Oeste da França se reveste de um caráter exemplar; não restam mais que episódios dessa história que difere conforme o ambiente social. O alcoolismo secreto, oculto, que se opera na esfera privada parece ser de origem burguesa, embora o fenômeno ainda não tenha sido objeto de estudos específicos. A prática do aperitivo, o café com conhaque, o próprio absinto conservarão por muito tempo sua origem elitista, sem chegar verdadeiramente a se democratizar. A lenta degustação da "fada verde" [absinto] faz-se acompanhar de um elaborado ritual que atesta seu refinamento e faz supor a anuência com a autodestruição.

No seio do povo das cidades, o alcoolismo se desenvolve precocemente. Os pedreiros que migram do Limousin consomem uma quantidade de álcool maior que a consumida pelos camponeses que permanecem na terra natal; isso desde a Monarquia de Julho. Essa alcoolização, diria alguém, não nos concerne, uma vez que se liga à sociabilidade e manifesta-se na cena pública. A menos que se considere a taberna popular e a adega do comerciante de vinhos como lugares onde se embaralham as fronteiras e há uma mescla de condutas públicas e privadas. O taberneiro, visto como um amigo, toma parte na conversa. Desempenha o papel de confidente, de fiador; se preciso, torna-se agente de empregos. Aqui o álcool não é apenas uma necessidade psicológica, é o pretexto para a relação privada. Seria possível, sem forçar em demasia, alinhá-lo entre os coadjuvantes dos procedimentos da confissão.

Mas, ao mesmo tempo, ele consagra a sociabilidade do trabalho. O operário que não bebe arrisca-se a ser excluído. Faz o papel de *aristo-*, "que acredita ser mais que os outros" (C. Plonevez). O consumo de álcool, reconhecido como sinal de virilidade, contribui para desenhar a imagem do indivíduo. A leitura de *Sublime*, de Denis Poulot, permite medir o descrédito que a sobriedade provoca aqui. A rodada acompanha qualquer acontecimento alegre: um aniversário, o encontro com um amigo, a volta de um soldado, um novo emprego e, sobretudo, o dia do pagamento.

Além disso, o modelo da termodinâmica estimula a considerar o corpo uma caldeira, e mais tarde um motor, que é preciso alimentar de combustível; e corrobora a crença nas virtudes do álcool. É a ilusão do "trago", que regula o ritmo extremamente preciso do consumo do pedreiro parisiense, do estivador de Rouen ou do fundidor de Valenciennes. O "consolo", engolido de uma só vez, desde as cinco horas da manhã, faz esquecer a um só tempo a fadiga, o perigo de acidente e as angústias da condição. O álcool entra como um componente de peso na economia de manutenção do corpo do operário; isso contribui para explicar a assimetria sexual do volume de consumo. A operária, com efeito, emprega táticas específicas, vedadas ao homem, que lhe permitem resistir melhor à deterioração precoce.

Os historiadores já propuseram muitas outras explicações para o crescimento do consumo alcoólico solitário, sem que se possa demonstrar facilmente a validade de suas teses. O desaparecimento das antigas organizações festivas, o fim da qualificação que mantinha o orgulho do operário, a crescente monotonia do trabalho, a alta dos salários e o prolongamento do lazer, que estimulam a necessidade de evasão e o aumento da necessidade de "matar o tempo", podem exacerbar um mal-estar psicológico que o trabalhador procura afogar no álcool. Os mais tentados pelos prazeres da taberna são com efeito os operários que desfrutam de certa abastança, sem o benefício prévio de um aprendizado do lazer.

A fabricação industrial, a queda do preço das bebidas e a liberalização da venda, inaugurada pela lei de 1880, evidentemente favoreceram o incremento do consumo urbano. Uma pesquisa realizada em Paris permite delimitar melhor o gosto popular. O operário aprecia o vinho, as bebidas amargas, a aguardente de quina e também o absinto, mesmo que procure ocultá-lo; prefere a aguardente ao rum. Em contrapartida, a sidra e a cerveja não parecem tentá-lo. As mulheres, quando bebem, manifestam uma queda pelos aperitivos, licores e frutos destilados.

Gérard Jacquemet constata a onipresença do álcool na vida privada da população de Belleville. A embriaguez atiça as discórdias domésticas, exacerba os ciúmes do marido enganado, estimula a violência nascida de uma simples suspeita, provoca as brutalidades do esposo que a mulher recrimina por ter bebido. Aqui, as rixas após a bebida são coisas banais, assim como o *delirium tremens*, figura trágica que explicita o perigo da degeneração.

A conquista das zonas rurais pelo álcool é mais tardia. Por muito tempo os camponeses contentam-se com água, leite, a zurrapa ou o líquido apenas fermentado que no Centro-Oeste chamam "a bebida". Ainda no Segundo Império, a grande maioria dos lavradores do Limousin, terminada a refeição, vai beber água da *couade*. A cronologia da invasão alcoólica varia conforme as regiões. No Oeste, a ofensiva se desencadeia entre 1870 e 1880 e a invasão nos anos subsequentes. Ali o triunfo do álcool na aldeia coincide com a grande crise agrícola, a vitória da República e da escola laica, ainda que esta tente limitar seus efeitos. Em certos setores da baixa Normandia, a conquista configura-se desde meados do século; ela chega nitidamente atrasada à periferia, por exemplo à Vendeia, ou ainda no Finistère; nessas regiões marginalizadas, as antigas maneiras de beber resistem por muito tempo. Convém a propósito não subestimar o alcoolismo nas regiões de vinhedos. Uma eficiente propaganda, sabiamente orquestrada, sustentou por muito tempo a imagem errônea de uma excepcional sobriedade do viticultor.

Além da queda do preço do álcool e da elevação do nível de vida, o progresso dos meios de comunicação, o desenvolvimento da influência urbana no campo e a conscrição estabelecida em 1872 estimularam o aumento do consumo rural. Some-se a isso, como sugere Hervé Le Bras, a confusão nascida do enfraquecimento das antigas estruturas antropológicas e crenças religiosas. O isolamento do indivíduo ou do casal aprofunda-se com o êxodo rural. No seio da família-tronco, o celibato reveste-se de um caráter mais dramático quando a "casa" declina. Nos campos do

Creuse, e esse é apenas um exemplo, o grupo doméstico envelhece, a habitação torna-se triste; a bicicleta facilita a deserção dos jovens, atraídos pelos cafés do burgo. Apenas análises antropológicas, apoiadas quando necessário em pesquisas etnopsiquiátricas, permitirão localizar as raízes do novo mal-estar que acompanha então o progresso do álcool nas regiões rurais.

Elas contribuiriam para explicar o caráter privado de uma prática exercida quase em proporções iguais por homens e mulheres. No recôndido da habitação da baixa Normandia, a *goutte* [gota, aguardente] não desperta nenhuma resistência feminina. A voz do campo moralista mal se escuta nas profundezas do mato; com muita frequência, faz-se um acordo para a embriaguez a dois. A aguardente não provoca a mesma violência privada, mas impregna, ainda mais profundamente que nas cidades, a totalidade da vida doméstica. Nessa região o consumo cotidiano de sidra, da *goutte* e, sobretudo, do café misturado com calvados mina lentamente a saúde dos camponeses. Os lavradores do Mortanais que bebem então meio litro de aguardente a cada dia deixam de representar exceções. Na sua maioria, as residências consomem de cinquenta a 75 litros de álcool por ano. Com o correr das décadas, a gama das bebidas domésticas se diversifica nas áreas rurais. Na região de Porzay, o vermute aparece em 1879, o rum em 1880, o quirche e o curaçau em 1889, o absinto em 1901. Tal refinamento não deixa de ser secundário, pois a aguardente mantém seu prestígio.

Uma história recente luta para afastar o homossexualismo da patologia, à qual o século XIX desejou vinculá-lo. Ela mostra como era difícil a existência do "pederasta" na sociedade da época, peremptória e cruel. É a mesma perspectiva que impõe que se aborde aqui a história desse comportamento, então qualificado de "antifísico". A análise das representações e discursos reveste-se de particular importância nesse domínio. O estudo do imaginário permite com efeito que se compreenda tanto a mentalidade dos heterossexuais como a repressão que pesa sobre os homossexuais e as atitudes às quais estes são constrangidos para escapar do olhar que os acua.

Simples comportamento, às vezes guiado pelo acaso dos encontros, em geral acompanhado de uma prática heterossexual concorrente: assim aparece o homossexualismo ainda no fim do século XVIII. Mas eis que, sob o olho clínico, emerge uma nova espécie. Do mundo confuso da libertinagem, destaca-se um tipo humano, curioso produto de uma determinação biológica. Inaugura-se desse modo a "dispersão das sexualidades" estudada por Michel Foucault.

A crença na estreita vinculação do físico e da moral leva ao surgimento da imagem de uma nova espécie de mulher. O amor pelas joias, pela maquiagem e pelos perfumes, o ondular das ancas, os cabelos frisados aparentam o "pederasta" à mulher. Ele partilha os defeitos desta: a tagarelice, a indiscrição, a vaidade, a inconstância, a duplicidade. A medicina legal, que pretende desmascarar o personagem, pinta-lhe um retrato alucinado. Atribui-lhe todas as marcas infamantes do século. Para o dr. Ambroise Tardieu, que escreve em 1857, o "pederasta" contraria a higiene, a limpeza; ignora a ablução que purifica. Sua própria morfologia permite reconhecê-lo. O estado das nádegas, o relaxamento do esfíncter, o ânus em funil ou a forma e dimensão do pênis indicam que seu portador pertence à nova espécie; assim como "a boca torta", "os dentes muito curtos, os lábios espessos, dobrados, deformados", que atestam a prática da felação. Monstro em meio à nova galeria dos monstros, o pederasta tem algo de animal; em seus coitos, evoca o cão. Sua natureza o associa ao excremento; procura o mau cheiro das latrinas.

Aos olhos dos policiais, o homossexual menospreza as barreiras sociais. A prática "antifísica" deixou de ser apanágio da aristocracia. A grande burguesia e o mundo dos artistas deixaram-se contaminar; as estatísticas da repressão revelam a presença de uma grande proporção de proletários. Mais ainda que o amante de mulheres da vida, o "pederasta" sofre o fascínio da fuga social; não hesita, se necessário, em desprezar fronteiras de classe e de raça — outras condutas abomináveis aos olhos dos burgueses, preocupados em preservar o corpo de qualquer contaminação, apegados à pureza do sexo como os aristocratas à nobreza do sangue.

Durante o último terço do século, a imagem eclética do "invertido" traduz a acentuação da ansiedade biológica. A protossexologia que se desenvolve padroniza a ameaça; solidifica as condutas, delineia as múltiplas figuras da perversão. A partir de então o "invertido" não é mais um tipo entre muitos outros, ao lado dos fetichistas de todo matiz, do exibicionista e do zoófilo. Todos possuem em comum a marca da patologia, vítimas sucessivamente da "loucura moral", da "neurose genital" e em seguida da implacável degeneração. Magnan e Charcot reservam um lugar especial para o "invertido", no seio de seu quadro das vítimas da hereditariedade mórbida.

Desde então o homossexual — a palavra aparecera em 1809 — não é mais apenas uma silhueta, uma morfologia, um temperamento; é também uma história individual, uma maneira de ser e sentir. O desenvolvimento de sua infância e até de sua vida intrauterina contribui para justificar seu destino. Ao deixar de ser apenas um pecador, torna-se um doente, se não um tarado. Impõe-se curá-lo. Elabora-se uma terapêutica multiforme, baseada, conforme o caso, na hipnose, na ginástica, na vida ao ar livre, na castidade ou no recurso à prostituta.

O ESTIGMA SOCIAL

Já se discutiu muito a intensidade da repressão que atingia os "sodomitas" no século XVIII. No entanto, parece claro que, tolerado entre os grandes, o crime, na época muito difícil de averiguar na prática cotidiana, continuava a ser perseguido no povo. Na maioria das vezes, a lei contentava-se em sancioná-lo quando ele vinha acompanhado de outra falta. Os historiadores hesitaram quanto à amplitude da liberalização que se operou nessa esfera durante a época revolucionária. Fosse como fosse, em seguida a repressão se delineia e se intensifica.

Discurso policial e discurso médico dão-se as mãos para

justificar o cerco; o dr. Tardieu reconforta o policial Carlier. O Código Penal de 1810 ignora a especificidade do delito de pederastia; é a lei de 28 de abril de 1832 que institui o crime de pedofilia, cometido contra o menor de onze anos de idade; ela pune também a sedução e mesmo a simples carícia. Em 13 de março de 1863 a idade do menor será mudada para treze anos. Na realidade, a jurisprudência e a prática policial revelam-se mais terríveis que o texto legal, no fundo anódino. Desde 1834 a polícia recorre às batidas; a de 20 de julho de 1845, realizada em pleno jardim das Tulherias, fica célebre. Nesse dia, os "pederastas" são até espancados pela multidão. Entre 1850 e 1880, a repressão segue o modelo daquela que atinge as mulheres da vida; às vezes se revela mais severa: em 1852, os juízes decidem proibir a permanência no departamento do Sena de pederastas profissionais que não tenham domicílio fixo nem profissão confessável. Em 1872, Alfred, vulgo Saqui, que aborda os homens demasiado abertamente, pega dois anos de prisão; a pena fará jurisprudência.

A vida privada do homossexual se instrui com a repressão. É preciso que ele se esconda. No coração da cidade grande, elaboram-se formas específicas de sociabilidade, único recurso para esses indivíduos marginalizados que passam a parecer com o retrato que pesa sobre eles. Uma antropologia homossexual masculina se constitui no Segundo Império, acompanhando o discurso médico e a ação policial. A necessária singularização do desejo, que a repressão força a ser muito sutil, impõe a especificidade de locais de encontro afastados, escolhidos por sua tranquilidade. O medo do delator engendra uma gíria de exclusão; impõe a complicação dos sinais de reconhecimento.

O estigma social, observa Philippe Ariès, às vezes incita a dolorosa vítima à confissão patética e deplorável; alguns vencidos não se recuperam da condenação de sua roda. Villemain, o ministro da Instrução Pública de Luís Filipe, morre louco por não ter como assumir seu desejo por homens. Convém todavia não carregar demais nas tintas. Durante a primeira metade do século, pelo menos, certos homossexuais, como Cambacérès e

Junot, fizeram brilhantes carreiras. A opinião pública chega a mostrar-se tolerante para com seus amantes do mesmo sexo, contanto que as manifestações de sua inclinação não ultrapassem a esfera privada. A alta sociedade parisiense admite o caso entre Destutt de Tracy e outro ideólogo; tolera o casal formado pelo marquês de Custine e pelo inglês Saint-Barbe. Joseph Fiévée vive com Théodore Leclercq, autor de provérbios dramáticos; os dois amantes serão sepultados no mesmo túmulo do cemitério de Père-Lachaise.

Seja como for, os "pederastas" do século XIX desenharam o modelo de uma sexualidade estritamente hedônica, rompida com a procriação. Uma imagem rica de futuro. Quando, abandonando sua clandestinidade, os homossexuais vierem proclamar sua normalidade, irão propor à juventude, segundo Philippe Ariès, uma nova imagem de conquista da virilidade.

A LÉSBICA, SINTOMA DO HOMEM

Por enquanto é impossível escrever a história do homossexualismo feminino. Afora uma prática mundana que vai das *anandrinas* do final do século XVIII até as ricas americanas instaladas na Paris da Belle Époque, nada conhecemos exceto as intermináveis perorações dos médicos e magistrados sobre a proliferação das tríbades nos bordéis e prisões. O que conhecemos bem, em contrapartida, é o fascínio que a lésbica exerce sobre a imaginação masculina da época, outro sintoma dessa relação defeituosa com o desejo que mina os homens do século XIX. O discurso sobre as práticas sáficas não se estrutura da mesma maneira que o relativo à imagem do pederasta. Os fantasmas masculinos que levam a "medicalizar" o último incitam a poetizar o primeiro. É o século XIX que inventa a "lésbica", doce figura cheia de finura e limpeza, cujo simples nome, observa Jean-Pierre Jacques, é uma carícia para a língua.

Na realidade, os médicos se inquietam com esse prazer feminino que homem algum proporciona; afirmam peremptoriamente que, em todos os casos, uma das duas parceiras assume atitudes masculinas e desempenha o papel viril; essa crença provoca afirmações delirantes sobre a monstruosa dimensão do clitóris e as deformações da vulva das tríbades. A chefatura de polícia decide vigiar as mulheres desejosas de se vestirem como homens; exige que estas solicitem uma autorização, injunção à qual se curva a pintora Rosa Bonheur. Todavia, essa imagem masculina não é sempre uma prova de convicção. Antes mesmo de 1836, Parent-Duchâtelet já demonstrara que nenhum sintoma clínico distingue a tríbade da mulher heterossexual.

A imagem de Safo, elaborada pelos homens dessa época, permanece ambígua; traduz as oscilações que vão do fascínio, pela profusão feminina, ao temor, que o prazer da mulher inspira quando se manifesta na ausência do homem.

O safismo constitui um tema privilegiado das conversações masculinas, dominadas pela imagem do harém. Convencidos de sua inferioridade sexual, os homens sonham complacentemente com a avidez erótica de mulheres liberadas para dirigir seus folguedos. Difunde-se assim a imagem de prazeres desenfreados. Em seus transportes, a lésbica, convulsiva, insaciável, utiliza toda a lira. É esse fantasma, muito perceptível em *A menina dos olhos de ouro*, de Balzac, que estimula Fourier, tal como fariam mais tarde os *voyeurs* dos bordéis do final do século, a sentir prazer com quadros vivos que mostram mulheres entre si. A exibição dos corpos femininos desempenha aqui, tal como no teatro da histeria, o papel de terapêutica masculina.

De forma paradoxal, essa avidez sáfica tranquiliza o homem; revela insatisfação, atesta o vazio criado por sua ausência. Ainda que isso desagrade a Maupassant, o amante não parece sentir-se verdadeiramente enganado quando sua parceira se entrega a outra mulher; o duque de Morny, velho estroina que era, julgava, afirmam os Goncourt, que o safismo refina a mulher; ele promove a iniciação, sem risco, a um erotismo de menina crescida que afinal irá beneficiar o homem. Explica-se assim a relativa indulgência que, à imagem do marido de Claudine, o século XIX manifesta diante de uma prática cuja exata difusão provavelmente jamais poderá ser medida.

Registremos contudo que o que sabemos dos casais de mulheres homossexuais, por exemplo, aquele formado por Renée Vivien e Nathalie Clifford-Barney, confirma a imagem apaziguadora de uma relação terna e doce. A profundidade do sentimento sugere os primeiros escritos de amantes. O salão de Nathalie encoraja as lésbicas a sair da clandestinidade; torna-se "cadinho de paixão e [de] liberdade" (Marie-Jo Bonnet). Em suma, a imagem da homossexual liberta-se do olhar masculino; delineia-se nova possibilidade de ser feliz, que é inconveniente evocar em um capítulo consagrado às manifestações do mal-estar individual.

AUMENTO DOS SUICÍDIOS

O excessivo sofrimento individual, masculino ou feminino, pode desaguar na decisão de autodestruir-se, gesto privado que é também ele um grito, um desesperado apelo contra o fracasso da comunicação. Em toda a Europa os suicídios aumentam durante o século XIX; o mesmo acontece na França, até 1894. Pode ser contudo que o aumento derive, total ou parcialmente, de um aperfeiçoamento dos processos de registro aplicados a partir de 1826. Seja como for, o suicídio fascina: de Guerry e Quételet a Durkheim, passando por Falret e Brierre de Boismont, médicos alienistas e sociólogos de primeiro escalão se esforçam por dissecar o fenômeno. A visita ao necrotério, suscitada pelo desejo de fartar-se com o espetáculo dos corpos frios sobre as mesas de mármore, entra na rotina dominical das famílias parisienses.

A prostração do desejo de viver acompanha o crescimento da sensação de insegurança. O indivíduo, ao perceber que não é em si um fim suficiente, sofre o desencanto; este pode levar ao "suicídio egoísta", definido por Durkheim em 1897. O desencadear dos desejos, o engajamento excessivamente nítido da miscelânea social multiplicam os riscos de decepção; quando esta se revela demasiado intensa, a prova conduz o indivíduo, incapaz de suplantá-la, ao, é ainda Durkheim que qualifica, "suicídio anômico". A análise das estatísticas leva a destacar o peso do isolamento individual e, simultaneamente, de todos os processos de natureza antropológica que o favorecem. Assim, no século XIX aparece com grande nitidez o predomínio dos suicidas solteiros, viúvos e divorciados. Em contrapartida, o casamento, ou pelo menos a presença de filhos, protege contra a tentação de autodestruir-se. Dito isso, não se trata de enfrentar aqui o interminável debate que opõe há um século e meio os partidários do primado do social aos que pensam que o suicídio deriva antes de mais nada de fatores individuais, de ordem psiquiátrica ou genética.

As causas alegadas pelas próprias vítimas e pelas testemunhas não são nada convincentes. As famílias ou as autoridades tendem a adocicar os fatos, manipulam os testemunhos, suprimem fontes. Registremos, a título de vaga indicação, que, depois da enfermidade mental, as causas agrupadas sob as denominações "amor, ciúmes, mau comportamento" precedem a miséria e os problemas familiares na hierarquia dos motivos aos quais se atribui a morte dos indivíduos que se suicidaram entre 1860 e 1865.

ELES SE ENFORCAM, ELAS SE AFOGAM

Graças à precisão das investigações oficiais, sabemos quem se mata, na França, no século XIX. O predomínio do suicídio masculino é evidente; conforme a década, os homens que se matam são de três a quatro vezes mais numerosos que as mulheres. Como já observara Quételet, a vulnerabilidade à autodestruição cresce com a idade. A divisão conforme as categorias socioprofissionais desperta maiores controvérsias. Muito esquematicamente, dois polos de predomínio se distinguem nas duas extremidades da pirâmide social. Os *rentiers*, intelectuais e, de maneira geral, os membros de profissões liberais, assim como os quadros do Exército, em especial do Exército colonial, sucumbem mais facilmente que a média dos indivíduos à tentação de autodestruir-se. O que poderia fazer pensar que a compulsão da morte se intensifica conforme se eleva o nível de cultura e o grau de consciência individual.

Mas aparece com igual nitidez o predomínio da tendência suicida dos domésticos, sobretudo no final do século, quando se agrava a tomada de consciência da servidão em que se encontram. Da mesma maneira, os indivíduos sem profissão ou de profissão desconhecida têm uma extrema propensão suicida, assim como os presos encarcerados nas prisões centrais.

Na Paris da Monarquia de Julho, os "miseráveis" suicidam-se em legião, como se fossem incapazes de suplantar as novas condições de vida impostas pela cidade grande. Por outro lado, inversamente ao que se constata em nossos dias, a taxa de mortalidade por suicídio situa-se em um nível extremamente baixo entre os agricultores do século XIX.

Mais da metade dos suicidas masculinos se enforcou, um quarto escolheu o afogamento, de 15% a 20% preferiram dar um tiro na cabeça ou no peito, solução nobre, que tem a preferência das elites. A metade das mulheres que chegaram a se matar escolheu o afogamento; de 20% a 30%, conforme a época, o enforcamento. Na população feminina desesperada cresce com o tempo o recurso à asfixia e ao veneno.

Os suicídios do século XIX ocorrem na maioria pela manhã ou à tarde, raramente à noite; seu número decresce de sexta-feira a domingo; aumenta de janeiro a junho, para refluir de julho a dezembro. Em suma, parece que o prolongamento do dia, a presença do sol, o espetáculo da atividade, a beleza natural incitam as pessoas a se matarem mais que a intimidade vespertina, as angústias da noite ou o frio do inverno.

A RENOVAÇÃO DOS RECURSOS

AS MULHERES E O MÉDICO

Desde o início do século, a presença médica se acentua no seio da aristocracia e da burguesia. O médico da família é aqui um semelhante, quase um íntimo. Os pacientes e seus familiares ouvem seu diagnóstico, compreendem seus conselhos, sabem executar suas instruções, têm todos os meios para respeitar a higiene que ele prescreve. "Sua vontade de viver", escreve Jacques Léonard, "coloca-os em pé de igualdade com a racionalidade médica." As relações que se estabelecem permitem as visitas frequentes e às vezes não se sabe mais se elas derivam da amizade, da polidez ou da atividade profissional. O médico vai tomar chá ou participar do serão na casa dos clientes; sua função leva-o a estabelecer laços com os magistrados; exímio cavaleiro, faz boa figura nas caçadas do castelão. O "bom doutor" Herbeau, de Jules Sandeau, o dr. Sansfin, descrito por Stendhal, e o cínico Torty de *Bonheur dans le crime* [Felicidade no crime], de Barbey d'Aurevilly, ilustram essa proximidade.

No final do século o médico de aldeia não hesita em estabelecer relações ostensivas com o professor ou o secretário da prefeitura. Uma proliferante categoria de novos-ricos e pequenos dignitários, comerciantes de madeiras ou gado, taberneiros, moleiros, veterinários passa então a solicitar a frequentação desses clínicos diplomados; são outros tantos mediadores que preparam a descida das práticas acadêmicas até o coração das massas rurais.

A fortuna desses clientes permite-lhes pagar ao médico, em geral por um sistema de assinatura, como testemunham os livros de contabilidade das famílias burguesas. Manifesta-se, ademais, nesse ambiente, muita gratidão para com esses homens competentes, respeitáveis, cujo devotamento parece não ter preço.

A medicina privada, chamada "de família", define-se primeiramente pelo ritmo da relação. O clínico dispõe de tempo. Caso seja necessário, permanece horas na casa dos clientes e compensa sua impotência terapêutica pela paciência com que escuta e o atencioso refinamento de sua polidez. O médico conhece a família e seus segredos. Se for o caso, comporta-se como aliado. Ajuda a ocultar a tara hereditária, a desembaraçar-se do membro comprometedor; favorece os casamentos difíceis. Em seu combate, dispõe das mulheres como aliadas. Todo médico deve imperativamente agradar a essas damas; são elas que fazem e desfazem sua reputação; são elas que, no interior da família, gerenciam as coisas da saúde. O crescente espaço das "doenças femininas" na patologia justifica essa atenção privilegiada. Cuidar de tais pacientes emotivas e de um melindroso pudor exige tato e destreza. Uma vez convertido, ao abrigo do álibi terapêutico, em confidente dos anseios e desejos do corpo, o médico deve compreender meias palavras, orientar sem assustar nem brutalizar. Ao longo de décadas, aquele cuja imagem se molda conforme a do pai e do esposo consegue incrementar sua autoridade. Pouco a pouco o médico faz da mulher sua mensageira; "vamos juntos", escreve Jean-Pierre Peter, "restabelecer, salvar, casar, sanear".

Muitas vezes se deplorou que essa nova autoridade tenha se imposto à custa dos gestos femininos tradicionais. A obediência às instruções médicas teria acarretado uma verdadeira expropriação dos conhecimentos transmitidos de mãe para filha. Muitos sintomas atestam com efeito a ascensão da visão de puericultura do médico. Este impõe cada vez mais a escolha da ama "domiciliada"; luta vitoriosamente contra o cueiro, milita em favor da alimentação progressiva, desaconselha o desmame brutal. As mães recorrem a ele para informar as filhas sobre os sinais da puberdade. Convém todavia não superestimar o ritmo dessa medicalização da infância, que só se opera muito lentamente.

O MÉDICO COM OS POBRES

Na vida privada das famílias pobres a irrupção do médico — frequentemente a mesma pessoa — mostra feição bem distinta. O abismo cultural que separa o clínico de seu cliente engendra a incompreensão; impõe simplicidade nas explicações e prescrições. Nada de dar alma à medicina. Aqui a intervenção médica é pontual, descontínua; inscreve-se em uma perspectiva de urgência, quer a enfermidade seja epidêmica, quer sua gravidade imponha uma autoridade terapêutica inquestionável. Essa medicina desenvolve-se em um ambiente de caridade. O clínico às vezes é enviado pela entidade beneficente; então suas visitas são quase gratuitas. Caso contrário, deve facilitar o pagamento. Tudo isso autoriza um tom e relações paternalistas.

O estudo dos provérbios permite que se esclareça a atitude

da clientela rural. Aí, as crenças distanciam-se radicalmente da racionalidade e do otimismo iluministas. A doença parece inelutável e, com muita frequência, incurável. O camponês nem sequer procura explicação fisiológica para o mal; como já vimos, ele crê na medicina dos sinais, baseada na analogia que reina entre as ordens cósmica, vegetal e animal. Aos olhos dos lavradores, o doente desempenha um papel determinante. A perturbação, vinda do interior de seu corpo, resulta de uma negligência, de uma falta ou predisposição. Para vencê-la, é necessário descrever seu mal e lutar com discrição estoica. Consequentemente parece inútil invocar a intervenção do médico acadêmico quando se trata de cuidar de uma criança, incapaz de descrever sua dor. Aquele que sofre merece compaixão, mas esta absolutamente não corresponde a uma óptica terapêutica. Nesse meio, o apelo ao médico não passa de um recurso entre outros. Espera-se uma atitude decidida e muita energia. Ele deve reduzir as fraturas, sondar as feridas, em profundidade, sem hesitar. Aqui, o médico opera em ambiente hostil, ou no mínimo cheio de desconfiança. Bem depressa recrimina-se sua juventude, sua coqueteria, sua cupidez; não se perdoa nenhum atraso. Criticá-lo é para os camponeses vingar-se do saber das classes dominantes.

É menos conhecida a atitude das populações operárias diante da doença, antes do triunfo das doutrinas pasteurianas. Começa-se todavia a detectar nelas muitas técnicas rudimentares de prevenção. Às vezes elaboram-se procedimentos espontâneos de resistência à deterioração do corpo, desgastado pelos ritmos de trabalho. Assim, quando a tísica ameaça, o operário trata de poupar suas forças, de estabelecer um repouso em horário conveniente; fraco esclarecimento sobre um sistema de comportamentos que ainda está por ser estudado.

AS FALSAS APARÊNCIAS DA TRADIÇÃO

Segundo os etnólogos que se detiveram nos comportamentos tradicionais diante da doença, no século XIX funciona uma medicina popular muito vigorosa, feita de receitas mágicas e práticas ancestrais. Essa medicina que resiste ao tempo sabe adaptar-se habilmente à modernidade sem colocar em xeque sua coerência. Sabemos que o recurso aos feiticeiros e "benzedores", as romarias até os "bons santos" e as "boas fontes" perduram ao longo de todo o século. Também é imensa a clientela de certos curandeiros, "consertadores", magos e algebristas de todo tipo. Eles conhecem a arte de restabelecer os corpos, às vezes por meio de práticas cruéis e dramáticas.

Entretanto, esses procedimentos não estão tão distantes da terapêutica acadêmica como se poderia acreditar. Ainda que se integre a outro sistema de representações da saúde e da doença, a medicina popular frequentemente assume a forma de uma prática descalça, que reflete um estágio anterior ao da ciência. Opera-se uma permanente circulação entre os diversos níveis de cultura. O médico, caso seja necessário, não se recusa a tomar de empréstimo outros saberes; às vezes encoraja as romarias; o charlatanismo diplomado mantém sua prosperidade ao longo de todo o século.

Uma complexa rede medicinal paralela funciona no interior das classes dominantes. O padre e sua criada, as religiosas-professoras distribuem remédios, dão conselhos. Uma farmácia, evidentemente muito simples, funciona nos castelos; as aristocratas a utilizam. São elas que curam os pobres do lugar. As mães de boa família não hesitam, ao menos diante de males de menor gravidade, em recorrer aos velhos e bons remédios das avós. Os Boileau, de Vigné-en-Saumurois, apenas muito raramente chamam o médico diplomado. Nessa família de notáveis, usa-se uma medicina doméstica.

Inversamente, os mascates e charlatães de feira difundem os produtos da farmacopeia oficial; propõem aos tolos próteses ortopédicas. Sua contribuição é tamanha que podem ser considerados pioneiros da medicação. Seus prolixos discursos contribuem para solapar o fatalismo dos camponeses. Os próprios curandeiros, cada vez mais estritamente contidos pela repressão ao exercício ilegal da medicina, inspiram-se mais ou menos de forma confusa nos progressos da cirurgia e da ortopedia.

O peso da autoridade médica sobre a vida privada varia conforme a natureza da relação que se estabelece entre o doutor e seus clientes; varia também segundo a época. No seio das famílias burguesas, até por volta de 1880, o prestígio do médico precede sua eficácia. Purgantes, sanguessugas, ventosas e algumas outras práticas simplicíssimas constituem os remédios essenciais, quaisquer que sejam as teorias que inspiram o prático. Em contrapartida, um projeto higiênico definido, refinado, desenvolve-se em meio às lacunas da terapêutica. Nunca se insistirá o bastante sobre as incidências dessa "higiene familiar". Variando conforme o sexo, a idade, a posição, a profissão, o temperamento e o clima do lugar, ela abrange todos os aspectos da vida do grupo: a higiene corporal, é claro, encorajando prudentemente o hábito da limpeza; higiene alimentar também, impondo um complexo dietético; mas, ainda, um conjunto de prescrições que visam a ordenar a conduta. O higienista — e todo médico, então, é mais ou menos um higienista — tende a regulamentar os exercícios corporais, a prática da equitação, a frequentação de bailes, a leitura de romances, assim como as relações conjugais. A ciência médica estende suas injunções até o discurso das paixões, os devaneios da alma e, meticulosamente, o uso dos sentidos. O conteúdo dos sonhos não lhe é indiferente. Em tudo, convém encorajar a moderação, o meio-termo, conter o excesso, abater a exaltação.

Paralelamente, desenvolve-se uma medicina natural despertada por um projeto ecológico ainda pouco explícito. O desenvolvimento da patologia urbana e o crescimento anárquico da indústria levam a que se indague se as condições de vida saudável não se encontram radicalmente comprometidas. A interrogação atormenta as classes dominantes. O médico recomenda as "curas de ar", encoraja o relançamento, poderosíssimo, do termalismo e mais tarde, a partir da Monarquia de Julho, o aumento do turismo marítimo. Uma arte do repouso, que poderia ser qualificada de burguesa, elabora-se sob o aguilhão da tísica.

Enquanto isso, elaboram-se as técnicas de isolamento, destinadas não tanto a evitar o contágio, no qual ainda não se acredita, mas a esconder o tuberculoso ou o alienado que depõem contra o capital genético da família.

O triunfo da noção do contágio e das teorias pasteurianas, no decorrer da década de 1880, transforma as imagens, modifica as atitudes, desorganiza os costumes; é a natureza das relações entre o médico e sua clientela que se transforma. A medicina passa a afirmar sua capacidade de curar os corpos com eficácia; já não se trata tanto de sustentar o moral do enfermo, de evitar que se entregue a excessos, mas de curá-los. A luta torna-se mais simples, o caminho da terapêutica, mais bem traçado. Em matéria de higiene, o combate ao micróbio passa a constituir o essencial. A água, o sabão, o desinfetante relegam à condição de arcaísmos as complexas prescrições de outrora. O médico que lava cuidadosamente suas mãos quando chega à cabeceira de seu paciente serve ele mesmo de exemplo. Sua presença já não precisa ser tão insistente como no passado. A partir de então ele se mostra mais expedito. Em contrapartida, será mais difícil que lhe perdoem erros e fracassos.

As novas teorias enfatizam o risco do contágio no seio da esfera doméstica. Daí a hesitação dos figurões em reconhecer a contagiosidade da tísica. Demonstrada em 1865 por Villemin, essa verdade científica em 1867 ainda não consegue se impor na Academia de Medicina; ainda que o risco fosse real, declara Pidoux, seria conveniente ocultá-lo, por temor de que as famílias fossem tentadas a se desembaraçarem de seus doentes. Em 1882, Koch isola o bacilo; torna-se então impossível calar a verdade.

O NECESSÁRIO AJUSTE DO MICRÓBIO

Nas cidades, até por volta de 1880, o médico dos pobres se esforça por afastar o perigo das infecções nascidas da superpopulação das moradias populares; o essencial aqui é deter as epidemias. No campo, o médico procura desempenhar o papel de mentor do saneamento da habitação camponesa e sua vizinhança; a mensagem não vai além disso. Também aqui a intervenção se torna mais metódica depois de 1880. Uma nova terapêutica penetra nos campos juntamente com a antissepsia; a título de exemplo, é entre 1870 e 1890 que se verifica a difusão do medicamento em Nivernais.

É certo que os pasteurianos continuam a analisar a ameaça mórbida em termos de meio ambiente, e não de relações sociais; mas as novas teorias não são menos carregadas de consequências. Provocam uma ação sanitária e social que implica novas táticas de vigilância sobre as famílias. Luc Boltanski mostrou por quais processos tortuosos e com quantas hesitações progride a nova puericultura no ambiente popular. A necessidade da prevenção, a obrigação de arrancar os contagiados de sua família e supervisionar a aplicação de medidas profiláticas estimulam uma interferência que tende a confundir as fronteiras entre o público e o privado; tanto mais que o micróbio, que os sentidos não percebem, impõe processos de ajuste mais amplos e sistemáticos que os até então resultantes da descoberta de um foco de infecção.

Ao mesmo tempo aparecem, ainda muito timidamente, as figuras da enfermeira e da assistente social. A tradicional visita ao pobre empreendida pela dama caridosa aos poucos cede lugar para uma prática mais metódica. As moças da alta burguesia, impacientes por se emancipar, desejosas em certos casos de escapar ao casamento, afirmarão sua personalidade no exercício de novas responsabilidades. A luta contra a tuberculose favorece muito essa eclosão. O dr. Calmette é o primeiro a ter a ideia de enviar "monitores de higiene" às famílias de Lille; rapidamente é secundado pelas "visitantes da higiene social". Escolas assumem a missão de formar o novo pessoal; a mais célebre é inaugurada em 1903 na rue Amyot, em Paris.

Esse surgimento de novos papéis confirma o vínculo que se estabeleceu entre o poder médico e a vitória da teoria pasteuriana sobre o contágio; é esta última que propicia o "golpe de Estado sanitário" cujas peripécias Jacques Léonard soube reconstituir.

O ALIENISTA E A VIDA PRIVADA

Acautelemo-nos com a crença de que a atenção para com os fenômenos psíquicos aumenta desmesuradamente entre 1800 e 1914; o que existe é mais uma evolução das modalidades da solicitude. Pelo menos ao longo dos dois primeiros terços do século, a ineficácia terapêutica, o sincretismo demonstrado por médicos desorientados, que se remetem a todas as teorias, a prolixidade do discurso acadêmico sobre a clorose, a histeria, a hipocondria e o perigo das paixões, a convicção de que há um estreito vínculo entre o físico e o moral do homem, tudo isso estimula a medicina da alma.

No seio da clientela burguesa, pelo menos, desenvolve-se uma psicoterapia rudimentar, empírica, aplicada por doutores bonachões e sossegados. Mesmo o médico de aldeia, tão distante do refinamento teórico dos grandes alienistas, trata de não negligenciar as vertigens, os pesadelos, os medos, o paroxismo das paixões.

Quando a perturbação mental se acentua, pais e médicos se defrontam com um problema de dimensão completamente nova. A proximidade do louco alimenta a ansiedade do grupo. O terrível segredo compromete a honra da família, ameaça as mais bem elaboradas estratégias matrimoniais. Quando o alienado é uma criança, "guardá-lo" parece natural. Auguste Odoard, sobrecarregado por suas responsabilidades de primogênito, apresenta sinais de doença mental. É confinado em seu quarto, mais tarde em um cômodo próximo do escritório paterno, antes de ser relegado para uma espécie de barracão, perto do pombal. Suas jovens irmãs Sabine e Julienne dão-lhe de comer, cortam-lhe os cabelos. Às vezes o médico de família, que tem a difícil missão de tratar esses doentes, apela para um alienista, que desempenha o papel de consultor; esboça-se assim uma prática psiquiátrica pouquíssimo conhecida. Em 1866, 58 687 enfermos mentais são tratados dessa forma, no interior do quadro familiar, ao passo que 323972 são mantidos em asilos.

A presença do louco que se tornou adulto fica insuportável; na maioria das vezes, os que o cercam decidem afastá-lo, sobretudo quando se trata de uma mulher solteira, menos útil que o homem na manutenção do grupo. Até a aplicação da lei de 1838, que define a condição do alienado, reina a mais completa anarquia nesse terreno. Por iniciativa da família, a internação pode ser decidida por um simples certificado do prefeito, do padre, de uma religiosa ou de qualquer notável local. Com grande frequência o internamento segue-se a uma decisão judicial de interdição. No Maine-et-Loire, a partir de 1835, o especialista que expede o papel é sempre um médico. A lei de 1838, esforçando-se por ordenar os processos do internamento psiquiátrico, torna obrigatório o recurso ao médico diplomado. Quando a família consegue desembaraçar-se do fardo, logo esquece o alienado. Segundo Yanick Ripa, 29% das mulheres internadas na capital entre 1844 e 1858, curadas ou não, conseguem escapar da promiscuidade do asilo. Mas no mesmo período apenas 3% das parisienses colocadas em estabelecimentos da província conseguiram a liberdade.

Nos asilos públicos, setores especiais, subdivididos em diferentes classes, são às vezes reservados a pensionistas. Assim acontece por exemplo em Charenton, em Limoges, em Mareville, perto de Nancy, em Yon, no Seine-Inférieure. Os alienados de famílias abastadas gozam aqui de um sistema personalizado; dispõem de um alojamento mais espaçoso que o dos outros doentes; podem escolher seu cardápio; às vezes, conservam um serviçal, cuja presença atesta a relativa privacidade de sua condição. Quando vier o tempo da terapia ocupacional, poderão escapar do trabalho obrigatório. Em 1874, de 40804 doentes encerrados em estabelecimentos especiais, 5067 escapam assim do regime coletivo.

Forma-se também uma complexa rede de casas de saúde, obscuro embrião do setor privado. Tais estabelecimentos são reservados a privilegiados, mais refinados que a massa dos internos.

Em 1874, 1632 pensionistas estão repartidos por 25 dessas casas. A de Esquirol, situada nas proximidades do jardim das Plantas, mais tarde em Ivry; o castelo de Saint-James, em Neuilly, onde opera Casimir Pinel; e a clínica de Passy são os mais célebres exemplos desses estabelecimentos privados. Em 1853, Gérard de Nerval, hospitalizado por duas vezes na casa Dubois, asilo municipal, entra no estabelecimento do dr. Blanche; instala ali seus móveis, leva suas coleções; no ano seguinte retornará a essa casa, que acolherá também Guy de Maupassant. No interior funcionam clínicas mais obscuras, como a do dr. Guérin, aberta em 1829 em Grand-Launay, no Maine-et-Loire; nela os alienados ricos são tratados em quarto privativo.

Por fim, numerosos estabelecimentos privados acolhem os ricos que sofrem ligeiros distúrbios neuróticos. Em todas essas casas, observa Robert Castel, instala-se uma relação dual entre o médico e o cliente, que se beneficia de um tratamento personalizado, muito diferente daquele imposto pela promiscuidade dos grandes estabelecimentos psiquiátricos. Nesse arquipélago de clínicas privadas amadurece longamente a prática de classe que virá a ser a da psicanálise.

A NOVA DEMANDA "PSI"

Durante o último quartel do século a vida privada passa a ser revelada e ao mesmo tempo afetada pela ascensão de uma demanda psicológica que deixa de se referir abertamente à alienação. Inaugura-se então o recurso contemporâneo ao psicólogo; a vastidão da clientela privada de Charcot já o deixava pressentir. Não retornaremos aqui às causas do mal-estar que ataca os espíritos da época. O crescimento, entre 1857 e a década de 1890, da angústia gerada pela hereditariedade mórbida, o prestígio, então considerável, da neurologia, a crença em expansão na eficácia do apoio psicológico estimulam o aumento da nova demanda. Sem esquecer a atitude dos clínicos gerais pasteurianos; sob pressão dos triunfos que começam a obter no combate às doenças contagiosas, eles não se dispõem mais a suportar as intermináveis narrativas dos mal-estares de seus pacientes. A escuta torna-se uma especialidade.

Essa mudança coincide com o progresso do conhecimento científico. Estimulada pelo prestígio de Hippolyte Taine, surge uma psicologia experimental, avassalada pelo culto da inteligência. Logo dominada pela personalidade de Pierre Janet, ilustrada pelos trabalhos de Alfred Binet e Théodule Ribot, confortada pelos processos da introspecção bergsoniana, a nova ciência se desenvolve em duas direções principais. A análise psicológica, definida por Pierre Janet desde 1889, constitui a maior inovação. Esse método, baseado no exame cara a cara, na anotação precisa das palavras pronunciadas e na detecção dos antecedentes, apresenta-se antes de mais nada como uma busca de vestígios. A crença em um subconsciente não totalmente divorciado da consciência, da qual parece ser apenas um fragmento, subentende esse processo de investigação.

A medida da inteligência constitui a outra contribuição decisiva. Baseia-se na convicção de que, entre o idiota e o gênio, existe um *continuum*. A escala métrica da inteligência, definida entre 1903 e 1905 por Binet e Simon, e o teste que permite situar cada indivíduo dentro dela ingressarão no novo credo da psicologia francesa.

São descobertas ricas em implicações. A análise psicológica impõe um novo ideal terapêutico; incita ao abandono dos procedimentos autoritários e à rejeição da hipnose. O método de Pierre Janet consiste em substituir a escuta pelo olhar; o silêncio acolchoado do consultório privado triunfa sobre a teatralidade do hospital psiquiátrico. Um novo espaço psíquico se delineia, antes mesmo da introdução da psicanálise.

Observemos a esse respeito que o pansexualismo freudiano reergue, temporariamente, os adeptos do inconsciente à francesa. Estes irão opor uma eficaz barreira à difusão das teorias vienenses. Os esforços de vulgarização efetuados desde 1903 por Théodore Flournoy e, mais maciçamente, por um obscuro professor de Poitiers, Moricheau-Beauchant, ficam longe do sucesso. De qualquer maneira, a análise psicológica e algumas outras conquistas da ciência experimental, a exemplo da difusão do fetichismo por Alfred Binet ou do estudo da patologia das emoções por Charles Féré, preparam, em profundidade, o imperialismo "psi" do século XX.

Associados à instauração, ainda recentíssima, da escolarização obrigatória, os processos de mensuração da inteligência irão interferir na vida pessoal de muitas crianças; graças à descoberta de Binet, a escola, "espécie de grande tribunal democrático" (Robert Castel e Jean-François Le Cerf), permitirá o ajuste de uma anomalia que antes seria impossível perceber. Já se conheciam os idiotas e os imbecis; agora serão descobertas as vítimas de deficiências mentais. As novas figuras do retardado, do instável, do débil emergem de uma massa juvenil antes indistinta. A lei de 1909, que prevê a criação de classes de aperfeiçoamento, sanciona esse novo escalonamento da infância anormal. Entretanto, permanecerá adormecida até 1950.

GESTOS TRADICIONAIS E MODELAGEM DO CORPO

A imagem e o uso do corpo, estreitamente subordinados às necessidades socioeconômicas, dependentes de relações de domínio, organizam a pedagogia; esta por seu turno tenta amoldar-se aos comportamentos e impor-lhes gestos e posturas; porém um surdo movimento de liberação acompanha em contraponto a história das correções; ele acompanha a ascensão dessa subjetivização do corpo assinalada pelos historiadores da psicologia. Assim, o século XIX assiste à elaboração, ou acentuação, de uma gama de disciplinas somáticas e ao mesmo tempo de processos de resistência cujo repertório exaustivo os historiadores ainda estão longe de estabelecer. Estes ainda se encontram, nesse como em tantos outros domínios, no estudo dos discursos. O código gestual das boas maneiras, herdeiro do código lassalliano, as atitudes impostas ao aluno, ao interno, ao soldado, ao prisioneiro, os gestos do trabalho industrial, as posturas do repouso ou da simples distensão, o desejo de liberar o movimento tal como ele se manifesta na Belle Époque descortinam um vasto campo de estudos ainda inexplorado. A vida privada sofre o impacto dessa história das correções e da emancipação do corpo. Ainda uma vez impõe-se distingui-la conforme o meio social.

A rigidez é particularmente notória no campo. As posturas e os gestos dos camponeses de Millet parecem — porém talvez seja apenas em virtude de nossa ignorância — prolongar um longínquo passado. Guy Thuillier, o único historiador a colocar o problema, estabeleceu, a propósito do Nivernais, o inventário desses gestos antigos que, ainda em meados do século, parecem testemunhar uma história imóvel. Os etnólogos da equipe do Museu de Artes e Tradições Populares que se dedicam a esse difícil tema supõem, a título de hipótese de trabalho, que os gestos determinados pelo uso de utensílios culinários nada evoluíram entre o século XIV e 1850. Dessa data até por volta de 1920, o progresso das técnicas e materiais teria lentamente modificado as tradições. Em seguida, opera-se uma brusca reviravolta conduzindo à completa renovação dos gestos cotidianos que impregnam a vida privada. Seria essencial precisar essa cronologia. Philippe Joutard tem razão ao observar que o repertório dos gestos traduz uma evidente coerência; saber como o camponês apanha o feixe de feno permite supor os gestos do amplexo amoroso.

No meio rural, perduram as técnicas de correção baseadas na crença de um corpo modificável. As matronas do século XIX continuam a moldar o crânio do bebê recém-nascido; o uso dos cueiros, pelo menos sob uma forma atenuada que deixa os braços livres, prolonga-se em certas regiões rurais até a alvorada da Terceira República. A história da própria prótese acadêmica traduz a manutenção dessa crença na modelagem do corpo; as mães burguesas impõem terríveis aparelhos a suas filhas um tanto defeituosas; através do uso da cruz de ferro que mantém o dorso rígido, pretende-se aumentar os "dotes estéticos" das senhoritas casadouras.

Porém tudo isso não passa de arcaísmos; graças particularmente aos trabalhos de Georges Vigarello, é possível discernir atualmente as etapas da correção. Durante a primeira metade do século, a mecânica; depois, de 1851 em diante, o modelo energético proposto pela termodinâmica leva à evolução das imagens do corpo. Este aparece como um sistema de forças, em seguida como um motor; o importante já não é moldá-lo, mas adestrá-lo. A noção de exercício sai da esfera militar; uma ginástica que objetiva conferir ao corpo sua máxima potência penetra aos poucos em todas as ordens coletivas.

Essa arte renovada preconiza a retidão da postura. Para o homem, trata-se de apertar a cintura, estufar o peito, suprimir a barriga. Uma mesma visão, que conforta o erotismo das formas, renova o significado do corpete feminino. Assim se justifica a lordose coletiva das mulheres da Terceira República. Na esfera privada, cresce a obsessão do "Endireite-se!" e do "Barriga para dentro!". O temor da tísica soma-se a essas imagens para estimular o exercício respiratório, objetivando a plena utilização e até o incremento da capacidade pulmonar. Paralelamente, renova-se a ortopedia; os aparelhos rígidos destinados a remodelar o corpo tendem a ceder lugar a máquinas que canalizam o exercício e facilitam o treinamento. É então que nasce uma ginástica educativa ou corretiva, baseada em uma gama de movimentos fragmentados.

A pedagogia escolar e familiar se inspira nesses novos modelos. Professores e pais empenham-se em acuar a indolência, proscrever a postura lânguida que revela ociosidade. Chegou a hora da vivacidade dinâmica. Na fábrica, assim como na escola, o tempo livre e a diversidade de postura desaparecem aos poucos, sob influência de uma sábia normatização das disciplinas somáticas. Enfatizam-se os benefícios das "fadigas reforçativas" (Georges Vigarello). A tais concepções que vêm apaziguar, a partir da década de 1860, o temor da degeneração, seguem-se os progressos da zootecnia.

No final do século, como bem assinalaram Eugen Weber e Marcel Spivak, a necessária preparação para a revanche vem coroar essa história do corpo corrigido. A ginástica converte-se em dever nacional; os batalhões escolares e a multiplicação dos circuitos pedestres traduzem esse novo imperativo. É então que se produz a confluência entre a ginástica ambiciosa e as atividades lúdicas, mais desenvoltas, de origem aristocrática, que, imitando os *games* ingleses, delineiam o que já então é chamado "esporte". A equitação, os exercícios da caça, mais tarde os jogos de bola esboçam um modelo de atividades que, como tantos outros, parte da cúpula da pirâmide social. Igualmente estimulado pelas teorias darwinianas e pela ameaça alemã, o esporte age sobre os comportamentos: favorece e ao mesmo tempo atesta o *self-government* do indivíduo; é dominado pela perseguição do resultado, que exalta o campeão.

RUMO AO DESABROCHAR DO CORPO LIBERADO

Uma terceira corrente, inexplorada, vem reforçar a atenção que o final do século dedica ao florescimento do corpo. A medicina natural, já evocada, preconiza o passeio pelo campo, a excursão à montanha, mais tarde os banhos de mar e a bicicleta. Ora, com o correr do tempo, todas essas práticas se emancipam; pouco a pouco vão deixando a esfera médica. A visão passa a ser não tanto de corrigir, exercitar ou mesmo curar, mas de usufruir do bem-estar, da expansão de um corpo em liberdade. A gesticulação de Isadora Duncan no palco parisiense, a despeito da referência antiga, simboliza essa busca de uma gama de gestos e posturas que permita experimentar melhor um corpo que deixa de ser percebido enquanto exterior à pessoa. A propósito, é sintomático constatar que essa procura é contemporânea da nova demanda psicológica e da erotização do casal. A cenestesia já não é dominada pela escuta das disfunções; mostra-se atenta à percepção do bem-estar e dos prazeres. Em breve até o severo Paul Valéry analisará os prazeres do corpo nu em meio à fluidez de um banho de mar.

Essa revolução — não se deve temer a palavra — que Marcel Proust sublinha, fascinado pelos folguedos praianos de belas ciclistas, mais ainda porque para ele é impossível vivê-la, irá remodelar totalmente os comportamentos que constituem a cena privada.

CONCLUSÃO

Michelle Perrot

O equilíbrio entre o público e o privado é precário e incessantemente reformulado pela teoria política. Rousseau sonhava com uma absoluta transparência: "Se eu pudesse escolher o lugar de meu nascimento, escolheria um Estado onde, como todos os indivíduos se conheceriam entre si, as obscuras manobras do vício ou a modéstia da virtude não teriam como se ocultar aos olhos e ao julgamento do público". Tocqueville, ao contrário, sublinhava as vantagens do individualismo, "expressão recente", escreve, em 1850, definindo-o mais como um equivalente das sociabilidades: "O individualismo é um sentimento aprazível que leva cada cidadão a isolar-se da massa de seus semelhantes e retirar-se, à parte, com sua família e seus amigos; de tal forma que, após ter criado assim uma pequena sociedade para seu uso, ele abandona de bom grado a grande sociedade a si própria". No início do século XX, Léon Bourgeois vê no "solidarismo" o meio de conciliar os direitos que o indivíduo conquistara e suas obrigações — sua "dívida" — para com a sociedade que o antecede e à qual ele pertence organicamente. Esse vínculo embasa um "direito social" que exclui tanto as soluções totalitárias como o *laisser-faire* liberal e justifica a crescente intervenção do Estado.

O século XIX fizera um desesperado esforço para estabilizar essa fronteira ao amarrá-la à família, soberana na casa paterna. Mas nem bem ela se fixa, aparentemente, e volta a mover-se e deslocar-se sob o efeito de múltiplas influências e imperceptíveis erosões.

O alvorecer do século XX esboça, sob certo ponto de vista, uma outra modernidade. A expansão do mercado, o aumento da produção, a explosão das técnicas impulsionam uma redobrada intensidade do consumo e do intercâmbio. Os cartazes publicitários excitam o desejo. As comunicações instigam a mobilidade. Trem, bicicleta, automóvel estimulam a circulação de pessoas e coisas. Cartões-postais e telefonemas personalizam a informação. A capilaridade das modas diversifica as aparência. A foto multiplica a imagem de si. Um fogo de artifício de símbolos que, às vezes, dissimula a imobilidade do cenário.

Mais emancipados dos constrangimentos do tempo e do espaço, os indivíduos aspiram à livre escolha de seu destino pela estrada ilusoriamente aberta da ambição. O cuidado consigo, com um corpo mais bem tratado e conhecido em sua complexidade nervosa, com uma psique cujos abismos se começa a divisar, com uma sexualidade liberada da reprodução, até mesmo do casamento e do credo heterossexual, está no coração tanto da nova estética como das indagações filosóficas.

Essa expansão do individualismo atinge, em maior ou menor grau, todas as camadas da sociedade, sobretudo as urbanas. O mundo operário, por exemplo, no mesmo momento em que a disciplina fabril se reforça, valoriza o lazer e reivindica um espaço para si. E a afirmação da consciência de classe não está em contradição com o desejo de sair dela. Mesmo os camponeses, por muito tempo presos à fatalidade ancestral, são contaminados pelos migrantes, esses mediadores culturais, e já não aceitam necessariamente as antigas maneiras de viver, amar e morrer.

Porém, são sobretudo três categorias que sacodem o velho jugo: os jovens, as mulheres, as vanguardas intelectuais e artísticas. "Querer, realizar, viver" são as aspirações que Martin du Gard, aos 27 anos, empresta ao seu duplo em *Devenir* [Vir a ser] (1908). Ao aceitarem as novas profissões e liberdades, as mulheres reivindicam mais fortemente o direito de trabalhar, viajar, amar. Expressão coletiva de aspirações muito mais difusas, o feminismo intermitente do século XIX, com frequência infiltrado nas brechas do poder, torna-se então um movimento constante; através de jornais (como *La Fronde*), grupos e congressos, reclama a igualdade de direitos civis e políticos, apoiando-se em uma dupla argumentação: a do papel social e maternal das mulheres, mas também a da lógica dos direitos naturais; se as mulheres são indivíduos, por que tratá-las como menores de idade? A "nova mulher", celebrada às vezes de modo ambíguo por muitos homens desejosos de viver de outra maneira a relação do casal, é uma figura amplamente europeia.

Essas transformações, contudo, na verdade mais ensaiadas que efetuadas, encontram por toda parte formidáveis resistências religiosas, morais e políticas, escoradas nas ruínas de um Antigo Regime que nunca para de morrer (Arno Mayer), mas renovadas em suas justificativas e estratégias. Os movimentos da juventude (escotismo) tendem a enquadrar uma adolescência que se emancipa. Um antifeminismo virulento, manifestação de crise da identidade masculina afrontada pela subversão de papéis milenares, aponta as mulheres como responsáveis por uma decadência dos costumes que preludia a das nações. As ligas morais de todo tipo tentam moralizar a rua, os casais abraçados, os beijos interditos e fulminam as más leituras, chave de um imaginário no qual triunfa o inferno de Eros.

É sintomática a mutação do pensamento de um Barrès. Outrora ele celebrava o culto do eu; agora, ele o vincula ao da terra e dos mortos.

Em toda a Europa, os Estados, consideravelmente reforçados na virada do século, pretendem agir sobre e através da psicologia das multidões, apelam à opinião pública em nome da defesa das nações e afirmam a superioridade dos valores coletivos.

O *Manifesto futurista* de 1909 proclama: "Queremos demolir os museus, as bibliotecas, combater o moralismo, o feminismo [...]. Queremos glorificar a guerra — a única higiene do mundo".

A guerra, precisamente. Sua "declaração" lembra a todos e a cada um o primado do público, os limites da vida privada, seu caráter subordinado e relativo. Faz soar o fim do recreio. Com o apoio de um Estado fortalecido, sustentada por técnicas eficazes, ela mobiliza as energias de uma juventude chamada a cumprir seu dever, recoloca cada sexo em seu lugar, cada indivíduo em seu posto de cidadão. A despeito de, na realidade, nada interromper jamais o fluxo da vida privada, cujos caminhos sob certa óptica se multiplicam, esta deve dissimular-se, esconder-se, tornar-se ainda mais secreta, sobretudo quando não obedece às estritas injunções do dever nacional.

Aquilo que a guerra bloqueou, proibiu, desviou, suscitou, a história o dirá. Não esqueçamos, contudo, o novo sistema de relações que se esboçava antes dela.

Em que pensam esses jovens que embarcam, aparentemente alegres, em uma guerra que conforme todos dizem será curta? Esses meninos entregues a jogos cuja crueldade ainda não conhecem? Essas mulheres, jovens, ou não, que agitam seus lenços, todas tomadas pela expressão necessária de um patriotismo com o qual não atinam? Que laços, que amores são rompidos? Que esperanças estilhaçadas ou oferecidas? Que passado? E que futuro? Vidas miúdas, semelhantes e diferentes, por um instante convergem e se confundem em um só corpo que o movimento da história arrebata.

Uma estação, um trem: modernas figurações do destino.

BIBLIOGRAFIA

O manuscrito deste volume foi entregue à editora em março de 1986. A bibliografia está atualizada até essa data.

OBRAS GERAIS

ARIÈS, P., *Histoire des populations françaises et de leurs attitudes devant la vie depuis le XVIIIe siècle*, Paris, Self, 1948.

____, *L'enfant et la vie familiale sous l'Ancien Régime*, Paris, Plon, 1960; nova ed., Paris, Seuil, col. L'univers historique, 1973, col. Points histoire, 1975.

____, *L'homme devant la mort*, Paris, Seuil, col. L'univers historique, 1977.

____, *Images de l'homme devant la mort*, Paris, Seuil, 1983.

CERTEAU, M. de, *L'invention du quotidien*, vol. 1: *Arts de faire*, Paris, UGE, col. 10/18, 1980.

DUMONT, L., *Essai sur l'individualisme. Une perspective anthropologique sur l'idéologie moderne*, Paris, Seuil, col. Esprit, 1983.

ELIAS, N., *Ueber den Prozess der Zivilisation*, Basileia, 1939; trad. francesa, *La civilisation des moeurs* e *La Dynamique de l'Occident*, Paris, Calmann-Lévy, 1973 e 1975.

ELSHTAIN, J. B., *Public man, private woman. Women in social and political thought*, Cambridge, Mass., Princeton University Press, 1981.

FOUCAULT, M., *Histoire de la sexualité*, vol. 1: *La volonté de savoir*, vol. 2: *L'usage des plaisirs*, vol. 3: *Le souci de soi*, Paris, Gallimard, 1976 e 1984 (e o conjunto de sua obra). [*História da sexualidade*, vol 1: *A vontade de saber*, vol. 2: *O uso dos prazeres*, vol. 3: *O cuidado de si*, Rio de Janeiro, Graal, 2007.]

GOFFMAN, E., *La mise en scène de la vie quotidienne*, vol. 1: *La présentation de soi*, vol. 2: *Les relations en public*, Paris, Minuit, 1973.

HABERMAS, J., *L'espace public. Archéologie de la publicité comme dimension constitutive de la société bourgeoise*, Paris, Payot, 1978 (1ª ed. alemã, 1962).

HIRSCHMAN, A., *Bonheur privé, action publique*, Paris, Fayard, 1983.

MAYER, A., *La persistance de l'Ancien Régime. L'Europe de 1848 à la Grande Guerre*, Paris, Flammarion, 1983.

MOORE, B., *Privacy*, Cambridge, Mass., Princeton University Press, 1984.

SENNETT, R., *Les tyrannies de l'intimité*, Paris, Seuil, col. Sociologie, 1979. [*O declínio do homem público*, São Paulo, Companhia das Letras, 1988.]

SENNETT, R., *La famille contre la ville. Les classes moyennes de Chicago à l'ère industriale (1872-1890)*, posfácio de Ph. Ariès, Paris, Encres, 1980 (1ª ed., Cambridge, Mass., Harvard University Press, 1970).

2. REVOLUÇÃO FRANCESA E VIDA PRIVADA

BACZKO, B., "Le calendrier républicain. Décréter l'éternité", in P. Nora, ed., *Les lieux de mémoire*, vol. 1: *La République*, Paris, Gallimard, 1984.

COBB, R., *Death in Paris*, Oxford University Press, 1978; trad. francesa, *La mort est dans Paris*, Paris, Chemin Vert, 1985.

DESSERTINE, D., *Divorcer à Lyon sous la Révolution et l'Empire*, Lyon, PUL, 1981.

GARAUD, M., e SZRAMKIEWICZ, R., *La Révolution Française et la famille*, Paris, PUF, 1978.

OZOUF, M., *La fête révolutionnaire (1789-1799)*, Paris, Gallimard, 1976.

RÉVELLIÈRE-LÉPEAUX, La, *Mémoires*, 3 vols., Paris, Plon, 1895.

RODERICK, Ph., *Family breakdown in late eighteenth century France: divorce in Rouen, 1792-1803*, Oxford, Clarendon Press, 1980.

ROLAND, madame, *Mémoires*, 2 vols., Paris, Baudouin, 1820.

STAUM, M. S., *Cabanis: Enlightenment and medical philosophy in the French Revolution*, Princeton University Press, 1980.

SOBRE SADE: Blanchot, M., *Lautréamont et Sade*, Paris, Minuit, 1949; Barthes, R., *Sade, Fourier, Loyola*, Paris, Seuil, col. Tel quel, 1971, col. Points, 1980; Lynch, L. W., *The marquis de Sade*, Boston, Twayne Publishers, 1984.

3. SOBRE A VIDA PRIVADA NA INGLATERRA

BASCH, F., *Les femmes victoriennes. Roman et société, 1837-1867*, Paris, Payot, 1979.

BLUNDEN, K., *Le travail et la vertu. Femmes au foyer: une mystification de la révolution industrielle*, Paris, Payot, 1982.

DAVIDOFF, L., *The best circles. Society. Etiquettes and the season*, Londres, 1973.

DAVIDOFF, L., e HALL, C., *The firm of wife, children and friends: men and women in the English provincial middle class, 1780-1850*, Londres (no prelo) [*Family fortunes: men and women of the English middle class, 1780-1850*, Londres, Routledge, 2002.]

FRASER, D., e SUTCLIFFE, A., eds., *The pursuit of urban history*, Londres, 1983.

GILBERT, A. D., *Religion and society in industrial England: church, chapel and social change*, Londres, 1976.

GIROUARD, M., *Life in the English country house*, Harmondsworth, 1980.

HOBSBAWM, E. J., e RANGER, T., eds., *The invention of tradition*, Cambridge University Press, 1983.

MITCHELL, J., e OAKLEY, A., eds., *The rights and wrongs of women*, Harmondsworth, 1976.

NAVAILLE, J.-P., *La famille ouvrière dans l'Angleterre victorienne. Des regards aux mentalités*, Seyssel, Champ Vallon, 1983 (com excelente bibliografia).

PINCHBECK, I., *Women workers and the Industrial Revolution, 1750-1850*, Londres, Frank Cass, 1969, 2ª ed.

QUINLAN, M., *Victorian prelude. A history of English manners, 1700-1830*, Londres, 1965.

STEEDMAN, C., URWIN, C., e WALKERDINE, V., eds., *Language, gender and childhood*, Londres, 1985.

TAYLOR, B., *Eve and the New Jerusalem. Socialism and feminism in the nineteenth century*, Londres, 1983.

VICINUS, M., *Independent women. Work and community for single women, 1850-1920*, Londres, 1985.

VINCENT, D., *Bread, knowledge and freedom. A study of nineteenth century working class autobiographies*, Londres e Nova York, Methuen, 1981.

4. A VIDA PRIVADA NA FRANÇA (PRINCIPALMENTE)

FONTES

Não se faz menção aqui às fontes puramente literárias. As obras e os romances citados no texto estão relacionados no índice.

A. Correspondências

Além da correspondência privada de artistas, escritores e políticos (Baudelaire, Flaubert, George Sand — cujos dezesseis volumes já publicados por Georges Lubin são uma mina inesgotável —, Nerval, Stendhal, madame Swetchine, Tocqueville — especialmente os três volumes de sua correspondência com Gustave de Beaumont, vol. 8 das *Oeuvres complètes*, Gallimard, e com madame Swetchine, vol. 15 —, Van Gogh a seu irmão Theo etc.), algumas correspondências familiares foram utilizadas: *Les filles de Karl Marx. Lettres inédites*, apresentadas por M. Perrot, Paris, Albin Michel, 1979; *Marthe* (1892-1902) e *Émilie* (1802-1872), apresentadas por Bernard de Fréminville, Paris, Seuil, col. Libre à elles, 1982 e 1985, col. Points actuels, 1983.

CHOTARD-LIORET, C., *La socialité familiale en province: une correspondance privée entre 1868 et 1920*, tese de 3º ciclo, Paris-V, 1983.

Écrire, publier, lire. Les correspondances (problématique et économie d'un "genre littéraire"), atas do colóquio internacional "Les Correspondances", Nantes (out. 1982), Universidade de Nantes, 1982.

FRÈRE, C., e RIPERT, C., *La carte postale. Son histoire, sa fonction sociale*, Lyon, PUL, e Paris, CNRS, 1983.

GEORGES, R., *Chronique intime d'une famille de notables au XIXe siècle. Les Odoard de Mercurol*, Lyon, PUL, 1981.
ISAMBERT-JAMATI, V., e SIROTA, R., "La barrière, oui, mais le niveau?" (sobre a correspondência familiar dos Goblot), *Cahiers Internationaux de Sociologie*, vol. LXX, pp. 5-33, 1981.

B. Diários íntimos

a. Textos

AMIEL, H. F., *Journal intime*, Lausanne, L'Âge d'Homme, 1976, 1978, 1979.
BASHKIRTSEFF, M., *Journal* (1887), Paris, Mazarine, 1985.
BAUDE, M., P. H. *Azaïs, témoin de son temps, d'après son journal inédit* (*1811-1844*), tese, Lille-III, 1980.
BRAME, C., *Journal intime. Enquête de M. Perrot et G. Ribeill*, Paris, Montalba, 1985.
BRÉTON, G., *Journal*, Paris, Ramsay, 1985.
CONSTANT, B., *Journaux intimes* (*1803-1816*), col. Bibliothèque de la Pléiade, *Oeuvres complètes*, Paris, Gallimard, 1957.
DELACROIX, E., *Journal*, *1822-1863*, Paris, Plon, 1980.
GUÉRIN, E. de, *Journal et fragments*, Paris, V. Lecoffre, 1884.
MAINE DE BIRAN, *Journal*, 3 vols., Paris, Vrin, 1954.
RENARD, J., *Journal*, *1887-1910*, col. Bibliothèque de la Pléiade, Paris, Gallimard 1960.
STENDHAL, *Journal*, *1801-1823*, col. Bibliothèque de la Pléiade, Paris, Gallimard, 1955.
SWETCHINE, madame, *Lettres de mme. Swetchine. Journal*, ed. Conde Falloux, Paris, Didier, 1862.

b. Manuscritos

Journal de Gabrielle Laguin, 1890-1891. *Journal* de Renée Berruel, 1905--1916. *Recueil Victor Hugo*, anotado por Claire P. de Chateaufort, 1893--1919 etc.

c. Sobre o diário íntimo

DIDIER, B., *Le journal intime*, Paris, PUF, 1976.
GEORGEL, P., *Léopoldine Hugo, une jeune fille romantique*, Paris, catálogo do Museu Victor Hugo, 1967.
GIRARD, A., *Le journal intime*, Paris, PUF, 1963.
LELEU, M., *Les journaux intimes*, Paris, PUF, 1952.

C. Autobiografias, memórias

a. Textos

BOUVIER, J., *Mes mémoires ou Cinquante-neuf années d'activité industrielle, sociale et intellectuelle d'une ouvrière (1876-1935)* (1936), nova ed. por D. Armogathe e M. Albistur, Paris, Maspero, 1983.

CANETTI, E., *La langue sauvée. Histoire d'une jeunesse (1905-1921)* (1977), Paris, Albin Michel, 1980. [*A língua absolvida. História de uma infância*, São Paulo, Companhia das Letras, 1987.]

CHATEAUBRIAND, F. R. de, *René*, Paris, 1802.

____, *Mémoires d'outre-tombe*, Paris, 1848-1850.

DAUDET, madame A., *L'enfance d'une parisienne. Enfants et mères*, Paris, 1892.

DUMAY, J.-B., *Mémoires d'un militant ouvrier du Creusot* (1841-1926), ed. P. Ponsot, Paris, Maspero, 1976.

FEUILLET, madame O., *Quelques années de ma vie*, Paris, 1894.

FOUCAULT, M. et al., *Moi, Pierre Rivière, ayant égorgé ma mère, ma soeur et mon frère...*, Paris, Gallimard, 1973.

GAMBON, C. F., *Dans les Bagnes de Napoléon III. Mémoires*, apresentadas por J.-Y. Mollier, Paris, PUF, 1983.

GAUNY, G. *Le philosophe plébéien*, ed. Jacques Rancière, Paris, Maspero, 1983.

GRAFTEAUX, S., *Mémé Santerre. Une vie*, Paris, Marabout, 1975.

LAFARGE, M., *Mémoires de Marie Capelle veuve Lafarge écrits par elle-même*.

LAMARTINE, A. de, *Le manuscrit de ma mère*, Paris, Hachette, 1924.

LEJEUNE, X. E., *Calicot. Enquête de Michel et Philippe Lejeune*, Paris, Montalba, 1984.

MARTIN DU GARD, R., *Souvenirs autobiographiques et littéraires*, col. Bibliothèque de la Pléiade, *Oeuvres complètes*, vol. 1, Paris, Gallimard, 1955.

NADAUD, M., *Mémoires de Léonard, ancien garçon maçon* (1895), apresentadas por M. Agulhon, Paris, Hachette, 1976.

OZOUF, J., *Nous les maîtres d'école*, col. Archives, Paris, Gallimard/Julliard, 1967.

OZOUF, J. e M., *La classe ininterrompue. Cahiers de la famille Sandre, enseignants, 1780-1860*, Paris, Hachette, 1979.

PANGE, condessa de, *Comment j'ai vu 1900*, vol. 1: *À l'ombre de la tour Eiffel*, vol. 2: *Confidences d'une jeune fille*, vol. 3: *Derniers bals avant l'orage*, Paris, 1962, 1965 e 1968.

PERDIGUIER, A., *Mémoires d'un compagnon*, introdução de A. Faure, Paris, Maspero, 1977.

PROUDHON, P. J., *Mémoires de ma vie*, ed. B. Voyenne, Paris, Maspero, 1983.

SAND, George, *Histoire de ma vie* (1ª ed., 1854-1855), 2 vols., ed. Georges Lubin, col. Bibliothèque de la Pléiade, Paris, Gallimard, 1970-1971.

SARTRE, J.-P., *Les mots*, Paris, Gallimard, 1964. [*As palavras*, Rio de Janeiro, Nova Fronteira, 2000.]

SIMONIN, A., *Confessions d'un enfant de La Chapelle. Le faubourg*, Paris, Gallimard, 1977.

STENDHAL, *Oeuvres intimes*, ed. Henri Martineau, especialmente *Vie de Henry Brulard*, col. Bibliothèque de la Pléiade, Paris, Gallimard, 1955.

TRUQUIN, N., *Mémoires et aventures d'un prolétaire à travers la Révolution* (1888), Paris, Maspero, 1977.

VALLÈS, J., *L'enfant* (1881), *Le bachelier* (1881), *L'insurgé* (1882), em *Oeuvres complètes*, 4 vols., eds. L. Scheler e M.-C. Bancquart, Paris, Livre-Club Diderot, 1969-1970.

VANDERWIELEN, L., *Lise du plat pays* (romance autobiográfico), posfácio de F. Cribier, Lille, Presses Universitaires, 1983.

VOILQUIN, S., *Souvenirs d'une fille du peuple*, Paris, Maspero, 1978.

WEISS, L., *Mémoires d'une européenne*, vol. 1: *1893-1919*, Paris, 1968.

b. Estudos

Colóquio de Cerisy (1979), *Individualisme et autobiographie en Occident*, eds. C. Delhez-Sarlet e M. Catani, Bruxelas, Éditions Universitaires, 1983.

LEJEUNE, Ph., *L'autobiographie en France*, Paris, A. Colin, 1971.

____, *Le pacte autobiographique*, col. Poétique, Paris, Seuil, 1975.

____, *Je est un autre*, col. Poétique, Paris, Seuil, 1980.

____, *Moi aussi*, col. Poétique, Paris, Seuil, 1986.

ATORES DA VIDA PRIVADA

1. TEORIAS E POLÍTICAS DO PRIVADO E DA FAMÍLIA

ARMOGATHE, D., e ALBISTUR, M., *Histoire du feminisme français. Du Moyen Âge à nos jours*, Paris, Éditions des Femmes, 1977.

ARNAULT, F., *Histoire de Frédéric Le Play. De la métallurgie à la science sociale*, tese de doutorado em sociologia, Universidade de Nantes, 1986.

DENIEL, R., *Une image de la famille et de la societé sous la Restauration* (*1815-1830*). *Étude de la presse catholique*, Paris, Éditions Ouvrières, 1965.

DEVANCE, L., *La pensée socialiste et la famille de Fourier à Proudhon*, tese de 3º ciclo, Dijon, 1976 (fundamental).

DONZELOT, J., *La police des familles*, Paris, Minuit, 1977.

EDELMAN, B., *La Maison de Kant*, Paris, Payot, 1984.

EWALD, F., *L'État-providence*, Paris, Grasset, 1986.

MEYER, Ph., *L'enfant et la raison d'État*, Paris, Seuil, col. Points Politiques, 1977.

PICQ, F., *Sur la théorie du droit maternel. Discours anthropologiques et discours socialistes*, tese de doutorado, Paris-IX, 1979.

PRIGENT, R., ed., *Renouveau des idées sur la famille*, caderno do INED, nº 18, 1954.

ROSANVALLON, P., *Le moment Guizot*, Paris, Gallimard, 1985.

2. ESTUDOS DE CONJUNTO

GOODY, J., *The development of the family and marriage in Europe*, Cambridge University Press, 1983; trad. francesa, *L'évolution de la famille et du mariage en Europe*, Paris, A. Colin, 1985.

GUILLAUME, P., *Individus, familles, nations. Essai d'histoire démographique, XIXe-XXe siècles*, Paris, SEDES, 1985.

LE BRAS, H., e TODD, E., *L'invention de la France*, Paris, Pluriel, 1981.

LEQUIN, Y., *Histoire des français*, vol. 1: *Un peuple et son pays*, vol. 2: *La société*, vol. 3: *Les citoyens et la démocratie*, Paris, A. Colin, 1983-1985.

SEGALEN, M., *Sociologie de la famille*, Paris, A. Colin, 1981.

SHORTER, E., *The making of the modern family* (1975); trad. francesa, *Naissance de la famille moderne*, col. Points histoire, Paris, Seuil, 1981.

3. DIREITO

ARNAUD-DUC, N., *Droit, mentalités et changement social en Provence occidentale. Une étude sur les stratégies et la pratique notariale en matière de régime matrimonial, de 1785 à 1855*, Aix-en-Provence, Édisud, 1985.

BORDEAUX, M., "Droit et femmes seules. Les pièges de la discrimination", in A. Farge e C. Klapisch, *Madame ou mademoiselle?*, Paris, Montalba, 1984.

DHAVERNAS, O., *Droit des femmes, pouvoir des hommes*, col. Libre à elles, Paris, Seuil, 1978.

OURLIAC, P., e GAZZANIGA, L., *Histoire du droit civil français de l'an mil au Code Civil*, Paris, Albin Michel, 1985.

4. FUNÇÕES DA FAMÍLIA

BORIE, J., *Mythologies de l'hérédité*, Paris, Galilée, 1981.

CAPDEVIELLE, J., *Le fétichisme du patrimoine. Essai sur un fondement de la classe moyenne*, Paris, Fondation Nationale des Sciences Politiques, 1986.

MÉTRAI, M.-O., *Mariage: les hésitations de l'Occident*, Paris, Aubier, 1977.

ZELDIN, Th., *Histoire des passions françaises*, 1848-1945, vol. 1: *Ambition et amour*, vol. 2: *Orgueil et intelligence*, vol. 3: *Goût et corruption*, vol. 4: *Colère et politique*, vol. 5: *Anxiété et hypocrisie*, Paris, Encres, 1978-9 (trad. francesa de *Ambition, love and politics*, 1973, e *Intellect, taste and anxiety*, Oxford University Press, 1977).

5. FAMÍLIA E MEIO SOCIAL

A. MUNDO RURAL

CLAVERIE, E., e LAMAISON, P., *L'impossible mariage. Violence et parenté en Gévaudan, XVIIe, XVIIIe et XIXe siècle*, Paris, Hachette, 1982.

GARNICHE-MERRITT, M.-J., *Vivre à Bué-en-Sancerrois*, tese de 3º ciclo, Paris-VII, 1982.

HALÉVY, D., *Visites aux paysans du Centre (1907-1934)* (1934), Paris, 1978.

HUBSCHER, R., *L'agriculture et la société rurale dans le Pas-de-Calais du milieu du XIXe siècle à 1914*, 2 vols., Arras, 1979.

LEHNING, J., *Peasants of Marlhes. Economic development and family organization in 19th century France*, University of North Carolina Press, 1980.

SEGALEN, M., *Mari et femme dans la société paysanne*, Paris, Flammarion, 1980.

____, *Nuptialité et alliance. Le choix du conjoint dans une commune de l'Eure*, Paris, Maisonneuve et Larose, 1972.

WEBER, E., *Peasants into Frenchmen. The modernization of rural France, 1870-1914*, Stanford University Press, 1976; trad. francesa, *La fin des terroirs. La modernisation de la France rurale, 1870-1914*, Paris, Fayard, 1983.

B. BURGUESIA

Actes de la Recherche en Sciences Sociales, "Le patronat", 1978 (21-2).

CHALINE, J.-P., *Les bourgeois de Rouen. Une élite urbaine du XIXe siècle*, Paris, Fondation Nationale des Sciences Politiques, 1982.

CHARLE, Ch., *Les hauts fonctionnaires en France au XIXe siècle*, col. Archives, Paris, Gallimard/Julliard, 1980.

DAUMARD, A., *La bourgeoisie parisienne de 1815 à 1848*, Paris, SEVPEN, 1963.

____, ed., *Les fortunes françaises au XIXe siècle*, Paris, Mouton, 1973.

ESTÈBE, J., *Les ministres de la République, 1871-1914*, Paris, Fondation Nationale des Sciences Politiques, 1982.

MILLER, M. B., *The Bon Marché: Bourgeois culture and the department store, 1869-1920*, Princeton University Press, 1981.

PERROT, M., *Le mode de vie des familles bourgeoises, 1873-1953*, Paris, A. Colin, 1961.

ROYER, J.-P., MARTINAGE, R., e LECOQ, P., *Juges et notables au XIXe siècle*, Paris, PUF, 1982.

SERMAN, W., *Les officiers français dans la nation, 1848-1914*, Paris, Aubier, 1982.

C. MUNDO OPERÁRIO, MEIOS POPULARES

BIBLIOGRAFIAS: 1) das fontes: PERROT, M., *Enquêtes sur la condition ouvrière en France au XIXe siècle*, Paris, Microéditions Hachette, 1972 (em primeiro plano, as monografias de família de Le Play e seus discípulos); 2) dos trabalhos: NOIRIEL, G., *Les ouvriers dans la société française, XIXe-XXe siècle*, col. Points histoire, Paris, Seuil, 1986.

ACCAMPO, E., *Industrialization and the working class family: Saint-Chamond, 1815-1880*, University Microfilms International, Ann Arbor, Michigan, 1984.

BURDY, J.-P., *Le soleil noir. Formation sociale et mémoire ouvrière dans un quartier de Saint-Étienne (1840-1940)*, tese, Lyon II, 1986.

CHEVALIER, L., *Classes laborieuses et classes dangereuses à Paris pendant la première moitié du XIXe siècle*, Paris, Plon, 1958.

FREY, M., "Du mariage et du concubinage dans les classes populaires à Paris en 1846-1847", *Annales ESC*, jul-ago 1978.

GRIBAUDI, M., *Procès de mobilité et d'intégration. Le monde ouvrier turinois dans le premier demi-siècle*, tese, EHESS, 1985.

JACQUEMET, G., *Belleville au XIXe siècle*, Paris, EHESS, 1984.

LEQUIN, Y., *Les ouvriers de la région lyonnaise, 1848-1914*, 2 vols., Lyon, PUL, 1977.

NOIRIEL, G., *Longwy. Immigrés et prolétaires (1880-1980)*, Paris, PUF, 1984.

PIERRARD, P., *La vie ouvrière à Lille sous le Second Empire*, Paris, Bloud et Gay, 1965.

RANCIÈRE, J., "En allant à l'expo: l'ouvrier, sa femme et les machines", *Les revoltes logiques*, 1975 (1).

____, *La nuit des prolétaires. Archives du rêve ouvrier*, Paris, Fayard, 1981. [*A noite dos proletários*, São Paulo, Companhia das Letras, 1988.]

REDDY, W., "Family and factory: French linen weavers in the Belle Époque", *Journal of Social History*, 1975 (102-12).

____, *The rise of the market culture. The textile trade and French society, 1750-1900*, Cambridge University Press e Paris, Maison des Sciences de l'Homme, 1984.

6. FIGURAS E PAPÉIS SEXUAIS

ARON, J.-P. (apresentação), *Misérable et glorieuse: la femme du XIXe siècle*, Paris, Fayard, 1981.

FURET, F. (apresentação), *Colloque Jules Ferry*, Paris, EHESS, 1985.

GUILLEMIN, H. *L'engloutie. Adèle, fille de Victor Hugo (1830-1915)*, Paris, Seuil, 1985.

KNIBIEHLER, Y., e FOUQUET, C., *Histoire des mères du Moyen Âge à nos jours*, Paris, Montalba, 1977.

MAC MILLAN, *Housewife or harlot: the place of women in French society*, 1981.

MARTIN-FUGIER, A., *La bourgeoise. Femme au temps de Paul Bourget*, Paris, Grasset, 1983.

PERROT, M., ed., *Une histoire des femmes est-elle possible?*, Marselha, Rivages, 1984 (especialmente A. Fine, "Le trousseau").

SARRAZIN, H., *Élisée Reclus ou La passion du monde*, Paris, La Découverte, 1985.

SMITH, B., *Ladies of the leisure class. The bourgeoises of northern France in the nineteenth century*, Princeton University Press, 1981.

SOHN, A. M., "Les rôles féminins dans la vie privée: approche méthodologique et bilan de recherches", *Revue d'Histoire Moderne et Contemporaine*, out.-dez. 1981.

TILLY, L. A., e SCOTT, J. W., *Women, work and family*, Nova York, Holt, Rinehart and Winston, 1978.

VERDIER, Y., *Façons de dire, façons de faire. La laveuse, la couturière, la cuisinière*, Paris, Gallimard, 1979.

7. INFÂNCIA, ADOLESCÊNCIA, EDUCAÇÃO

Annales de Démographie Historique, 1973: "Enfance et société" (bibliografia importante).

BERLANSTEIN, L. R., "Growing up as workers in nineteenth century Paris: the case of the orphans of the Prince Imperial", *French Historical Studies*, vol. XI, nº 4, fim de 1980.

BOLTANSKI, L., *Prime education et morale de classe*, Paris-Haia, 1969.

BOUILLÉ, M., *Les pédagogies du corps. Lieux et corps pédagogiques du XVIIIe au XIXe siècle*, tese, Paris-VIII, 1984.

COMPÈRE, M.-M., *Du collège au lycée (1500-1850). Généalogie de l'enseignement secondaire français*, col. Archives, Paris, Gallimard/Julliard, 1985.

COTTEREAU, A., "Travail, école, famille. Aspects de la vie des enfants d'ouvriers à Paris au XIXe siècle", Autrement, IX, 1977.

CRUBELLIER, M., *L'enfance et la jeunesse dans la société française (1800-1950)*, Paris, A. Colin, 1970.

FAYE-SALLOIS, F., *Les nourrices à Paris au XIXe siècle*, Paris, Payot, 1980.

GÉLIS, J., LAGET, M., e MOREL, M.-F., *Entrer dans la vie. Naissances et enfances dans la France traditionnelle*, col. Archives, Paris, Gallimard/Julliard, 1981.

GILLIS, J. R., *Youth and history. Tradition and change in European age relations, 1770-present*, Nova York/Londres, Academic Press, 1974.

KNIBIEHLER, Y., BERNOS, M., RAVOUX-RALLO, E., e RICHARD, E., *De la Pucelle à la minette. Les jeunes filles de l'âge classique à nos jours*, Paris, Temps Actuels, 1983.

LAPLAIGE, D., *Paris et ses sans-famille au XIXe siècle*, tese de 3º ciclo, Paris-VII, 1981.

LÉVY, M.-F., *De mère en filles. L'éducation des françaises, 1850-1880*, Paris, Calmann-Lévy, 1984.

MAYEUR, F., *L'enseignement secondaire des jeunes filles sous la Troisième République*, Paris, Fondation Nationale des Sciences Politiques, 1977.

MAYEUR, F., e GADILLE, J. (organização de colóquio), *Éducation et images de la femme chrétienne en France au début du XXe siècle*, Lyon, L'Hermès, 1980.

PERROT, M., "Sur la ségrégation de l'enfance au XIXe siècle", *La psychiatrie de l'enfant*, vol. XXV, pp. 179-207, 1982/1.

____, "Quand la société prend peur de sa jeunesse au XIXe siècle", colóquio Les Jeunes et les Autres, 2 vols., apresentado por A. Percheron e M. Perrot, Paris, Centre de Vaucresson, 1986.

POUTHAS, H., *La jeunesse de Guizot*, Paris, Alcan, 1936.

SARTRE, J.-P., *L'idiot de la famille: Gustave Flaubert de 1821 à 1857*, 3 vols., Paris, Gallimard, 1971-2.

SCHNAPPER, B., "La correction paternelle et le mouvement des idées au XIXe siècle", *Revue Historique*, abr.-jun. 1980.

8. VIZINHOS E EMPREGADOS DOMÉSTICOS

Ethnologie Française, "Provinciaux et province à Paris", abr.-jun. 1980.

FRAISSE, G., *Femmes toutes mains. Essai sur le service domestique*, Paris, Seuil, 1979.

GREEN, N., *Les travailleurs immigrés juifs à la Belle Époque. Le "pletzl" de Paris*, Paris, Fayard, 1985.

MAC BRIDE, Th., *The domestic revolution. The modernization of household in England and France (1820-1920)*, Londres, 1976.

MARTIN-FUGIER, A., *La place des bonnes. La domesticité féminine à Paris en 1900*, Paris, Grasset, 1979.

RAISON-JOURDE, F., *La colonie auvergnate de Paris au XIXe siècle*, Paris, Bibliothèque historique de la ville de Paris, 1976.

9. VIDA FAMILIAR E RITOS PRIVADOS

BOIRAUD, H., *Contribution à l'étude historique des congés et des vacances scolaires*, Paris, 1971.

BONNET, S., e COTTIN, A., *La Communion solennelle*, Paris, 1969.

BURNAND, R., *La vie quotidienne en France, 1870-1900*, Paris, Hachette, 1947.

____, *La vie quotidienne en 1830*, Paris, Hachette, 1957.

DAUMARD, A. (apresentado por), *Oisivité et loisirs dans les sociétés occidentales au XIXe siècle*, colóquio multidisciplinar, Amiens (novembro de 1982), Abbeville, Paillart, 1983.

DÉSERT, G., *La vie quotidienne sur les plages normandes du Second Empire aux années folles*, Paris, Hachette, 1983.

GERBOD, P., *La condition universitaire en France au XIXe siècle*, Paris, 1965.

GUILLAUME, P., *La population de Bordeaux au XIXe siècle*, Paris, 1972.

THUILLIER, G., *Pour une histoire du quotidien en Nivernais au XIXe siècle*, Paris, Mouton, 1977.

——, *L'imaginaire quotidien au XIXe siècle*, prefácio de Y. Pélicier, Paris, Economica, 1985.

TULARD, J., *La vie quotidienne des français sous Napoléon*, Paris, Hachette, 1978.

10. DRAMAS E CONFLITOS

ADLER, L., *L'amour à l'arsenic. Histoire de Marie Lafarge*, Paris, Denoël, 1985.

CHARUTY, G., *Le couvent des fous. L'internement et ses usages en Languedoc aux XIXe et XXe siècles*, Paris, Flammarion, 1985.

GUILLAIS, J., *La chair de l'autre. Le crime passionnel au XIXe siècle*, Paris, Olivier Orban, 1986.

LÉVY, F.-P., *L'amour nomade. La mère et l'enfant hors mariage (XVIe-XXe siècle)*, col. Libre à elles, Paris, Seuil, 1981.

RIPA, Y., *La ronde des folles. Femme, folie et enfermement au XIXe siècle*, Paris, Aubier, 1986.

ROUY, H., *Mémoires d'une aliénée*, Paris, P. Ollendorff, 1883.

SCHNAPPER, B., "La séparation de corps de 1837 à 1914. Essai de sociologie juridique", *Revue Historique*, abr.-jun. 1978.

TRICAUD, F., *L'accusation. Recherches sur les figures de l'agression éthique*, Paris, Dalloz, 1977.

11. SOLTEIROS E SOLITÁRIOS

ARNOLD, O., *Le corps et l'âme. La vie des religieuses au XIXe siècle*, col. L'univers historique, Paris, Seuil, 1984.

BEAUNE, J.-C., *Le vagabond et la machine. Essai sur l'automatisme ambulatoire. Médecine, technique et société, 1880-1910*, Seyssel, Champ Vallon, 1983.

BORIE, J., *Le célibataire français*, Paris, Sagittaire, 1976.

DELBOURG-DELPHIS, M., *Masculin singulier. Le dandysme et son histoire*, Paris, Hachette, 1985.

FARGE, A., e KLAPISCH, Ch., *Madame ou mademoiselle? Itinéraires de la solitude féminine au XIXe siècle*, Paris, Montalba, 1984.

GOFFMAN, E., *Asiles. Études sur la condition sociale des malades mentaux et autres reclus*, Paris, Minuit, 1972 (trad. francesa de Asylums, Nova York, Anchor Books, 1961).

KEMPF, R., *Dandies, Baudelaire et Cie.*, col. Points histoire, Paris, Seuil, 1984.

O'BRIEN, P., *The promise of punishment. Prisons in nineteenth century France*, Princeton University Press, 1982.

SEIGEL, J., *Bohemian Paris. Culture, politics and the boundaries of bourgeois life, 1830-1930*, Nova York, Elizabeth Sifton Books, Viking, 1986.

ESPAÇOS PRIVADOS
(além das obras mencionadas nas notas)

1. ESTUDOS DE CONJUNTO

BERTILLON, Dr. J., *Essai de statistique comparée du surpeuplement des habitations à Paris et dans les grandes capitales européennes*, 1894.

BURNET, L., *Villégiature et tourisme sur les côtes de France*, Paris, Hachette, 1963.

DAUMARD, A., *Maisons de Paris et propriétaires parisiens au XIXe siècle, 1809-1880*, Paris, Cujas, 1965.

DEVILLERS, Ch., e HUET, B., *Le Creusot, naissance et développement d'une ville industrielle, 1872-1914*, Seyssel, Champ Vallon, 1981.

ELEB-VIDAL, M., e DEBARRE-BLANCHARD, A., *Architecture domestique et mentalités. Les traités et les pratiques, XVIe-XIXe siècle*, in extenso, n°s 2 (1984) e 5 (1984-5).

____, *La Maison. Espaces et intimités*, nº 9 (1986), École d'Architecture, Paris--Villemin.

FERNANDEZ, M., *La ceinture noire de Paris. Histoire de la Zone*, tese de 3º ciclo, Paris-VII, 1983.

GAILLARD, *Paris, la ville*, 1852-1870, Paris, Champion, 1976.

GUERRAND, R.-H., *Les Lieux. Histoire des commodités*, Paris, La Découverte, 1985.

Le parisien chez lui au XIXe siècle, 1814-1914, Archives Nationales, nov. 1976--fev. 1977.

Le siècle de l'éclectisme. Lille 1830-1930, vol. 1, Bruxelas, Archives d'Architecture Moderne, 1979.

THORNTON, P., *Authentic decor. The domestic interior, 1620-1920*, Londres, Weidenfeld, 1984.

VEILLARD, J.-Y., *Rennes au XIXe siècle, architectes, urbanisme et architecture*, Rennes, Thabor, 1978.

2. RESIDÊNCIAS BURGUESAS

ARON, J.-P., *Le mangeur du XIXe siècle*, Paris, Laffont, 1973.

BEDON, M., *Le château au XIXe siècle en Vendée*, Fontenay-le-Comte, Lussaud, 1971.

CARDON, E., *L'art au foyer domestique*, 1884.

CHABOT, P., *Jean et Yvonne, domestiques en 1900*, Paris, Tema-Éditions, 1977.

DEROUET, Ch., *Grandes demeures angevines au XIXe siècle. L'oeuvre de René Hodé entre 1840 et 1870*, Paris, Caisse Nationale des Monuments Historiques, 1976.

MARREY, B., e MONNET, J.-P., *La grande histoire des serres et des jardins d'hiver, 1780-1900*, Paris, Graphite, 1984.

PETITPAS, M., *Maisons de campagne. Villas et cottages*, 1913.

La ville d'hiver d'Arcachon, Paris, Institut Français d'Architecture, 1983.

3. AS HABITAÇÕES OPERÁRIAS

BOURNIQUEL, M., *Pour construire sa maison*, 1919.

DUMONT, M.-J., *Le logement social à Paris, 1850-1950*, Paris, Mardaga, 1991.

FIJALKOW, Y., *La construction des îlots insalubres, Paris 1850-1945*, Paris, L'Harmattan, 1998.

FLAMAND, J.-P., *Loger le peuple*, Paris, La Découverte, 1990.

FLAMAND, J.-P., ed., *La question du logement et le mouvement ouvrier français*, Paris, Éd. de la Villete, 1981.

GODIN, J.-B. A., *Solutions sociales* (*1871*), Quimperlé, La Digitale, 1979.

GUERRAND, R.-H., ed., *Cent ans d'habitat social, une utopie réaliste*, Paris, Albin Michel, 1989.

GUERRAND, R.-H., *Le logemente populaire en France: sources documentaires et bibliographie, 1800-1960*, Paris, Centre d'Études et de Recherches Architecturales, 1979 (2ª ed. 1984).

____, *Les origines du logement social en France*, Paris, Éd. Ouvrières, 1966.

____, *Propriétaires et locataires au XIXe siècle*, Paris, Quintette, 1987.

GUILLOT, É., *La maison salubre*, 1914.

Jean-Baptiste Godin et le familistère de Guise, Bruxelas, Archives d'Architecture Moderne, 1976.

JONAS, S., *La cité de Mulhouse* (*1853-1870*): *un modèle d'habitation économique et sociale au XIXe siècle*, 2 vols., Paris, Ministère de l'Urbanisme et du Logement, Secrétariat de la Recherche Architecturale, 1981.

LUCAS, Ch., *Étude sur les habitations à bon marché en France et à l'étranger*, 1899.

MARREY, B., *Un capitalisme idéal* (*Menier à Noisiel*), Paris, Clancier-Guénaud, 1984.

MESNIL, Dr. O. du, *L'habitation du pauvre*, 1890.

TARICAT, J., e VILLARS, M., *Le logement à bon marché. Chronique, Paris, 1850--1930*, Paris, Apogée, 1982.

TREMPÉ, R., *Les mineurs de Carmaux, 1848-1914*, 2 vols., Paris, Éd. Ouvrières, 1971.

4. AS MORADIAS RURAIS

BAUDRILLART, H., *Les populations agricoles de la France*, 3 vols., 1885-1893.

BOUCHARD-HUZARD, L., *Traité des constructions rurales et de leurs dispositions*, 2 vols., 1858-1860.

FOVILLE, A. de, *Les maisons types*, 1894 (51 monografias de moradias rurais).

LAYET, A., *Hygiène et maladies des paysans. Étude sur la vie matérielle des campagnards en Europe*, 1882.

PERTHUIS DE LAILLEVAUT, *Traité d'architecture rurale*, 1810.

ROUX, A., *Recueil de constructions rurales et communales*, 1843.

VITRY, U., *Le propriétaire architecte*, 1827.

INDIVÍDUOS E INTIMIDADE

1. IDENTIDADE

BERNARD, D., *Itinérants et ambulants dans l'Indre au XIXe siècle*, tese de 3º ciclo, EHESS, 1982.

BESANÇON, A., *Histoire et expérience du moi*, Paris, Flammarion, 1971.

FREUND, G., *Photographie et société*, col. Points histoire, Paris, Seuil, 1974.

GINZBURG, C. "Signes, traces, pistes. Racines d'un paradigme de l'indice", *Le Débat*, nov. 1980.

L'Homme, 1980/4, número especial, artigos de A. Burguière, M. Segalen, F. Zonabend etc.

Identités, catálogo da exposição do Centre National de la Photographie, Palais de Tokyo, 1986.

KALUSZYNSKI, M., *Alphonse Bertillon, savant et policier. L'anthropométrie ou le début du fichage*, tese, Paris-VII, 1981.

NAHOUM, V., "La belle femme ou le stade du miroir en histoire", *Communications*, nº 31, 1979.

PEROUAS, L., TRICARD, J., BARRIÈRE, B., BOUTIER, J., e PEYRONNET, J.-C., *Léonard, Marie, Jean... Étude de l'évolution des prénoms depuis un millénaire*, Paris, CNRS, 1984.

ROUILLÉ, A., *L'empire de la photographie, 1839-1980*, Paris, 1982.

SONTAG, S., *La photographie*, col. Fiction et Cie., Paris, Seuil, 1979. [*Sobre fotografia*, São Paulo, Companhia das Letras, 2004.]

2. O CORPO

CORBIN, A., *Le miasme et la jonquille. L'odorat et l'imaginaire social, XVIIIe-XXe siècle*, Paris, Aubier-Montaigne, 1982. [*Saberes e odores*, São Paulo, Companhia das Letras, 1988.]

DELUMEAU, J., *Le péché et la peur*, Paris, Fayard, 1983.

DESAIVE, J.-P., "Le nu hurluberlu", *Ethnologie Française*, 1976, 3-4.

GERBOD, P., "Les métiers de la coiffure dans la première moitié du XXe siècle", *Ethnologie Française*, jan.-mar. 1983.

GOUBERT, J.-P., *La conquête de l'eau. L'avènement de la santé à l'âge industriel*, introdução de E. Le Roy Ladurie, Paris, Laffont, 1986.

GUERMONT, M.-F., *La "grande fille". L'hygiène de la jeune fille d'après les ouvrages médicaux (fin XIXe-début XXe siècle)*, tese, Universidade de Tours, 1981.

HELLER, G., *Propre en Ordre, habitation et vie domestique, 1850-1930: l'exemple vaudois*, Lausanne, Éd. d'En bas, 1979.

JOUTARD, Ph., "L'homme et son corps", *L'Histoire*, nº 22.

LOUX, F., *Le jeune enfant et son corps dans la médecine traditionnelle*, Paris, Flammarion, 1978.

LOUX, F., e RICHARD, Ph., *Sagesses du corps: la santé et la maladie dans les proverbes français*, Paris, Maisonneuve et Larose, 1978.

MURARD, L., e ZYLBERMANN, P., *Sanitas sanitatum et omnia sanitas*, CERFI, 1980.

PERROT, Ph., *Les dessus et les dessous de la bourgeoisie. Une histoire du vêtement au XIXe siècle*, Paris, Fayard, 1981.

____, *Le travail des apparences ou les transformations du corps féminin (XVIIIe-XIXe siècle)*, Paris, Seuil, 1984.

SHORTER, E., *A history of women's bodies*, Nova York, Basic Books, 1982; trad. francesa, *Le corps des femmes*, Paris, Seuil, 1984.

SPIVAK, M., "L'éducation physique et le sport français, 1852-1914", *Revue d'Histoire Moderne et Contemporaine*, jan.-mar. 1977.

STAROBINSKI, J., "Brève histoire de la conscience du corps", *Revue Française de Psychanalyse*, 1981, 2.

VIGARELLO, G., *Le corps redressé. Histoire d'un pouvoir pédagogique*, Paris, Delarge, 1978.

____, *Le propre et le sale. L'hygiène du corps depuis le Moyen Âge*, col. L'univers historique, Paris, Seuil, 1985.

WEBER, E., "Gymnastic and sports in fin de siècle France: opium of the classes", *American Historical Review*, 1971, vol. 76 (70-98).

3. A ALMA: O SONHO, A PRECE E A CONFISSÃO

A. O SONHO

BEGUIN, A., *L'âme romantique et le rêve*, Paris, José Corti, 1937.

BENJAMIN, W., *Charles Baudelaire. Un poète lyrique à l'apogée du capitalisme*, Paris, Payot, 1982.

BENJAMIN, W., e Paris, colóquio internacional sobre *Passagen-Werk*, 1983, apresentado por H. Wismann, Paris, Cerf, 1986.

BOUSQUET, J., *Les thèmes du rêve dans la littérature romantique*, Paris, Didier, 1964.

GUSDORF, G., *L'homme romantique*, Paris, Payot, 1984.

JEANNERET, M., "La folie est un rêve: Nerval et le dr. Moreau de Tours", *Romantisme*, nº 27, 1980.

RAYMOND, M., *Romantisme et rêverie*, Paris, José Corti, 1978.

STEINER, G., "Les rêves participent-ils de l'histoire? Deux questions adressées à Freud", *Le Débat* (25), maio 1983.

B. PIEDADE E CONFISSÃO

BERNOS, M., "De l'influence salutaire ou pernicieuse de la femme dans la famille et la société", *Revue d'Histoire Moderne et Contemporaine*, jul.-set. 1982.

BOUTRY, Ph., *Les vénérés pasteurs du diocèse de Belley. Cheminement des mentalités et des opinions religieuses dans les paroisses du diocèse de l'ain de 1815 à 1880*, tese de 3º ciclo, Paris-I, 1983.

____, "Réflexions sur la confession au XIXe siècle", *Pratiques de la confession des pères du désert à Vatican II*, Paris, Cerf, 1983.

____, "L'anticlérical, la femme et le confessionnal", *L'Histoire*, nº 16.

CABANIS, J., *Michelet, le prêtre et la femme*, Paris, Gallimard, 1978.

CHOLVY, G., *Religion et société. Le diocèse de Montpellier au XIXe siècle*, tese, Paris, 1972.

COUSIN, B., *Le miracle et le quotidien. Les ex-voto provençaux, images d'une société*, Aix Université, 1983.

HILAIRE, Y.-M., *Une chrétienté au XIXe siècle. La vie religieuse des populations du diocèse d'Arras, 1840-1914*, Lille, Presses Universitaires, 1977.

LAGREE, M., "Confessions et pénitence dans les visites pastorales et les statuts synodaux bretons, XIXe-XXe siècle", *Pratiques de la confession* (...), op. cit.

LANGLOIS, C., *Le diocèse de Vannes au XIXe siècle (1800-1830)*, Paris.

MARCILHACY, Ch., *Le diocèse d'Orléans sous le l'épiscopat de Mgr. Dupanloup*, Paris, Plon, 1962.

MICHAUD, S., *Muse et madone. Visages de la femme de la Révolution Française aux apparitions de Lourdes*, Paris, Seuil, 1985.

PELCKMANS, P., "Le prêtre, la femme et la famille: notes sur l'anticléricalisme de Michelet", *Romantisme*, nº 28, 1980.
PIERRARD, P., *L'Église et les ouvriers en France (1840-1940)*, Paris, Hachette, 1984.
SAVART, C., *Le livre catholique témoin de la conscience religieuse en France au XIXe siècle*, tese, Paris-Sorbonne, 1981.

4. DIVERSÕES SOLITÁRIAS E PRAZERES SECRETOS

A. LEITURA E MÚSICA

AMAOUCHE-ANTOINE, M.-D., "Espéraza, 1870-1940: une ville ouvrière chante", *Ethnologie Française*, 1986.
BAILBE, J.-M., *Le roman et la musique en France sous la Monarchie de Juillet*, Paris, Minard, 1969.
BORREIL, J. (apresentado por), *Les sauvages dans la cité. Auto-émancipation du peuple et instruction des prolétaires au XIXe siècle*, Seyssel, Champ Vallon, 1985.
FABRE, D., "Le livre et sa magie. Les liseurs dans les sociétés pyrénéennes au XIXe et XXe siècles", *Pratiques de la lecture*, R. Chartier, ed., Marselha, Rivages, 1985.
LAMARRE, A., *L'enfer de la IIIe République. Entrepreneurs moraux et pornographes*, tese, Paris-VII, 1986.
LENOIR, R., "Note pour une histoire sociale du piano", *Actes de la Recherche en Sciences Sociales*, nº 28, jun. 1979.
OZOUF, J., e FURET, F., *Lire et écrire. L'alphabétisation des français de Calvin à Jules Ferry*, Paris, Minuit, 1977.
PARENT-LARDEUR, F., *Lire à Paris au temps de Balzac. Les cabinets de lecture à Paris, 1815-1830*, Paris, EHESS, 1981.
PICH, E., "Pour une définition de la poésie comme phénomène social au XIXe siècle", *Romantisme*, nº 39, 1983.
PISTONE, D., *Le piano dans la littérature française des origines jusque vers 1900*, Paris, Champion, 1975.
THIESSE, A.-M., *Le roman du quotidien. Lecteurs et lectures populaires à la Belle Époque*, Paris, Chemin Vert, 1984.
Ver, especialmente, MARTIN, H. J., e CHARRIER, R., eds., *Histoire de l'édition française*, vol. 3: *Le temps des éditeurs. Du romantisme à la Belle Époque*, Paris, Promodis, 1985.

B. OBJETOS E COLEÇÕES

BAUDRILLARD, J., *Le système des objets*, Paris, PUF, 1968.

BIASI, J.-M. de, "Système et déviance de la collection de l'époque romantique", *Romantisme*, nº 27, 1980.

BOIME, A., "Les hommes d'affaires et les arts en France au XIXe siècle", *Actes de la Recherche en Sciences Sociales*, nº 28, jun. 1979.

MARTINET, Ch., "Objets de famille, objets de musée, ethnologie ou muséologie", *Ethnologie Française*, 1980, 1.

MARTIN-FUGIER, A., "La douceur du nid. Les arts de la femme à la Belle Époque", *Urbi*, V.

POMIAN, K., "Entre l'invisible et le visible: la collection", *Libre*, 1978, nºs 2-3.

C. ANIMAIS E BONECAS

AGULHON, M., "Le sang des bêtes. Le problème de la protection des animaux en France au XIXe siècle", *Romantisme*, "Sangs", nº 31, 1981.

CAPIA, R., *Les poupées françaises*, Paris, 1979.

____, "L'âge d'or de la poupée au XIXe siècle", *Histoire de la poupée*, exposição de Courbevoie, 1973-4.

MANSON, M., "La poupée, objet de recherches pluridisciplinaires", *Histoire de l'Éducation*, nº 18, abr. 1983.

PELOSSE, V. "Imaginaire social et protection de l'animal. Des amis des bêtes de l'an X au législateur de 1850", *L'Homme*, XXI e XXII, out.-dez. 1981 e jan.-mar. 1982.

PIERRE, E., *Histoire de la protection des animaux en France au XIXe siècle*, DEA, Paris-VII, 1982.

5. AMOR E SEXUALIDADE

Aimer en France (1760-1860), atas do colóquio internacional de Clermont-Ferrand, coletadas e apresentadas por P. Viallaneix e J. Ehrard, 2 vols., Clermont-Ferrand, 1980.

Communications 35, "Sexualités occidentales", artigos de Ph. Ariès, A. Bejin, M. Pollak (especialmente sobre a homossexualidade) etc.

L'Histoire, jan. 1984, "Amour et sexualité".

Romantisme 4 (1976), "Mythe et représentation de la femme au XIXe siècle".

ADLER, L., *Secrets d'alcôve. Histoire du couple de 1830 à 1930*, Paris, Hachette, 1983.

ARMENGAUD, A., *Les français et Malthus*, Paris, PUF, 1975.

ARON, J.-P., e KEMPF, R., *Le pénis et la démoralisation de l'Occident*, Paris, Grasset, 1978.

BONELLO, Ch., *Le discours médical sur l'homosexualité au XIXe siècle*, tese de 3º ciclo, Paris-VII, 1984.

BONNET, M.-J., *Un choix sans équivoque. Recherches historiques sur les relations amoureuses entre les femmes, XVIe-XXe siècle*, Paris, Denoël-Gonthier, 1981.

CORBIN, A., *Les filles de noce. Misère sexuelle et prostitution aux XIXe-XXe siècles*, Paris, Aubier, 1978.

DANET, J., *Discours juridique et perversions sexuelles (XIXe et XXe siècle)*, Centre de Recherche Politique de l'Université de Nantes, 1977.

FLANDRIN, J.-L., *L'Église et le contrôle des naissances*, Paris, Flammarion, 1970.

____, *Les amours paysannes, XVIe-XIXe siècle*, col. Archives, Paris, Gallimard/ Juillard, 1975.

____, *Le sexe et l'Occident. Évolution des attitudes et des comportements*, col. L'univers historique, Paris, Seuil, 1981.

FOUCAULT, M. (apresentação), *Herculine Barbin dite Alexina B.*, col. Les Vies Parallèles, Paris, Gallimard, 1978. [*Herculine Barbin, O diário de um hermafrodita*, Rio de Janeiro, Francisco Alves, 1982.]

GAY, P., *The bourgeois experience. Victoria to Freud*, vol. 1: *Education of the senses*, Nova York, Oxford University Press, 1984. [*A experiência burguesa. Da rainha Vitória a Freud*, vol. 1: *A educação dos sentidos*, São Paulo, Companhia das Letras, 1988.]

GILLET, M., *L'homme, la vie et la mort dans le Nord au XIXe siècle*, Lille, Presses Universitaires, 1972.

GUERRAND, R.-H., *Libre maternité*, Paris, Casterman, 1971.

HAAN, P., *Nos ancêtres les pervers*, Paris, Olivier Orban, 1979.

JACQUES, J.-P., *Les malheurs de Sapho*, Paris, Grasset, 1981.

MACLAREN, A., *Sexuality and social order*, Nova York, Holmes and Meier, 1983.

NOONAN, J.-T., *Contraception et mariage*, Paris, Cerf, 1972.

QUIGUER, C., *Femmes et machines 1900. Lectures d'une obsession modern style*, Paris, Klincksieck, 1979.

REYTIER, D., *L'adultère sous le Second Empire*, DEA, Paris-VII, 1981.

RONSIN, F. *La grève des ventres*, Paris, Aubier, 1979.

TERMEAU, J., *Maisons closes de province (Maine-et-Loire, Sarthe, Mayenne)*, Le Mans, Cenomane, 1986.

6. SOFRIMENTOS, REFÚGIOS, AUXÍLIOS

A. NOVOS SINTOMAS

BERCHERIE, P., "Les fondements de la clinique", *Ornicar*, 1980.

BOLTANSKI, L., "Pouvoir et impuissance: projet intellectuel et impuissance dans le *Journal* de Amiel", *Actes de la Recherche en Sciences Sociales*, n°s 5-6, nov. 1975.

BORIE, J., *Le tyran timide: le naturalisme de la femme au XIXe siècle*, Paris, Klincksieck, 1973.

CARROY-THIRARD, J., "Figures de femmes hystériques dans la psychiatrie française au XIXe siècle", *Psychanalyse à l'Université*, mar. 1979.

____, "Possession, extase, hystérie au XIXe siècle", ibid., jun. 1980.

CARROY-THIRARD, J.,"Hystérie et littérature au XIXe siècle", ibid., mar. 1982.

DARMON, P., *Le tribunal de l'impuissance. Virilité et défaillances conjugales dans l'ancienne France*, col. L'univers historique, Paris, Seuil, 1979.

DIDI-HUBERMAN, G., *Invention de l'hystérie. Charcot et l'iconographie de la Salpêtrière*, Paris, Macula, 1982.

HAU, C., *Le Messie de l'an XIII*, Paris, Denoël, 1955.

MAIRE, C.-L., *Les possédées de Morzine*, 1857-1873, Lyon, PUL, 1981.

MOREAU, Th., *Le sang de l'histoire. Michelet, l'histoire et l'idée de la femme au XIXe siècle*, Paris, Flammarion, 1982.

PETER, J.-P., "Le corps du délit", *Nouvelle Revue de Psychanalyse*, 1971, 3.

____, "Ogres d'archives", ibid., outono de 1972.

STAROBINSKI, J., "Sur la chlorose", *Romantisme*, nº 31, "Sangs", 1981.

SWAIN, G., "L'âme, la femme, le sexe et le corps. Les métamorphoses de l'hystérie à la fin du XIXe siècle", *Le Débat*, mar. 1983.

VINCENT, A., *Histoire des larmes, XVIIIe-XIXe siècle*, Marselha, Rivages, 1986.

WAJEMAN, G., *Le maître et l'histérique*, Paris, 1982.

B. REFÚGIOS: ÁLCOOL E DROGAS

FILLAUT, Th., *L'alcoolisme dans l'ouest de la France pendant la seconde moitié du XIXe siècle*, Paris, La Documentation Française, 1982.

HERVIER, D., *Cafés et cabarets en Berry de 1851 à 1914*, tese de mestrado, Université de Tours, 1979.

JACQUEMET, G., "Médecins et maladies populaires dans le Paris de la fin du XIXe siècle", *Recherches*, nº 29, dez. 1977, *L'Haleine des faubourgs*.

LALOUETTE, J., "Le discours bourgeois sur les débits de boisson aux alentours de 1900", ibid.

LIEDEKERKE, A. de, *La Belle Époque de l'opium*, Paris, La Différence-Le Sphinx, 1984.

MARRUS, M.-R., "L'alcoolisme social à la Belle Époque", *Recherches*, nº 29, op. cit.

PLONÉVEZ, C., *L'alcoolisme dans les milieux ouvriers à Paris, 1880-1914*, tese de mestrado, Paris-VII, 1975.

C. SUICÍDIOS

BAECHLER, J., *Les suicides*, Paris, Calmann-Lévy, 1975.

CHESNAIS, J. C., *Les morts violents en France depuis 1826*, Paris, PUF, 1976.

____, *Histoire de la violence*, col. Pluriel, Paris, Hachette, 1982.

DURKHEIM, E., *Le suicide*, Paris, PUF, 1930 (nova ed.). [*O suicídio*, São Paulo, Martins Fontes, 2000.]

D. RECURSOS: MEDICINA E VIDA PRIVADA

COTTEREAU, A., ed., "L'usure au travail", *Le Mouvement Social*, nº 124, jul.-set. 1983.

____, "La tuberculose: maladie urbaine ou maladie de l'usure du travail? Critique d'une épidémiologie officielle: le cas de Paris", *Sociologie du Travail*, nº 78.

GUILLAUME, P., *Du désespoir au salut: les tuberculeux aux XIXᵉ et XXᵉ siècles*, Paris, Aubier, 1986.

KNIEBIEHLER, Y., *Nous, les assistantes sociales*, Paris, Aubier, 1980.

KNIEBIEHLER, Y., e FOUQUET, C., *La femme et les médecins*, Paris, Hachette, 1983.

LÉONARD, J., *La médecine entre les pouvoirs et les savoirs*, Paris, Aubier, 1979.

____, *La France médicale. Médecins et malades au XIXᵉ siècle*, Paris, Gallimard, 1978.

____, *La vie quotidienne du médecin de province au XIXᵉ siècle*, Paris, Hachette, 1977.

PETER, J.-P., "Les médecins et les femmes", *Misérable et glorieuse: la femme du XIXᵉ siècle*, apresentado por J.-P. Aron, Paris, Fayard, 1981.

E. O PSIQUIATRA, O PSICÓLOGO E A VIDA PRIVADA

BAUMFELDER-BLOCH, E., *Médecine et société face à l'enfance anormale de 1800 à 1940*, tese de 3º ciclo, Paris, EHESS, 1983.

CASTEL, R., *L'ordre psychiatrique*, vol. 1: *L'âge d'or de l'aliénisme*, Paris, Minuit, 1976.

FOUCAULT, M., *Naissance de la clinique. Une archéologie du regard médical*, Paris, PUF, 1963.

GAUCHET, M. e SWAIN, G., *La pratique de l'esprit humain. L'institution asilaire et la révolution démocratique*, Paris, Gallimard, 1981.

PETIT, J., "Folie, langage, pouvoirs en Maine-et-Loire (1800-1841)", *Revue d'Histoire Moderne et Contemporaine*, out.-dez. 1980.

PINELL, P., e ZAFIROPOULOS, M., "La médicalisation de l'échec scolaire. De la pédopsychiatrie à la psychanalyse infantile", *Actes de la Recherche en Sciences Sociales*, nº 24, nov. 1978.

POSTEL, J., e QUETEL, C., eds., *Nouvelle histoire de la psychiatrie*, Toulouse, Privat, 1983.

ROUDINESCO, E., *La bataille de cent ans. Histoire de la psychanalyse en France*, vol. 1: *1885-1939*, vol. 2: *1925-1985*, Paris, Seuil, 1986. [*História da psicanálise na França — A batalha dos cem anos*, 2 vols., Rio de Janeiro, Zahar, 1988.]

ÍNDICE REMISSIVO

COMPANHIA DE BOLSO

Jorge AMADO
Capitães da Areia
Mar morto
Carlos Drummond de ANDRADE
Sentimento do mundo
Hannah ARENDT
Homens em tempos sombrios
Philippe ARIÈS, Roger CHARTIER (Orgs.)
História da vida privada 3 — Da Renascença ao Século das Luzes
Karen ARMSTRONG
Em nome de Deus
Uma história de Deus
Jerusalém
Paul AUSTER
O caderno vermelho
Jurek BECKER
Jakob, o mentiroso
Marshall BERMAN
Tudo que é sólido desmancha no ar
Jean-Claude BERNARDET
Cinema brasileiro: propostas para uma história
Harold BLOOM
Abaixo as verdades sagradas
David Eliot BRODY, Arnold R. BRODY
As sete maiores descobertas científicas da história
Bill BUFORD
Entre os vândalos
Jacob BURCKHARDT
A cultura do Renascimento na Itália
Peter BURKE
Cultura popular na Idade Moderna
Italo CALVINO
O barão nas árvores
O cavaleiro inexistente
Fábulas italianas
Um general na biblioteca
Por que ler os clássicos
O visconde partido ao meio
Elias CANETTI
A consciência das palavras
O jogo dos olhos
A língua absolvida
Uma luz em meu ouvido
Bernardo CARVALHO
Nove noites
Jorge G. CASTAÑEDA
Che Guevara: a vida em vermelho
Ruy CASTRO
Chega de saudade
Mau humor
Louis-Ferdinand CÉLINE
Viagem ao fim da noite
Sidney CHALHOUB
Visões da liberdade
Jung CHANG
Cisnes selvagens
John CHEEVER
A crônica dos Wapshot
Catherine CLÉMENT
A viagem de Théo
J. M. COETZEE
Infância
Joseph CONRAD
Coração das trevas
Nostromo
Alfred W. CROSBY
Imperialismo ecológico
Robert DARNTON
O beijo de Lamourette
Charles DARWIN
A expressão das emoções no homem e nos animais
Jean DELUMEAU
História do medo no Ocidente
Georges DUBY
História da vida privada 2 — Da Europa feudal à Renascença (Org.)
Idade Média, idade dos homens
Mário FAUSTINO
O homem e sua hora
Meyer FRIEDMAN,
Gerald W. FRIEDLAND
As dez maiores descobertas da medicina
Jostein GAARDER
O dia do Curinga
Maya
Vita brevis
Jostein GAARDER, Victor HELLERN,
Henry NOTAKER
O livro das religiões
Fernando GABEIRA
O que é isso, companheiro?
Luiz Alfredo GARCIA ROZA
O silêncio da chuva
Eduardo GIANNETTI
Autoengano
Vícios privados, benefícios públicos?

Edward GIBBON
Declínio e queda do Império Romano
Carlo GINZBURG
Os andarilhos do bem
História noturna
O queijo e os vermes
Marcelo GLEISER
A dança do Universo
O fim da Terra e do Céu
Tomás Antônio GONZAGA
Cartas chilenas
Philip GOUREVITCH
Gostaríamos de informá-lo de que amanhã seremos mortos com nossas famílias
Milton HATOUM
Cinzas do Norte
Dois irmãos
Relato de um certo Oriente
Patricia HIGHSMITH
O talentoso Ripley
Eric HOBSBAWM
O novo século
Albert HOURANI
Uma história dos povos árabes
Henry JAMES
Os espólios de Poynton
Retrato de uma senhora
Ismail KADARÉ
Abril despedaçado
Franz KAFKA
O castelo
O processo
John KEEGAN
Uma história da guerra
Amyr KLINK
Cem dias entre céu e mar
Jon KRAKAUER
No ar rarefeito
Milan KUNDERA
A arte do romance
A identidade
A insustentável leveza do ser
A lentidão
O livro do riso e do esquecimento
A valsa dos adeuses
A vida está em outro lugar
Danuza LEÃO
Na sala com Danuza
Primo LEVI
A trégua
Paulo LINS
Cidade de Deus
Gilles LIPOVETSKY
O império do efêmero
Claudio MAGRIS
Danúbio
Naguib MAHFOUZ
Noites das mil e uma noites
Norman MAILER (JORNALISMO LITERÁRIO)
A luta
Janet MALCOLM (JORNALISMO LITERÁRIO)
O jornalista e o assassino
A mulher calada
Javier MARÍAS
Coração tão branco
Ian MCEWAN
O jardim de cimento
Heitor MEGALE (Org.)
A demanda do Santo Graal
Evaldo Cabral de MELLO
O negócio do Brasil
O nome e o sangue
Luiz Alberto MENDES
Memórias de um sobrevivente
Jack MILES
Deus: uma biografia
Ana MIRANDA
Boca do Inferno
Vinicius de MORAES
Antologia poética
Livro de sonetos
Nova antologia poética
Fernando MORAIS
Olga
Toni MORRISON
Jazz
V. S. NAIPAUL
Uma casa para o sr. Biswas
Friedrich NIETZSCHE
Além do bem e do mal
Ecce homo
A gaia ciência
Genealogia da moral
Humano, demasiado humano
O nascimento da tragédia
Adauto NOVAES (Org.)
Ética
Os sentidos da paixão
Michael ONDAATJE
O paciente inglês
Malika OUFKIR, Michèle FITOUSSI
Eu, Malika Oufkir, prisioneira do rei
Amós OZ
A caixa-preta

José Paulo PAES (Org.)
Poesia erótica em tradução
Georges PEREC
A vida: modo de usar
Michelle PERROT (Org.)
História da vida privada 4 — Da Revolução Francesa à Primeira Guerra
Fernando PESSOA
Livro do desassossego
Poesia completa de Alberto Caeiro
Poesia completa de Álvaro de Campos
Poesia completa de Ricardo Reis
Ricardo PIGLIA
Respiração artificial
Décio PIGNATARI (Org.)
Retrato do amor quando jovem
Edgar Allan POE
Histórias extraordinárias
Antoine PROST, Gérard VINCENT (Orgs.)
História da vida privada 5 — Da Primeira Guerra a nossos dias
David REMNICK (JORNALISMO LITERÁRIO)
O rei do mundo
Darcy RIBEIRO
O povo brasileiro
Edward RICE
Sir Richard Francis Burton
João do RIO
A alma encantadora das ruas
Philip ROTH
Adeus, Columbus
O avesso da vida
Elizabeth ROUDINESCO
Jacques Lacan
Arundhati ROY
O deus das pequenas coisas
Murilo RUBIÃO
Murilo Rubião — Obra completa
Salman RUSHDIE
Haroun e o Mar de Histórias
Oriente, Ocidente
O último suspiro do mouro
Os versos satânicos
Oliver SACKS
Um antropólogo em Marte
Tio Tungstênio
Vendo vozes
Carl SAGAN
Bilhões e bilhões
Contato
O mundo assombrado pelos demônios

Edward W. SAID
Cultura e imperialismo
Orientalismo
José SARAMAGO
O Evangelho segundo Jesus Cristo
História do cerco de Lisboa
O homem duplicado
A jangada de pedra
Arthur SCHNITZLER
Breve romance de sonho
Moacyr SCLIAR
O centauro no jardim
A majestade do Xingu
A mulher que escreveu a Bíblia
Amartya SEN
Desenvolvimento como liberdade
Dava SOBEL
Longitude
Susan SONTAG
Doença como metáfora / AIDS e suas metáforas
Jean STAROBINSKI
Jean-Jacques Rousseau
I. F. STONE
O julgamento de Sócrates
Keith THOMAS
O homem e o mundo natural
Drauzio VARELLA
Estação Carandiru
John UPDIKE
As bruxas de Eastwick
Caetano VELOSO
Verdade tropical
Erico VERISSIMO
Clarissa
Incidente em Antares
Paul VEYNE (Org.)
História da vida privada 1 — Do Império Romano ao ano mil
XINRAN
As boas mulheres da China
Ian WATT
A ascensão do romance
Raymond WILLIAMS
O campo e a cidade
Edmund WILSON
Os manuscritos do mar Morto
Rumo à estação Finlândia
Simon WINCHESTER
O professor e o louco

1ª edição Companhia das Letras [1991] 10 reimpressões
1ª edição Companhia de Bolso [2009] 6 reimpressões

Esta obra foi composta pela Verba Editorial
em Janson Text e impressa pela Gráfica Bartira em
ofsete sobre papel Pólen Soft da Suzano S.A.

FSC
www.fsc.org
MISTO
Papel produzido a partir de fontes responsáveis
FSC® C105484

A marca FSC® é a garantia de que a madeira utilizada na fabricação do papel deste livro provém de florestas que foram gerenciadas de maneira ambientalmente correta, socialmente justa e economicamente viável, além de outras fontes de origem controlada.